21 世纪交通版高等学校教材

Bridge Pier and Foundation Engineering

桥梁墩台与基础工程

（第二版）

盛洪飞　主　编

马　俊　孙　航　李　岩　副主编

人民交通出版社
China Communications Press

内 容 提 要

本书为 21 世纪交通版高等学校教材。本书根据桥梁工程专业教学大纲要求,详细介绍了桥梁工程下部结构设计理论与计算方法。全书共 11 章,主要内容包括:概论、桥梁墩台、天然地基浅基础、桩和桩基础的构造与施工、桩基础的设计与计算、沉井基础、地下连续墙基础、桥梁大型深水特殊基础、几种特殊地区土的地基基础、地基处理、冻土地区地基与基础。每章都附有思考题,其中荷载及结构设计计算结合新颁布的《公路桥涵地基与基础设计规范》(JTG D63—2007)加以介绍并给出了相应算例。

本书可作为普通高等院校桥梁、道路、交通等相关专业本科生用教材,也可作为上述专业工程技术人员的工作参考书。

图书在版编目(CIP)数据

桥梁墩台与基础工程 / 盛洪飞主编. — 2 版. — 北京 : 人民交通出版社,2014.4
ISBN 978-7-114-10950-8

Ⅰ. ①桥⋯ Ⅱ. ①盛⋯ Ⅲ. ①桥梁结构—墩台②桥梁施工—桥梁基础 Ⅳ. ①U443.2②U445.55

中国版本图书馆 CIP 数据核字(2013)第 247331 号

21 世纪交通版高等学校教材

书　　名:**桥梁墩台与基础工程(第二版)**
著 作 者:盛洪飞
责任编辑:黎小东　岑　瑜
出版发行:人民交通出版社
地　　址:(100011)北京市朝阳区安定门外外馆斜街 3 号
网　　址:http://www.ccpress.com.cn
销售电话:(010)59757973
总 经 销:人民交通出版社发行部
经　　销:各地新华书店
印　　刷:北京印匠彩色印刷有限公司
开　　本:787×1092　1/16
印　　张:26.5
字　　数:680 千
版　　次:2014 年 4 月　第 2 版
印　　次:2023 年 1 月　第 6 次印刷
书　　号:ISBN 978-7-114-10950-8
定　　价:49.00 元

(有印刷、装订质量问题的图书由本社负责调换)

21世纪交通版
高等学校教材（公路与交通工程）编审委员会

总　序

　　当今世界，科学技术突飞猛进，全球经济一体化趋势进一步加强，科技对于经济增长的作用日益显著，教育在国家经济与社会发展中所处的地位日益重要。进入新世纪，面对国际国内经济与社会发展所出现的新特点，我国的高等教育迎来了良好的发展机遇，同时也面临着巨大的挑战，高等教育的发展处在一个前所未有的重要时期。其一，加入WTO，中国经济已融入到世界经济发展的进程之中，国家间的竞争更趋激烈，竞争的焦点已更多地体现在高素质人才的竞争上，因此，高等教育所面临的是全球化条件下的综合竞争。其二，我国正处在由计划经济向社会主义市场经济过渡的重要历史时期，这一时期，我国经济结构调整将进一步深化，对外开放将进一步扩大，改革与实践必将提出许多过去不曾遇到的新问题，高等教育面临加速改革以适应国民经济进一步发展的需要。面对这样的形势与要求，党中央国务院提出扩大高等教育规模，着力提高高等教育的水平与质量。这是为中华民族自立于世界民族之林而采取的极其重大的战略步骤，同时，也是为国家未来的发展提供基础性的保证。

　　为适应高等教育改革与发展的需要，早在1998年7月，教育部就对高等学校本科专业目录进行了第四次全面修订。在新的专业目录中，土木工程专业扩大了涵盖面，原先的公路与城市道路工程，桥梁工程，隧道与地下工程等专业均纳入土木工程专业。本科专业目录的调整是为满足培养"宽口径"复合型人才的要求，对原有相关专业本科教学产生了积极的影响。这一调整是着眼于培养21世纪社会主义现代化建设人才的需要而进行的，面对新的变化，要求我们对人才的培养规格、培养模式、课程体系和内容都应作出适时调整，以适应要求。

　　根据形势的变化与高等教育所提出的新的要求，同时，也考虑到近些年来公路交通大发展所引发的需求，人民交通出版社通过对"八五"、"九五"期间的路桥及交通工程专业高校教材体系的分析，提出了组织编写一套21世纪的具有鲜明交通特色的高等学校教材的设想。这一设想，得到了原路桥教学指导委员会几乎所有成员学校的广泛响应与支持。2000年6月，由人民交通出版社发起组织全国面向交通办学的12所高校的专家学者组成21世纪交通版高等学校教材(公路类)编审委员会，并召开第一次会议，会议决定着手组织编写土木工程专业具有交通特色的**道路专业方向、桥梁专业方向以及交通工程专业**教材。会议经过充分研讨，确定了包括**基本知识技能培养层次、知识技能拓宽与提高层次**以及**教学辅助层次**在内的约130种教材，范围涵盖**本科与研究生用**教材。会后，人民交通出版社开始了细致的教材编写组织工作，经过自由申报及专家推荐的方式，近20所高校的百余名教授承担约130种教材的主编工作。2001年6月，教材编委会召开第二次会议，全面审定了各门教材主编院校提交的教学大纲，之后，编写工作全面展开。

　　21世纪交通版高等学校教材编写工作是在本科专业目录调整及交通大发展的背景下展开的。教材编写的基本思路是：(1)顺应高等教育改革的形势，专业基础课教学内容实现与土木工程专业打通，同时保留原专业的主干课程，既顺应向土木工程专业过渡的需要，又保持服务公路交通的特色，适应宽口径复合型人才培养的需要。(2)注重学生基本素质、基本能力的培养,为学生知识、能力、素质的综合协调发展创造条件。基于这样的考虑,将教材区分为二个主层次与一个辅助层次,即基本知识技能培养层次与知识技能拓宽与提高层次,辅助层次为教学参考用书。工作的着力点放在基本知识技能培养层次教材的编写上。(3)目前,中国的经济发展存在地区间的不平衡,各高校之间的发展也不平衡,因此,教材的编写要充分考虑各校人才培养规格及教学需求多样性的要求,尽可能为各校教学的开展提供一个多层次、系统而全面的教材供给平台。(4)教材的编写在总结"八五"、"九五"工作经验的基础上,注意体现原创性内容,把握好技术发展与教学需要的关系,努力体现教育面向现代化、面向世界、面向未来的要求,着力提高学生的创新思维能力,使所编教材达到先进性与实用性兼备。(5)配合现代化教学手段的发展,积极配套相应的教学辅件,便利教学。

教材建设是教学改革的重要环节之一,全面做好教材建设工作,是提高教学质量的重要保证。本套教材是由人民交通出版社组织,由原全国高等学校路桥与交通工程教学指导委员会成员学校相互协作编写的一套具有交通出版社品牌的教材,教材力求反映交通科技发展的先进水平,力求符合高等教育的基本规律。各门教材的主编均通过自由申报与专家推荐相结合的方式确定,他们都是各校相关学科的骨干,在长期的教学与科研实践中积累了丰富的经验。由他们担纲主编,能够充分体现教材的先进性与实用性。本套教材预计在二年内完全出齐,随后,将根据情况的变化而适时更新。相信这批教材的出版,对于土木工程框架下道路工程、桥梁工程专业方向与交通工程专业教材的建设将起到有力的促进作用,同时,也使各校在教材选用方面具有更大的空间。需要指出的是,该批教材中研究生教材占有较大比例,研究生教材多具有较高的理论水平,因此,该套教材不仅对在校学生,同时对于在职学习人员及工程技术人员也具有很好的参考价值。

21世纪初叶,是我国社会经济发展的重要时期,同时也是我国公路交通从紧张和制约状况实现全面改善的关键时期,公路基础设施的建设仍是今后一项重要而艰巨的任务,希望通过各相关院校及所有参编人员的共同努力,尽快使全套21世纪交通版高等学校教材(公路类)尽早面世,为我国交通事业的发展做出贡献。

21世纪交通版
高等学校教材(公路类)编审委员会
人民交通出版社
2001年12月

第二版前言

墩台与基础是桥梁工程的重要组成部分,是体系同规、受力同一、相互影响的结构体系,习惯称为"桥梁下部结构"。所以,从教学体系上考虑,将墩台与基础作为一门专业课讲授,更便于学生体会其间的系统性,掌握其继承的特点,有利于学习、理解和应用。

20 世纪 70 年代初期国家恢复高校教学后,根据我校专业特点,将《基础工程》课程归入当时的桥梁教学组(后为桥梁教研室,现为桥梁工程系),将墩台部分纳入该课程中,形成以桥梁下部结构为一体的课程,一直延续至今。现从教学改革的角度审视这近 40 年的教学实践,其明晰了桥梁下部结构的设计计算系统,增强了学生解决实际工程问题的能力,符合教学改革中培养学生综合素质的要求,这是应当肯定的。

本教材于 2005 年由哈尔滨工业大学出版社出版,当时共为九章。近年来,一系列桥梁规范(细则)陆续进行了修订再版。这是由于在近 30 年的时间里,随着我国经济的快速发展,推动了桥梁建设的长足进步,有多种桥型已跻身世界领先行列,令人鼓舞。其中《公路桥涵地基与基础设计规范》(JTG D63—2007)在修订期间通过总结设计和实践经验,吸取国内外的研究成果,对原规范作出了多项修改和补充,在主要内容上作了一些必要的改进。《公路钢筋混凝土及预应力混凝土桥涵设计规范》(JTG D62—2004)、《公路圬工桥涵设计规范》(JTG D61—2005)中关于梁、板、拱桥墩台、盖梁与桩基承台等内容也作了较全面的修改和充实,有的参数作了调整。为此,作者对本教材大部分内容作了修改,其中部分内容为新编。

教材建设是教学改革的主要环节之一。《桥梁墩台与基础工程》涉及很多相关学科的内容和方法。所以,教材的编写应注重:科学性与原创相结合,理论性与实用性兼备,提高教学质量,培养学生创新意识和能力。修订后的本教材共十一章,包括:概论、桥梁墩台、天然地基浅基础、桩和桩基础的构造与施工、桩基础的设计与计算、沉井基础、地下连续墙基础、桥梁大型深水特殊基础、几种特殊地区土的地基基础、地基处理、冻土地区地基与基础。

对墩台与基础方面的一些新结构形式和计算要求,经选取充实到教材中。其主要增补内容:第五章第一节最后介绍的桩承载力自平衡法,国外称 Q-cell 法,于 1996 年开始在国内应用,目前已纳入我国的一些规程中,学术界有分歧意见,该内容不做课程讲解,可按专题介绍分析讨论;将地下连续墙独立为第七章,我国从 20 世纪 90 年代开始已有几座特大桥先利用连续墙围护支挡,最后建成地下连续墙锚碇基础,国外应用较广泛;第八章桥梁大型深水特殊基础,首先重点介绍多个国家采用自动化遥控无人大深度沉箱法进行的施工实例,还有跨越海峡深水的设置基础,以及我国锁口钢管桩基础、双承台管桩(柱)基础。

本书第一章、第九章由哈尔滨工业大学盛洪飞编写;第二章、第四章、第五章由哈尔滨工业大学孙航编写;第六章、第七章、第十章及附录由哈尔滨工业大学李岩编写;第三章、第八章、第十一章由哈尔滨工业大学马俊编写。全书由盛洪飞统编。

由于作者水平所限,书中疏漏和不妥之处在所难免,恳请读者指正。

盛洪飞

2013 年 11 月于哈尔滨工业大学

第一版前言

墩台与基础是桥梁工程的重要组成部分,是联结紧密、受力相近、相互影响的两部分结构,习惯称为"桥梁下部结构"。所以,从教学体系上考虑,将墩台与基础作为一门课讲授,更便于体会其间的系统性,掌握其承继的特点,有利于工程实际的应用。

20世纪70年代初期我国恢复高校招生后,根据我校专业特点,将《基础工程》课程归入到当时的桥梁工程教学组(后发展为桥梁工程教研室),由其承担该门课程的授课任务,同时又将墩台部分纳入课程中,形成以桥梁下部结构为内容的课程体系,一直延续至今。现从教学改革的角度审视这30多年教学实践,通过课堂授课、生产实习和课程设计各环节的反馈效果来看,无论是对强化桥梁下部结构的计算理论,还是对上下部桥梁结构结合的实际应用性,及增强学生解决实际工程的能力方面,都符合教改中学生综合素质培养的要求,这种做法还是应当肯定的。而本书的编写正是对30多年教学工作的总结。

本教材共分九章,包括概论、桥梁墩台、天然地基浅基础、桩和桩基础的构造与施工、桩基础的设计与计算、沉井基础、桥梁大型深水特殊基础、人工地基、冻土地区地基和基础。

在各章的内容选取上,尽可能地将近年来由于高等级公路建设需要及大跨度桥梁建筑的发展,在墩台与基础方面出现的一些新结构形式和计算要求补充到教材中。如预制墩基础、空心高墩及大直径空心桩等。为便于使用规范,理解原理,桩基础设计计算以规范中的"m"法计算方法为主。由于作者长期在北方寒冷地区工作,对冻土地区桥涵基础设计有一些体会,所以单成一章作了较详细的介绍。书中荷载作用组合及相关的结构设计计算内容,结合新颁桥梁规范加以介绍,其中包含自己学习新规范的一点粗浅心得体会。

桥梁墩台与基础工程是一门理论与实践相结合的专业课,其特点是综合性强、涉及面广,所有对桥梁结构设计计算有关的课程内容,在该课程中都会有所体现和应用。学习中要注重理论、掌握方法、联系实际、突出重点,并多补充实例资料,以加深对课程内容的理解。

本书第二章第五节、第七章由哈尔滨工业大学王彦宇编写,第三、八章由黑龙江工程学院丁剑婷编写,第四章由哈尔滨工业大学温贵林编写,其余由盛洪飞编写并统稿。博士研究生马骏、李岩、黄新艺、孙航及硕士研究生吕丹、郭冬梅、孙飞、王培金等,协助查阅资料、编写和审核算例、编制图表等工作。本书既可作为桥梁、道路、交通等专业的本科生教材,也可供上述专业工程技术人员参考。由于作者水平所限,书中疏漏和不妥之处在所难免,恳请读者指正赐教。

盛洪飞

2005年6月于哈尔滨工业大学

目　　录

第一章　概　论

第一节　墩台基础的作用与构成

桥梁建筑是一种为人类的生产和生活提供基础服务的结构设施。其承载和跨越的功能，决定了它必须具有一定的结构形式。工程上一般习惯将桥梁结构划分为上部结构和下部结构两大部分，上部结构主要是指桥跨结构，下部结构则是指墩台与基础工程。

一、墩台基础的一般概念

当道路、铁路、渠道、管线等遇到障碍（如山谷、河流以及其他路线等）而中断时，所修建的用以跨越障碍和直接承受荷载（汽车、火车、人群和其他输送物等）的建筑结构称为桥梁结构。由于桥梁的上部结构是跨越结构，其总的受力体系一般为水平结构体系。

墩台支承桥梁上部结构并形成跨越空间，其中，桥台是指桥梁的两端支承结构，桥墩是指除桥台外的中间支承结构。基础是桥梁土中隐蔽结构，是与地基（承受人工结构物荷载的地壳表层岩土）直接接触，并把所受之荷载全部传给地基的结构部分。常用的基础类型主要依其埋置深度划分为浅基础和深基础，深基础多以桩与沉井基础为主。墩台与基础工程统称为桥梁下部结构。桥台除与桥墩一样支撑上部结构传递荷载外，还是桥梁与道路衔接过渡的结构物，所以它除外形复杂外，还受到路堤填土的各种土压力作用（图 1-1）。

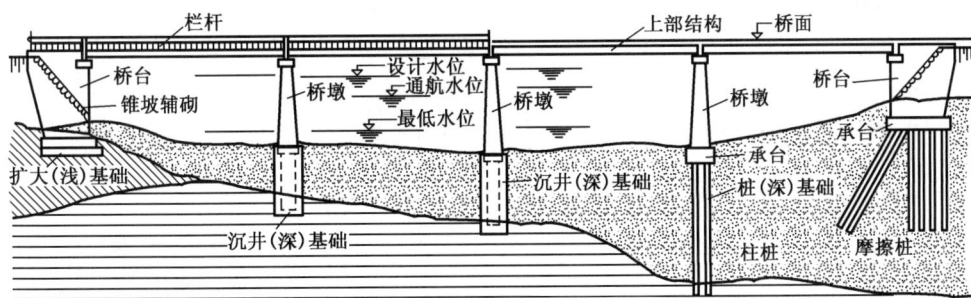

图 1-1　桥台、桥墩、基础示意图

桥梁上下部结构划分：梁式桥以支座划分，支座以上（含支座）为上部结构，支座以下为下部结构；拱桥是以拱脚划分；对其他结构桥梁，则是将桥面以下的竖向结构划为桥梁的下部结构（如连续刚构桥），斜拉桥和悬索桥加劲梁下支承索塔部分称为塔墩，其基础称为塔墩基础。

二、墩台基础受力特点

桥梁墩台与基础是一个连续一体的受力体系，上部结构下传的力和下部结构自身受到的力，由墩台顶帽至基础底面，层层平衡和传递，所以从总体概略来讲，下部结构是一个压弯体系。早期的设计多以重力式实体圬工结构为主，现今随着大跨、高桥，尤其是城市宽桥的建设，墩台设计趋向纤细、美观、空透方向发展,增加了艺术处理的构思,采用众多受力复杂的梁柱构架(这些知识在后面将专门讲述),所以设计计算要采用简化、适用的分析模型,对组成构架各构件的内力和变形加以验算和配筋,以保证对下部结构要求的整体强度、稳定性和适宜刚度。

桥梁墩台基础不仅受与上部桥梁结构同样因素的影响(如汽车和人群荷载、风力、温度影响力等),而且由于自身是水下土中的结构物,还受水流和水中的漂流物、流冰、船舶等撞击作用。这些力的作用方向,主要是横桥方向。桥梁基础还受到地基土性质变化所产生的各种因素的作用,如在冻土地区,就会受到土在冻结时产生的各种冻胀力的作用。由于上部结构体系的不同,上部结构对墩台基础的作用状态也不同,所受的力有梁式结构传下来的竖向反力,也有拱式结构产生的很大的水平推力,还有索吊体系桥梁(悬索桥和斜拉桥)、T形刚构桥梁等产生的正、负反力作用。

上述各种外力作用,既有顺桥方向的,又有横桥方向的,有时还是同时作用,所以墩台基础是一个空间受力结构。不同地区、不同河流,甚至同一座桥上不同位置的墩台基础,其所受到的各种力的作用状态和组合都是不同的,可能是顺桥方向控制设计,也可能是横桥方向控制设计。当两种情况不能明确判断时,则两种情况都要进行验算。

在这里还要强调一点,《公路桥涵地基与基础设计规范》(JTG D63—2007)(以下简称《公桥基规》)对于作用于下部结构的一部分影响很大的作用(荷载),如土压力、制动力、冰压力、船筏撞击力等,因其作用随机性较大,变化幅值大,所以计算规定与取值比较粗略。尤其是地基土,由于土体性状的复杂性,规范提供的计算参数变幅范围较大,虽然普遍应用性较强,但降低了实际应用的精确性。由于下部结构设计中考虑的各种作用参数具有一定的粗略性,因此下部结构计算不可能有十分精确的解析结果。设计者要依据工程的重要性和对具体的自然条件、水文地质条件的了解,并考虑施工的主导工艺本质特点和影响,结合以往的经验和教训,经过分析判断,选取合理可靠的计算参数。

下部结构施工的自然和技术条件与上部结构相比,难以预计的因素多,变数较大,结构设计又不易大规模变更,必须用临时的施工措施来应对出现的问题。因此,下部结构,尤其是复杂的大型基础,依据关键性自然因素和技术条件在理论及经验指导下确定主导的施工方法十分重要。在实际工程中,下部结构发生意外事故和施工偏差的情况往往多于上部结构,是一个风险性很大的施工环节。统计资料表明,桥梁灾难性破坏,绝大部分是由于下部结构破坏所致。从防灾、减灾、保证桥梁安全使用的设防标准考虑,下部结构是最关键的部位之一。

第二节　桥渡设计中有关确定墩台基础位置的要求

桥渡设计不涉及桥梁结构的力学计算,主要任务是确定桥梁位置、桥长和桥高,以及桥梁的分孔和基础的埋置深度等。实际上,分孔的问题就是确定孔数及墩台位置,这是一个复杂的、涉及因素较多的问题,它不仅直接影响通航和桥梁的安全使用,而且对施工难易、桥梁造价也有很大影响。

一、跨径选择问题

在同一桥渡线上,采用大跨径将减少孔数、墩数,但增加了上部结构的工程量和施工难度,小跨径则反之。通航性河流必须满足通航净空要求,不通航河流要考虑泄洪要求的过水面积、流向的变化和桥头水位壅高程度。在大河上建桥,跨径不宜太小,各墩位的自然条件、河床高程不同,有时采用不尽相同的跨径可以获得最佳效果,但要注意分孔不宜太零乱。另外,一些上部结构为特殊受力体系的桥梁,其对下部结构传力性质和平衡要求与一般桥梁不同,如悬索桥的主缆锚碇基础、斜拉桥的辅助墩、连续梁与连续刚构兼受拉力的桥台等不能按一般墩台基础的概念布置设计,而需适应外力的有利传布和平衡,作为特殊受力结构体设计。

二、尽量避免在深水主槽中布墩

深水主槽水流流速大,修筑桥墩后阻水产生较大的冲刷,需要加深基础,这将造成桥墩和基础施工上的困难。所以,对于水深流急、深泓线摆动很大的部位不易布墩。

对于在有通航要求和有漂流物、流冰的河流,由于修筑桥墩后,在桥墩附近形成旋流而对船舶等有吸引力,极易将其吸往桥墩导致撞击事故发生。所以行船在很远就要注意对桥跨居中行驶,实践要求,一般通航河流最小跨径不宜小于40m。

对于通航水位时水流方向不垂直于桥孔的河流,尤其在河流转弯处,布设桥墩一定要慎重,因为此种情况下船只很容易撞及桥墩。如我国长江中上游的某大桥,原设计方案为一座主孔460m跨径的斜拉桥,它为航运提供了宽广的范围,后来改用了多孔预应力混凝土连续刚构,虽然桥的跨径也有245m(1996年建成时位居世界同类桥型第二跨度),但有一个桥墩正好布置在水流转弯处,因而出现船撞桥墩的事故。与此相反,法国的诺曼底(Normandie)大桥位于塞纳河口,原设计为跨径512m的斜拉桥,后考虑桥塔有被船撞的危险,航运部门要求放大桥孔,经过几年的争议与研究,最后决定将一个塔移到岸边,另一个塔设在人工岛上,跨径放大到856m,比原来的跨径大出344m,并且在塔墩的脚下做了很好的防护措施,以避免15万t油轮碰撞。由此可见,对大江大河中的桥梁桥孔设计布墩问题必须慎重对待。

在变迁性河流或深泓线摆动较大的游荡性河段建桥,还应考虑水流流向变化对墩身阻水和通航的影响,以免使通航孔废弃。

三、桥渡设计中的墩台基础冲刷问题

桥渡设计中的冲刷是决定桥墩基础埋置深度的关键因素。实际桥渡设计中的各方面内容,都直接或间接地影响桥渡冲刷,水毁的桥梁绝大多数最终表现为冲刷过大造成墩倾梁倒。确定桥梁长、高、深等,实质上是确定桥下过水面积的问题。要在江河上建桥,一般都需要在水中设置桥墩以支承桥梁,而桥墩的基础则需要埋置在河床以下一定的深度,于是桥墩、水流和地质条件就形成相互影响的矛盾统一体,而冲刷则是这种矛盾统一体相互作用的体现。冲刷是引用单宽流量计算的一般冲刷、集中冲刷与局部冲刷深度的叠加总和,虽然计算粗略但影响甚大,处理不当会将基础底土层淘空,危及基础乃至全桥的安全和稳定。

冲刷的问题直接影响河道压缩(桥梁长度)、桥墩的结构形式、基础埋置深度等方面的规划设计。在规划水库上游建桥时,要考虑将来水位抬高和冬季冰塞作用;在下游附近建桥要考虑将来清水泄洪和放淤冲刷的影响。桥台的布置要保证桥下有足够的泄水面积。特别对单孔桥梁,桥台类型可直接影响跨长的变化和水流的压缩程度(图1-2),实际上也直接影响桥梁的安全和造价。

四、地质条件的要求

地质条件对桥梁的安全影响甚大。通常桥墩的基础都要设置在河床表面以下数米乃至数十米以下,因此必须通过钻探和物探的手段来探察清楚河床深处的地质情况。对于地质复杂、基础工程量较大的河流,减少桥墩数量可能得到经济孔径。

一般桥墩位置应尽量避开断层与陷穴、软弱地质夹层带或石灰岩地区的不良地质处(溶洞、溶沟等),尽量选择在岩面高程较高位置处。

在地质不稳定的山区隘口修建桥梁,一定要注意防止泥石流将桥墩撞倒而致桥毁,一般尽可能一孔跨过。在山区建桥应放大孔径,减少桥墩数,尤其要避开深谷设墩。

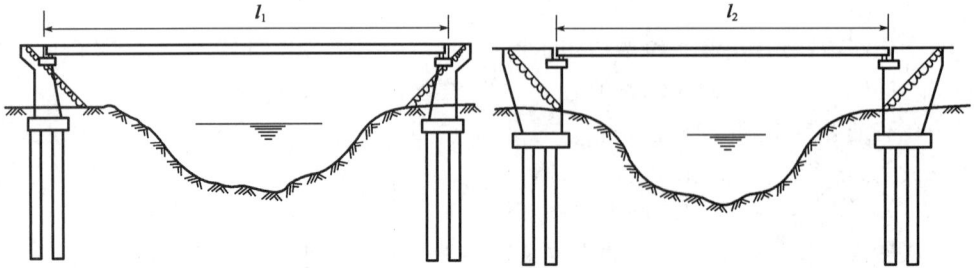

图1-2 桥台类型与跨长变化

第三节 墩台基础设计原则和影响因素

一、设计原则

根据我国的建设方针,公路桥涵根据所在公路的使用任务、性质和将来发展的需要,按照"安全、适用、经济、美观和有利环保"的原则进行设计,使结构安全与造价经济相统一,使用功能与美学造型相统一。

所谓结构安全,就是在施工和营运阶段,墩台基础本身要有足够的强度和稳定性,这是最基本的要求。结构的安全若保证不了,就会与造价经济产生矛盾。

下部工程造价通常在整个桥梁造价中占有相当大的比重。在复杂地质条件和深水大河中,有时会超过上部结构的造价,而且基础工程往往可能由于施工中遇到意外情况而使工期延长,造价增加。

实际上安全与经济统一是一个优化设计的问题,也就是在全面分析影响墩台基础设计的各种因素的基础上,因地制宜地确定合理的结构形式和尺寸、施工方案,在保证施工和营运阶段安全、可靠、正常使用的基础上,达到最优的经济性。

目前,桥梁技术的发展,对桥梁的使用功能和跨越能力、通过能力、承载能力等要求越来越高;同时,对桥梁外形的美学要求也越来越高。由于桥梁在人们社会生活和地理环境中的特殊地位,往往会给所在城市增加景观,甚至成为该城市的标志之一。例如金门桥就是旧金山的标志;武汉长江大桥是武汉市的标志;南京长江大桥建成后,又成了南京市的标志。

若想使桥梁结构造型美观,并与周围景观相协调,墩台结构造型同上部结构一样起着举足轻重的作用。

目前大量使用的梁式桥结构,如钢筋混凝土和预应力混凝土T梁、箱梁等,决定了其上部结构的单调平淡,作较大的变化比较困难。国内外变化多样的梁桥,实际上是在桥墩结构上采取了不少新结构形式。现在基本上破除了过去肥梁胖墩的形象,改变上小下大的线形造型。德国桥梁建筑大师雷昂哈特(Leon HardT)在《桥梁的艺术造型》一书中指出:"在大型桥梁中,纤细性占举足轻重的地位,它既可减少压缩在河上的质量,又可增加大胆高翔的印象,还能显示出一种使人感到优美而富有生气的魄力。"如现在多采用的上宽下窄桥墩,给人以轻巧向上的感受;直线向上伸展的高墩,则又使人感到挺拔肃穆、高耸有力。

目前桥墩多采用钢筋混凝土杆、板体系,以改进结构,取得构思的多样性,向轻型化、拼装化发展。桥头的美学要求(桥台结构、端柱、上部结构、桥头堡等)应合乎比例,协调地把桥渡和引道、陆地、引桥有机地联系起来,形成一个岸景,这对城市桥梁是至关重要的。

二、墩台基础设计影响因素

影响桥梁下部结构设计的因素较多,其中主要有上部结构类型(如拱桥、梁桥、斜拉桥、T构等)、桥位处水文地质条件、桥梁设计标准(活载标准、跨径、桥宽等)及桥梁所处地理位置和总体美学规划要求等;其次如施工机具设备和技术力量、材料供应情况、地形及相邻结构物的影响;另外,其他自然条件(如冻结情况、施工水位等)也有一定的影响。

在诸多的影响因素中,一般结合桥位具体条件,抓住起主导作用的因素首先予以满足,然后再综合考虑其他因素的要求。

作为基础设计,一般优先考虑扩大基础,然后才是桩基础和沉井基础。对于管柱、沉箱和组合基础,一般只在特殊情况下采用。如果条件复杂,则应拟定出几种可行的基础设计方案进行技术经济比较,择优选用。

第四节　墩台基础设计施工所需资料

桥梁下部结构设计和施工所需要的资料,基本上包括了桥梁设计中所涉及的一切有关资料。与上部结构有关的资料对下部结构同样有影响,而对地基土物理力学性质有影响的资料,也直接关系到对墩台基础类型的选择和尺寸的拟定。

其主要设计资料可归纳为如下几部分。

一、桥位测量资料

桥位测量资料是在桥位勘测阶段形成的最主要的资料,其中包括:区域性的桥位平面图,其测量范围要能足以显示出桥位与该地区的相互关系,比例尺一般为1:1 000～1:2 000。桥位平面详图(或桥址地形图),反映桥位处地形地物(或街区建筑物)之间的空间关系,桥位与河道及水流流向的平面关系、与桥轴线及高程有关的里程桩及水准点位置,比例尺一般为1:500～1:2 000。桥位中线纵断面图或河床横断面图是用来进行水文计算和桥梁总体布置的,图上标明高程资料,比例尺一般为1:100～1:500。

二、自然资料

(1)气象资料

气象资料主要包括桥位地区月平均最高最低气温、日最高最低气温、温差、热辐射强度、降雨资料(降雨强度、阴雨时间等)、风力资料(主导风向、风压强度等)、冻深资料等。

(2)河道自然资料

河道自然资料包括桥位附近河床特征和平面形态,如滩槽宽度与深度、水流流向汇交情况、冲挟泥沙能力、洪水泛滥边界、两岸地势、冲刷情况、岸滩植被覆盖情况等。

（3）水文资料

当有水文站实测资料时,应当将资料按水文计算要求搜集全。不足的资料要实测补充。当无水文站资料时,应根据形态调查法结合外业勘测实测调查有关水位、坡降、流速、冲刷等资料。当有漂流物和流冰时,还应调查了解漂流物性质、体积和质量、流冰最高最低水位、流冰强度等资料。

对有通航要求的河流,尚应掌握航道等级、最大航运吨位、通航水位净空等资料。

三、规划资料

规划资料包括城市和桥位附近地区的人口、工农业现状和远景规划、车辆及人流现状和远景规划、城市街区和道路网远景规划、桥位处及影响桥梁设计的有关河流流域土地水利规划情况、荷载发展及可能出现的特殊车辆荷载资料等。

四、上部结构设计计算及有关设计标准的资料

上部结构类型、尺寸及计算结果是下部结构设计的依据。有关桥梁设计的技术标准及有关要求包括:车辆荷载等级,特殊车辆的轴数、轴重及外形尺寸;桥面净宽、桥下净空要求(如立交桥与通航河流),引道等级及桥面纵坡要求;国防及其他安全上的要求(如抗震要求);城市公共事业管线的过河要求等。

五、工程地质钻探及土质岩石鉴定、分类、物理力学指标资料

根据钻孔柱状图资料绘制地质剖面图,并结合桥梁的具体情况进行必要的土工试验和鉴定,提供基础设计时所需要的各土层物理力学指标资料、不良地段及特殊地质现象的有关详细资料。

六、建筑材料调查及供应资料

建筑材料调查及供应资料包括:钢材、木材、水泥等规格、质量、数量,地产材料(砂、石)等料场情况、规格、数量,以及单价、运输方式、费用等编制概预算所需的有关资料。

七、现场施工条件资料

现场施工条件资料包括施工用地、水电、运输条件等。

八、施工单位资质水平、技术力量、机具设备等资料

(略)

九、桥梁所处环境及对建筑艺术上的特殊要求等资料

(略)

十、同类型桥梁有关设计、施工、使用方面的资料

可供设计施工参考。

第五节 墩台基础所受作用及作用效应组合

一、作用分类与作用代表值

桥梁所受到的各种作用,都会对桥梁下部结构产生直接或间接的影响,称之为作用效应。为了便于计算应用,现行《公路桥梁设计通用规范》(JTG D60—2004)(以下简称《公桥通规》)将桥梁所受各种作用,按随时间的变异分为以下3类。

永久作用:在设计使用期内经常作用,且其值不随时间变化或变化微小的作用。

可变作用:数值随时间变化的作用。

偶然作用:作用时间短暂,且发生几率很小的作用。

各类作用具体包括的内容见表1-1。

作 用 分 类   表 1-1

编 号	作 用 分 类	作 用 名 称
1	永久作用	结构重力(包括结构附加重力)
2		预加力
3		土的重力
4		土侧压力
5		混凝土收缩及徐变作用
6		水的浮力
7		基础变位作用
8	可变作用	汽车荷载
9		汽车冲击力
10		汽车离心力
11		汽车引起的土侧压力
12		人群荷载
13		汽车制动力
14		风荷载
15		流水压力
16		冰压力
17		温度(均匀温度和梯度温度)作用
18		支座摩阻力
19	偶然作用	地震作用
20		船舶或漂流物的撞击作用
21		汽车撞击作用

在进行公路桥涵设计时,对不同的作用应采用不同的代表值。作用代表值就是为结构设计而给定的量值。设计的要求不同,采用的作用代表值也不同。永久作用应采用标准值作为代表值。可变作用应根据不同的极限状态分别采用标准值、频遇值或准永久值作为其代表值。其具体规定为:当按承载能力极限状态及按弹性阶段计算结构强度时,应采用标准值作为可变作用的代表值;当按正常使用极限状态短期效应(频遇)组合设计时,应采用频遇值作为可变作用代表值;当按长期效应(准永久)组合设计时,应采用准永久值作为可变作用的代表值;偶然作用取其标准值作为代表值。

作用的标准值是结构设计的主要参数,是作用的基本代表值,关系到结构设计的安全问题,其量值应为该作用参与在设计基准期内作用组合效应时最不利的值,一般取作用在设计基准期内最大值概率分布的某一分位值。

可变作用的频遇值是指在结构上较频繁出现且量值较大的作用取值,但它比可变作用的标准值小,实际上由标准值乘以小于1的频遇值系数 ψ_1 得到。

可变作用的准永久值是指在结构上经常出现的作用值,它比可变作用的频遇值还要小些,实际上是由标准值乘以小于ψ_1的准永久值系数ψ_2得到。

偶然作用应根据调查分析、试验资料,并结合工程经验确定其标准值。

二、作用效应组合

桥梁结构要受到多种作用的作用,它们对结构的作用效应、出现的几率各不相同,有的是同时作用,有的则不会同时出现,有的作用还具有变化特性(包括量值、作用的位置和方向),所以在设计计算时要进行作用效应组合。

所谓作用效应组合,就是在进行结构设计时,无论是承载能力极限状态还是正常使用极限状态,均须根据结构物类型、验算项目和要求的不同,选择在营运和施工中可能出现的、同时作用的各种作用因素所产生的最不利效应组合,作为结构设计和验算控制与评价的依据。

(一)承载能力极限状态设计

公路桥涵结构按承载能力极限状态设计时,应采用以下两种作用效应组合。

1. 基本组合

基本组合为永久作用的设计值效应与可变作用设计值效应相组合,其效应组合表达式为:

$$\gamma_0 S_{ud} = \gamma_0 \left(\sum_{i=1}^{m} \gamma_{Gi} S_{Gik} + \gamma_{Q1} S_{Q1k} + \psi_c \sum_{j=2}^{n} \gamma_{Qj} S_{Qjk} \right) \tag{1-1}$$

$$\gamma_0 S_{ud} = \gamma_0 \left(\sum_{i=0}^{m} S_{Gid} + S_{Q1d} + \psi_c \sum_{j=2}^{n} S_{Qjd} \right) \tag{1-2}$$

式中:S_{ud}——承载能力极限状态下作用基本组合的效应组合设计值;

γ_0——结构重要性系数,按结构设计安全等级采用,对应于设计安全等级一级、二级和三级分别取1.1、1.0和0.9;

γ_{Gi}——第i个永久作用效应的分项系数,按表1-2采用;

S_{Gik}、S_{Gid}——第i个永久作用效应的标准值和设计值;

γ_{Q1}——汽车荷载效应(含汽车冲击力、离心力)的分项系数,取$\gamma_{Q1}=1.4$;当某个可变作用在效应组合中其值超过汽车荷载效应时,则该作用取代汽车荷载,其分项系数应采用汽车荷载的分项系数;对专为承受某作用而设置的结构或装置,设计时该作用的分项系数取与汽车荷载同值;计算人行道板和人行道栏杆的局部荷载,其分项系数也与汽车荷载取同值;

S_{Q1k}、S_{Q1d}——汽车荷载效应(含汽车冲击力、离心力)的标准值和设计值;

γ_{Qj}——在作用效应组合中除汽车荷载效应(含汽车冲击力、离心力)、风荷载外的其他第j个可变作用效应的分项系数,取$\gamma_{Qj}=1.4$,但风荷载的分项系数取$\gamma_{Qj}=1.1$;

S_{Qjk}、S_{Qjd}——在作用效应组合中除汽车荷载效应(含汽车冲击力、离心力)外的其他第j个可变作用效应的标准值和设计值;

ψ_c——在作用效应组合中,除汽车荷载效应(含汽车冲击力、离心力)外的其他可变作用效应的组合系数,当永久作用与汽车荷载和人群荷载(或其他一种可变作用)组合时,人群荷载(或其他一种可变作用)的组合系数取$\psi_c=0.8$;当除汽车荷载(含汽车冲击力、离心力)外尚有两种其他可变作用参与组合时,其组合系数取$\psi_c=0.7$;尚有三种可变作用参与组合时,其组合系数取$\psi_c=0.6$;尚有四种及多于四种的可变作用参与组合时,取$\psi_c=0.5$。

编号	作用类别		永久作用效应分项系数	
			对结构承载能力不利时	对结构承载能力有利时
1	混凝土与坝工结构重力(包括结构附加重力)		1.2	1.0
	钢结构重力(包括结构附加重力)		1.1 或 1.2	
2	预加力		1.2	1.0
3	土的重力		1.2	1.0
4	混凝土的收缩及徐变作用		1.0	1.0
5	土侧压力		1.4	1.0
6	水的浮力		1.0	1.0
7	基础变位作用	混凝土和坝工结构	0.5	0.5
		钢结构	1.0	1.0

注:本表编号 1 中,当钢桥采用钢桥面板,永久作用效应分项系数取 1.1;当采用混凝土桥面板时,取 1.2。

稳定性验算时,结构重要性系数及作用的各项系数均取为 1.0。

设计弯桥稳定性验算时,结构重要性系数及作用的各项系数均取为 1.0。当离心力与制动力同时参与组合时,制动力标准值或设计值按 70% 取用。

2. 偶然组合

偶然组合(不包括地震作用)作用效应组合可采用下式计算:

$$\gamma_0 S_{ad} = \gamma_0 \left(\sum_{i=1}^{m} \gamma_{Gi} S_{Gik} + \gamma_a S_{ak} + \psi_{11} S_{Q1k} + \sum_{j=2}^{n} \psi_{2j} S_{Qjk} \right) \tag{1-3}$$

式中:S_{ad}——承载能力极限状态下作用偶然组合的效应组合值;

S_{ak}——偶然作用标准值效应;

S_{Q1k}——除偶然作用外,第一个可变作用标准值效应;该标准值效应大于其他任意第 j 个可变作用标准值效应;

ψ_{11}——第一个可变作用的频遇值系数,汽车荷载(不计冲击力)$\psi_1 = 0.7$,人群荷载 $\psi_1 = 1.0$,风荷载 $\psi_1 = 0.75$,温度荷载作用 $\psi_1 = 0.8$,其他作用 $\psi_1 = 1.0$,稳定验算时取 $\psi_1 = 1.0$;

ψ_{2j}——其他第 j 个可变作用的准永久值系数,汽车荷载(不计冲击力)$\psi_2 = 0.4$,人群荷载 $\psi_2 = 0.4$,风荷载 $\psi_2 = 0.5$,温度梯度作用 $\psi_2 = 0.8$,其他作用 $\psi_2 = 1.0$;

γ_{Gi}、γ_a——表达式中相应作用效应的分项系数,均取值为 1.0。

地震作用标准值及其表达式按现行《公路桥梁抗震设计细则》(JTG/T B02-01—2008)(以下简称《公抗设则》)规定采用。

(二)正常使用极限状态设计

公路桥涵结构按正常使用极限状态设计时,应根据不同的设计要求,采用以下两种效应组合。

1. 作用短期效应组合

作用短期效应组合为永久作用标准值效应与可变作用频遇值效应相组合,其效应组合表达式为:

$$S_{sd} = \sum_{i=1}^{m} S_{Gik} + \sum_{j=1}^{n} \psi_{1j} S_{Qjk} \qquad (1-4)$$

式中：S_{sd}——作用短期效应组合设计值；

ψ_{1j}——第 j 个可变作用效应的频遇系数，汽车荷载（不计冲击力）$\psi_1 = 0.7$，人群荷载 $\psi_1 = 1.0$，风荷载 $\psi_1 = 0.75$，温度梯度作用 $\psi_1 = 0.8$，其他作用 $\psi_1 = 1.0$；

$\psi_{1j} S_{Qjk}$——第 j 个可变作用效应的频遇值。

2. 作用长期效应组合

作用长期效应组合为永久作用标准值效应与可变作用准永久值效应相组合，其效应组合表达式为：

$$S_{ld} = \sum_{i=1}^{m} S_{Gik} + \sum_{j=1}^{n} \psi_{2j} S_{Qjk} \qquad (1-5)$$

式中：S_{ld}——作用长期效应组合设计值；

ψ_{2j}——第 j 个可变作用效应的准永久值系数，汽车荷载（不计冲击力）$\psi_2 = 0.4$，人群荷载 $\psi_2 = 0.4$，风荷载 $\psi_2 = 0.75$，温度梯度作用 $\psi_2 = 0.8$，其他作用 $\psi_2 = 1.0$；

$\psi_{2j} S_{Qjk}$——第 j 个可变作用效应的准永久值。

当结构构件需进行弹性阶段截面应力计算时，除特殊指明外，各作用效应的分项系数及组合系数均取 1.0，各项应力限值按各设计规范采用。

当验算结构的抗倾覆、滑动稳定时，稳定系数、各作用的分项系数及摩擦系数，应根据不同结构按各有关桥涵设计规范确定。

3. 进行作用效应组合的注意事项

（1）当可变作用的出现对结构、结构构件或某验算项目产生有利影响时，该作用不应参与组合。实际不可能同时出现的作用或同时参与组合概率很小的作用，《公桥通规》规定不考虑其作用效应组合（表 1-3）。

可变作用不同时组合表 表 1-3

编号	作用名称	不与该作用同时参与组合的作用编号	编号	作用名称	不与该作用同时参与组合的作用编号
13	汽车制动力	15,16,18	16	冰压力	13,15
15	流水压力	13,16	18	支座摩阻力	13

（2）当结构或结构构件需作不同受力方向验算时，则应以不同方向的最不利作用效应进行组合。

（3）《公桥通规》仅指出了作用效应组合要考虑的范围，其具体组合内容尚需设计者根据实际情况确定。如作用效应的偶然组合是指永久作用标准值、可变作用代表值和一种偶然作用标准值的效应组合，视具体情况，也可不考虑可变作用效应参与组合。

（4）作用效应偶然组合用于结构在特殊情况下的设计，所以不是所有公路桥涵结构都要采用的，一些结构也可采取构造或其他预防措施来解决。

（5）对于专为承受某种作用而设置的结构或装置，如桥墩的防船撞装置设计，船舶撞击作用被视为主导作用，在该作用效应组合时，其分项系数可取与汽车荷载相同值。

（6）施工阶段作用效应组合，应按计算需要及结构所处条件确定，结构上的施工人员和施工机械设备均作为临时荷载加以考虑。

（7）多个偶然作用不同时参与组合。

三、作用量值计算

各作用量值确定计算,必须按《公桥通规》的规定和要求办理。现将直接作用于墩台基础上且影响较大的作用量值计算作一简单介绍。

(一)汽车荷载

汽车荷载在公路工程结构中通常被视为主导和可变作用。公路桥涵设计时,汽车荷载的计算图式、荷载等级及其标准值、加载方法和纵横向折减等应符合下列规定:

(1)汽车荷载分为公路—Ⅰ级和公路—Ⅱ级两个等级。

(2)汽车荷载由车道荷载和车辆荷载组成。车道荷载由均布荷载和集中荷载组成。桥梁结构的整体计算采用车道荷载;桥梁结构的局部加载、涵洞、桥台和挡土墙土压力等的计算采用车辆荷载。车辆荷载与车道荷载的作用不得叠加。

(3)各级公路桥涵设计的汽车荷载等级应符合表1-4的规定。

各级公路桥涵的汽车荷载等级　　　　　　　　　　　　表1-4

公路等级	高速公路	一级公路	二级公路	三级公路	四级公路
汽车荷载等级	公路—Ⅰ级	公路—Ⅰ级	公路—Ⅱ级	公路—Ⅱ级	公路—Ⅱ级

二级公路为干线公路且重型车辆多时,其桥涵的设计可采用公路—Ⅰ级汽车荷载。四级公路上重型车辆少时,其桥涵设计所采用的公路—Ⅱ级车道荷载的效应可乘以0.8的折减系数,车辆荷载的效应可乘以0.7的折减系数。

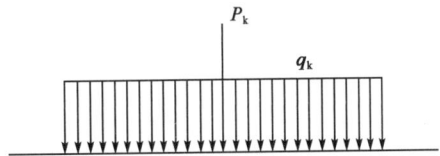

图1-3　车道荷载

(4)车道荷载的计算图示见图1-3。

①公路—Ⅰ级车道荷载的均布荷载标准值为$q_k = 10.5\text{kN/m}$;集中荷载标准值按以下规定选取:桥梁计算跨径小于或等于5m时,$P_k = 180\text{kN}$;桥梁计算跨径等于或大于50m时,$P_k = 360\text{kN}$;桥梁计算跨径在5~50m时,P_k值采用直线内插求得。计算剪力效应时,上述集中荷载标准值P_k应乘以1.2的系数。

②公路—Ⅱ级车道荷载的均布荷载标准值q_k和集中荷载标准值P_k按公路—Ⅰ级车道荷载的0.75倍采用。

③车道荷载的均布荷载标准值应满布于使结构产生最不利效应的同号影响线上;集中荷载标准值只作用于相应影响线中一个最大影响线峰值处。

(5)车辆荷载的立面、平面尺寸见图1-4,主要技术指标规定见表1-5。

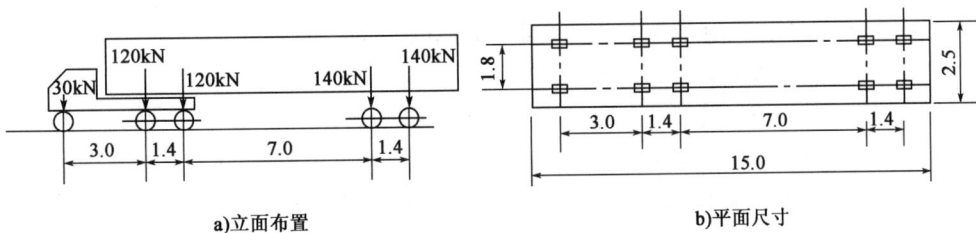

a)立面布置　　　　　　　　　　　　b)平面尺寸

图1-4　车辆荷载的立面、平面尺寸(尺寸单位:m)

公路—Ⅰ级和公路—Ⅱ级汽车荷载采用相同的车辆荷载标准值。

车辆荷载的主要技术指标　　表1-5

项　目	单位	技术指标	项　目	单位	技术指标
车辆重力标准值	kN	550	轮距	m	1.8
前轴重力标准值	kN	30	前轮着地宽度及长度	m	0.3×0.2
中轴重力标准值	kN	2×120	中、后轮着地宽度及长度	m	0.6×0.2
后轴重力标准值	kN	2×140	车辆外形尺寸(长×宽)	m	15×2.5
轴距	m	$3 + 1.4 + 7 + 1.4$			

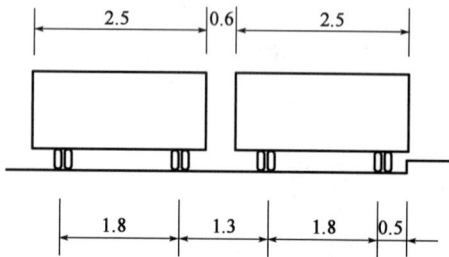

图1-5　车辆荷载横向布置(尺寸单位:m)

(6)车道荷载横向分布系数应按设计车道数(图1-5)布置车辆荷载进行计算。

(7)多车道桥梁上的汽车荷载应考虑多车道折减。当桥涵设计车道数等于或大于2时,由汽车荷载产生的效应按表1-6规定的多车道折减系数进行折减,但折减后的效应不得小于两设计车道的荷载效应。

(8)大跨径桥梁上的汽车荷载应考虑纵向折减。当桥梁计算跨径大于150m时,应按表1-7规定的纵向折减系数进行折减。当为多跨连续结构时,整个结构应按最大的计算跨径考虑汽车荷载效应的纵向折减。

横 向 折 减 系 数　　表1-6

横向布置设计车道数(条)	2	3	4	5	6	7	8
横向折减系数	1.00	0.78	0.67	0.60	0.55	0.52	0.50

纵 向 折 减 系 数　　表1-7

计算跨径 L_0(m)	纵向折减系数	计算跨径 L_0(m)	纵向折减系数
$150 < L_0 < 400$	0.97	$800 \le L_0 < 1\,000$	0.94
$400 \le L_0 < 600$	0.96	$L_0 \ge 1\,000$	0.93
$600 \le L_0 < 800$	0.95		

(二)汽车荷载冲击力

汽车荷载冲击力应按下列规定计算:

(1)钢桥、钢筋混凝土及预应力混凝土桥、圬工拱桥等上部构造和钢支座、板式橡胶支座、盆式橡胶支座及钢筋混凝土柱式墩台,应计算汽车的冲击作用。

(2)填料厚度(包括路面厚度)等于或大于0.5m的拱桥、涵洞以及重力式墩台不计冲击力。

(3)支座的冲击力,按相应的桥梁取用。

(4)汽车荷载的冲击力标准值为汽车荷载标准值乘以冲击系数 μ。

(5)冲击系数 μ 可按下式计算,即:

$$\begin{cases} 当 f < 1.5\text{Hz} 时, & \mu = 0.05 \\ 当 1.5\text{Hz} \le f \le 14\text{Hz} 时, & \mu = 0.176\,7\ln f - 0.015\,7 \\ 当 f > 14\text{Hz} 时, & \mu = 0.45 \end{cases} \quad (1\text{-}6)$$

式中:f——结构基频(Hz)。

(6)汽车荷载的局部加载及在T梁、箱梁悬臂板上的冲击系数采用1.3。

(三)汽车荷载引起的土侧压力

汽车荷载引起的土压力采用车辆荷载加载。

车辆荷载在桥台或挡土墙后填土的破坏棱体上引起的土侧压力,可按下式换算成等代均布土层厚度 h(单位:m)计算:

$$h = \frac{\sum G}{Bl_0\gamma} \tag{1-7}$$

式中:γ——土的重度(kN/m³);

G——布置在 $B \times l_0$ 面积内的车轮的总重力(kN),计算挡土墙的土压力时,车辆荷载应按《公桥通规》规定作横向布置(图1-5),车辆外侧车轮中线距路面边缘 0.5m,计算中涉及多车道加载时,车轮总重力应按规定进行折减;

l_0——桥台或挡土墙后填土的破坏棱体长度(m),对于墙顶以上有填土的路堤式挡土墙,l_0 为破坏棱体范围内的路基宽度部分;

B——桥台横向全宽或挡土墙的计算长度(m)。

(四)汽车荷载制动力

汽车荷载制动力可按下列规定计算和分配:

(1)汽车荷载制动力按同向行驶的汽车荷载(不计冲击力)计算,并应按表1-7的规定执行,对使桥梁墩台产生最不利纵向力的加载长度进行纵向折减。

一个设计车道上由汽车荷载产生的制动力标准值按规定的车道荷载标准值在加载长度上计算的总重力的10%计算,但公路—Ⅰ级汽车荷载的制动力标准值不得小于165kN;公路—Ⅱ级汽车荷载的制动力标准值不得小于90kN。同向行驶双车道的汽车荷载制动力标准值为一个设计车道制动力标准值的2倍;同向行驶三车道为一个设计车道的2.34倍;同向行驶四车道为一个设计车道的2.68倍。

(2)制动力的着力点在桥面以上1.2m处,计算墩台时,可移至支座中心或支座底座面上。计算刚构桥、拱桥时,制动力的着力点可移至桥面上,但不计因此而产生的竖向力和力矩。

(3)设有板式橡胶支座的简支梁、连续桥面简支梁或连续梁排架式柔性墩台,应根据支座与墩台的抗推刚度的刚度集成情况分配和传递制动力。设有板式橡胶支座的简支梁刚性墩台,按单跨两端的板式橡胶支座的抗推刚度分配制动力。

(4)设有固定支座、活动支座(滚动或摆动支座、聚四氟乙烯板支座)的刚性墩台传递的制动力,按表1-8的规定采用。每个活动支座传递的制动力,其值不应大于其摩阻力;当大于摩阻力时,按摩阻力计算。

(五)汽车荷载离心力

汽车荷载离心力是一种伴随车辆在弯道桥行驶时所产生的惯性力,其以水平力的形式作用于桥梁,当弯道桥的曲线半径等于或小于250m时,弯道桥的墩台应计算汽车荷载引起的离心力。汽车荷载离心力标准值为车辆荷载(不计冲击力)标准值乘以离心力系数 C。离心力系数的计算式为:

$$C = \frac{v^2}{127R} \tag{1-8}$$

式中:v——设计速度(km/h),应按桥梁所在路线设计速度采用;

R——曲线的曲率半径(m)。

桥梁墩台及支座类型		应计的制动力	符号说明
简支梁桥台	固定支座 聚四氟乙烯板支座 滚动(或摆动)支座	T_1 $0.30T_1$ $0.25T_1$	T_1—加载长度为计算跨径时的制动力; T_2—加载长度为相邻两跨计算跨径之和时的制动力; T_3—加载长度为一联长度的制动力
简支梁桥墩	两个固定支座 一个固定支座,一个活动支座两个聚四氟乙烯板支座 两个滚动(或摆动)支座	T_2 见表下注 $0.30T_2$ $0.25T_2$	
连续梁桥墩	固定支座 聚四氟乙烯板支座 滑动(或摆动)支座	T_3 $0.30T_3$ $0.25T_3$	

注:固定支座按 T_4 计算,活动支座按 $0.30T_5$(聚四氟乙烯支座)计算或 $0.25T_5$(滚动或摆动支座)计算,T_4 和 T_5 分别为与固定支座或活动支座相应的单跨跨径的制动力,桥墩承受的制动力为上述固定支座与活动支座传递的制动力之和。

离心力作用点在桥面上,计算多车道桥梁的汽车荷载离心力时,车辆荷载标准值应乘以表 1-6 规定的横向折减系数。

(六) 土的重力及土侧压力

计算土的重力时,土的重度和内摩擦角、台背与填土间外摩擦角应根据调查或试验确定,当无实际资料时,可按表 1-9 采用。

土的重度、内摩擦角和台背与填土间外摩擦角 表 1-9

名称	重度 (kN/m^3)	内摩擦角 φ (°)	外摩擦角 δ (°)	名称	重度 (kN/m^3)	内摩擦角 φ (°)	外摩擦角 δ (°)
湿黏土	17~19	25~35	17~18	干砂砾	18	35~45	24~31
干黏土	16~17	40~45	27~33	湿砂	17~18	40	25
湿砂砾	19~20	25~35	22	干砂	15~17	30~35	29~30

基础襟边上水位以下的土重力,当基底考虑浮力时采用浮重;当基底不考虑浮力时,视其是否透水采用天然重力或饱和重力。另外,还应根据验算项目要求,计入襟边土层以上水柱的重力。浮土重度的计算式为:

$$\gamma' = \frac{1}{1+e}(\gamma_0 - 1) \qquad (1\text{-}9)$$

式中:e——土的孔隙比;

γ_0——土的固体颗粒重度,一般采用 $27kN/m^3$。

作用于桥台台身墙背土侧压力的类型除与填土性质和土与墙背之间的接触状况有关外,主要还与台身的位移方向和位移量有关。根据台身位移方向不同,产生三种不同的土压力。

1. 静止土压力

台身墙体处于固定不动状态,作用在台背上的土压力为静止土压力。静止土压力标准值的计算公式为:

$$e_j = \xi\gamma h \tag{1-10}$$

$$\xi = 1 - \sin\varphi \tag{1-11}$$

$$E_j = \frac{1}{2}\xi\gamma H^2 \tag{1-12}$$

式中: e_j——任一高度 h 处的静土压力强度(kN/m);

ξ——压实土的静土压力系数;

γ——土的重度(kN/m³);

φ——土的内摩擦角(°);

h——填土顶面至任一点的高度(m);

H——填土顶面至基底高度(m);

E_j——高度 H 范围内单位宽度的静土压力标准值(kN/m)。

当验算倾覆和滑动稳定时,墩、台前侧地面以下不受冲刷部分土的侧压力可按静土压力计算。拱桥桥台可能向路堤方向移动时,其台背土压力稳定性验算按静止土压力计算。

2. 主动土压力

台身墙体离开填土向前(桥跨向)移动,台背土体达到主动极限平衡状态,作用在台背上的土压力为主动土压力的标准值可按下列公式计算(图1-6)。

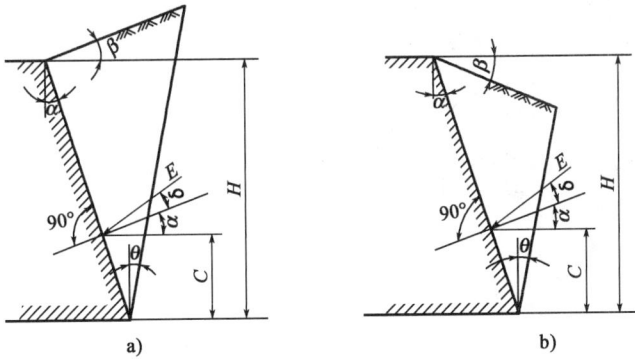

图1-6 主动土压力图

(1)当土层特性无变化且无汽车荷载时,作用在桥台前后的主动土压力标准值的计算式为:

$$E = \frac{1}{2}B\mu\gamma H^2 \tag{1-13}$$

$$\mu = \frac{\cos^2(\varphi - \alpha)}{\cos^2\alpha \cdot \cos(\alpha + \delta)\left[1 + \sqrt{\dfrac{\sin(\varphi + \delta)\sin(\varphi - \beta)}{\cos(\alpha + \delta)\cos(\alpha - \beta)}}\right]} \tag{1-14}$$

式中: E——主动土压力标准值(kN);

μ——中间参数值;

γ——土的重度(kN/m³);

B——桥台的计算宽度(m);

H——计算土层高度(m);

β——填土表面与水平面的夹角,当计算台后的主动土压力时,β 按图 1-6a)取正值;当计算台前的主动土压力时,β 按图 1-6b)取负值;

α——桥台台背与竖直面的夹角,俯台背(图 1-6)时为正值,反之为负值;

δ——台背与填土间的摩擦角,可取 $\delta = \varphi/2$。

主动土压力的着力点自计算土层底面算起,$C = H/3$。

(2)当土层特性无变化但有汽车荷载作用时,作用在桥台后的主动土压力标准值在 $\beta = 0°$ 时的计算式为:

$$E = \frac{1}{2}B\mu\gamma H(H + 2h) \tag{1-15}$$

式中:h——汽车荷载的等代均布土层厚度(m)。

主动土压力的着力点自计算土层底面算起,$C = \dfrac{H}{3} \times \dfrac{H + 3h}{H + 2h}$。

(3)当 $\beta = 0°$ 时,破坏棱体破裂面与竖直线间夹角 θ 的正切值的计算式为:

$$\tan\theta = -\tan\omega + \sqrt{(\cot\varphi + \tan\omega)(\tan\omega - \tan\alpha)} \tag{1-16}$$

其中,$\omega = \alpha + \delta + \varphi$。当土层特性有变化或受水位影响时,宜分层计算土的侧压力。

3. 被动土压力

台身墙体向后(路堤向)移动推压填土,并最终达到被动极限平衡状态,此时台背土压力达到最大值,称为被动土压力。在此情况下,桥台已产生结构不容许产生的过大位移量,所以一般设计验算时不使用被动土压力。

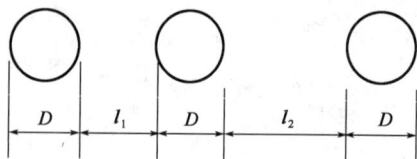

图 1-7 柱的土侧压力计算宽度

4. 桩柱式墩台土压力作用宽度确定

承受土侧压力的柱式墩台,作用在柱上的土侧压力计算宽度,按下列规定采用(图 1-7)。

(1)当 $l_i \leqslant D$ 时,作用在每根柱上的土侧压力计算宽度按下式计算:

$$b = \frac{\left(nD + \sum\limits_{i=1}^{n-1} l_i\right)}{n} \tag{1-17}$$

式中:b——土侧压力计算宽度(m);

D——柱的直径或宽度(m);

l_i——柱间净距(m);

n——柱数。

(2)当 $l_i > D$ 时,应根据柱的直径或宽度来考虑柱间空隙的折减。

当 $D \leqslant 1.0$m 时,作用在每一柱上的土侧压力宽度的计算式为:

$$b = \frac{D(2n - 1)}{n} \tag{1-18}$$

当 $D > 1.0$m 时,作用在每一柱上的土侧压力宽度的计算式为:

$$b = \frac{n(D + 1) - 1}{n} \tag{1-19}$$

式中各符号意义同前。

16

5. 压实填土重力的竖向和水平压力强度标准值

竖向压力强度：

$$q_v = \gamma h \qquad (1-20)$$

水平压力强度：

$$q_h = \lambda \gamma h \qquad (1-21)$$

$$\lambda = \tan^2\left(45° - \frac{\varphi}{2}\right) \qquad (1-22)$$

式中：γ——土的重度(kN/m^3)；

h——计算截面至路面顶的高度(m)；

λ——侧压系数。

(七)水的浮力

水的浮力可按下列规定采用：

(1)基础底面位于透水性地基上的桥梁墩台,当验算稳定时,应考虑设计水位的浮力;当验算地基应力时,仅考虑最低水位的浮力,或不考虑水的浮力。

(2)基础嵌入不透水性地基的桥梁墩台不考虑水的浮力。

(3)作用在桩基承台底面的浮力,应考虑全部底面积。对桩嵌入不透水地基并灌注混凝土封闭者,不应考虑桩的浮力,在计算承台底面浮力时应扣除桩的截面面积。

(4)当不能确定地基是否透水时,应以透水或不透水两种情况与其他作用组合,取其最不利者。

(八)流水压力

作用在桥墩上的流水压力标准值的计算式为：

$$F_w = KA \frac{\gamma v^2}{2g} \qquad (1-23)$$

式中：F_w——流水压力标准值(kN)；

γ——水的重度(kN/m^3)；

v——设计流速(m/s)；

A——桥墩阻水面积(m^2),计算至一般冲刷线处；

g——重力加速度,$g = 9.81 m/s^2$；

K——桥墩形状系数,见表1-10。

桥 墩 形 状 系 数 表1-10

桥 墩 形 状	K	桥 墩 形 状	K
方形桥墩	1.5	尖端形桥墩	0.7
矩形桥墩(长边与水流平行)	1.3	圆端形桥墩	0.6
圆形桥墩	0.8		

流水压力合力的着力点,假定在设计水位线以下0.3倍水深处。

当流速大于10m/s时,应考虑水流的动力作用因素,即考虑水流的脉动冲击压力。

(九)冰压力

对具有竖向前棱的桥墩,冰压力可按下述规定采用。

（1）冰对桩或墩产生的冰压力标准值的计算式为：

$$F_i = mC_t b t R_{ik} \qquad (1-24)$$

式中：F_i——冰压力标准值（kN）；

　　m——桩或墩迎冰面形状系数，可按表1-11取用；

　　C_t——冰温系数，可按表1-12取用；

　　b——桩或墩迎冰面投影宽度（m）；

　　t——计算冰厚（m），可取实际调查的最大冰厚；

　　R_{ik}——冰的抗压强度标准值（kN/m²），可取当地冰温0℃时的冰抗压强度；当缺乏实测资料时，对海冰可取 $R_{ik}=750\text{kN/m}^2$；对河冰，流冰开始时，$R_{ik}=750\text{kN/m}^2$，最高流冰水位时，可取 $R_{ik}=450\text{kN/m}^2$。

桩或墩迎冰面形状系数 m　　　　表1-11

系数 ＼ 迎冰面形状	平面	圆弧形	尖角形的迎冰面角度				
			45°	60°	75°	90°	120°
m	1.00	0.90	0.54	0.59	0.64	0.69	0.77

冰温系数 C_t　　　　表1-12

冰温（℃）	0	−10 及以下
C_t	1.0	2.0

注：1. 表列冰温系数可直线内插。

　　2. 对海冰，冰温取结冰期最低冰温；对河冰，取解冻期最低冰温。

当冰块流向桥轴线的角度 $\varphi \leqslant 80°$ 时，桥墩竖向边缘的冰荷载应乘以 $\sin\varphi$ 予以折减。冰压力合力作用在计算结冰水位以下0.3倍冰厚处。

（2）当流冰范围内桥墩有倾斜表面时，冰压力应分解为水平分力和竖向分力。

水平分力：

$$F_{xi} = m_0 C_t R_{bk} t^2 \tan\beta \qquad (1-25)$$

竖向分力：

$$F_{zi} = F_{xi}/\tan\beta \qquad (1-26)$$

式中：F_{xi}——冰压力的水平分力（kN）；

　　F_{zi}——冰压力的竖向分力（kN）；

　　β——桥墩倾斜的棱边与水平线的夹角（°）；

　　R_{bk}——冰的抗弯强度标准值（kN/m²），取 $R_{bk}=0.7R_{ik}$；

　　m_0——系数，$m_0=0.2b/t$，但不小于1.0。

受冰作用的部位宜采用实体结构。对于具有强烈流冰的河流中的桥墩，应采取必要的防护措施或防撞破冰的保护设施。

（十）温度作用

温度对下部结构产生的作用主要集中在柔性墩上，其影响主要有以下3种。

（1）因年温变化，桥面系发生伸缩变形在柔性墩上产生的温度应力。

（2）因太阳辐射在空心壁板式高墩出现不均匀温度分布时,由于墩壁内外表面温差产生的温度自约束应力和支承约束应力。

（3）寒流降温出现不均匀温度分布时,由于墩壁内外表面产生负温差的温度自约束应力和支承约束应力。

对于中小跨径采用梁墩固结的柔性排架墩,主要是第一种影响。对于应用于大跨径高桥上的空心高墩,则三种影响都要考虑。同时还要考虑由于太阳侧晒,墩身朝阳面与背阴面温差使墩身挠曲而产生的对结构的影响作用。

温度对空心壁板式高墩的作用是比较复杂的,现行《公桥通规》对此还没有具体规定,而其作用影响又普遍认为较大,故设计者应对此予以充分重视。

（十一）支座摩擦阻力

支座摩擦阻力标准值的计算式为:

$$F = \mu W \tag{1-27}$$

式中:W——作用于活动支座上由上部结构重力产生的效应;

μ——支座的摩擦系数,无实测数据时可按表1-13取用。

表1-13

支 座 摩 擦 系 数

支 座 种 类		支座摩擦系数 μ
滚动支座或摆动支座		0.05
板式橡胶支座	支座与混凝土面接触	0.30
	支座与钢板接触	0.20
聚四氟乙烯板与不锈钢板接触		0.06(加硅脂;温度低于 −25℃时为 0.078)
		0.12(不加硅脂;温度低于 −25℃时为 0.156)

（十二）船舶或漂流物的撞击作用

位于通航河流或有漂流物的河流中的桥梁墩台,设计时应考虑船舶或漂流物的撞击作用。其撞击作用标准值可按下列规定采用或计算。

（1）当缺乏实际调查资料时,内河上船舶撞击作用的标准值可按表1-14采用。

表1-14

内河船舶撞击作用标准值

内河航道等级	船舶吨组 DWT(t)	横桥向撞击作用(kN)	顺桥向撞击作用(kN)
一	3 000	1 400	1 100
二	2 000	1 100	900
三	1 000	800	650
四	500	550	450
五	300	400	350
六	100	250	200
七	50	150	125

四、五、六、七级航道内的钢筋混凝土桩墩,顺桥方向的撞击作用可按表 1-14 所列数值的 50% 考虑。

(2)当缺乏实际调查资料时,海轮撞击作用的标准值可按表 1-15 采用。

海轮撞击作用的标准值
表 1-15

船舶吨级 DWT(t)	3 000	5 000	7 500	10 000	20 000	30 000	40 000	50 000
横桥向撞击作用(kN)	19 600	25 400	31 000	35 800	50 700	62 100	71 700	80 200
顺桥向撞击作用(kN)	9 800	12 700	15 500	17 900	25 350	31 050	35 850	40 100

(3)可能遭受大型船舶撞击作用的桥墩,应根据桥墩的自身抗撞击能力、桥墩的位置和外形、水流流速、水位变化、通航船舶类型和碰撞速度等因素,进行桥墩防撞设施的设计。当设有与墩台分开的防撞击的防护结构时,桥墩可不计船舶的撞击作用。

(4)漂流物横桥向撞击力标准值的计算式为:

$$F = \frac{Wv}{gT}$$

(1-28)

式中:W——漂流物重力(kN),应根据河流中漂流物情况,按实际调查确定;

v——水流速度(m/s);

T——撞击时间(s),应根据实际资料估计,在无实际资料时,可用 1s。

(5)内河船舶的撞击作用点,假定为计算通航水位线以上 2m 的桥墩宽度或长度的中点。海轮船舶撞击作用点需视实际情况而定。漂流物的撞击作用点假定在计算通航水位线上桥墩宽度的中点。

对于风荷载、地震作用等的计算,可参考《公桥通规》和《公抗设则》的相关规定。

四、墩台作用效应组合

作用于墩台的作用种类繁多,针对某验算项目,很难估计出哪一种组合最不利。拱桥墩台与梁式桥墩台虽有共同之处,但也具有很大的差异。所以,以下按梁桥和拱桥分别说明其作用效应组合特点。

1. 梁、板式桥墩台作用效应组合

(1)梁、板式桥桥墩

第一种组合:按在桥墩各截面和基础底面可能产生最大竖向力的状况组合。此时汽车荷载应为两跨布载,集中荷载布在支座反力影响线最大处。若为不等跨桥墩,集中荷载应布置在大跨上支座反力影响线最大处,其他可变作用方向应与大跨支座反力作用效果相同[图 1-8a)]。它是用来验算墩身强度和基底最大压应力的。

第二种组合:按在桥墩各截面顺桥方向上可能产生最大偏心距和最大弯矩的状况组合。此时应为单跨布载。若为不等跨桥墩,应大跨布载。其他可变作用方向应与汽车荷载反力作用效果相同[图 1-8b)],它是用来验算墩身强度、基底应力、偏心距及稳定性的。

第三种组合:当有冰压力或偶然作用中的船或漂流物作用时,按在桥墩各截面横桥方向可能产生与上述作用效果一致的最大偏心距和最大弯矩的状况组合。此时顺桥向应按第一种组合处理,而横向可能是一列靠边布载(产生最大横向偏心距);也可能是多列偏向或满布偏向(竖向力较大,而横向偏心较小)[图1-8c)]。该组合是用来验算横桥方向上的墩身强度、基底应力、横向偏心距及稳定性的。

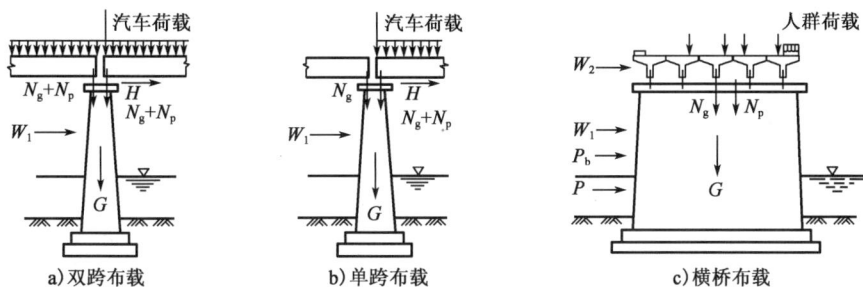

图1-8 梁板式桥桥墩荷载组合示例

(2)梁、板式桥桥台

计算重力式桥台所需考虑的作用,基本与桥墩一样,只不过纵横向风力、流水流冰压力、船舶或漂流物的撞击力等可不考虑,而相应对台后填土压力等则要着重考虑。桥台只作顺桥方向验算,除作整体验算外,其各结构部分(如侧墙或耳墙)还应独立进行作用组合验算。一般梁、板式桥重力式桥台汽车荷载可按以下三种情况布置。

第一种:汽车荷载仅布置在台后填土的破坏棱体上[图1-9a)](此时根据《公桥通规》规定,以车辆荷载形式布载)。

第二种:汽车荷载(以车道荷载形式布载)仅布置在桥跨结构上,集中荷载布在支座上[图1-9b)]。

第三种:汽车荷载(以车道荷载形式布载)同时布置在桥跨结构和破坏棱体上[图1-9c)],此时集中荷载可布在支座上或台后填土的破坏棱体上。

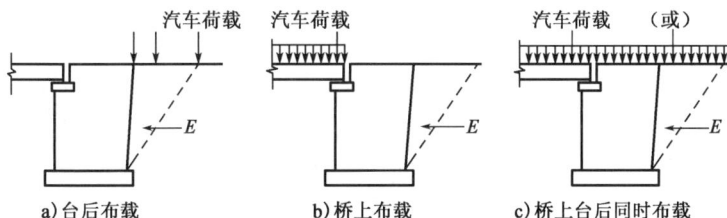

图1-9 梁、板式桥桥台作用组合图示例

(3)关于现《公桥通规》对桥台汽车荷载布载规定的讨论

《公桥通规》4.3.1条规定:桥梁结构的整体计算采用车道荷载;桥梁结构的局部加载,涵洞、桥台和挡土墙土压力等的计算采用车辆荷载。

桥台设计布载工况一般有三种情况:一种是桥上布载台后无载;另一种是台后布载桥上无载;第三种是桥上台后同时布载。现行规范车辆荷载的概念只是一辆重车,没有车距和车队的规定,而当桥上布载时,如果只布车辆荷载,则随着桥梁跨度的增大而计算的支反力要比车道荷载计算结果偏小,是不安全的。而实际上,计算桥台受力时,桥上布载与桥墩一样,都是计算支反力,桥墩也存在一孔布载情况,同属整体计算,应采用车道荷载。而对台后布载,主要是计算汽车引起的土侧压力,台后路堤填土破坏棱体长度有限,应采用车辆荷载计算。对桥上台后同时布载情况,建议仍然采用车道荷载,以集中力作用在桥上或台后来寻求最不利状况。具体桥台计算汽车荷载类型的比较见表1-16。

21

跨径(m) 汽车荷载类型	20	30	45	50
车辆荷载支反力(kN)	816.32	915.54	961.80	989.44
车道荷载支反力(kN)	778.95	987.00	1 188.00	1 389.00

注:跨径20m以下的桥台计算,桥上可用车辆荷载。

重力式梁、板式桥桥台一般向桥孔方向偏移为不利,按上述第一、三种布载控制设计,此时台后填土按尚未压实考虑;对埋置式桥台三种情况都可能会产生不利情况,此时当验算向路堤侧偏心时,台后填土按已压实土考虑。

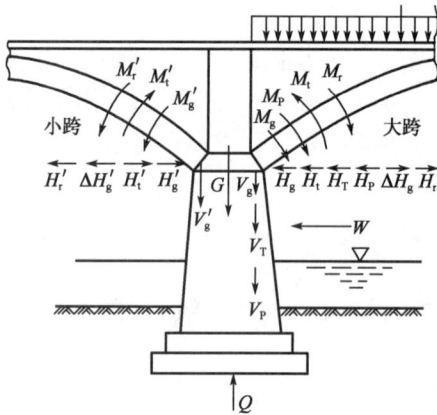

图 1-10 不等跨拱桥桥墩受力示意图

2. 拱桥墩台作用效应组合

(1)拱桥桥墩

由于拱桥是一种超静定推力结构,所以计算拱桥墩台的各种作用和效应组合要比梁板式桥墩台复杂,需加以注意。

顺桥方向验算的作用及其组合,对于普通桥墩应为相邻两孔的结构重力,在一孔或跨径较大的一孔满布汽车荷载(集中荷载布在影响线最大处),尚可有其他可变作用中的汽车制动力、纵向风力、温度影响等参与组合,并由此对桥墩产生不平衡水平推力、竖向力和弯矩(图 1-10)。对于单向推力墩则只考虑相邻两孔中跨径较大一孔的结构重力的作用力。

图 1-10 中的符号意义如下:

G——桥墩重力(含直接作用墩上的上部结构重力);

Q——水的浮力;

V_g、V_g'——相邻两孔拱脚因结构重力产生的竖向反力;

V_p——与汽车荷载产生的 H_p 最大值相对应的竖向反力;

V_T——由桥面处制动力 H_v 引起的拱脚竖向反力,$V_T = H_v f/L$;

H_g、H_g'——不计弹性压缩时在拱脚由结构重力引起的水平推力;

ΔH_g、$\Delta H_g'$——由结构重力产生弹性压缩所引起的拱脚水平推力,ΔH_g 与 $\Delta H_g'$ 方向相反;

H_p——在相邻两孔中较大的一孔上由汽车荷载引起的拱脚最大水平推力;

H_T——制动力引起的在拱脚处的水平推力,按两个拱脚平均分配计算,$H_T = H_v/2$;

H_t、H_t'——温度变化引起的拱脚处的水平推力(图中所示为温度上升时的方向,温度降低时则方向相反);

H_r、H_r'——拱圈材料收缩引起的拱脚水平拉力;

M_g、M_g'——结构自重引起的拱脚弯矩;

M_p——由汽车荷载引起的拱脚弯矩,由于它主要按 H_p 达到最大值时的荷载布置计算,故产生的拱脚弯矩很小,一般可以忽略不计;

M_t、M_t'——温度变化引起的拱脚弯矩;

M_r、M'_r——拱圈材料收缩引起的拱脚弯矩；

W——墩身纵向风力。

对于具有受强偶然作用的径公路桥梁(强流冰、通航性河流船舶撞击、强地震区)，要进行横桥方向验算，而对于大跨径拱桥，还要进行横桥方向的稳定性验算，其作用组合，除双跨偏载(偏向下游侧)布置汽车车道荷载外(以拱脚产生最大竖向反力为最不利)，其他作用还有风力、流水压力、冰压力、船舶或漂流物撞击、地震作用等参与组合。

(2)拱桥桥台

拱桥重力式桥台一般根据拱的跨径、矢跨比、路堤高度等情况，按以下两种状况布置汽车荷载进行作用效应组合。

第一种：桥上满布车道荷载，集中荷载布在水平推力影响线最大处，使拱脚水平推力 H_P 达到最大值，温度上升，制动力向路堤方向，台后按压实土考虑土侧压力，使桥台有向路堤方向偏转的趋势[图1-11a)]。

第二种：台后破坏棱体上布车辆荷载，制动力向桥跨方向，桥跨上无汽车荷载，温度下降，台后按未压实土考虑土侧压力，使桥台有向桥跨方向偏移的趋势[图1-11b)]。

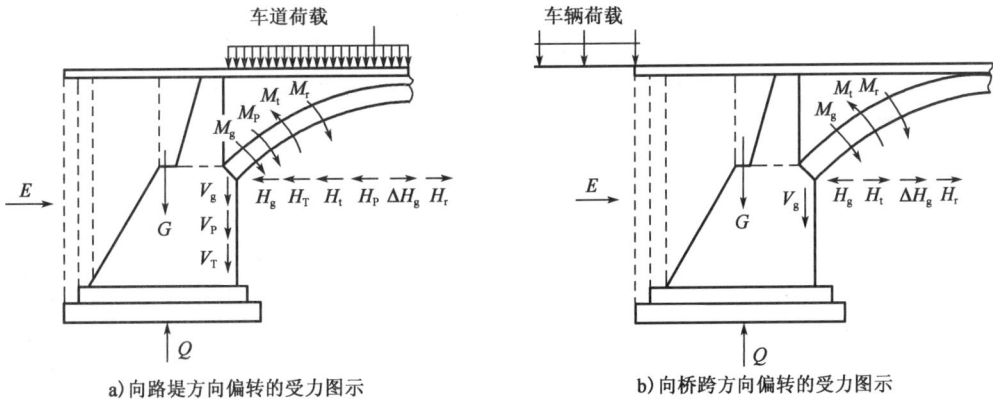

a)向路堤方向偏转的受力图示　　　　　　b)向桥跨方向偏转的受力图示

图1-11　拱桥桥台荷载组合图示

第六节　桥梁下部结构发展概况及展望

桥梁的发展历史是记载着人类克服艰险、战胜自然、发展进步的历史，也是展示人类征服自然所表现出的智慧的鉴证。桥梁作为一个跨越空间的结构物，必不可少地要有支承和传力的下部结构，可以说，桥梁下部结构是形成桥梁整体工程的一个最重要的部分，无法修建基础和墩台的地方就无法建设桥梁。

隋朝修建的赵州安济石拱桥，是我国古代桥梁的杰出代表，是世界上第一座敞肩式石拱桥，被评为国际土木工程里程碑建筑。建桥1 400多年，至今安然无恙，其根本的原因是地基基础处理非常得当。该桥桥台坐落在密实粗砂土上，基底压应力为500～600kPa，与现行规范中所采用的该土层容许承载力数值(550kPa)极为接近，至今沉降与位移甚微。公元989年建造开封开宝寺木塔时，建造者预见塔基土质不均会引起不均匀沉降，施工时特意将塔做倾斜，待沉降稳定后，塔身正好垂直。我国在1 000年前就已采用打桩加固软土的方法，并采用砂桩、石灰桩挤密排实。这些实例均说明我国劳动人民远在1 000多年前就掌握了对桥梁基础

23

和地基土相互作用的承载力与沉降变形的高深科学技术,有着极为丰富的工程实践经验。

公元1053年修建的泉州洛阳桥是我国第一座石梁海港桥,单孔跨径11.8m,共47孔,全长731.29m,至今世界上还没有发现其他有如此跨径和桥长的石梁桥。该桥在基础工程上,首创筏形基础和殖蛎固基技术。洛阳桥与赵州安济桥一样,在世界建桥史上具有极高的历史、科技和艺术价值。我国古代建筑保存至今的很多,比如公元前2世纪修建的万里长城,以及一些宏伟的宫殿、寺院、宝塔等建筑,历经风雨震害考验仍保留至今,就是因为我们祖先顺利地解决了地基基础的问题。

改革开放以来,在经济发展的带动下,交通运输拉动经济的力度已成为人们的共识,这就为桥梁建筑发展提供了一个广阔的天地。中国的桥梁科技工作者发愤图强,锐意进取,使我国的桥梁建设进入了一个飞速发展的阶段,取得了举世瞩目的成就,建成了世界最大跨径为石拱桥、钢筋混凝土拱桥、连续刚构桥,世界里程碑式的斜拉桥——现今世界第二大跨径的苏通长江大桥和曾为当时最大跨径的上海扬浦大桥;跨度居世界第二位的悬索桥——舟山西堠门大桥;还有现世界第一跨度的钢箱拱桥(550m)——上海卢浦大桥等。仅用20年时间就改变了世界桥梁建设发展格局,我国就步入了世界桥梁建筑水平的前列。上述成就与我国桥梁建设中下部结构的发展是紧密相关的。

超高桥墩的建设是桥梁最复杂、艰巨的工程。举世闻名的德国科赫塔尔桥桥墩(该桥1965年建成),墩高178m,比著名的德国科隆大教堂还要高出近20m(图1-12),保持世界第一高墩之称达40年。目前,世界最高桥墩当属法国米约(Millau)多塔斜拉桥,该桥跨越宽阔而低洼起伏的塔恩河谷,全长2.5km,是一座8跨单索面钢箱梁斜拉桥(图1-13),跨径布置为204m+6×342m+204m,桥面宽27.8m。设7座A形钢塔,塔高87m。该桥的7座混凝土(C50)桥墩的平均高度超过75m,其中最高墩达244.8m,为目前世界第一高墩(图1-14)。高墩细长,顶部要承受巨大的活动荷载,要适应上部结构伸缩变形的要求,抵抗来自桥塔的扭转力,其设计和建造要比摩天大楼复杂和艰巨得多,所以人们把桥梁喻为人类所建造的最为宏伟壮观的建筑物。

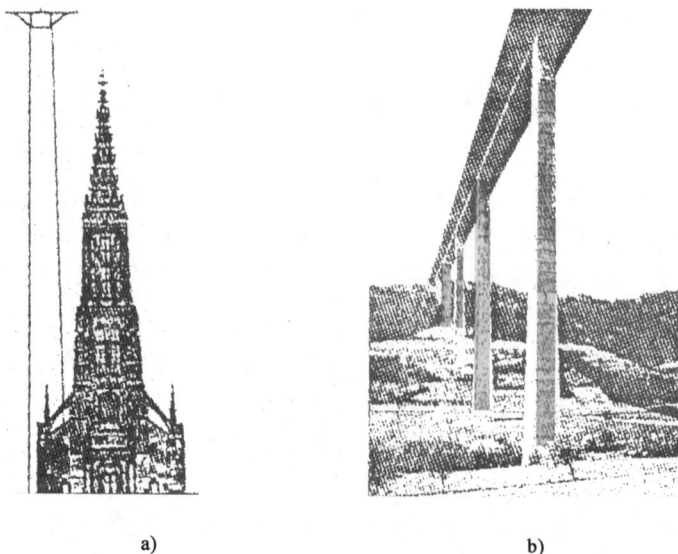

a)   b)

图1-12 德国科赫塔尔高墩

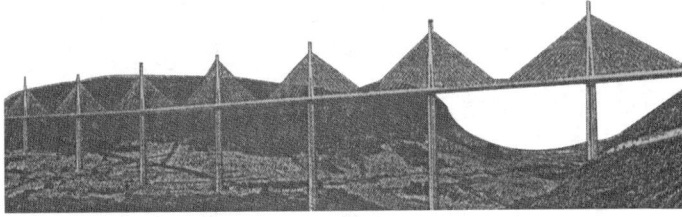

图 1-13　法国米约多塔斜拉桥

我国第一座超百米高桥墩是 1996 年建成的南昆铁路清水河大桥(墩高 100m),当时名列世界第五位。湖北省龙潭河公路大桥墩高已达 178m,居世界第二位。至今为止,我国超百米高墩初步统计达 20 座之多(表 1-17),为目前世界高墩最多的国家。关于我国高墩的结构形式和特点将在第二章第一节中介绍。

管柱基础是桩基础向大直径发展的一个里程碑,它是我国在 1953~1957 年修建武汉长江大桥时首创的一种先进的基础形式,是我国桥梁工程师和以西林为首的前苏联专家组合作研制成功的一种深基础。目前我国管柱基础直径已发展到 5.8m。

钻孔灌注桩在我国于 1963 年在河南省首先应用,当时钻孔是使用水利部门打井用的大锅锥,用人力推磨方式钻孔,孔径只有 60~70cm。钻孔灌注桩解决了桥梁水下深基础的施工问题,把水下作业改为水上施工,其技术经济优越性非常突出,很快被全国桥梁界所接受,成为首选基础形式。目前,我国采用分级扩孔的方法,用小钻机钻大孔已完成国内最大直径 500cm 桩的施工。通过不断研究、试验、使用、改进,近 60 年来已经发展成一种完善、先进的基础形式,有了符合我国具体条件和成桩方法的计算理论和设计方法,为我国公路、铁路、水利、港口、建筑、环保、煤炭、电力和国防等工程系统的建设作出了重要贡献,创造了不可估量的经济效益。

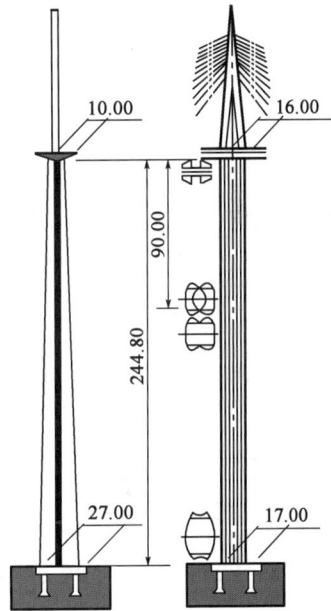

图 1-14　米约桥高墩示意图(尺寸单位:m)

我国百米高墩一览表　　　　　　　　　　　　　　　　　　　表 1-17

所在地与桥名	桥型结构	主跨跨径(m)	墩高(m)	建成年份(年)	桥 墩 形 式
湖北龙潭河大桥	连续 T 构	200	178	2007	双肢变截面空心墩
陕西黄延高速公路洛河特大桥	连续刚构	160	143.5	2005	双肢薄壁空心墩
陕西葫芦河公路大桥	连续刚构	200	138	2006	双肢矩形薄壁空心墩
云南红河大桥	连续刚构	265	123	2003	双肢变截面空心墩
湖北巴东长江公路大桥	斜拉桥	388	119.8	2003	变截面空心墩
贵州贵阳小关桥	连续刚构	160	110	2003	双肢薄壁空心墩
贵州兴义南昆铁路清水河桥	连续刚构	128	100	1996	变拱面矩形空心墩
云南元江特大桥	连续刚构	265	122	2003	双肢变截面空心墩
湖北魏家洲大桥	连续刚构	200	108	2009	双肢空心
陕西洛河特大桥	连续刚构	160	142	2005	双肢空心
重庆汤溪河特大桥	连续刚构	230	156	2008	整体式变截面空心墩

我国在巨型沉井施工方面已经走在世界前列。早在 1967 年，修建著名的南京长江大桥时，主桥 1 号墩基础采用普通钢筋混凝土沉井，其平面尺寸为 20.2m×24.9m，下沉深度为 53.5m，为当时亚洲之最。新近建成的江阴长江大桥，其锚固悬索的北锚墩下沉井的平面尺寸为 69m×51m，是世界平面尺寸最大的沉井。大直径超长桩和管柱基础、大型组合基础和特殊基础(如双承台管柱基础、锁口管桩基础、连续墙基础等)在我国大跨度桥梁建设中的广泛应用表明，在桥梁基础设计理论和施工技术方面我国已进入世界前列。

20 世纪后期，一些发达国家开始构思世界五大洲除大洋洲外的陆路相连、跨海的桥梁工程。我国在 21 世纪公路交通要实现规划布局的五纵七横共 12 条国家主干线，在 20 世纪已完成二纵二横。其中，南北公路主干线之一的同江至三亚线上将修建 5 项跨海工程，自北向南依次为渤海海峡工程、长江口越江工程、杭州湾跨海工程、珠江口伶仃洋跨海工程以及琼州海峡工程。

跨海桥梁工程首先要解决的是深水基础问题。目前，国际上最深的大桥基础是日本明石海峡大桥的一号锚墩基础，水深70m，采用地下连续墙圆形沉井，直径为85m，井中填碾压混凝土形成沉井。现在有些深水基础采用先在岸上预制，然后再用浮运沉井下沉的方法或直接以大型浮吊吊装的方法，在深水中安置预制好的桥梁基础及墩身。这种方法可以用很快的速度完成深水基础施工工作。日本、丹麦、加拿大等国家已开始采用此法修建深水基础。

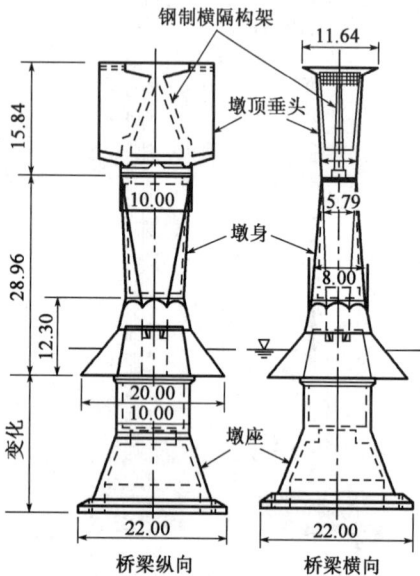

图 1-15 诺森伯兰海峡大桥预制墩基础构造图
(尺寸单位:m)

图 1-15 为 1997 年建成的加拿大诺森伯兰海峡大桥预制深水基础和墩身的结构图。其墩座(基础)的外形由圆形锥体(下部)及圆柱形体(上部)组成，按水深不同其高度变化为 10～35m，基底直径为 22.0m，基础顶部做成锥形平台，以便和套入的墩身密切贴合。墩身的上部是变截面的八角形空心构造，下部设有底部直径为 20m 的圆锥体防冰体，以减小冰压力。墩座质量在 3 000～5 500t 之间，墩身为 4 000t，采用"Swart"浮吊，最大提升高度76m，最大起重质量为 8 700t。

这种基础形式在海洋平台上已应用多次，现已在美国的墨西哥湾水深达411m 的深水中修建平台基础，成为世界上最深的水下建筑物，它对于修建桥梁基础也是一个很好的参考实例。

我国江河纵横，海岸线长，沿海有开发价值的岛屿很多，21 世纪将会有更多的超大跨度桥梁有待我们去建设。迎接挑战，做好准备，在桥梁基础方面应加强如下研究方向。

(1)超深水大型基础结构形式的研究

我国桥梁工程界通过在长江上修建的近百座大跨桥梁，已积累了水深 30m 左右的各类基础工程的设计和施工经验。海峡水深往往在 100m 以上，需要借鉴海洋钻井平台的基础工程技术来创造新型的桥梁深水基础形式。

(2)超深水基础科学智能化施工技术的研究

深水大型复杂基础的施工技术水平反映一个国家的综合实力，在这方面我们与发达国家还有一定差距。要进一步加强深水自动化施工机械、大体积混凝土水下施工技术、精密检测仪器设备及采用信息化监控系统进行施工过程科学管理决策等方面进行研究。

(3)桥梁下部结构的抗灾害能力和设防标准的研究

尤其在桥梁结构抗震设计中,对土—结构共同作用、结构的局部与整体延性、减震隔震措施等方面的研究,桥梁下部结构都是一个重要的研究对象。

(4)超大跨度索体系桥梁塔墩的一些特殊受力及稳定性的研究

为了避免建造过深和过于昂贵的深水基础,需要修建超大跨度的悬索桥和斜拉桥,这就增加了塔墩的高度,高耸的塔墩在恶劣的使用环境(如台风、潮汐、地震等)中,其受力极为复杂,尤其是空间稳定性问题,用常规的方法很难解决,需要建立更为精细并能反映结构整体作用特点的理论和方法,还要对大跨复杂结构体系桥梁上部结构和下部结构协作受力优化问题进行研究,减轻上部结构,尤其是索塔的负担。

(5)索体系桥梁锚碇结构预应力可更换锚固体系的研究

目前,在大跨度悬索桥锚碇结构采用的预应力锚固体系,多为有黏结不可更换的结构体系。一般采用压浆防腐,在后期营运过程中无法检查和检测,也不能进行更换,给长期使用下的维护及运营状态评价带来困难。所以,预应力锚碇体系的发展趋势应是便于调节、更换、检测、维护,以保证其耐久性和可靠性。由于锚碇结构体积巨大,很难做真型试验,要进行构件研究,并结合计算机进行仿真分析计算,这是一个庞大的综合研究体系。

第七节　关于桥涵地基基础规范引入极限状态设计原理的协调应用

我国现公路桥梁系列设计规范,按《公路工程结构可靠度设计统一标准》(GB/T 50283—1999)(以下简称《公结可标》),采用了以概率理论为基础的极限状态设计方法,并按《工程结构设计基本术语和通用符号》(GBJ 132—90)规定,修改了符号并列出了基本名词术语。先期各行业规范已将桥梁上部结构设计,采用以可靠度理论为基础的极限状态设计方法(是以优化原则确定的作用荷载的分项系数及组合系数来表达),使国内有关桥涵结构设计的规范得以统一,而且结构设计原则方面与国际先进标准衔接一致。把我国公路桥梁设计由长期沿用的、不甚合理的"定值设计法"转变为"概率极限状态设计法",即在度量结构可靠性上由经验方法转变为运用统计数学的方法,这无疑是设计思想和设计理论的一大进步,使结构设计更符合客观实际情况。

现行《公桥基规》按《公结可标》的规定,引入了极限状态设计原则,使得该规范与公路桥梁系列设计规范体系协调。

根据地基的变形性质特点,首先明确将地基设计定位于正常使用极限状态,相应的作用采用短期效应组合和长期效应组合。地基承载力计算时,承载力的选取以不使地基中出现长期塑性变形,同时考虑相应于承载力的地基变形与结构构件的变形具有不同的功能,作用不采用构件变形计算的短期效应频遇值组合,而取用短期效应标准值组合(令频遇值系数等于1.0)。摒弃了原规范基础沉降按原结构自重计算的规定,不仅考虑计算结构自重沉降,由于在桥涵使用期内可变作用的准永久值持续时间很长,也有很多影响,作用取用其长期效应组合。基础结构也应进行两类极限状态设计:基础结构承载力和稳定性按承载能力极限状态设计;裂缝宽度等按正常使用极限状态设计。

现行《建筑地基基础设计规范》(GB 50007—2011)(以下简称《建基设规》)规定,地基基础设计时,所采用的荷载效应最不利组合与相应的抗力限值应符合下列规定。

(1)按地基承载力确定基础底面积及埋深,或按单桩承载力确定桩数时,传至基础或承台底面上的荷载效应,应按正常使用极限状态下荷载效应的标准组合,相应的抗力应采用地基承载力特征值或单桩承载力特征值。

(2)计算地基变形时,传至基础底面上的荷载效应,应按正常使用极限状态下荷载效应的准永久组合,不应计入风荷载和地震作用,相应的限值也应为地基变形允许值。

(3)基础设计安全等级、结构设计使用年限、结构重要性系数应按规范规定采用,但结构重要性系数 γ_0 不应小于1.0。

《建基设规》规定基础底面的压力应符合如下要求。

(1)当轴心荷载作用时:

$$p_k \leqslant f_a \tag{1-29}$$

式中:p_k——相应于荷载效应标准组合时,基础底面处的平均压力值;

f_a——修正后的地基承载力特征值。

(2)当偏心荷载作用时,除应符合上式要求外,尚应符合下式:

$$p_{kmax} \leqslant 1.2f_a \tag{1-30}$$

式中:p_{kmax}——相应于荷载效应标准组合时,基础底面边缘的最大压力值。

同时规定:当基础宽度大于3m或埋置深度大于0.5m时,从荷载试验或其他原位测试的参数及经验值等确定的地基承载力特征值,尚应按下式修正,即:

$$f_a = f_{ak} + \eta_b\gamma(b - 3) + \eta_d\gamma_m(d - 0.5) \tag{1-31}$$

式中:f_{ak}——地基承载力特征值;

η_b、η_d——基础宽度和埋深的地基承载力修正数;

γ——基础底面以下土的重度;

γ_m——基础底面以下土的加权平均重度;

b——基础底面的宽度;

d——基础埋置深度。

《建基设规》规定单桩承载力计算应符合如下要求。

(1)轴心竖向力作用下:

$$Q_k \leqslant R_a \tag{1-32}$$

偏心竖向力作用下,除满足上述公式外,尚应满足下列要求:

$$Q_{ikmax} \leqslant 1.2R_a \tag{1-33}$$

式中:R_a——单桩竖向承载力特征值;

Q_k——相应于荷载效应标准组合轴心竖向力作用下任一单桩的竖向荷载;

Q_{ikmax}——相应于荷载效应标准组合轴心竖向力作用下单桩的最大竖向荷载。

(2)水平荷载作用下:

$$H_{ik} \leqslant R_{Ha} \tag{1-34}$$

式中:R_{Ha}——单桩水平承载力特征值;

H_{ik}——相应于荷载效应组合时,作用于任一单桩的水平力。

该规范在总则和前言中介绍,本规范适用于工业与民用建筑(包括构筑物)的地基基础设计,确定了地基基础设计中承载力极限状态和正常使用极限状态的使用范围和设计方法。在

28

这里首先要说明的是,工业与民用建筑建设位置及区域环境,与公路桥梁(尤其大桥和特大桥梁)桥位处及区域环境的复杂、离散、多变很不同,尤其水文地质条件差异很大。工业与民用建筑使用范围是大面积地面荷载作用,公路桥梁墩台基础是独立的、很小面积的地基承受荷载,为永久作用标准值效应与可变作用准永久值效应组合,任何独立的基础都必然地受有竖向、水平荷载与弯矩,进行验算,也有不同之处。

为适应公路桥涵地基基础设计需要,在修订原规范期间通过典型有影响的设计和实践经验,以及吸取国内外研究成果,作出了很多项修改和补充内容,使设计符合技术先进、安全可靠、经济合理、适用耐久、保护环境的要求。其总则要求如下。

(1)桥梁基础类型选择与地基基础的设计要求特别强调因地制宜的原则

我国土地辽阔、地形多变、地质复杂,桥梁基础是江、河、湖、海中重要而庞大的工程,地基基础的设计特别需要强调因地制宜的原则。基础工程与水密切相关,基础施工大多需要进行围水或水中作业,难度和工作量较大,因此,设计人员必须切实的掌握具体工程和水文地质条件,合理选择方案。桥址处工程地质情况不但对选择基础方案和事后的设计具有重要意义,而且也往往影响桥型方案的正确选择。因此,桥位选定以后,必须对桥址处认真勘察,对于可能设置墩台的位处,更应准确探明地质情况。

(2)基础结构要保证在最不利效应组合下具有足够的安全度

基础结构与桥涵主体结构一样,应进行自身承载力验算,以保证其在最不利作用效应组合下具有足够的安全度。作用效应组合应按承载能力极限状态要求采用基本组合和偶然组合。结构重要性系数采用与主体结构的相同值。基础结构当需进行正常使用极限状态设计时,永久作用采用标准值、可变作用采用短期效应组合的频遇值系数和长期效应组合的永久值系数与主体结构相同。

(3)基础结构的稳定性验算

基础结构的稳定性验算是承载能力极限状态设计内容之一,将基础视为刚体使其保持静力平衡并具有一定的稳定系数。在计算中需考虑平衡作用效应和不平衡作用效应的最不利组合。对使结构失稳的同向且可能同时出现的可变作用效应都应组合在内,以达到组合效应最大值;而使结构稳定的同向、任何可能不同时出现的可变作用效应,应选用其中主导作用效应,以使稳定作用效应达到最小值。

(4)对基础结构耐久性(使用寿命)的关注要求

基础结构耐久性不仅受材料(如混凝土和钢筋混凝土)本身所含有害物质的影响,而且还受基础结构所处气、水、土等自然环境中常含的腐蚀性物质侵害的影响。因此,基础结构应按不同环境进行耐久性设计。其内容要求可参照有关现行规范。

(5)基础沉降要考虑地基变形性质

由于地基土是大变形材料,具有长期的时间效应,因此基础沉降应按正常使用极限状态下作用长期效应组合进行计算,即规定为永久作用标准值效应与可变作用准永久值效应组合。规范所指作用长期效应组合实为荷载长期效应组合,其中永久作用标准值是指结构自重、土重、土侧压力、浮力标准值;可变作用准永久值是指汽车荷载准永久值和人群荷载准永久值。规范采用的作用效应组合,在桥梁上出现的概率较大,持续的时间较长,对基础沉降有较大影响,因而是合理的。

(6)地基承载能力容许值或者单桩承载力容许值的意义

变形随着其上作用的加大而增加,承载力也相应提高。但地基土的变形不能无限制地增加,地基承载力也不能达到极限值。就地基设计而言,由于建在地基土的桥梁结构处于自身变形的要求而不能适应地基土的大变形,往往是地基承载能力达到真正的极限值之前,地基变形已使结构达到或超过按正常使用的限值。因此,地基设计应遵循正常使用极限状态这一原则。所选定的地基承载力,是由荷载试验或其他原位测试确定的地基土压力与变形关系曲线,其现行变形段内不超过比例限界点的地基压力值,规范称之为地基承载力容许值。

现大桥与特大桥多数采用超长钻孔灌注桩,其承载性能明显不同于普通的长桩、短桩,桩周摩阻力和桩端支承力发挥是不同步进入极限状态,通常是前者先达到极限并使桩土间产生滑移变形,超长桩在荷载作用下其自身压缩变形量也大,所以选定单桩承载力同地基类似。

以上规范总则提出的要求必须执行外,在此基础上对规范主要内容也作了一些必要的改进,并首先强调应由荷载试验或原位测试来确定容许值及其他相关参数,但规范也部分保留经局部修正的原规范各项表列数据。新增了采用后压浆技术的灌注桩承载力的计算公式,公路桥梁已应用在大跨与特大跨的地下连续墙基础被列为规范内容。

现以规范中钻孔桩单桩轴向受压承载力容许值计算公式为例加以说明。

$[R_a] = \dfrac{1}{2}u\sum\limits_{i=1}^{n}q_{ik}l_i + A_pq_r$ 中,第一项是桩侧总摩阻力容许值,第二项是桩端总承载力容许值。关于桩侧土的摩阻力按标准值 $q_{ik}(kN)$,基本采用原规范数据并略有调整。对桩端处土承载力容许值 $q_r(kN)\left(\text{相当于原规范}\dfrac{1}{2}\sigma_R\right)$的计算公式仍沿用原规范公式,具体如下:

$$q_r = m_0\lambda\left\{[f_{a0}] + K_2r_2(h-3)\right\} \tag{1-35}$$

q_r 的上限值有所修正,不是由公式计算得出的最大值,而是基于大量的实测资料得到的。在近年的实际应用中发现,原规范某些情况下 q_r 的计算结果超出实测值较多,故在规范的修订过程中,收集统计了较理想的 113 根试验桩资料(均为桩顶变位较大的试桩,包含了用于指定原规范的 105 根试桩中的 15 根),提出了 q_r 的上限值。

地基支撑着整座桥梁及桥上作用的荷载,且地基土的物理性能变异很大,所以在地基承载力验算和选用荷载问题上,应注意有别于桥梁主体结构正常使用极限状态的计算。

桥梁基础是桥梁结构直接与地基接触的最下部分。桥梁基础类型要按规范要求,根据天然和人工所具备的条件,进行合理的选择。如遇复杂情况,还可对天然条件进行局部改造,或拟定不同方案作出技术和经济的比较后优选。

公路桥梁地基与基础设计时,除应符合本规范外,尚应符合现行有关国家标准规范。

思 考 题

1. 墩台基础与上部结构所受作用分为永久作用、可变作用和偶然作用共 21 项作用,请说明哪些是共同作用于上、下部结构,哪些是单一作用。

2. 桥渡设计中,对选择墩台基础位置的要求有哪些?

3. 墩台与基础所受荷载作用共同处有哪些? 墩台与基础作为一门课合适吗?

第二章 桥梁墩台

第一节 墩台类型简介

桥梁下部结构由墩台与基础组成,墩台主要由墩(台)帽、墩(台)身两部分组成(图2-1)。本章介绍墩(台)的设计计算,各种基础将在以后章节介绍。

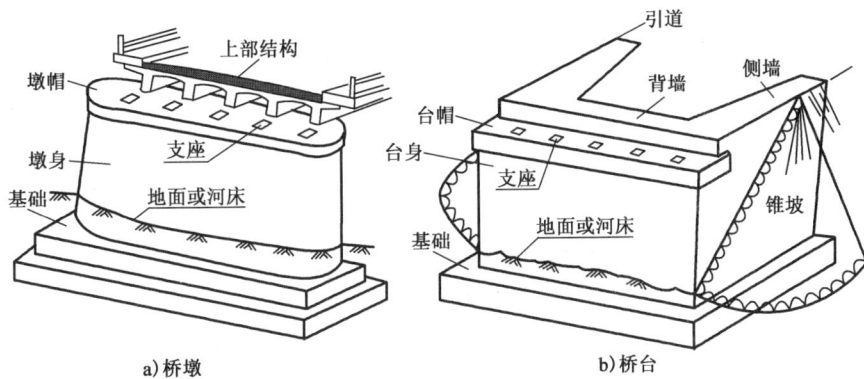

图2-1 桥梁墩台构造

一、桥墩类型

(一)梁、板式桥桥墩

桥墩的类型主要由墩身的结构形式来划分,一般可分为实体桥墩、空心桥墩、柱式桥墩、排架墩及杆式(板式)结构墩等五种类型。还可按受力后变形特征分为刚性墩和柔性墩;按建筑材料分为木桥墩、石砌墩、混凝土墩、钢筋混凝土墩、预应力混凝土墩和钢桥墩等。现按结构形式分类简介如下。

1. 实体桥墩

实体桥墩是指桥墩由实体结构组成,又称重力式桥墩。这类桥墩的特点主要是依靠自身重力(包括上部结构重力)来平衡外力保证桥墩的稳定,其体积和自重都较大,可就地取材,一般不设受力钢筋,用块(片)石、圬工砌体或素混凝土修建,是一般跨径桥梁较适宜的结构形式。

实体桥墩截面形式主要有圆形、方形、矩形、尖端形、圆端形等。圆形截面或方形截面多用于铁路桥。圆端形截面是在矩形断面两端各接一个半圆形,适合水流通过,是广泛使用的一种截面形式。为了改善重力式桥墩的平淡、笨拙感,可在墩身中间增加缩槽或表面加纹理处理,以增加其可视性。

为减少实体墩墩身圬工体积,常将墩帽部分悬出,墩身收缩,做成双悬臂或托盘式桥墩(图2-2)。

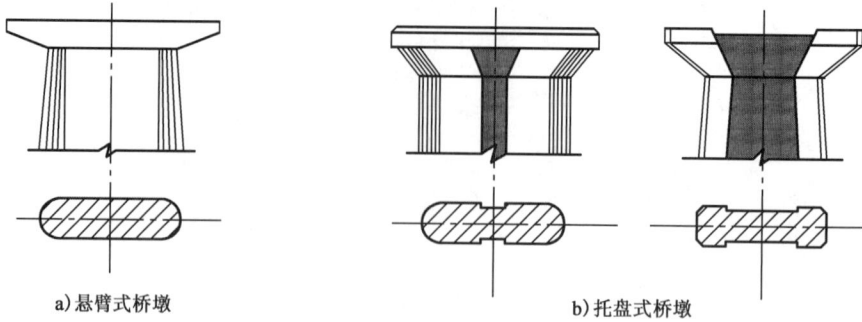

a) 悬臂式桥墩   b) 托盘式桥墩

图 2-2　悬臂式与托盘式桥墩

2. 空心桥墩

空心桥墩是墩身为空腔体的桥墩,是实体墩向轻型化发展的一种较好的结构形式,多为混凝土或钢筋混凝土结构,广泛应用于较高的桥墩。

这种桥墩可大量节省墩身体积,一般混凝土墩可节省 20% ~ 30%,钢筋混凝土空心高墩可节省 50% 以上。墩身壁厚混凝土不小于 50cm,钢筋混凝土不小于 30cm。

空心高墩的断面形式如图 2-3 所示。

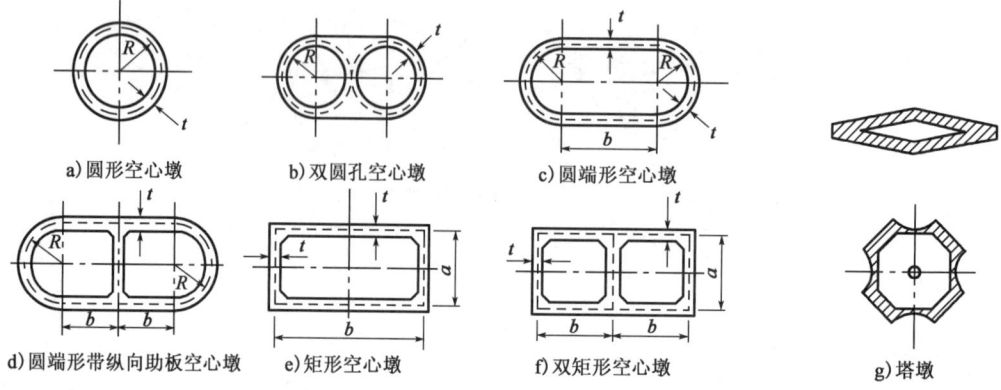

a) 圆形空心墩　　b) 双圆孔空心墩　　c) 圆端形空心墩

d) 圆端形带纵向助板空心墩　　e) 矩形空心墩　　f) 双矩形空心墩　　g) 塔墩

图 2-3　空心高墩断面形式

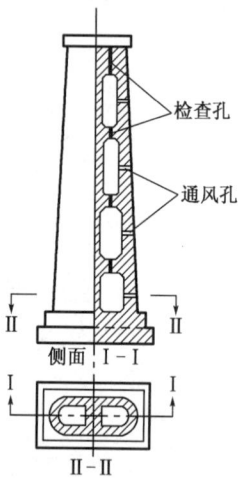

检查孔

通风孔

侧面 I - I

II - II

图 2-4　空心桥墩构造图

钢筋混凝土空心墩构造见图 2-4,一般要设横隔板、通风孔、检查孔道及扶梯等。对于较高的空心墩,可采用预应力拼装的薄壁空心墩,它是以箱形预制块为基本构件,在四周预留孔道用以布穿垂直预应力钢筋,叠砌后张拉钢筋形成整体(图 2-5)。墩柱的应力分析是将垂直预应力钢筋产生的张拉力考虑为和外力相当的轴向力,当作是空心截面的 RC 结构进行设计。悬臂墩帽梁一般也划分为预制块拼接,其应力分析作为全截面有效来设计。预制块接缝处使用树脂类黏结剂黏合,不能贯通布置抗拉钢筋,因此接缝处要按照设计荷载作用时不允许产生拉应力的全预应力条件设计。

我国第一座跨海大桥——东海大桥,在连续梁过渡孔设计中,为了尽量减少海上施工的难度,桥墩采用整体预制空心薄壁墩(图 2-6),工厂预制,海上现场安装。预制墩柱与承台的连接采用混凝土湿接头。墩柱吊运至承台墩座槽内临时支承在混凝土短柱上,并用预埋钢板调整位置、高程后,墩柱主筋与承台预埋钢筋搭焊连接,最后以 C40 高性能混凝土现浇墩座。

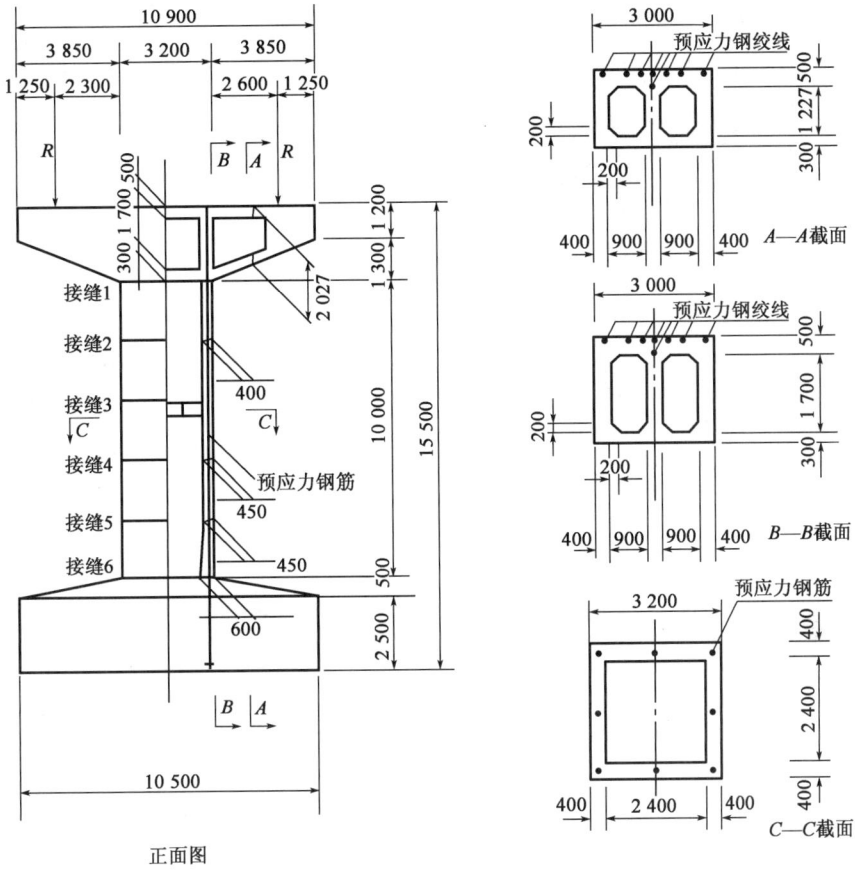

图 2-5 预应力拼装空心墩(尺寸单位:mm)

墩柱吊装设计,没有按常规在 4 个角点位置设预埋钢筋作为吊点,避免预埋件拆除形成结构钢筋锈蚀的通道。经设计研究核算,在墩柱进人孔两侧设宽 16cm 的槽口,吊具从进人孔插入滑至槽口端点位置,最后安全起吊(图 2-7)。

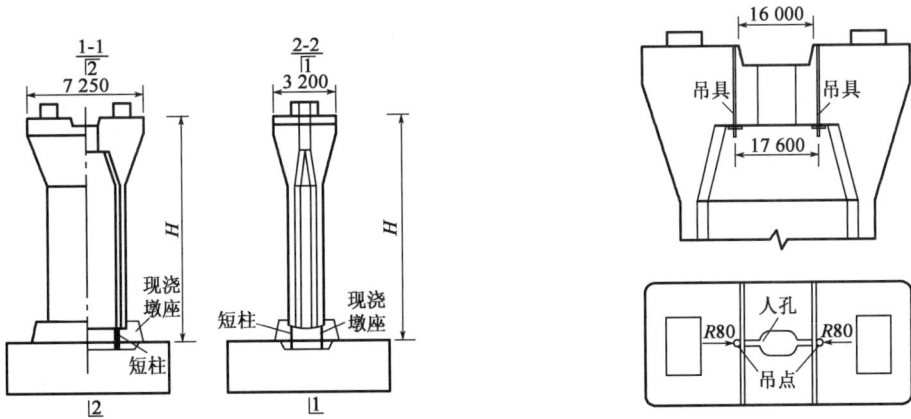

图 2-6 整体预制薄壁墩(尺寸单位:mm)

图 2-7 预制薄壁墩吊点布置(尺寸单位:mm)

33

空心墩除按各种荷载作用下进行验算配筋外,还应考虑墩内外温差及太阳辐射侧晒产生的影响而增加配筋,其具体内容将在后文专门讲述。

3. 桩(柱)式桥墩

当采用桩基础时,可一桩到顶,上加盖梁作为墩帽,形成桩式桥墩。还可在其他各类基础上,设计成柱式墩身而形成柱式桥墩。柱式桥墩可根据桥宽而修筑为单柱、双柱、多柱式桥墩。当河中有漂流物或流冰时,为避免在柱间卡住而阻塞河道,宜在柱间加隔墙连接,使这部分墩身成为哑铃形,亦可与实体墩混合使用,以增加抗冲击稳定性。

在这里要说明的是,独柱式桥墩在城市高架桥中应用很多,在其设计中,越来越重视景观问题,从墩帽梁与柱身的连接到墩柱截面和立面的造型都作很多构思。由于圆柱墩身变化余地较少,一般多采用矩形截面墩柱,如图2-8所示,墩帽梁与墩身以弧形曲线相连接;墩壁角用斜面过渡;墩身壁面以凸凹变化结合纹理来增强其修饰性。图2-9为独柱矩形墩柱壁面装饰构思示例。

图2-8 城市立交独柱墩

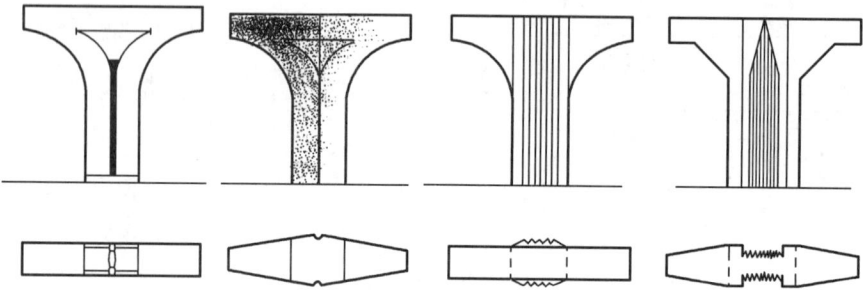

图2-9 独柱矩形墩柱壁面装饰构思示例

对于桩(柱)式桥墩(图2-10),当墩柱高度大于桩的间距1.5倍时,为增加墩柱刚度而需在桩顶设置横系梁。但在北方寒冷地区应注意横系梁的位置,或采用横系梁下换土的方法,避免横系梁在土冻结时受到法向冻胀力的作用。横系梁可按构造要求选取尺寸和配筋,而不作受力计算。

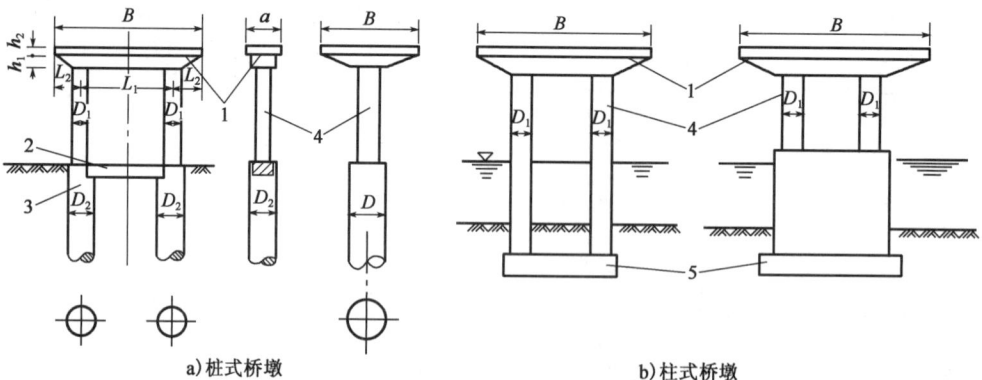

a) 桩式桥墩　　　　b) 柱式桥墩

图2-10 桩柱式桥墩

1-盖梁;2-系梁;3-桩;4-墩柱;5-基础

在城市立交桥设计中,为使桥下主梁底面积平顺整齐,减弱盖梁高度对主梁走向的干扰影响,尤其对宽桥,减小盖梁高度可使桥下净空显得通畅开阔,如图 2-11 所示,可设计成隐式盖梁。

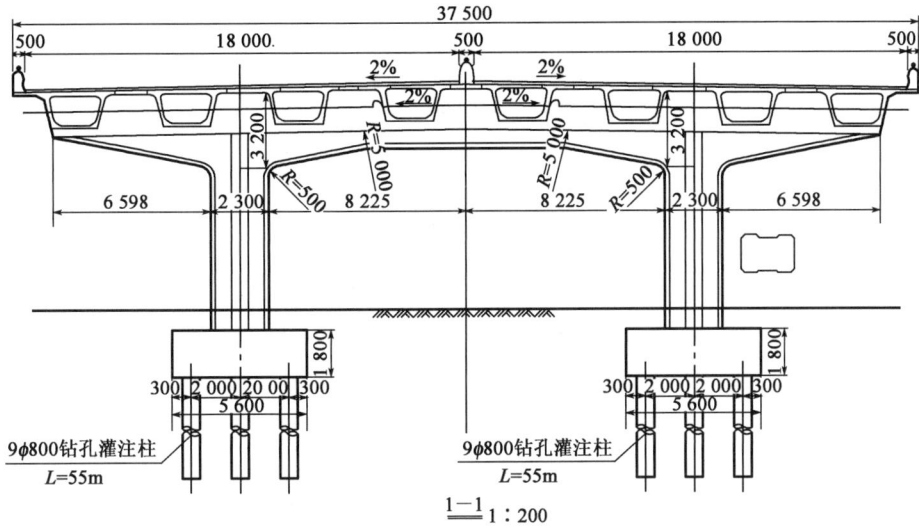

图 2-11　隐式盖梁双柱墩(尺寸单位:mm)

4.柔性墩

设计经验证明,桥墩所受水平力的大小,直接影响墩身截面尺寸。如果将刚度不等的桥墩通过主梁连为一体,这样纵向水平力就会按各桥墩的剪力刚度进行分配,大部分传向刚度大的桥墩和桥台,小部分传给刚度小的桥墩,使那些刚度小的桥墩在顺桥方向的墩身可以做得很薄,叫做柔性墩。钢筋混凝土排架墩和薄壁墩是常用的典型柔性墩。

柔性墩的组合布置有两种形式,一种是全部用柔性排架墩,由预制的单排或双排的钢筋混凝土桩上修建钢筋混凝土盖梁组成(图 2-12)。整体受力的段长(或称联长)由温度墩——两排互不联系的桩墩来分割,而该段(联)中的水平力主要由刚度大的双排墩来承受。一般以每段不超过4孔,长度不超过40~50m为宜,此种布置全部使用固定支座。

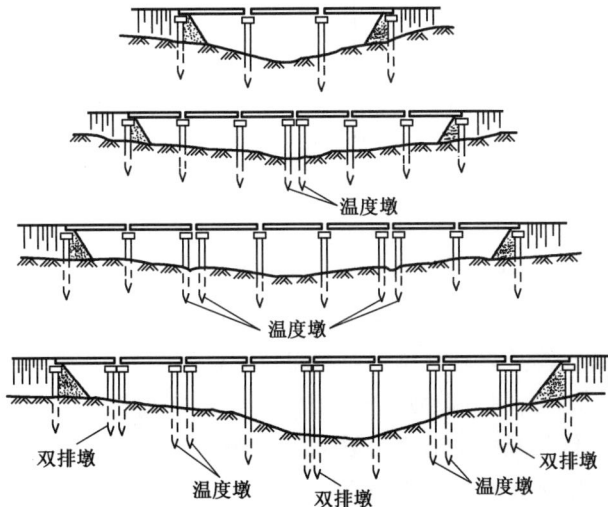

图 2-12　全部用柔性墩布置示例

另一种组合布置是刚性墩和柔性墩联合使用(图 2-13),水平力主要由段(联)内的刚性墩及桥台承受,以活动支座分割段(联)长。要求刚性墩(双排墩)布置在地面(河床)较高、地层较好的位置上。

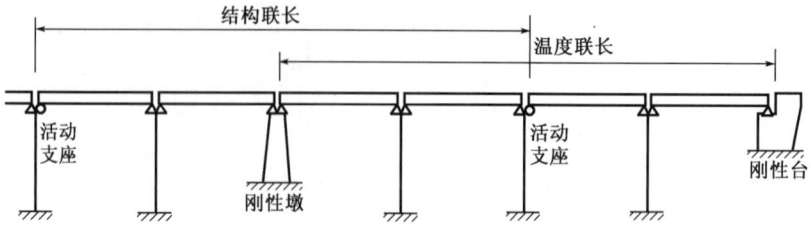

图 2-13　柔性墩与刚性墩组合布置示例
△-固定支座;○-活动支座

柔性墩在大跨度连续刚构桥中也得到广泛应用。这种桥型是利用高墩的柔度来适应梁墩固结后由预应力、混凝土收缩徐变和温度变化引起的结构位移,一般采用双柱柔性墩。这是因为双柱提供的竖向反力能削减梁体弯矩的峰值,双柱间保持一定的距离,构成较大的整体抗弯刚度,同时其纵向抗推刚度较小,减小墩柱对梁体的约束,改善其内力分配。我国第一座预应力混凝土连续刚构桥,是 1988 年建成的广东省洛溪大桥,主跨长 180m,4 跨相连全长 480m,采用双柱柔性墩,墩壁厚仅为 50cm。1997 年建成的主跨 270m 的广东省虎门大桥辅航道预应力混凝土连续刚构桥,跨度为世界同类桥梁之首,刚构联长为 150m + 270m + 150m,桥宽 33m,为双箱分离式结构,墩高 35m,主墩也是双柱式空心薄壁墩,墩柱平面尺寸为 2.5m × 7.0m,壁厚 50cm,顺桥向柱间净距 7m(图 2-14)。

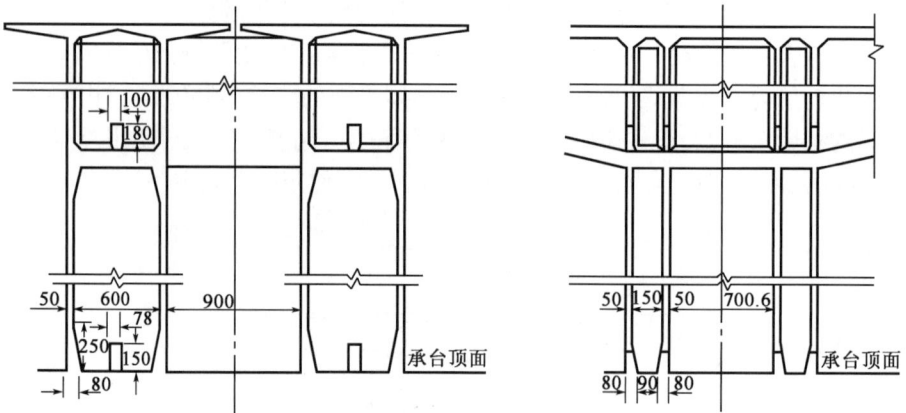

图 2-14　虎门大桥辅航道连续刚构桥桥墩构造图(尺寸单位:cm)

由于连续刚构桥适用于大跨高墩条件,现修建较多,我国 50m 以上高墩不胜枚举。湖北省位于沪蓉国道主干线宜昌至恩施公路上龙潭河特大桥主桥为 106m + 3 × 200m + 106m 的五跨预应力混凝土连续刚构桥,两主墩高度分别为 178m 和 174m,是目前我国最高的桥墩,居世界第二位。墩身采用双柱变截面矩形空心墩,柱间净距 9m,墩顶截面尺寸 3.5m × 8.5m,壁厚 0.7m,纵向两墩柱外侧均按 100:1 放坡,横向从上至下分别采用 100:1、60:1 和 40:1 三种坡率(图 2-15)。主墩承台厚 4m,基础采用 12 根桩径 2.4m 的钻(挖)孔灌注桩。

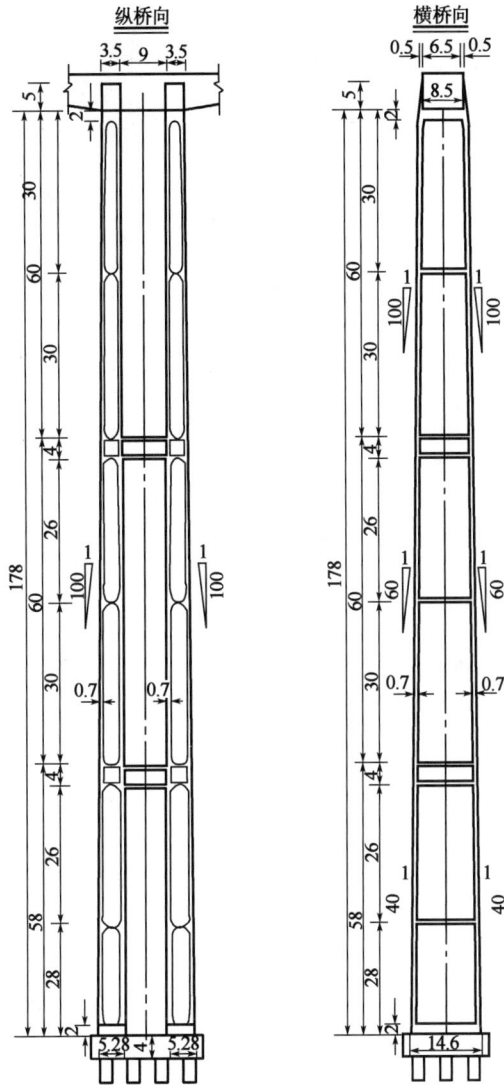

图 2-15　龙潭河特大桥 178m 主墩一般构造图(尺寸单位:m)

5. 杆、板式结构轻型桥墩

随着城市桥梁的建设,钢筋混凝土和预应力混凝土杆式、板式结构轻型桥墩,因适应桥梁建筑艺术、桥下净空和总体布置的要求得以发展。图 2-16 为城市桥梁中经常采用的 V 形墩、X 形墩、Y 形墩、倒 T 形薄壁墩等示意图。

V 形墩上部结构有多种形式,可以是连续梁或其他梁式体系,此时支座布置在斜撑的顶部。V 形墩与上部结构固结则形成 V 形刚架结构。采用 V 形墩的主要优点是缩短上部结构跨径并减小支点负弯矩,造型也显得强劲美观(图 2-17)。为了减小桥墩基础尺寸或增大桥墩高度,可以从 V 形的交点向下延伸成 Y 形墩(图 2-18)。

V 形斜撑与水平面的夹角,依桥下净空要求和桥梁总体布置确定,通常采用大于 45°角。斜撑的受力大小依结构图和主梁与斜撑的刚度比确定。图 2-19 为 H 形桥墩,H 形由承台向上逐渐展宽,转角处均以优美的弧线连接,具有挺拔而又轻盈的感觉。图 2-20 为 L 形悬臂式预应力桥墩,是一种应用于山区,有利于保护环境的桥墩形式。

图 2-16　杆、板式结构轻型桥墩示意图

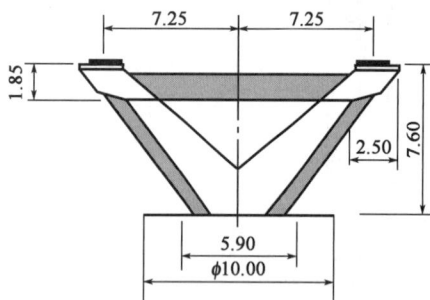

图 2-17　V 形墩构造图(尺寸单位:m)

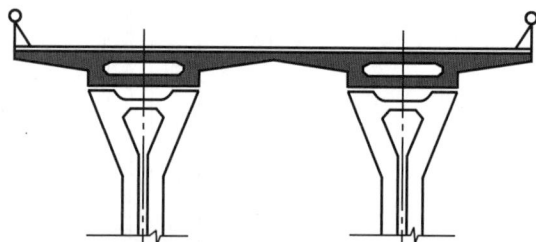

图 2-18　Y 形桥墩

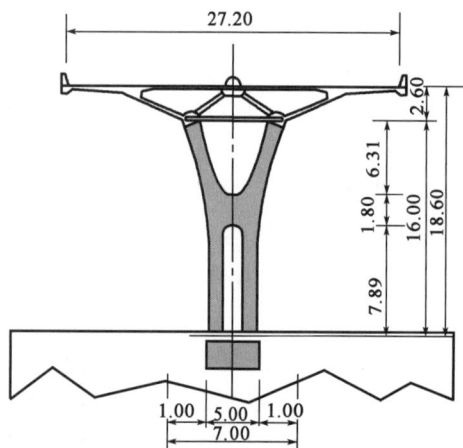

图 2-19　H 形桥墩构造图(尺寸单位:m)

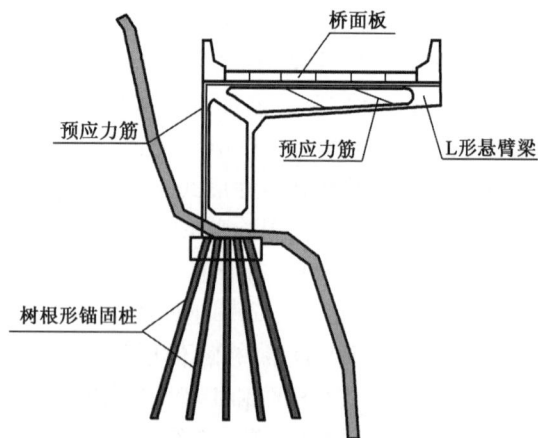

图 2-20　L 形悬臂式桥墩

6. 其他类型桥墩

从桥墩的受力和设计的复杂性来说,斜拉桥和悬索桥的塔墩是比较特殊的桥墩。目前,斜拉桥多采用塔墩固结体系,桥墩除要承受桥塔及上部结构的全部荷载外,还要承受塔身在各种荷载作用下传来的很大弯矩和剪力。由于一般塔和墩一体,所以塔墩的造型协调就显得很重要。丹麦在大带海峡修建的大带东桥(又译大贝尔特桥)是一座超大跨径的悬索桥,主跨为1 624m,塔墩总高254m,比金门大桥桥塔还高26m,创塔墩最高世界纪录。塔柱截面呈锥形变化,塔墩浑然一体,受力合理,稳定性好,造型美观(图2-21)。

目前,我国是大跨斜拉桥最多的国家,世界上最高的斜拉桥塔墩为法国米约桥,为244.8m(图1-14)。我国巴东长江公路大桥塔墩高度为119.8m,在同类桥梁中居亚洲第一位,巴东长江公路大桥位于湖北省著名的长江三峡下峡口,为双塔双索面预应力混凝土斜拉桥,主跨388m,最高索塔总高为212m,其中,塔墩高为119.8m(图2-22)。塔柱为钢筋混凝土空心构造,顺桥向宽6m,横桥向宽4m,柱身外侧为椭圆弧柱面。塔墩上段为桥面以下两塔柱过渡内收段,其尺寸为6m和4m。下段塔墩在横桥向为两层门形结构,分别为单箱双室及单箱三室,其尺寸分别为11m、7m和14m、10m,横梁均为6m,预应力混凝土箱形结构。塔墩下座为高6m、长宽尺寸为39m×24m的实心承台,16根3.0m桩基,桩长56m(图2-23)。

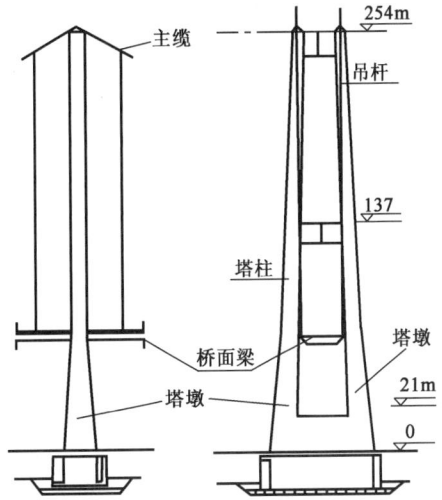

图2-21 丹麦大带东桥塔墩造型

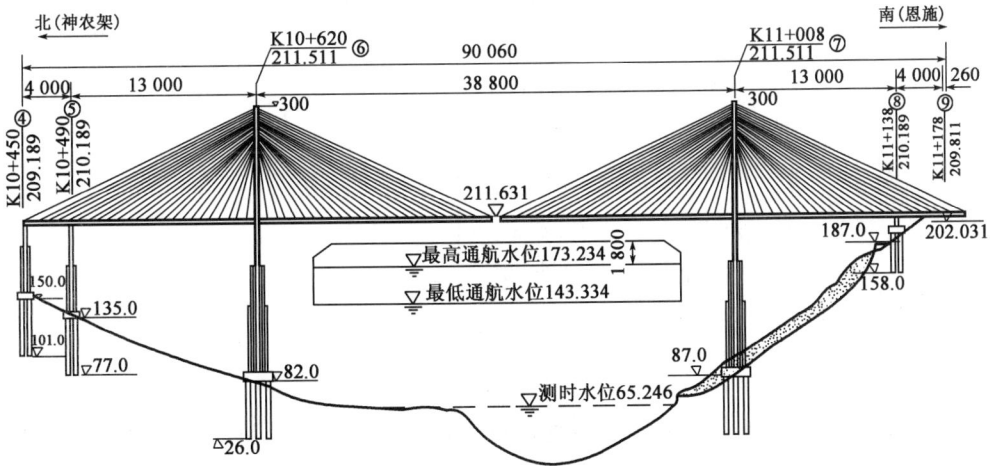

图2-22 巴东长江公路大桥桥型布置图(尺寸单位:m)

斜拉桥中的辅助墩和过渡墩又称拉力墩、锚固墩,是在斜拉桥设计中为了增加结构刚度而在边跨设置的中间支墩,其作用是为了防止当活载作用于中跨时边跨上拱度过大,避免边跨斜拉索可能出现松弛或退出工作的现象,故其支座能够承受负反力(拉力)。一般辅助墩不要求承受恒载反力,它还可使边跨的挠度明显地减小,当索塔刚度不大时,对中跨的受力也有明显的改善。现常用的辅助墩和边墩如图2-24所示,多为空心墩柱,用钢索将主梁端部锚固在墩柱底的横隔板上,主要承受上拔力。由于允许有水平位移,锚固钢索要尽可能地长。墩上可设支座承受压力。

当水面辽阔、水深较深、不便在水中修筑固定的桥墩和基础时,可用钢筋混凝土浮箱作为水中的浮桥墩,在其上架设贯通的桥面系统而形成沟通两岸交通的架空桥梁结构(图 2-25)。浮动支墩必要时可设锚碇以固定其位置。

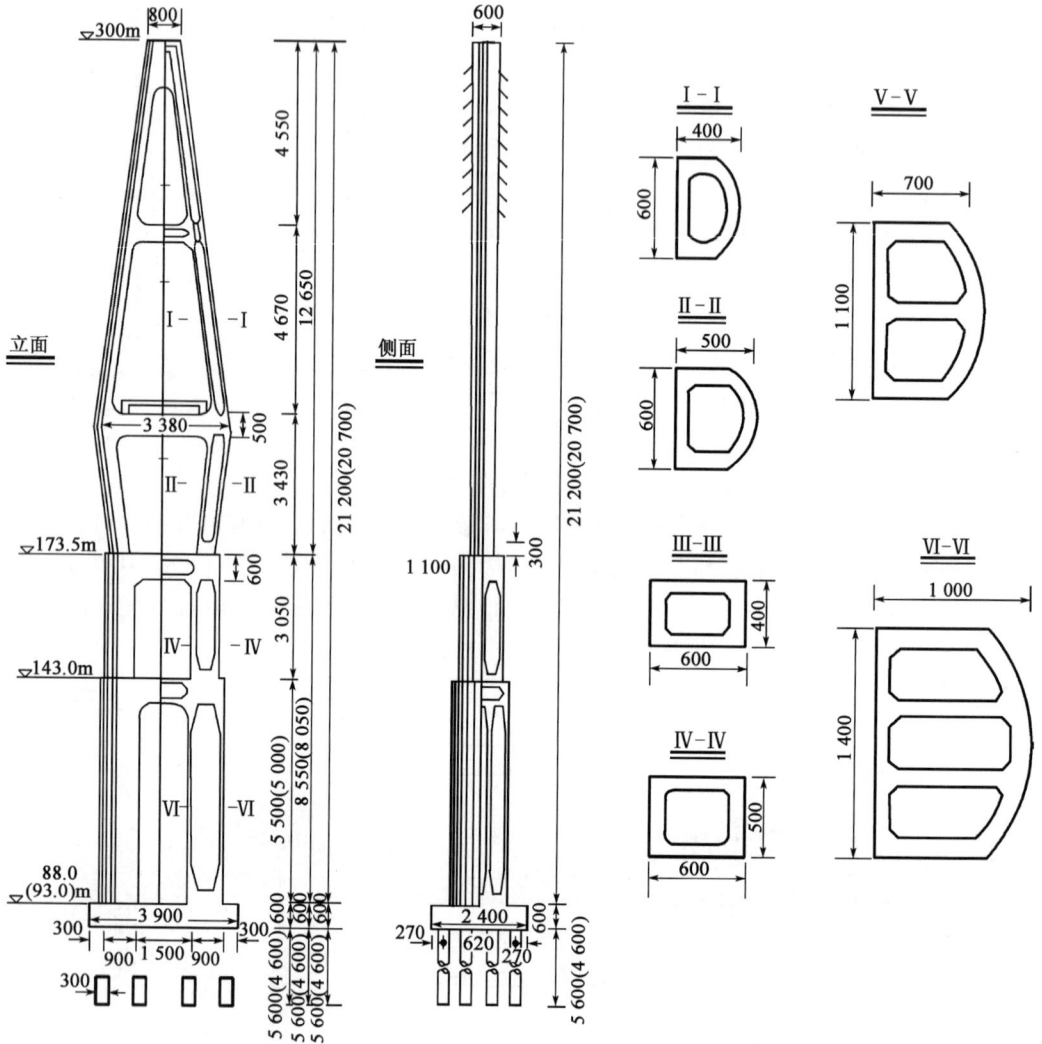

图 2-23 巴东长江公路大桥塔墩构造图(尺寸单位:cm)

钢塔架桥墩是以型钢为基本构件,在现场拼装外形呈塔架状的桥墩。一般用于地质地形条件差,又缺少施工用水的地方。其基础多为现浇混凝土,墩身与基础通过铸钢法兰盘连接,多用于较高桥墩。我国最高钢塔架桥墩为贵昆铁路北盘江大桥,墩高为 43.59m。

7. 多层立体交叉桥墩

为了扩大桥下视野,减小体量少占地,同时也从美观角度考虑,城市及高等级公路立体交叉桥墩,可采用钢筋混凝土或预应力混凝土杆、板式结构,向轻型化、装配化发展(图 2-16)。有时根据立交结构设计要求,桥墩布置形式除单层外,还有多层对称和非对称布置(图 2-26)。这种桥墩设计时,要注意在不对称荷载作用下的整体和局部抗扭验算,及在离心力、横向力矩作用下受力验算问题。

40

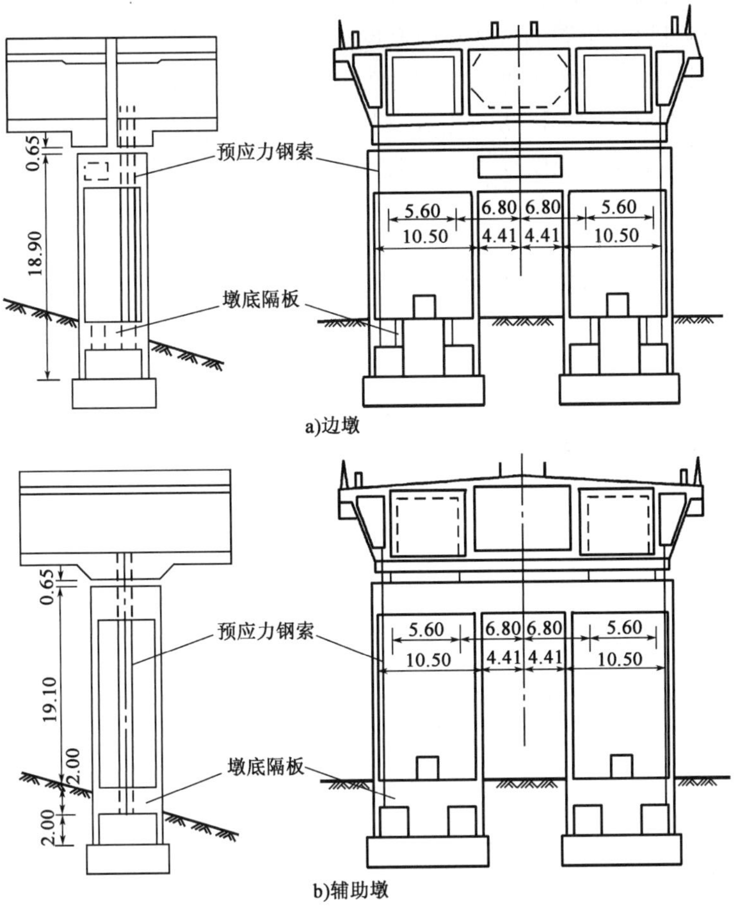

图 2-24 斜拉桥的边墩和辅助墩图(尺寸单位:m)

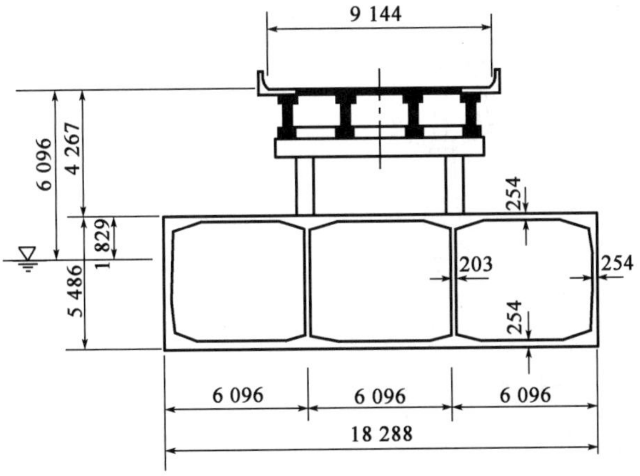

图 2-25 浮体桥墩示意图(尺寸单位:mm)

(二) 拱桥桥墩

拱桥是一种超静定推力结构,拱圈传给桥墩的力,除了竖向力外,还会有较大的恒载(不等跨时)和活载的水平推力,这是与梁式桥最大的不同之处,所以拱桥没有柔性墩。

常用的无铰拱桥桥墩墩帽与拱圈连为整体,直接承受由拱圈传来的压力,故这部分墩帽又称为拱座。对于砌体拱桥,拱圈的拱脚与墩台连接处拱座是采用特别加工的五角石,把径向拱石转化为水平方向[图 2-27a)],也可以现浇混凝土拱座代替五角石。对于预制安装的肋拱拱座,是在墩帽处做一预留供插入拱肋的孔槽[图 2-27b)、c)],拱脚为增加接触面积放置平稳而放大为方头,就位后再浇筑高强度等级混凝土封固。对于大跨度肋拱桥,还可在拱座背面和底面加设一些钢筋网。

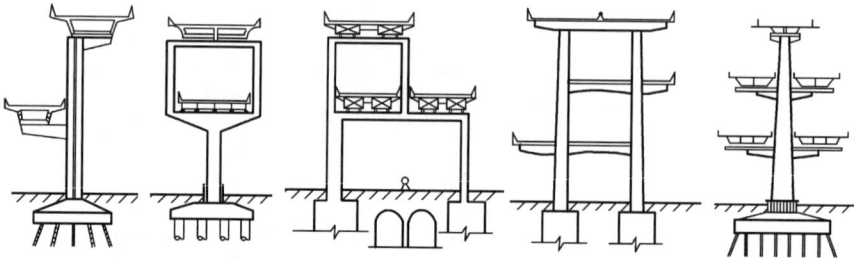

图 2-26　多层立体交叉桥墩布置图

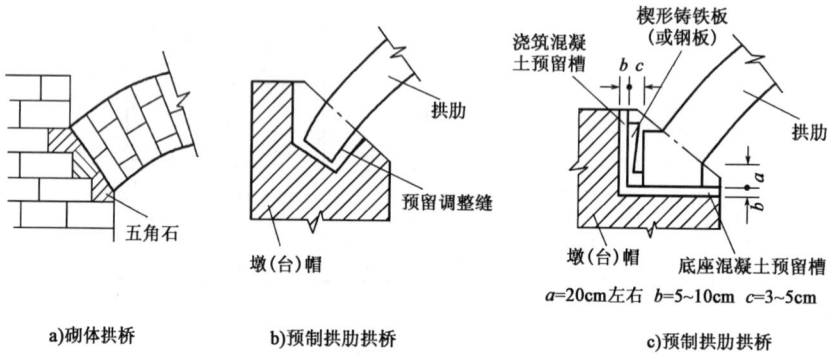

a)砌体拱桥　　　　　b)预制拱肋拱桥　　　　　　　c)预制拱肋拱桥

图 2-27　拱肋与拱座的连接

拱桥桥墩按其构造分类,有重力式墩(图 2-28)和柱式墩(图 2-29)。

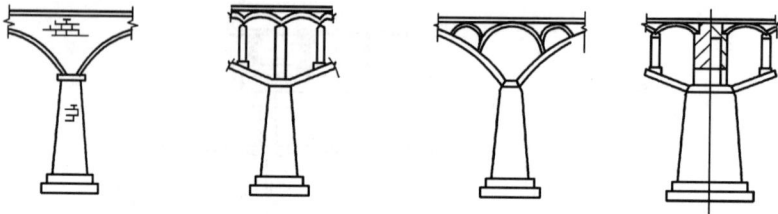

图 2-28　拱桥重力式墩

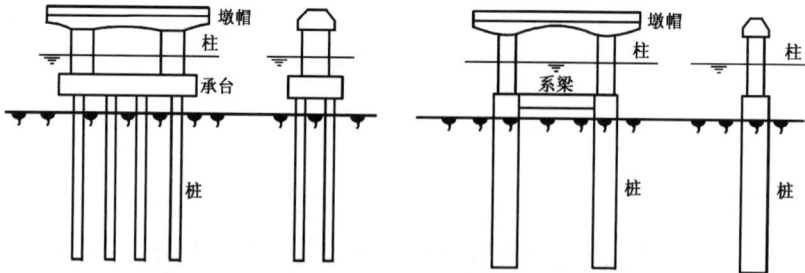

图 2-29　拱桥柱式墩

按承受的水平力情况来分类,拱桥桥墩又可分为普通墩和单向推力墩两种。单向推力墩包括恒载单向推力墩和分段墩。《台桥基规》规定,对于多跨拱桥应根据使用要求,每隔 3~5 孔须设置恒载单向推力墩,以免一孔受毁全桥坍塌。多孔拱桥施工时,为使拱架周转使用,亦需分段施工而设置"分段墩"。实际上,"分段墩"也就是承受施工中拱结构恒载的单向推力墩。

由于单向推力墩墩身基础体积大,圬工量多,施工困难,因而一般可以尽量在非单向推力墩上采取适当措施,以减小水平推力作用效应,减小墩身体积。图 2-30 为一悬臂墩,拱脚支承在悬臂端,以较小的拱的跨度获得较大的桥的孔径,减小拱脚传来的水平推力。同时,当一孔坍塌时,悬臂又增大了邻孔竖向反力抵消水平力对墩身的作用效应,减小墩身截面弯矩,承受拱的单向恒载水平推力。

当需要增大基础底面积修筑扩大基础时,考虑美观可以将常水位以上与以下墩身设计为不同侧坡而修成变坡墩[图 2-31a)]。对于相邻两孔不等跨的桥墩,除根据跨度变更两孔矢跨比和调整拱座位置外,还可将墩身立面做成不对称布置,形成不对称墩[图 2-31b)],使两孔作用的恒载合力接近墩身底面和基础底面的形心,尽量减小偏心距。

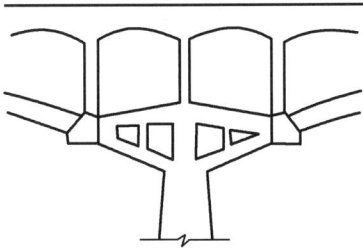

图 2-30 拱桥悬臂墩

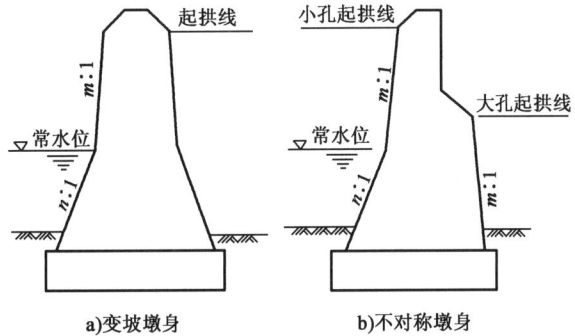

a)变坡墩身　　　b)不对称墩身

图 2-31 变坡墩与不对称墩

二、桥台类型

桥台的主要功能,除了支撑上部结构和传递主梁自重及桥面上的活荷载外,另一重要作用是衔接引道挡土,承受很大的土压力,因而桥台的基本结构受其功能要求而比较固定。桥台处于路和桥的分界处,有时因为桥头建筑艺术要求而利用桥台修建一些标志性建筑,此时桥台要进行特殊设计。

(一)梁、板式桥桥台

按照桥台的结构形式,一般分为重力式、埋置式、轻型、组合式和承拉桥台。

1. 重力式桥台

重力式桥台也称实体式桥台,又称 U 形桥台。它是由台身(前墙)、台帽、基础与两侧的翼墙(侧墙)组成,前墙与侧墙在平面上呈 U 字形。重力式桥台主要依靠自重与台腔内填土重平衡台后的土压力,保持桥台的稳定性。前墙上有台帽支承桥跨结构,并承受台后土压力;侧墙后缘伸入路堤内起着衔接引道的作用,同时也参与前墙共同承受土压力(图 2-32)。

重力式桥台由石砌、片石混凝土或混凝土等圬工材料建造,并采用就地施工方法。重力式桥台构造简单,基础承压面大,应力较小,但圬工体积大,一般用于填土高度 8~10m 的中等以上跨径的桥梁。

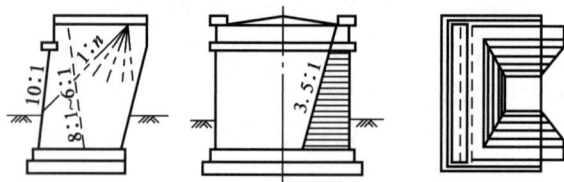

图 2-32　重力式 U 形桥台

对于河岸稳定、桥台不高、河床不压缩(人工河道)或压缩很小的中小跨径桥梁、城市立交桥,可利用侧墙挡土而不修锥坡时,将 U 形桥台前墙与翼墙设变形缝分开,形成独立的翼墙。此时,台身与翼墙斜交时为八字式桥台;台身与翼墙在同一平面时为一字式桥台(图 2-33)。

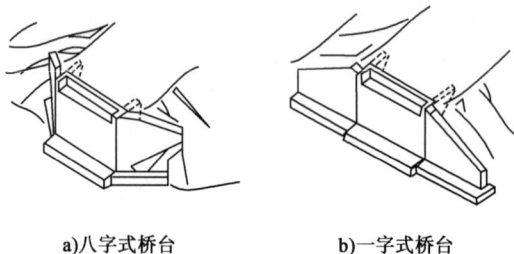

a)八字式桥台　　　　　b)一字式桥台

图 2-33　八字式桥台和一字式桥台

2. 埋置式桥台

埋置式桥台是将台身埋在锥形护坡中,只露出台帽以安置支座及上部结构。这样桥台所受的土压力大为减小,桥台的体积相应减少,也减小了基础圬工量。

埋置式桥台将侧墙改为短小的钢筋混凝土耳墙,耳墙与路堤衔接,伸入路堤的长度一般不小于 700mm,耳墙按嵌固在台身的悬臂板计算。台帽部分的内角至护坡表面距离不应小于 500mm,否则应在台帽两侧设置挡板,防止土、雪等进入台帽支承平面上去。

埋置式桥台按台身结构形式可分为:实体直立埋置式和后倾埋置式桥台、肋墙埋置式桥台、桩(柱)埋置式桥台和框架埋置式桥台(图 2-34)。

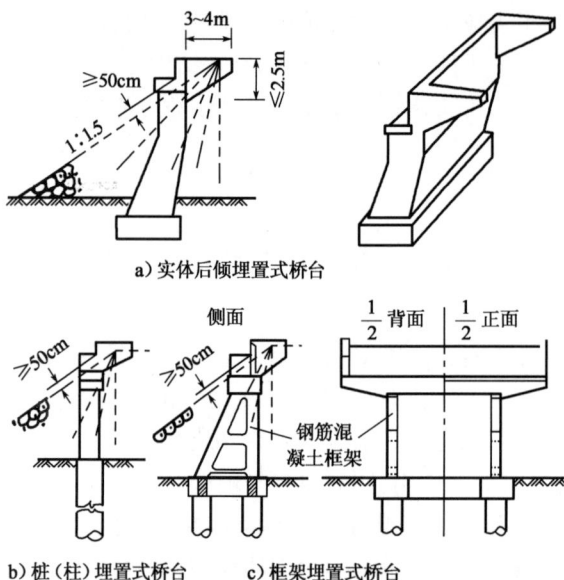

a)实体后倾埋置式桥台

b)桩(柱)埋置式桥台　　　c)框架埋置式桥台

图 2-34　埋置式桥台

实体后倾埋置式桥台实质上属于重力式桥台,它的工作原理是依靠台身后倾,使重心落在基底截面的形心之后,以平衡台后填土的倾覆力矩而保证桥台具有较好的稳定性,可适用于高达 10m 和 10m 以上的高桥台。

埋置式桥台和钢筋混凝土灌注桩或排架桩式桥台,其锥坡坡度不应陡于 1:1.5,对不受洪水冲刷的锥坡,加强防护时可采用不陡于 1:1.25 的坡度。

肋墙式桥台是实体埋置式桥台的改进形式,可更多地减少台身圬工体积,台身两片或两片以上后倾的肋墙可用混凝土或钢筋混凝土做成,上面用盖梁做台帽,台高 10m 以上应在肋墙间设撑梁,盖梁、撑梁、耳墙均用钢筋混凝土做成,台身与基础间需设置锚固连接钢筋。

桩(柱)埋置式桥台是一种应用较广的桥台形式,对于各种土壤地基都适宜。根据桥宽和地基土承载能力、基础类型可以采用双柱、三柱或多柱的形式,适用于跨径一般不超过 30m,填土高度不超过 5m 的桥梁。

框架埋置式桥台比桩(柱)式桥台有更好的刚度,比肋墙式桥台挖空率更高,宜用于填土高度大于 5m,桥跨 20m 以上的梁式桥,其不足之处是必须用双排基桩。埋置式桥台的共同缺点是溜坡深入到桥孔,压缩了河道。为了不压缩河道,要适当增加桥长。

埋置式桥台台前溜坡虽然用片石作防护,但仍存在着被洪水冲毁的可能性。规范规定,对埋置式桥台,当验算截面强度和稳定性时,可考虑来自桥台台后填土及台前溜坡的两方向土侧压力,同时,还应验算台前溜坡被冲刷时承受来自桥台台后单向主动土压力的受力情况。

3. 轻型桥台

(1)支撑梁轻型桥台

这种桥台的特点是,台身为直立的薄壁墙,台身两侧有翼墙,在轻型桥台之间或台与墩之间设置 3~5 根水平支撑梁,上部结构与桥台通过锚栓连接,使上部结构与支撑梁共同支撑桥台,承受台后土压力,形成四铰框架的受力体系。

支撑梁应设在冲刷线以下或铺砌层以下。在北方寒冷地区,要注意支撑梁底面应设在最大冻结线以下,或者将支撑梁下换为不冻胀土,一般也可用加厚河床铺砌来代替支撑梁。

轻型桥台可分为一字式轻型桥台、八字式轻型桥台、耳墙式轻型桥台(图 2-35)。一字式或八字式桥台的台身可采用圬工结构,一般当桥的跨径不超过 6m、台高不超过 4m 时,可用 C15 浆砌块石;当跨径大于 6m,台高大于 4m 时,需用 C15 混凝土浇筑,台帽用 C20 或以上的钢筋混凝土。耳墙式轻型桥台由台墙、耳墙及边柱三部分组成。耳墙附于边柱上部,耳墙可视为水平土压力作用下的悬臂板计算。边柱除承受由耳墙重力产生的竖直荷载和弯矩外,尚应计算耳墙上水平土压力对柱身所产生的扭矩和剪力。

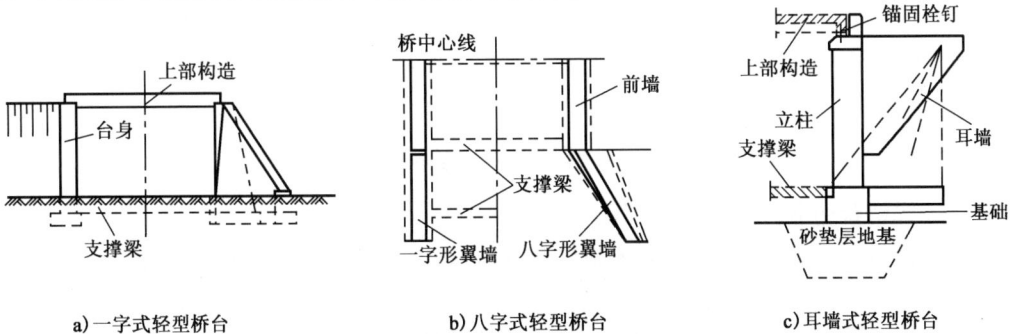

a)一字式轻型桥台　　b)八字式轻型桥台　　c)耳墙式轻型桥台

图 2-35　轻型桥台

（2）钢筋混凝土薄壁桥台

钢筋混凝土薄壁桥台的特点是利用钢筋混凝土结构的抗弯能力,来减少圬工体积而使桥台轻型化,薄壁轻型桥台适用于软弱地基条件。

钢筋混凝土薄壁轻型桥台常用的形式有悬臂式、扶壁式、撑墙式及箱式等(图2-36)。薄壁轻型桥台可依据桥台高度、地基强度和土质等因素选定。一般常用的钢筋混凝土扶壁式桥台,由挡土墙和侧墙构成,挡土墙由厚度不小于150mm(一般为150~300mm)的前墙和间距为2.5~3.5m的扶壁所组成,并支承上面台帽,以放置上部结构。两侧薄壁墙可以与前墙垂直形成U形薄壁桥台;与前墙斜交则形成八字形薄壁桥台。

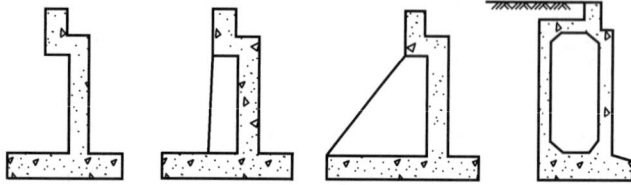

图2-36　薄壁轻型桥台

4.组合式桥台

为使桥台轻型化,桥台本身主要承受桥跨结构传来的竖向力和水平力,相当于桥墩的受力情况,而台后的土压力由其他结构来承受,形成组合式桥台。

（1）锚碇板式桥台

锚碇板式桥台的特点是由埋置于路堤土中的锚碇板、拉杆、立柱和挡土板组成配套的锚碇板结构来承受土压力,可分为分离式和接合式两种形式(图2-37)。分离式是台身与立柱、挡土板分开,桥台与锚碇板的基础分离,互不影响,上端做成伸缩缝,台身只承受上部结构传来的竖向力和水平力,相当于桥墩的受力状态,桥台受力明确,但结构复杂,施工不方便。接合式锚碇板桥台是将锚碇板结构与台身接合在一起,台身兼作立柱或挡土板,作用于台身的所有水平力假定均由锚碇板的抗拔力来平衡,台身仅承受竖向荷载。接合式结构简单,施工方便,工程量较省,但受力不很明确,若台顶位移量计算不准,可能会影响施工和营运使用。

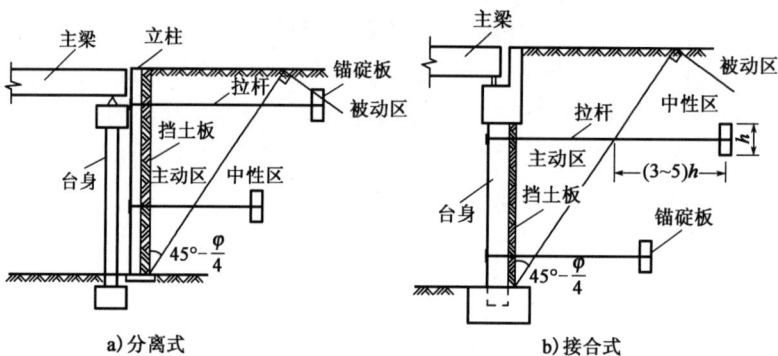

a)分离式　　　　　　　　　b)接合式

图2-37　锚碇板式桥台

锚碇板式桥台构造一般要求如下:

①锚碇板可用混凝土、钢筋混凝土制作,其形状以方形最佳,边长由计算确定,一般不宜小于750mm×750mm。

②锚碇板必须置于被动区或中性区,离主动破裂面水平距离为(3~5)h(h为锚碇板边长)处。

46

③锚杆应具有柔性,并采取防腐措施。

④路堤填土夯实和碾压后的密实度直接影响锚碇板的抗拔力,因而路堤的夯实度必须满足设计要求。

锚碇板式桥台多用于台后路堤不被冲刷,路堤填土高为 3 ~ 8m 的中小梁式桥和城市桥梁中。

(2)加筋土桥台

加筋土桥台目前在我国已经开始应用。组合式桥台是常规的桩柱式桥台和加筋体共同组成的一种复合式桥台。根据桩柱位置分为内置组合式和外置组合式两种,不论何种形式,上部结构均由桩柱顶部盖梁支承,加筋体不承受支座传递的荷载(图 2-38)。因此桩柱与盖梁的设计与常规桥涵设计要求相同,应按公路桥涵有关设计规范进行。

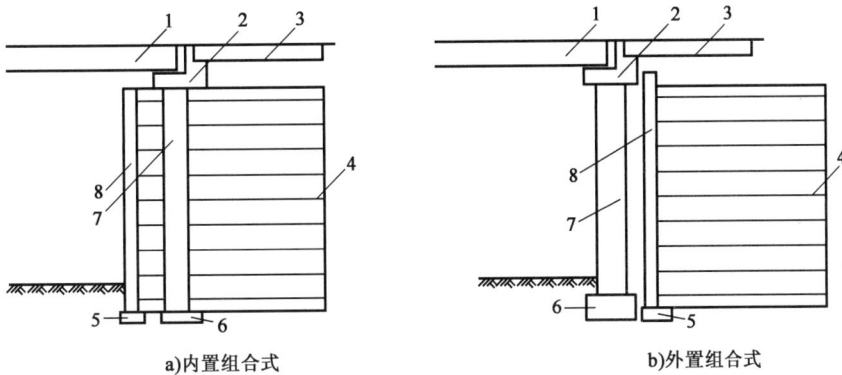

a)内置组合式   b)外置组合式

图 2-38 加筋土桥台

1-上部构造;2-垫梁或盖梁;3-桥头搭板;4-筋带;5-基础;6-台柱基础;7-台柱;8-面板

加筋土桥台的盖梁、台柱和搭板应符合下列要求:

①盖梁、台柱应符合公路桥涵有关规范进行设计。

②内置组合式桥台台柱与面板净距不宜小于 0.4m,其值应以台柱尺寸、筋带种类以及压实方法等条件综合考虑决定。

③外置组合式桥台,台柱与面板净距不应小于 0.3m。

④加筋土桥台应设置桥头搭板。外置组合式桥台的桥头搭板与加筋体面板顶部之间应留有 0.05m 的间距,并应填塞。

在此要说明,在外置组合式桥台中,搭板是不可缺少的连接装置。在内置组合式桥台中,虽然垫梁或盖梁与其后的填土已有相互衔接,但通常为了减轻或避免在交界处产生错台而加剧车辆的冲击作用,也应考虑设置桥头搭板。这在我国公路刚性路面设计规范中给予了明确规定并提出了具体措施。

加筋土桥台加筋体的筋带应选用抗老化、耐腐蚀性的筋带,加筋体筋带的截面面积、长度以及加筋体的稳定性,应通过加筋体内部、外部的稳定性分析确定。

加筋体内部稳定性计算,可按局部平衡法计算。

加筋体外部稳定性分析,应包括地基承载力、基底滑移和倾覆稳定,必要时增加整体滑动验算。筋带截面计算应考虑车辆荷载引起的拉力。筋带锚固长度计算可不计车辆荷载引起的抗拔力。

对于加筋土桥台的形式,通常采用 U 形、八字形和一字形。选择时应考虑加筋土结构的构造特点和桥台与路堤的平顺衔接。如桥涵斜交角较小或与带有支挡构造物的路堤衔接时,采用 U 形比较合适;如桥台斜交角较大或填方路堤衔接时,则宜选择八字或一字形桥台。

(3)组合式桥台

梁式桥组合式桥台分为两种结构形式,桥台与挡土墙用梁结合在一起的桥台为过梁式组合桥台;当梁与桥台、挡土墙刚结,形成框架式组合桥台(图 2-39)。

近年在软土地基高填方的高速公路上,采用一种刚构式组合桥台,这种桥台是将钢筋混凝土桩柱式桥台和相邻引桥一小跨桩柱式桥墩,通过桥面纵梁和柱底的承台梁(沿桥横向各设两道)连成整体,在桥纵向形成"Π"形刚构的组合桥台(图 2-40)。由于台后填土容许通过立柱间空间向台前放坡(坡面一般与斜撑并齐),桥台仅有后排立柱受有土压力,此压力又由前后两排桩柱共同承受,因而桥后的纵向水平位移甚小,避免了桩柱的开裂。

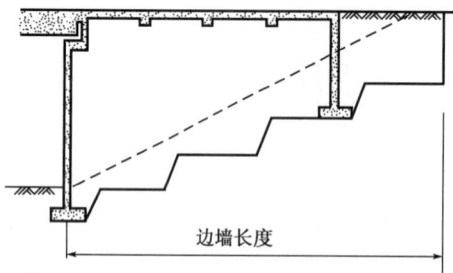

图 2-39 框架式组合桥台

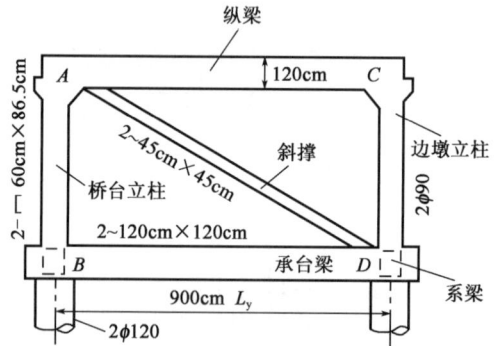

图 2-40 刚构式组合桥台

5. 承拉桥台

在连续梁桥或 T 构桥中,有时根据受力特点,可能出现负反力情况,要求桥台具有承压和承拉的功能,在桥台构造和设计中必须满足这种受力要求。图 2-41 示出了承拉桥台构造。该桥上部结构为单箱单室截面,箱梁的两个腹板呈牛腿状延伸至桥台形成悬臂腹板,它与桥台上顶帽之间设置氯丁橡胶支座受拉,悬臂腹板与下台帽之间设置氯丁橡胶支座支承上部结构,并可设置扁千斤顶,以备调整用。如上拉力较大,基础可设计为抗拔桩基础。

对于预应力混凝土连续梁桥,当边孔与中孔的跨径之比小于 0.3 时,其受力特性近似固端梁,在恒载和活载作用下,桥台支座可能受拉,应设计成承拉桥台。泸州长江二桥由于桥位处受地形限制,主桥为一极不对称的连续刚构,跨径组合为 145m + 252m + 49.5m,所以在小跨岸边必须设一承受拉力的锚桩桥台(图 2-42)。锚桩桥台与箱形主梁刚性连接平衡主桥反力。

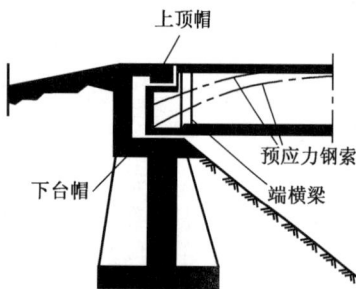

图 2-41 承拉桥台构造

为保证锚固的可靠性,布置 18 根方形锚桩,通过设在锚桩内竖向预应力束将桥台锚于基岩中。桥台长 26m,与箱梁结构一致,两端加隔板,箱内用浆砌片石填心。桥台设计为三向预应力结构。

大跨度斜拉桥与自锚式悬索桥,斜索(或主缆)除施加于加劲梁很大的轴向压力外,还有一部分向上的竖向力,所以对桥台(或过渡墩)要设计成特殊形式来承受上拔力。克罗地亚布罗夫瓦克卡海峡独塔斜拉桥为不对称布索,设计者将 6 对斜索锚固在桥台上,使桥台在减小加劲梁轴力的同时又受有很大的上拔力,将台身设计为大型箱形结构,箱壁施加竖向预应力,箱内填充片石,加劲梁嵌入桥台前箱壁,以加强梁、台的整体作用,同时将原设计浅板基础改为钻孔桩深基础(图2-43)。

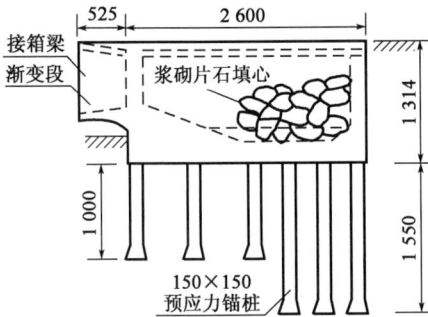

图2-42 锚桩桥台一般构造图(尺寸单位:cm)

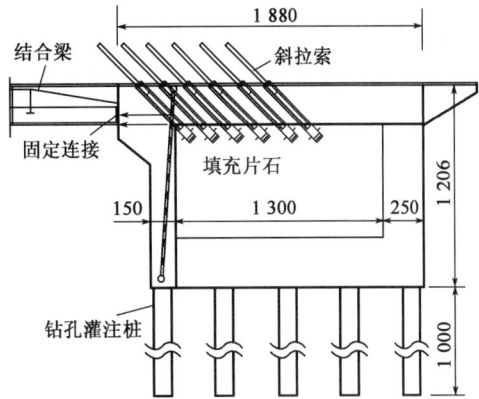

图2-43 斜拉桥锚索拉拔桥台(尺寸单位:cm)

(二)拱桥桥台

拱桥桥台因受到拱圈传来的较大的单向推力,受力复杂,体积较大,多采用刚性圬工实体式桥台。由于拱桥桥台拱座位置较低,所以拱脚以上的台身部分多以挖空来减轻自重,一般有以下几种类型。

1.拱桥重力式桥台

拱桥重力式(U形)桥台与梁、板式桥重力式(U形)桥台结构形式差不多,其工作特点是以自重和土压力来平衡拱脚传来的水平推力,只不过外形尺寸更大一些,圬工量更多。拱桥重力式(U形)桥台由前墙、侧墙、拱座等组成(图2-44),适用于地质条件好,采用扩大基础,跨径不超过30m的拱桥。

2.空腹式桥台

为减轻拱桥重力式桥台自重大对地基土的负担,将台身挖空用空腹拱代替,形成空腹式桥台。空腹式桥台是由前墙、后墙、基础板和撑墙等部分组成(图2-45)。前墙承受拱圈传

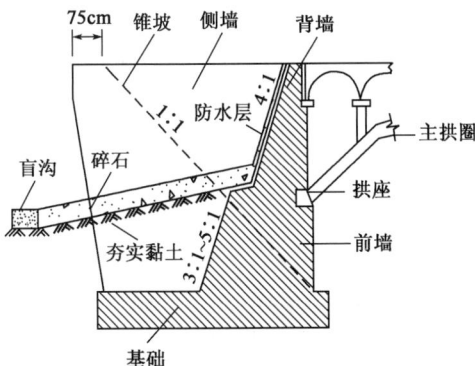

图2-44 拱桥重力式(U形)桥台

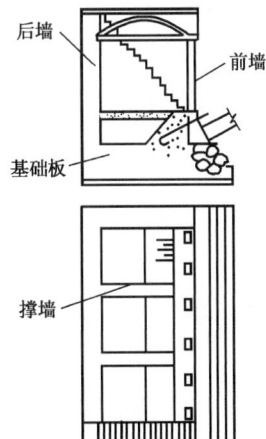

图2-45 拱桥空腹式桥台

来的荷载,后墙承受台后土压力,如基顶以上桥台内部挖空,拱座(前墙)与后墙间需设置撑墙以增加前后墙、拱座、基础板的整体刚度。这种桥台刚性大,整体性好,自重轻,能充分利用台后土压力,一般应用于软土地基,河床无冲刷或冲刷轻微,水位变化小的大中跨径拱桥。

3. 组合式桥台

组合式桥台由前台和后座两部分组成(图 2-46)。前台可采用桩基或沉井基础,以承受拱的竖向力为主;拱的水平推力则主要由后座基底的摩阻力及台后土侧压力来平衡。规范规定,计算时桩基础或沉井基础可承担 10% ~ 25% 的拱的水平推力,无斜桩时取低值,有斜桩时取高值。一般组合式桥台有如下构造要求:

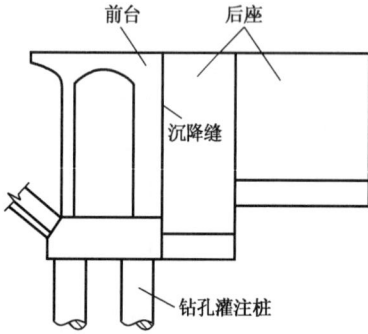

图 2-46 组合式桥台

(1)当采用多排桩基础时,宜斜直桩结合使用,前直后斜,且斜桩多于直桩,斜直桩的交点宜接近拱脚截面中心高程,以提高基桩抵抗前台向后座转动和水平位移的能力。

(2)前台和后座两部分之间的沉降隔离缝两侧结构物接触面,要先期完成的结构表面光洁细致,然后涂以隔离油脂,将先期完成的结构表面作为后期结构的模板,以保证接触面两边紧密接触又可相互自由沉降。

(3)后座的基底必须放置在原状土上,且基底高程不高于拱脚截面中心高程,以使后台座基底摩阻力与台座土压力尽可能与拱脚水平推力在一个水平线上。

(4)若地质条件较差时,应考虑后座沉降对前台基桩产生的负摩阻力作用,同时应采取措施,防止由于后座的不均匀沉降引起前台向后倾斜。

组合式桥台适用于采用深基础、冲刷较大的大跨径拱桥。

4. 拱桥轻型桥台

拱桥轻型桥台的特点是它允许桥台在拱的水平推力作用下产生绕基底形心轴向路堤方向转动,并考虑由此而在台后产生的土抗力与静止土压力共同平衡拱的水平推力,从而使台身尺寸、圬工量大大小于重力式桥台。

拱桥轻型桥台类型主要依据台身平面形状划分,有一字形、八字形、U 形、Π 形、E 形等(图 2-47)。

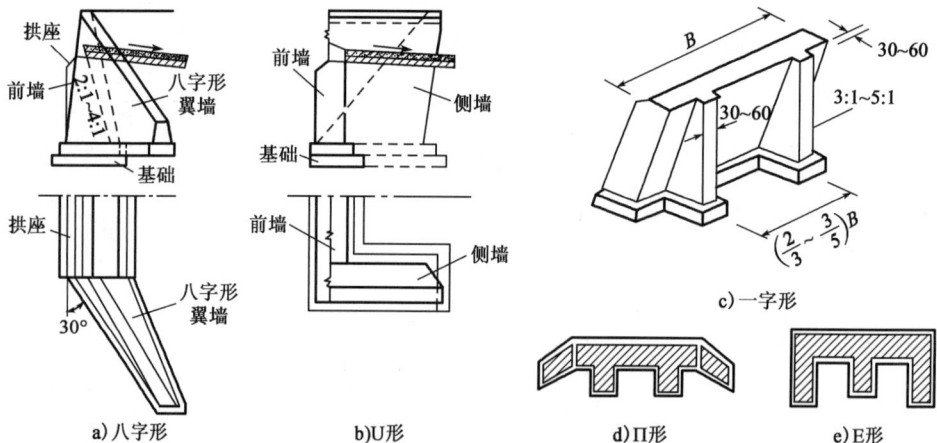

a)八字形 b)U形 c)一字形 d)Π形 e)E形

图 2-47 拱桥轻型桥台

50

拱桥轻型桥台要求基础埋置要有一定的深度,以防止基底向河中侧滑动;台后填土必须严格按照规定的密实度(大于等于90%)分层夯实,并要切实做好台后填土防护工作,防止受水流侵蚀冲刷。

该类桥台主要适用于小跨径拱桥。

5. 齿槛式桥台

齿槛式桥台就是在基底(又称底板)下面设置齿槛以增加其抗滑动能力(图2-48)。齿槛式桥台由前墙、后墙、侧墙、底板和撑墙等组成,其工作原理是利用后墙墙背老土(原状土)的弹性土抗力,前墙背面填土侧压力和地基土对齿槛的抗剪强度共同平衡拱的水平推力。

齿槛的宽度和深度一般均不宜小于0.5m;在底板上后墙与拱座间需设撑墙增加刚度;后墙要靠在原状土上,可将后墙墙背设计成与土坡一致的斜板,以获得较大的土抗力。该类桥台适用于软土地基上冲刷很小,水位变化不大的中、小跨径的拱桥。

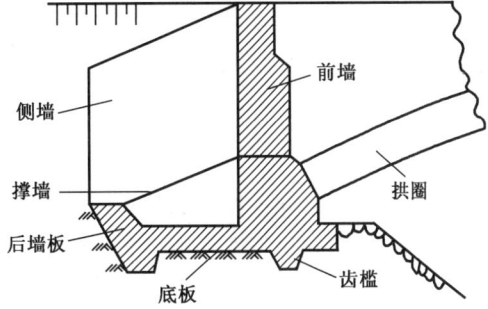

图2-48 齿槛式桥台

第二节 墩台的构造要求和尺寸拟定

一、桥墩的构造要求和尺寸拟定

(一)梁、板式桥桥墩构造要求和尺寸拟定

1. 墩帽

墩帽直接支承上部桥跨结构,是利用放置其上的支座将上部桥跨结构自重及车辆人群活载向下传递,因而墩帽受力集中,要求强度高。一般在构造方面有如下要求:

(1)一般墩帽材料采用强度等级为C25以上的钢筋混凝土修筑,小桥亦可用不低于C20强度等级的混凝土修筑。

(2)墩帽钢筋一般可参照图2-49按构造配置,为了提高支座下墩帽局部受压强度并使应力分布均匀,支座下面应设置钢筋网。根据要求,可设置一层或多层,钢筋可用$\phi 8 \sim \phi 10mm$,网格一般为$70mm \times 70mm \sim 100mm \times 100mm$,钢筋网横桥向要宽于2倍支座底垫板宽,顺桥向可等于墩帽宽。

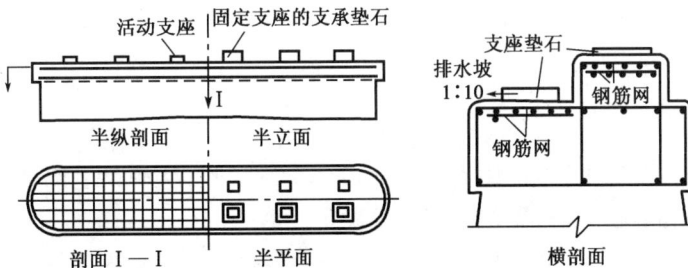

图2-49 墩帽配筋示意图

（3）当桥墩需安置不同高度的支座时，可用支承垫石的高度调整，支承垫石尺寸、配筋需根据荷载与支座底板尺寸计算确定。

（4）墩帽平面一般设置不小于3%的排水坡，并要使支承垫石顶面高于排水坡上棱，以防止雨水侵蚀支座。

梁、板式桥墩帽厚度，特大、大跨径桥梁不小于500mm，中小跨径不小于400mm，挑檐宽一般取50～100mm。

墩帽尺寸拟定，除要满足安放支座的要求外，还应考虑温度影响下梁的伸缩和荷载作用下梁挠曲后引起梁端转动的要求，一般如下确定。

（1）顺桥向墩帽（盖梁）最小宽度 b 的确定，参考图2-50，即：

$$b \geq f + \frac{a}{2} + \frac{a'}{2} + 2c_1 + 2c_2 \tag{2-1}$$

式中：f——相邻两跨支座在墩帽上的中心距离（mm）；

a、a'——支座底垫板顺桥向宽度，根据标准图或支座设计确定：

c_1——支座边缘到墩身边缘的最小距离（mm），具体尺寸按表2-1规定取值，参考图2-51；

c_2——墩帽挑檐宽度，一般为50～100mm，拟定盖梁尺寸时可不考虑。

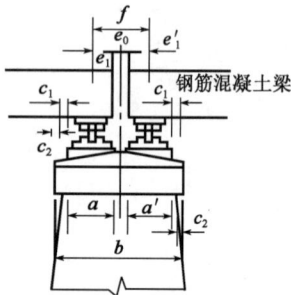

图2-50　墩帽尺寸拟定示意图

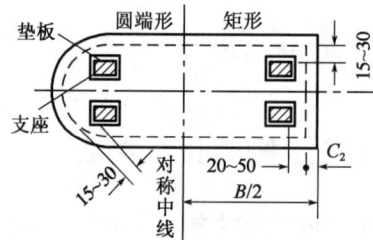

图2-51　支座边缘至墩台身边缘最小距离示意图（尺寸单位:cm）

支座边缘至墩、台身边缘的最小距离（mm）　　　　　　　　　　　表2-1

桥向跨径（m）	顺　桥　向	横　桥　向	
		圆弧形端头（自支座边角量起）	矩形端头
$l \geq 150$	300	300	500
$50 \leq l < 150$	250	250	400
$20 \leq l < 50$	200	200	300
$5 \leq l < 20$	150	150	200

注：当采用钢筋混凝土或预应力混凝土悬臂墩帽时，可不受本表限制，应以便于施工、养护和更换支座而定。

f 值应按下式确定，即：

$$f = e_1 + e_0 + e_1' \tag{2-2}$$

式中：e_1、e_1'——支座中心到梁端的距离，等跨时 $e_1 = e_1'$，一般可从桥梁上部结构标准图中查出，特殊情况可通过梁端抗剪计算确定；

e_0——相邻两跨梁端间的最小允许距离，一般称为伸缩缝，考虑温度变化、主梁挠曲变形、施工架梁可能出现的误差等根据跨度确定，中、小桥可取20～50mm；大跨度

52

桥梁需经计算确定。

温度引起的主梁水平伸缩长度为：

$$e_0 = \alpha l \Delta t \qquad (2\text{-}3)$$

式中：l——桥跨主梁长度，为相邻两孔桥跨之和；

Δt——施工温度（月平均）与当地最高、最低月平均气温差；

α——材料的线膨胀系数，钢筋混凝土为 0.000 010。

主梁受载挠曲引起梁端转动的水平位移为（参考图 2-52）：

$$\Delta a = h \cdot K \qquad (2\text{-}4)$$

式中：h——主梁高度；

K——挠度曲线按二次抛物线计得的系数，可由表 2-2 确定。

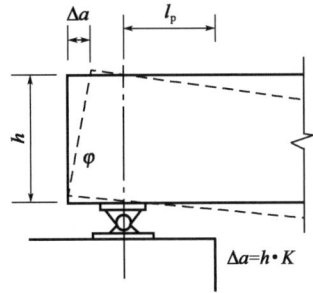

图 2-52　梁端转动位移计算

梁端转动位移计算系数 K 值表　　　　　　　　　　表 2-2

l_p/δ	400	500	600	700	800	900	1 000	1 500	2 000
$\varphi(\text{rad})$	1/100	1/125	1/150	1/175	1/200	1/225	1/250	1/375	1/500
K	0.010 0	0.008 0	0.006 7	0.005 7	0.005 0	0.004 4	0.004 0	0.002 7	0.002 0

注：l_p 为桥梁的计算跨径；δ 是跨径中点的挠度；φ 为梁端部转角。

当考虑防震要求，为避免落梁设置挡块时，一般要加宽墩帽尺寸，其顺桥向梁支座边缘至墩（台）帽或盖梁边缘的最小距离 d 尚应符合表 2-3 的要求。

d　值　表　　　　　　　　　　表 2-3

跨径(m)	10～13	16～20	25～30	35～40
$d(\text{mm})$	250	300	350	400

（2）横桥向墩帽（盖梁）最小宽度 B 的确定：

$$B \geq B_1 + a(\text{或 } a') + 2c_1 + 2c_2 \qquad (2\text{-}5)$$

式中：B_1——桥跨结构横桥向两边主梁中心距离；

其他符号意义同前。

对于顺桥方向按最小尺寸拟定为 b 的圆端形墩帽，则横桥向墩帽最小宽度为 $B = B_1 + a$（或 a'）$+ b$。

墩帽（盖梁）横桥向尺寸拟定，还须考虑施工架梁在墩上放置架梁设备要求的宽度。

墩帽平面尺寸的合理确定，直接影响着墩身的平面尺寸和材料的选用。例如，当顺桥向的墩帽宽度较小而桥墩又较高时，墩身就显得薄，此时可能需要采用钢筋混凝土墩身，或为了加厚墩身而加大墩帽尺寸。另一方面，如果墩身在横桥向宽度较小，或采用柱式墩身，又反过来影响墩帽（盖梁）的受力、尺寸及其配筋。因此要精心拟定墩帽尺寸，还必须考虑墩身的影响和协调一致。

2. 墩身

墩身是桥墩的主体。桥墩不仅支承上部结构传递荷载，而且在水中部分受水流冲击、船只、漂流物、流冰等的碰撞、侵蚀、磨损，所以对墩身材料有一定的要求。对石砌实体墩身，石料强度小桥涵墩台不低于 MU30 石材,砌体砂浆最低强度等级为 M5;大、中桥墩台不低于 MU40 石材,砂浆最低强度等级为 M7.5。当采用混凝土实体墩身时,小桥涵墩台现浇混凝土不低于 C20,预制块不低于 C25;大、中桥墩台及轻型桥台现浇混凝土不低于 C25,预制块不低于 C30。《公路圬工桥涵设计规范》(JTG D61—2005)(以下简称《公圬桥规》)规定,在寒冷地区累年最冷月平均气温低于或等于 −10℃ 的地区,所用的石材抗冻性指标应符合表 2-4 的规定。为节约水泥,可在中间掺入不多于 20% 的片石,对轻型桥墩墩身,应采用不低于 C25 的混凝土或钢筋混凝土。

石材抗冻性指标 表 2-4

结构物部位	大、中桥	小桥及涵洞
镶面或表面石材	50	25

注:1. 抗冻性指标,系指材料在含水饱和状态下经过 −15℃ 的冻结与 20℃ 融化的循环次数。试验后的材料应无明显损伤(裂缝、脱层),其强度不应低于试验前的 0.75 倍。

2. 根据以往实践经验证明材料确有足够抗冻性能者,可不做抗冻试验。

在有强流冰、泥石流或大量漂流物和冲击物的河流中的石砌墩身,其表面应选择强度不小于 MV60 的石料或强度等级不低于 C40 的混凝土预制块镶面。镶面砌体的砂浆强度等级不应低于 M20。混凝土桥墩的迎水面,应设置钢筋网(图 2-53)。

具有强烈流冰的河流中的桥墩,宜在迎水面设置破冰棱。

破冰棱应高于最高流冰水位 1.0m,并低于最低流冰水位时冰层底面下 0.5m。破冰棱的倾斜度一般为 3:1～10:1(图 2-54)。

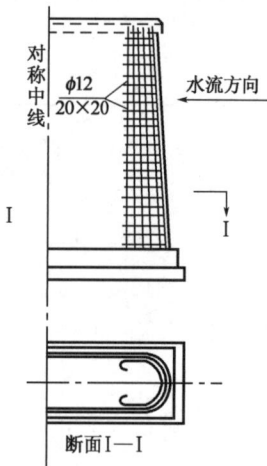

图 2-53　墩身钢筋网(尺寸单位:mm)

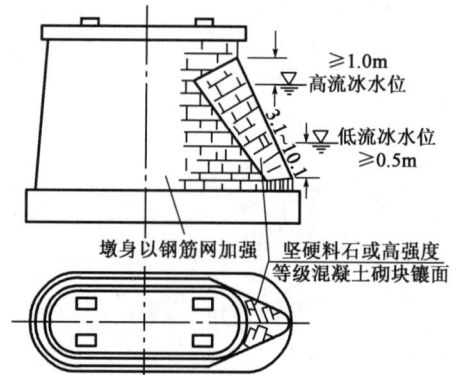

图 2-54　破冰棱构造要求图

墩身尺寸主要以墩帽尺寸确定。《公圬桥规》还规定:实体桥墩侧坡可采用 20:1～30:1 (竖:横),小跨径桥梁的桥墩也可采用直坡。实体桥墩墩身的顶宽,小跨径桥不宜小于 800mm (轻型桥墩不宜小于 600mm);中等跨径桥不宜小于 1 000mm;大跨径桥梁墩身顶宽,视上部构造类型而定。

(二)拱桥桥墩构造要求和尺寸拟定

由于拱桥上部结构恒载大,因而拱桥墩帽承受由拱圈传来的较大压力,一般要采用强度等级为 C25 以上的混凝土或 MU40 以上的块石修筑。

按无铰拱设计的肋拱桥,为保证拱脚固结,拱肋插入拱座内的长度不宜小于拱肋高度,而且拱座预留孔要用强度等级不低于 C30 的混凝土浇筑。

拱桥墩帽顺桥方向宽度,要根据拱的跨度、拱圈厚度、腹拱构造(即墩上是否设置腹拱立墙)来确定。《公圬桥规》规定:等跨拱桥的实体桥墩的顶宽(单向推力墩除外)混凝土墩可按拱跨的 1/25 ~ 1/15;石砌墩可按拱跨的 1/20 ~ 1/10(其比值随跨径的增大而减小)估算,且不宜小于 800mm。墩帽如设挑檐,其厚度不小于 400 ~ 500mm。墩帽横桥向宽度,每侧要宽于边肋宽度且不小于 200mm。

拱桥墩身尺寸主要根据墩帽尺寸拟定,其他方面的要求同梁、板式桥墩身。

二、桥台构造要求和尺寸拟定

(一)梁、板式桥桥台构造要求和尺寸拟定

1. 台帽

台帽的配筋和材料要求同墩帽。不同之处是台帽上只设单排支座,所以台帽平面的顺桥向宽度 b 按下式确定(图 2-55):

$$b \geqslant e_1 + \frac{e_0}{2} + \frac{a}{2} + c_1 + c_2 \tag{2-6}$$

式中符号意义和确定同墩帽。

台帽以上为背墙,是台身前墙向上伸延挡路堤土的部分,其顶宽不宜小于 500mm。背墙一般做成垂直的,并与两侧侧墙连接形成的 U 形桥台。台帽横桥向宽度,考虑与引道和桥上车行道的衔接,一般要等于或大于桥面宽度,或等于引道路基宽度。

2. 台身

由于桥台台身受较大的路堤填土侧压力,截面受力随深度增加而加大,所以竖直剖面呈梯形变化。台身外轮廓尺寸一般确定如下。

图 2-55　台帽顺桥向尺寸

台身横桥向宽度按台帽宽度确定。顺桥向长度为保证桥台与引道的可靠衔接,《公圬桥规》规定:桥台侧墙后端伸入路基锥坡顶点以内的搭接长度不宜小于 750mm,并设 1.0m 竖直段;锥坡与桥台(正交桥)两侧相交线的坡度,当有铺砌时,路肩边缘下的第一个 6m 高度内不宜陡于 1:1,在 6 ~ 12m 高度内不宜陡于 1:1.25,高于 12m 的路基,其 12m 以下的边坡应由计算确定,但不应陡于 1:1.5;经常受水淹没部分的边坡坡度不应陡于 1:2。

台身各细部尺寸,《公圬桥规》规定:U 形桥台的前墙,其任一水平截面的宽度,不宜小于该截面至墙顶高度的 0.4 倍;U 形桥台的侧墙,其任一水平截面的宽度,对于片石砌体不小于该截面至墙顶高度的 0.4 倍;块石、料石砌体或混凝土不小于 0.35 倍,如桥台内填料为透水性良好的砂性土或砂砾,则上述两项可分别减为 0.35 倍与 0.30 倍(图 2-56)。侧墙顶宽对于块石、料石砌体和混凝土不宜小于 50cm。

在非岩土类地基上,桥台宜每隔 10 ~ 15m 设置一道沉降缝。现浇混凝土桥台台身及基础,应根据当地气候条件及施工条件,每隔 5 ~ 10m 设置一道伸缩缝。U 形桥台两侧墙间应填以渗水性良好的土,并做好排水措施。一般可在略高于高水位的平面上铺一层向路堤方向设

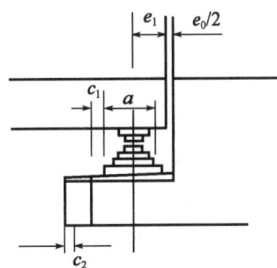

有斜坡的夯实黏土作为不透水层,并在黏土上再铺一层碎石,将积水引向设于台后横穿路堤的盲沟内排出(图2-44)。在北方寒冷地区,为防止侧墙与前墙冻胀破坏,台腔内应填以不冻胀土。

(二)拱桥桥台构造要求和尺寸拟定

拱桥桥台台帽材料、拱座的构造要求等同拱桥桥墩。

台帽顺桥方向尺寸往往由拱脚下起拱线处桥台前墙宽度 b(又称台口宽度)控制,可按经验公式 $b = 0.15L_0$(L_0 为净跨径)估算。拱座边缘至边肋外边缘距离不小于200mm 或肋宽外,

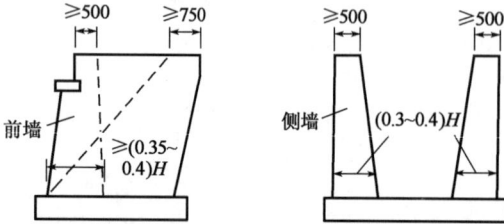

图2-56 U形桥台尺寸示意图(尺寸单位:mm)

与梁、板式U形桥台一样,还要考虑桥面与引道衔接需要的宽度。

拱桥U形桥台前墙、侧墙构造要求和尺寸、台后填土排水等要求均同梁、板式桥U形桥台,可见图2-44拱桥重力式U形桥台。

下面简单介绍几种拱桥桥台尺寸拟定的方法。

1.拱桥U形桥台用作图法初拟尺寸

拱桥作为推力结构,恒载所占比重大,其桥台尺寸拟定原则是尽量使台身圬工各截面和基底的应力比较均匀,尽量减少桥台转动弯矩,一般考虑使恒载压力线与各截面重心曲线尽量接近或重合,由于桥台压力曲线的位置只有在桥台形状确定后才能定出,因而可采用作图法先初步拟出桥台形状。

如图2-57所示,起拱线、基底埋深已定,先由拱脚截面中心点 A,用拱轴线的规律曲线向下延伸与基底线交于 B 点,由拱脚下缘作垂线交基底 D 点,以 BD 长作 $BC = BD$,采用基础高度 h,并取襟边宽 C,台口宽取 b,再取任意点 G 做垂直于 OB 的线交 AD 于 F,取 $GE = GF$,可作几条类似线后,经调整细化,即可定出前墙背坡长度。用锥坡推出桥台顺桥长度,再按细部要求定出前墙上立墙及侧墙尺寸,即可得到拱桥U形桥台初拟尺寸。

2.空腹桥台尺寸拟定

如图2-58所示,台高 $h = h_1 + h_2$,其中:

$$h_1 = f + t + D \pm i \tag{2-7}$$

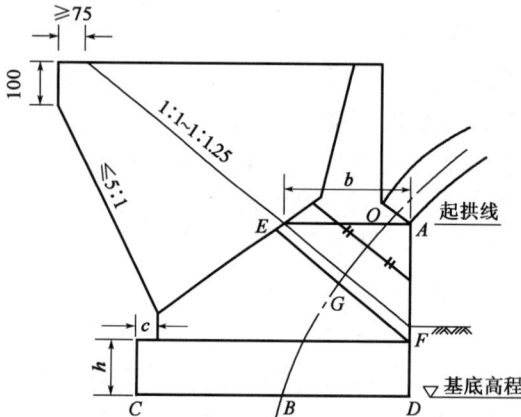

图2-57 拱桥U形桥台作图法初拟尺寸示意图(尺寸单位:cm)

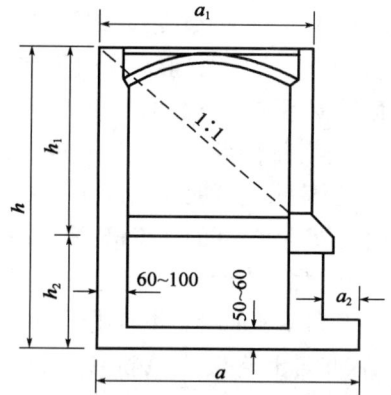

图2-58 空腹式桥台尺寸拟定图(尺寸单位:cm)

式中：f——主拱圈矢高；

t——主拱圈厚度；

D——拱上填料及路面厚度；

i——桥面纵坡影响值。

根据地质条件确定 h_2，也可初估 $h_2 = \left(\dfrac{1}{3} \sim \dfrac{1}{2} \right) h_1$。以拱脚上缘线作为撑墙的顶面，按 1:1 坡线推算出桥台长 a_1，桥台宽度取路基宽度，桥台高度方向在主拱圈上缘以上部分挖空，即得空腹式桥台尺寸图。

第三节　墩台验算

墩台作为桥梁的支承传力结构，必须具有可靠的强度和稳定性。它的受力状态不仅受到上部结构类型、跨径等影响，而且与基础连接为一体，其各种计算必然要联系基础总体考虑。如墩台身所受的各种荷载产生的内力，必然受到基础类型的影响而变化，墩台结构本身可以是圬工结构，也可以是钢筋混凝土或预应力混凝土结构，这样即使同一个验算内容，其验算的方法、公式也会不同。有的涉及结构图示简化计算，例如对压弯构件的简化图示，不同的结构形式和基础连接条件，可能简化成不同的边界条件，都需要结合具体情况来加以分析考虑。

墩台结构验算与上部结构一样，是在初拟尺寸的基础上加以验算。验算要考虑施工状态和营运状态，验算后的修改，可以从两方面入手：一是进行尺寸的修改，一是改换材料结构。

一、墩台顶帽的验算

（一）梁式桥重力式墩台顶帽局部承压验算

梁式桥重力式墩台顶帽局部承压验算，主要按墩台帽支座垫板下的混凝土在支座最大竖向力作用下局部承压区的截面尺寸计算，其公式为：

$$\gamma_0 N_d \leq 0.9 \beta f_{cd} A_1 \tag{2-8}$$

式中：N_d——局部受压面积上轴向力设计值；

f_{cd}——混凝土轴心抗压强度设计值，按《公垮桥规》表 3.3.2 采用；

β——局部承压强度提高系数，按 $\beta = \sqrt{A_b / A_1}$ 计算；

A_b——局部承压时的计算底面积，按图 2-59 确定；

A_1——混凝土局部承压面积。

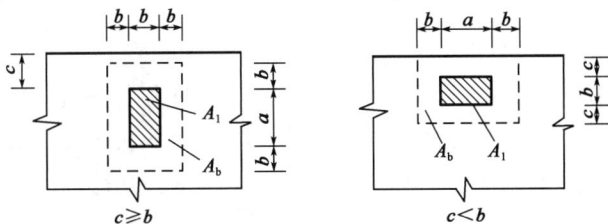

图 2-59　A_b 计算示意图

γ_0 按《公桥通规》规定为桥梁的重要性系数，对应于设计安全等级按一级、二级和三级分别取 1.1、1.0 和 0.9；桥梁的抗震设计不考虑结构的重要性系数，后文均以此采用，不再赘述。

(二)拱桥墩台台口截面直接抗剪强度验算

当拱桥桥墩相邻两孔恒载推力不等,或施工中出现单向推力等情况,桥台承受单向推力时,需要验算台口截面的直接抗剪强度。

$$\gamma_0 V_d \leqslant A f_{cd} + \frac{1}{1.4}\mu_f N_k \tag{2-9}$$

式中:V_d——剪力设计值;

$\quad A$——受剪截面面积;

$\quad f_{cd}$——砌体或混凝土抗剪强度设计值,按《公圬桥规》表3.3.2、表3.3.3-4和表3.3.4-3采用;

$\quad \mu_f$——摩擦系数,采用 $\mu_f = 0.7$;

$\quad N_k$——与受剪截面垂直的压力标准值。

(三)桩柱式墩台顶帽——盖梁计算

桩柱式墩台顶帽即为盖梁,现都简化为一根钢筋混凝土梁的图示计算。

《公路钢筋混凝土及预应力混凝土桥梁设计规范》(JTG D62—2004)(以下简称《公钢混桥规》)规定盖梁计算的相关内容如下:

(1)墩台盖梁与柱应按刚构计算。

(2)当盖梁与柱的线刚度(EI/l)之比大于5时,双柱式墩台盖梁可按简支梁计算;多柱式盖梁可按连续梁计算(E、I、l 分别为梁或柱混凝土的弹性模量、毛截面惯性矩、梁计算跨径或柱计算长度)。

钢筋混凝土盖梁,其跨高比 $l/h > 5.0$ 时,按一般钢筋混凝土构件计算。当跨高比为:简支梁 $2.0 < l/h \leqslant 5.0$,连续梁或刚构 $2.5 < l/h \leqslant 5.0$ 时,《公钢混桥规》规定,应按深受弯构件的短梁计算。由于深受弯构件的截面计算不同于一般受弯构件,根据简支梁和连续梁加载以后跨中截面和中间支座截面的应变分布和开裂后平均应变分布,以及有限元分析和结构实测数据可知,当 $l/h \leqslant 5$ 时,不符合平截面假设;根据梁的受剪试验,$l/h \leqslant 5$ 的梁不会出现斜拉破坏;根据弹性分析,当 $l/h \leqslant 5$ 时,剪切变形对梁的挠度的影响仅在7.8%左右,可以忽略不计。基于上述原因,属于深受弯构件的短梁,应按《公钢混桥规》8.2.4~8.2.9条规定的相关公式进行计算(在此不作详细介绍)。

计算盖梁内力时,可考虑墩柱支承宽度的影响。

根据盖梁计算时应考虑的问题,分为以下几个方面加以介绍。

1. 作用的特点及计算

作为梁式桥,上部结构的结构重力与汽车荷载是在主梁位置通过支座,以集中力的形式作用于盖梁上,所以作用的作用位置是固定的,而其作用力的大小,随着汽车横向布置不同而变化。汽车横向布置则是依据盖梁验算截面产生最大内力的不利状况而确定。这样,就涉及将汽车荷载如何在横桥向分配至各主梁上,这种横向分配与主梁结构计算时的横向分配是不同的,分配合理与否直接影响盖梁设计的安全度。

一般计算盖梁时汽车横向布置及横向分配系数计算可做如下考虑:

(1)单柱式墩台盖梁在计算盖梁支点负弯矩及各主梁位置截面的剪力时,汽车横桥向非对称布置(即按规范要求靠一侧布置),横向分配系数按偏心受压法计算[图2-60a]。

（2）双柱式墩台盖梁在计算盖梁柱顶处负弯矩时，汽车横桥向采用非对称布置，横向分配系数采用偏心受压法计算；在计算盖梁跨中正弯矩时，汽车横桥向采用对称布置，横向分配系数采用杠杆法计算［图2-60b）、c）］。

（3）多柱式墩台盖梁汽车横桥向要按盖梁各控制截面内力影响线来布置，横向分配系数采用杠杆法计算；同时要注意由于多柱式墩台上部桥面比较宽，人行道亦相应较宽，边梁可能是在人行道下，所以应注意由于杠杆法计算横向分配系数边梁偏小，而用非对称布置偏心受压法又对边梁计算偏大的问题。

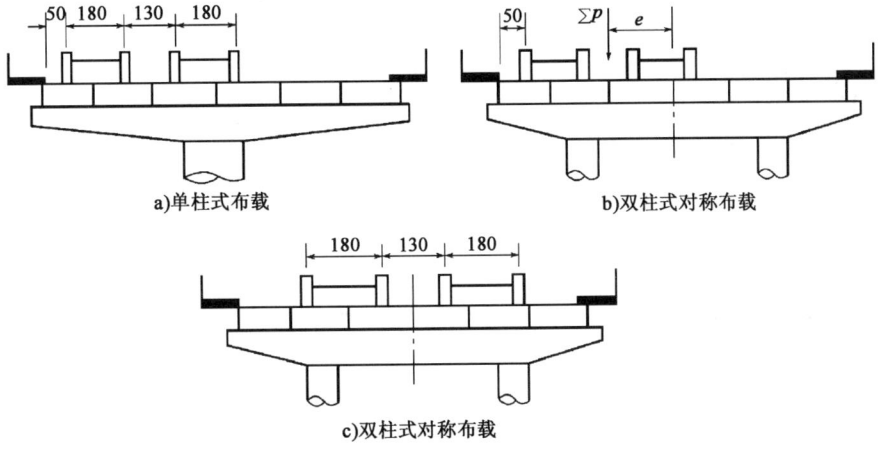

a）单柱式布载　　b）双柱式对称布载

c）双柱式对称布载

图2-60　盖梁计算汽车横向布置（尺寸单位：cm）

对于上部结构为桁架拱的墩台盖梁和拱上建筑横桥向为排架柱的盖梁，也应按上述要求考虑汽车荷载横向布置和分配。

2. 盖梁内力计算时墩柱支承宽度影响的考虑

由于支承盖梁的墩柱面积较大，简化成点支承使盖梁内力计算偏大而显得太保守，所以规范规定应考虑支承宽度影响。

（1）负弯矩削峰。在计算盖梁柱顶截面负弯矩时，可采用负弯矩包络图在柱顶处削峰的方法减小负弯矩值。削峰宽度理论上认为方柱时为柱宽 b，圆柱时为 $0.8d$（d 为直径）。但支承宽度对内力的影响除与柱宽有关外，还与盖梁跨度、高度和宽度有关，这是一个很复杂的问题，考虑墩柱尺寸小于盖梁尺寸，建议在实际设计时，方形柱取 $0.9b$，圆形柱取 $(0.6\sim0.8)d$（图2-61）。

（2）正弯矩减小跨径。按简支梁计算的盖梁，其计算跨径应取 l_c 和 $1.15l_n$ 两者较小值，其中 l_c 为盖梁支撑中心之间的距离，l_n 为盖梁的净跨径。在确定盖梁的净跨径时，圆形截面柱可换算为边长等于0.8倍直径的方形截面柱。

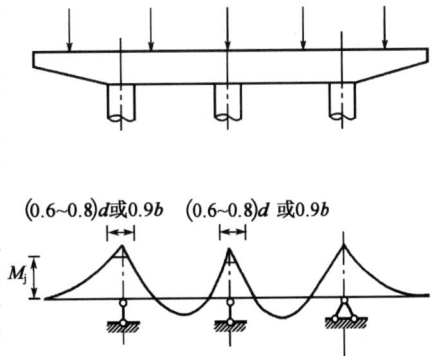

图2-61　盖梁负弯矩消峰图示

（3）对缩头墩，悬臂长按 $l' = l_1 + \Delta l_1$ 计算，l_1 为墩身范围外净悬臂长度；Δl_1 假定为嵌固深度，$\Delta l_1 = \dfrac{1}{3}R$（或 b）（图2-62）。

3.活载的冲击系数

盖梁计算时,主梁传下的活载均应考虑冲击系数。

4.盖梁的抗扭验算

当汽车在单孔偏载作用并制动时,或桥台桥孔侧汽车制动时,均能使盖梁悬臂端根部受到扭矩作用。

目前对弯扭构件,一般分别按受弯和受扭构件计算配筋。

图 2-63 所示受力状况其扭矩组合设计值各种作用效应要求,进行如下计算,即:

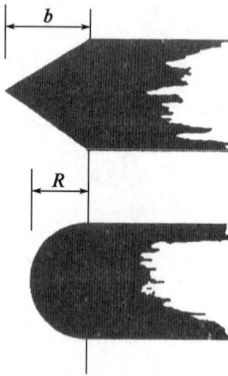

图 2-62　缩头墩支撑宽度示意图　　　　　　图 2-63　盖梁抗扭验算图示

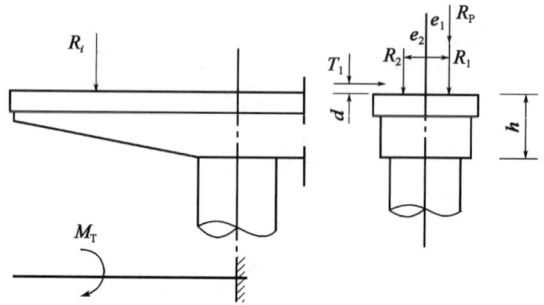

$$\gamma_0 T_d = \gamma_{Gi}(R_1 e_1 - R_2 e_2) + \gamma_{Q1} R_P e_1 (1 + \mu) + \psi_c \gamma_{Qj} T_1 \left(d + \frac{h}{2}\right) \tag{2-10}$$

式中：T_d——扭矩组合设计值；

　　　γ_{Gi}——不等跨时悬臂段上部结构重力作用效应的分项系数,取 1.2；

　　　γ_{Q1}——汽车荷载效应的分项系数,取 1.4；

　　　γ_{Qj}——汽车制动力作用效应的分项系数,取 1.4；

　　　ψ_c——一种其他可变作用(汽车制动力)参与组合时的组合系数,取 0.8；

　R_1、R_2——不等跨时悬臂段主梁支座恒载反力；

　e_1、e_2——不等跨时主梁支座的偏心距；

　　　R_P——在悬臂段主梁的汽车荷载反力；

　　　μ——冲击系数；

　　　T_1——在悬臂段上主梁分配的水平力；

　　　d——制动力作用点至盖梁顶面高度；

　　　h——盖梁悬臂段根部的高度。

对桥台盖梁还要考虑盖梁在悬臂段受到的土压力。

5.盖梁施工验算

当需要在盖梁上架设施工设备时,应根据施工吊装的荷载进行盖梁内力计算。

二、墩(台)身截面验算

根据《公路工程结构可靠度设计统一标准》(GB/T 50283—1999)(以下简称为《公结设统标》)的规定,结构设计采用概率极限状态设计原则和分项系数表达的方法。圬工桥涵结构除了按承载能力极限状态进行设计外,并应根据桥涵的结构特点,采取相应的构造措施来保证其正常使用极限状态的要求。同时为了与其他结构形式保持基本相同的可靠水平,圬工桥涵结构的承载力极限状态,应按表2-5规定的设计安全等级进行设计。

公路圬工桥涵设计安全等级　　　　表2-5

安 全 等 级	桥 涵 结 构	结构重要性系数
一级	特大桥、重要大桥	1.1
二级	大桥、中桥、重要小桥	1.0
三级	小桥、涵洞	0.9

注:本表所列特大、大、中桥等系指《公桥通规》规定的桥梁、涵洞,按其单跨径分类确定,对多孔不等跨桥梁,以其最多跨径为准。本表冠以"重要"的大桥和小桥,系指高速公路和一级公路上,国防公路上及城市附近交通繁忙公路上的桥。

公路圬工桥涵结构按承载力极限状态设计时,应采用下列表达式:

$$\gamma_0 S \leq R(f_d, \alpha_d) \tag{2-11}$$

式中:S——作用效应组合设计值,按《公桥通规》的规定计算;

　$R(\cdot)$——构件承载力设计值函数;

　f_d——材料强度设计值;

　α_d——几何参数设计值,可采用几何标准值 α_k,即设计文件规定。

(一)砌体受压构件

砌体(包括砌体与混凝土组合)受压构件,根据《公圬桥规》,由表2-6规定的受压偏心距限制范围内的承载力应按下列公式计算:

$$\gamma_0 N_d < \varphi A f_{cd} \tag{2-12}$$

式中:N_d——轴向力设计值;

　A——构件截面面积,对于组合截面按强度比换算;

　f_{cd}——砌体或混凝土轴心抗压强度设计值;对组合截面采用标准层轴心抗压强度设计值;

　φ——构件轴向力的偏心距 e 和长细比 β 对受压构件承载力的影响系数。

受压构件偏心距限值　　　　表2-6

作 用 组 合	偏心距限值	作 用 组 合	偏心距限值
基本组合	≤0.6s	偶然组合	≤0.7s

砌体偏心受压构件承载力影响系数 φ,按下列公式计算:

$$\varphi = \frac{1}{\dfrac{1}{\varphi_x} + \dfrac{1}{\varphi_y} - 1} \tag{2-13}$$

$$\varphi_x = \frac{1 - \left(\dfrac{e_x}{x}\right)^m}{1 + \left(\dfrac{e_x}{i_y}\right)^2} \cdot \frac{1}{1 + \alpha\beta_x(\beta_x - 3)\left[1 + 1.33\left(\dfrac{e_x}{i_y}\right)^2\right]} \tag{2-14}$$

$$\varphi_y = \frac{1 - \left(\frac{e_y}{y}\right)^m}{1 + \left(\frac{e_y}{i_x}\right)^2} \cdot \frac{1}{1 + \alpha\beta_y(\beta_y - 3)\left[1 + 1.33\left(\frac{e_y}{i_x}\right)^2\right]} \tag{2-15}$$

式中：φ_x、φ_y——在 x、y 方向偏心受压构件承载力影响系数；

    x、y——x、y 方向截面重心至偏心方向的截面边缘的距离，见图 2-64；

    e_x、e_y——轴向力在 x、y 方向的偏心距，$e_x = M_{yd}/N_d$、$e_y = M_{xd}/N_d$，其值不应超过表 2-6 及图 2-64 所示在 x、y 方向的规定值，其中 M_{yd}、M_{xd} 分别为绕 x 轴、y 轴的弯矩设计值，N_d 为轴向力设计值，见图 2-65；

    m——截面形状系数，对于圆形截面取 2.5；对于 T 形或 U 形截面取 3.5；对于箱形截面或矩形截面（包括两端设有曲线形或圆弧形的矩形墩身截面）取 8.0；

    i_x、i_y——弯曲平面内的截面回转半径，$i_x = \sqrt{I_x/A}$、$i_y = \sqrt{I_y/A}$；I_x、I_y 分别为截面绕 x 轴和绕 y 轴的惯性矩，A 为截面面积；对于组合截面，A、I_x、I_y 应按弹性模量比换算（按《公路桥规》计算）；对于矩形截面，$i_y = b/\sqrt{12}$，$i_x = h/\sqrt{12}$，b、h 见图 2-65。

    α——与砂浆强度等级有关的系数，当砂浆强度等级大于或等于 M5 或为组合构件时，α 为 0.002；当砂浆强度为 0 时，α 为 0.013；

    β_x、β_y——构件在 x、y 方向长细比对承载力的影响系数，当 β_x、β_y 小于 3 时取 3。

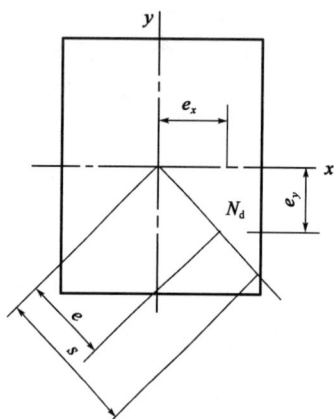

图 2-64　受压构件偏心距

N_d-轴向力；e-偏心距；s-截面重心至偏心方向截面边缘的距离

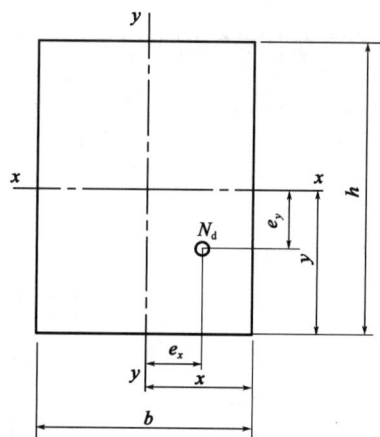

图 2-65　砌体构件偏心受压

计算砌体偏心受压构件承载力的影响系数 φ 时，构件长细比 β_x、β_y 按下列公式计算：

$$\beta_x = \frac{\gamma_\beta l_0}{3.5 i_y} \tag{2-16}$$

$$\beta_y = \frac{\gamma_\beta l_0}{3.5 i_x} \tag{2-17}$$

式中：γ_β——不同砌体材料构件的长细比修正系数，按表 2-7 的规定采用；

    l_0——构件计算长度，按表 2-8 的规定采用；

    i_x、i_y——弯曲平面内的截面回转半径，对于等截面构件，见承载力影响系数 φ 的规定；对于变截面构件，可取等代截面回转半径。

砌体材料类型	γ_β	砌体材料类型	γ_β
混凝土预制块砌体或组合构件	1.0	粗料石、块石、片石砌体	1.3
细石料、半细石料砌体	1.1		

构件计算长度 l_0 表2-8

构件及两端约束情况		计算长度 l_0
直杆	两端固定	$0.5l$
	一端固定，一段为不移动的铰	$0.7l$
	两端均为不移动的铰	$1.0l$
	一端固定，一端自由	$2.0l$

注：l 为构件支点间长度。

(二)混凝土偏心受压构件

混凝土构件和砌体构件的偏心受压承载力计算,如按弹性状态,两者可采用同一计算方法。如果进入塑性状态,两者并不一致。砌体是由单块石块用砂浆衬垫黏结而成;混凝土则相对来讲较为匀质,其整体性较好。所以在塑性状态砌体的承载力计算公式不可应用于混凝土结构。

混凝土偏心受压构件,在规定的受压偏心距限值范围内,当按受压承载力计算时,假定受压区的法向应力图形为矩形,其应力取混凝土抗压强度设计值,此时,取轴向力作用点与受压区法向应力的合力作用点相重合的原则[图2-66a)]确定受压区面积 A_c,受压承载力应按下列公式计算:

$$\gamma_0 N_d \leqslant \varphi f_{cd} A_c \tag{2-18}$$

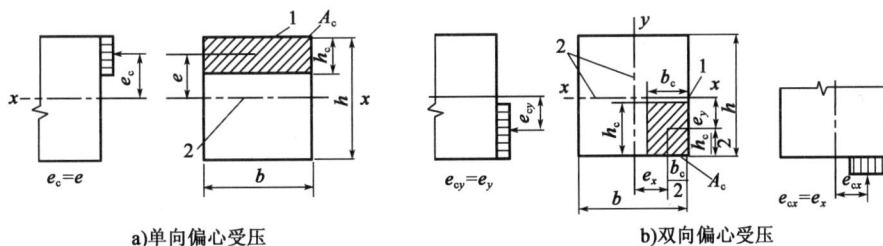

a)单向偏心受压   b)双向偏心受压

图2-66 混凝土构件偏心受压

1-受压区重心(法向压应力合力作用点);2-截面重心轴;e-单向偏心受压偏心距;e_c-单向偏心受压法向应力合力作用点距重心轴距离;e_x、e_y-双向偏心受压在 x 方向、y 方向的偏心距;e_{cx}、e_{cy}-双向偏心受压法向应力合力作用点,在 x、y 方向的偏心距;A_c-受压区面积;h_c、b_c-矩形截面受压区高度、宽度

1. 单向偏心受压

受压区高度 h_c 应按下列条件确定[图2-66a)]:

$$e_c = e \tag{2-19}$$

矩形截面的受压承载力可按下列公式计算:

$$\gamma_0 N_d \leqslant \varphi f_{cd} b(h - 2e) \tag{2-20}$$

式中:N_d——轴向力设计值;

φ——弯曲平面内轴心受压构件弯曲系数,按表 2-9 采用;

f_{cd}——混凝土轴心抗压强度设计值,按《公坊桥规》表 3.3.2 的规定采用;

e_c——受压区混凝土法向应力合力作用点至截面重心的距离;

e——轴向力的偏心距;

b——矩形截面的宽度;

h——矩形截面的高度。

当构件弯曲平面外长细比大于弯曲平面内长细比时,尚应按轴心受压构件验算其承载力。

混凝土轴心受压构件弯曲系数 表 2-9

l_0/b	<4	4	6	8	10	12	14	16	18	20	22	24	26	28	30
l_0/i	<14	14	21	28	35	42	49	56	63	70	76	83	90	97	104
φ	1.00	0.98	0.96	0.91	0.86	0.82	0.77	0.72	0.68	0.63	0.59	0.55	0.51	0.47	0.44

注:1. l_0 为计算长度。

2. 在计算 l_0/b 或 l_0/i 时,b 或 i 的取值:对于单向偏心受压构件,取弯曲平面内截面高度或回转半径;对于轴心受压构件及双向偏心受压构件,取截面短边尺寸或截面最小回转半径。

2. 双向偏心受压

受压区高度和宽度,应按图 2-66b) 确定下列条件:

$$e_{cy} = e_y \qquad (2-21)$$

$$e_{cx} = e_x \qquad (2-22)$$

矩形截面的偏心受压承载力可按下列公式计算:

$$\gamma_0 N_d \leqslant \varphi f_{cd} \left[(h - 2e_y)(b - 2e_x) \right] \qquad (2-23)$$

式中:φ——轴心受压构件弯曲系数,见表 2-9;

e_{cy}——受压区混凝土法向应力合力作用点在 y 轴方向至截面重心距离;

e_{cx}——受压区混凝土法向应力合力作用点在 x 轴方向至截面重心距离;

e_y——轴向力 y 轴方向的偏心距;

e_x——轴向力 x 轴方向的偏心距。

当轴向力的偏心距 e 超过表 2-6 偏心距限值时,构件承载力应按下列公式计算:

单向偏心

$$\gamma_0 N_d \leqslant \varphi \frac{A f_{tmd}}{\dfrac{Ae}{W} - 1} \qquad (2-24)$$

双向偏心

$$\gamma_0 N_d \leqslant \varphi \frac{A f_{tmd}}{\dfrac{Ae_x}{W_y} + \dfrac{Ae_y}{W_x} - 1} \qquad (2-25)$$

式中:N_d——轴向力设计值;

A——构件截面面积,对于组合截面应按弹性模量比换算为换算截面面积;

W——单向偏心时,构件受拉边缘的弹性抵抗弯矩,对于组合截面应按弹性模量比换算为换算截面弹性抵抗矩;

W_y、W_x——双向偏心时,构件 x 方向受拉边缘绕 y 轴的截面弹性抵抗矩和构件 y 方向受拉边缘绕 x 轴的截面弹性抵抗矩,对于组合截面应按弹性模量比换算为换算截面弹性抵抗矩；

f_{tmd}——构件受拉边层的弯曲抗拉强度设计值，按《公坼桥规》表 3.3.2、表 3.3.3-4 和表 3.3.4-3 采用；

e——单向偏心时，轴向力偏心距；

e_x、e_y——双向偏心时，轴向力在 x 方向和 y 方向的偏心距；

φ——砌体偏心受压构件承载力影响系数或混凝土轴心受压构件弯曲系数，意义同前。

按弹性模量比换算截面面积、弹性抵抗矩(或惯性矩)，可参见《公桥坼规》第 4.0.6 条的规定。

桥梁墩台身强度验算截面位置，常选取墩台身截面突变处和墩台身与基础界面处，采用悬臂式墩台帽的墩台身，还应对与墩台帽交界的墩台身截面进行验算。当桥墩较高时，由于危险截面不一定是在墩身底部，需沿墩身每隔 2~3m 选取一个验算截面。

(三)偏心距限值规定

偏心距限值的制定是考虑承载力极限状态。当偏心距较小时，由于坼工的弹塑性性能，截面应力呈曲线分布，但全截面受压。当偏心距增大时，截面上离轴向力较远一侧边缘的应力减小，且由受压逐步过渡到受拉；在近轴向力侧边缘，则压应力有所提高；当受拉边缘的应力大于坼工的弯曲抗拉强度时，将产生裂隙。随着裂隙的开展，受压面积逐渐减小，荷载对实际受压面积的偏心距也逐渐减小，使该受压部分具有局部受压性质，此时承载力有所提高。《公结设统标》5.1.5 条规定轴向力偏心距不应超过 $0.6y$(y 为单偏心时截面重心至偏心方向截面边缘距离，以下相同)。

坼工结构容许出现裂缝，但裂缝宽度应予控制。正常使用极限状态采用荷载标准值，其值均为极限荷载的 0.5~0.6 倍，所以当等于极限荷载的 0.5~0.6 倍时出现裂缝的偏心距，作为偏心距的限制。从抗压强度、裂缝、截面稳定三个方面综合考虑。表 2-6 的偏心距限值是合适的，并规定如下两点：

(1)混凝土结构单向偏心的受拉一边或双向偏心的各受拉一边，当设有不小于截面面积 0.05% 的纵向钢筋时，表内规定值可增加 $0.1s$。

(2)表中 s 值为截面或换算截面重心至偏心方向截面边缘的距离(图 2-64)。

三、墩台顶水平位移的计算

现《公坼桥规》5.1.10 条规定：计算超静定拱桥由相邻桥墩引起的不均匀沉降或桥台水平位移引起的作用效应时，其计算作用效应可乘以 0.5 的折减系数。

建成后的桥梁支座或拱脚的沉降与水平位移除荷载作用产生以外，还有混凝土徐变的影响要考虑。混凝土徐变终止需要十几年的时间，其中大部分在 5 年内大致完成，此时应采用沉降或水平位移从开始至完成一段时间的徐变系数 φ_t。随着时间的延长，徐变持续进行，最后到徐变终止时间才可达到 φ_n(徐变终极系数)。

以一次超静定结构计算推导出来的结果，对于多次超静定结构，各赘余力考虑徐变以后的折减，得到同样的结果，可以推及各种超静定结构，即由相邻墩台引起的不均匀沉降或水平位移计算作用效应时，可乘以 0.5 的折减系数。

现今公路桥梁建设发展，桥梁的超静定、大跨度、高墩台的结构特点和墩台基础类型等多种因素在计算墩台顶水平位移时都需综合分析考虑，以下作一简单介绍。

(一) 扩大基础上的实体墩台

实体式墩台(矮墩台),由于截面尺寸较大,相对刚度大,墩台身在水平力作用下的弹性变形所产生的墩台顶位移可忽略不计,只计算由于基础转动引起的墩台顶的水平位移(图 2-67)。基础竖直方向的转动角度,可用偏心边缘与非偏心边缘沉降差来计算;也可用水平力和偏心竖向力产生的弯矩来计算:

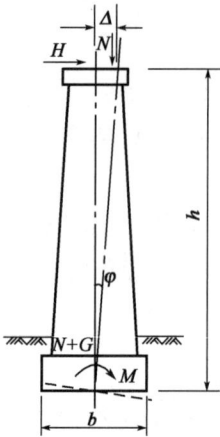

图 2-67 基础转动引起的水平位移

$$\tan\varphi = \frac{12M}{ab^3 C} \tag{2-26}$$

式中:M——水平力与偏心竖向力对基础重心轴的弯矩;

a——垂直验算方向基础长度;

b——平行于验算方向基础宽度;

C——地基土竖向地基系数(按第五章第二节有关规定计取)。

则墩台顶水平位移为 $\Delta = h \cdot \tan\varphi$,$h$ 为基底至墩台顶的高度。

(二) 实体式高墩、钢筋混凝土柔性墩的水平位移

对于高度大于 20m 的实体式高墩、钢筋混凝土柔性墩,在计算墩顶位移时,认为墩身相当于一个固定在基础或承台顶面的悬臂梁,不考虑上部结构对墩顶位移的约束作用。

实际墩身顶水平位移包括基础或承台转动引起的位移 Δ_1 和墩身的弹性变形引起的位移 Δ_2。Δ_1 的计算前面已作了介绍,Δ_2 位移计算如下:

等截面时

$$\Delta_2 = \Delta_H + \Delta_M = \frac{Hh^3}{3EI} + \frac{Mh^2}{2EI} \tag{2-27}$$

式中:Δ_H——水平力产生挠曲位移;

Δ_M——弯矩产生的挠曲位移。

变截面时

$$\Delta_2 = \int_0^h \frac{M_{(Z)} \overline{M}_{(Z)}}{EI_{(Z)}} dZ \tag{2-28}$$

式中:$M_{(Z)}$——外力作用下任意截面的弯矩;

$\overline{M}_{(Z)}$——墩顶作用单位水平力时,任意截面的弯矩,$\overline{M}_{(Z)} = Z$;

$EI_{(Z)}$——桥墩抗弯刚度;

h——桥墩高度;

Z——由墩顶算起的截面位置。

在具体计算中,可以采用近似的数值积分法,或简化为多段直线图形的计算方法,以代替上式积分计算。下面为变截面墩台弹性位移近似计算式:

$$\Delta_2 = \frac{1}{EI}\left[Mh^2\left(\frac{1}{2} + \frac{K}{3}\right) + Hh^3\left(\frac{1}{3} + \frac{K}{6}\right) + q_1 h^4\left(\frac{1}{8} + \frac{K}{24}\right) + q_2 h^4\left(\frac{1}{30} + \frac{K}{144}\right) \right] \tag{2-29}$$

式中：I——墩台身底面的惯性矩；

M——由结构重力载、汽车荷载偏心作用及制动力等在墩台顶产生的弯矩；

H——作用在墩台顶的水平力；

K——惯性矩系数，$K = (I - I_{h/2})/I_{h/2}$，$I_{h/2}$ 为 $h/2$ 处墩台身截面惯性矩；

q_1——由于风力等沿墩台高均匀分布的水平外力；

q_2——由于风力等其他外力沿墩台高呈三角形分布的水平荷载；

其他符号意义同前。

(三)桩基础上的墩台

对于单排桩柱式墩台，其墩台顶水平位移按第五章所介绍桩顶位移推算。对多排桩基础上的墩台，按第五章中所介绍承台中心点水平位移和转角，再根据墩台身刚度情况结合本节内容进行推算。还有沉井基础、地下连续墙等基础也是如此，在此不作详细介绍。

四、墩台与基础需整体考虑的几项验算

(一)墩台的沉降差计算

《公桥规》规定，相邻墩台间均匀沉降差(不包括施工中的沉降)不应使桥面形成大于0.2%的纵坡。超静定结构桥梁墩台间的沉降差除应满足以上要求外，尚应满足结构的受力要求，使上部结构产生附加作用。

(二)墩台的抗倾覆和抗滑动稳定性验算

墩台的抗倾覆和抗滑动稳定性验算的具体方法，将在第三章中结合刚性扩大基础加以介绍。

五、拱桥墩台的施工验算

拱桥下部结构的设计和施工应相互结合统一考虑。拱桥出现事故多在施工阶段，而且其中一个主要原因是由于施工中对下部结构考虑不当所致。

对于多跨拱桥采用分段早期脱架施工时，分段桥孔边处桥墩在脱架后要承受已施工拱圈传来的单向恒载及部分施工荷载的推力，所以对原来按营运阶段受力情况设计的桥墩，要验算其施工中相邻两孔允许的施工程序差，以保证桥墩在施工中的刚度和稳定性。

对重力式桥台，要根据主拱圈施工中推力的增加而确定台后填土和压实程序。组合式桥台当主拱圈尚未安砌即进行后台砌筑及台后填土时，也应进行施工中的稳定性验算。

第四节 几种桥梁墩台计算要点简介

一、带支承梁的梁桥轻型桥台计算要点

该类桥台的结构特点是：上部结构与台帽锚固，下部设支撑横梁，利用上部结构和下面的支撑横梁作为桥梁墩台间的上下水平支撑，使墩台、桥跨结构、支撑横梁形成一个整体四铰刚构体系共同受力(图2-68)。

(一)台身作为单宽竖梁的强度验算

验算图示见图2-68，主要验算在台后填土压力作用下的台身强度。荷载布置的最不利状

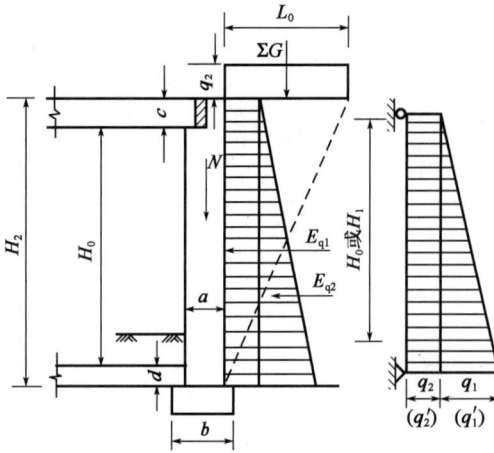

图 2-68 梁桥轻型桥台计算图示

况是桥上无汽车荷载,台后填土破坏棱体,且其上有车辆荷载。

计算跨径:

$$H_1 = H_0 + \frac{d}{2} + \frac{c}{2} \qquad (2\text{-}30)$$

式中:H_0——桥跨结构与支撑横梁间的净距(m);

d——支承梁的高度(m);

c——桥台背墙的高度(m)。

跨中截面弯矩:

$$M = \frac{1}{8}q_2 H_1^2 + \frac{1}{16}q_1 H_1^2 \qquad (2\text{-}31)$$

式中:q_1——对应计算跨径 H_1 填土产生的土压力强度;

q_2——台后破坏棱体上车辆荷载的等代土层产生的土压力强度。

q_1 为三角形分布,q_2 为矩形分布。

跨中截面竖向力:

$$N = N_1 + N_2 + N_3 \qquad (2\text{-}32)$$

式中:N_1——桥跨结构在单位宽度桥台上的结构重力;

N_2——单位宽度台帽重力;

N_3——在验算截面以上单位宽度台身重力。

按以上计算的 M、N 进行截面偏心受压强度验算。

剪力验算:剪力跨径为 H_0,下端支点剪力最大。

$$Q = \frac{1}{2}q_2' H_0 + \frac{1}{3}q_1' H_0 \qquad (2\text{-}33)$$

式中:q_2'、q_1'——对应剪力跨径下端填土及车辆荷载产生的土压力强度;按直接受剪进行抗剪强度验算。

(二)桥台自身平面内弯曲强度验算

在横桥方向把桥台连同翼墙和基础视作一根支承在弹性地基上的有限长梁,计算在自身平面内的弯矩,验算其抗弯强度。

计算中一般认为桥台和基础自重引起地基梁的弯曲在施工过程中已完成,不产生弯矩。上部结构的结构重力和汽车荷载均作为均布、连续、对称荷载作用于弹性地基梁上,在梁的中点产生的最大弯矩为:

$$M = \frac{p}{\alpha^2} \frac{B_{B_1} C_{L/2} - C_{B_1} B_{L/2}}{A_{L/2} B_{L/2} + 4C_{L/2} D_{L/2}} \qquad (2\text{-}34)$$

式中: α——地基梁变形系数;

p——作用桥台上的均布荷载(桥跨结构均布重力与计为均布的车道荷载);

68

A、B、C、D——双曲函数值。

式中,脚标 B_1、$L/2$ 为当 $X = B_1$、$X = L/2$ 时按 αX 查得的函数值,B_1 和 L 意义如图 2-69 所示,$\alpha L < 4$ 时桥台为支承在弹性地基上的有限长梁。

地基梁变形系数 α 的计算公式如下:

$$\alpha = \sqrt[4]{\frac{K_0 b}{4EI}} \qquad (2\text{-}35)$$

式中:K_0——地基土弹性抗力系数,一般由试验确定,无试验资料时,可按表 2-10 查用;

b——地基梁宽度,即桥台基础顺桥向宽度;

E——地基梁(桥台)弹性模量;

I——桥台(包括基础)顺桥向竖剖面惯性矩,假定整个地基梁的 I 值不变。

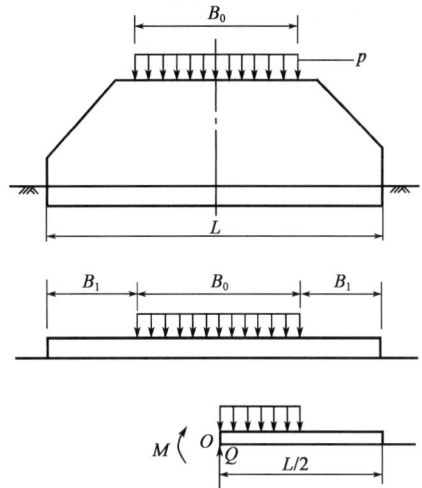

图 2-69　桥台作为弹性地基梁验算图示

非岩石类的弹性抗力系数　　　　　　　　　　　　　表 2-10

序　号	土 的 分 类	$K_0(\mathrm{kN \cdot m^{-3}})$
1	流塑黏性土 $I_\mathrm{L} \geqslant 1$,淤泥	$(10 \sim 20) \times 10^4$
2	软塑黏性土 $1 > I_\mathrm{L} \geqslant 0.5$,粉砂	$(20 \sim 45) \times 10^4$
3	硬塑黏性土 $0.5 > I_\mathrm{L} \geqslant 0$,细砂、中砂	$(45 \sim 65) \times 10^4$
4	坚硬、半坚硬黏性土 $I_\mathrm{L} < 0$,粗砂	$(65 \sim 100) \times 10^4$
5	砾砂、角砾砂、圆砾砂、碎石、卵石	$(100 \sim 130) \times 10^4$
6	密实粗砂夹卵石	$(130 \sim 200) \times 10^4$

计算时,上部结构重力均布宽度为桥跨结构横桥向宽度,车道荷载均布宽度应为车轮外边缘的间距,当设有人行道计算人群荷载弯矩时,可采用叠加原理进行计算。

二、拱桥轻型桥台的计算要点

轻型桥台主要用于小跨径拱桥。认为桥台在拱的推力作用下,仅发生绕基底重心轴向路堤方向的转动,实际观测的水平位移很小,可以忽略不计。此时,台后土体进入被动受压状态,土压力按静止土压力与土抗力之和计算。

(一)计算的基本假设

(1)桥台转动使拱背和台背产生水平位移,拱脚处水平位移最大。

(2)认为台后填土的弹性土抗力系数为常数,土抗力最大值产生在拱脚处,以 p_k 表示,拱背和台背的土抗力按三角形上下分布。

(3)将拱跨按三铰拱考虑,拱背部分土抗力在拱脚处单位宽度产生的水平力为 $f \cdot p_\mathrm{k}/3$(f 为拱桥计算矢高)。

(二)计算方法判断

根据以上基本假设,首先要判断桥台在最不利组合作用下,是否符合向路堤方向转动的基本要求。

按图 2-70 所示,除土抗力外,计算出所有作用于桥台外力对基底形心 C 的弯矩总和 M_C:

$$M_C = Hh_1 - VX_V + M_m - M_{p0} - \sum G \cdot a \qquad (2\text{-}36)$$

式中： H——作用于拱座中心处的水平力(kN);

$\quad\quad V$——作用于拱座中心处的竖向力(kN);

$\quad\quad M_m$——作用于拱座中心处的弯矩(kN·m);

$\quad\quad \sum G$——台身基础及其上的填土总重力(kN);

$\quad\quad M_{p0}$——台后静止土压力对 C 点的弯矩(kN·m);

h_1、X_V、a——分别为 H、V、$\sum G$ 对 C 点弯矩的力臂(m)。

若 $M_C \neq 0$,则桥台将产生转动。当 $M_C < 0$ 时,说明桥台向河心方向转动,此时修改桥台尺寸,减薄台身,以减小 X_V 和 a 及 $\sum G$;当 $M_C > 0$ 时,桥台向路堤方向转动,符合假设要求,可以继续进行计算。

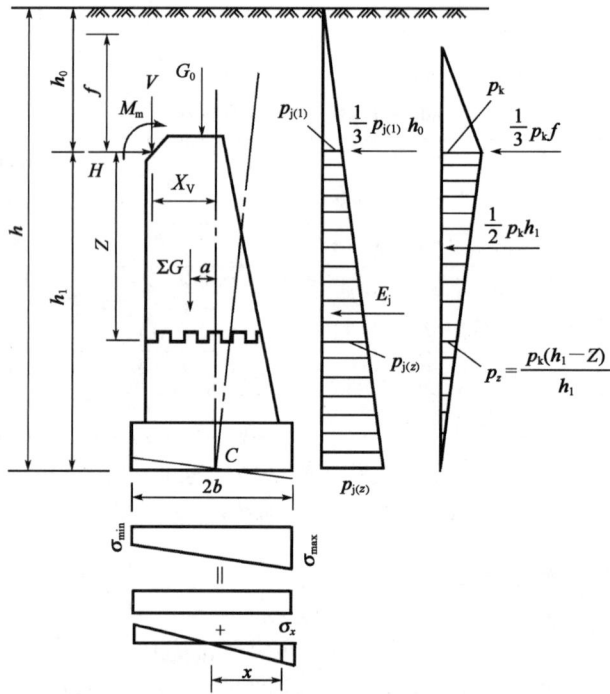

图 2-70　拱桥轻型桥台计算图示

(三)台后弹性土抗力计算

桥台绕着 C 点的转动,使基础底面也产生竖向压缩变形,产生竖向土抗力。现以 $\Delta_水$ 表示拱座中心处的水平位移,以 $\Delta_竖$ 表示基底边缘竖向位移,利用几何相似关系可得:

$$\Delta_竖 = \frac{\Delta_水}{h_1}b \qquad\qquad \Delta_水 = \frac{p_k}{K}$$

$$\sigma_1 = \Delta_竖 K_0 = \frac{\Delta_水}{h_1}bK_0 = \frac{K_0}{K}\frac{b}{h_1}p_k \qquad (2\text{-}37)$$

式中:K——台后填土水平弹性土抗力系数;

$\quad\quad K_0$——地基土竖向弹性土抗力系数,一般可认为 $K_0/K = 1.25$。用 I_0 表示基底顺桥向惯

70

性矩,则有:

$$\sigma_1 = \frac{M_0 b}{I_0} \text{ 得 } M_0 = \frac{K_0}{K} \frac{I_0}{h_1} p_k$$

台后土抗力和地基土竖向土抗力对 C 点的弯矩分别为 M_{pk} 和 M_0,则有:

$$M_C = M_{pk} + M_0$$

$$M_C = \left(\frac{1}{3} f p_k h_1 + \frac{1}{2} p_k h_1 \frac{2}{3} h_1 + \frac{K_0}{K} \frac{I_0}{h_1} p_k \right) \times B$$

$$= \left[\frac{1}{3} (h_1 + f) h_1 + \frac{K_0}{K} \frac{I_0}{h_1} \right] B p_k$$

$$p_k = \frac{M_C}{B \left[\dfrac{h_1}{3} (h_1 + f) + \dfrac{K_0}{K} \dfrac{I_0}{h_1} \right]} \tag{2-38}$$

(四)轻型桥台验算

1. 水平位移验算

$$\Delta_{\text{水}} = \frac{p_k}{K} \tag{2-39}$$

2. 台口截面抗剪验算

效应组合设计值:

$$\gamma_0 S_{ud} = \gamma_0 \left(\gamma_{Gi} H_g + \gamma_{Qi} H_p - \frac{1}{3} \gamma_{Q1} f p_k - \frac{1}{3} \gamma_{Gi} p_{j(1)} h_0 \right) \tag{2-40}$$

式中:γ_{Gi}——结构重力效应分项系数;

$\quad H_g$——结构重力作用在拱脚产生的水平作用值;

$\quad \gamma_{Q1}$——汽车荷载桥上布载时在拱脚产生的水平作用分项系数;

$p_{j(1)}$——拱座中心处静止土压力强度;

其余符号意义同前。

具体直接抗剪承载力验算按《公圬桥规》规定计算。

3. 台身截面强度验算

台身截面按偏心受压构件验算。由于精确地确定最大内力截面位置很复杂,所以可近似用最大弯矩截面代替,其误差很小。最大弯矩截面位置,可取拱脚中心为坐标原点,计算出各力对任意深度 Z 截面的弯矩 M_z,并根据 $\dfrac{\mathrm{d}M_z}{\mathrm{d}Z} = 0$,确定出最大弯矩截面位置,求出各力对 Z 处截面重心轴的弯矩和竖向力,即可进行验算。

4. 拱脚处土体稳定性验算

为了保证由于桥台转动推挤台后土体不产生被动破坏,要求拱脚中心处的静止土压力强度与土抗力强度之和不超过该处的被动土压力强度,按下式验算土体的稳定性:

$$K_0 = \frac{p_{bj}}{p_{j(1)} + p_k} \geq 1.3 \tag{2-41}$$

式中:p_{bj}——拱座中心处被动土压力强度。

另外,从轻型桥台整体考虑,还应进行地基土的容许承载力、抗滑动与抗倾覆稳定的验算,以上验算请参考第三章有关内容。

三、柔性墩计算要点

柔性墩桥(图2-12和图2-13)是由桥台、柔性墩(有时含刚性墩)和梁组成的一联多孔或多联多孔的连续铰接(对简支梁)或连续刚接(对连续刚架)的超静定框架结构。现仅对连续铰接进行分析,连续刚接由于梁与墩无相对位移,计算原理与一般刚构相同,无需特殊考虑。连续铰接柔性墩桥是以结构联分组作整体计算。

(一)柔性墩的计算图式

由于按节点处设水平弹簧支承的连续框架计算比较繁杂,为计算简便,一般将柔性墩简化为单墩计算(图2-71)。简化的基本假设如下:

(1)柔性墩视为上端铰支、下端固接的超静定梁,下端固定位置按第五章桩基础考虑地基土性质确定 l_p 的要求处理。

(2)引起墩顶位移的各种影响力分别进行力学分析计算,忽略这些力的相互作用影响,内力计算采用叠加原理。

(3)计算制动力时,按联内各墩、台的抗推刚度(使墩(台)顶产生单位水平位移时所需在墩(台)顶施加的水平力)分配。

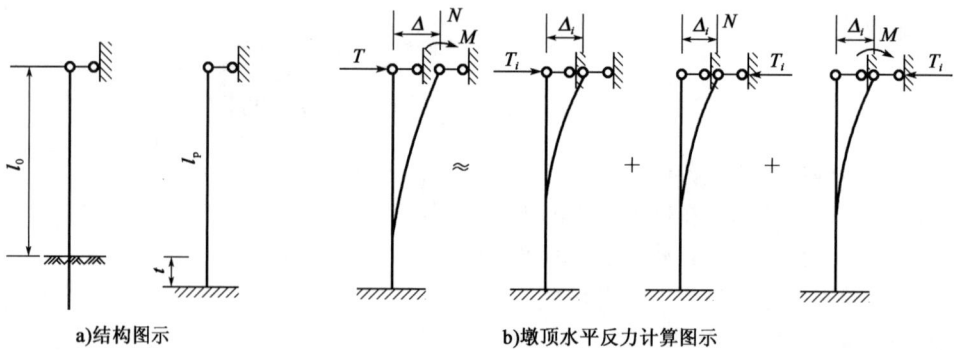

a)结构图示　　　　　　　　b)墩顶水平反力计算图示

图2-71　柔性墩结构简化计算图

柔性墩顺桥向内力计算应计及下列因素:

(1)汽车制动力;

(2)梁受竖向荷载时下缘的伸长;

(3)温度变化时梁的伸缩;

(4)水平力作用时固定支座缝隙变化;

(5)梁体混凝土收缩和徐变;

(6)架梁时残留的墩顶位移;

(7)支座竖向反力及其偏心力矩;

(8)墩身风力;

(9)墩身在日照下产生的温度力;

(10)墩身施工偏差及架梁偏差。

一般对公路桥梁,第(2)、(4)项可以不考虑,第(10)项根据具体施工情况自定。

(二)顺桥向墩顶水平位移计算

墩顶位移由上述各因素分项计算合成。

1. 汽车制动力引起的墩顶位移

不考虑梁在水平力作用下的纵向变形,则一联内各墩水平位移相同,由制动力引起的墩顶位移可近似按下式计算,即:

$$\Delta_1 = \frac{T}{\sum K_i} \tag{2-42}$$

式中:Δ_1——汽车制动力作用下联内各墩(台)顶水平位移;

  T——作用联内的制动力;

  K_i——联内各墩(台)的抗推刚度。

$$K_i = \frac{1}{\delta_i} \qquad \delta_i = \frac{l_p^3}{3EI}$$

式中:δ_i——单位力作用在第 i 个柔性墩顶时产生的水平位移;

  l_p——第 i 个柔性墩的计算高度;

  EI——墩身刚度。

当桩在土中嵌固点较深需考虑桩侧土的弹性抗力时,可按第五章的内容计算 δ_i。

2. 温度变化时梁的伸缩引起的墩顶位移

在架梁后,梁体会因为外界温度的升高与降低(相对架梁时温度)而伸长或缩短,从而使柔性墩顶产生水平位移。在计算墩的位移时,首先需要确定温度变化时位移零点的位置。

按图 2-72 所示,用下式计算,即:

$$X_0 = \frac{\sum\limits_0^n iK_i}{\sum\limits_0^n K_i} L \tag{2-43}$$

式中:X_0——0—0 线至 0 号墩的距离;

  i——墩的序号,$i = 0,1,2,\cdots,n$,n 为总墩数减 1;

  L——桥梁跨径。

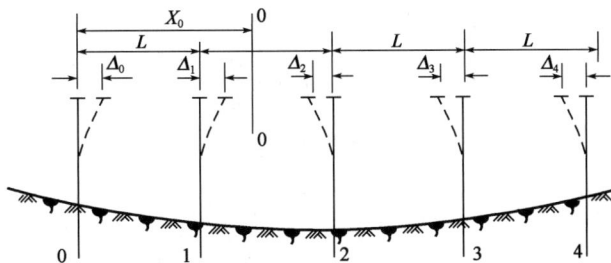

图 2-72 温度变化时柔性墩的墩顶位移

如果用 $X_1, X_2, \cdots, X_i$ 表示各墩至 0—0 线的距离,则得各墩顶由温度变化引起的水平位移为:

$$\Delta_2 = \alpha \Delta t X_i \tag{2-44}$$

式中:Δ_2——温度变化时梁的伸缩引起的墩顶水平位移;

α——梁体混凝土线性膨胀系数;

Δt——计算最高(低)温度与架梁时温度的差值。

3. 梁体混凝土收缩徐变产生的墩顶位移

梁体混凝土收缩徐变产生的墩顶位移,按如下两种情况计算。

(1)钢筋混凝土梁

$$\Delta_3 = n\gamma\alpha L T_s \qquad (2\text{-}45)$$

式中:Δ_3——梁体混凝土收缩徐变产生的墩顶位移;

n——计算墩与联内刚性墩之间梁的孔数;

T_s——相应的温度变化幅度,架桥机架梁时可采用 $5\sim10℃$;

γ——相应于梁收缩徐变时柔性墩徐变的应力效应系数,可按表 2-11 采用架设时梁的混凝土龄期,当 $T_s=5℃$ 时按 180d 计,当 $T_s=10℃$ 时按 90d 计;

其余符号意义同前。

相应于梁收缩、徐变时柔性墩徐变的应力效应系数 表 2-11

架设时墩的混凝土龄期(d)	架设时梁的混凝土龄期(d)											
	60				90				180			
	$\beta=1$	$\beta=2$	$\beta=3$	$\beta=4$	$\beta=1$	$\beta=2$	$\beta=3$	$\beta=4$	$\beta=1$	$\beta=2$	$\beta=3$	$\beta=4$
60	0.39	0.51	0.61	0.69	0.44	0.57	0.67	0.74	0.51	0.65	0.75	0.81
90	0.42	0.55	0.67	0.75	0.46	0.61	0.72	0.79	0.53	0.69	0.79	0.85
120	0.45	0.60	0.72	0.81	0.49	0.65	0.76	0.84	0.56	0.72	0.83	0.89
180	0.51	0.68	0.81	0.89	0.55	0.72	0.84	0.91	0.61	0.78	0.88	0.94
270	0.59	0.79	0.90	0.96	0.63	0.81	0.91	0.96	0.69	0.86	0.94	0.97
360	0.67	0.86	0.95	0.98	0.70	0.88	0.96	0.99	0.76	0.91	0.97	0.99
540	0.82	0.95	0.98	1.00	0.84	0.96	0.99	1.00	0.88	0.97	0.99	1.00
720	0.92	0.98	1.00	1.00	0.94	0.99	1.00	1.00	0.96	0.99	1.00	1.00

注:1. 预应力混凝土梁的龄期应按梁建立预应力时起算。

2. 徐变增长速度系数 β,在湿、冷地区取较小值,旱、热地区可取较大值。

(2)预应力混凝土梁

$$\Delta_3 = n\gamma(\Delta L_1 + \Delta L_2)(1-C) \qquad (2\text{-}46)$$

$$\Delta L_1 = 0.8\left(\varepsilon_\infty + 0.8\frac{\sigma_h}{E_h}\varphi_\infty\right)L \qquad (2\text{-}47)$$

$$\Delta L_2 = 6.4 f_c \gamma_c / L \qquad (2\text{-}48)$$

式中:C——梁体建立预加力后至架设的间隔时间;

ΔL_1——由于梁体混凝土收缩和预加力作用下徐变的轴向变形终极值;

ΔL_2——由于梁体预加力作用产生的徐变上拱使梁下缘缩短的终极值;

ε_∞——混凝土收缩应变终极值;

σ_h——梁内预加力产生的混凝土平均应力;

E_h——梁体混凝土的弹性模量;

φ_∞——混凝土徐变系数的终极值;

f_c——徐变终极上拱度；

γ_c——梁端换算截面重心轴至梁底距离；

其余符号意义同前。

4. 架梁时残留的墩顶位移

施工架梁过程中，墩顶在架梁施工荷载作用下会发生部分水平位移，由于柔性墩桥为一超静定结构，架梁后，部分位移不能自由恢复而使墩身产生内力。规范规定，通过每个柔性墩单独考虑，可采用 $\Delta_4 = 0.3\text{cm}$。

以上四项墩顶位移为公路桥梁一般应该考虑的项目，也可结合实际情况进行取舍组合，确定墩顶发生的总水平位移 $\Delta = \Delta_1 + \Delta_2 + \Delta_3 + \Delta_4$，此后即可按图 2-73 所示计算，通过结构力学方法求得水平位移下的墩身各截面的内力。

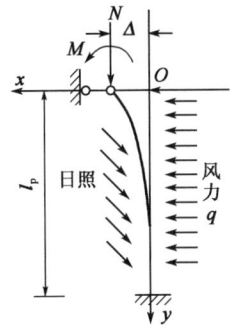

图 2-73　最不利外力组合图

(三) 墩身内力计算

1. 墩顶水平位移产生的内力计算

前述墩顶产生的总水平位移 Δ 的水平力 T_1 按结构力学方法求出：

$$T_1 = -\frac{3EI}{l_p^3} \cdot \Delta \tag{2-49}$$

y 处截面弯矩为：

$$M_{y1} = -\frac{3EI}{l_p^3} \cdot \Delta \cdot y \tag{2-50}$$

2. 顺桥向风力产生的内力计算

$$T_2 = \frac{3}{8}ql_p \tag{2-51}$$

$$M_{y2} = \frac{3}{8}ql_p y - \frac{1}{2}qy^2 \tag{2-52}$$

式中：q——风力强度，上式计算结果为单位墩宽的内力。

3. 墩顶偏心弯矩产生的内力计算

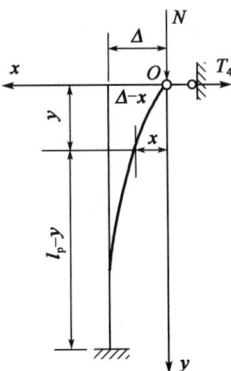

$$T_3 = \frac{3M}{2l_p} \tag{2-53}$$

$$M_{y3} = M - \frac{3M}{2l_p} \cdot y \tag{2-54}$$

4. 墩顶轴向力产生的内力计算

图 2-74 所示，由于墩顶有侧向约束，并已有 Δ 的水平位移，所以轴力 N 在竖直作用的同时还会产生相应的侧向水平力，使墩身产生弯矩。设墩顶产生水平位移 Δ 后墩身挠曲曲线为：

图 2-74　柔性墩墩身挠曲曲线

$$x = \frac{1}{2l_p^3}(2l_p^3 - 3l_p y + y^3)\Delta \tag{2-55}$$

在墩顶作用单位力时墩顶水平位移为:

$$\delta_{11} = \int_0^{l_p} \frac{y^2 \mathrm{d}y}{EI} \tag{2-56}$$

在 N 作用下产生的墩顶水平位移为:

$$\delta_{1N} = \int_0^{l_p} \frac{N(\Delta - X)y}{EI}\mathrm{d}y \tag{2-57}$$

以式(2-55)的 x 值代入式(2-57)并积分得出 δ_{1N} 值,则考虑 Δ 的存在, N 使墩顶产生的水平力 T_4 为:

$$T_4 = \frac{\delta_{1N}}{\delta_{11}} = \frac{6N\Delta}{5l_p} \tag{2-58}$$

5. 墩身日照产生的温度内力

$$M_{y4} = T_4 y + N(\Delta - x) \tag{2-59}$$

该项计算请参考本节空心高墩相关内容。

将以上 5 项内力计算结果进行叠加,就得柔性墩的计算内力值。上述内容计算时,可参考《铁路柔性墩桥技术规范》(TB 10052—97)。

四、空心高墩的计算要点

一般较高的桥墩,墩身截面尺寸受偏心距和压应力值的控制,但当墩高超过 30m 时,墩身的稳定和墩顶位移量成为墩身截面需要考虑的控制条件。随着我国公路交通事业的发展,山区高等级公路建设,需要修建更多的高架桥,这促使了高桥墩的修建。

高墩一般都采用混凝土或钢筋混凝土空心结构。空心墩是空间板壳结构,受力与实体墩有所不同,设计中在验算强度、纵向弯曲稳定、墩顶水平位移等项目时,应考虑固端干扰力、局部稳定、温差等影响,还应考虑脉动风载引起的动力作用,即风振问题。

(一)固端干扰力

空心墩身与基础连接处,相当于固端的边界条件,对墩壁有约束作用,因而产生局部的纵向附加力和环向力,称为固端干扰力(图 2-75)。该应力数值较大,是空心高墩自有的受力特点所致,可用空间有限元法或壳体力学的方法计算。试验资料以应力的方式表示出固端干扰力对墩壁应力影响的示意图[图 2-75b)],现一般都采用简化方法,即用悬臂梁计算的墩身底截面内力乘以增大系数来进行强度验算和配筋。其系数分别为轴向力乘以 1.25,弯矩乘以 1.35。

固端干扰区域高度 S_i 在中心受压、横力弯曲和纯弯曲状态下相差不大,现一般按下式确定,即:

$$S_i = (3.9 \sqrt{t/R} - 0.277)R \tag{2-60}$$

式中: t ——墩壁厚度(m);

R ——墩壁轴线半径或验算方向墩壁轴距之半(m)。

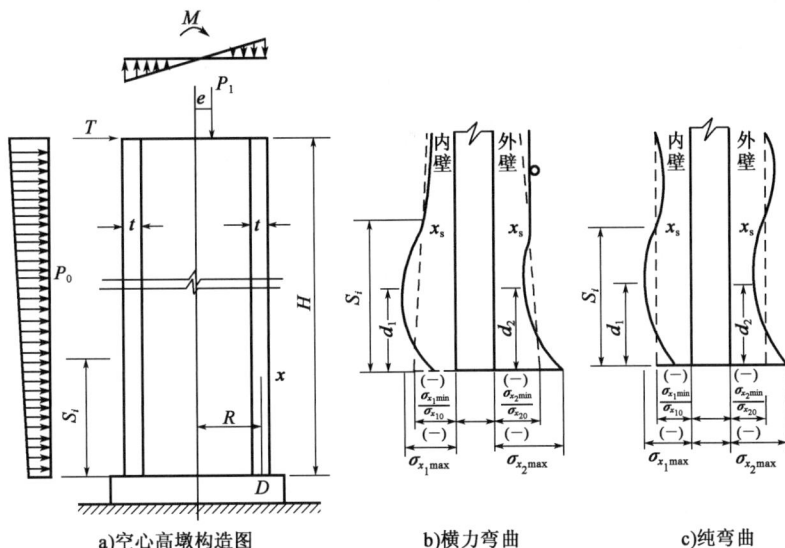

图 2-75　固端干扰力使墩壁变形状态的示意图

a)空心高墩构造图　　b)横力弯曲　　c)纯弯曲

注:$\sigma_{x_{10}}$、$\sigma_{x_{20}}$——分别为按悬臂梁方法算得的基础顶面内外壁墩高方向之正应力;

$\sigma_{x_1\ \min}^{\max}$、$\sigma_{x_2\ \min}^{\max}$——分别考虑壳体力学特点之后计算截面上内外壁墩高方向正应力之极值。

(二) 空心墩的温差影响

1. 温差产生的温度应力

空心墩由于墩内通风条件差,加以混凝土导热性能低,在气温突变时,墩壁内外产生温差,因而使墩壁内外变形不协调,不能按温度各部分自由变形,在墩壁产生外约束和内约束温度应力。

温度应力分别按气温温差、太阳辐射温差(侧晒)和寒潮温差进行计算。一般是日照正温差时,外壁受压,内壁受拉;当寒潮降温时为负温差,外壁受拉,内壁受压。根据计算经验,温度应力一般是日照内壁与寒潮外壁拉应力控制设计。

在日照侧晒作用下,温度沿壁厚方向的分布可按现《公桥通规》对混凝土箱形梁温度梯度曲线来计算,如图2-76所示。日照反温差乘以 −0.5。

在温度应力计算时,往往是计算内外壁处应力,需要用内外壁温差 T_1。现《公桥通规》表4.3.10-3 是对桥梁上部结构,考虑不同桥面铺装对箱梁顶板表面温度的影响,而空心墩则是日照直晒的箱壁表面温度,所以 T_1 值要大一些。一般情况可根据热传导理论,利用太阳辐射强度及表

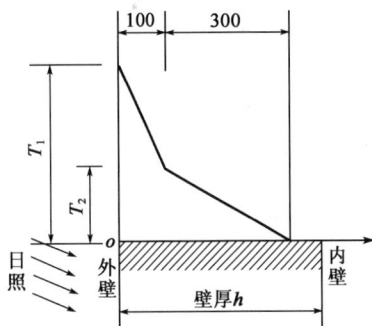

图 2-76　温差沿壁厚的变化
(尺寸单位:mm)

面温度计算确定。根据目前统计资料,当墩壁厚度为 0.5 ~ 0.7m 时,建议中南、华东地区气温与最大辐射温差之和可取 $T_1 = 25℃$,计算降温温差可取 $T_1 = 10℃$;东北地区(吉林省和黑龙江省),可分别上加5℃。

温差应力计算,对自约束应力计算方法同上部结构;对纵向外约束应力可根据桥墩支承条件,用结构力学方法或有限元分析方法求解;对横向箱形墩截面也是用结构力学方法或有限元

77

分析方法按横向框架来计算。当太阳斜晒影响两个壁面温差时,可按叠加原理先分别计算两个方向的温差应力,然后再叠加。

　　2. 日照温差产生的墩顶位移

　　空心高墩墩顶弹性水平位移包括墩身在荷载作用下的弹性挠曲位移,地基土变形引起的墩顶位移和日照温差作用产生的偏移。前两项计算与一般桥墩相同,现简要介绍日照温差引起的位移计算。对于圆端形空心墩水平位移 Δ_R 计算式为:

$$\Delta_R = H^2/2R_C \tag{2-61}$$

式中:H——墩高(m);

　　R_C——受日照温差而产生的桥墩曲率半径(m)。

　　矩形空心墩,其墩顶日照水平位移 Δ_R 可近似用下式计算:

$$\Delta_R = \frac{\Delta_{l1} - \Delta_{l2}}{b} \cdot H_1 \tag{2-62}$$

式中:Δ_{l1}——空心墩向阳面伸长量(m);

　　Δ_{l2}——空心墩背阴面伸长量(m);

　　H_1——由水面或地面至墩顶的高度(m);

　　b——桥墩宽度(m)。

　　对变截面空心墩可分段($\Delta_1 \sim \Delta_n$)计算,然后再计算其总位移量。

(三)空心高墩的局部稳定

　　空心高墩是一偏心受压构件,其考虑纵向弯曲影响的整体稳定性验算,方法与一般桥墩一样。

　　空心高墩的局部稳定是指空心墩的薄壁在荷载作用下产生局部的屈曲失稳。模型试验表明,在中心受压和偏心受压作用下,模型发生突然的脆性破坏,在破坏前无明显预兆,试验得到这种局部失稳的临界应力比混凝土中心受压临界应力稍高,也应属于强度破坏。所以,把中心受压时的临界应力值作用局部稳定验算限值是偏于安全的。混凝土空心高墩在中心受压作用下,局部稳定弹塑性临界应力公式为:

　　圆形空心墩

$$\sigma_{cr} = 0.36E_h t/R \tag{2-63}$$

　　矩形板壁空心墩

$$\sigma_{cr} = 3.61E_h \left(\frac{t}{b}\right)^2 \tag{2-64}$$

式中:σ_{cr}——弹塑性阶段局部失稳临界应力(MPa);

　　E_h——混凝土的弹性模量(MPa);

　　R、b——圆形空心墩曲面半径、矩形墩宽(m);

　　t——壁厚(m)。

　　研究空心墩的局部稳定,主要是确定墩身最小壁厚和是否需要设置纵横隔板的问题。模型试验说明,有无横隔板其破坏形态基本相同。因此,一般说来,从空心墩的局部稳定角度来看,可以不必设置横隔板,但对受扭和有横向集中力作用等情况,须另行考虑。从保证局部稳

定要求考虑,根据试验资料分析,提出最小壁厚 t 应满足下式要求:

$$t \geqslant (1/15 \sim 1/10)R(或 b) \tag{2-65}$$

(四) 空心高墩的动力影响

空心高墩属高耸结构,在风力和地震作用时,必须保证桥墩具有足够的动力刚度。在高桥墩自振计算中,不考虑阻尼的影响,在计算各振型频率和振型函数时,为了保证高桥墩的动力刚度,对各种振型中的最大自振周期值仍应加以一定的限制。目前我国对高墩的振动机理还处在研究阶段,在尚未制定出具体容许限值情况下,采用下式计算自振周期限值:

$$T_1 \leqslant 0.25 \sqrt{H} \tag{2-66}$$

式中:T_1——桥墩自振周期(s);

H——桥墩墩顶至基础顶面的高度(m)。

现在一般用能量法计算高墩的自振频率,用柔度矩阵法计算频率和振型,其具体计算方法请参考有关资料。

第五节 墩台的抗震计算

本节只介绍常规混凝土梁桥的墩台抗震计算,其他类型桥梁抗震计算参见规范。

桥梁抗震设计现规范实质上是采用两水平设防、两阶段的设计原则。第一阶段(又称为 E1 地震)的抗震设计,采用弹性抗震设计;第二阶段(又称为 E2 地震)的抗震设计,采用延性抗震设计方法,并引入能力保护设计原则。所谓桥梁延性抗震设计,是指在设计时允许桥梁结构发生塑性变形,不仅用构件的强度作为衡量结构性能的指标,同时要校核构件的延性能力是否满足要求。通过第一阶段的抗震设计,即 E1 地震作用下的抗震设计,可达到和原规范基本相当的抗震设防水平。通过第二阶段的抗震设计,即对应 E2 地震作用的抗震设计,来保证结构具有足够的延性能力,通过验算,确保结构的延性能力大于延性需求。通过引入能力保护设计原则保证结构的破坏模式。通过抗震构造措施设计,确保结构具有足够的位移能力。

一、桥梁延性抗震设计

材料、构件或结构的延性,通常定义为在初始强度没有明显退化情况下的非弹性变形能力。它包括两个方面的能力:一是承受较大的非弹性变形,同时强度没有明显下降的能力;二是利用滞回特性吸收能力的能力。规范规定钢筋混凝土墩柱桥梁,抗震设计时,墩柱宜作为延性构件设计。桥梁基础、盖梁、梁体和结点宜作为能力保护构件。墩柱的抗剪强度宜按能力保护原则设计。

沿顺桥向,连续梁桥、简支梁桥墩柱的底部区域,连续刚构桥墩柱的端部区域为塑性铰区域;沿横桥向,单墩柱的底部区域、双墩柱或多柱墩的端部区域为塑性铰区域。典型墩柱塑性铰区域见图 2-77。

二、一般规定中的设计加速度反应谱

地震作用可以用设计加速度反映谱设计地震动时程和设计地震动功率谱表征。未作地震安全性评价的桥墩,可根据本细则设计加速度反应谱,合成与其兼容的设计加速度时程,作为工程场地地震安全性评价。

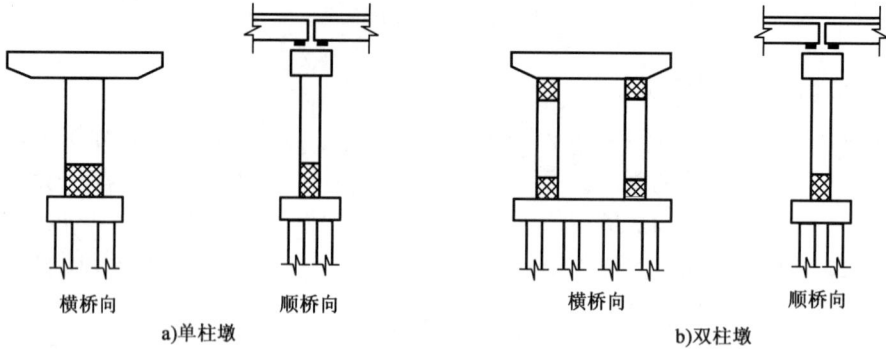

横桥向　顺桥向　横桥向　顺桥向

a)单柱墩　b)双柱墩

图 2-77　墩柱塑性铰区域

注:图中 ▨ 代表塑性铰区域

1. 水平设计加速度反应谱

阻尼比为 0.05 的水平设计加速度反应谱 S(图 2-78)由下式确定:

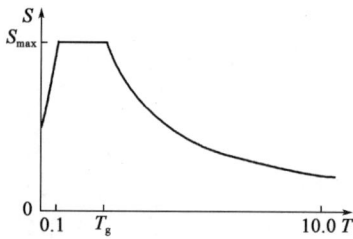

图 2-78　水平设计加速度反应谱

$$S = \begin{cases} S_{max}(5.5T + 0.45) & T < 0.1s \\ S_{max} & 0.1s \leqslant T \leqslant T_g \\ S_{max}(T_g/T) & T > T_g \end{cases} \quad (2\text{-}67)$$

式中: T_g——特征周期(s);

T——结构自振周期(s);

S_{max}——水平设计加速度反应谱最大值。

水平设计加速度反应谱最大值 S_{max} 由下式确定:

$$S_{max} = 2.25C_i C_s C_d A \quad (2\text{-}68)$$

式中: C_i——各类桥梁的抗震重要系数,按《公抗设则》确定;

C_s——场地系数,按表 2-12 取值;

C_d——阻尼调整系数,按《公抗设则》第 5.2.4 式计算取值;

A——水平向设计基本地震动加速度峰值,按《公抗设则》表 3-2-2 取值。

场 地 系 数 C_s　　　　表 2-12

抗震设防烈度 场地类型	6	7		8		9
	$0.05g$	$0.1g$	$0.15g$	$0.2g$	$0.3g$	$0.4g$
Ⅰ	1.2	1.0	0.9	0.9	0.9	0.9
Ⅱ	1.0	1.0	1.0	1.0	1.0	1.0
Ⅲ	1.1	1.3	1.2	1.2	1.0	1.0
Ⅳ	1.2	1.4	1.3	1.3	1.0	0.9

特征周期 T_g 按桥址位置在(中国地震动反应谱特征周期区划图)上查取,根据场地类别,按表 2-13 取值。

2. 竖向设计加速度反应谱

竖向设计加速度反应谱由水平向设计加速度反应谱乘以下给出的竖向/水平向谱比函

数 R。

设计加速度反应谱特征周期调整表　　　表 2-13

区划图上的特征周期(s)	场地类型划分			
	I	II	III	IV
0.35	0.25	0.35	0.45	0.65
0.40	0.30	0.40	0.55	0.75
0.45	0.35	0.45	0.65	0.90

注:本表引自《中国地震动参数区划图》(GB 18306—2001)中的表 C_1。

基岩场地:

$$R = 0.65 \tag{2-69}$$

土层场地:

$$R = \begin{cases} 1.0 & T < 0.1\text{s} \\ 1.0 - 2.5(T - 0.1) & 0.1\text{s} \leqslant T < 0.3\text{s} \\ 0.5 & T \geqslant 0.3\text{s} \end{cases} \tag{2-70}$$

式中:T——结构自振周期(s)。

三、地震作用计算

地震作用分析方法主要有静力法、功率谱法、反应谱法和时程分析法,其中反应谱法又分为单振型反应谱法和多振型反应谱法,时程分析法又分为线性时程分析法和非线性时程分析法。一般常规桥梁常采用反应谱法进行分析。

(一)墩台地震作用计算

在应用反应谱法进行梁式桥墩台计算时,分析模型中应考虑上部结构、支座、桥墩及基础等刚度的影响。

1. 梁式桥桥墩

在地震作用下,规则桥梁重力式桥墩顺桥方向和横桥方向的水平地震力,采用反应谱方法时,可按下列公式计算,其结构计算简图如图 2-79 所示。

$$E_{ihp} = S_{h1} \gamma_1 X_{1i} G_i / g \tag{2-71}$$

$$\gamma_1 = \frac{\sum_{i=0}^{n} X_{1i} G_i}{\sum_{i=0}^{n} X_{1i}^2 G_i} \tag{2-72}$$

式中:E_{ihp}——作用于桥墩质点 i 的水平地震力(kN);

　　　　S_{h1}——相应水平方向的加速度反应谱值,根据桥梁结构基本周期按《公抗设则》第5.2.1条和第5.2.2条确定,桥梁结构基本周期可

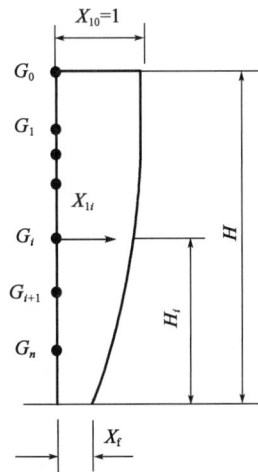

图 2-79　结构计算简图

按《公抗设则》附录 A 简化计算;

γ_1——桥墩顺桥方向或横桥方向的基本振型参与系数;

X_{1i}——桥墩基本振型在第 i 分段重心处的相应水平位移,对于实体桥墩,当 $H/B>5$ 时,

$$X_{1i} = X_f + \frac{1-X_f}{H}H_i(一般适用于顺桥向); 当 H/B<5 时, X_{1i} = X_f + \left(\frac{H_i}{H}\right)^{1/3}(1-X_f)(一般适用于横桥向);$$

X_f——考虑地基变形时,顺桥向作用于支座顶面或横桥向作用于上部结构质量中心上的单位水平力在一般冲刷线或基础顶面引起的水平位移与支座顶面或上部结构质量重心处的水平位移之比值;

H_i——一般冲刷线或基础顶面至墩身各分段中心处的垂直距离(m);

H——桥墩计算高度,即一般冲刷线或基础顶面至支座顶面或上部结构质量重心的垂直距离(m);

B——顺桥向或横桥向的墩身最大宽度(m)(图 2-80);

G_i——$i=0$ 时,为桥梁上部结构重力(kN),对于简支梁桥,计算顺桥向地震力时为相应于墩顶固定支座的一孔梁的重力;计算横桥向地震力时为相邻两孔梁重力的一半;$i=1,2,3\cdots$时,为桥墩墩身各分段的重力(kN)。

规则桥梁的柱式墩,采用反应谱法计算时,其顺桥向水平地震力可采用下列简化公式计算。其计算简图如图 2-81 所示。

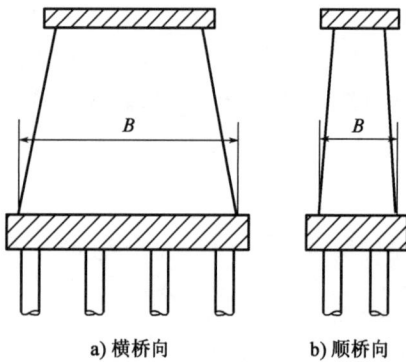

a) 横桥向 b) 顺桥向

图 2-80 墩身最大宽度 B

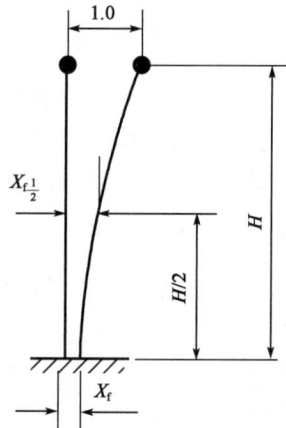

图 2-81 柱式墩计算简图

$$E_{htp} = S_{h1}G_t/g \tag{2-73}$$

$$G_t = G_{sp} + G_{ep} + \eta G_p$$

$$\eta = 0.16(X_f^2 \times 2X_{f\frac{1}{2}}^2 + X_f X_{f\frac{1}{2}} + X_{f\frac{1}{2}} + 1) \tag{2-74}$$

式中:E_{htp}——作用于支座顶面处的水平地震力(kN);

G_t——支座顶面处的换算质点重力;

G_{sp}——桥梁上部机构的重力(kN),对于简支梁桥,为相应于墩顶固定支座的一梁的重力;

G_{ep}——盖梁的重力(kN);

G_p——墩身重力(kN),对于扩大基础,为基础顶面以上墩身的重力;对于桩基础为一般

冲刷线以上墩身的重力；

η——墩身重力换算系数；

$X_{f\frac{1}{2}}$——考虑地基变形时,顺桥向作用于支座顶面上的单位水平力,在墩身计算高 $H/2$ 处引起的水平位移与支座顶面处的水平位移之比值；

X_f 的意义同式(2-72)。

全联均采用板式橡胶支座的连续梁桥或桥面连续、顺桥向其有足够强度的抗震联结措施(即顺桥向联结措施的强度大于支座抗剪极限强度)的简支梁,其水平地震力可按下述简化方法计算。

(1)上部结构对板式橡胶支座顶面处产生的水平地震力

$$E_{ihs} = \frac{k_{itp}}{\sum\limits_{i=1}^{n} k_{itp}} S_{h1} G_{sp}/g \tag{2-75}$$

式中: E_{ihs}——上部结构对第 i 号墩板式橡胶支座顶面处产生的水平地震力(kN)；

k_{itp}——第 i 号墩组合抗推刚度(kN/m), $k_{itp} = \dfrac{k_{is} k_{ip}}{k_{is} + k_{ip}}$ ；

k_{is}——第 i 号墩板式橡胶支座抗推刚度(kN/m), $k_{is} = \sum\limits_{j=1}^{n_{is}} \dfrac{G_d A_r}{\sum t}$ ；

n_{is}——第 i 号墩上板式橡胶支座数量；

G_d——板式橡胶支座动剪切模量(kN/m²),一般取 1 200kN/m²；

A_r——板式橡胶支座面积(m²)；

$\sum t$——板式橡胶支座橡胶层总厚度(m)；

n——相应于一联上部结构的桥墩个数；

k_{ip}——第 i 号桥墩墩顶抗推强度(kN/m)；

G_{sp}——联上部结构的总重力(kN)。

(2)墩身水平地震力

①实体墩由墩身自重在墩身质点 i 的水平地震力

$$E_{ihp} = S_{h1} \gamma_1 X_{1i} G_i/g \tag{2-76}$$

式中符号意义同式(2-75)。

②柱式墩由墩身自重在板式橡胶支座顶面产生的水平地震力

$$E_{hp} = S_{h1} G_{tp}/g \tag{2-77}$$

式中: G_{tp}——桥墩对板式橡胶支座点面处的换算质点重力(kN)；

$$G_{tp} = G_{cp} + \eta G_p \tag{2-78}$$

其他符号意义同式(2-76)。

在 E2 地震作用下,可按下式计算墩顶的顺桥向和横桥向水平位移 Δ_d :

$$\Delta_d = c\delta \tag{2-79}$$

式中: δ——在 E2 地震作用下,采用截面有效刚度计算的墩顶水平位移；

c——考虑结构周期的调整系数,按表 2-14 取值。

结 构 周 期	c	结 构 周 期	c
$T \leqslant 0.1\text{s}$	1.5	$0.1\text{s} < T < T_g$	按线性插值求得
$T \leqslant T_g$	1.0		

注:T-结构的自振周期;T_g-特性周期,可参见表 2-13。

2. 能力保护构件计算

在 E2 地震作用下,如结构未进入塑性工作范围,桥梁墩柱的剪力设计值、桥梁基础和盖梁的内力设计值可用 E2 地震作用的计算结果。

延性墩柱沿顺桥向和横桥向剪力设计值 v_{c0} 可按下列规定计算。

(1)延性墩柱沿顺桥向剪力设计值 v_{c0}

①延性墩柱的底部区域为潜在塑性铰区域

$$v_{c0} = \phi^0 \frac{M_{zc}^x}{H_n} \tag{2-80}$$

②延性墩柱的顶、底部区域均为潜在塑性铰区域

$$v_{c0} = \phi^0 \frac{M_{zc}^s + M_{zc}^x}{H_n} \tag{2-81}$$

(2)延性墩柱沿横桥向剪力设计值 v_{c0}

①延性墩柱的底部区域为潜在塑性铰区域

$$v_{c0} = \phi^0 \frac{M_{bc}^x}{H_n} \tag{2-82a}$$

②延性墩柱的顶、底部区域均为潜在塑性铰区域

$$v_{c0} = \phi^0 \frac{M_{bc}^x + M_{bc}^s}{H_n} \tag{2-82b}$$

式中:M_{zc}^s、M_{zc}^x——墩柱上、下端截面按实配钢筋,采用材料强度标准值和最不利轴力计算的沿顺桥向正截面抗弯承载力所对应的弯矩值(kN·m);

M_{bc}^s、M_{bc}^x——墩柱上、下端截面按实配钢筋,采用材料强度标准值和最不利轴力计算的沿横桥向正截面抗弯承载力所对应的弯矩值(kN·m);

H_n——一般取为墩柱的净长度,但是对于单柱墩横桥向计算时,应取梁体截面形心到墩柱底截面的垂直距离(m);

ϕ^0——墩柱正截面抗弯承载力超强系数,$\phi^0 = 1.2$。

(3)延性桥墩盖梁的剪力设计值 V_{c0} 可按下式计算:

$$V_{c0} = \phi^0 \frac{M_{pc}^r + M_{pc}^l}{L_0} \tag{2-83}$$

式中:M_{pc}^l、M_{pc}^r——盖梁左、右两端截面按实配钢筋,采用材料强度标准值计算的正截面抗弯承载力所对应的弯矩值(kN·m);

L_0——盖梁的净跨度(m)。

桥梁基础沿顺桥向、横桥向的弯矩、剪力和轴力设计值应根据墩柱底部可能出现塑性铰处沿顺桥向、横桥向的弯矩承载力(考虑超强系数 ϕ^0)、剪力设计值和墩柱最不利轴力来计算。

3. 梁式桥桥台

桥台的水平地震力可按下式计算:

$$E_{hau} = C_i C_s C_d A G_{au}/g \qquad (2\text{-}84)$$

式中: C_i——抗震重要性系数,按《公抗设则》表3.1.4-2确定;

C_s——场地系数,按表2-12确定;

C_d——阻尼调整系数,按《公抗设则》式(5.2.4)计算取值;

A——水平向设计基本地震动加速度峰值,按《公抗设则》表3.2.2取值;

E_{hau}——作用于台身重心处的水平地震作用力(kN);

G_{au}——基础顶面以上台身的重力(kN)。

对于修建在基岩上的桥台,其水平地震力可按式(2-84)计算值的80%采用。验算设有固定支座的梁桥桥台时,还应计入由上部结构所产生的水平地震力,其值按式(2-84)计算,但 G_{au} 取一孔梁的重力。

(二)强度与变形验算

应按规范相关规定验算桥梁构件的强度及稳定性等。对于B类、C类桥梁(桥梁抗震分类参见规范),主要包括墩柱的强度验算和变形验算以及支座验算。

1. B类、C类桥梁抗震强度验算

E1和E2地震作用效应分别与永久作用效应组合后,按现行公路桥涵设计规范相关规定进行桥墩强度验算。其中,墩柱塑性铰区域沿顺桥向和横桥向的斜截面抗剪强度验算公式为:

$$V_{co} \leqslant \phi(0.0023\sqrt{f'_c}A_e + V_s) \qquad (2\text{-}85)$$

$$V_s = 0.1\frac{A_k b}{S_k}f_{yh} \leqslant 0.067\sqrt{f'_c}A_e \qquad (2\text{-}86)$$

式中: V_{co}——剪力设计值(kN),按照《公抗设则》第6.8节计算;

f'_c——混凝土抗压强度标准值(MPa);

V_s——箍筋提供的抗剪能力(kN);

A_e——核心混凝土面积(cm^2);

A_k——同一截面上箍筋的总面积(cm^2);

S_k——箍筋的间距(cm);

f_{yh}——箍筋抗拉强度设计值(MPa);

b——沿计算方向墩柱的宽度(cm);

ϕ——抗剪强度折减系数, $\phi = 0.85$。

2. B类、C类桥梁墩柱的变形验算

在E2地震作用下,验算墩柱的塑性转动能力时,一般可按照式(2-87)进行验算。但如果是规则桥梁,则可按式(2-88)直接验算桥墩墩顶的位移。对于高跨比小于2.5的桥墩,不验算桥墩的变形,但应验算强度。

（1）转角变形验算

在 E2 地震作用下，按下式验算桥墩潜在塑性铰区域的塑性转动能力：

$$\theta_p \leqslant \theta_u \tag{2-87}$$

式中：θ_p——在 E2 地震作用下，潜在塑性铰区域的塑性转角；

θ_u——塑性铰区域的最大容许转角，按照式（2-88）计算。

塑性铰区域的最大容许转角应按照极限破坏状态的曲率能力，按下式计算：

$$\theta_u = L_p(\phi_u - \phi_y)/K \tag{2-88}$$

式中：L_p——等效塑性铰长度（cm），可取以下两式计算结果的较小值：

$$L_p = 0.08H + 0.022f_y d_s \geqslant 0.044f_y d_s$$

$$L_p = \frac{2}{3}b$$

ϕ_u——极限破坏状态的曲率，一般情况可按照能量等效原则确定；对于矩形截面和圆形截面桥墩，可按照《公抗设则》附录 B 确定；

ϕ_y——截面的等效屈服曲率，一般情况可按照能量等效原则确定；对于矩形截面和圆形截面桥墩，可按照《公抗设则》附录 B 确定；

K——延性安全系数，取 2.0；

H——悬臂墩的高度或塑性铰截面到反弯点的距离（cm）；

b——矩形截面的短边尺寸或圆形截面直径（cm）；

f_y——纵向钢筋抗拉强度标准值（MPa）；

d_s——纵向钢筋的直径（cm）。

（2）规则桥梁桥墩墩顶位移验算

在 E2 地震作用下，规则桥梁可按下式验算桥墩墩顶的位移：

$$\Delta_d \leqslant \Delta_u \tag{2-89}$$

式中：Δ_d——在 E2 地震作用下墩顶的位移（cm）；

Δ_u——桥墩容许位移（cm），按式（2-88）及式（2-90）计算。

单柱墩容许位移按下式计算：

$$\Delta_u = \frac{1}{3}H^2\phi_y + \left(H - \frac{L_p}{2}\right)\theta_u \tag{2-90}$$

式中符号意义同前。

对于双柱墩、排架墩，其顺桥向的容许位移可按式（2-90）计算；横桥向的容许位移可在盖梁处施加水平力 F，进行非线性静力分析。当墩柱的任一塑性铰达到其最大容许转角时，盖梁处的横向水平位移即为容许位移（图 2-82）。

3. 理想弹塑性轴力—弯矩—曲率的确定

ϕ_y 为理想弹塑性轴力—弯矩—曲率（P-M-ϕ）曲线的等效屈服曲率，如图 2-83 所示，可根据图中两个阴影面积相等求得，计算中应考虑最不利轴力组合。

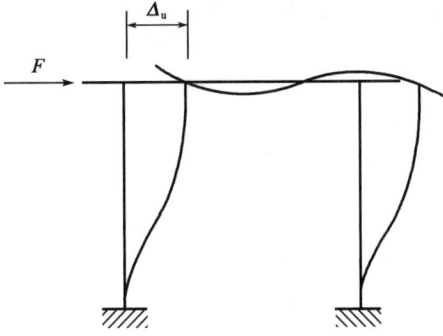

图 2-82　双柱墩的容许位移

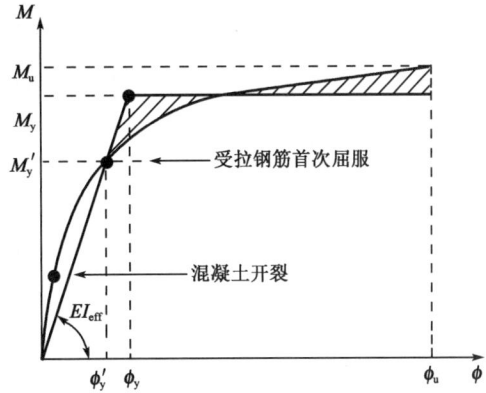

图 2-83　等效屈服曲率

极限破坏状态的曲率 ϕ_u 应通过考虑最不利轴力组合的 $P\text{-}M\text{-}\phi$ 曲线确定,为混凝土应达到极限压应变 ε_{cu},或约束钢筋达到折减极限应变 ε_{su}^R,或纵筋达到折减极限应变 ε_{lu} 时相应的曲率。混凝土的极限压应变 ε_{cu} 可按下式计算:

$$\varepsilon_{cu} = 0.004 + \frac{1.4\rho_s f_{kh} \varepsilon_{su}^R}{f_{cc}'} \tag{2-91}$$

式中:ρ_s——约束钢筋的体积含筋率,对于矩形箍筋:

$$\rho_s = \rho_x + \rho_y \tag{2-92}$$

$\rho_x \cdot \rho_y$——顺桥向与横桥向箍筋体积含筋率;

f_{kh}——箍筋抗拉强度标准值(MPa);

f_{cc}'——约束混凝土的峰值应力(MPa),一般情况下可取 1.25 倍的混凝土抗压强度标准值;

ε_{su}^R——约束钢筋的折减极限应变,$\varepsilon_{su}^R = 0.09$。

(三)抗震构造措施

延性构造细节设计应满足以下要求:

(1)对于抗震设防烈度 7 度及 7 度以上地区,墩柱潜在塑性铰区域内加密箍筋的配置,应符合下列要求:

①加密区的长度不应小于墩柱弯曲方向截面宽度的 1.0 倍或墩柱上弯矩超过最大弯矩 80% 的范围;当墩柱的高度与横截面高度之比小于 2.5 时,墩柱加密区的长度应取全高。

②加密箍筋的最大间距不应大于 10cm 或 $6d_s$ 或 $b/4$;其中,d_s 为纵向钢筋的直径,b 为墩柱弯曲方向的截面宽度。

③箍筋的直径不应小于 10mm。

④螺旋式箍筋接头必须采取对接,矩形箍筋应有 135° 弯钩,并深入核心混凝土之内 $6d_s$ 以上。

⑤加密区箍筋肢距不宜大于 25cm。

⑥加密区外箍筋量应逐渐减小。

(2)对于抗震设防烈度 7 度、8 度地区,圆形、矩形墩柱潜在塑性铰区域内加密箍筋的最小

体积含箍率 $\rho_{s,min}$ 按以下各式计算。对于抗震设防烈度 9 度及 9 度以上地区,圆形、矩形墩柱潜在塑性铰区域内加密箍筋的最小体积含箍率 $\rho_{s,min}$ 应比抗震设防烈度 7 度、8 度地区适当增加,以提高其延性能力。

圆形截面:

$$\rho_{s,min} = \left[0.14\eta_k + 5.84(\eta_k - 0.1)(\rho_t - 0.01) + 0.028 \right] \frac{f'_c}{f_{yh}} \geqslant 0.004 \qquad (2\text{-}93)$$

矩形截面:

$$\rho_{s,min} = \left[0.1\eta_k + 4.17(\eta_k - 0.1)(\rho_t - 0.01) + 0.02 \right] \frac{f'_c}{f_{yh}} \geqslant 0.004 \qquad (2\text{-}94)$$

式中: η_k——轴压比,指结构的最不利组合轴向压力与柱的全截面面积和混凝土轴心抗压强度设计值乘积之比值;

ρ_t——纵向配筋率;

其他符号意义同前。

节点构造措施参见《公抗设则》8.2 条规定。

墩柱潜在塑性铰区域以外箍筋的体积配箍率不应小于塑性铰区域加密箍筋体积配箍率的 50%。墩柱的纵向钢筋宜对称配筋,纵向配筋的面积不宜小于 $0.006A_h$,不应超过 $0.04A_h$,其中 A_h 为墩柱截面面积。

墩柱纵向钢筋之间的距离不应超过 20cm,至少每隔一根宜用箍筋或钢筋固定。

空心截面墩柱潜在塑性铰区域内加密箍筋的配置,应符合下列要求:

①应配置内外两层环形箍筋,在内外两层环形箍筋之间应配置足够的拉筋,如图 2-84 所示。

②加密箍筋的配置应满足《公抗设则》8.1.1 条和 8.1.2 条的规定。

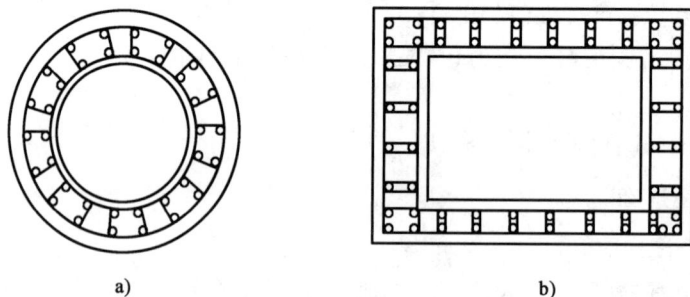

a)　　　　　　　　　　　　　　　　b)

图 2-84　常用空心截面类型

墩柱的纵向钢筋尽可能延伸至盖梁和承台的另一侧面,纵向钢筋的锚固和搭接长度应在现行《公钢混桥规》要求的基础上增加 $10d_s$, d_s 为纵向钢筋的直径,不应在塑性铰区域进行纵向钢筋的连接。

塑性铰加密区域配置的箍筋应延续到盖梁和承台内,延伸至盖梁和承台的距离不应小于墩柱长边尺寸的 1/2,并不小于 50cm。

柱式桥墩和排架桩墩的柱(桩)与盖梁、承台连接处的配筋不应小于柱(桩)身最大配筋。柱式桥墩和排架桩墩的截面变化部位,宜做成坡度为 2:1 ~ 3:1 的喇叭形渐变截面或在截面变化处适当增加配筋。

排架桩墩加密区段箍筋布设应符合以下要求:

①扩大基础的柱式桥墩和排架桩墩应布置在柱(桩)的顶部和底部,其布置高度取柱(桩)

的最大横截面尺寸或 1/6 柱(桩)高,并不小于 50cm。

②桩基础的排架桩墩应布置在柱(桩)的顶部(布置高度同上)和柱(桩)在地面或一般冲刷线以上 1 倍柱(桩)径处延伸到最大弯矩以下 3 倍柱(桩)径处,并不小于 50cm。排架桩墩加密区段箍筋配置及箍筋接头应符合《公抗设则》8.0.1 条的要求。

对于不同抗震设防烈度的墩台抗震措施(包括节点构造),可参见《公抗设则》要求。

第六节　墩台的维修加固和改造

一、墩台表面缺陷的维修

墩台表面的缺陷主要表现在剥蚀和裂缝两个方面。

(一)墩台剥蚀的处理

墩台剥蚀缺陷表现在墩身产生空洞、磨损、剥落等现象,其产生原因主要是水流的侵蚀及漂流物或船只的撞击等。现将常见的主要表面缺陷及产生原因列于表 2-15 中。

墩台表面缺陷及产生原因
表 2-15

缺陷类型	产生原因	常见发生部位
内部空洞	①砌体结构砂浆不饱满加之水的侵蚀; ②混凝土墩身施工严重漏浆产生空洞	砌体墩身常水位以下
侵蚀剥落	①保护层不均匀且太薄钢筋锈胀; ②严寒地区水中桥墩冻融或干湿交替循环作用; ③有侵蚀性水的化学侵蚀作用	桩柱式墩台、水中墩台身
磨损	①高速水流冲刷,水流中又挟有大量砂石等推移质; ②有流冰等漂流物磨蚀	水中墩身及常流冰水位处
撞击脱落	①通航河流船舶及立体交叉桥汽车等的撞击; ②强流冰河流中流冰的撞击	

表面缺陷的修补方法视结构特点及缺陷严重程度确定。由于墩台一般处于水中,修补较困难,而且其侵害在继续发生,修补方案应慎重选择。

表面缺陷局部修补一般可用混凝土、水泥砂浆、混凝土胶黏剂、环氧树脂类有机黏结材料,采用人工压抹法处理。

严重的需要大面积处理时,可采用喷浆修补法,或墩身加护套的方法。

水下墩身部分的处理,要进行围水才能施工,其围水方法可参考本书第三章内容。护套法一般最薄厚度处应不小于 100mm,并要配置钢筋箍,钻孔埋入一定数量的锚固钢筋(图 2-85)。

无论采用何种材料、何种方法对缺陷进行修补,都必须尽可能地把已损坏的混凝土除掉,直到露出完好混凝土为止。

(二)墩台裂缝的处理

墩台产生的裂缝一般可分为两类,一类是非结构受力

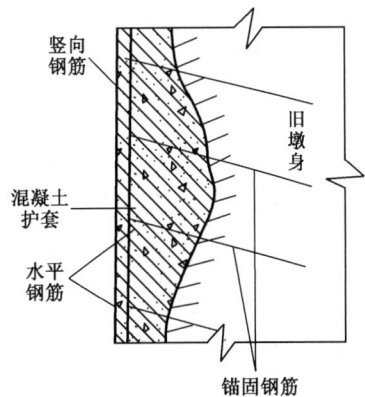

图 2-85　护套法示意图

裂缝,另一类是结构受力裂缝。非结构受力裂缝多是由施工或环境原因引起的裂缝。具体裂缝分类和产生原因见表2-16。

墩台裂缝分类及产生原因分析 表2-16

裂 缝 分 类	产生原因分析	常见产生部位
非结构受力裂缝	①大体积混凝土水化热引起的裂缝; ②周围环境温度变化剧烈,养护不当; ③混凝土干燥收缩引起的裂缝; ④混凝土浇筑不当引起的墩台水平裂缝	实体墩台身
结构受力裂缝	①由于基础不均匀沉降引起的裂缝; ②由于配筋不当或超荷载引起的裂缝; ③由于土压力引起的桥台台身、侧墙(耳墙)的裂缝	墩台身盖梁和墩帽桥台

一般对非结构受力裂缝,主要是消除裂缝,使其不再继续发展,可采用如下方法。

(1)表面封闭修补法。即采用抹浆、凿槽嵌补、喷浆、填缝的方法使表面裂缝封闭。适用于封闭细小裂缝、死缝和没有结构意义的裂缝。

(2)压力灌浆修补法。利用施加的一定压力,将某种浆液灌入结构内部裂缝中去,以达到封闭裂缝的目的,用于裂缝多且深入结构内部的情况。灌浆材料可采用水泥材料和化学浆液。

对于结构受力裂缝,要通过封闭裂缝,恢复并提高结构强度、耐久性和抗渗性,进行补强设计。

(1)加配钢筋修补法。钻孔与结构面呈45°并与裂缝面相垂直的交叉孔。泵送环氧填充孔洞和裂缝,并每孔插入一根钢筋(图2-86),环氧填充钢筋孔壁和裂缝,把开裂的混凝土面黏结在一起成一整体,钢筋参与结构受力,从而达到加强截面强度提高承载力的目的。

(2)粘贴修补法。粘贴法可以粘贴钢板,即按所需要的尺寸切好钢板,经过修凿使混凝土面平整,在钢板和混凝土贴面上均匀涂刷环氧基液黏结剂,均匀加压进行压贴。目前也有采用具有高强度、高弹性模量和耐久性的树脂和碳纤维布,按设计要求粘贴于混凝土表面,以达到加固补强目的。

二、墩台基础加固

墩台基础在使用过程中,由于通车强度的增加和荷载标准提高,会使基础产生沉陷而使墩台变形,位移或裂缝过大,此时加固应将墩台和基础整体考虑。

(一)扩大基础加固

当基底承载力不足,或基础埋置太浅,此时可采用扩大基础底面积,降低地基承载力的方法来进行墩台基础加固,称为扩大基础加固法(图2-87)。

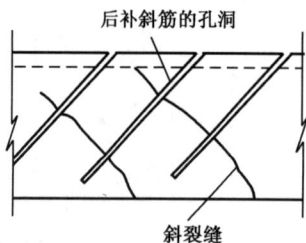

图2-86 加配钢筋修补裂缝

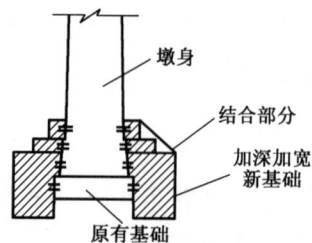

图2-87 扩大基础加固法

有时当对已有桥梁进行技术改造提高荷载的标准时,首先应对基础进行检算,以确定基础是否需要加固处理。对扩大基础承载能力检算主要通过墩台顶水平位移来推算。

当实测水平位移 Δ 后,则 $\Delta = \tan\varphi \cdot h$,$h$ 为由基底至墩台顶的高度。由于有:

$$\tan\varphi = \frac{12M}{ab^3 c_0} \tag{2-95}$$

式中:M——采用现通过的荷载最不利组合对基底重心轴弯矩的0.8倍;

$\quad\quad a$——垂直于验算方向基础宽度;

$\quad\quad b$——平行于验算方向基础宽度;

$\quad\quad c_0$——地基土竖向地基系数。

而 $\Delta = \tan\varphi \cdot h$ 为已知,故可得出:

$$c_0 = \frac{12hM}{ab^3 \Delta} \tag{2-96}$$

然后即可用 c_0 判断出地基承载力与超载以后的位移变形。由于旧桥地基土受长期荷载作用,沉降已经基本完成,所以其承载力提高系数可按规范要求取 $K = 1.5$。

(二) 增补基桩加固

原桥为桩基础时,为提高基础承载力可采用增补基桩(钻孔桩或打入桩)并扩大原承台的方法(图2-88),使墩台的压力部分传递至新基桩。

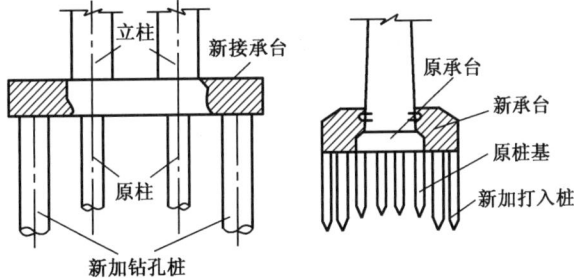

图2-88　增补基桩加固

对单排桩式桥墩采用增补基桩加固时,如原有桩距较大(4~5倍桩径),可在桩间插桩。

当桥台垂直承载力不足时,一般可在台前增加一排桩并浇筑盖梁,以分担上部结构传来的压力。

(三) 墩台身加固

当墩台损害严重,如有严重裂缝及大面积表面破损、侵蚀和剥落时,可采用前面介绍的用围绕整个墩台身设置钢筋混凝土护套的方法进行加固(图2-89)。

当梁式桥台台背土压力大,形成桥台向桥孔方向位移,此时可挖去台背填土,加厚台身前墙(图2-90),施工中应注意新旧混凝土接合牢固形成整体。对埋置式桥台,该种情况可在台前采用挡墙、支撑杆等形式进行加固(图2-91)。

对于多跨拱桥,为预防因其中某一跨遭到破坏使整体失去平衡,而引起其他拱跨的连续破坏,可根据具体情况,对每隔若干拱跨中的一个支墩采取加固措施。其方法可在支墩两侧加斜支撑,或加大该墩截面(图2-92),使得在一跨遭到破坏时,只影响若干拱跨而不致全桥毁坏。

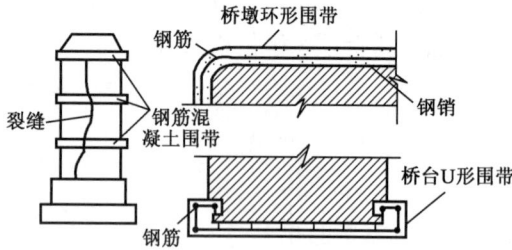

图 2-89　墩身的护套加固

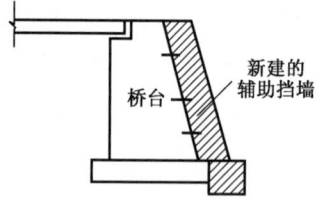

图 2-90　增厚台身加固

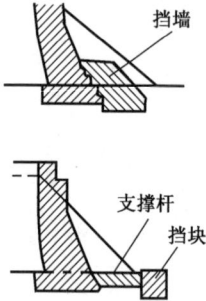

图 2-91　埋置式桥台加固

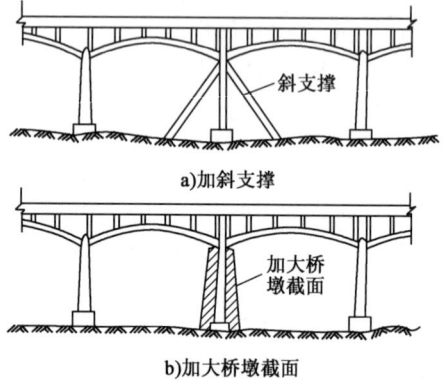

a)加斜支撑

b)加大桥墩截面

图 2-92　拱桥中墩加固示意图

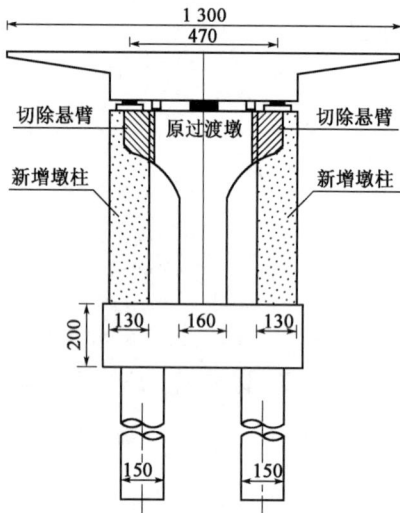

图 2-93　过渡墩改造布置图(尺寸单位:cm)

(四)墩身单柱改双柱

互通立交匝道桥,原结构过多考虑互通景观而采用较多的独柱支撑墩,而忽略了弯桥整体扭矩在活载偏载作用下扭矩过大问题,将过渡墩墩柱的原单柱双支座改为双柱双支座。

原桥过渡墩身下部为圆形,墩柱顶部为横向扩大形式,墩顶设两个双盆支座。

修改处理方案是将墩柱头两边悬臂部分切除,采用植筋方法,在承台墩横向两侧增设 160cm × 130cm 矩形断面(带圆角)墩身,两柱顶设 100cm × 80cm 横系梁。修改后的过渡墩作为相联的共用墩,墩顶设两个盆式支座,但支座间距增大。

增设的矩形双柱墩完成并落梁受力后,将原桥墩剩余部分凿除,见图 2-93。

三、墩台加宽

在旧桥改造利用中,经常遇到车行道宽度不够而需进行桥体加宽的情况。如何确定加宽方案是一个涉及技术和经济的重要问题,要慎重对待。

对于加宽方案的确定,一是确定采用单侧加宽还是双侧加宽,这主要由路线走向、加宽的宽度、原有桥梁下部结构类型及承载潜力大小决定;二是确定加宽部分的结构类型,这主要是从新旧结构受力体系是否相近,变形是否协调,并是否便于整体连接等方面考虑。当然也不能忽视新旧桥结构美学造型的协调一致。

(一) 单侧加宽

单侧加宽一般要采用独立基础和桥梁墩台。图 2-94 为采用独立的桩柱式桥墩悬臂式盖梁进行加宽。

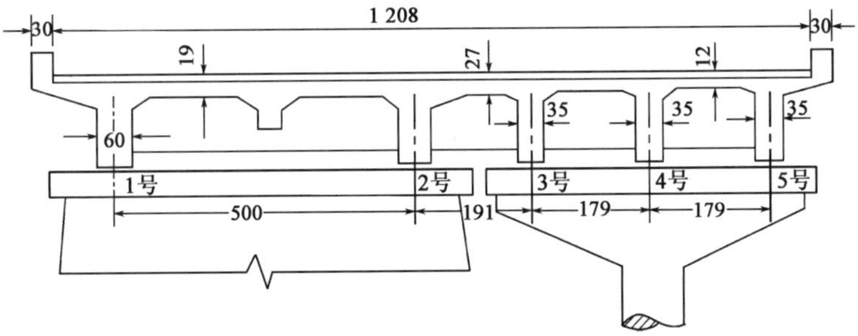

图 2-94　独立柱式墩加宽(尺寸单位:cm)

某高速公路扩建中,一座 3×13m 的空心板梁桥单侧加宽,植筋拼接,采用上下部结构连接方式(图 2-95)。

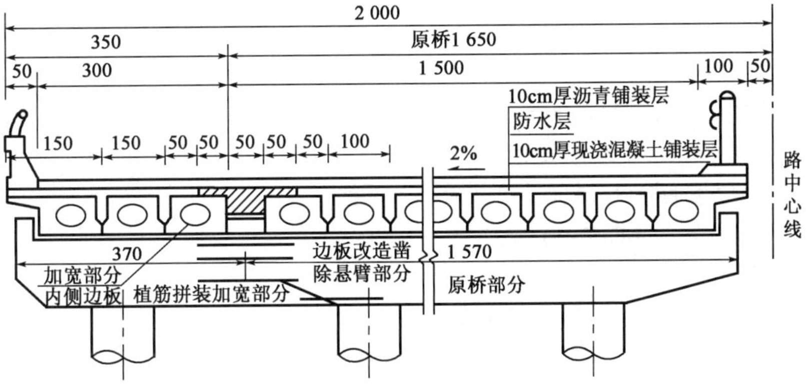

图 2-95　上下部均连接桥梁构造(尺寸单位:cm)

某桥采用新旧桥分离的单侧加宽方案,原桥为钢桁梁桥,重力式菱形截面墩,为与旧桥墩协调,新桥墩采用菱形截面与原桥墩造型一致的上窄下宽挑臂式混凝土墩,获得使用功能和美学造型兼顾的效果(图 2-96)。

(二) 双侧加宽

图 2-97 为双侧加宽,盖梁加宽部分新加墩柱与原盖梁连为整体,旧桥工字梁结构,两侧新加 T 形梁。

双侧加宽墩台的处理方案主要由旧桥基础的承载力决定。当旧桥下部地基基础经过调查检算,不因活载等级提高与加宽后恒载的增加而出现超应力时,基础可不改造加固。

图 2-98 为一座实桥桥台采用双侧加宽示意图。

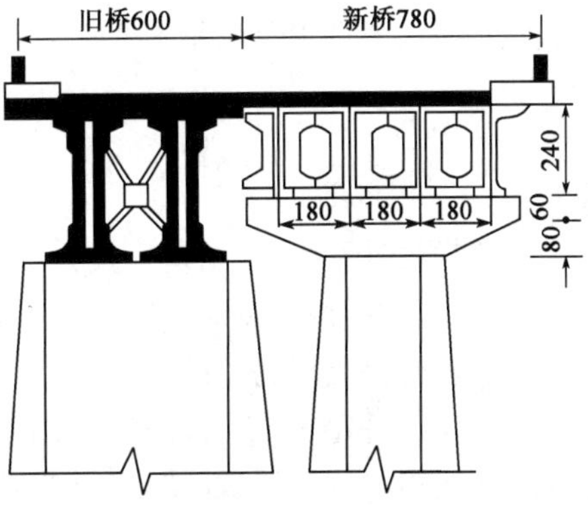

图 2-96　墩身考虑造型协调加宽图(尺寸单位:cm)

93

原桥台为混凝土 U 形桥台,刚性扩大基础,地基土为密实砂砾。经按桥面加宽后汽—20 级、挂—100(公路—Ⅱ级)荷载进行地基承载力、稳定性验算,原桥基础均满足要求,所以基础可不做加固处理。

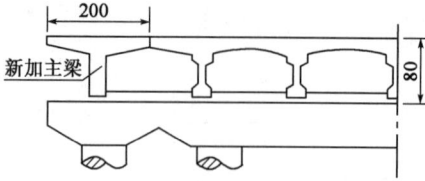

图 2-97 双侧加宽盖梁连为整体示意图
(尺寸单位:cm)

在此要说明,桥台新加悬臂结构是采用在旧桥台上钻孔插入锚固钢筋连为一体,这是在旧桥改造加固中经常遇到的问题。一般计算时是以最上排钢筋所受拉力计得的黏结应力达到锚固连接钢筋黏结设计强度来控制设计,其他各排钢筋的黏结应力按三角形分布处理。锚固连接钢筋所提供的抗拔计算弯矩 M_i 采用下式计算,即:

$$M_i = \frac{\gamma_b}{\gamma_c} \sum \tau_{ji} n_i \pi d_i L_i Z_i \tag{2-97}$$

式中: γ_b ——结构工作条件系数,取 $\gamma_b = 0.95$;

γ_c ——混凝土安全系数,取 $\gamma_c = 1.25$;

τ_{ji} ——第 i 排钢筋的计算黏结应力;

n_i ——第 i 排钢筋根数;

d_i ——第 i 排钢筋直径;

L_i ——第 i 排钢筋锚固长度;

Z_i ——第 i 排钢筋力臂。

根据研究提供的有关试验分析结果,对新旧结构连接钢筋的锚固计算提出以下几点要求:

(1)插入螺纹钢筋与混凝土间的设计黏结强度,当钻孔中填塞水泥砂浆(C12.5)时,取 $\tau_j = 1.80$ MPa;当填塞环氧砂浆时,取 $\tau_j = 2.10$ MPa。

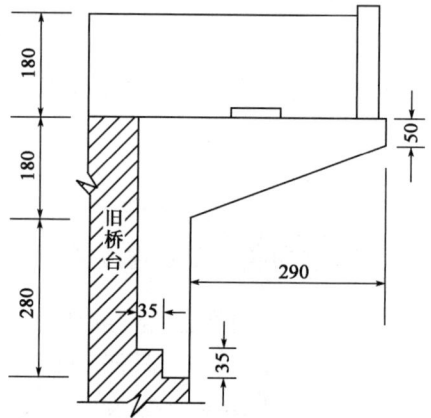

图 2-98 桥台双侧加宽示意图(尺寸单位:cm)

(2)钢筋锚固最佳长度,当采用Ⅱ级钢筋,孔中填塞水泥砂浆时为 $50d$(d 为钢筋直径,下同);填塞环氧砂浆时为 $43d$。

当受旧结构尺寸限制时,插入钢筋锚固长度不宜小于 $15d$,若小于 $15d$,设计黏结强度按 $0.8\tau_j$ 计,但在任何情况下不得小于 $10d$。

(3)钻孔直径 $D = d + (15 \sim 25)$ mm 为宜(d 为钢筋直径,以毫米计)。

如果旧桥下部地基基础需要加固处理,可按前面介绍的基础处理方法进行。

思 考 题

1. 梁、板式桥桥墩按结构形式分有多少类型? 各有何特点?

2. 梁、板式桥桥台按结构形式分有多少类型? 各有何特点?

3. 拱桥桥台类型的作用特点是什么?

4. 多跨拱桥每 3 ~ 5 孔设置单向推力墩的作用是什么?

5. 简述实体圬工桥墩(梁桥、拱桥)墩帽与墩身按受压承载力验算项目及内容。

6. 简述下设支撑横梁的梁桥轻型桥台计算要点。

作 业 题

梁桥双柱式桥墩盖梁主要截面内力计算。

1. 计算资料

预应力混凝土简支梁桥，跨径为 25m，梁长 24.94m，计算跨径为 24.30m，横向五片梁，桥面宽为 12.50m，单向 3 车道，车道宽 11.50m（图 2-99）。

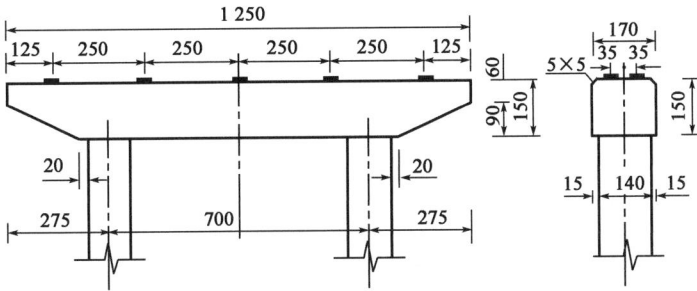

图 2-99 墩柱盖梁示意图（尺寸单位：cm）

公路—Ⅰ级，车道荷载：均布荷载标准值 $q_k = 10.5\text{kN/m}$，集中荷载标准值 $P_k = 260\text{kN}$（按内插法求得）。

上部结构恒载和活载通过支座传给盖梁，各梁恒载力计算见表 2-17。

恒载支座反力值
表 2-17

边梁支座（kN）	中梁支座（kN）	恒载分配说明
379.40	398.80	护栏及安全带五梁均分（对称布载）
392.30	392.90	护栏及安全带边梁承担（非对称布载）

汽车荷载按顺桥向单孔与双孔布载如下：

（1）单孔布载（图 2-100）

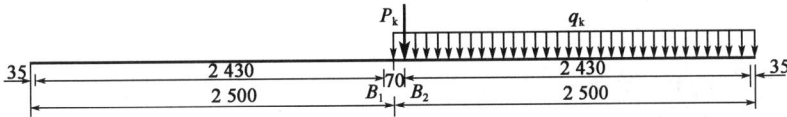

图 2-100 顺桥向单孔车布置（尺寸单位：cm）

（2）双孔布载（图 2-101）

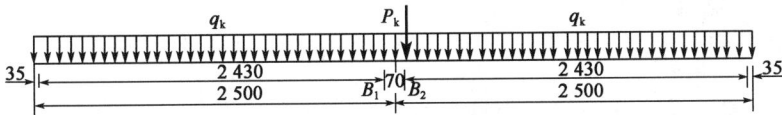

图 2-101 顺桥向双孔车布置（尺寸单位：cm）

汽车荷载横桥向分布系数按对称布置（杠杆法计算）和非对称布置（偏心压力法计算）计算盖梁主要控制截面内力（弯矩、剪力）（以双列车为例）。

95

（1）双列车对称布置（图2-102）

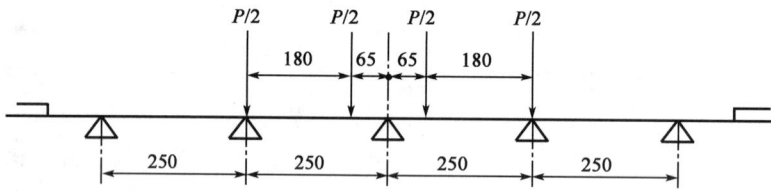

图 2-102　双列车对称布置（尺寸单位：cm）

（2）双列车非对称布置（图2-103）

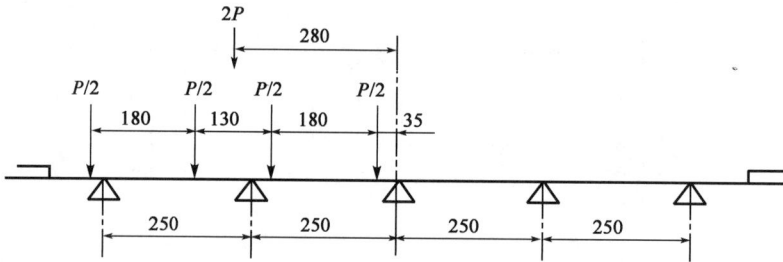

图 2-103　双列车非对称布置（尺寸单位：cm）

2. 规范规定资料

按《公桥通规》4.3.2 条规定：汽车荷载标准值乘以冲击系数 μ，冲击系数 μ 可按结构基频公式计算，得之 $\mu = 0.128$（具体计算见该规范 4.3.2 条对应的条文说明）。

按《公桥通规》4.3.6 条规定：汽车荷载制动力按同向行驶的汽车荷载（不计冲击力）计算。还规定：一个设计车道上由汽车荷载产生的制动力标准值按该规范第 4.3.1 条规定的车道荷载标准值在加载长度上计算的总重力的 10% 计算，但公路—I 级汽车荷载的制动力标准值不得小于 165kN；同向行驶三车道的汽车荷载制动力标准值为一个设计车道制动力标准值的 2.34 倍。计算墩台时，制动力的着力点可移至支座铰中心或支座底座面上。

该双柱式桥墩盖梁计算，对汽车荷载的冲击力标准值与汽车荷载产生的制动力标准值两者取一。

按《公钢混桥规》8.2 条规定：当盖梁与柱的线刚度（EI/l）之比大于 5 时，对双柱式墩盖梁可按简支梁计算。其计算跨径应取 l_c 和 $1.15l_n$ 两者较小者，其中 l_c 为盖梁支撑中心之间的距离，l_n 为盖梁的净跨径。在确定盖梁的净跨径时，圆形截面柱可换算为边长等于 0.8 倍直径的方形截面柱。

3. 双柱式桥墩盖梁计算内容

（1）要弄清并理解盖梁尺寸拟定的依据要求，各梁恒载力在各梁支座恒载分配的应用理由。

（2）顺桥向按单孔和双孔布载计算支点反力。

（3）横桥向按 1 列、2 列、3 列车载对称布载和非对称布载，边梁与中梁对护栏及安全带恒载（无人行道）按布载状态分配。

（4）选出盖梁主要截面受力最大值计算盖梁主要截面弯矩和剪力（图2-104）。

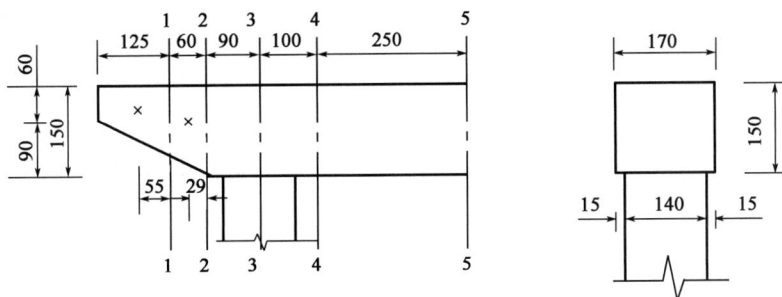

图 2-104　盖梁内力计算示意图(尺寸单位:cm)

(5)采用单孔非对称一列车载进行盖梁悬臂端抗扭计算(不进行具体配筋)。

第三章 天然地基浅基础

第一节 概 述

桥梁建筑结构修筑在地壳表层岩土中的结构称之为基础,基础是所有建筑结构物的"根基",起着承上启下的作用。基础处于上部结构荷载与地基反力的共同作用之下,承受着由此而产生的各种内力(弯矩、剪力、轴力和扭矩等)。一方面,要根据上部结构的类型、荷载大小等选择不同的基础形式,以满足使用要求(刚度、承载力、沉降、位移等);另一方面,在按照上述要求进行基础的设计计算时,又要考虑不同地基条件对基础产生的反力作用,来选择合理的基础尺寸、布设方案乃至结构形式,因此基础设计计算必然涉及地基条件,故基础设计又称为地基基础设计。

根据基础埋置深度的不同,采用的施工方法、结构形式和设计计算方法也不相同,通常可将其分为浅基础和深基础。一般浅基础通常修建于天然地基上,地基土保持自然形成的结构和特性,称为天然地基上的浅基础。有时当地基土质较差,经过方案比较,可采用不同的方法对地基土进行加固处理,使土的结构和性质不再是天然状态,称为人工地基。有些局部地区天然土的性质特殊,极大地影响基础的设计,如湿陷性黄土、多年冻土、压缩性极高的软土等(一般称为区域性土),这类土的地基称为特殊地基。

一般当基础底面的埋置深度小于基础窄边宽度,或从施工角度当基础底面埋置深度不大于 5.0m 时,可用比较简单的施工方法施工,比如明挖的方法;水中的浅基础可在围堰围水后也采用明挖的方法施工,所以浅基础又称为明挖基础。

浅基础由于基础埋置深度较浅,在设计计算时可忽略基础侧面土体对基础的固着影响,而使受力明确,计算简化。浅基础结构形式简单,施工简便,是桥梁建筑最常用的基础形式。

深基础埋入土层较深,结构形式和施工方法较为复杂,设计计算时需考虑基础侧面土体的影响。

由于桥梁结构根据使用要求具有不同的结构类型、不同的跨径和宽度、不同的荷载标准,因而对地基基础的要求也不同。同时,桥梁所处的地质条件、施工环境也千变万化,因此,针对具体情况,要因地制宜地采用不同的基础形式或不同的地基(天然地基或人工加固地基),或根据不同墩台位置采用不同尺寸的基础。

在进行地基基础方案设计时,一般要考虑以下几个因素:

(1)桥梁上部结构的类型、设计技术标准及使用要求,尤其上部结构对不均匀沉降的敏感性要求。

(2)可做持力层的地基土的性质及地基承载力。

(3)水中基础要考虑冲刷深度与基础的结构形式及所用材料、基础的可能埋置深度。

(4)水中基础施工中围水挡土的可行措施及实施效果的预测(主要考虑施工水位、流速、基坑排水等)。

(5)施工期限、施工方法及所需的施工设备等。

由此可见,地基基础设计是一项极其复杂和细致的工作,为了使设计方案更经济、安全、合理,必须综合考虑这些相互关联的因素,做到精心设计。

第二节　浅基础的分类及构造要求

浅基础根据其构造形式和尺寸大小可分为扩大基础、条形基础及筏板和箱形基础。

一、扩大基础

由于桥梁上、下部结构所用材料强度高、自重大,因而施加给地基土的荷载很大。要使地基土能够承受基础传来的桥梁恒载和活载,必须把基础底面积扩大并埋置在承载力较大的地层上,形成扩大基础。所以,扩大基础就是在墩台身底截面的基础上扩大而成的基础。

根据扩大基础受力状态及采用的材料性能可分为刚性扩大基础和柔性扩大基础(图3-1)。

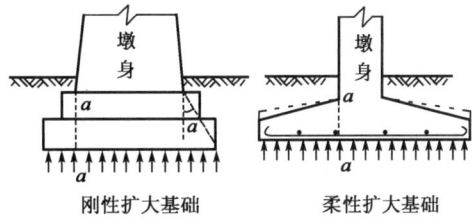

图3-1　刚性与柔性扩大基础

(一)刚性扩大基础

刚性扩大基础通常是采用片石、块石砌体或混凝土等圬工结构,不配置钢筋。这就要求基础底面悬出墩台身底截面根部(图3-1中的 a-a 截面),在地基反力作用下产生的弯曲拉应力和剪应力不超过其材料强度的设计值。这实质上就是在设计时要求基础悬出部分的宽度和基础高度的比值限制在一定的范围之内,对于圬工结构而言,这个限制界限用角度表示称之为刚性角。

满足刚性扩大基础基本条件是使墩台身底边缘与基础边缘的连线同竖直线间的夹角 α 要满足下式要求,即:

$$\alpha \leqslant \alpha_{max} \tag{3-1}$$

式中:α_{max}——圬工材料刚性角。

刚性角由材料性质决定,控制圬工结构悬出部分的宽度和高度比例关系的角度,使之在外力作用下悬出部分的根部截面产生的弯拉应力和剪应力不超过材料强度设计值的最大角度,一般用 α_{max} 表示。当设计的 α 角小于或等于刚性角 α_{max} 时,则为刚性扩大基础,不配钢筋,不必对基础进行弯曲拉应力和剪应力的验算。

规范给出的常用基础材料刚性角数值如下:

砖、片石、块石、粗料石砌体,当用 M5 以下砂浆砌筑时,$\alpha_{max} = 30°$;

砖、片石、块石、粗料石砌体,当用 M5 以上砂浆砌筑时,$\alpha_{max} = 35°$;

混凝土浇筑时,$\alpha_{max} = 40°$。

为节省基础圬工量,一般当基础高度超过 1.0m 以后可设台阶,台阶宽度最小值为 0.2 ~ 0.3m,高度不小于 0.5m,一般台阶为等高,每一台阶均需满足刚性角的要求。

基础顶面要设襟边,一般与台阶同宽,用以调整墩身位置和支立墩身模板。

刚性扩大基础由于结构简单,采用明挖施工,所以一般适用于地基土强度较高、埋置较浅、可能形成旱地施工条件(水浅、流速小、便于围水或岸上墩台)的河流上,对大中小桥均适用。只要水文地质条件允许,是优先考虑的基础形式。

(二)柔性扩大基础

柔性扩大基础是钢筋混凝土结构,当墩台身底截面边缘与基础边缘的连线同竖直线间的夹角 α 大于 α_{max}(刚性角)时,则在外力作用下地基反力在悬出部分根部产生的弯拉应力和剪应力超过了材料强度设计值,此时基础需要配置抗拉及抗剪钢筋,形成柔性扩大基础。

当外荷载较大,地基承载力又较低时,刚性基础不再适用,或采用刚性基础需要大幅度加深基础而不经济时,可采用钢筋混凝土基础扩大基础底面积的方法来满足地基承载力的要求,而不必增加基础埋深。

二、条形基础

条形基础分为墙下和柱下条形基础。

(一)墙下条形基础

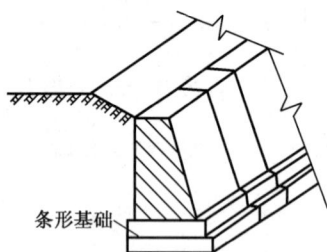

图 3-2 挡土墙下条形基础

墙下条形基础主要用于挡土墙墙下或房屋墙下的基础。其横断面可修成对称台阶式或不对称台阶式(图 3-2)。条形基础可分为刚性与柔性条形基础,它的计算属于平面应变问题,只考虑基础横向受力发生破坏。如挡土墙很长,为避免沿墙长方向因基础沉降不均匀而开裂,可根据土质和地形情况设置沉降缝予以分段。

(二)柱下条形基础

当桥较宽,桥下墩柱较多时,有时为了增强桥墩柱下基础的整体性和承载能力,将同一排若干个柱子的基础连成整体,形成柱下条形基础(图 3-3)。柱下条形基础可以是圬工刚性基础,也可以是钢筋混凝土基础。基础顶面可以是平的,也可以局部加腋。

柱下条形基础可以将承受的集中荷载较均匀地分布到条形基础底面上,以减小地基反力,并通过形成的基础整体刚度来调整可能产生的不均匀沉降。

当柱下条形基础单方向联合仍不能承受上部荷载时,可把纵、横柱下基础均连在一起,成为十字交叉的条形基础(图 3-4)。这是房屋建筑常用的基础形式。

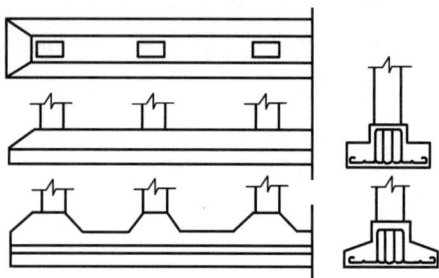

图 3-3 柱下条形基础

图 3-4 十字交叉条形基础

三、筏板和箱形基础

当地基承载力低,上部结构的荷载又较大,以致十字交叉条形基础仍不能提供足够的底面积来满足地基承载力的要求时,可采用满铺的钢筋混凝土筏板基础,这样既扩大了基底面积,又增强了基础的整体刚度,有利于调整地基的不均匀沉降,能较好地适应上部结构荷载分布的变化。筏板式基础在构造上可分为平板式和梁板式两种类型[图3-5a)]。

箱形基础由钢筋混凝土底板、顶板和纵横内外隔墙组成,形成一个刚度极大的箱子,故称之为箱形基础[图3-5b)]。箱形基础比筏板基础具有更大的抗弯刚度,且基础顶板和底板间的空间常可利用作地下室。

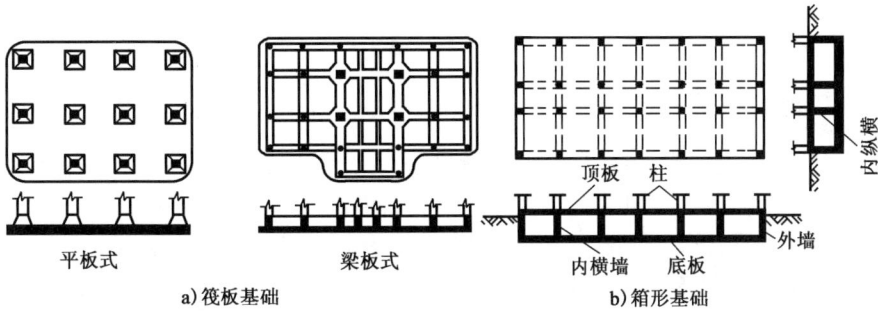

图3-5　筏板基础和箱形基础

筏板基础和箱形基础是房屋建筑常用的基础形式。

第三节　基础埋置深度的确定与尺寸拟定

一、基础埋置深度的确定

确定基础埋置深度,就是选择何种土作为与基础底面接触的地基土,该土层又叫持力层,要求该层土强度高,压缩变形小。基础埋置深度确定的是否合适,直接影响整个结构物的安全和稳定性,以及施工工期和造价,所以确定基础埋置深度是地基基础设计的重要环节。确定基础埋置深度,必须综合考虑桥位处地质、地形条件、河流的冲刷程度、当地的冻结深度、上部结构形式,以及保证持力层稳定所需的最小埋置深度和施工技术条件、投资造价等因素。对于某具体工程,往往是其中的一两种因素起决定作用,应重点分析,充分考虑加以满足,而其他因素则作为校验条件。

确定基础埋置深度的原则是"能浅则不深"。设计中一般首先确定基础的可能最小埋深,按构造要求初步拟定基础尺寸,然后进行各项验算;当不能满足要求时,再加深基础埋深或增大基底尺寸进行验算,直至满足要求为止。影响基础埋置深度的因素有以下几方面。

(一)桥位处地质条件

桥位处地质条件是影响基础埋置深度的主要因素。要依据桥位处地质剖面(柱状)图及所提供的各层土质的物理力学性质,来确定基础类形和选择持力层。由于地质条件千变万化,可能是多层土并软硬土层交错,因而有时要进行分析试算,才能确定合理的埋置深度。

如对图3-6所列各种情况可作如下分析:对于图3-6a),地质条件不是主要因素,可在满足其他条件下选取最小基础埋置深度;对于图3-6b),一般不易修筑浅基础,如若修建,需进行地基人工加固处理;对于图3-6c),一般应穿透弱土层,或修筑深基础;对于图3-6d),当好土层较厚时应尽量选择好土层为持力层,在满足地基土承载力的情况下基础越浅越好,并需要验算软弱土层的强度和沉降量,当好土层较薄不足以选作持力层时,应按图3-6b)处理;对于图3-6e),则要根据各土层具体厚度参照前几种情况处理。

岩石地基,当基础直接置于岩层上时,要注意清除风化层。岩层倾斜时,不宜将基础部分置于岩层,部分置于土层上,以防结构物由于不均匀沉降而倾斜或破裂。

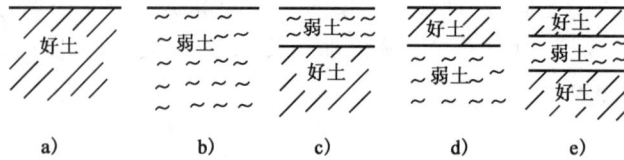

图 3-6 根据地质条件确定基础埋深

(二)河流冲刷深度的要求

在有冲刷的河流中修筑墩台基础,为防止基底以下土层被水流冲刷掏空而使墩台倒塌,基础底面必须埋置在设计洪水时的最大冲刷线(局部冲刷线)以下一定的深度。由于水文计算的经验性比较强,计算结果受自然因素的影响较大,因而基底至最大冲刷线以下的安全深度不应是一个定值,它与河段类形、最大冲刷深度、水文计算资料的可靠程度以及桥梁的重要性、破坏后修复的难易程度等因素都有关系。因此,对于非岩石河床桥梁墩台基础的基底在设计洪水冲刷总深度以下的最小埋置深度,一般可按表 3-1 采用。

桥梁墩台基础基底埋深安全值   表 3-1

桥梁类别 \ 总冲刷深度(m)	0	5	10	15	20
大桥、中桥、小桥(不铺砌)	1.5	2.0	2.5	3.0	3.5
特大桥	2.0	2.5	3.0	3.5	4.0

注:1. 冲刷总深度自河床面算起的河床自然演变冲刷、一般冲刷与局部冲刷深度之和。

    2. 表列数值为墩台基底埋入总冲刷深度以下的最小值;若对设计流量、水位和原始断面资料无把握或不能获得河床演变准确资料时,其值宜适当加大。

    3. 若桥位上下游有已建桥梁,应调查已建桥梁的特大洪水冲刷情况,新建桥梁墩台基础埋置深度不宜小于已建桥梁的冲刷深度且酌加必要的安全值。

    4. 如河床上有铺砌层时,基础底面宜设置在铺砌层顶面以下不小于1m。

对于涵洞基础,基底埋深应在局部冲刷线以下不小于 1.0m。如河床上有铺砌层,基础底面宜设置在铺砌层顶面以下不小于 1m。对于建在岩石上且河流冲刷又较严重的桥梁基础,除应清除风化层外,尚应根据基岩强度嵌入岩层一定深度,或采用其他锚固措施,使基础与岩石连成整体。岩石河床墩台基底最小埋置深度可参考《公路工程水文勘测设计规范》(JTG C30—2002)附录 C 确定。

在确定冲刷的安全深度时,尚应根据实际情况考虑其他因素的影响,如桥下游捞取河沙致使桥下河床降低;上游水库溃坝致使流量骤增,冲刷加剧等。

(三)考虑季节性冻土地区地基土冻胀性的基础埋置深度

在季节性冻土地区,冬季时地面表层一定厚度土层中的水分将冻结成冰,从而将土颗粒胶结成一体,形成冻土,细粒土层在冻结过程中由于水变为冰时体积要膨胀而产生冻胀力,对基础的强度和稳定性都会产生不利影响,因而一般在季节性冻土地区,在确定基础埋深时应考虑冻结线的影响。

地基土的冻胀性可分为不冻胀、弱冻胀、冻胀、强冻胀和特强冻胀。不同冻胀特性的地基土,其考虑冻胀性时的基础埋置深度不同,其具体地基土的冻胀性分类和基础埋置深度确定要求,请参见本书第十一章有关内容。

(四) 上部结构类形和荷载的影响

上部结构类形不同,对地基土的变形要求就不同,因而基础的埋置深度就可能不同。例如超静定结构桥梁(拱桥、连续梁桥等),基础产生任何微小的位移,都将使上部结构增加较大的附加内力,这时与静定结构的简支梁桥相比,就要选择更好的土层作为持力层,或基础埋深相对要加大。

同样,上部结构恒载和活载的大小,也影响基础的埋置深度,甚至影响基础类型的选择。一般情况下,荷载大埋深大,荷载小就可埋的浅一些。

(五) 桥位地形条件

位于较陡土坡上的墩台基础,若埋置深度较浅时,由于过大的外荷载产生的土侧压力作用,可能使基础连同侧坡土体产生滑动而丧失稳定性,因而这种情况,在确定基础埋深时要保证基底外缘至坡面要有一定的距离。

位于较陡岩石上的墩台基础,其基础可做成台阶形,同时也要注意斜坡岩体的稳定性。基础埋深与基础侧缘坡面距离的关系,可参考表3-2取值。

斜坡上基础埋深与侧缘坡面水平距离关系　　　　　　　　表3-2

持力层土类	$h(\text{m})$	$l(\text{m})$	示　意　图
较完整的坚硬岩石	0.25	0.25 ~ 0.50	
一般岩石(如砂页岩互层等)	0.60	0.60 ~ 1.50	
松软岩石(如千枚岩等)	1.00	1.00 ~ 2.00	
砂类砾石及土层	≥1.0	1.50 ~ 2.50	

在具体应用表3-2时,应结合桥梁荷载大小、结构类形、坡体土质情况而选定数值。一般情况应按表中 l 值适当增大。

(六) 保持地基土稳定性的最小埋深

由于地面表层土容易受自然现象的影响而不稳定,如受气候条件影响的冻融,受雨雪水渗流影响而冲蚀,强度会发生很大变化。另外,人类和动物活动的影响、植物生长的作用等也会干扰破坏表层土的结构和性质,所以表层土不宜直接作为基础持力层。为了保证持力层的稳定和不受扰动,规定基础底面的埋置深度(岩石地基除外)均应在天然地面或无冲刷河流的河床以下不小于1.0m。

(七) 相邻建筑物基础埋深的影响

当两个建筑物的基础相距甚近时(如城市立体交叉建筑),较浅基础上的荷载所产生的侧向土压力对较深基础会产生影响;当新建基础比原基础深时,新建基础的施工又会影响原有基础的稳定性;新基础施工采用的技术措施(支挡、排水、开挖设备等)也影响其经济性,甚至影响基础结构形式,这些都是地基基础设计需要考虑的因素。

地下水的渗流情况对基础埋深也有很大影响,特别是当土质为粉、细砂时,要注意可能发生流砂的影响。另外,施工机具设备、工期等也直接影响基础类形的选择和基础埋置深度的确定。

二、基础尺寸拟定

基础尺寸一般应在满足最基本的构造要求的情况下,参考已有的设计经验,拟定出初步的较小尺寸,然后通过验算进行调整。一个经济合理的结构尺寸需经过反复验算、综合分析才能确定。基础立面尺寸,一般要求基础顶面高程不宜高于最低水位或地面。考虑基础扩大后阻水严重,通航性河流影响通航,所以设计中尽可能将基础顶面不露出河床。基底高程按前述要求综合分析确定,则基础高度 h 即为两者之差。如果 h 较高,在满足刚性角和构造要求的前提下做成台阶形。

基础平面尺寸,对于柔性扩大基础,主要通过承载力试算得到合理的平面尺寸。刚性扩大基础,则主要依据墩台身底截面和刚性角控制确定。当基础顶面高程确定以后,墩台身高度已定,就可确定出墩台身底截面尺寸。为了施工方便,基础一般都做成矩形平面(图3-7)。刚性扩大基础平面尺寸用下式控制:

$$\begin{cases} a = d + 2C_1 + 2(n-1)C_2 \leqslant d + 2h\tan\alpha_{max} \\ b = l + 2C_1 + 2(n-1)C_2 \leqslant l + 2h\tan\alpha_{max} \end{cases} \tag{3-2}$$

式中:a、b——基础底平面的长度和宽度;

$\quad d$、l——墩台身底截面的长度和宽度;

$\quad C_1$、C_2——按构造取用的基础襟边和台阶宽度,C_1、C_2 也可相等;

$\quad n$——台阶层数;

$\quad h$——基础高度;

$\quad \alpha_{max}$——墩、台身底截面边缘至基础边缘连线与垂线间的夹角,即基础材料刚性角。

一般扩大基础立面都设计成对称形式,但有时为改善受力状态,减小合力偏心距,亦可设计成不对称襟边。如对拱桥不等跨时,为了使基底应力分布尽量均匀,有时做成如图3-8a)所示立面不对称基础。还可根据地形和受力情况,做成如图3-8b)所示基底不为平面而呈台阶状的基础。

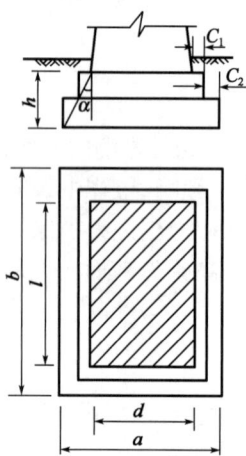

图3-7 刚性扩大基础尺寸

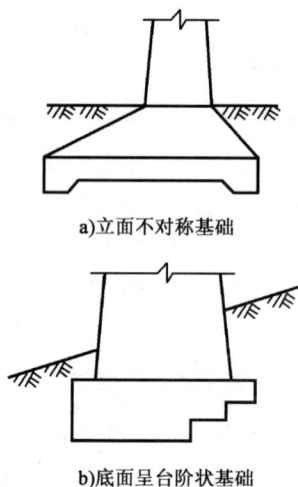

a)立面不对称基础

b)底面呈台阶状基础

图3-8 不对称基础形式

第四节 刚性扩大基础验算

墩台基础是桥梁的重要组成部分,基础与基底持力层必须有足够的强度和稳定性,以确保桥梁的安全使用。因此在设计墩台基础时,应分析考虑施工阶段与预测使用期间可能发生的各种作用效应和不利的外力组合,对基础的稳定性和基底的承载力加以验算,必要时还要验算基础的沉降量。

一、地基土承载力验算

(一)持力层承载力验算

持力层承载力验算要求基础底面作用在地基土的最大压应力不超过持力层的承载力容许值。基底应力的计算表达式为：

$$p_{max} = \frac{N}{A} + \frac{M}{W} \leqslant \gamma_R [f_a] \tag{3-3a}$$

$$M = \sum H_i h_i + \sum P_i e_i = N \cdot e_0 \tag{3-3b}$$

式中：γ_R——地基承载力容许值抗力系数；

A——基础底面积(m^2)；

p_{max}——基底最大压应力(kPa)；

N——组合在基底产生的竖向力(kN)；

M——组合产生于墩台的水平力和竖向力对基础重心轴的弯矩；

H_i——水平力；

h_i——水平力作用点至基底的距离；

P_i——竖向分力；

e_i——竖向分力 P_i 作用点至基底形心的偏心距；

e_0——合力偏心距，其计算见式(3-12)；

W——基础底面偏心方向面积抵抗矩(m^3)；

$[f_a]$——基底处持力层地基承载力容许值(kPa)。

在最不利作用组合下，基础底面产生最大压应力的计算，是将作用基底重心处的竖向力和弯矩等效地用一偏心竖向力代替，其偏心距为 e_0，基础底面核心半径用 ρ 表示，可分为以下三种情况。

(1) $e_0 = 0$，此时基础底面为中心受压，应力为矩形等值分布[图 3-9a)]，最大压应力为：

$$p_{max} = \frac{N_{max}}{A} \leqslant [f_a] \tag{3-4}$$

式中：N_{max}——最大竖向压力；

A——基础底面面积。

这种情况很少出现，只有验算等跨中墩仅为结构重力作用时才会产生。

(2) $e_0 \leqslant \rho$，即当作用组合的合力作用点在基底截面核心之内时，其基底应力分布为梯形($e_0 < \rho$)和三角形($e_0 = \rho$)[图 3-9b)、c)]，此种情况是全截面参加工作并传递荷载，其计算式为：

$$p_{max} = \frac{N}{A} + \frac{M}{W} = \frac{N}{A}\left(1 + \frac{e_0}{\rho}\right) \leqslant \gamma_R [f_a] \tag{3-5}$$

在荷载组合中，由于 N、M 达到最大值时车道荷载的集中力位置不同，且 p_{max} 值直接受 N、M 的影响，所以当无法判断不利工况时，需将 N、M 两者分别达到最大值时的组合都进行计算，以确定出最终 p_{max} 值。

对特殊情况(城市宽桥、曲线桥、桥上设分隔带等)，竖向力可能产生双向偏心距，可用下式计算，即：

$$p_{\max} = \frac{N}{A} + \frac{M_X}{W_X} + \frac{M_Y}{W_Y} \leq \gamma_R[f_a] \tag{3-6}$$

（3）$e_0 > \rho$，即当设置在基岩上的基底承受单向偏心荷载，仅受压区计算基底最大压应力[（不考虑基底承受拉力，见图3-9d）]。按照静力平衡考虑，基底局部受压面积应力的合力，应与基础作用的偏心竖向力 N 相等，承压部分地基土的压应力仍按三角形分布，假定其分布宽度为 b'，则 $b' = 3K$（K 为基底应力合力作用点距偏心侧基础边缘的距离），又知，$K = b/2 - e_0$，则有：

$$\left. \begin{aligned} b' &= 3(b/2 - e_0) \\ N &= \frac{1}{2}ab'p_{\max} = \frac{1}{2}a \times 3(b/2 - e_0)p_{\max} \\ p_{\max} &= \frac{2N}{3a(b/2 - e_0)} \end{aligned} \right\} \tag{3-7}$$

式中：a——垂直验算平面的基础边长；

其他符号如图3-9d)所示。

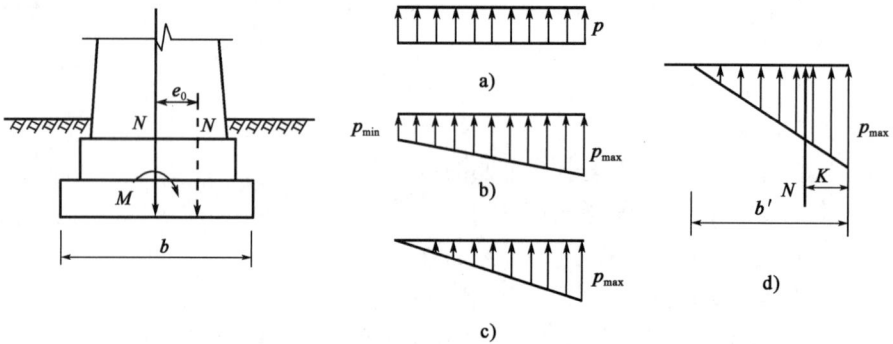

图3-9 基底应力计算图示

当设置在基岩上的墩台基底受双向偏心压应力，且按岩石地基上的基础对后面进行基底合力偏心距验算时，按式(3-12)、式(3-13)计算的 $e_0/\rho > 1.0$。岩石地基矩形截面双向偏心受压截面的应力重分布，当缺少资料时，可按《公桥基规》附录K.0.1应力分布图查取。圆形截面偏心受压的应力重分布可按偏心率查表计算。

（二）地基承载力容许值的确定

地基土的容许承载力是指在保证地基土稳定的条件下，建筑结构的沉降量（即地基土的压缩变形）不超过建筑结构物正常使用所容许沉降量时的地基承载力。所以地基土的容许承载力是一个相对的概念，它除了与土的成因、物理力学性质有关外，还与建筑物的结构性质有关（例如桥梁结构和房屋结构、静定结构与超静定结构）。

地基土容许承载力确定方法有如下几种。

1. 试验法

一般用于特殊结构桥、大桥、特大桥。在现场或室内通过土工试验或触探试验来确定地基土的压缩性和承载力。

试验法能比较实际地反映地基土的强度和变形性质，但需要的人力、物力及时间较多。同时要注意，在应用试验结果时，一定要结合地基土构造、基础形式和上部结构性质综合分析确定承载力值。

2.调查法

采用调查邻近建筑结构物或其他桥梁地基基础设计和使用情况,来比较分析拟建桥梁地基承载力确定的是否合适。

该方法只能作为对其他方法确定的地基土容许承载力验证参考。

3.理论公式计算

在各种作用力作用下,建筑结构基础由于承载力不足而引起的破坏,主要是由于基底边角持力层剪切破坏所造成。

土的剪切破坏形式有整体剪切破坏、冲剪破坏和局部剪切破坏,其产生与多种因素有关。对地基土承受的最大荷载——极限荷载的计算,在塑性理论的基础上做不同程度的修正和假设,可得到不同的理论计算公式,其具体计算公式请参见土力学中的有关内容。

4.规范公式计算

规范公式是按现行《公桥基规》,根据影响地基土承载力的土的性质和基础因素,从浅基础的地基强度理论概念建立起来的一个半经验半理论的地基土容许承载力的计算公式。公式中的各项参数,是根据我国各部门收集到的大量荷载试验值与土的物理力学性质指标资料相对比,并通过对已建结构物的观测资料,及国内外有关规范和实践经验综合统计分析后建立的。

地基承载力基本容许值$[f_{a0}]$,按以下原则确定:

(1)地基承载力基本容许值首先考虑由荷载试验或其他原位测试取得,其值不应大于地基极限承载力的1/2。

对于中小桥、涵洞,当现场条件限制,或荷载试验和原位测试确有困难时,也可按照《公桥基规》第3.3.3条有关规定采用。

(2)地基承载力基本容许值尚应根据基底埋深、基础宽度及地基土的类别,按照《公桥基规》第3.3.4条进行修正。

(3)其他特殊岩土地基承载力基本容许值,可参照各地区经验或相应的标准确定。

按修正后的地基承载力容许值$[f_a]$由式(3-8)计算:

$$[f_a] = [f_{a0}] + k_1\gamma_1(b - 2) + k_2\gamma_2(h - 3) \tag{3-8}$$

式中:$[f_a]$——修正后的地基承载力容许值(kPa);

$[f_{a0}]$——地基承载力基本容许值;

b——基础底面的最小边宽(m);当$b < 2m$时,取$b = 2m$计;当$b > 10m$时,取$b = 10m$;

h——基础底面的埋置深度(m),由天然地面算起,对于受水流冲刷的基础,由一般冲刷线算起;不受水流冲刷的基础,当位于挖方内时,由开挖后地面算起;当$h < 3m$时,取$h = 3m$;当$h/b > 4$时,取$h = 4b$;

γ_1——基底持力层土的天然重度(kN/m³),如持力层在水面以下且为透水者,应采用浮重度;

γ_2——基底以上土层的加权平均重度(kN/m³);换算时如持力层在水面以下,且为不透水者,不论基底以上土的透水性质如何,一律采用饱和重度;如持力层为透水者,水中部分应取浮重度;

k_1、k_2——地基承载力容许值随基础宽度、深度的修正系数,根据基底持力层土的类别由表3-3取值。

地基承载力容许值宽度、深度修正系数 k_1、k_2　　　　表3-3

土的类别\系数	黏性土				粉土	砂土								碎石土			
	老黏性土	一般黏性土		新近沉积黏性土	—	粉砂		细砂		中砂		砾砂粗砂		碎石圆砾角砾		卵石	
		$I_L \geq 0.5$	$I_L < 0.5$			中密	密实	中密	密实	中密	密实	中密	密实	中密	密实	中密	密实
k_1	0	0	0	0	0	1.0	1.2	1.5	2.0	2.0	3.0	3.0	4.0	3.0	4.0	3.0	4.0
k_2	2.5	1.5	2.5	1.0	1.5	2.0	2.5	3.0	4.0	4.0	5.5	5.0	6.0	5.0	6.0	6.0	10.0

注:1. 对于稍密和松散状态的砂、碎石土,k_1、k_2 值可采用表列中密值的 50%。

　　2. 强风化和全风化的岩石,可参照所风化成的相应土类取值;其他状态下的岩石不修正。

　　3. 冻土的 $k_1 = 0$;$k_2 = 0$。

当基础位于水中不透水土层上时,基底不受水浮力作用,基底以上水柱压力可视为超载看待,故规范规定修正后的地基承载力容许值 $[f_a]$ 按平均常水位至一般冲刷线的水深每米可提高 10kPa。

在计算地基土的承载力时,地基承载力基本容许值 $[f_{a0}]$ 的确定是很重要的,要经过综合分析准确地确定土的类别及土的状态,选择合适的 $[f_{a0}]$ 值,并要留有一定的安全储备。对地质和结构复杂的桥梁地基承载力容许值,应经现场荷载试验确定。

(三)地基承载力容许值抗力系数的确定

地基承载力容许值应根据地基受荷阶段和受荷情况,按下述规定乘以抗力系数 γ_R。

1. 使用阶段

(1)当地基承受作用短期效应组合或作用效应偶然组合时,可取 $\gamma_R = 1.25$;但对 $[f_a] < 150kPa$ 的地基,应取 $\gamma_R = 1.0$。

(2)当地基承受的作用短期效应组合仅包括结构自重、预加力、土重、土侧压力、汽车和人群效应时,应取 $\gamma_R = 1.0$。

(3)当基础建于经多年压实未遭破坏的旧桥基(岩石旧桥基除外)上时,不论地基承受的作用情况如何,抗力系数均可取 $\gamma_R = 1.5$;对 $[f_a] < 150kPa$ 的地基,可取 $\gamma_R = 1.25$。

(4)基础建于岩石旧桥基上,应取 $\gamma_R = 1.0$。

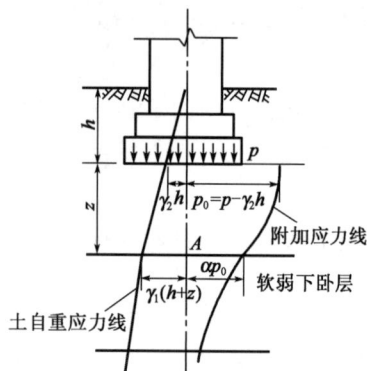

图 3-10　软弱下卧层验算图示

2. 施工阶段

(1)地基在施工荷载作用下,可取 $\gamma_R = 1.25$。

(2)当墩台施工期间承受单向推力时,可取 $\gamma_R = 1.5$。

(四)软弱下卧层承载力验算

当基础底面(包括群桩基础桩尖下面)受压层范围内地基土为多层土,且持力层以下有软弱土层(指承载力容许值小于持力层承载力容许值的土层)时,需要验算软弱下卧层的承载力,验算时先计算作用于软弱下卧层顶面 A 处的总应力(包括自重应力和验算附加应力之和),不得超过该处地基土的承载力容许值(图3-10),如下式:

$$p_z = \gamma_1 (h + z) + \alpha (p - \gamma_2 h) \leqslant \gamma_R [f_a] \tag{3-9}$$

式中:p_z——软弱下卧层顶面处的压应力(kPa);

  h——基底(或桩尖)埋置深度(m);当基础受水流冲刷时,由一般冲刷线算起;当不受水流冲刷时,由天然地面算起;如位于挖方内,则由开挖后地面算起;

  z——从基底(或桩尖)到软弱土层顶面的距离(m);

  γ_1——深度 $h+z$ 范围内各土层的换算重度(kN/m³);

  γ_2——深度 h 范围内土层的换算重度(kN/m³);

  α——基底中心下土中附加应力系数,可按照《公桥基规》附录 M 基底中点下卧层附加压力系数 α 表取用;

  p——由使用荷载产生的基底压应力(kPa),当 $z/b>1$ 或 $z/d>1$ 时,采用基底平均压力;当 $z/b\leqslant1$ 或 $z/d\leqslant1$ 时,按基底应力图形采用距最大压力点 $b/4\sim b/3$ 处的压应力(对于梯形图形前后端的压应力差值较大时,可采用 $b/4$ 点处压应力值;反之,则采用 $b/3$ 处压应力值),b 为矩形基底短边长度,d 为圆形基底的直径;

  $[f_a]$——软弱下卧层顶面处的地基承载力容许值(kPa)。

  若软弱下卧层为压缩性较大的厚层软黏土时,或当上部结构对基础沉降有一定要求时,除承载力满足上述要求外,还须验算包括软弱下卧层的基础沉降量。

(五)台背路基填土对桥台基底或桩端平面处附加竖向压应力的计算

  修建在黏土地基上的桥台,当台后路基填土高度大于 5m 时,验算地基土压应力与变形,应考虑桥头引道路基填土及锥坡土重对桥台基底平面(包括群桩桩尖平面)产生的附加竖向压应力。对于软土地基上的桥梁,如相邻墩台的距离小于 5m 时,尚应考虑邻近墩台对软土地基所引起的附加竖向压应力。

  台背路基填土对桥台基底(或桩尖平面处)前后缘地基土上产生的附加应力 p_1,按下式计算(图 3-11),即:

$$p_1 = \alpha_1\gamma_1 H_1 \tag{3-10}$$

  对埋置式桥台,台前锥体对基底(或桩尖平面处)前边缘引起的附加压应力 p_2 为:

$$p_2 = \alpha_2\gamma_2 H_2 \tag{3-11}$$

图 3-11 台背填土对桥台基底或桩端平面处附加应力计算图

式中和图中:p_1——台背路基填土的压力(kPa);

   p_2——台前锥体填土压力(kPa);

   γ_1——路基填土的天然重度(kN/m³);

   γ_2——锥体填土的天然重度(kN/m³);

   H_1——台背路基填土的高度(m);

   H_2——基底(或桩尖平面处)的前边缘上的填土锥体高度(m);

   b'——基底(或桩尖平面处)的前、后边缘间的基础长度(m);

   h——原地面至基底(或桩尖平面处)的深度(m);

   α_1、α_2——附加竖向压应力系数(表 3-4、表 3-5)。

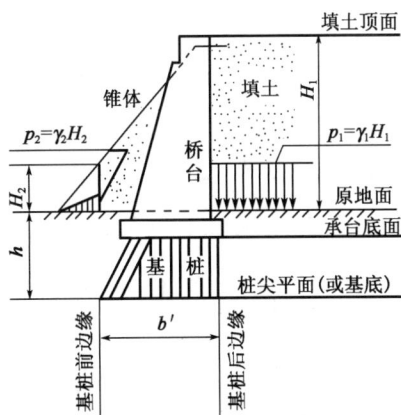

系　数　α_1　　　　　　　　　　　　表 3-4

基础埋置深度 h （m）	填土高度 H_1 （m）	系数 α_1（对于桥台边缘）			
		后边缘	前边缘，当基底平面的基础长度为 b'		
			5m	10m	15m
5	5	0.44	0.07	0.01	0
	10	0.47	0.09	0.02	0
	20	0.48	0.11	0.04	0.01
10	5	0.33	0.13	0.05	0.02
	10	0.40	0.17	0.06	0.02
	20	0.45	0.19	0.08	0.03
15	5	0.26	0.15	0.08	0.04
	10	0.33	0.19	0.10	0.05
	20	0.41	0.24	0.14	0.07
20	5	0.20	0.13	0.08	0.04
	10	0.28	0.18	0.10	0.06
	20	0.37	0.24	0.16	0.09
25	5	0.17	0.12	0.08	0.05
	10	0.24	0.17	0.12	0.08
	20	0.33	0.24	0.17	0.10
30	5	0.15	0.11	0.08	0.06
	10	0.21	0.16	0.12	0.08
	20	0.31	0.24	0.18	0.12

系　数　α_2　　　　　　　　　　　　表 3-5

基础埋置深度 h（m）	系数 α_2（当台背路基埋土高度为 H_1）	
	10m	20m
5	0.4	0.5
10	0.3	0.4
15	0.2	0.3
20	0.1	0.2
25	0	0.1
30	0	0

二、基底合力偏心距验算

为使荷载（尤其是结构重力）作用下基底应力分布比较均匀，最大、最小应力相差不致太大，以免使墩台基础产生较大的不均匀沉降和倾斜，影响正常使用，必须控制不利组合产生的基底合力偏心距。

对非岩石类地基，以控制基底不出现拉应力为原则。因为当出现拉应力后，将使基底部分截面参加工作，产生应力重分布，这样可能使非岩地基产生过大的塑性变形而使墩台基础倾斜。

对于修建在岩石地基上的基础,可以允许出现拉应力,根据岩石的强度,合力偏心距 e_0 最大可为基底核心半径 ρ 的 1.2 ~ 1.5 倍,以保证必要的安全储备(具体规定可查阅《公桥基规》)。

基底以上外力作用点对基底重心轴的偏心距按下式计算:

$$e_0 = \frac{M}{N} \leqslant [e_0] \tag{3-12}$$

式中:N、M——作用于基底的竖向力和所有外力(竖向力、水平力)对基底截面重心的弯矩。

容许偏心距 $[e_0]$ 一般用核心半径 ρ($\rho = \dfrac{W}{A}$)表示。实际应用时,当外力的合力不作用在对称轴上,或基底截面不对称时,可直接按下式求 e_0 与 ρ 的比值系数 K 来控制合力偏心距,使其满足规程的要求(表 3-6)。

$$\frac{e_0}{\rho} = 1 - \frac{p_{min}}{N/A} \leqslant K \tag{3-13}$$

$$p_{min} = \frac{N}{A} - \frac{M_x}{W_x} - \frac{M_y}{W_y} \tag{3-14}$$

式中:p_{min}——基底最小压应力,当为负值时表示拉应力。

墩台基础合力偏心距容许值的限制   表 3-6

作 用 情 况	地 基 条 件	合力偏心距	$K(e_0/\rho)$	备 注
墩台仅承受永久作用标准值效应组合	非岩石地基	桥墩 $[e_0] \leqslant 0.1\rho$	0.1	拱桥、刚构桥墩台,其合力作用点应尽量保持在基底重心附近
		桥台 $[e_0] \leqslant 0.75\rho$	0.75	
墩台承受作用标准值效应组合或偶然作用(地震作用除外)标准值效应组合	非岩石地基	$[e_0] \leqslant \rho$	1.00	岩石地基上的单向推力墩,当满足强度和稳定性要求时,合力偏心距不受限制
	较破碎 ~ 极破碎岩石地基	$[e_0] \leqslant 1.2\rho$	1.20	
	完整、较完整岩石地基	$[e_0] \leqslant 1.5\rho$	1.50	

偏心距验算时应注意以下两点:

(1)验算偏心距的作用组合应是 M 最大值所对应的 N 最小值,与验算基底压应力的作用组合不同,不可误用。

(2)式(3-13)中的 N、p_{min} 为同一种作用组合,p_{min} 为拉应力时,计算时要代入负号。

三、基础稳定性验算

浅基础的稳定性验算,是保证墩台基础整体在最不利的作用组合作用下,不产生倾覆和滑动变形,保证下部结构的正常使用。

(一)抗倾覆稳定性验算

验算基础的抗倾覆稳定性,旨在保证桥梁墩台不向一侧倾斜(绕基底的某一轴转动)。建筑在岩层上的墩台是绕基底受压的最外边缘(以最外边缘为轴)而倾覆;建筑在一般弹性地基上的墩台基础,由于最大受压边缘可能陷入土内,此时基础的转动轴将在受压最外边缘的内侧某一线上。基底土越弱,基础转动轴越接近基底中心,基础抗倾覆的稳定性就越差。但在设计基础时,因要求基底最大压应力限制在地基土的容许承载力以内,故基础的转动轴仍假定在最大受压的外边缘,参照图 3-12 基础抗倾覆稳定示意图可知,产生倾覆作用的弯矩为:

$$M_{倾} = \sum P_i e_i + \sum H_i h_i \tag{3-15}$$

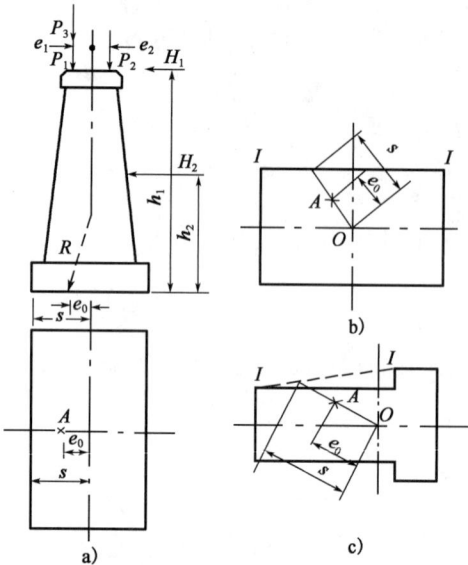

图 3-12 基础抗倾覆稳定计算示意图

抵抗倾覆的稳定弯矩为作用重心轴的竖向力对基础边缘轴的弯矩：

$$M_稳 = \sum P_i s \qquad (3-16)$$

两者的比值 k_0 可反映基础倾覆稳定性的安全度，k_0 称为墩台基础抗倾覆稳定系数，即：

$$k_0 = \frac{M_稳}{M_倾} = \frac{\sum P_i s}{\sum P_i e_i + \sum H_i h_i}$$

$$e_0 = \frac{\sum P_i e_i + \sum H_i h_i}{\sum P_i}$$

则：

$$k_0 = \frac{s}{e_0} \qquad (3-17)$$

式中：P_i——不考虑其分项系数和组合系数的作用标准值组合或偶然作用(地震除外)标准值组合引起的竖向力(kN)；

e_i——各竖向力 P_i 对验算截面重心的力臂；

H_i——不考虑其分项系数和组合系数的作用标准值组合或偶然作用(地震除外)标准值组合引起的水平力(kN)；

h_i——各水平力对验算截面的力臂；

s——在截面重心至合力作用点的延长线上，自截面重心至验算倾覆轴的距离(m)；

e_0——所有偏心竖向力的合力在验算截面的作用点至基底重心轴的偏心距；

k_0——抗倾覆稳定系数(表3-7)。

抗倾覆和抗滑动的稳定系数 表 3-7

作用组合		验算项目	稳定性系数
使用阶段	永久作用(不计混凝土收缩、徐变、浮力)和汽车、人群的标准值效应组合	抗倾覆	1.5
		抗滑动	1.3
	各种作用(不包括地震作用)的标准值效应组合	抗倾覆	1.3
		抗滑动	1.2
施工阶段	施工阶段标准值效应作用组合	抗倾覆	1.2
		抗滑动	

当结构受有较大的双向偏心荷载时(即合力偏心作用点不在相互垂直的 X、Y 轴上)，其中，e_0、s 的取值见图 3-12b)、c)。弯矩应视其绕验算截面重心轴的不同方向取正负号。对于矩形凹缺的多边形基础，其倾覆轴应取基底截面的外包线。

(二)抗滑动稳定验算

当墩台基础受有较大的水平力时，有可能超过基础底面与土之间的摩阻力而产生滑动，此时滑动面为基底平面，属于桥梁墩台基础自身抗滑动验算。

当桥台填土较高、地基土质较软弱，或者持力层下有软弱下卧层，或墩台修筑在陡坡上时，

112

可能产生墩台基础连同地基土沿着深层某滑动面或软弱土层上层面的整体滑动。现对两种情况下的墩台基础抗滑动验算进行分别介绍。

1. 基础自身抗滑动的验算

墩台基础的抗滑动稳定系数 k_c 可用基底与土之间的摩擦阻力与水平推力的比值来表示：

$$k_c = \frac{\mu \sum P_i + \sum H_{iP}}{\sum H_{ia}} \tag{3-18}$$

式中：$\sum P_i$——竖向力总和；

$\quad\quad \sum H_{iP}$——抗滑稳定水平力总和；

$\quad\quad \sum H_{ia}$——滑动水平力总和；

$\quad\quad \mu$——基础底面与地基土之间的摩擦系数，可按表 3-8 取用。

基 底 摩 擦 系 数 表 3-8

地基土分类	μ	地基土分类	μ
黏土(流塑~坚硬)、粉土	0.25	软岩(极软岩~较软岩)	0.40~0.60
砂土(粉砂~砾砂)	0.30~0.40	硬岩(较硬岩、坚硬岩)	0.60、0.70
碎石土(松散~密实)	0.40~0.50		

2. 基础深层滑动验算

对于高桥台填土下均质黏性土上的桥台，其深层滑动失稳滑动面常常是曲面，现一般近似认为滑动面为一通过桥台基础后缘的圆形柱面(图 3-13)。其引起滑动的荷载为水平外力(制动力或支座摩阻力)、路堤填土自重、结构重力、汽车荷载(包括汽车荷载产生的等代土层重力)等。稳定安全系数是最可能滑动面上各力对滑动中心所产生的抗滑动力矩与滑动力矩之比(具体计算请参考《土质学与土力学》教材有关内容)。当基础下地基土在深处有软弱夹层时，其滑动面也可能延续到软弱夹层顶面处[图 3-13b)]。

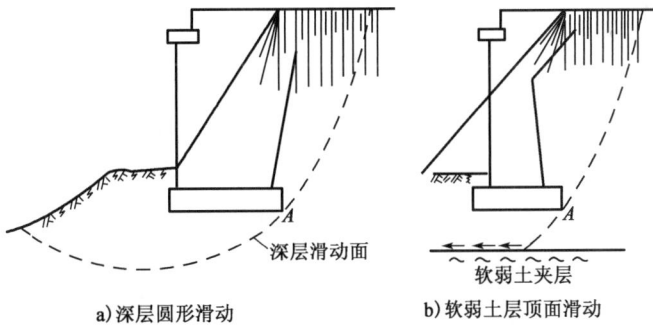

a) 深层圆形滑动　　　　　　b) 软弱土层顶面滑动

图 3-13　桥台抗滑动稳定示意图

$$k_c = \frac{抗滑动力矩}{滑动力矩} \tag{3-19}$$

在这里需要说明的是，有的同一作用组合，抗倾覆与抗滑动稳定系数不一致，这是由于基础周边土的固着作用对抗滑动有一定的稳定作用，而在计算中一般是不考虑的；它对抗倾覆稳定也有一定作用，但因力臂小也未被考虑。但基础周边土对抗滑动稳定的作用相对更大一些，故抗滑动安全系数取得小，抗倾覆安全系数取得大。

(三)增强基础稳定性措施

首先,设计时要根据可能产生滑动的地质条件和倾覆的受力状态,来选择合适的基础类形、基础埋深和墩台与基础的尺寸。与此同时,还可以配合采用一定的结构措施来增加其稳定性。如对软土地基可采取换土加固措施;拱桥桥台基础可采用设防滑齿坎、斜面基础等;梁桥桥台可采用后仰埋置式桥台;可能产生深层滑动时,可采用挖空台身减载等措施。

当施工中墩台基础稳定性不满足要求时,除采取适当的设计措施外,尚应在对施工各阶段受力状态下进行稳定性验算的基础上,从设计角度,提出严格的、必须遵从的施工程序要求。

当墩台在使用过程中有滑动时,可采用地表或地下排水措施,以增加土的内摩擦角,还可设置抗滑挡墙、抗滑桩等增强土体和墩台基础的稳定性。

四、基础沉降验算

基础沉降是由于地基土受到附加应力作用产生压缩变形而致。实际上,在确定地基土的基本容许承载力时,已包含了地基土在荷载作用下压缩变形在结构容许范围之内的要求。规范规定,在一般地质条件下,对中小跨径外静定体系桥梁,认为只要地基土承载力满足要求,也就间接的说明地基沉降量也满足要求,可不进行基础沉降量验算。但对于下列情况,则必须验算基础的沉降,使其不大于规定的容许值:

(1)当墩台修建在地质情况复杂、地层分布不均或强度较小的软黏土地基及湿陷性黄土上的基础。

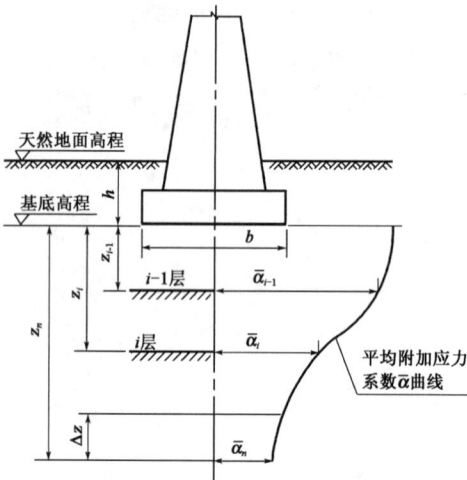

图3-14 基底沉降计算分层示意图

(2)修建于非岩石地基上的拱桥、连续梁桥等超静定结构的基础。

(3)当相邻基础下地基土强度有显著不同或相邻跨度相差悬殊而必须考虑其沉降差时。

(4)对于跨线桥、跨线渡槽要保证桥下净空高度时。

墩台基础的沉降量验算包括:沉降量、相邻基础沉降差、基础由于地基不均匀沉降而发生的倾斜等。

地基土的沉降可根据土的压缩特性指标按式(3-20)计算。对软土、冻土、湿陷性黄土可参考本教材第九章、第十章和第十一章。

墩台基础的最终沉降量可按下式计算(图3-14):

$$s = \psi_s s_0 = \psi_s \sum_{i=1}^{n} \frac{p_0}{E_{si}} (z_i \bar{\alpha}_i - z_{i-1} \bar{\alpha}_{i-1}) \tag{3-20}$$

$$p_0 = p - \gamma h \tag{3-21}$$

式中: s——地基最终沉降量(mm);

s_0——按分层总和法计算的地基沉降量(mm);

ψ_s——沉降计算经验系数,根据地区沉降观测资料及经验确定,缺少沉降观测资料及经验数据时可参照表3-9取用;

n——地基压缩层范围内所划分的土层数；

p_0——对应于荷载长期效应组合时的基础底面处附加压应力(kPa)；

E_{si}——基础底面下第 i 层土的压缩模量(MPa)，应取土的"自重压应力"至"土的自重压力与附加压应力之和"的压应力段计算；

z_i、z_{i-1}——基础底面至第 i 层土、第 $i-1$ 层土底面的距离(m)；

$\overline{\alpha}_i$、$\overline{\alpha}_{i-1}$——基础底面计算点至第 i 层土、第 $i-1$ 层土底面范围内平均附加压应力系数；

p——基底压应力(kPa)，当 $z/b > 1$ 时，采用基底平均压力；当 $z/b \leqslant 1$ 时，按基底应力图形采用距最大压力点 $b/4 \sim b/3$ 处的压应力(对于梯形图形前后端的压应力差值较大时，可采用 $b/4$ 点处压应力值；反之，则采用 $b/3$ 处压应力值)，b 为矩形基底短边长度；

h——基底埋置深度(m)，当基础受水流冲刷时，从一般冲刷线算起；当不受水流冲刷时，从天然地面算起；如位于挖方内，则由开挖后地面算起；

γ——h 内土的重度(kN/m^3)，基底为透水地基时水位下取浮重度。

沉降计算经验系数 ψ_s　表3-9

$\overline{E}_s$(MPa)　基底附加压应力	2.5	4.0	7.0	15.0	20.0
$p_0 \geqslant [f_{a0}]$	1.4	1.3	1.0	0.4	0.2
$p_0 \leqslant 0.75[f_{a0}]$	1.1	1.0	0.7	0.4	0.2

表3-9中，$\overline{E}_s$ 为沉降计算范围内压缩模量的当量值，按厚度的加权平均值采用下式计算：

$$\overline{E}_s = \frac{\sum A_i}{\sum \dfrac{A_i}{E_{si}}}$$

式中：A_i——第 i 层土的附加压应力系数沿土层厚度的积分值。

规范规定，地基沉降计算时设定的地基土压缩层计算深度 z_n，在 z_n 以上取 Δz 厚度(表3-10)，其沉降量应符合下式的要求：

$$\Delta S_n \leqslant 0.025 \sum_{i=1}^{n} \Delta S_i \tag{3-22}$$

式中：ΔS_n——在深度 z_n 处，向上取厚度为 Δz 的土层的计算沉降，Δz 量值见图3-14并按照表3-10采用；

ΔS_i——在计算深度范围内，第 i 层土的计算沉降量。

Δz 值　表3-10

基底宽度 b(m)	$b \leqslant 2$	$2 < b \leqslant 4$	$4 < b \leqslant 8$	$b > 8$
Δz(m)	0.3	0.6	0.8	1.0

已确定的计算深度下面，如仍有较软土层时，应继续计算。

当无相邻荷载影响，基底宽度在 1~30m 范围内时，基底中心的地基沉降计算深度在 z_n 也可按如下简化公式计算：

$$z_n = b(2.5 - 0.4\ln b) \tag{3-23}$$

式中：b——基础宽度(m)。

115

在计算深度范围内存在基岩时，z_n 可取至基岩表面；当存在较厚的坚硬黏土层，其孔隙比小于 0.5，压缩模量大于 50MPa，或存在较厚的密实砂卵石层，其压缩模量大于 80MPa 时，z_n 可取至该土层表面。

墩台的容许沉降值应符合下列规定：

（1）相邻墩台间不均匀沉降差值（不包括施工中的沉降），不应使桥面形成大于 0.2% 的附加纵坡（折角）。

（2）外超静定结构桥梁墩台间不均匀沉降差值，还应满足结构受力要求。

第五节　浅基础施工

一、基础的定位放样

桥梁墩台基础位置的测设就是将设计图上的墩台基础位置，用适当的测量方法测定到地

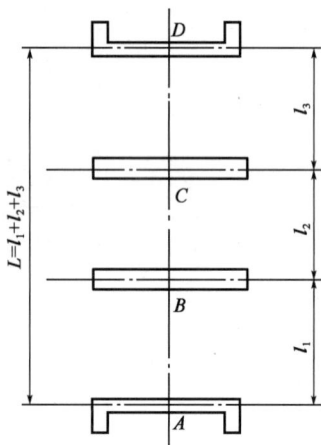

图 3-15　直接丈量法

面上，以便进行施工放样。为了使墩台位置、尺寸符合设计要求，基础测设位置必须满足规定要求。桥梁施工测设，首先根据设计单位所交付的桥梁所在位置的路线中线进行复测。对起始桥台的里程桩号进行测校，并进行必要的补设，加固有关测桩，以使桥台基础位置测定准确。

（一）直接丈量法

直线桥梁，各桥墩距离位置测定，对中小桥梁和一般跨径的大桥，当有良好的丈量条件时，均应直接丈量定位（图 3-15）。测量精度要求根据桥轴线桩间距离而定，在墩台中心位置桩上安置经纬仪，测设出墩台的纵横轴线，并设置牢固的方向桩（每端至少两个方向桩）。墩台纵横轴线的方向桩，是施工中恢复墩台中心位置与细部放样的依据。

（二）三角网交会法

当沿桥梁中线直接丈量有困难，或不能保证必要的精度时，各墩台之间的距离和位置可根据三角网交会法测定。三角网的基线应设定 2 条，依据桥位具体条件，基线可设于河流的一岸或两岸，基线与桥位中线交角宜小于 90°（图 3-16）。

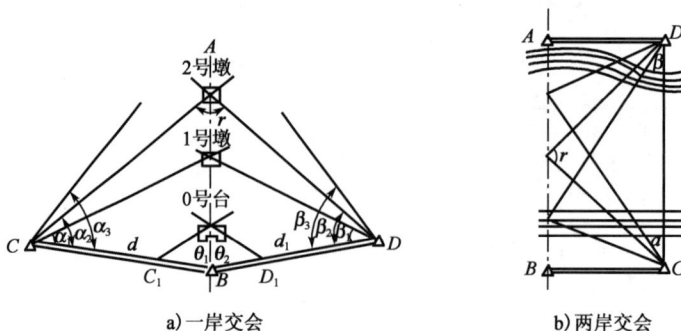

a）一岸交会　　　　　b）两岸交会

图 3-16　三角网交会法

桥长超过500m时,两岸应尽可能设定基线,并布置较复杂的三角网。

对于三角网交会的具体作法和误差验算,如对斜桥、坡桥、曲线桥的墩台基础测设方法,请参考工程测量中的有关内容。

以木桩标示桥梁墩台纵、横轴线后,即可采用龙门板定出基坑外轮廓尺寸。基坑平面尺寸一般要比基础尺寸大0.3~1.0m,以便于基坑排水、坑壁支护和支立模板等。无水且土质密实的基坑,如不设基础模板时,可按基础平面尺寸开挖。

$$\alpha_i = \arctan\frac{l\sin\theta_1}{d - l\cos\theta_1} \qquad \beta_i = \arctan\frac{l\sin\theta_2}{d_1 - l\cos\theta_2}$$

式中:d、d_1——基线长度;

l——B 至各墩中心距离。

二、旱地浅基础施工

(一)基坑开挖及坑壁围护

基坑开挖可采用人工开挖和机械开挖。人工开挖应正确地规定挖土工人数,使每个人有一个适当的工作面,注意弃土的堆放不影响坑壁稳定和妨碍施工。机械开挖生产效率高,节省劳动力,但要注意机械行走时不要引起坑壁坍塌,要距离坑缘不小于2.0m。机械开挖当距基底高程0.3~0.5m时,余下深度应人工开挖,以免破坏基底土的结构。基坑应避免超挖,已经超挖或松动部分,应将松动部分清除。基坑开挖后最好马上砌筑基础,如不能连续施工时,在基底高程以上应预留0.1~0.2m的保护土层,待基础砌筑时再人工铲平,以免地基土长时间暴露、扰动或浸泡而削弱地基承载力。

基坑开挖前应根据水文、地质、开挖方式及施工环境条件等因素,确定是否对坑壁采取支护措施。当基坑深度较小且坑壁土层稳定时,可直接放坡开挖;坑壁土层不稳定且有地下水影响,或放坡开挖场地受限,或放坡开挖工程量大时,应按照设计要求对坑壁进行支护,设计未要求时,应结合实际情况选择适宜的坑壁支护方案。

1. 无支护基坑

基坑坑壁的坡度宜根据地质条件、基坑深度、施工方法等情况确定。当为无水基坑且土层构造均匀时,基坑坑壁坡度可按表3-11选取。当基坑遇有地下水时,水位以上部分可采用放坡开挖;水位以下部分,若土质易坍塌或水位在坑底以上较高时,应采用加固土体或降低地下水位等方法开挖。当基坑为渗水性土质基底时,坑底的平面尺寸应根据排水要求和基础模板来确定。

无支护基坑坑壁坡度 表3-11

坑 壁 土 类	坑 壁 坡 度		
	坡顶无荷载	坡顶有静荷载	坡顶有动荷载
砂类土	1:1	1:1.25	1:1.5
卵石、砾类土	1:0.75	1:1	1:1.25
粉质土、黏质土	1:0.33	1:0.5	1:0.75
极软岩	1:0.25	1:0.33	1:0.67
软质岩	1:0	1:0.1	1:0.25
硬质岩	1:0	1:0	1:0

注:1. 挖基经过不同土层时,边坡可分层确定,并酌设平台。

2. 当基坑深度大于5m时,基坑坑壁坡度可适当放缓或加设平台。

3. 在山坡上开挖基坑,如地质不良时,应注意防止塌滑。

2.有支护基坑

基坑较浅且渗水量不大时,可采用竹排、木板、混凝土板或钢板等对坑壁进行支护;坑基深度小于或等于4m且渗水量不大时,可采用槽钢、H型钢或工字钢等进行支护;当地下水位较高,基坑开挖深度大于4m时,宜采用锁口钢板桩或锁口钢管桩围堰进行支护;在条件允许时也可采用水泥墙、混凝土围圈或板桩墙等进行支护。

对于支护结构应进行设计计算,当支护结构受力过大时应加设临时支撑,支护结构和临时支撑的强度、刚度和稳定性应满足基坑开挖施工的要求。

以下对一些常用的基坑支护类型进行简要介绍。

(1)木板支撑

适用于中、小桥和涵洞基坑开挖。一般采用横板支撑,可分层开挖,先挖 h_1 深度设横挡板和支撑,向下继续开挖 h_2 深再设横挡板和新竖板支撑,撑牢后再拆先设 h_1 的竖板支撑,依此继续,根据土质和开挖深度逐步支撑到设计高程,基坑开挖尺寸较大时可采用人字形支撑(表3-12中5、6)。

当基坑宽度较宽时,由于横撑支撑长度太长而容易失稳,可采用锚桩法或斜撑法等来支撑坑壁(表3-12中1、2、3、4)。

上述支撑方法中也可将竖枋或锚桩改为工字钢或钢轨,形成钢木结合支撑。

钢木结合支撑适用于深度3m以上的基坑。其方法是在基坑周围每距1.0~1.5m打入一根工字钢或钢轨(轨顶面向坑壁)至基坑底面以下1.0~1.5m,在工字钢上端设置支撑或拉锚,随着基坑下挖,将木挡板横置在两工字钢翼缘内,在翼缘和挡板的缝隙用木楔塞紧。遇有流沙时,可在挡板的后面贴以草袋堵住流沙。

以上支撑在施工前均需按主动、静止土压力验算支撑的稳定性。基础完成后将挡板和工字钢拔除。

(2)板桩墙支护

当基础平面尺寸较大,深度较深,基坑底面高程低于地下水位,且渗水量较大时,可用防渗性能较好的板桩作支撑,维护坑壁的稳定性。它的特点是在基坑开挖前即将以企口密切连接的板桩打入土中,其下端伸入到基底以下一定深度,基坑在板桩的支护下开挖,并随着基坑的开挖加深而根据需要增设支撑。

板桩有木板桩和钢板桩,其断面形式如图3-17所示。木板桩在打入砂砾土层时,桩尖应安装铁桩靴。钢板桩由于强度大,能穿过较坚硬土层,锁口紧密不易漏水,还可焊接加长重复使用,所以应用较广。

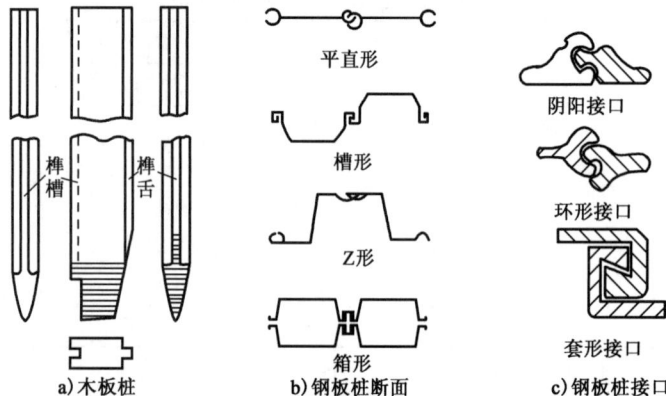

图3-17 板桩截面及接口形式

118

序 号	项 目	适 用 范 围	支 撑 简 图	说 明
1	锚固支撑	开挖较大基坑,使用大型挖掘机械施工而不能设置横撑时		1-挡板; 2-桩柱; 3-锚桩; 4-拉杆; 5-回填土
2	斜柱支撑	开挖较大基坑或使用机械挖土面采用锚固支撑有困难时(如近傍建筑影响等)		1-挡板; 2-桩柱; 3-撑桩; 4-斜撑; 5-回填土
3	短桩间隔支撑	开挖宽度较大的基坑,当部分放坡不足或局部坡脚防塌		1-短桩; 2-回填土; 3-挡土板
4	临时土袋护壁	基坑坡脚临时防塌或放坡不足而作局部护壁		1-草包或麻袋、编织袋,装土堆置坡脚
5	横向顶撑	基坑宽度不大于3m,短边横挡板支撑在长边横挡板上(或切角互相支承)只在长边上竖回林及横撑		1-竖回林方(方木); 2-横挡木; 3-横撑; 4-坑口挖土边缘
6	人字形支撑	基坑宽度较大,且需保留坑面,坑内有大的工作空间		1-人字支撑; 2-立木; 3-挡板

(3)喷射混凝土护壁

喷射混凝土进行基坑护壁,一般适用于渗水量不大,基坑开挖深度小于 10m 的较完整风化基层。多用于直径在 10m 以内的圆形基坑,对于亚黏土、轻亚黏土及砂夹卵石的地质条件均可采用。其优点是施工进度较快,机械设备简单,能减少大量因放坡而增加的土方工程量。

喷射混凝土护壁的基本原理是以高压空气为动力,将搅拌均匀的砂、石、水泥和外加剂(包括速凝剂、引气剂、减水剂和增黏剂等)等干料,由喷射机经输料管吹送到喷枪,在通过喷枪的瞬间,加入高压水进行混合,自喷嘴射出,喷射在坑壁上,形成混凝土护壁层,以承受土压力(图 3-18)。

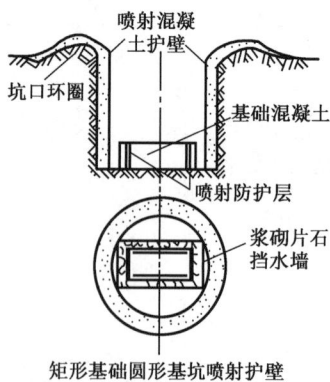

图3-18 喷射混凝土护壁示意图

喷射混凝土厚度主要取决于地质条件、渗水量大小、基坑直径及基坑深度等因素。一般可按以下公式确定,即:

$$d = \frac{pD}{2[\sigma]} \quad (3\text{-}24)$$

式中:d——喷层厚度;

D——基坑直径;

$[\sigma]$——喷射混凝土容许压应力;

p——土侧压力,按主动土压力计。

对于地质稳定、挖土深度在5m以内时,亦可按基础的矩形开挖。

喷射混凝土护壁要求有熟练的技术工人和专门设备,对混凝土用料要求也较严格,因而使用有其局限性,可改用一般混凝土修筑混凝土围圈护壁,可适用于各类土层。混凝土围圈护壁,也是用混凝土环形结构承受土压力,壁厚较喷射混凝土大,一般为15~30cm,基坑深度可达15~20m。

采用混凝土围圈护壁时,基坑自上而下分层垂直开挖,开挖一层后随即灌筑一层混凝土。为防止已灌筑的围圈混凝土施工时因失去支承而下坠,顶层混凝土应一次整体灌筑,以下各层均间隔开挖和灌筑,并将上下层混凝土纵向接缝错开,每层坑壁无混凝土围圈支护总长度应不大于周长的一半。分层高度以垂直开挖面不坍塌为原则,一般顶层高2m左右,以下每层高1~1.5m。与喷射混凝土护壁一样,要防止地面水流入基坑,要避免在坑顶周围土的破坏棱体范围内有不均匀附加荷载。

目前也有采用混凝土预制块分层砌筑来代替就地灌筑的混凝土围圈,它的好处是省去现场混凝土灌筑和养护时间,使开挖和支护砌筑连续不间断地进行,且围圈混凝土质量容易得到保证。

(二)基坑排水

当基底高程低于地下水位时,就会产生渗水现象,地下水将不断渗入基坑内。为了营造旱地施工条件,便于基坑开挖和基础砌筑,必须进行基坑排水。目前常用的是基坑表面排水法、井点降水法。

1.表面排水法

这是最为简单,也是应用最为普遍的方法。在开挖过程或挖至设计高程后,在基坑四周挖好集水边沟,并根据渗水量大小在四角设集水坑,集水沟将坑壁及坑底渗水汇入集水坑,用抽水机将集水坑中的水排出(图3-19)。

集水沟和集水坑应设置在基础范围以外,集水坑的深度要保证吸水龙头的正常工作。

这种方法适用于岩石及碎石类土,也适用于渗水量不大的黏性土基坑,对于砂土因渗水量大,易产生流沙现象而应用较困难。

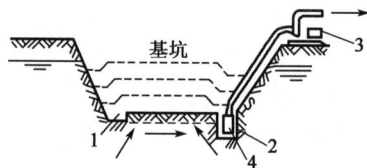

图3-19 表面排水法示意图
1-集水沟;2-集水坑;3-水泵;4-吸水龙头

抽水设备的估算主要根据基坑渗水量确定。采用集水坑排水,渗水量可用下式估算,即:

$$Q = F_1 q_1 + F_2 q_2 \quad (3\text{-}25)$$

式中：$F_1 q_1$——基坑底面积及基坑底面平均渗水量；

$F_2 q_2$——基坑侧面积及基坑侧面平均渗水量。

当有不漏水的板桩墙截水时（图3-20），按其最短渗水路线估算渗水量为：

$$Q = KHUq \qquad (3\text{-}26)$$

式中：K——渗透系数；

H——地下水位距基底深度；

U——板桩围堰周长；

q——单位渗水量（按图3-20查取）。

按$(1.5 \sim 2.0)Q$确定水泵数量。

2. 井点降水法

井点降水法宜用于地下水位较高且有承压水，挖基较深、坑壁不易稳定的粉砂、细砂的土质基坑，在无砂的黏质土中不宜采用。井点法降低地下水，可从根本上降低基坑下地下水位，形成稳定的降落曲线，土壤疏干，抗剪强度提高，稳定坑壁，可不必放坡或坡度改陡，减少挖方和回填土量，并降低支撑要求；因浮力减小、增大土壤压密的有效压力，有利增大地基强度。

井管的成孔可根据土质分别采用射水成孔或冲击钻机、旋转钻机及水压钻探机成孔。井点降水曲线应低于基底设计高程或开挖高程0.5m。施工过程应做好沉降及边坡位移监测，保证水位降低区域内构筑物的安全，必要时应采取防护措施。

井点降水方案制订和井点类别的选择，应根据基坑土质、土层的渗透系数、开挖深度和工程特点进行确定。

轻型井点法降低地下水，其井点系统布置如图3-21所示。基坑开挖前在基坑周围打入（或沉入）井点管和集水总管组成管路系统，并与泵浦系统（包括离心泵和真空泵）相连接强制抽水，使井点管周围一定范围内的水位下降，形成降水漏斗，基坑周围井点管相互影响使坑底形成一个连续的疏干区。施工中应连续抽吸，使水位降落曲线保持稳定，以保证在基坑开挖和砌筑的整个过程中基坑始终保持无水状态。

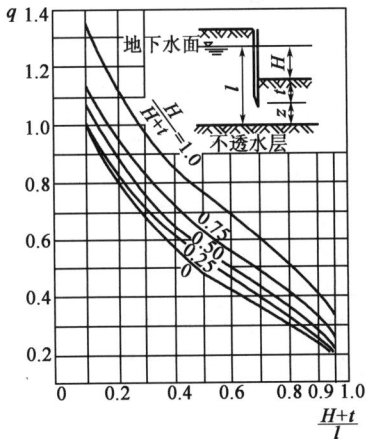

图3-20 单位渗水量曲线图

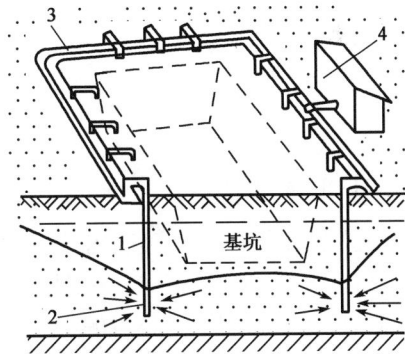

图3-21 轻型井点法井点系统布置图
1-井点管；2-滤管；3-集水总管；4-水泵房

一般常用钻井代替井点管，布置成环圈井点将基础围起，在每个单井抽水降低地下水位。井底达到不透水层的称为完全井；井底未达到不透水层的称为非完全井；地下水有压力的是承压井；地下水无压力的是无压井。

井点法降低地下水的主要计算内容是:计算涌水量、确定井点数量(间距)和选择抽水设备等。

无压完全井环圈井点涌水量(图 3-22):

$$Q = 1.336K \frac{(2H - S)S}{\lg R - \lg X_0} \tag{3-27}$$

式中:Q——环圈井点总涌水量(m^3/d);

  K——渗透系数(m^3/d);

  H——含水层厚度(m);

  R——单井抽水影响半径(m),当无抽水试验资料时,可按 $R = 2S\sqrt{HK}$ 计算;

  S——水位降低值(m);

  X_0——基坑的假想半径(m),对矩形基坑,当其长宽比不大于 5 时,可作为一个假想半径
    为 X_0 的圆形环井,由 F 式得 $X_0 = \sqrt{F/\pi}$,其中,F 为环井所围面积,π 为圆周率。

无压不完全井环圈井点涌水量(图 3-23):

$$Q = 1.336K \frac{(2H_0 - S)S}{\lg R - \lg X_0} \tag{3-28}$$

式中:H_0——有效含水带深度,系经验数值,可由表 3-13 确定;

  其余符号同前。

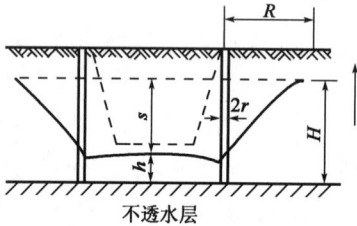

图 3-22　无压完全井环圈井点涌水量计算图　　　　图 3-23　无压不完全井环圈井点涌水量计算图

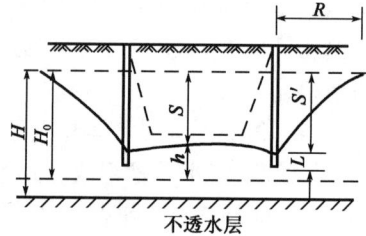

H_0 值 表　　　　　　　　　　　　　　　　表 3-13

$S'/(S' + L)$	0.2	0.3	0.5	0.8
H_0	$1.3(S' + L)$	$1.5(S' + L)$	$1.7(S' + L)$	$1.85(S' + L)$

根据上述算得的总涌水量的 1.2～1.5 倍为总排水量,再据单井拟定的排水量,确定井点数量和间距。

三、水中浅基础施工

在水中的浅基础施工,主要是解决围水挡水的问题。也就是在施工前先在基坑周围修筑围水挡水结构——围堰,尽可能将围堰内的水排干,形成旱地施工条件,再开挖基坑修筑基础。如果排水困难,也可在围堰内形成的静水条件下进行水下挖基,达到基底高程后再灌筑水下混凝土封底,然后抽干水后再修筑基础。

(一)改河截流法

河流较小,施工时水量不大,容易修筑临时引水渠将水绕过桥位处引出(图 3-24)。要求不能影响周围农田建设,根据河流具体可能情况采用此法。

(二)围堰施工

围堰是临时性围水措施,其修筑要根据工程所在位置和现场条件、施工期间各种因素的影

响(如施工水位、流速、流量等)来加以考虑,其一般要求如下:

(1)围堰顶高度应高出施工期间可能出现的最高水位(包括浪高)不小于 0.5～0.7m。

(2)修筑围堰将压缩河道过水面积,使流速增大,引起对围堰和河床的集中冲刷,同时堵塞河道影响通航,因此要求河床断面压缩一般不超过流水断面积的 30%。

(3)堰内面积应满足基础施工需要的工作面(包括基坑集水沟、排水井、工作空间等必要的工作面),一般围堰坡脚距离基坑边缘的宽度,需根据土质和坑深酌定,但不应小于 1.0m。

(4)围堰结构应能承受施工期间产生的土压力、水压力以及其他可能发生的荷载,具有一定的强度和稳定性。同时具有良好的防渗性能,因此需注意堰身修筑质量,洪水期对围堰做好周密防护。

1. 土围堰与土袋围堰

土围堰宜用黏性土或砂夹黏土就地筑成,堰底河床上的树根、石块、杂物等应予清除;填土露出水面后应进行夯实;筑堰时由上游开始向下游合龙,其尺寸见图 3-25。适用于水深在 2.0m 以内,流速小于 0.5m/s,河床土质渗水性较小的河流中。因筑堰引起流速增大,围堰坡面有受冲刷危险时,可在外坡面用土袋、柴排、片石等防护。

图 3-26 是用土袋堆码在水中形成的土袋围堰。袋中土为黏土或亚黏土,装至 1/2～2/3 体积,堆码时其上下层和内外层应相互错缝。当水较深,有条件时,可由潜水工配合堆码,整理坡脚。适用于水深 4.0m 以内,流速不超过 1.5m/s,河床土质渗水性较小的河流。

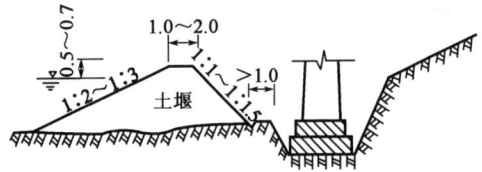

图 3-25　土围堰(尺寸单位:m)

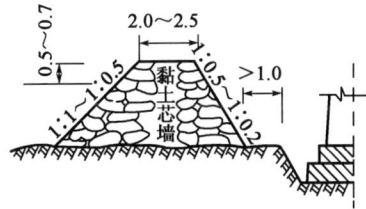

图 3-26　土袋围堰(尺寸单位:m)

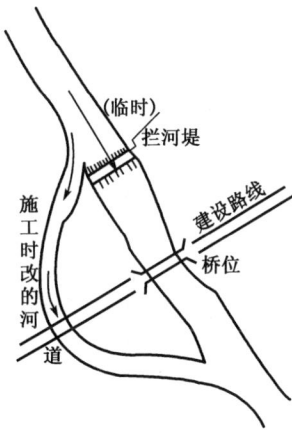

图 3-24　改河截流法

2. 木板桩围堰

水深在 3～4m 时可采用单层木板桩围堰,必要时可在外围加填土堰(图 3-27),可节省部分筑堰用土量,由于支承关系,坑内工作面加大。水深在 4～6m 时,可采用双层木板桩围堰,在双层板桩中间填以黏土或亚黏土芯墙(图 3-28)。

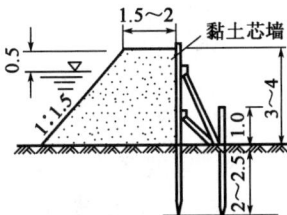

图 3-27　单层木板桩围堰(尺寸单位:m)

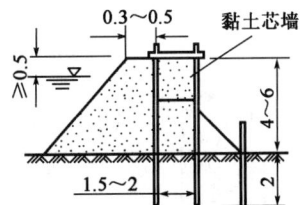

图 3-28　双层木板桩围堰(尺寸单位:m)

木笼(竹笼)围堰适用于岩石河床不能插打板桩,而又水深流急的河流。其结构是由内外两层装片石的竹(木)笼组成,竹(木)笼之间以铁丝成十字形连接,填以黏土芯墙(图3-29)。

3. 钢板桩围堰

钢板桩围堰本身强度大,防水性能好,打入土层时穿透能力强,适用于砂类土、黏性土、碎(卵)石土及风化岩等河床的深水基础。插打钢板桩时,应注意下列事项:

(1)插打前,一般应在锁口内涂以黄油、锯末等混合物,组拼桩时用油灰和棉花捻缝,以防漏水。

(2)插打顺序按施工组织设计进行,一般自上游分两头插向下游合拢。

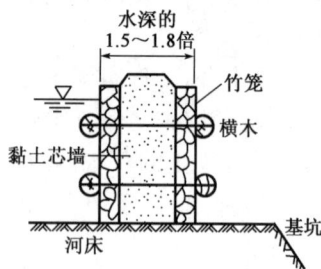

图3-29 竹(木)笼围堰

(3)插打钢板桩,一般应先将全部钢板桩逐根或逐组插打到稳定深度,然后依次打入至设计深度。

(4)插打钢板桩必须备有可靠的导向设备,以保证钢板桩的正确位置和垂直下沉,并随时检查,及时纠正。

当水深较大时,常用围囹(以钢或钢木构成的框架)作为钢板桩的定位和支撑(图3-30)。围囹可先在岸上或驳船上拼装,运至墩位定位后,在围囹内打定位桩固定,然后在围囹四周的导向框架内插打钢板桩。为了保证围堰不渗水或尽可能少渗水,在深水中修筑围堰,可采用双层钢板桩围堰(图3-31)或钢管式钢板桩围堰。

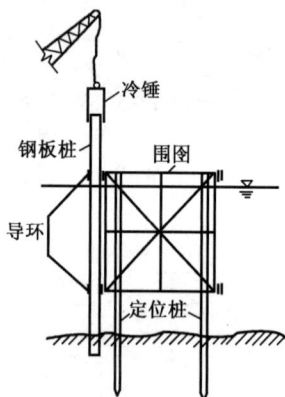

图3-30 围囹法插打钢板桩

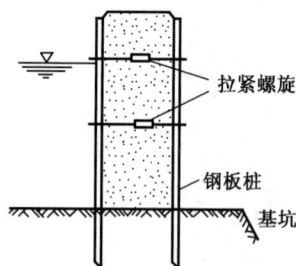

图3-31 双层钢板桩围堰

水中的围堰还可根据具体的施工条件和要求,采用其他的结构形式,如浮运钢套箱围堰,这种围堰形式多用于桩基础修筑承台用,将在第四章第三节中介绍。现在的深水特大型基础,很多采用地下连续墙和锁口管柱来作为施工的支挡结构,并作为基础的一部分来应用,具体请参见第八章和第九章的相关内容。

第六节 基坑板桩墙支护验算

在进行基坑开挖时,坑壁常用板桩予以支撑,板桩也可作为水中桥梁墩台施工时的围堰结构。板桩墙支护与刚性挡墙不同,板桩墙在土压力作用下要产生一定的挠曲变形,所以它的稳定性取决于墙身下部前后土体的被动抗力。板桩墙的受力状态与板桩墙的支承方式、施工的松紧程度、支承结构的刚度及板桩入土深度等密切相关。

作用于板桩墙的外力主要是坑壁土压力、水压力及坑顶均布荷载 q。板桩的变形会使土压力大小和分布发生很大变化,这种变化又会影响板桩的变形,两者密切相关,很难精确计算。因而目前仍然是忽略板桩的实际变形,沿用古典土压力理论计算作用于板桩墙上的土压力。一般用朗金理论来计算某深度 z 处单位宽度内的主动土压力 p_a 和被动土压力 p_p,即:

$$\begin{cases} p_a = (q + \gamma z)\tan^2\left(45° - \dfrac{\varphi'}{2}\right) \\ p_p = (q + \gamma z)\tan^2\left(45° + \dfrac{\varphi'}{2}\right) \end{cases} \tag{3-29}$$

式中: q——坑顶均布荷载;

γ——土的密度;

z——距坑面的深度;

φ'——等值内摩擦角,按表 3-14 取用。

等值内摩擦角 φ'　　　　　　　　表 3-14

土的类别　　　　土的潮湿程度	$0 < S_\gamma \leq 0.5$ (稍湿)	$0.5 < S_\gamma \leq 0.8$ (很湿)	$0.8 < S_\gamma \leq 1.0$ (饱和)
种植土	40°	35°	30°
淤泥	35°	20°	15°
亚砂土、亚黏土、黏土	40°~45°	30°~35°	20°~25°

由于计算式略去了黏聚力 c 的影响项,不考虑土与板桩间的摩阻力,而以提高后的等值内摩擦角 φ' 代入式中。

如果基坑外有地下水或地面水时,还要根据土的透水性和施工方法考虑作用在板桩墙上的静水压力。计算土压力时,水面以下为透水性土时土的重度取浮重度,计算全部静水压力。当水面以下土质为不透水性土,且施工中也不会造成板桩后土体松动使水进入土中时,则静水压力算到此不透水土层顶面;计算此土层的土压力时,土的重度不扣除浮力;土面上的水头作为满布超载考虑。对于难以判断其透水性的土,则应根据具体条件,从最不利情况考虑。

一、悬臂板桩墙计算

悬臂板桩墙不设支撑,因此墙身位移较大,通常用于粉土及黏土中支挡高度不大的临时支护。悬臂板桩墙往往是绕底端以上某点发生转动破坏,板桩的稳定性取决于旋转点以上墙前的被动抗力和旋转点以下墙后的被动抗力。由于墙底端附近土压力的精确分布很难确定,现一般假设按如图 3-32 的压力分布,墙身前侧是被动土压力 E_{p1},并考虑有除以 $K = 2.0$ 的安全系数,在墙身后方为主动土压力 E_a,另外在板桩下端还应有因旋转中心 O 以下在墙后产生的被动土压力 E_{p2},假定作用于 b 点,以对 b 点取平衡力矩来确定板桩入土深度 t。因实际上 E_{p2} 作

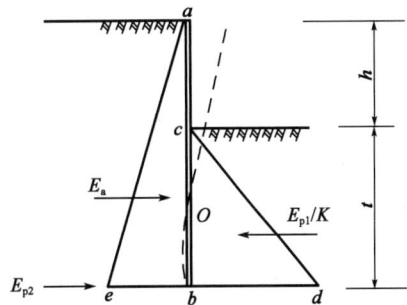

图 3-32　悬臂板桩墙压力分布图示

用位置应在 b 点之上,计算中没有考虑其影响,一般再增加 10% ~ 20% 的入土深度。最大弯矩位置按入土深度墙身所受剪力为零确定,然后计算出最大弯矩验算墙身强度。

二、单支撑板桩墙计算

当基坑开挖深度较大时,不能采用悬臂式板桩墙,而采用在板桩顶部附近设置水平顶撑或锚碇拉杆而成为单支撑板桩(图 3-33)。

当板桩入土较浅时,在坑壁主动土压力作用下,板桩底端有少量向前位移,入土端前侧坑底下的土压全部达到被动土压力,计算时除以安全系数 K[图 3-33a)]。

此时,以板桩两侧土压力对支撑点 O 的力矩平衡来求出入土深度 t 为:

$$E_a\left[\frac{2}{3}(h+t)-d\right] = \frac{E_p}{K}\left(h-d+\frac{2}{3}t\right) \tag{3-30}$$

由平衡条件 $\sum H = 0$ 得顶撑或锚杆力 T 为:

$$T = \left(E_a - \frac{E_p}{K}\right)a \tag{3-31}$$

式中:a——顶撑或锚杆间距。

当板桩入土较深时,此时板桩底端入土部分无位移,其转动也很微小且受到限制,故板桩下端可视为嵌固,其受力图示见图 3-34a)。E_{p2} 与悬臂板相同考虑。由于板桩入土较深,板桩墙的稳定性安全度由板桩的入土深度保证,故被动土压力 E_{p1} 不考虑安全系数。

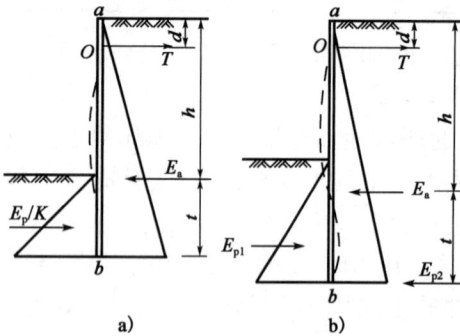

图 3-33 单支撑板桩计算图示

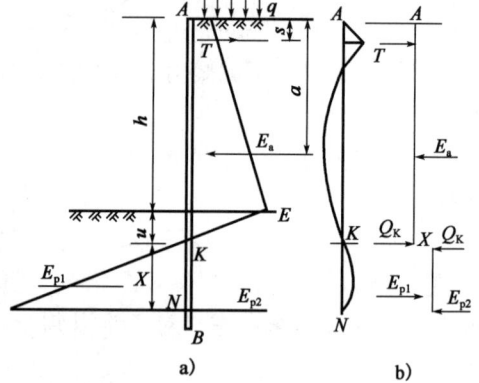

图 3-34 等值梁法简化计算图示

在板桩下端为嵌固支承时,土压力零点 K 与弯矩零点位置接近,假定 K 点也是弯矩零点处。这样,单支撑深板桩计算就可简化为两个相联的简支梁 AK 和 KN 的计算[图 3-34b)],此简化计算法叫作等值梁法。其具体计算步骤如下。

1. 确定土压力零点 K 的位置

设 K 点距坑底深为 u,则按此处墙前单位被动土压力与墙后单位主动土压力相等,则:

$$\gamma u \lambda_p = (q + \gamma h)\lambda_a + \gamma u \lambda_a \tag{3-32}$$

式中:λ_a、λ_p——主动及被动土压力系数。

$\lambda_a = \tan^2(45° - \varphi/2)$;$\lambda_p = \tan^2(45° + \varphi/2)$,代入式(3-32),得:

$$u = \frac{(q + \gamma h)\lambda_a}{\gamma(\lambda_p - \lambda_a)} \tag{3-33}$$

2. 由等值梁 AK 按力的平衡计算支撑反力 T 和 K 点剪力 Q_K

$$T = \frac{E_a(h + u - a)}{h + u - s} \tag{3-34}$$

$$Q_K = \frac{E_a(a - s)}{h + u - s} \tag{3-35}$$

3. 由等值梁 KN 求出板桩入土深度

由 $\sum M_N = 0$ 可求出 $E_{p1} = 3Q_K$，同时 $E_{p1} = \frac{1}{2}\gamma(\lambda_p - \lambda_a)X^2$，则：

$$X = \sqrt{\frac{6Q_K}{\gamma(\lambda_p - \lambda_a)}} \tag{3-36}$$

板桩下端固定时应埋入坑底以下深度：

$$t = u + (1.1 \sim 1.2)X$$

按以上等值梁计算出最大弯矩 M_{max}，就可进行板桩强度验算。

三、多支撑板桩墙计算

多支撑板桩的支撑层数及位置，要根据土质、水深、坑深、支撑结构材料及施工要求等确定。常用的一些计算方法都是采取某些假定的简化计算。前面介绍的等值梁法也可用于多支撑板桩计算。

一般先将外力近似地分配到板桩支撑上，中间支撑承受相邻上下各半跨荷载(土压力和水压力)(图 3-35)。然后对最上面的支撑点取力矩，按力矩平衡条件确定板桩的入土深度 t，其下端根据土的密实情况假定铰接或固接于基坑底以下 $t/3 \sim t/2$ 处(不小于 1.0m)。最后板桩是按多跨连续梁来验算板桩与支撑。

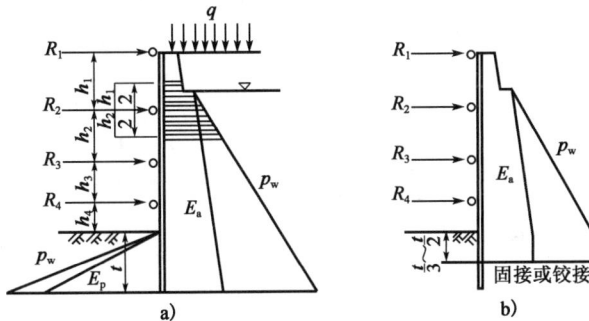

图 3-35 多支撑板桩计算图示

一般对多支撑板桩由于支撑跨度不等，其荷载作用和计算都较复杂，可参照一些施工手册计算用表。表 3-15 为一般三角形荷载下多支撑板桩的合理间距和内力计算用表。

验算时还应注意施工过程各阶段支撑结构的受力变化。例如在围堰内的土(或水)排除到某支撑以下 0.75 ~ 1.0m 尚未安设支撑，此时其上的邻撑受力或板桩所受弯矩可能达到最大值。又如水下施工时，在挖土阶段，可认为板桩只承受土压力；而在灌注了水下混凝土封底后，排除了围堰内的水，此时板桩要承受土压力与静水压力，会成为最不利受力状况。

序　号	支撑方式	计算简图	板桩墙弯矩及支承反力				
			系数 δ	系数 β			
				A	E	D	B
1	下面固定,有支点和悬臂部分		0.017 53			0.283	0.217
2	三个自由支点		0.014 70	0.028		0.321	0.151
3	三个自由支点,有悬臂部分		0.006 96		0.144	0.247	0.109
4	下面固定,有两个支点		0.012 12	0.034		0.285	0.183
5	下面固定,有两个支点和悬臂部分		0.006 16		0.141	0.227	0.132
最大弯矩			$M_{\max} = \delta\gamma\tan^2\left(45° - \dfrac{\varphi}{2}\right)H^3$				
支撑上的反力			$P = \beta\gamma\tan^2\left(45° - \dfrac{\varphi}{2}\right)H^3$				

第七节　刚性扩大基础 U 形桥台算例

一、设计资料

（1）设计荷载:汽车荷载为公路—Ⅰ级,人群荷载为 $2.5kN/m^2$。

（2）上部结构:采用钢筋混凝土 20m T 形梁标准图,查得:标准跨径 20m,计算跨径 19.50m,梁长 19.96m,桥面净宽 7m +2 × 0.75m,五梁式结构,主梁中距 1.60m。采用板式橡胶支座,支座高 4cm,一孔上部结构重力 $P_R = 792.9kN$。

（3）桥台材料：台帽用 C30 钢筋混凝土，重度 $\gamma = 25\text{kN/m}^3$，台身及基础分别用 C7.5 和 C5.0 号水泥砂浆 MU30 块片石，重度 $\gamma = 23\text{kN/m}^3$，$R_a^j = 4.8\text{MPa}$。

（4）高程：设计水位高程：182.93m；现河床面高程：180.96m；一般冲刷线高程：178.60m。

（5）地质资料：地基土为中密的砂砾，地基承载力基本容许值 $[f_{a0}] = 430\text{kPa}$，重度 $\gamma = 19.5\text{kN/m}^3$，孔隙比 $e = 0.6$，重度 $\gamma_0 = 27.1\text{kN/m}^3$，压缩模量 $E_s = 15\text{MPa}$，基底摩擦系数 $\mu = 0.40$。台内填土重度 $\gamma = 18\text{kN/m}^3$，内摩擦角 $\varphi = 35°$。

二、设计依据和参考资料

（1）《公路桥涵设计通用规范》（JTG D60—2004）。

（2）《公路圬工桥涵设计规范》（JTG D61—2005）。

（3）《公路钢筋混凝土及预应力混凝土桥涵设计规范》（JTG D62—2004）。

（4）《公路桥涵地基与基础设计规范》（JTG D63—2007）。

三、桥台尺寸拟定和计算

顺桥向台帽宽度：

$$b_1 = e_0 + e_1 + \frac{a}{2} + C_1 + C_2$$

式中：e_0——伸缩缝宽度，取 $e_0 = 2\text{cm}$；

e_1——支座中心至梁端距离，$e_1 = 23\text{cm}$；

a——支座顺桥向宽度，$a = 18\text{cm}$；

C_1——支座边缘到台身顶边缘距离，$C_1 = 20\text{cm}$；

C_2——台帽檐口宽度，$C_2 = 10\text{cm}$。

计算得：

$$b_1 = 2 + 23 + 18/2 + 20 + 10 = 64(\text{cm})$$

横桥向台帽宽度：

桥面宽为 8.50m，考虑与引道的衔接，一般应大于或等于桥面宽，取 $B = 8.70\text{m}$。

桥台长度：

锥坡高度以一般冲刷线算起 $H = 6.63\text{m}$，按 1:1 放坡，按规范要求，桥台侧墙后端伸入桥头锥坡顶点以内，长度为 75cm，推算出桥台侧墙长度为 $b = 5.89\text{m}$。

按规范要求，取前墙顶宽 $b_2 = 80\text{cm}$，前墙底宽 $b_3 \geqslant 0.4H = 0.4 \times 6.63 = 2.65(\text{m})$，根据计算调整为 $b_3 = 2.94\text{m}$。

基础底面埋入一般冲刷线以下 2.0m 处，取 2 个台阶，$h_1 = 0.75\text{m}$，襟边宽 0.3m。

桥台与基础细部尺寸详见图 3-36。

四、作用计算

（一）结构重力计算

仅验算台身底截面和基础底截面。

（1）上部结构重力 $P_R = 792.9\text{kN}$。

（2）台身、侧墙及填土重力计算见表 3-16。

129

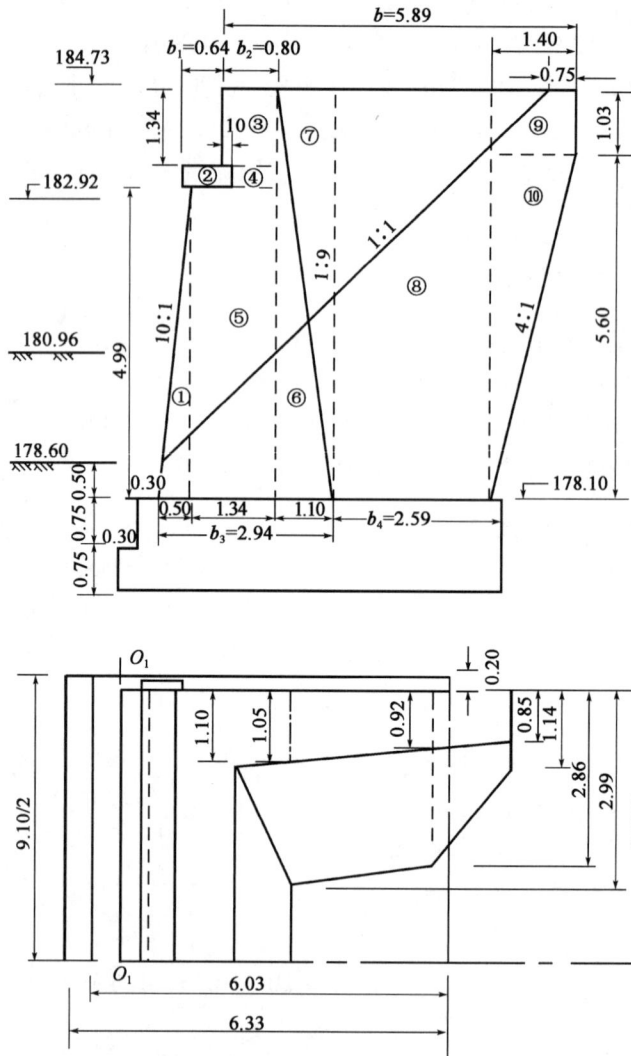

图3-36 桥台与基础细部尺寸图(尺寸单位:m)

台身、侧墙、填土重力及对 O_1-O_1 重心距的计算　　　　　　表3-16

图 中 序 号	力/力臂计算式	垂直力(kN)	力臂(m)	弯矩(kN·m)
①	$1/2 \times 0.5 \times 4.99 \times 8.70 \times 23$ $2/3 \times 0.5$	249.6	0.33	82.4
②	$0.74 \times 0.3 \times 8.70 \times 25$ $0.74/2 + (0.50 - 0.10)$	48.3	0.77	37.2
③	$0.8 \times 1.34 \times 8.70 \times 23$ $0.8/2 + 0.64 + 0.40$	214.5	1.44	308.9
④	$0.70 \times 0.30 \times 8.70 \times 23$ $0.70/2 + 0.64 + 0.50$	42.0	1.49	62.6
⑤	$1.34 \times 4.99 \times 8.70 \times 25$ $0.50 + 1.34/2$	1 338.0	1.17	1 565.5
⑥	$1/2 \times 1.10 \times 6.63 \times 8.70 \times 23$ $2.94 - 2/3 \times 1.10$	729.7	2.21	1 612.6

130

图中序号	力/力臂计算式	垂直力(kN)	力臂(m)	弯矩(kN·m)
⑦	墙重:$\frac{1}{6}(1.10+1.05+2.99)\times6.63\times23\times2$ 近似:$2.94-1/3\times1.10$ 土重:$(1/2\times1.10\times6.63\times8.70-287.4/23)\times18$ 近似:$2.94-1/3\times1.10$	287.4 393.1	2.57 2.57	738.6 494.2
⑧	$A_1=(1.05+0.92)\times1/2\times2.59=2.55$ $A_2=(2.99+2.86)\times1/2\times2.59=7.58$ $1/2(A_1+A_2)=1/2(2.55+7.58)=5.07$ 墙重:$\frac{1}{6}(2.55+5.07+7.58)\times6.63\times23\times2$ 近似:$2.94+2.59/2$ 土重:$(2.59\times6.63\times8.70-1545.7/23)\times18$ 近似:$2.94+2.59/2$	1 545.7 1 479.5	4.24 4.24	6 551.6 6 274.4
⑨	$A_1=(0.92+0.85)\times1/2\times1.40=1.24$ $A_2=(1.21+1.14)\times1/2\times1.40=1.64$ 墙重:$1/2(1.24+1.64)\times1.03\times23\times2$ 近似:$2.94+2.59+1.40/2$ 土重:$0.20\times[8.70-(0.92+1.21)\times1/2\times2]\times$ 1.03×18 近似:$2.94+2.59+1.40/2$	68.3 24.4	6.23 5.63	425.5 137.4
⑩	墙重:$\frac{1}{6}(1.14+1.21+2.86)\times1.40\times$ $(6.63-1.03)\times23\times2$ 近似:$2.94+2.59+1.40/3$ 土重:$[8.70-(1.21+2.86)\times1/2\times2]\times$ $0.20\times5.60\times18$ 近似:$2.94+2.59+0.10$	313.2 93.3	6.00 5.63	1 879.2 525.3
	计算基底截面时$\overline{X}=\dfrac{20\ 696.2}{6\ 827.0}=3.03(m)$	6 827.0		20 696.2
	计算台底截面时$\overline{X}=\dfrac{16\ 462.2}{5\ 831.9}=2.82(m)$	5 831.9		16 462.2

注:计算台身底截面应力时,应扣除前墙、侧墙脚以外的填土重。

(3)基础及襟边上土重

基础重:

$$P_1=6.03\times9.10\times0.75\times23=946.6(kN)$$
$$P_2=6.33\times9.10\times0.75\times23=993.7(kN)$$

台前襟边土重,由河床线计起,则:

$$P_1=0.30\times9.10\times(180.96-178.10)\times19.5=152.3(kN)$$
$$P_2=0.30\times9.10\times(180.96-177.35)\times19.5=192.2(kN)$$

侧面台阶上土重数值较小,忽略不计。

(二)汽车荷载布置和支座反力、土压力计算

1.汽车荷载布置和支座反力、土压力计算

重力式墩台不计冲击系数。

（1）台后无荷载，车道荷载作用在桥上（图3-37）。

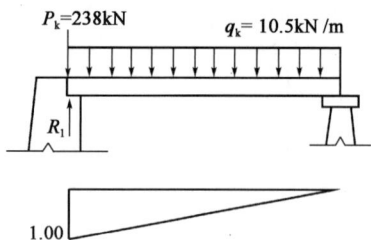

图3-37　仅桥上布载

据规范知：集中荷载标准值有以下规定：$l \leqslant 5\text{m}$ 时，P_k 为180kN；$l \geqslant 50\text{m}$ 时，P_k 为360kN；当 $l = 19.50\text{m}$ 时，进行线性内插得 P_k 为238kN。

计算剪力效应时，$P_k = 238 \times 1.2 = 285.6(\text{kN})$，则：

$$R_1 = \left[285.6 \times 1 + \frac{1}{2} \times 19.50 \times 10.5\right] \times 2$$
$$= 775.95(\text{kN})$$

相应土压力计算作如下考虑：

①计算桥台地基承载力时，仅计算基础顶面到桥台顶面范围的土压力，基础高度内的主动土压力和被动土压力均不考虑。

②验算桥台滑动稳定性时，主动土压力按整个桥台高度（基础底面到桥台顶面）计算。

总的主动土压力：

$$E = \frac{1}{2}B\gamma H^2 \mu$$

$$\mu = \frac{\cos^2(\varphi - \alpha)}{\cos^2\alpha \cdot \cos(\alpha + \delta)\left[1 + \sqrt{\dfrac{\sin(\varphi + \delta) \cdot \sin(\varphi - \beta)}{\cos(\alpha + \delta) \cdot \cos(\alpha - \beta)}}\right]}$$

式中：E——主动土压力标准值（kN）；

γ——土的重度（kN/m³）；

B——桥台的计算宽度（m）；

H——计算土层高度（m）；

β——填土表面与水平面的夹角；

α——桥台台背与竖直面的夹角；

δ——台背与填土间的摩擦角，取 $\delta = \varphi/2$。

$\delta = 35°/2 = 17.5°$，$\varphi = 35°$，$\beta = 0°$，$\tan\alpha = \dfrac{1.10}{6.63}$，所以 $\alpha = 9.42°$，则：

$$\mu = \frac{\cos^2(35° - 9.42°)}{\cos^2 9.42° \cdot \cos(9.42° + 17.5°)\left[1 + \sqrt{\dfrac{\sin(35° + 17.5°) \cdot \sin 35°}{\cos(9.42° + 17.5°) \cdot \cos 9.42°}}\right]} = 0.545$$

所以：

$$E = (1/2) \times 18 \times 8.70 \times 6.63^2 \times 0.545 = 1\,875.79(\text{kN})$$

E 的着力点自计算土层底面算起为：

$$C = \frac{H}{3} = \frac{6.63}{3} = 2.21(\text{m})$$

水平方向：

$$E_h = 1\,672.52\text{kN}, C_h = 2.21\text{m}, M_h = 3\,696.27\text{kN} \cdot \text{m}$$

竖直方向：

$$E_v = 849.27\text{kN}, C_v = 0.08\text{m}, M_v = 67.94\text{kN} \cdot \text{m}$$

（2）台后、桥上均有荷载。车辆荷载在台后，车道荷载在桥上（此时车道荷载仅考虑均布荷载），则台后布载长度确定作如下考虑。

①土破坏棱体长度由侧墙根算起。

132

②侧墙端部的折线近似作直线处理。

布载长度：

$$l = b_3 - 0.50 - 0.29 + b_4 + H\tan\theta$$

$$\tan\theta = -\tan\omega + \sqrt{(\cos\varphi + \tan\omega)(\tan\omega - \tan\alpha)}$$

$$\varphi = 35°, \delta = 35°/2 = 17.5°, \alpha = 9.42°$$

$$\omega = \alpha + \varphi + \delta = 35° + 17.5° + 9.42° = 61.92°$$

$$\tan\theta = -\tan61.92° + \sqrt{(\cos35° + \tan61.92°)(\tan61.92° - \tan9.42°)} = 0.2708$$

$$l = 2.94 - 0.5 - 0.29 + 2.59 + 6.63 \times 0.2708 = 6.54(\text{m})$$

荷载布置如图 3-38 所示。

此时支反力为：

$$R_2 = 2 \times 2 \times 1 \times 19.5 \times 10.5 = 204.75(\text{kN})$$

土压力车辆荷载等代均布土层厚度计算式为：

$$h = \frac{\sum G}{Bl_0 \cdot \gamma}$$

l_0 由前墙后缘算起：

$$l_0 = 6.54 - 0.25 - 0.80 = 5.49(\text{m})$$

$$h = 2 \times (140 + 140)/(8.70 \times 5.49 \times 18) = 0.651(\text{m})$$

土压力为：

$$E = \frac{1}{2}\gamma H(H + 2h)B\mu$$

$$= \frac{1}{2} \times 18 \times 6.63 \times (6.63 + 2 \times 1 \times 0.651) \times 8.70 \times 0.545$$

$$= 2244.16(\text{kN})$$

$$E_h = 2000.98\text{kN}, E_v = 1016.04\text{kN}$$

$$C_h = 2.391\text{m}, C_v = 0.05\text{m}$$

着力点：

$$C = \frac{H}{3} \cdot \frac{H + 3h}{H + 2h} = \frac{6.63}{3} \times \frac{6.63 + 3 \times 0.651}{6.63 + 2 \times 0.651} = 2.391(\text{m})$$

$$M_h = 4784.34\text{kN} \cdot \text{m}, M_v = -50.80\text{kN} \cdot \text{m}$$

(3)桥上无荷载,台后有车辆荷载(图 3-39)。

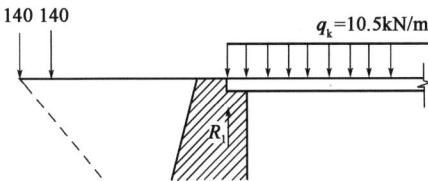

图 3-38　台后桥上均布载

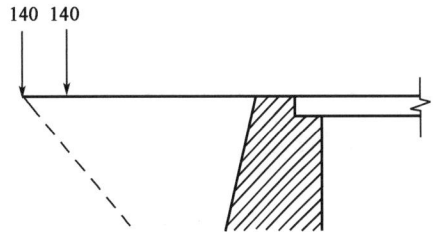

图 3-39　仅台后布载

此时,支反力为 0,土压力车辆荷载等代均布土层厚度为：

$$h = \frac{\sum G}{Bl_0\gamma} = \frac{2 \times (140 + 140)}{8.70 \times 5.49 \times 18} = 0.651(\text{m})$$

土压力合力为：

$$E = \frac{1}{2}\gamma H(h + 2h)B\mu$$

$$= \frac{1}{2} \times 18 \times 6.63 \times (6.63 + 2 \times 0.651) \times 8.70 \times 0.545 = 2244.16(\text{m})$$

$$E_h = E \cdot \cos(\alpha + \delta) = 2\,000.98(\text{kN}), E_v = E \cdot \sin(\alpha + \delta) = 1\,016.14(\text{kN})$$

着力点：

$$C = \frac{H}{3} \cdot \frac{H + 3h}{H + 2h} = 2.391(\text{m})$$

$$C_h = 2.39\text{m}, C_V = -0.05\text{m}$$

$$M_h = 4\,784.34\text{kN} \cdot \text{m}, M_v = -50.80\text{kN} \cdot \text{m}$$

2. 人群荷载反力及其他各力计算

人群荷载反力：

$$R_1 = \frac{1}{2} \times (20 \times 0.75 \times 3.5 \times 2) = 52.5(\text{kN})$$

摩阻力：

$$F = \mu W = 0.30 \times 792.9 = 237.87(\text{kN})$$

制动力 H_t：

一行车队总重的 10%，$H_t = (238 + 10.50 \times 19.50) \times 10\% = 44.275\text{kN}$。

因为 $2H_t = 2 \times 44.275 = 88.55\text{kN} < 165\text{kN}$，故制动力取 $H_t = 165\text{kN}$。

各种荷载计算结果和组合见表 3-17。

五、台身截面强度验算

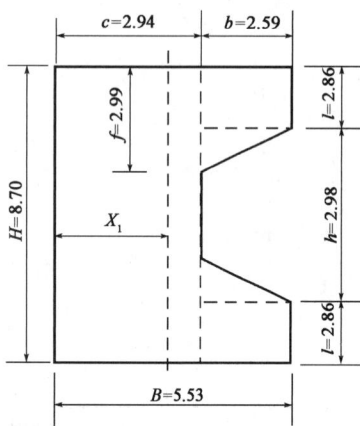

图 3-40 台身底截面计算图（尺寸单位:m）

仅验算台身底截面（图 3-40），其他截面若需验算，方法相同。

（一）台身底截面特征值的计算

$$A = 2.94 \times 8.70 + \frac{1}{2} \times 2.59 \times (2.99 + 2.86) \times 2$$

$$= 40.73(\text{m}^2)$$

$$X_1 = \Big[8.70 \times 2.94 \times \frac{1}{2} \times 2.94 + 2 \times 2.59 \times 2.86 \times$$

$$\Big(\frac{1}{2} \times 2.59 \times 2.94\Big) + \frac{1}{2} \times 2.59 \times 0.13 \times$$

$$\Big(\frac{1}{3} \times 2.59 \times 2.94\Big) \times 2 \Big] \div 40.73 = 2.49(\text{m})$$

$$I = \frac{1}{12} \times 8.70 \times 5.33^3 + \Big[40.73 + \frac{1}{2} \times 2.59 \times (2.98 + 2.72) \Big] \times 0.275^2 -$$

$$\Big[\frac{1}{12} \times 2.72 \times 2.59^2 + 2.72 \times 2.59 \times \Big(3.04 - \frac{2.59}{2}\Big)^2 \Big] - 2 \times$$

$$\Big[\frac{1}{36} \times 0.13 \times 2.59^3 + \frac{1}{2} \times 0.13 \times 2.59 \times \Big(\frac{2}{3} \times 2.59 + 0.45\Big)^2 \Big] = 99.13(\text{m}^4)$$

134

则截面回转半径可由下式求得：

$$\gamma_w = \sqrt{\frac{I}{A}} = \sqrt{\frac{99.13}{40.73}} = 1.56(\text{m})$$

(二)荷载组合和计算

台身底截面验算荷载组合见表 3-17。

台身底截面验算荷载组合表

表 3-17

序　号	荷载作用情况 计算项目		公路—Ⅰ级		
			台后无荷载，车道荷载 在桥上	后台、桥上均有荷载， 车辆在后台，车道在桥上	桥上无荷载，台后为 车辆荷载
1	上部 恒载	力(kN)	792.9	792.9	792.9
		力臂(m)	1.70	1.70	1.70
		弯矩(kN·m)	1 347.9	1 347.9	1 347.9
2	台身 恒载	力(kN)	5 831.9	5 831.9	5 831.9
		力臂(m)	−0.33	−0.33	−0.33
		弯矩(kN·m)	−1 924.53	−1 924.53	−1 924.53
3	支反力	力(kN)	775.95	204.75	0
		力臂(m)	1.70	1.70	1.70
		弯矩(kN·m)	1 319.12	348.08	0
4	人群	力(kN)	52.5	52.5	52.5
		力臂(m)	1.70	1.70	1.70
		弯矩(kN·m)	89.25	89.25	89.25
5	台后土压力	力(kN)	水平:1 672.52 垂直:849.27	水平:2 000.98 垂直:1 016.04	水平:2 000.98 垂直:1 016.14
		力臂(m)	$C_h = 2.21$ $C_v = -0.08$	$C_h = 2.39$ $C_v = -0.05$	$C_h = 2.39$ $C_v = -0.05$
		弯矩(kN·m)	$M_h = 3\,696.27$ $M_v = -67.94$	$M_h = 4\,784.34$ $M_v = -50.80$	$M_h = 4\,784.34$ $M_v = -50.80$
6	制动力	力(kN)	165	165	165
		力臂(m)	5.33	5.33	5.33
		弯矩(kN·m)	879.45	879.45	879.45
7	组合	$\sum P_v(\text{kN})$	8 302.52	7 898.19	7 693.44
		$\sum M(\text{kN·m})$	3 935.16	4 069.33	3 721.25
		$\sum P_h(\text{kN})$	1 672.52	2 000.98	2 000.98

注:1. 该算例台后土压力垂直分力的影响很小,可以不考虑,算例计入是提醒读者在计算时,某些情况可能需要分析考虑。

　2. 台后桥上均布荷载,车道在桥上,在桥上的仅有均布荷载而无集中力。

(三)截面强度验算

从荷载组合表中可以看出,最不利情况为车道荷载布置在桥上,车辆荷载在台后,按偏心受压构件验算,则:

$$N \leqslant \alpha A R_a^j / \gamma_m$$

式中：γ_m——安全系数，块石砌体受压，$\gamma_m = 2.31$；

R_a^j——抗压计算强度，$R_a^j = 4.80\text{MPa} = 4\,800\text{kN/m}^2$；

A——台底截面积，$A = 40.73\text{m}^2$；

α——纵向力偏心影响系数。

$$\alpha = \frac{1 - \left(\dfrac{e_0}{y}\right)^m}{1 + \left(\dfrac{e_0}{\gamma_w}\right)^2}$$

其中，$e_0 = M/N = 4\,069.33/7\,898.19 = 0.515(\text{m})$，$y = 2.49\text{m}$，$\gamma_w = 1.56$，$m = 8$。
则：

$$\alpha = \frac{1 - \left(\dfrac{0.515}{2.49}\right)^8}{1 + \left(\dfrac{0.515}{1.56}\right)^2} = 0.902$$

所以：

$$4\,800/2.31 \times 40.73 \times 0.902 = 76\,339.66\text{kN} > 7\,898.19\text{kN}$$

故验算通过。

偏心距验算：

$e_0 \leqslant 0.5 X_1$，又 $0.5 X_1 = 0.5 \times 2.49 = 1.25 > 0.515$。

施工验算时，可考虑无上部荷载，而仅有台身自重和土压力，此时有：

$N = 5\,831.9\text{kN}$，$M = -2\,449.44 + 4\,784.34 - 50.80 = 2\,284.10(\text{kN} \cdot \text{m})$

则：

$$e_0 = M/N = 2\,284.10/5\,831.9 = 0.393\text{m} \leqslant 0.5 X_1 = 1.25\text{m}$$

故偏心距验算通过。

六、基础底面地基承载力验算

(一)基础底面特征值计算

$$A = 6.33 \times 9.10 = 57.60(\text{m}^2)$$
$$W = \frac{9.10 \times 6.33^2}{6} = 60.77(\text{m}^3)$$

(二)地基土容许承载力确定

$$[f_a] = [f_{a0}] + k_1 \gamma_1 (b - 2) + k_2 \gamma_2 (h - 3)$$

查得对中密砂砾 $k_1 = 3$，$k_2 = 1.5$，基础埋置在一般冲刷线下 2.0m，$h < 3.0\text{m}$，深度项不修正，$\gamma_1 = 19.5 - 10 = 9.5\text{kN/m}^3$，则 $[f_a] = 430 + 3.0 \times 9.5 \times 6.33 = 610\text{kPa}$。

(三)汽车荷载验算

1.汽车荷载布置为台上、桥上均有荷载时

此种布载考虑台后布置车辆荷载，一行车队不应有两辆重载车，所以该工况桥上布置车道荷载不加集中力。有关桥台布载的讨论可参看第一章第五节有关内容。

外力对基础底中性轴的弯矩：

上部恒载

$M = 792.9 \times (3.17 - 1.39) = 1\,411.4(\text{kN} \cdot \text{m})$

台身及填土重

$M = 6\,827.0 \times (3.17 - 3.03 - 0.60) = -3\,140.42(\text{kN} \cdot \text{m})$

基础自重(包括台前襟边土重)

$M = 946.6 \times (3.17 - 6.03/2 - 0.3) + 152.3 \times (3.17 - 0.45) + 192.2 \times (3.17 - 0.15)$
$= 857.4(\text{kN} \cdot \text{m})$

汽车荷载

$M = 204.75 \times 1.78 = 364.46(\text{kN} \cdot \text{m})$

人群荷载

$M = 52.5 \times 1.78 = 93.45(\text{kN} \cdot \text{m})$

土压力

$M_1 = 2\,000.98 \times (2.39 + 1.50) = 7\,783.81(\text{kN} \cdot \text{m})$

$M_2 = 1\,016.04 \times 0.05 = 50.80(\text{kN} \cdot \text{m})$

$M_{\pm} = M_1 + M_2 = 7\,834.61(\text{kN} \cdot \text{m})$

摩阻力

$M = 165 \times (5.33 + 1.50) = 1\,126.95(\text{kN} \cdot \text{m})$

$\sum P = 792.9 + 6\,827.0 + 946.6 + 993.7 + 152.3 + 192.2 + 204.75 + 52.5 + 1\,016.04$
$= 11\,177.99(\text{kN})$

$\sum M = 1\,411.4 - 3\,140.42 + 857.4 + 364.46 + 93.45 + 7\,834.61$
$= 7\,420.9(\text{kN} \cdot \text{m})$

$p = \dfrac{\sum P}{A} \pm \dfrac{\sum M}{W} = \dfrac{11\,177.99}{57.60} \pm \dfrac{7\,420.9}{60.77} = \begin{cases} 316.18\text{kPa} \\ 71.95\text{kPa} \end{cases} < [f_a] = 610\text{kPa}$

2. 汽车荷载布置为台后无荷载,车道荷载在桥上时

$M = 775.95 \times 1.78 = 1\,381.19(\text{kN} \cdot \text{m})$

土压力

$M_1 = 1\,672.52 \times (2.21 + 1.50) = 6\,205.05(\text{kN} \cdot \text{m})$

$M_2 = 849.27 \times 0 = 0(\text{kN} \cdot \text{m})$

$M_{\pm} = 6\,205.05(\text{kN} \cdot \text{m})$

$\sum P = 792.9 + 6\,827.0 + 946.6 + 993.7 + 152.3 + 192.2 + 775.95 + 52.5 + 849.27$
$= 11\,582.42(\text{kN})$

$\sum M = 1\,411.4 - 3\,140.42 + 857.4 + 1\,381.19 + 93.45 + 6\,205.05 = 6\,628.07(\text{kN} \cdot \text{m})$

$p = \dfrac{\sum P}{A} \pm \dfrac{\sum M}{W} = \dfrac{11\,582.42}{57.60} \pm \dfrac{6\,628.07}{60.77} = \begin{cases} 310.15\text{kPa} \\ 92.02\text{kPa} \end{cases} < [f_a] = 610\text{kPa}$

综合 1、2 知,两种布载工况计算结果相差很小,算例只为能使读者熟悉方法。

七、稳定性验算

按设计水位考虑浮力,说明如下。浆砌圬工体的浮力为 10kN/m^3。

土的浮重度:

$$\gamma_f = \frac{1}{1 + e_0}(\gamma_0 - \gamma_w) = \frac{1}{1 + 0.6}(27.1 - 10) = 10.7(\text{kN/m}^3)$$

台内填土浮重度：

$$18 - 10.7 = 7.3(\,\text{kN/m}^3\,)$$

设计水位高度(到基础底面)：

$$H = 182.93 - 176.60 = 6.33(\,\text{m}\,)$$

1.设计水位时台身及填土所受浮力计算

设计水位时台身及填土所受浮力计算见表3-18。

设计水位时桥台浮力计算表

表3-18

序 号	垂直力 P （kN）	浮力计算式	浮力 P_1 （kN）	$P_2 = P - P_1$ （kN）	对基底 重心距 （m）	对基底重心弯矩 $M = P_2 e$ （kN·m）
①	249.6	$(0.02 + 0.50) \times 4.83 \times 1/2 \times 8.70 \times 10$	109.3	140.3	2.235	313.6
②	48.3			48.3	1.795	88.7
③	214.5			214.5	1.125	241.3
④	42.0			42.0	1.075	45.2
⑤	1 338.0	$1.34 \times 4.83 \times 8.70 \times 10$	563.1	774.9	1.395	1 081.0
⑥	729.7	$(0.3 + 1.10) \times 4.83 \times 1/2 \times 8.70 \times 10$	294.1	435.6	0.355	154.6
⑦	墙重：287.4	$(1.61 + 1.58 + 2.99) \times 0.8 \times 4.83 \times 10 \times 2/6$	79.6	207.8	−0.005	−1.0
	土重：393.1	$(1/2 \times 0.8 \times 4.83 \times 8.70 - 7.96) \times 0.73 \times 10$	64.6	328.5	−0.005	−1.6
⑧	墙重：1 545.7	$A_1 = (1.58 + 1.45) \times \dfrac{1}{2} \times 2.59 = 3.92$ $A_2 = (2.99 + 2.86) \times \dfrac{1}{2} \times 2.59 = 7.58$	555.5	990.2	−1.675	−1 658.6
	土重：1 479.5	$\dfrac{1}{2}(3.92 + 7.58) \times 4.83 \times 2 \times 10$ $(2.59 \times 4.83 \times 8.7 - \dfrac{555.5}{10}) \times 0.73 \times 10$	389.0	1 090.5	−1.675	−1 827.1
⑨	墙重：68.3 土重：24.4			68.3 24.4	−3.665 −3.665	−250.3 −74.8
⑩	墙重：313.2	$\dfrac{1}{6}(1.45 + 1.39 + 2.86) \times 1.20 \times 4.83 \times 2 \times 10$	110.1	203.1	−3.435	−697.6
	土重：93.3	$[8.70 - (1.39 + 2.86) \times \dfrac{1}{2} \times 2] \times$ $0.2 \times 4.83 \times 0.73 \times 10$	31.4	61.9	−3.065	−189.7
合计	6 827.0		2 196.7	4 630.3		−2 776.3

2.其他外力计算

上部恒载：

$$P = 792.9\text{kN}, M = 1\ 411.4\text{kN·m}$$

基础及襟边土重,由一般冲刷线用浮重度计算,即:

$P = (0.3 \times 9.1 \times 0.5 + 0.3 \times 9.1 \times 1.25) \times 10.7 + (6.03 \times 9.1 \times 0.75 + 6.33 \times 9.1 \times 0.75) \times 13$
$= 1\,147.8(kN)$

$M = 0.3 \times 9.1 \times 0.5 \times 10.7 \times (3.17 - 0.45) + 0.3 \times 9.1 \times 1.25 \times 10.7 \times (3.17 - 0.15) +$
$6.03 \times 9.10 \times 0.75 \times 13 \times (-0.15)$
$= 69.7(kN \cdot m)$

3. 设计水位时台后土压力计算

设计水位时台后土压力计算见图 3-41。

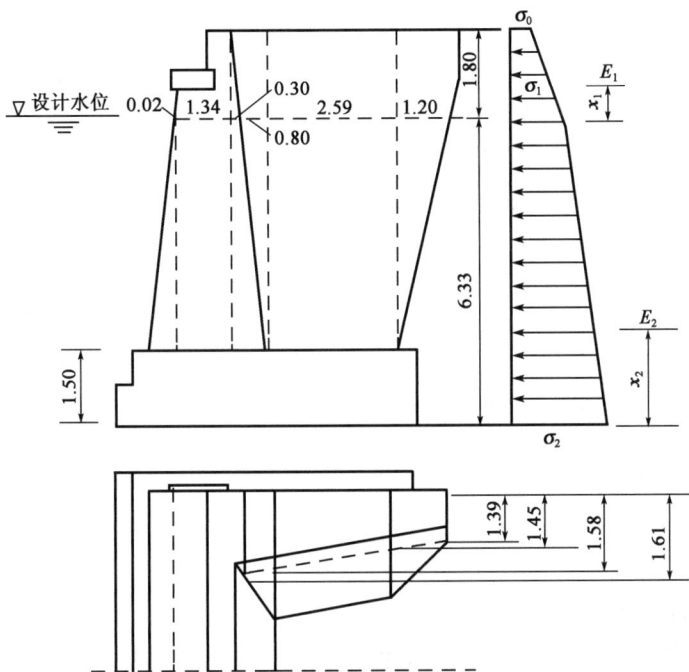

图 3-41　设计水位处台身尺寸与土压力

$$E_1 = \frac{1}{2}\gamma H_1(H_1 + 2h)\mu B = \frac{1}{2} \times 18 \times 1.8 \times (1.8 + 2 \times 0.651) \times 0.545 \times 8.70 = 238.27(kN)$$

$$E_2 = \frac{1}{2}\gamma' H_2(2H_1 + H_2 + 2h)\mu B$$

$$= \frac{1}{2} \times 10.7 \times 6.33 \times (2 \times 1.8 + 6.33 + 2 \times 0.651) \times 0.545 \times 8.70 = 1\,803.56(kN)$$

$$C'_{1x} = \frac{H_1}{3} \cdot \frac{H_1 + 3h}{H_1 + 2h} = \frac{1.8}{3} \times \frac{1.8 + 3 \times 0.651}{1.8 + 2 \times 0.651} = 0.726(m)$$

$$C_{2x} = \frac{H_2}{3} \cdot \frac{H_2 + 3(h + H_1)}{H_2 + 2(h + H_1)} = \frac{6.33}{3} \times \frac{6.33 + 3 \times (0.651 + 1.8)}{6.33 + 2 \times (0.651 + 1.8)} = 2.57(m)$$

$$C_{1x} = 6.33 + 0.726 = 7.056(m)$$

$$E_{1x} = E_1\cos\theta = 238.27 \times \cos 26.92° = 212.45(kN)$$

$$E_{1y} = E_1\sin\theta = 107.88kN$$

$$E_{2x} = E_2\cos\theta = 1\,608.12kN$$

$$E_{2y} = E_1\sin\theta = 816.56kN$$

$$E_h = E_{1x} + E_{2x} = 1\,820.57\text{kN}$$

$$E_v = E_{1y} + E_{2y} = 924.44\text{kN}$$

土压力对基底的弯矩为:

$$M_1 = 1\,608.12 \times 2.57 + 212.45 \times 7.056 = 5\,631.92(\text{kN} \cdot \text{m})$$

$$M_2 = 107.88 \times 0.552 + 816.56 \times 0.056 = 105.28(\text{kN} \cdot \text{m})$$

$$M = M_1 + M_2 = 5\,737.2(\text{kN} \cdot \text{m})$$

4. 抗倾覆稳定验算

最不利情况先以桥上无荷载,台后有荷载的情况验算,则摩阻力产生的弯矩为:

$$M = 1\,126.95(\text{kN} \cdot \text{m})$$

$$\sum P = 792.9 + 4\,630.3 + 1\,147.8 + 924.44 = 7\,502.64(\text{kN})$$

$$\sum M = -2\,776.3 + 69.7 + 1\,411.4 + 5\,737.2 + 1\,126.95 = 5\,568.95(\text{kN} \cdot \text{m})$$

$$e_0 = \sum M / \sum P = 5\,568.95 / 7\,502.64 = 0.742(\text{m})$$

抗倾覆稳定系数:

$$k_0 = s/e_0 = 3.165/0.742 = 4.27 > [k_0] = 1.3$$

台后和桥上均有荷载时的情况,分析安全度较大,故验算略。

5. 抗滑动稳定验算

最不利情况为桥上无荷载,台后有荷载:

$$\sum H = 165 + 1\,820.57 = 1\,985.57(\text{kN})$$

$$\sum P = 7\,502.64(\text{kN})$$

对中密砂砾:

$$k_c = \mu \sum P / \sum H = 0.40 \times 7502.64 / 1\,985.57 = 1.51 > [k_c] = 1.2$$

故验算通过。

6. 基底合力偏心距验算

根据规范,非岩石地基桥台基础的合力偏心距 e_0 应符合下述情况:

仅受恒载作用时,$e_0 \leqslant 0.75\rho$;荷载组合作用时,$e_0 \leqslant 1.0\rho$。

其中,ρ 为基底截面的核心半径,即:

$$\rho = W/A = 60.77/57.60 = 1.05(\text{m})$$

恒载设计水位时:

$$\sum P = 7\,502.64(\text{kN})$$

计算土压力时应扣除汽车荷载等代土层厚在台后引起的土压力,则:

$$E = 1\,820.57 - 6.386 \times 8.7 \times 8.13 = 1\,368.86(\text{kN})$$

力臂仍近似原力臂,则土压力对基底变弯矩为:

$$M = 1\,368.86 \times 5\,737.2 / 1\,820.57 = 4\,313.72(\text{kN} \cdot \text{m})$$

$$\sum M = 4\,313.72 + 1\,411.4 + 69.7 - 2\,776.3 = 3\,018.52(\text{kN} \cdot \text{m})$$

仅受恒载时,则:

$$e_0 = \sum M / \sum P = 3\,018.52 / 7\,502.64 = 0.40 < 0.75 \times 1.05 = 0.78(\text{m})$$

荷载组合作用时:

$$e_0 = 5\,568.95 / 7\,502.64 = 0.74\text{m} < 1.05\text{m}$$

故验算通过。

八、沉降量计算

桥梁墩(台)基础沉降量计算只考虑恒载的影响,用分层总和法根据压缩量计算。

(一)基底应力计算

1.基底恒载平均压应力计算

$$\sum P = 792.9 + 6\,827.0 + 946.6 + 993.7 + 152.3 + 192.2 = 9\,904.7(\text{kN})$$

$$p' = \sum P/A = 9\,904.7/57.60 = 172.0(\text{kPa})$$

2.台后路基填土引起的桥台基底压应力

一般台后填土 $H > 5.0\text{m}$ 时,计算此项影响。

$\gamma = 18\text{kN/m}^3$,路基填土高 $H = 184.73 - 180.96 = 3.77\text{m}$,计算时按 $H_1 = 5.0\text{m}$ 查表,基础宽度 $b = 6.33\text{m}$,基础埋深 $h = 180.96 - 176.60 = 4.36\text{m}$。

基础后边缘引起的压应力,查得 $\alpha_1 = 0.44$,则:

$$p_1 = \alpha_1 \gamma_1 H_1 = 0.44 \times 18 \times 3.77 = 30.1(\text{kPa})$$

基础前缘引起的压应力,查得 $\alpha_1 = 0.07$,则:

$$p_2 = \alpha_1 \gamma_1 H_2 = 0.07 \times 18 \times 3.77 = 4.8(\text{kPa})$$

在基底中心处引起的压应力为:

$$p_0 = \frac{1}{2}(30.1 + 4.8) = 17.5(\text{kPa})$$

3.桥台基底中心处的总压力

$$p = 172.0 + 17.5 = 189.5(\text{kPa})$$

(二)各土层自重应力计算

一般情况薄层厚度取 $h_i \leqslant 0.4b$,$b = 6.33\text{m}$,在此取 $h_i = 2.00\text{m}$,计算时用浮重度,则:

O 点 $\quad p_{cz} = \gamma_i h = 10.7 \times 4.36 = 46.6(\text{kPa})$

I 点 $\quad p_{cz} = 46.6 + 10.7 \times 2.0 = 68.0(\text{kPa})$

以此类推,各土层层面处自重应力计算见表3-19及图3-42。

基底自重应力与附加应力分布表　　　　　　　　　　　表3-19

分层编号	土层厚度 (m)	深度 z (m)	自重力 p_{cz} (kPa)	深度比 $m = z/6.33$	应力系数 α	附加应力 p_{zi} (kPa)	平均附加应力 p_z (kPa)
0	2.0	0	46.6	0	1.00	142.9	135.15
1	2.0	2	68.0	0.32	0.899	127.4	111.05
2	2.0	4	89.4	0.63	0.663	94.7	79.45
3	2.0	6	110.8	0.95	0.449	64.2	54.25
4	2.0	8	132.2	1.26	0.310	44.3	37.8
5	2.0	10	153.6	1.58	0.219	31.3	27.35
6	2.0	12	175	1.89	0.164	23.4	20.85
7	2.0	14	196.4	2.21	0.128	18.3	

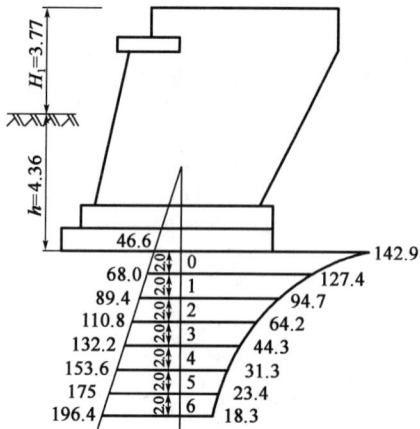

图 3-42 地基土应力分布曲线

（尺寸单位：m；应力单位：kPa）

（三）各土层附加应力计算

基底附加应力：

$$p_{z0} = p - \gamma_f h = 189.5 - 46.6 = 142.9\text{kPa}。$$

其他各点的附加应力按式 $p_{zi} = \alpha \cdot p_{z0}$ 计算。

其中，附加应力系数 α 根据 $n = a/b = 9.10/6.33 = 1.44$，$m = z/b$ 查得。

可知各土层层面处附加应力及各土层平均附加应力，见表 3-19。

（四）压缩层厚度确定

根据《公桥基规》规定，地基压缩层的计算深度 z_n 应符合下式的要求，即：

$$\Delta s_n \leqslant 0.025 \sum_{i=1}^{n} \Delta s_i$$

先按一般压缩层下限附加应力与自重应力之比来初步确定，第六层处，$p_z/p_{cz} = 23.4/175 = 0.134$（一般比值按 0.2 考虑，软土地基可取 0.1）。

按压缩层 $z_n = 12\text{m}$ 计算并检验：

在第六分层底面以上取 1.0m，则 $z/b = 11/6.33 = 1.74$，则 $\alpha = 0.188$，附加应力 $p_z = 0.188 \times 142.9 = 26.9(\text{kPa})$。

平均附加应力：

$$p_{zi} = \frac{26.9 + 23.4}{2} = 25.15(\text{kPa})$$

$$\Delta s_n = \frac{p_{zi}}{E_i} h_i = \frac{25.15}{15\,000} \times 1.0 \times 10^3 = 1.68(\text{mm})$$

$$\sum_{i=1}^{n} \Delta s_i = \frac{2 \times (135.15 + 111.05 + 79.45 + 54.25 + 37.8 + 27.35)}{15\,000} \times 10^3 = 59.47(\text{mm})$$

$$0.025 \sum_{i=1}^{n} \Delta s_i = 0.025 \times 59.47\text{mm} = 1.49\text{mm} < \Delta s_n = 1.66\text{mm}$$

以上所取地基土压缩层计算深度不符合要求，需加深压缩层，第七层的深度比 $m = z_n/b = 14/6.33 = 2.21$，查得 $\alpha = 0.128$，附加应力 $p_{z7} = 0.128 \times 142.9 = 18.3(\text{kPa})$

平均附加应力：

$$p_{zi} = \frac{18.3 + 23.4}{2} = 20.85(\text{kPa})$$

$$\Delta s_7 = \frac{p_{zi}}{E_i} h_i = \frac{20.85}{15\,000} \times 2.0 \times 10^3 = 2.78(\text{mm})$$

在第七层以上取 1.0m，则：

$$m = z/b = 13/6.33 = 2.05, \alpha = 0.143$$

$$p_z = 0.143 \times 142.9 = 20.43(\text{kPa})$$

平均附加应力：

142

$$p_{zi} = \frac{18.3 + 20.85}{2} = 19.58(\text{kPa})$$

则:

$$\Delta s_7 = \frac{p_{zi}}{E_i} h_i = \frac{19.58}{15\,000} \times 1.0 \times 10^3 = 1.31(\text{mm})$$

$$0.025 \sum_{i=1}^{n} \Delta s_i = 0.025 \times (59.47 + 2.78) = 1.57\text{mm} > \Delta s_n = 1.31\text{mm}$$

故压缩厚度 $z_n = 14\text{m}$ 符合要求。

(五)沉降量验算

基础的最终沉降量按下式计算:

$$s = \psi_s s_0 = \psi_s \sum_{i=1}^{n} \Delta s_i$$

根据《公桥基规》查得 $\psi_s = 0.4$,则 $s = \psi_s s_0 = 0.4 \times 62.25 = 24.9\text{mm}$。根据规范要求,上部为静定结构相邻墩台间不均匀沉降差值,不应使桥面形成大于 0.2% 的附加纵坡,即沉降差限值为:

$$[s] = 0.2\% \times 19.50 \times 10^3 = 39.0(\text{mm})$$

由于规范规定沉降差要小于该限制,故要判断该桥的沉降量是否满足规范要求,还需要知道相邻墩台的沉降量。

假定相邻墩台不沉降的情况下,$s = 24.9\text{mm} < [s] = 39.0\text{mm}$。

沉降量满足规范要求,验算通过。

思 考 题

1. 一般选择地基基础深、浅类型应考虑哪几条因素?
2. 何为基础建筑材料刚性角、刚性扩大基础?其有什么特点?
3. 确定天然地基浅基础埋置深度的主要条件有哪些?请加以说明。
4. 地基承载力容许值 $[f_a]$ 确定公式的作用是什么?请介绍说明规范公式各参数的确定原则。
5. 说明刚性扩大基础验算基底合力偏心距 e 的意义,其对基础稳定性有什么影响。
6. 水中浅基础施工根据具体环境条件有哪些施工方法?介绍其特点和要求。

作 业 题

利用第二章盖梁的上部体系,其上部结构体系也为预应力混凝土 25m 跨径简支梁桥,横向布置为单向双车道,净宽 9m。横桥向双列车非对称布置如图 3-43 所示,其他横桥向双列对称布置与汽车顺桥向单孔双列、双孔双列布置与前章盖梁计算相同。上部结构按前盖梁计算时的恒载荷载取用,基础底面积为 3.5m × 11.3m,桥墩与基础恒载总重为 4066.3kN,现请对实体墩扩大基础进行如下验算:

(1)基础持力层地基承载力验算;

(2)基底合力偏心距验算;

（3）计算桥墩基础稳定性系数。

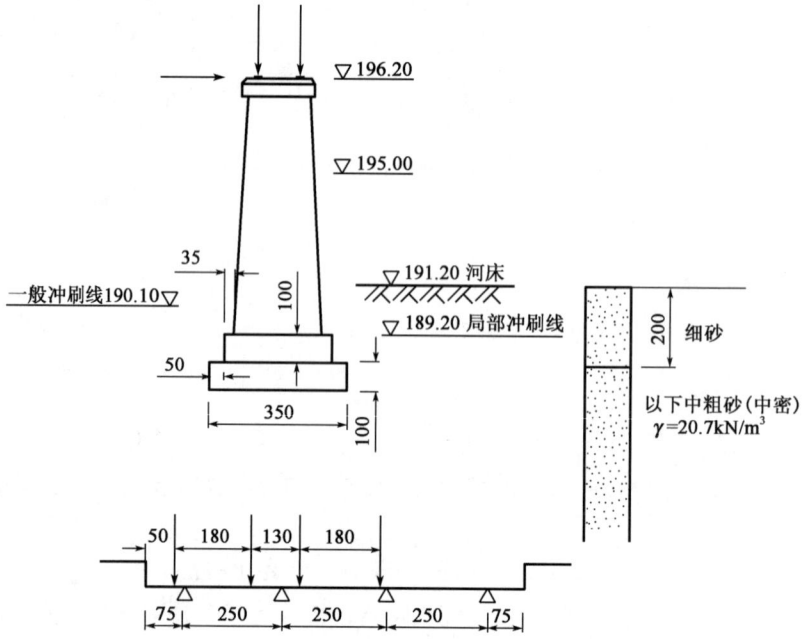

图 3-43　基础构造及布载图示(尺寸单位:cm)

144

第四章　桩和桩基础的构造与施工

第一节　概　述

桩基础是土木工程中经常应用的基础形式之一。当地质条件不良,可做持力层的地基土埋置深度较深,从地基强度、沉降变形、稳定性等方面考虑,采用浅基础较困难或不经济时,应考虑采用深基础,而桩基础则是深基础中优先考虑的基础形式。

最早桩基础采用的是木桩和预制的小直径钢筋混凝土桩,主要用于中小跨径桥梁。作为桩基础一种特殊结构形式的管柱基础,于1953年首先在中国武汉长江大桥上应用。现在普遍采有的钻孔灌注桩于1963年开始在我国应用,当时是采用"人工推磨"方法实现直径60~100cm的钻孔灌注桩,从此揭开了钻孔灌注桩在我国飞速发展的新篇章。

目前,桩基础被广泛应用于各种类型桥梁、高层建筑、大型厂房、港口和海上平台等工程。随着现代化工程建设的需要,桩的类型和成桩工艺、桩的设计理论和计算方法、桩的可靠度及检测技术等诸方面还会不断地发展前进。

一、桩基础的功能和特点

桩是一种埋入土中、截面尺寸比其长度小得多的细长基础构件。单根桩称为基桩,若干根桩通过顶端的承台板(或盖梁)联结成整体的承(传)力结构就成为桩基础。承台上再修筑桥墩、桥台及上部结构(图4-1)。

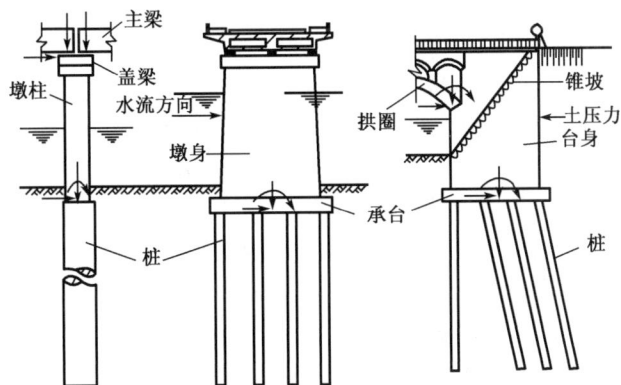

图4-1　桩基础组成

桩基础的作用就是将承台(盖梁)以上结构物传来的各种荷载外力,通过承台(或盖梁)传给各根桩,再由桩传到深层的地基持力层中。

桩基础设计比较灵活,设计者可以根据上部结构形式、荷载大小、地质情况等,通过调整桩的直径、桩的布置和形式(如斜桩,扩孔桩等)、桩的长度和根数等来满足使用要求。所以桩基础具有承载能力高、沉降变形小、稳定性好、变水下作业为水上作业,适用于机械化施工和适应各种复杂的土质条件等优点,是人们广泛采用的基础形式。

二、桩基础的应用范围

桩基础通常应用于下列情况:

(1)当建(构)筑物荷载较大,地基软弱或适宜的地基持力层埋置较深,地下水位较高,采用浅基础技术上不可行或经济上不合理。

(2)结构物对基础沉降变形与水平侧向位移较敏感,或承受较大的水平力,对稳定性要求较高。

(3)河床冲刷较大,河道不稳定,采用浅基础埋置过深,施工困难或不能保证基础安全。

(4)当施工水位较深,水流流速较大时,由于桩基础可避免水下作业而减少施工困难。

(5)在地震地区可液化地基中,桩基础穿越可液化土层伸入下部密实稳定土中,可增强结构物抗震能力。

(6)对湿陷性黄土、膨胀土及沿海软土地基,桩基础有利于克服特殊地基的缺欠而保证使用的要求。

近年发展起来的挖孔灌注桩,在某些条件下也是一种很可行的基础形式。如对陡峻起伏的山区;地质条件良好,无淤泥流沙地区;城市跨线桥、立交桥,可避免钻机噪声及泥浆污染等。

随着大直径挖孔桩的应用,在深水中也同样可以施工挖孔桩。由湖南省路桥公司施工的长1 000余米的长沙市湘江南大桥,水深3～15m,主墩基础采用 φ550cm 的钢护筒,用振动吸泥法穿过河床厚约15m 的砂砾石层,进入风化岩,由潜水员在水下进行封底处理后抽水,采用人工开挖方法通过风化岩嵌入岩层,再浇筑 φ350cm 水下混凝土灌注桩。挖孔方法除用钢护筒法外,还可用钢筋混凝土套筒法和沉井法在其内进行挖孔桩施工。长沙市湘江南大桥40 根大直径桩同时开工,工期仅用3 个多月时间,取得良好的经济效果。

三、桩基础整体设计要求

桩基础整体设计基本内容是:确定桩的类型和桩长;基桩的数量和布置;桩基础各结构部分(承台、盖梁等)尺寸拟定及进行承载力、结构强度和配筋等验算内容,这些将在以后逐一加以介绍。从结构整体要求方面要注意以下几点。

(1)在同一桩基础中,不宜采用受力不同的(如摩擦桩与端承桩)基桩,以防止基桩产生不均匀沉降而影响下部结构的正常使用。

(2)在同一桩基础中不宜采用不同直径、不同材料和长度相差过大的基桩。

(3)对于特殊大桥,或地质条件复杂,有其他特殊要求的桩基础,必要时施工前应进行现场基桩荷载试验,以校验设计参数的取值,保证桩基础设计的安全性。

(4)对于超大跨度桥梁采用超深群桩基础时,要以减小承台自重和尽可能改善群桩基础受力为目标进行优化设计。

第二节　桩与桩基础的类型

一、桩的分类

桩就其本身分类,有以下几种。

(一)按桩的材料

桩就其材料来分类,可分为木桩、混凝土桩、钢筋混凝土桩、管柱桩、预应力混凝土桩和钢管桩。目前,我国主要采用后面四种桩。在软弱土和特殊土地区,当该土地层较深时,如湿陷性黄土,可将一定量的石灰、粉煤灰与素土,利用搅拌机械在地基深处就地将其强制搅拌,产生一系列物理化学反应,使桩身硬结成整体性桩,按采用的固化剂为主要材料,有水泥搅拌桩、石灰搅拌桩、加筋水泥土搅拌桩。

(二)按桩截面形状

按桩的截面形状分有圆形桩、方形桩、多边形桩、十字形桩、H形桩、三角形桩等。目前在公路桥梁中,随着大直径桩的使用,按其桩中心挖空与否还可分为空心桩与实心桩。

一般空心桩在"钻"与"挖"成孔之后,可以有以下两种方法成桩:

(1)埋设普通内模,在内模与孔壁之间沉放钢筋笼,灌注水下混凝土,这种做法在性质上相当于将一般的灌注桩中心挖空。由于水下混凝土导管直径最少需要250mm(过细易卡管),又要下钢筋笼,因此桩壁厚度最少需要600mm以上,上段护筒加粗部分壁厚最少750mm以上,因此桩径需3.0m以上才适宜[图4-2a)]。

(2)埋设预制桩壳,同时充当内模,在桩壳与孔壁之间不放钢筋笼,只埋压浆管,填石压浆。由于压浆管直径一般只有50~70mm,故填石压浆层壁厚150~200mm即可[图4-2b)]。

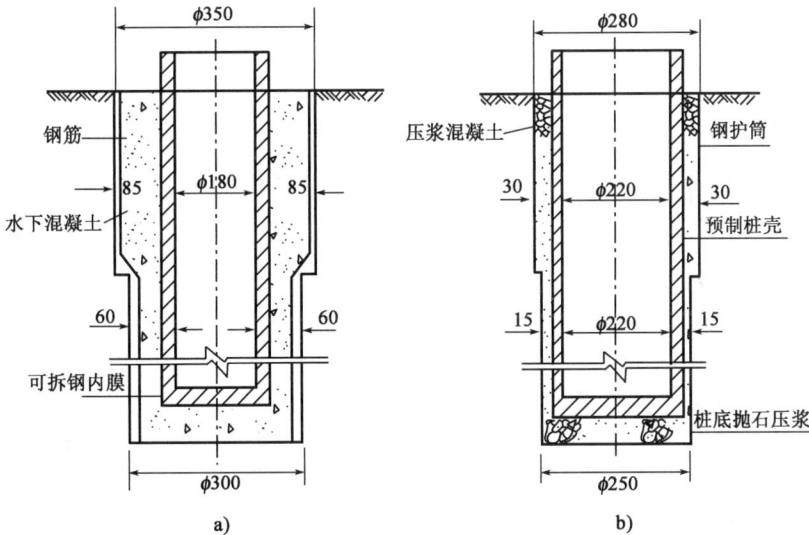

图4-2 大直径空心桩成桩的两种基本方法(尺寸单位:cm)

挤扩支盘桩是一种变截面的新结构钢筋混凝土灌注桩(图4-3)。支盘桩的桩型从成孔方式角度看,属于钻孔灌注桩形式的一种;从其承载特征看,属于变直径的摩擦端承桩;从功能方面看,它既是一种可靠的抗压桩,也是理想的抗拔桩。

图4-4是桩底处设支盘扩大截面,可提高承载力并减少沉降位移,多用于较软弱土层且过深的情况。

(三)按桩的轴线方向

按桩的轴线可将桩分为竖直桩、单向斜桩和多向斜桩等(图4-5)。

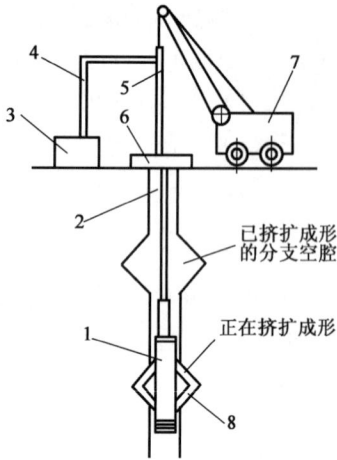

图 4-3　挤扩支盘成孔形状图示
1-支盘成形机主机;2-桩孔;3-液压钻;
4-液压胶管;5-接长杆;6-旋转定位装
置;7-起重设备;8-工臂

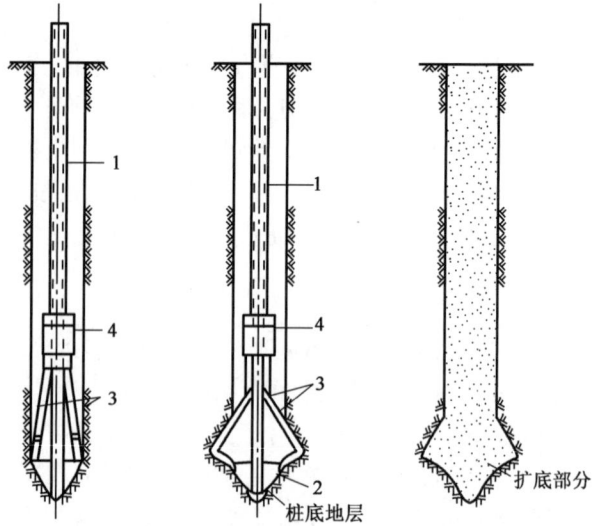

a)反循环液压扩底钻头　b)翼外扩时的状态　c)施工后构筑的扩底基桩

图 4-4　液压反循环扩底钻头
1-芯管;2-钻头主翼;3-扩大翼;4-油压千斤顶

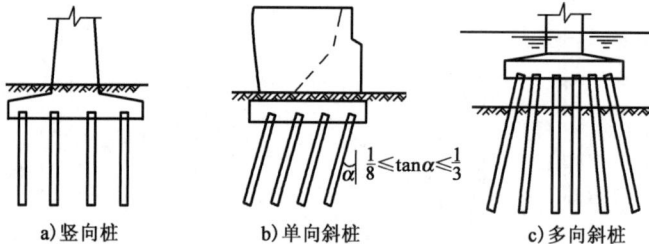

a)竖向桩　　　b)单向斜桩　　　c)多向斜桩

图 4-5　不同轴向的桩基础

由于竖直桩所能承受的水平力很小,当基础传来的荷载水平分力较大时,则需要加斜桩来承受,如大跨度拱桥组合式桥台,当采用桩基础时宜采用前直后斜的基桩,以承受上部结构传来的较大的水平推力。

斜桩的轴线与竖直线倾斜度正切值不宜小于 1/8(图 4-5),也不宜大于 1/3,工程中常采用的斜角度正切值是 1/8 ~ 1/5。

图 4-6 所示是一座修建在江苏南通洋口港的黄海长桥,该深水海域风浪恶劣,海潮差大,加之时有台风影响,风浪潮作用复杂不稳定。设计为圆形高桩承台,直径 6.2m,桩长 52.5 ~ 61.5m;桩径为 0.8m 的 PHC 管桩,集中布置 6 根斜桩,斜率为 1/6。斜桩与竖直桩相比,任何方向都具有强劲的抵抗水平力、竖向力及弯矩的能力,所以深水桩基础设计竖直桩与斜桩协调配合,提高桩体刚度是必须考虑的。

(四) 按土对桩的支承力性质

土对桩作用的支承力分为两种,一是桩周土与桩壁之间的摩阻力;二是桩底土的竖向支承力。如果桩所穿过的是较弱的土层并支承在各种压缩性土中,此时桩主要依靠作用在桩壁侧面的摩阻力来承受竖向荷载,而桩底土的支承力所占比重很小,甚至可以忽略不计,这种桩称为摩擦桩[图 4-7a)]。

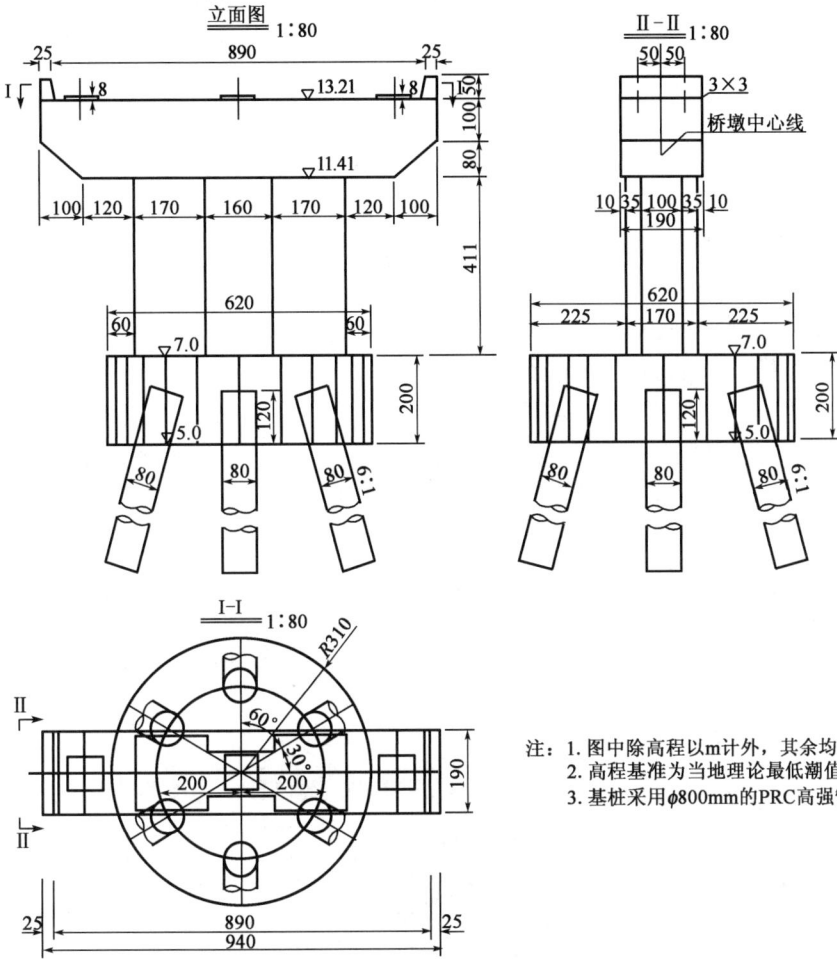

注: 1. 图中除高程以m计外,其余均以cm计;
2. 高程基准为当地理论最低潮值;
3. 基桩采用ϕ800mm的PRC高强管桩,斜度6:1。

图 4-6 深水区桥梁下部结构设计图

反之,如果桩底支承在岩层或坚硬土层(如密实的大块卵石层)等非压缩性土层上,此种桩主要依靠桩底土层的土抗力来支承竖向荷载,因桩的沉降只有桩身累积弹性压缩变形,而认为摩阻力可忽略不计,这种桩称为端承桩,或者称柱桩[图 4-7b)]。但对较长的柱承桩,因受荷后桩身弹性压缩变形也会较大,故在设计时也可适当考虑摩阻力。

柱承桩承载力大,基础沉降小,较安全可靠,但若岩层埋置很深,采用柱承桩很不经济,就需采用摩擦桩。在设计摩擦桩时,也应尽可能将桩底埋置于较好的土层。柱承桩与摩擦桩由于它所在地基土中的工作条件不同,其桩土的共同作用特点和破坏机理也不同,在设计计算时所采用的方法和参数也不一样。

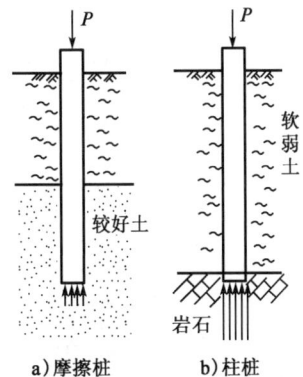

图 4-7 摩擦桩和柱桩

149

(五) 按成桩方法的挤土效应

现今桩基础在桥梁、房建、港口、码头等工程中是应用广泛的基础形式。根据工程特点和环境要求，采用不同施工方法成桩，对桩周围土层的扰动挤密程度不同，会影响基础承载能力的提高和桩土之间作用状态的计算参数选用。桥梁桩基础按成桩方法主要分为非挤土桩、部分挤土桩和挤土桩。

1. 非挤土桩

按设计桩径，在现场土中钻(挖)桩孔达到设计高程后，孔中灌注混凝土或钢筋混凝土而成，桩周围土较少受到挤压，有的还有应力松弛现象，这类桩外还有井筒管柱桩和预钻孔埋桩等，均为非挤土桩。有钻孔灌注桩、挖孔灌注桩等多种类型，其区别主要为成孔的施工机具和方法或成桩工艺不同。

钻孔灌注桩是用动力驱使钻头在土中钻进成孔。桩径决定钻头直径，一般不小于1 000mm。我国大直径钻机的钻孔直径已达2 500～3 000mm，目前已设计的KD3000型动力头式钻机成孔直径已达 ϕ5 000mm；岩石达 ϕ3 000mm。钻孔灌注桩适用于各种类型土层，对于易坍孔土质及可能发生流沙或有承压水的地基土，施工前应做试桩以取得经验。钻孔灌注桩在我国桥梁基础中应用非常广泛，我国钻孔桩施工最大深度已超过百米。

挖孔灌注桩是用人工或以机械配合成孔的就地灌注桩。随着桩基础向大直径无承台形式发展，现多采用套管护壁法钻孔灌注桩，我国大直径挖孔空心桩直径已达 ϕ5 500mm。挖孔桩的特点是不受设备限制，施工简单，质量容易得到保证，为增大桩底支承力，可用开挖办法扩大桩底。但施工中必须注意防止孔内有害气体、坍孔等危及孔内人员安全。

2. 部分挤土桩

部分挤土桩为冲孔灌注桩、挤扩孔灌注桩及预钻孔沉桩、敞口预应力混凝土管桩等。

管桩最下端装有环形钢刃脚，以利于切土下沉。桩底一般落在坚实土层或嵌入岩层中，适用于深水、岩面不平整、覆盖土层厚薄不一的大型桥梁基础。其下沉方法具有特殊性，采用特殊措施强迫管柱下沉。常用的方法是：以大型振动锤进行上、下振动或用摇晃机扭摆下沉；在管内用抓土斗或水力机械排土；必要时，还可在管内外进行高压射水，以减少下沉阻力。

这种基础首先在1955年应用于我国武汉长江大桥，采用钢筋混凝土管桩，直径为1.55m，嵌入岩盘2～7m，随后在南京长江大桥改用预应力混凝土管桩，直径3.6m，管壁厚140mm，用先张法预施应力，节长7.5m，用法兰盘连接，入土深度47m，其中嵌入岩盘3.5m(图4-8)。在国外常用钢管桩，近年还发展有锁口钢管桩基础。

3. 挤土桩

将预制的钢筋混凝土桩、预应力混凝土桩、木桩及螺旋桩等(我国采用较多的是前两种)，采用适当的方法沉入土中的桩称为挤土桩(又称沉桩)。当土层中有大孤石、大树干或其他障碍物时，可能影响其沉入，不宜采用这种桩。

沉桩的方法主要有：锤击沉桩法、振动沉桩法、压入法、射水沉桩法、钻孔插入法、旋入法等。其中，锤击法适用范围较广，也较为常用；射水法常与锤击法和振动法配合使用；钻孔插入法常用于多年冻土地区；旋入法仅用于螺旋桩。各种方法对桩周土的影响不同，桩的承载力也会因此而出现差别。

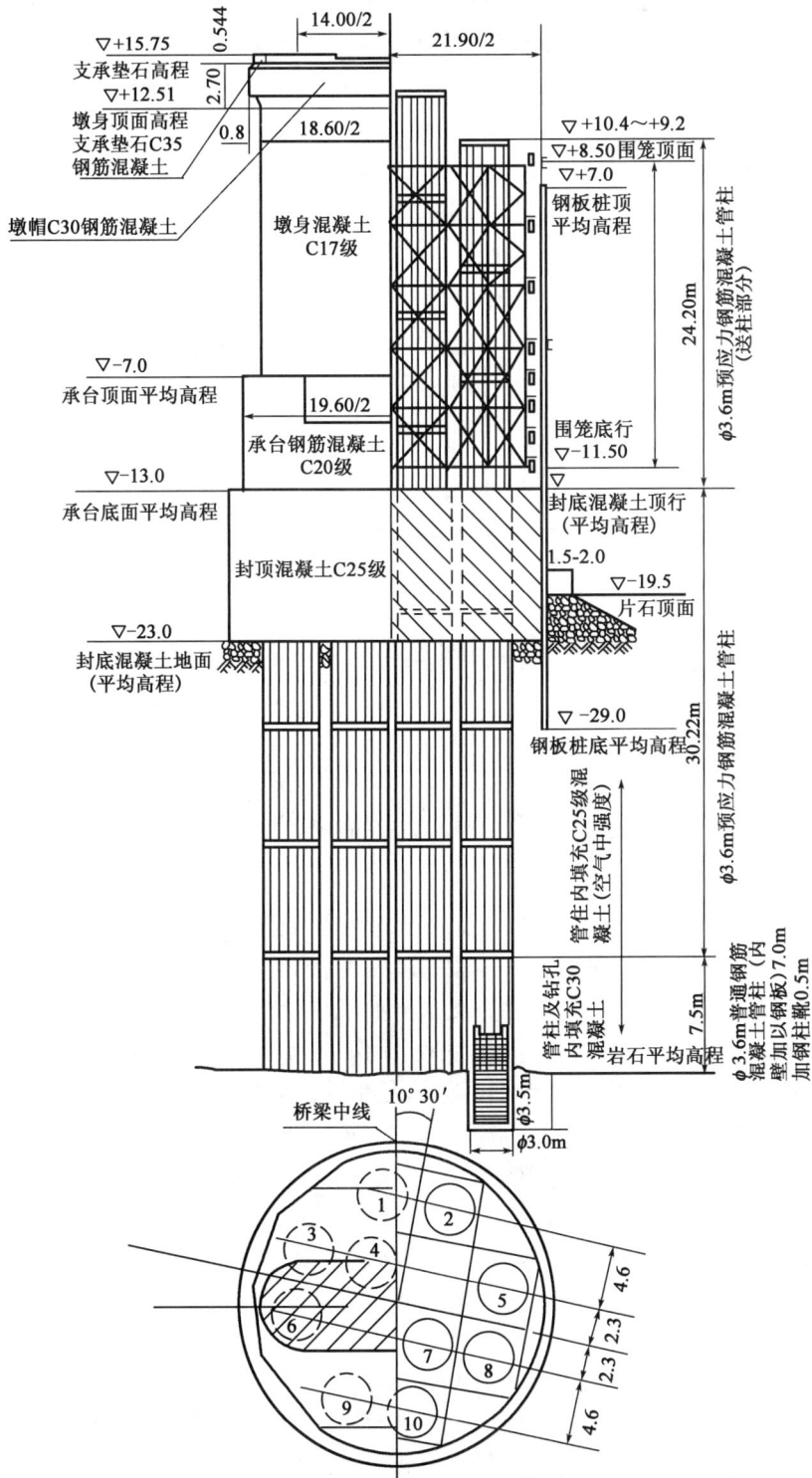

图4-8　南京长江大桥主墩管桩基础(尺寸单位:m)

二、桩基础分类

桩基础分类除可按前面所介绍基桩分类考虑外,从设计计算和施工考虑,可以分为高桩承台基础和低桩承台基础(简称高桩承台和低桩承台)。高桩承台是指承台底面位于地面线(无冲刷)或局部冲刷线以上,还可细分为露出水面以上的高桩承台和埋藏在水面以下的高桩承台[图4-9a)、b)];低桩承台是指承台底面位于地面线(无冲刷)或局部冲刷线以下[图4-9c)]。高桩承台的结构特点是基桩部分桩身埋入土中,上面有部分桩身露出地面线或局部在冲刷线以上,这段外露桩长称为桩的自由长度,桩的受力计算要考虑它的影响。低桩承台则基桩全部埋入土中(桩的自由长度为零),而且承台也埋入土中一定深度,所以在计算低桩承台承受水平力的土抗力时,还要考虑承台侧面土抗力参加工作。

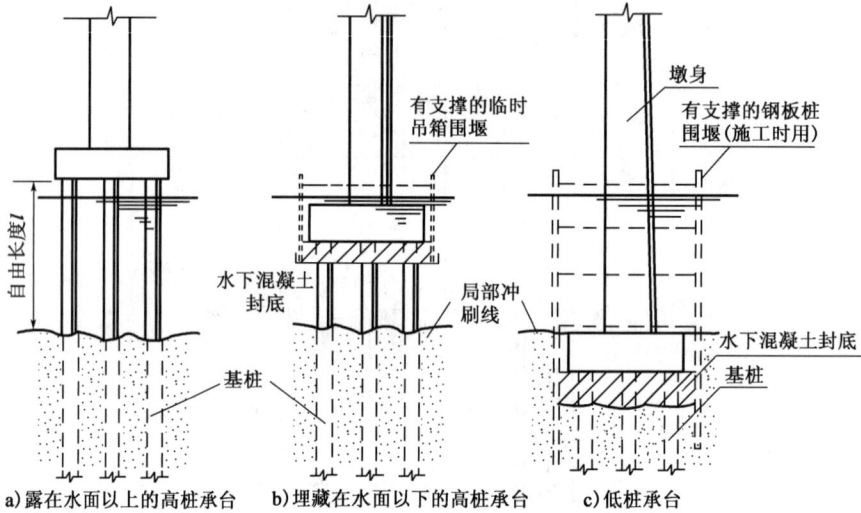

图4-9　承台的类型

高桩承台由于承台位置较高,故能减少墩台圬工量,减轻自重,施工较为方便,也较为经济。由于高桩承台的承台与桩的自由长度段周围无土固结共同受力,使基础整体刚度小,基桩受力不利,桩身内力和位移较大,稳定性方面也不如低桩承台。一般跨河的大桥,由于冲刷较深,修筑低桩承台工程量太大,所以一般都还是采用高桩承台。近年来由于大直径钻孔灌注桩的推广应用,桩的刚度、强度都较大,因而高桩承台在桥梁基础工程中是一种广泛采用的形式。

目前,我国的桩基础施工工艺已非常成熟,在方案比选中,一般多是优先考虑桩基础和管柱基础。对于低桩承台和高桩承台的选择,主要取决于水深及施工便利性,确定一般在河滩或浅水区设置低桩承台桩基础,主跨采用高桩承台基础,原则上宜将承台位置尽可能地做高一些。但在大江大河及入海区域、海湾连岛等位置修建桥梁,建有繁忙的航运线区、潮高风强浪大的影响、具有抗震设防要求的桥位,采用高桩承台与直桩基础存在一些应考虑的问题供分析参考:

(1)当承台底一般的荷载作用偏心竖向力较大,而水平力除常规作用荷载外还有冰压力、船撞力,尤其地震力的作用影响,还有主河道流速大、冲刷深度或地基土抗力很弱等情况,应减小管桩的自由长度,将承台适当降低,甚至成为低桩承台基础。

(2)承台安置基桩成实体,同时又把自身重力作用于各桩上,在地震力作用下,桩身可能因承台重量较大而承受更大的水平力和弯矩而导致损伤破坏。由此可在设计时考虑减小承台重量措施;以规范规定桩与桩间最小间距确定承台水平面积,并呈圆头或折线棱形状,设计空心承台。

(3)高桩承台设置斜桩,不仅可减小承台面积,斜桩比竖直桩具有更强的抵抗水平力和弯矩的能力,增大地基土抗力和群桩基础刚度等(图4-6)。目前国内已有最新打桩船,具备一次插打桩长82m以上、倾斜度±18.5°的斜桩能力。

第三节　桩与桩基础的构造

一、桩的构造

(一)预制钢筋混凝土桩

1. 预制钢筋混凝土方桩

预制钢筋混凝土桩最早常用实心方桩,断面尺寸多为300mm×300mm~600mm×600mm,可在现场或工厂预制,工厂预制一般不超过12m。分节制作的桩应保证桩头质量,满足桩身承受轴力、弯矩和剪力要求。接桩的方法有:钢板角钢焊接、法兰盘螺栓和硫黄胶泥锚固等。

桩身混凝土强度不低于C25,桩身配筋应按起吊、运输、沉桩和使用各阶段的内力要求通长配筋,桩身的纵向钢筋直径一般可采用14~22mm,主钢筋面积约为桩身截面积的1%~3%。其具体配筋必须满足规范关于配有纵向受力钢筋和普通箍筋或螺旋箍筋(焊接环形箍筋)时的轴心受压构件的要求。

桩的两端处箍筋应加密,一般间距为40~50mm。桩顶直接受锤击,故在桩顶一般需放3~4层方格网片以加强;在桩尖处把主筋弯在一起焊在一根芯棒上,以利于克服阻力穿透土层。桩内需预埋直径为20~25mm的钢筋吊环,吊点位置通过计算确定(图4-10)。

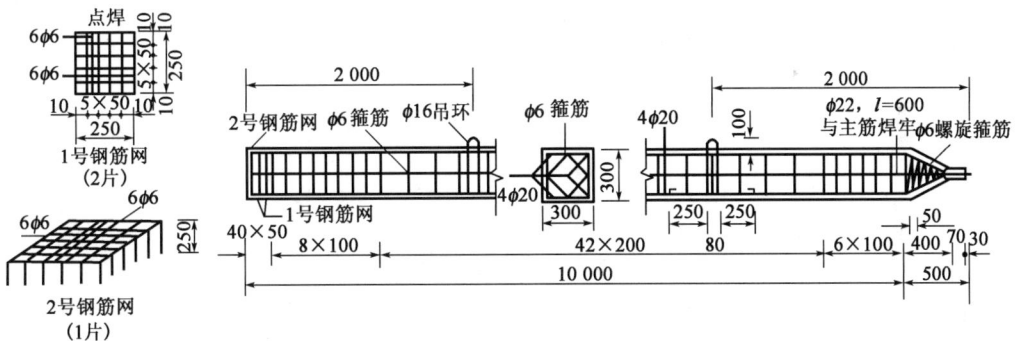

图4-10　预制钢筋混凝土方桩配筋图(尺寸单位:mm)

2. 预制钢筋混凝土圆桩与管桩

预制钢筋混凝土圆截面桩,直径为0.4~0.8m,其配筋同方桩。

预制钢筋混凝土管桩外径为0.5~1.0m,管壁厚度不宜小于80mm,桩身混凝土为C25~C40,填芯混凝土不低于C15。管桩在工厂分节制成,每节管桩两端装有连接钢盘(法兰盘)用螺栓连接。

(二)预应力钢筋混凝土桩

预应力钢筋混凝土桩是通过对桩身混凝土施加预压应力,以提高桩的抗锤(冲)击能力与抗弯能力。预应力钢筋混凝土桩简称预应力桩,其截面可分为圆形、方形或多边形,通常为空心桩(图 4-11)。

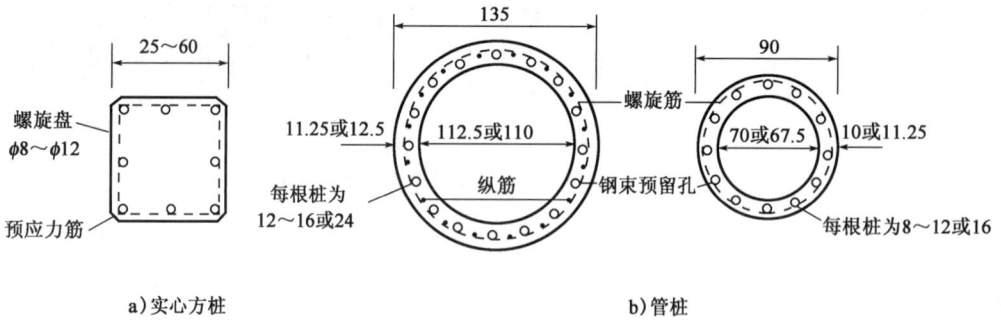

图 4-11 预应力混凝土桩(尺寸单位:cm)

方形桩和直径较小的管桩一般用先张法预加应力(即将钢筋混凝土桩的部分或全部主筋作为预应力筋张拉),下端带有桩尖;直径较大的管桩常采用后张法穿束施加预应力,下端做成开口并带有钢刃脚。

桩身混凝土强度等级一般不低于 C35,现制作的高强预应力管桩,混凝土强度等级已达 C60 以上。目前常用的预应力空心方桩规格为 500mm × 500mm 和 600mm × 600mm 两种;预应力空心管桩外径为:ϕ500 ~ ϕ1 000mm,壁厚 90 ~ 130mm,桩段长 4 ~ 15m,钢板电焊或螺栓连接。

(三)钢桩

结构材料全部为钢材的预制桩,主要有钢管桩、H 形钢桩、钢轨桩以及其他各种轧制型钢焊成的钢桩(图 4-12)。钢桩其自身强度高,设计时应注意使其具有较大的桩周摩阻力,以获得较高的承载能力。若周围介质的 pH 值大于 10 或小于 4.0,以及当其处于填土中时,除按常规验算桩身强度外,应根据使用期限内钢材受到的腐蚀程度加大桩壁厚度,或者采取防护措施,如刷防腐涂料,用混凝土包裹等。

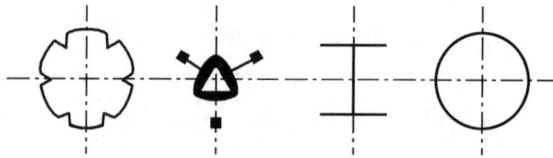

图 4-12 钢桩截面形状

钢桩的防腐处理应符合下列规定:

(1)海水环境中,钢桩的单面年平均腐蚀速度可按表 4-1 取值,有条件时也可根据现场实测确定。其他条件下,在平均低水位以上,年平均腐蚀速度可取 0.06mm/年;平均低水位以下,年平均腐蚀速度可取 0.03mm/年。

海水环境中钢桩单面年平均锈蚀速度 表 4-1

部　　位	锈蚀速度(mm/年)	部　　位	锈蚀速度(mm/年)
大气区	0.05 ~ 0.10	水位变动区,水下区	0.12 ~ 0.20
浪溅区	0.20 ~ 0.50	泥下区	0.05

注:1. 表中年平均腐蚀速度适用于 pH = 4 ~ 10 的环境条件,对有严重污染的环境,应适当增大。

2. 对水质含盐量层次分明的河口或年平均气温高、波浪大和流速大的环境,其对应部位的年平均腐蚀速度应适当增大。

154

（2）钢桩防腐处理可采用外表面涂防腐层、增加腐蚀余量和阴极保护等方法；当钢管桩内壁同外界隔绝时，可不考虑内壁防腐。

钢管桩可以采用焊接管或无缝管，其外径以往工程采用 $\phi150 \sim \phi1\ 600$mm，壁厚 $5 \sim 15$mm。原则上外径小则壁厚也小，反之则壁厚大。同一根桩，可以根据受力分段采用不同的壁厚和力学性质不同的钢材。直径小于 450mm 的钢管桩，可采用锥形桩靴，较大者可采用开口桩靴，见图 4-13。钢桩的端部形式，应根据桩所穿越的土层、桩端持力层性质、桩的尺寸、挤土效应等因素综合考虑确定。沉入后常用混凝土将管内填实，甚至用爆破法在桩尖处造成扩大体，以提高桩的刚度和承载力。H 形钢桩其截面为 H 形，一般采用专为适应锤击沉桩需要而轧制的 H 形钢材，其特点是翼缘宽度大，厚度与腹板相同，使在两个互相垂直的主轴上的截面惯性矩大致相等；常用的截面高度为 $180 \sim 400$mm。工程实践证明，采用锤击法可将其沉入密实的卵石和漂石层及页岩等软质岩层，是一种很好的高承载力的长柱钢桩。但由于截面形状关系，不宜做摩擦桩。

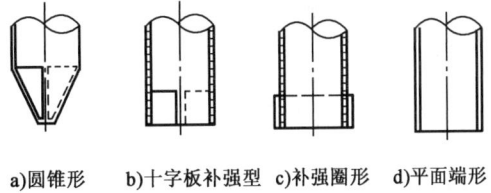

a)圆锥形　　b)十字板补强型　　c)补强圈形　　d)平面端形

图 4-13　钢管桩的桩靴形状

(四) 钻(挖)孔桩

钻孔桩设计直径(即钻头直径)不宜小于 800mm，一般常用 $1\ 000 \sim 2\ 000$mm；挖孔桩直径不宜小于 $1\ 200$mm。桩身混凝土强度等级不低于 C25。管桩填芯混凝土不应低于 C15。

钻(挖)孔桩配筋是按内力大小分段配筋。由于钻(挖)孔桩截面布筋要均匀，现在一般都按两段配筋：首先按最大内力(弯矩)配置钢筋，随着深度增加，桩身内力(弯矩)减小，待经过试算配筋只需原配筋量的 1/2 或稍低于 1/2 时，就可将原配筋数量减半，余下钢筋仍为均匀布筋；桩身弯矩很小不需配筋的下端桩段也可采用素混凝土。

为防止钢筋骨架在成型或吊装过程中产生太大的变形，规范规定，钻(挖)孔桩桩身配筋主筋直径不宜小于 16mm，每桩的主筋不宜少于 8 根，主筋净距不得小于 80mm，且不应大于 350mm，保护层净距不小于 60mm。如配筋较多，可采用束筋。组成束筋的单根钢筋直径不应大于 36mm，组成束筋的单根钢筋根数，当其直径不大于 28mm 时不应多于 3 根；当其直径大于 28mm 时应为 2 根束筋成束后等代直径为 $d_e = nd$，式中 n 为单束钢筋根数，d 为单根钢筋直径。

箍筋直径不小于主筋直径的 1/4 且不小于 8mm，箍筋中距不应大于主筋直径的 15 倍，且不应大于 300mm。对于直径较大的桩或较长的钢筋笼骨架，为了增加钢筋笼骨架的刚度，可在钢筋笼骨架上每隔 $2\ 000 \sim 2\ 500$mm 设置直径 $16 \sim 32$mm 的加劲箍一道。为确保主筋有足够的保护层厚度，钢筋笼四周可设置凸出的定位钢耳朵、定位弧形混凝土块或其他定位措施。钢筋笼底部的主筋宜稍向内弯曲，作为导向。

当按内力计算不需要配筋时，应在桩顶 $3.0 \sim 5.0$m 内设构造钢筋。

目前我国钻(挖)孔桩有向大直径发展的趋势，现已应用到 $4\ 000$mm 的大直径桩，并采用空心结构形式，充分发挥就地灌注桩承载力高、刚度大、自重轻的优点，成为发展的方向。对于大直径钻(挖)孔桩的具体配筋要求，请参考有关资料文献。

二、桩基础与承台构造

(一)桩的布置

桩端嵌入非饱和状态强风化岩的预应力混凝土敞口管桩,应采取有效的预防渗水软化桩端持力层的措施。钻(挖)孔桩的柱桩底受力固结无位移时,其嵌入岩层深度应根据计算确定,且嵌入深度不得小于0.5m。

群桩基础桩的平面布置应符合下述原则。

1. 桩的平面布置要求

(1)桩的中距及边桩外侧与承台边缘的距离应符合规范要求。

(2)应使群桩所围面积形心尽量与外荷载合力作用点重合或接近。

(3)一般可采用均匀布置(如对称形、梅花形、环形等),当承受较大弯矩时,为使各桩受力均匀,也可不等距布置。

(4)在满足桩距要求情况下,应尽可能将桩布置在承台外围,以增加桩基础的整体惯矩。

2. 桩的中距

规范规定桩的中距要求(图4-14)如下。

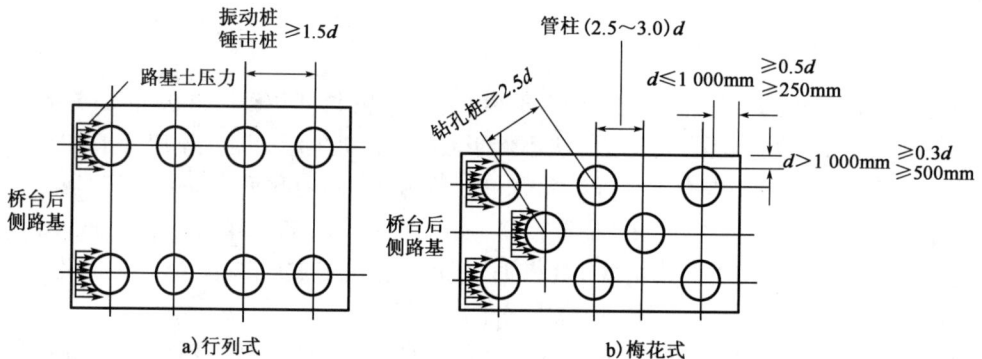

图4-14 基桩布置示意图

(1)摩擦桩:锤击沉桩,在桩尖处的中距不得小于桩径(或边长)的3倍,对于软土地基宜适当增大;振动沉入砂土内的桩,在桩尖处的中距不得小于桩径(或边长)的4倍。桩在承台底面处的中距均不得小于桩径(或边长)的1.5倍。钻(挖)孔桩中距不得小于成孔直径的2.5倍。

(2)端承桩:支承在基岩上的沉入桩中距,不宜小于桩径(或边长)的2.0倍;支承或嵌固在基岩中的钻(挖)孔桩中距,不得小于成孔桩径的2.0倍。嵌入基岩中的管桩中距,不得小于管桩外径的2.0倍,当计算管桩内力不考虑覆盖层的抗力作用时,其中距可酌情减小。

(3)扩底灌注桩:钻(挖)孔扩底灌注桩中距不应小于1.5倍扩底直径或扩底直径加1.0m,取较大者。

3. 桩与承台边缘

规范规定边桩外侧与承台边缘距离,对于直径(或边长)小于等于1 000mm的桩,不得小于0.5倍桩径(或边长)并不小于250mm;对于直径大于1 000mm的桩,不得小于0.3倍桩径(或边长)并不小于500mm。桩柱外侧与盖梁边缘的距离不受此限。

桥台桩基础中基桩的布置应尽可能减少直接承受桥台后面路基土压力的基桩,这样对桩基础受力有利。一般最好布置成图4-14a)的形式,而不布置为图4-14b)的形式,但必须进行技术、经济比较。

(二)桩与承台、盖梁的连接

当采用预制桩时,往往采取桩顶直接埋入承台的连接方式[图4-15a)]。桩顶伸入承台座板内的长度 a 应根据桩顶受力(轴向力、弯矩和剪力)大小来确定;通常,对于承受压力荷载的钢筋混凝土桩,当桩径(或边长)小于600mm时,埋入长度 $a \geq 2D(b)$;当桩径(或边长)为 $600 \sim 1200$ mm 时,$a \geq 1200$ mm;当桩径(或边长)大于1200mm时,$a \geq D(b)$。

对于就地钻(挖)孔灌注桩,往往采用桩顶主筋伸入承台或盖梁的连接方式[图4-15b)]。桩身嵌入承台内的深度应为100mm,对于盖梁,桩身可不嵌入。伸入承台或盖梁内的桩顶主筋可做成喇叭形(与竖直线约成15°角,盖梁若受尺寸限制,可部分主筋做成喇叭形)。伸入承台或盖梁内的主筋长度,光圆钢筋不小于 $35d$(设弯钩,d 为主筋直径),螺纹钢筋不小于 $35d$(不设弯钩)。承台或盖梁内主筋所设箍筋或螺旋筋间距要比桩身小,一般为 $100 \sim 200$ mm,直径与桩身箍筋相同。

对于管柱应将管壁中的螺纹主筋竖直伸入承台[图4-15c)],其长度不小于 $50d$(不设弯钩)。桩身直接深入承台内和桩顶通过锚固铁件或钢筋深入承台内的桩顶固结,应能承受桩顶弯矩、剪力和轴向力等作用,并应按《公桥基规》规定验算,验算项目见表4-2。

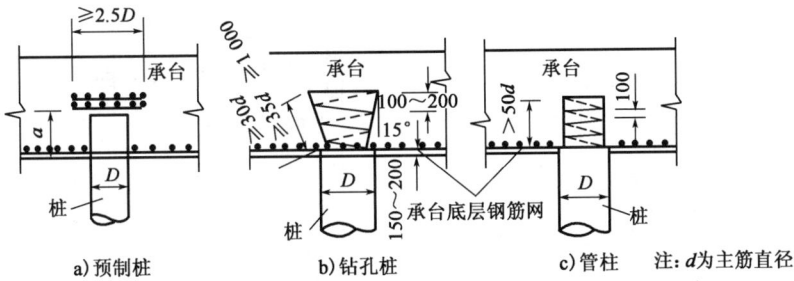

图4-15 桩与承台的连接(尺寸单位:mm)

a)预制桩 b)钻孔桩 c)管柱 注:d为主筋直径

桩顶锚固验算项目 表4-2

固结形式 荷载情况	桩顶直接伸入承台	桩顶通过锚固铁件伸入承台
轴向压力	—	桩顶混凝土的挤压和冲切
轴向拉力	桩顶锚固深度	锚固铁件的截面积、锚固长度和焊缝长度
水平剪力、弯矩	桩侧混凝土的挤压应力	桩侧混凝土的挤压和铁件应力

(三)承台和横系梁构造

当墩柱较高时,为了增强桩(柱)之间的整体性,可设置横系梁。当用横系梁加强桩之间的整体性时,横系梁的高度可取为 $0.8 \sim 1.0$ 倍桩的直径,宽度可取为 $0.6 \sim 1.0$ 倍桩的直径。混凝土的强度等级不应低于C25。纵向钢筋不应少于横系梁截面面积的0.15%;箍筋直径不应小于8mm,其间距不应大于400mm。横系梁的主钢筋应深入桩内,其长度不小于35倍主筋直径。

承台座板的厚度和配筋,应根据基桩受力大小计算确定。构造方面有如下要求:承台座板的厚度宜为桩直径的 1.0～2.0 倍,且不宜小于 1 500mm,混凝土强度等级不低于 C25;承台的顶面和侧面应设置表层钢筋网,每个面在两个方向的截面面积均不宜小于每米 400mm²,钢筋间距不应大于400mm;承台在其底部应布置一层钢筋网,在每1m 宽度内(按每一方向)钢筋网为 1 200～1 500mm²,钢筋直径采用 φ12～φ16mm;当基桩的桩顶主筋伸入承台连接时,此钢筋网须通过桩顶不得截断,并与桩顶主筋连接;当桩顶直接埋入承台,桩顶作用于承台的压应力超过承台混凝土容许压应力时,应在桩顶面上增设 1～2 层局部钢筋网,钢筋直径不小于12mm,钢筋网每边长度不小于桩径的 2.5 倍,网孔为(100mm×100mm)～(150mm×150mm)。

《公钢混桥规》对承台配筋还规定:当桩中心距离不大于 3 倍桩直径时,承台受力钢筋应均匀布置于承台全宽之内;当桩中心距离大于 3 倍桩直径时,受力钢筋应均匀布置于距桩中心1.5 倍桩直径范围内,在此范围以外应布置配筋率不小于 0.1% 的构造钢筋(图 4-16)。如承台仅有一个方向的受力钢筋时,垂直受力方向,应设直径不小于12mm,间距不大于 250mm 的构造钢筋。对钢筋层距的要求是:当钢筋为三层及以下时,不应小于 30mm,且不小于钢筋直径;当为三层以上时,不应小于 40mm 且不小于钢筋直径的 1.25 倍。承台的桩中距等于或大于桩直径的 3 倍时,宜在两桩之间,距桩中心各一倍桩直径的中间区段内设置吊筋(图 4-16),其直径不应小于12mm,间距不应大于 200mm。

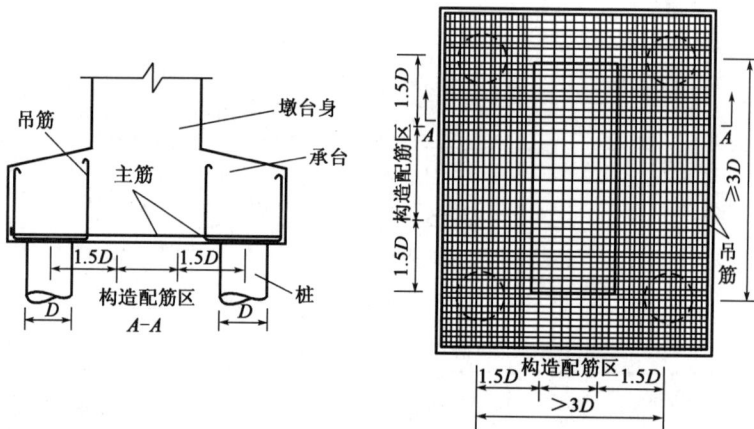

图 4-16　承台布筋图

第四节　桩基础施工

一、就地灌注桩施工

(一)钻孔灌注桩施工

钻孔灌注桩是采用机械成孔的施工方法,具有造价低、无噪声、无冲击、无振动、无污染等优点,已被我国桥梁工程施工广泛采用。一般钻孔灌注桩成孔机械按其钻进过程中的泥浆护壁循环和排渣方式可分为正循环钻机和反循环钻机。其具体选用要根据土层性质、桩径大小、入土深度及已有施工机具设备而定(表 4-3)。

作业方式	钻进方式	适用孔径（mm）	清孔方法	混凝土灌注方式	适用地层	优　缺　点
泥浆护壁成孔	潜水电钻	600～1 000	正循环清孔或气举反循环清孔	导管水下灌注	黏性土、淤泥、砂土	由于动力小、一般孔径小，孔深浅，所以不常用
	正循环回转钻	500～2 000	正循环清孔或气举反循环清孔	导管水下灌注	所有地层	采用回旋钻施工，对硬基岩施工速度慢，但该法最常用
	泵式反循环回转钻	600～4 000	泵式反循环	导管水下灌注	所有地层	适合于大口径灌注桩施工，扭矩大，但施工效率低，常用
	取土钻	500～2 000	正循环清孔或气举反循环清孔	导管水下灌注	适用于各种复杂土层、砂层、砾砂层、强风化基岩	施工速度快，但对硬基岩持力层因取土困难不适合，常用
	冲击钻	600～4 000	正循环清孔或气举反循环清孔	导管水下灌注	所有地层	特别是坚硬岩层优点最突出，缺点是易扩孔且施工速度慢，常用
	冲抓钻	600～1 200	正循环清孔	导管水下灌注	适用于杂填土地层和卵石、漂石层	对卵、漂石层适合单易塌孔，不常用

注：清孔方法中的气举反循环清孔工艺将在"清孔工序"中专门介绍。

钻孔施工应符合下列规定：

（1）钻机的选型宜根据孔径、孔深、桩位处的水文和地质情况、施工环境条件等因素综合确定，所选用的钻机及钻孔方法应能满足施工质量和施工安全的要求。

（2）不论采用何种方法钻孔，开孔的孔位均必须准确；钻时应慢速钻进，待导向部位或钻头全部进入地层后，方可正常钻进。分级扩孔钻进施工时应保持桩轴线一致。

（3）采用冲击钻机冲击成孔时，初成孔的孔壁必须坚实、竖直、圆顺，能起到导向的作用，待钻进深度超过钻头全高加冲程后，方可进行正常的冲击。冲击钻进过程中，孔内水位应高于护筒底口500mm以上；掏取钻渣和停钻时，应及时向孔内补水，保持水头高度。

（4）钻孔开始后应随时检测护筒的水平位置和竖直线，如发现偏移，应将护筒拔出，调整后重新压入钻进。

（5）钻进过程中应保证泥浆顶面始终不低于护筒底部500mm以上，并应严格控制钻进速度，避免进尺过快造成坍孔埋钻事故。

（6）在钻孔排渣、提钻头除土或因故停钻时，应保持孔内具有规定的水位及要求的泥浆相对密度和黏度。处理孔内事故或因故停钻时，必须将钻头提出孔外。

钻孔灌注桩施工工序多，每个工序都有严格的技术要求，要连续不间断地施工，这样才能保证钻孔桩的施工质量。图4-17是钻孔灌注桩施工工艺流程图。

以下介绍主要工艺的技术要求。

1. 埋设护筒

埋设护筒是钻孔灌注桩准备工作中的一个最主要的环节。护筒为圆形，可用木、钢板、钢筋混凝土制作(图4-18),要求坚实耐用、不变形不漏水,并应能重复使用,所以目前木制护筒已基本不用。

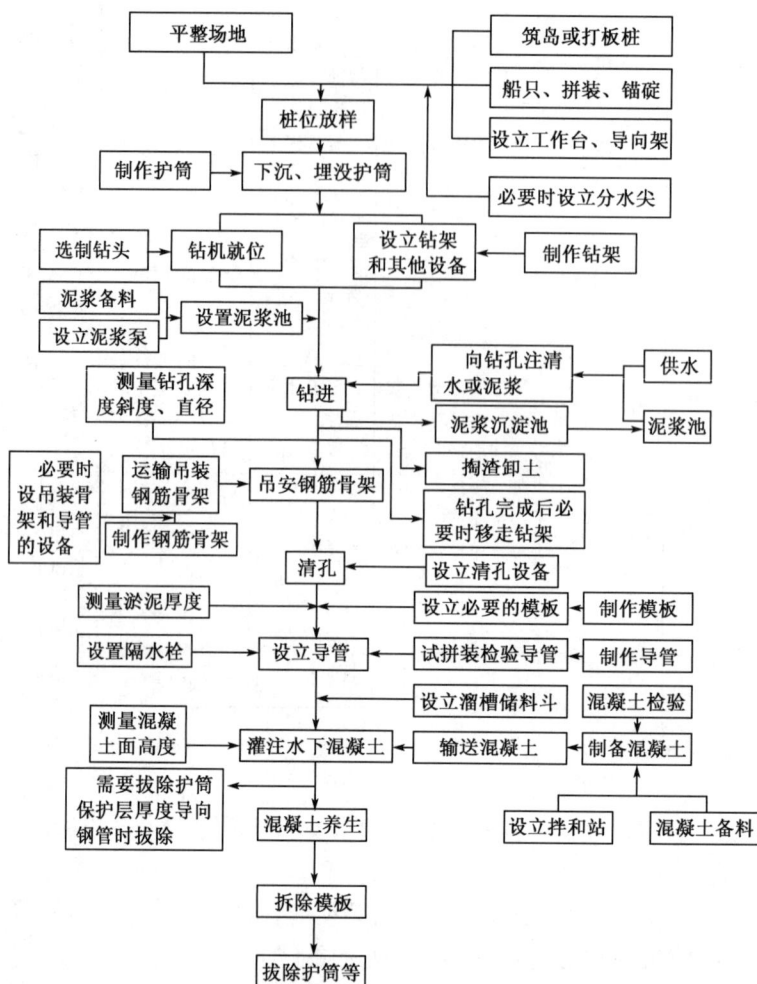

图4-17 钻孔灌注桩施工工艺流程图

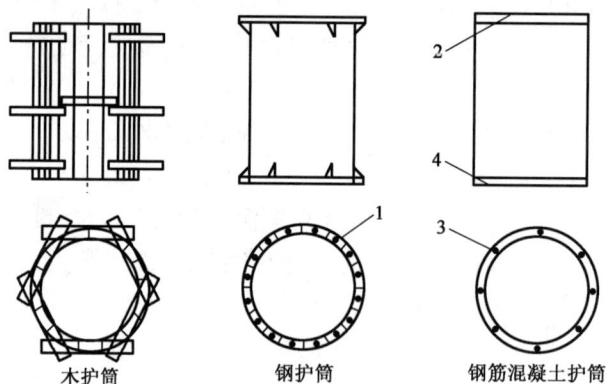

图4-18 护筒示意图
1-连接螺栓孔;2-连接钢板;3-纵向钢筋;4-连接钢板或刃脚

160

护筒的作用是:保护孔口不塌;固定桩位钻孔时起导向作用;隔离地面水并保持护筒内水位高度,保护孔壁不塌。护筒埋设方法有:挖埋式护筒,适用于旱地或岸滩,当地下水位在地面以下大于1.0m时,可采用挖埋法[图4-19a)];填筑式护筒,适用于桩位处地面浅水或地下水位在地面以下小于1.0m时,可填筑土岛埋设[图4-19b)];围堰筑岛护筒和深水平台架设护筒均适用深水中护筒埋设[图4-19c)、d)]。工作平台有支架平台、浮船工作平台、钢板桩围堰工作平台、浮运薄壳深井平台等。

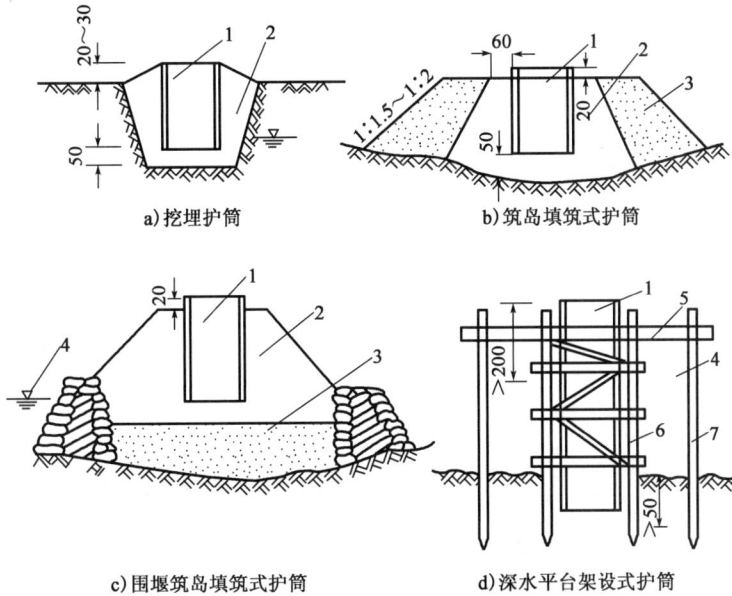

图4-19 护筒埋设方法(尺寸单位:cm)

1-护筒;2-夯实黏土;3-砂土;4-施工水位;5-工作平台;6-导向架;7-脚手架

埋设护筒应满足以下要求:

(1)护筒内直径应比钻头直径大200~300mm,深水处可大于400mm,工作平台有支架平台、浮船工作平台、钢板桩围堰工作平台、浮运薄壳深井平台等。护筒直径也需根据成孔方式来定。

(2)护筒顶高程要高出地面或岛面300mm,高于地表水面或地下水面1.0~2.0m。

(3)护筒底应用黏土夯填,不得漏水跑浆。

(4)平面位置准确,偏差不宜大于50mm,护筒斜度的偏差应不大于1%,对深水基础中的护筒平面位置中的偏差可适当放宽,但不应大于80mm。

(5)护筒的埋置深度在旱地或筑岛处宜为2~4m,在水中或特殊情况下应根据设计要求或桩位的水文、地质情况经计算确定。对有冲刷影响的河床,护筒宜沉入施工期局部冲刷线以下1.0~1.5m,且宜采取防止河床在施工期过度冲刷的防护措施。

2.泥浆制备

泥浆是用作护壁用,由水、黏土(或膨润土)和添加剂组成。泥浆的作用:增大孔内向外的静水压力,并在孔壁形成一层泥皮,隔断孔内外水流起护壁作用;用作悬浮钻渣,润滑钻头,减少钻进阻力。

调制的泥浆应根据钻孔方法和地层情况采用合适的性能指标,一般可参照表4-4选用。泥浆要备有足够的用量。

钻孔方法	地层情况	泥浆性能指标							
		相对密度	黏度（Pa·s）	含砂率（%）	胶体率（%）	失水率（mL/30min）	泥皮厚（mm/30min）	静切力（Pa）	酸碱度（pH）
正循环	一般地层	1.05~1.20	16~22	8~4	≥96	≤25	≤2	1~2.5	8~10
	易坍地层	1.20~1.45	19~28	8~4	≥96	≤15	≤2	3~5	8~10
反循环	一般地层	1.02~1.06	16~20	≤4	≥95	≤20	≤3	1~2.5	8~10
	易坍地层	1.06~1.10	18~28	≤4	≥95	≤20	≤3	1~2.5	8~10
	卵石土	1.10~1.15	20~35	≤4	≥95	≤20	≤3	1~2.5	8~10
旋挖	一般地层	1.02~1.10	18~22	≤4	≥95	≤20	≤3	1~2.5	8~11
冲击	易坍地层	1.20~1.40	22~30	≤4	≥95	≤20	≤3	3~5	8~11

注:1.地下水位高或其流速大时,指标取高限,反之取低限。
　　2.地质状态较好时,孔径或孔深较小的取低限,反之取高限。

钻孔泥浆应符合下列规定:

(1)泥浆的配合比和配置方法宜通过试验确定,其性能应与钻孔方法、土层情况相适应。泥浆各种性能指标的测定方法见表4-4。

(2)钻孔过程中,应随时对孔内泥浆的性能进行检测,不符合要求时应及时调整。

(3)钻孔泥浆宜进行循环处理后重复使用,减少排放量。对重要工程的钻孔法施工,宜采用泥浆处理器进行泥浆的循环。

(4)施工完成后废弃的泥浆应采取先集中沉淀再处理的措施,严禁随意排放,污染环境和水域。

3.钻孔

钻孔的方法主要根据地质条件,采用不同的成孔机械。一般现常用的成孔方法如下。

(1)旋转钻孔法用动力驱动钻头旋转切削地层,利用泥浆循环排渣成孔的旋转钻机钻孔。钻渣可用泥浆正循环法或泥浆反循环法排出,用水排渣法只能采用反循环法。

正循环旋转钻进是泥浆出泥浆泵压进泥浆笼头,通过钻杆从底端钻头射出而输入孔底,泥浆挟钻渣上升,从护筒顶溢流口不断流出排至沉淀池内,钻渣沉淀,泥浆流入泥浆池循环使用(图4-20)。

正循环回转常用钻锥有以下几种。

①鱼尾锥:适用于各种土层,在砂卵石和风化岩中钻进效果较好,但它的导向性能差,应注意钻锥方向,以防出现梯级倾斜[图4-21a)]。

②双腰带笼式锥:适用于黏土、粉砂土、细、中、粗砂和含有少量砾石的土层。锥头上下各有一道导向圈,钻进平稳、导向性能好,是一般土层中采用较好的类型[图4-21b)]。

③刺猬锥:钻锥是钻尖中心角约为40°,是周围焊有钢齿刃的圆锥体,锥头顶部直径等于钻孔直径[图4-21c)],锥头高度通常为钻孔直径的1.2倍,适用于黏性土、粉砂土、细、中、粗砂和夹有粒径在25mm以下砾石土层。

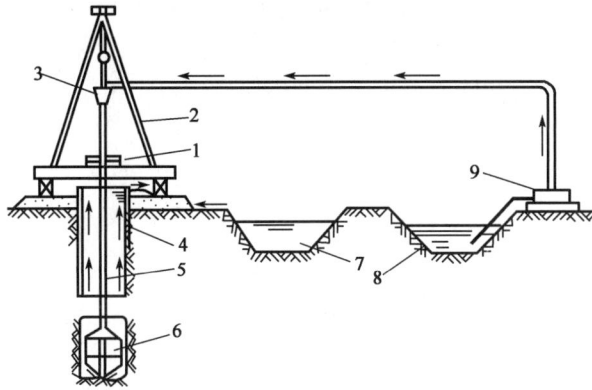

图 4-20　正循环旋转钻进示意图

1-钻机;2-钻架;3-泥浆笼头;4-护筒;5-钻杆;6-钻头;7-沉淀池;8-泥浆池;9-泥浆泵

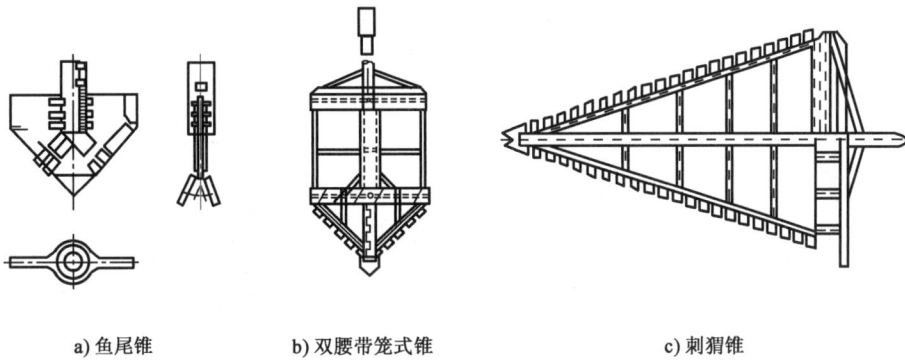

a) 鱼尾锥　　　　　　　b) 双腰带笼式锥　　　　　　　c) 刺猬锥

图 4-21　正循环回转常用钻锥

反循环旋转钻进是泥浆循环与正循环相反,泥浆先注入孔内,当钻头在孔底切削钻进时,钻渣和泥浆一起利用吸抽泵从钻头吸入经钻杆排出至沉淀池,钻渣沉淀而泥浆流入泥浆池循环使用。反循环回转常用钻锥如下。

①三翼空心单尖钻锥:简称三翼钻锥(图 4-22),中间挖空作吸渣口,带齿的三个翼板是回转切土的主要部分,翼板上的齿片均镶焊合金钢提高耐磨性。它的切削能力比鱼尾锥大,特别在增加对孔底的压力情况下,它有较高的钻进效果,适用于较松软的黏性土、粉砂土和中、粗砂。

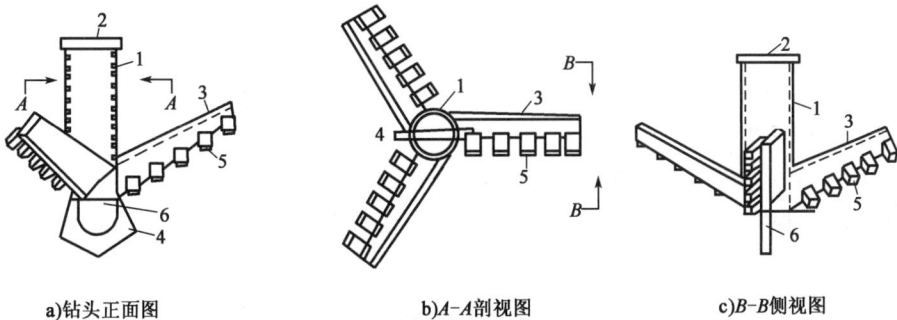

a)钻头正面图　　　　　　b)A-A剖视图　　　　　　c)B-B侧视图

图 4-22　翼状钻锥构造图

1-钻头芯管;2-法兰;3-刮刀;4-鱼尾形切削刀;5-合金钢刀头尖;6-吸渣口

163

②牙轮钻头:牙轮钻头是在直径为127mm的无缝钢管的不同位置设牙轮架,然后把直径为160mm的9个锥形牙轮(镍铬钢)分三层安装于牙轮架上,每层的3个牙轮在平面上的方位均相隔120°(图4-23)。牙轮钻锥亦可用于正循环回转钻机。用于砂卵石和风化岩效果较好,也可用于砂类土和黏性土。

(2)冲抓钻孔法利用冲抓锥的自重冲击破碎地层并抓取钻渣成孔的冲抓钻机成孔。冲抓锥具的形式很多,钻头抓土工作原理与一般抓土斗相同(图4-24),下落时,抓瓣上的刀口对土石有较强的冲击破碎作用。

(3)冲击钻孔法利用冲击钻机的钻头自重冲击破碎地层,用抓斗、取渣筒或用泥浆排渣成孔。冲击钻头一般用铸钢、锻钢或钢板铆焊制成,冲锥钻刃形式分为一字形、十字形和多刃形(图4-25),在反复的冲击中,钻头不断转动,最终形成圆形或近似圆形的孔。

实践证明,在钻孔过程中,会遇到各种不同类型的土层,成孔时就要采用不同的钻进方式。有时,即使在同一孔中钻进,也需要用不同的成孔方法。例如上面细粒土适用旋转成孔,但对下面卵砾石、硬岩地层又要用冲抓或冲击成孔。钻孔过程中,要注意以下几个问题:

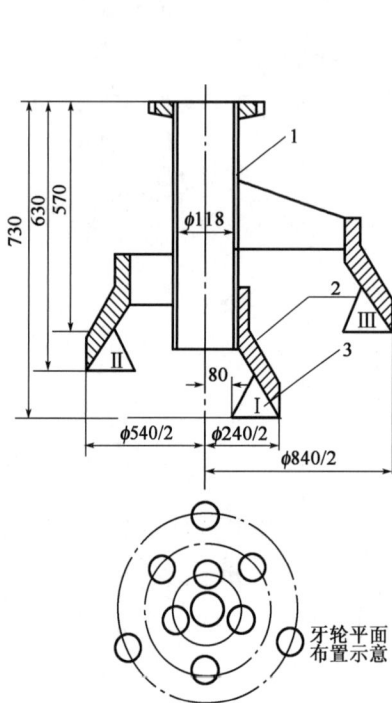

图 4-23　牙轮钻头(尺寸单位:mm)
1-无缝钢管;2-牙轮架;3-牙轮

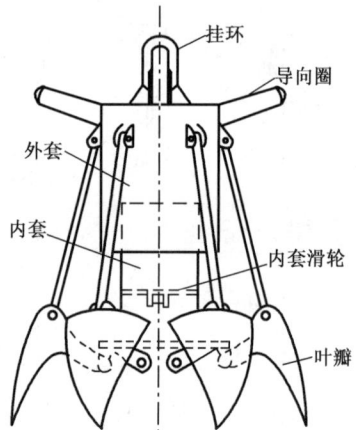

图 4-24　冲抓锥

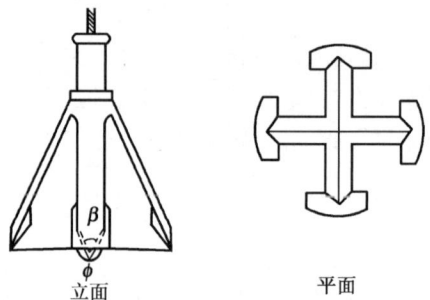

图 4-25　冲击钻头

①钻进过程中要随时检查进尺和土质情况,并做好记录。

②在钻进过程中要随时检查孔径和垂直度,当发生严重的斜孔、弯孔、缩孔时要进行必要的修孔。

③在钻进过程中,要注意护筒内水头高度的稳定性,以防坍孔。

④经常检查钻具、钻杆、钢丝绳和连接装置,对卡钻、掉钻要及时处理。

⑤在钻进过程中常发生坍孔事故,要注意观察,当发现孔内水位骤降并有气泡上冒、出渣

量显著增加而不见进尺、钻机负荷显著增加或显出埋钻迹象时,都表明发生了坍孔,要马上停钻,查明坍孔位置及时处理。

4. 清孔

钻孔达到设计高程后,应立即进行清孔。清孔的目的是减小孔底沉淀土层厚度,以达到设计要求,保证桩尖土的承载力;为灌注水下混凝土创造良好条件,保证水下混凝土灌注质量。

清孔方法应根据设计要求、钻孔方法、机具设备条件和土层情况决定。一般有如下方法:

(1)抽浆清孔法。直接用反循环钻机、空气吸泥机、水力吸泥机或离心吸泥泵等,在达到设计高程后不进尺但也不停钻。孔底含钻渣泥浆吸出达到清孔目的。此法清孔较彻底,适用于各种方法钻孔的柱桩和摩擦桩。

(2)换浆清孔法。钻孔完成后,提升钻锥距孔底100～200mm空钻不进尺,以相对密度较低(1.1～1.2)的泥浆压入,把钻孔内的悬浮钻渣和相对密度较大的泥浆换出,此法适用于正循环钻孔的摩擦桩。

(3)掏渣清孔法。用掏渣筒(图4-26)、大锅锥或冲抓钻清掏孔底粗钻渣,仅适用于机动推钻、冲抓、冲击钻孔的各类土层摩擦桩的初步清孔。

(4)喷射清孔法。在灌注混凝土前对孔底进行高压射水或射风数分钟,使剩余少量沉淀物漂浮后立即灌注水下混凝土,可作为配合其他清孔方法使用。

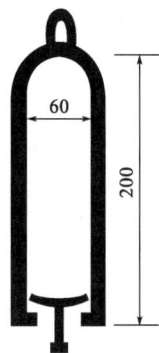

图4-26　掏渣筒
(尺寸单位:cm)

清孔时应注意以下事项:

①不论采用何种清孔方法,在清孔排渣时,必须注意保持孔内水头稳定,防止坍孔。

②柱桩采用抽浆法清孔,清孔后将取样盒(即开口铁盒)吊到孔底,待灌注水下混凝土前取出检查沉淀在盒内的渣土厚度,不得超出设计要求。

③用换浆或掏渣法清孔后,孔口、孔中部和孔底提出的泥浆平均值应符合质量标准要求;灌注水下混凝土前,所测孔底沉淀土层厚度应不大于设计规定。

④不得以加深孔底深度的方法代替清孔。

在表4-3中清孔方法有气举反循环清孔,现简介如下。正循环钻进气举反循环清孔施工工艺,就是回旋钻机通过钻杆携带钻头顺时针方向旋转向下钻进成孔。第一次清孔通过钻杆采用正循环清孔,然后安放钢筋笼和导管;第二次清孔是在导管内放置一根风管,用空压机向导管内腔注入压缩空气形成气水混合钻渣产生导管内外的压力差,从而将第一次清孔余留下的及后来沉淀下的钻渣岩屑,经导管内喷出留到沉淀池中。岩屑的比重约为1.3,导管内气水混合物由于压力差作用排渣速度快、清孔时间短,一般为3～10min,清孔干净后必须立即灌注混凝土。

5. 钢筋骨架组装和吊安

安装钢筋骨架时,应将其吊挂在孔口的钢护筒上,或在孔口地面上设置扩大受力面积的装置进行网挂,不得直接将钢筋骨架支承在孔底。

灌注桩钢筋骨架的制作、运输与安装应符合下列规定:

(1)制作时应采取必要措施,保证骨架的限度,主筋的接头应错开布置。大直径长桩的钢筋骨架1:1在胎架上分段制作,且宜编号,安装时应按编号顺序连接。

(2)应在骨架外侧设置控制混凝土保护层厚度的垫块,垫块的间距在竖向不应大于2m,在横向圆周不应少于4处。

(3)钢筋骨架在运输过程中,应采取适当的措施防止其变形。骨架的顶端应设置吊环。

（4）灌注桩钢筋骨架制作和安装质量应符合表 4-5 的规定。

灌注桩钢筋骨架制作和安装质量标准

表 4-5

项 目	允 许 偏 差	项 目	允 许 偏 差
主筋间距（mm）	±10	保护层厚度（mm）	±20
箍筋间距（mm）	±20	中心平面位置（mm）	±20
外径（mm）	±10	顶端高程（mm）	±20
倾斜度（%）	0.5	底面高程（mm）	±50

6. 灌注水下混凝土

水下混凝土一般采用刚性导管法灌注。刚性导管用钢管制作，导管内径一般为 200 ～ 350mm，导管使用前应进行水密、承压和接头抗拉试验，严禁采用压气试压。开始灌注混凝土时，应在漏斗底口处设置可靠的隔水设施。

首批灌注混凝土的数量应能满足导管首次埋置深度 1.0m 以上的需要，所需混凝土数量可按式（4-1）计算（图 4-27）：

$$V = \frac{\pi D^2}{4}(h_2 + h_3) + \frac{\pi d^2}{4}h_1 \qquad (4\text{-}1)$$

$$h_1 = H_w \gamma_w / \gamma_c$$

式中：V——灌注首批混凝土所需数量（m^3）；

D——桩孔直径（m）；

h_1——桩孔内混凝土达到埋置深度时，导管内混凝土柱平衡导管外（泥浆）压力所需要的高度（m）；

h_2——桩孔底至导管底端间距，一般为 0.3 ～ 0.4m；

h_3——导管初次埋置深度（m）；

d——导管内径（m）；

H_w——桩孔内水或泥浆的深度（m）；

γ_w——桩孔内水或泥浆的重度（kN/m^3）；

γ_c——混凝土拌和物的重度，取 $24kN/m^3$。

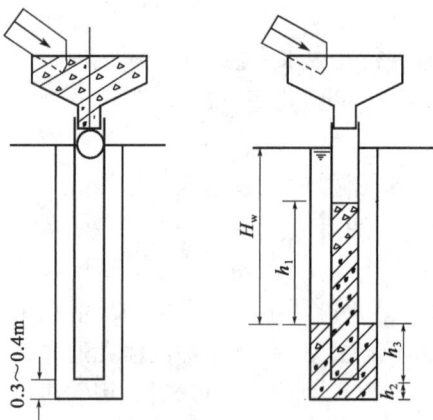

图 4-27　首批混凝土数量计算

灌注水下混凝土要注意以下几点：

（1）开始灌注混凝土之前，应在漏斗底口处设置可靠的隔水设施。

（2）混凝土拌和物应具有良好的和易性，灌注时应能保持足够的流动性，其坍落度当桩孔直径 $D < 1.5m$ 时，宜为 180 ～ 220mm；$D \geqslant 1.5m$ 时，宜为 160 ～ 200mm，但应充分考虑气温、运距及施工时间的影响导致的坍落度损失。

（3）灌注工作开始后要连续作业不得间断，并尽可能缩短拆除导管的间隔时间。

（4）要随时量测孔内混凝土高程与导管埋入混凝土的深度（不小于 2.0m 或不大于 6.0m）提升导管不可过猛，以防导管与混凝土脱离而发生断桩。

（5）要注意灌注中途故障处理，导管不得进水，导管堵塞要及时通导，处理无效时应拔出导管、钢筋笼，重新清孔灌注混凝土。

（6）灌注时应采取措施防止钢筋骨架上浮。当灌注的混凝土顶面距钢筋骨架底部 1m 左右时,应降低灌注速度,以减小混凝土对钢筋笼的上冲力,避免上浮。混凝土顶面上升到骨架底部4m以上时,宜提升导管,使其底口高于骨架底部2m以上再恢复正常灌注速度。

(7)灌注混凝土控制桩顶高程应比设计高程预加一定高度,一般不小于0.5m,这部分混凝土是最先与孔底沉淀土混杂在一起的先浇部分,应予以凿除,确保桩顶混凝土质量。

(二)沉管灌注桩施工

沉管灌注桩实际上是一种全护筒工艺成孔,分下述两种成桩方法:

一种是对小直径桩(一般桩径不超过600mm),用重锤的冲击或是振动器的激振力,先将闭口的钢套管(闭口部分又称桩靴)冲击或振动沉入设计高程,然后下钢筋笼,边浇筑混凝土边拔出钢管成桩。对于较大直径桩采用直径为1.0~2.0m不等的常备式钢套管。施工的成孔工艺是:使套管边左右轮流反复旋转摇动的同时,边用左右的油压千斤顶将其压入地基中,用锤式抓斗破碎套管内的土并抓出,而不断向下钻进。按此方法周而复始,一直将桩孔掘凿到设计规定的地基深度以后,放入钢筋笼,安放混凝土导管,灌注混凝土并抽拔钢套管,建成大孔径灌注桩(图4-28)。

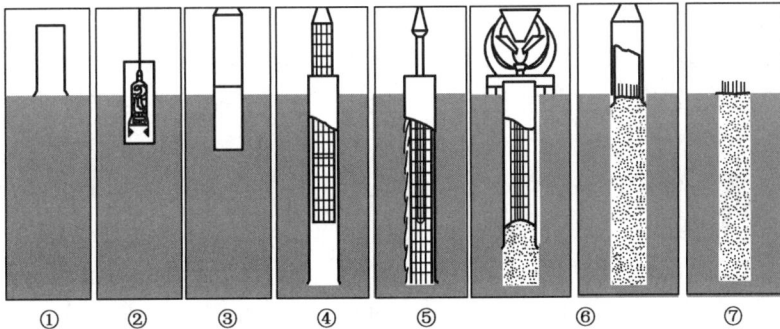

图4-28 套管法灌注桩施工
①插入第1节套管;②抓泥并晃管下沉;③安装第2节;④安装钢筋骨架;⑤插入导管;⑥灌筑混凝土并上拔套管;⑦基桩完成

1. 沉管灌注桩的优点

(1)除含有大卵石、孤石等地质条件外,一切土层都适用,尤其对软地基,有承压水和流沙等不良地质土层,由于是全套管施工,可做到安全施工。

(2)由于套管都是超前于钻具(甚至不用钻具采用挤入沉管),所以不会引起桩周地基土松动,桩身混凝土混入泥渣的可能性小。

(3)能确保不坍孔,不断桩,适合进行斜桩施工。

2. 沉管灌注桩施工注意事项

(1)钢筋混凝土预制桩尖或活瓣桩尖应设置在设计位置,桩管竖直套入预制桩尖,两者的轴线应竖向重合一致,如有移位或倾斜超过允许偏差,应即时纠正,必要时应拔出重新沉管。

(2)灌注的混凝土标号和坍落度要符合设计规定,每次向管内灌注混凝土时应尽量多灌,当管长大于桩长时,混凝土可一次灌足。

(3)在开始拔管时,对用活瓣桩尖振动沉入的管桩,应先振动片刻再拔管,在测得桩管尖活瓣确已张开,混凝土确已从桩管中流出以后,方可继续拔出桩管。

(4)对用混凝土桩尖锤击沉入的桩管,拔管时采用振动锤倒打法拔出,倒打的打击频率不宜小于70次/min,使在拔管时起到振动密实混凝土作用。

（5）拔管速度应均匀，应边振（打）边拔，用锤击倒打拔管时，拔管速度不宜大于 0.8 ~ 1.0m/min；用振动拔管时，不宜大于 1.0 ~ 1.5m/min。每拔出 0.5 ~ 1.0m 要停拔并振动 5 ~ 10 次，如此反复直至桩管全部拔出。

（6）在淤泥及含水量饱和的软土层振动拔管时，应采用反插法施工，即每次拔管高度为 0.5 ~ 1.0m，再往下反插深度 0.3 ~ 0.5m，如此拔插，直至桩管全部拔出。

（三）挖孔桩施工

挖孔桩最早是在旱地施工发展起来，后来用于城市跨线桥、立交桥。城市桥梁挖孔桩除了可以节省钻孔机具外，还可以避免钻机的噪声和泥浆对环境的污染。以后逐渐发展到水中也采用挖孔桩，桩的直径或边长也由最初的 1.0 ~ 1.5m 发展到 4 ~ 6m，深度也发展到超过 20m，并由小直径的挖孔实心桩发展到大直径的挖孔空心桩。

在无地下水或有少量地下水，且较密实的土层或风化岩层中，或无法采用机械成孔或机械成孔非常困难，水文、地质条件允许的地区，可采用人工挖孔施工。

1. 小直径挖孔桩施工要点

（1）孔壁支护

挖孔桩的施工方法比较单一，所不同的是护壁方法的不同。一般孔壁支护现都采用预制混凝土护圈或钢护圈支护，也可采用现浇或喷射混凝土护壁。挖孔与支护孔壁交错进行，开挖一段，支护一段。

一般采用护筒保护孔口，护筒宜高出地面 300mm，除保护孔口不坍塌外，还可防止表面水或地面泥土、杂物等滑落孔中。

第一节护圈也可做成钢筋混凝土刃脚状，下面挖土后，使钢筋混凝土护圈及其上所加预制混凝土护圈下沉，直至设计桩底高程为止（图 4-29）。

现浇钢筋混凝土护壁成孔是人工掘进一段深度（设计护壁的每段高度，一般为1.20 ~ 1.50m）后，进行支模板，现浇钢筋混凝土，当强度达到设计强度70% 时，拆模完成第一阶段施工，如此循环，一直挖到基底设计高程。

护壁钢筋笼的制作如图 4-30 所示，一般在地面上成型，成型时留口，制作成不封闭的圆筒形，下孔时卷缩成稍小的圆筒，孔下张开绑扎成型或电焊成型。

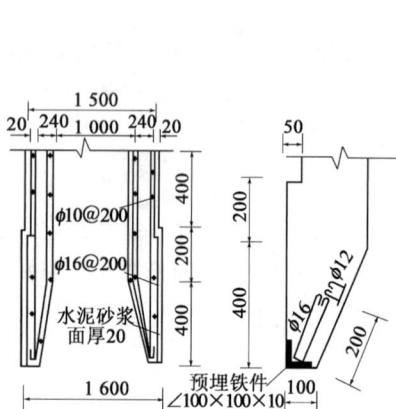

图 4-29　钢筋混凝土护圈（尺寸单位：mm）

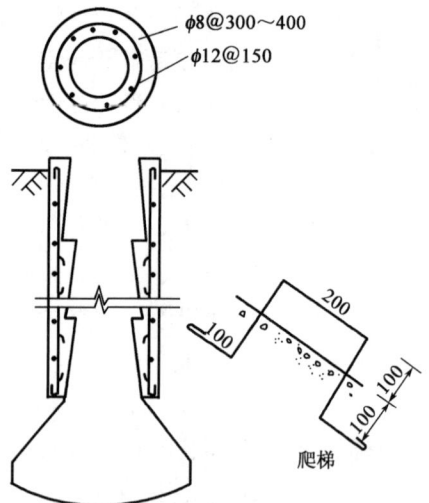

图 4-30　护壁钢筋笼（尺寸单位：mm）

孔中井壁宜设置预埋钢筋做爬梯,每孔对称两排布置,以便一旦发生危险,孔中挖土的两人可同时离开。爬梯还有利于护壁和桩身混凝土的共同工作,增加桩的承载力。钢板护壁可用 2~3mm 厚的钢板卷制成护圈,每节高 1.0m,竖向分成 3 块,每块四周边镶∠40mm×40mm 的角钢焊接而成。角钢上钻孔,用螺栓或销钉连接成环形,每挖 1.0m 深的土方,组装一节护圈。

(2)挖土施工

挖孔桩开挖过程中,开挖和护壁两个工序必须连续作业。挖土应均匀、对称、同步进行。挖孔时应注意施工安全,如有水渗入,应及时加强孔壁支护,防止水在井壁浸流造成坍孔。挖孔较深时应向孔内鼓风以保证工人施工所需的新鲜空气,同时采用矿工灯或其他照明方式,以方便施工。

挖孔达到设计深度后,应进行孔底处理。清底工作一定要按要求清出曲线底面,有可能将桩底扩孔呈大头桩,以提高桩的承载力。桩底要清到无松渣、淤泥、沉淀等虚土。

(3)灌注混凝土

清底工作经检查合格后,即可放入钢筋笼。钢筋笼制作、运输、安放入孔与钻孔灌注桩要求相同。孔内的混凝土灌注应连续快速进行,防止污水泥土杂物掉进孔内,造成人为断桩。若施工接缝不可避免时,应按施工缝处理要求办理。

采用在空气中灌注混凝土方法时,应注意掌握灌注速度,混凝土应分层灌注、分层振捣,每层最深不得超过 400mm。空气中灌注的桩如为摩擦桩,且土质较好,短时期无支护不致引起孔壁坍塌时,可在灌注过程中逐步由下至上拆除支护。

2.大直径挖孔桩施工要点

大直径挖孔桩不仅施工工艺和设备比较简单,而且质量好,速度快,采用变截面桩身使桩的受力更加合理。由于桩的刚度增大,可取消承台,大大降低工程成本,实践证明,可比钻孔桩降低达 30%~40% 的造价。

(1)成孔技术

对于旱地上的大直径挖孔桩成孔过程的开挖支护,可以采用小直径挖孔桩的方法,采用全深护筒法(预制钢筋混凝土或钢护筒等)。目前,我国在水中进行大直径挖孔桩的施工技术获得很大成功,具体方法有如下 3 种。

①钢护筒法:沉入钢护筒在筒内开挖,护筒脚最好能进入不透水的黏土层或风化岩层中。如在透水层中且在地下水位以下时,宜配备适当的排水设备如潜水泵等。

②钢筋混凝土套筒法:具体做法是在河床上先筑岛,在墩位处就地浇筑外径为 320~520cm,厚 10cm 的钢筋混凝土套筒,用大功率抽水机在邻孔抽水来降低水位,人工在套筒内开挖。

③沉井内挖孔桩法:筑岛将圆形沉井下沉至 6~8m 的风化岩层面后,用水下混凝土和旋喷工艺封住刃脚,止水后人工在风化岩中完成大直径挖孔桩。

挖孔桩用钢筋混凝土与沉井刃脚固结,而沉井内不填混凝土,作为空心墩的组成部分,形成沉挖空心墩新结构。图 4-31 为湖南省桃源沅水大桥 $\phi750/\phi500$(cm)沉挖空心墩(桩)5 号主墩构造图。该桥主桥跨径为 2×100m 钢管混凝土中承拱桥,全桥 19 个中墩全部采用沉井($\phi750$~500)cm 内挖孔桩新工艺,仅用一年时间完成全部下部结构施工,充分显示出沉挖空心墩(桩)的优越性。

(2)排水和止水方法

一般挖孔桩是在预估渗水量甚小时才采用,但在水中挖孔总难免遇到渗水,尤其是井底渗水。除一般采用潜水泵抽水外,如果渗水量较大,尚需先采取止水措施再挖进。实践中采用如下几种止水措施。

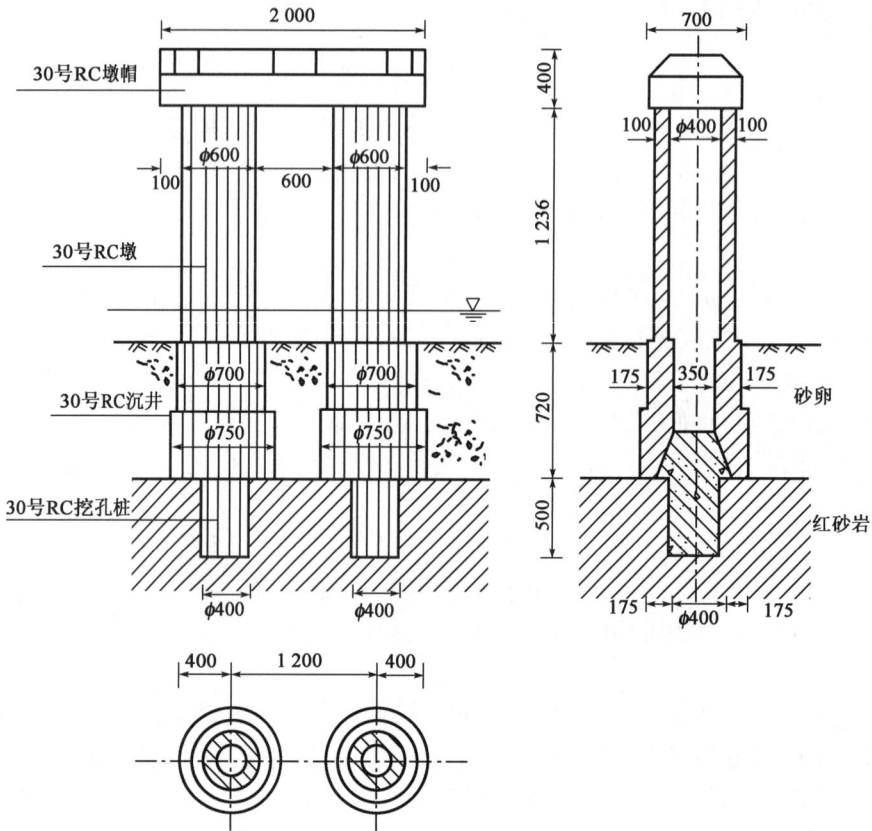

图 4-31　湖南桃源沅水大桥 φ750cm 沉挖空心墩(桩)(尺寸单位:cm)

①内套筒压浆止水

如果刃脚附近及以下皆为粗砂砾石层,则可放入直径比沉井或外套筒小 1.0m 左右的钢内套筒,使其与井壁之间有 50cm 的空隙,用空压机吹砂等方法沉至岩面,中间插 1 ~ 2m 间距压浆管(直径 450mm),将空隙用砾石填满,顶面用纤维袋装混凝土封闭,然后从井上压注水泥浆,将砂砾石固结封水。沉放内套筒等工序可在抽水情况下进行,而压浆则宜在静水状态下进行,以免水泥浆流失。如果必须在抽水状态下进行时,水泥浆应加速凝剂(如盐类、水玻璃等)。

②内套筒填灌混凝土止水

当沉井或外套筒在下沉过程因抽水而有大量粉细流沙涌入刃脚,或刃脚尚难下到风化层,其间的地层尚夹杂粉细颗粒,既不宜抽水,又不宜压浆时,则应采用静水沉放内套筒,向井内灌水使水位高于井外,由潜水员下到刃脚,将刃脚与内套筒之间的流沙等清除干净,从井上用套管将不分散混凝土(或砂浆)灌下封闭止水。这个作业需潜水员三班连续进行,进度较慢但止水效果较好,一次即可成功。

③井壁预凿钻孔旋喷止水

沉井较大时,事先在沉井壁中预留钻孔(φ300mm)通过刃脚,当沉井抽水不干时,用地质

170

钻机从井面向下钻孔,并旋喷水泥浆,将刃脚以下砂砾、黏性土等与水泥浆通过水力搅拌形成混凝土,强度可达5MPa左右。旋喷有效范围视土质而异,一般为60~100cm,因而预留孔间距不宜大。如果一次旋喷完成后抽水时还有较大漏水情况,还可在沉井之外进行补钻旋喷。

(四)大直径钻埋空心桩的成桩工艺

当前世界桥梁深桩基础工程的发展趋势是大直径和预拼工艺。显然在大直径桩中唯有采用空心结构才有实际经济价值。经过多年探讨实践,一种将预制桩和钻孔桩相结合的新型大直径钻埋空心桩研制成功。通过实践总结出钻埋空心桩具有如下一些优点:

(1)直径大,可达4.0~5.0m,采用分级扩孔钻成,无需振动下沉管柱那样的繁重设备。

(2)水下混凝土的用量可减少40%,同时又可以减轻自重。

(3)通过桩周和桩底二次压注水泥浆来加固地基,使承载力比一般钻孔桩提高达30%~40%。

(4)孔内采用预制空心桩壳,增加预制工作,加快工程进度。

(5)采用碎石压浆易于确保质量,不会发生灌注水下混凝土的断桩事故。

(6)应用大直径空心桩结构,可取消小直径群桩基础的承台结构,大幅度降低工程造价。

图4-32为钻埋空心桩成桩工序示意图,主要工序为在已成孔内沉放桩壳、桩侧压浆、桩底压浆,现分述如下。

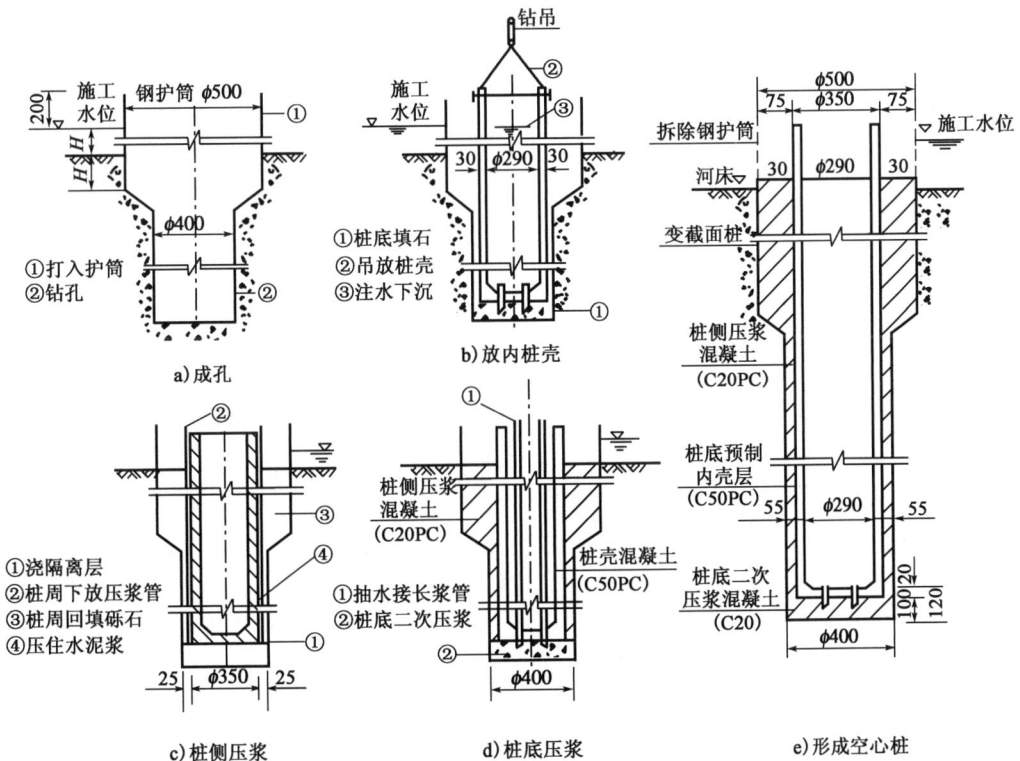

图4-32 钻埋空心桩成桩工序(尺寸单位:cm)

(1)桩壳预制

桩壳预制是采用拆一留一的方法,即当Ⅰ层空心桩壳A浇筑后,其模板不拆,接着装Ⅱ层模板,Ⅱ层模板浇筑桩壳 B 后,又随着 B 吊放到下层,在上又装 I 层模板浇筑桩壳 C(图4-33),以确保桩壳外形竖直,接缝平顺无错缝。

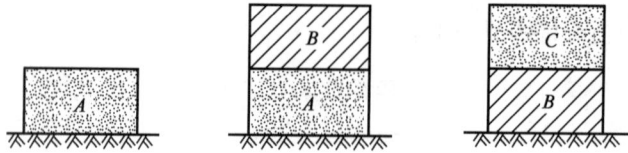

图4-33 预制桩壳顺序

桩壳的底节与其他各节不同,带有底板,底板上要留孔,以便安插桩底压浆管。下沉时底板要承受相当大的浮力,因此底节的底板要加设钢板和斜撑加强(图4-34)。

由于每根桩壳都是对接预制,因此要编号堆码存放。

(2)成桩工艺

钻埋空心桩成桩工序参见图4-32。

①桩底抛石:当钻孔到达设计高程,并经检查成孔质量符合要求进行清孔后,就可进行桩底抛石。抛入的卵石粒径要求大于40mm,对粒径小于40mm 的砂砾要筛除。卵石要求清洗干净,从孔口的四周均匀抛入。桩底抛石的厚度按设计要求确定,一般不小于1.0m,如桩底土为卵砾石时则可减至0.5m。

②桩壳拼接:在孔口设置钢井字架作定位用,在吊桩壳时可使用专用抱箍。先将底节吊起,套上连接器再吊入二节,在预制桩壳拼接前要把上下端面用丙酮清洗干净,涂刷一层环氧树脂砂浆,桩壳按设计要求布置带锥形螺纹粗钢筋,根数由结构计算决定,可采用多次张拉、多次拧紧方法来扭紧螺母,按不同高度相错张拉锚固和接长。

③灌水下沉落床:两节桩壳通过环氧树脂和竖向粗钢筋的预应力张拉后形成整体。如此拼接至一定高度后,便可灌水下沉。由于吊入孔内的空心桩柱是有底的,而且连接面均密封不漏水,这样形成一个柱形容器状而产生浮力,要向空心桩灌水才能克服浮力下沉,以便继续拼接,直至下沉落床。

④浇筑隔离层:桩节拼接到井底并对中定位后,在桩的四周抛投0.5～1.0m 厚的细砂和细碎石,然后浇筑0.5～1.0m 厚的隔离层混凝土。其目的是要把桩周与桩底隔开,防止桩周压浆时水泥砂浆渗入桩底。

⑤空心桩周设置压浆管:桩周压浆管可根据桩径的大小确定根数,分层均匀地分布在桩身四周。压浆管径的大小可根据压浆机的排量

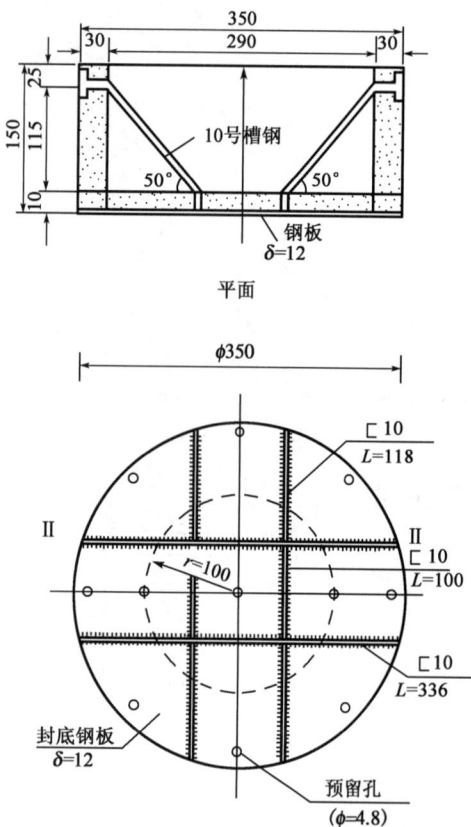

图4-34 桩壳底节构造(尺寸单位:cm)

172

和压力来定,一般用 $\phi50mm$ 钢管即可。压浆管的连接要做到外表面平顺无突变、拔管较容易、可重复使用。

⑥桩周抛石:压浆管设置定位后,就可向桩周 15～20cm 空隙内均匀抛下粒径大于 40mm 的卵石,直至护筒内桩顶设计接高处。

(3)桩侧压浆

空心桩壳周边填石后要通过压注水泥浆形成水下填石压浆混凝土,将土壤与预制桩壳紧密地黏结起来形成侧摩阻力,这是保证空心桩承载力的重要环节,其工序如下。

①桩周清孔:先从压浆管中压入清水来检查压浆机械设备的完备程度。在管道通畅后通过压浆机压入优质泥浆,直到排浆管流出新鲜泥浆为止。清孔工作结束后用尼龙袋装好黏性土压在护筒中填石上面,以起封闭作用。

②桩侧压浆:桩周清孔符合要求后,由压浆机将按一定比例配制的水泥浆通过压浆管压入桩侧填石空隙中。在压浆过程中,可采用类似水下混凝土浇筑的方法,用 4 根管道交替压浆和抽拔直至排浆管孔口流出纯水泥浆为止。

③操作要求:在开始桩侧压浆工作前要做好各种准备工作,要连续作业一气呵成;及时做好拔管和摘管工作;为了防止意外,桩侧压浆管按 10m 高度放一层备用。

(4)桩底压浆

通过桩底压浆,在桩底形成蒜头状的固化区,从而可极大地提高桩尖部分的承载力。另外,桩底压浆的反作用力使桩身上抬,这相当于给桩底施加了一个反方向的预应力,减小了空心桩沉降的绝对值。

①接桩底压浆管:一般预制桩底节下面的钢板加工有管孔,3 根压浆管和 1 根回流管,压浆管比回流管长一些,约伸出桩底 0.5～1.0m。在底节的压浆管和回流管上要各接一闸阀与法兰,用来封闭管道以避免杂物堵塞。在接上部压浆管时,压浆管和回流管的闸阀先关闭,使桩底泥浆水不会冒出。在压浆管的顶部装有压力表,压浆管和压浆机相连通,这样就可测量压浆的压力。

②桩底清孔:通过压浆机的压浆管和回流管来清理孔底,其方法与桩侧清孔方法相同。一般采用正循环,其步骤是:由压浆机压注的优质泥浆,通过 3 根压浆管先后注入孔底,使含淤泥粉砂的浑水通过回流管排出,为使清孔更彻底可靠,也可用 3 根压浆管中的 1 根,通过压缩空气来搅动桩底淤泥粉砂沉淀,从而提高清孔质量和效率。

③装百分表:在桩孔口周围搭好独立支架,安装 8 个百分表来测量桩底压浆时空心桩的上抬量。如施工中个别表动了,要及时重新安装、读数。有条件时,要用精密水准仪测量,最后校核上抬量。

④桩底压浆:当上述工序完成并检查合格后,才能进行桩底压浆,其方法和要求与桩侧压浆基本相同。当回流管流出新鲜灰浆后,再关闭回流管继续压浆使空心桩发生上抬,此时应特别注意测量上抬量的百分表读数。

⑤操作要点:要注意观测压力表数据,若数据急剧增长,原因可能是管道被堵,要及时停机换管以免引起爆管;如压力上不去,桩身未上抬,水泥浆可能流入流沙和软弱层中,此时要停机将水泥浆加浓后再压入;进行桩底二次压浆可将桩侧原来不密实的地方给予补浆,从而提高桩侧摩阻力,为确保二次压浆成功,要有备用压浆设备;桩底压浆待混凝土初凝后可取出护筒内的桩侧黏土袋,及早将表层松散浮渣凿除,再以干硬性混凝土封闭抛石压浆混凝土的顶部。

二、预制沉入桩施工

预制沉入桩是用动力沉桩设备的冲击能量(如锤击)将预制的钢筋混凝土桩、预应力混凝土桩、钢管桩等直接打(压)入土中的一种桩的施工方法。选择沉桩方法应依据桩重、桩型、地质情况和设备条件等确定。表4-6为几种常用的沉桩方法及适用范围,供选择时参考。

沉桩方法适用范围参考表

表4-6

项次	桩锤种类	适 用 范 围	使 用 原 理	优 缺 点
1	落锤	1.适用打木桩及细长混凝土桩; 2.在一般土层及黏土层、含砾石的土层均可使用	用人力或卷扬机拉起桩锤,然后自由下落,利用锤重夯击桩顶,使桩入土	构造简单,使用方便,冲击力大,能随意调整落距,但锤击速度慢(6~20次/min),效率较低
2	单动汽锤	1.适宜打各种桩; 2.最适宜打沉拔管灌注桩	利用蒸汽或压缩空气的压力将锤头上举,然后自由下落冲击桩顶	结构简单,落距小,设备和锤头不易损坏,打桩速度及冲击力较落锤大,效率较高
3	双动汽锤	1.适宜打各种桩,可用于打斜桩; 2.使用压缩空气时,可水下打桩; 3.可用拔桩,吊锤打桩	利用蒸汽或压缩空气的压力将锤头上举及下冲,增加夯击能量	冲击次数多,冲击力大,工作效率高,但设备笨重,移动较困难,振动噪声较大
4	柴油桩锤	最适宜于打钢桩、混凝土桩、钢管桩等,用于浮船沉桩较为有利	利用燃油爆炸,推动活塞引起锤头跳动,夯击桩顶	附有桩架、动力等设备,不需要外部能源,机架轻,移动便利,打桩快,燃料消耗少,但遇硬土时不宜使用,振动、噪声较大
5	振动桩锤	1.适宜于打钢板桩、钢管桩,长度15m以内的沉拔管灌注桩; 2.适宜于亚黏土、松散砂土、黄土和软土,不宜于岩石、砾石和密实的黏性土地基	利用偏心轮引起激振,通过刚性连接的桩帽传到桩上	沉桩速度快,适应性强,施工操作简易安全,打各种桩,能帮助卷扬机拔桩,不适宜打斜桩,振动较大
6	射水沉桩	1.常与锤击法联合使用,打大断面混凝土方桩和空心管桩; 2.可用于多种土层,以砂土、砂砾土或其他坚硬土层最为适宜; 3.不能用于粗卵石、极坚硬的黏土层或厚度超过0.5m的泥炭层	利用水压力冲刷桩尖处土层,再配合以锤击沉桩	能用于坚硬土层,打桩效率高,桩不易损坏,但设备较多,当附近有建筑物时,水流容易使其沉陷,不能用于打斜桩
7	静力压桩机	1.适宜于软土地基中; 2.最适宜于学校、医院、市区等有防振、防噪声要求的环境	1.利用卷扬机牵引钢丝绳对桩架压梁加压,压梁将桩压入土中; 2.利用桩机的液压系统所产生的压力将桩压入土中	无振动,无噪声,桩不易损坏,设备较笨重,压桩机压力较小,因此压桩深度较小

(一) 对预制桩的要求

1. 制作要求

预制桩的混凝土强度应满足设计要求, 表面平整、无蜂窝和碰损, 并要满足表4-7中的允许偏差要求。

预制钢筋混凝土桩和预应力混凝土桩的允许偏差表 表4-7

项 目		允 许 偏 差
混凝土强度(MPa)		在合格标准范围内
长度(mm)		±50
横断面	桩的边长(mm)	±5
	空心桩空心(管心)直径(mm)	±5
	空心中心与桩中心偏差(mm)	±5
桩尖对桩纵轴线偏差(mm)		10
桩轴线的弯曲矢高(mm)		桩长的0.1%, 且不大于20
桩顶面与桩纵轴线的倾斜偏差(mm)		1%桩径或边长, 且不大于3
接桩的接头平面与桩轴平面垂直度(%)		0.5

2. 接桩要求

桩的每一个接头必须能抵抗在沉桩时各种荷载产生的应力和变形。接桩可按图4-35采用焊接接头、管式接头、法兰盘螺栓接头及硫黄砂浆锚筋接头等形式。

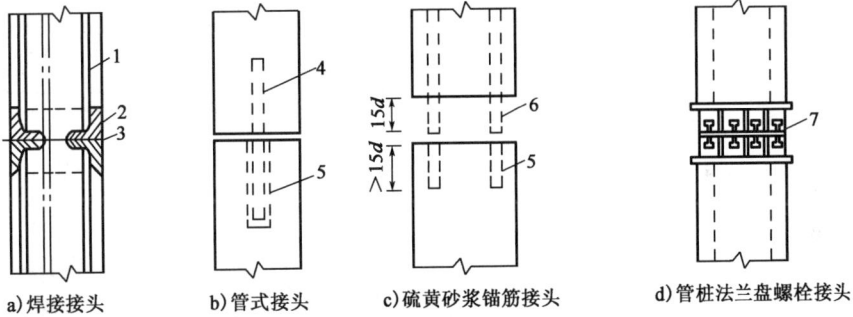

a) 焊接接头   b) 管式接头   c) 硫黄砂浆锚筋接头   d) 管桩法兰盘螺栓接头

图 4-35　桩的接头形式

1-钢筋;2-角钢与钢筋焊接;3-焊缝;4-预埋钢管;5-预留孔眼;6-预埋锚筋;7-预埋法兰盘、螺栓连接

钢筋混凝土桩或预应力混凝土桩接头采用法兰盘的螺栓连接时, 接头螺栓在沉桩前应拧紧, 并用电焊或凿毛丝扣的方法固定螺母, 然后在接头处用涂漆等方法做防腐处理。接桩时, 桩的纵向弯曲矢高不得大于每节桩长的0.02%。

法兰盘的允许偏差见表4-8, 预制管节允许偏差见表4-9, 拼接后管桩的允许偏差见表4-10。

法兰盘的允许偏差表 表4-8

项 目	允许偏差(mm)	项 目	允许偏差(mm)
法兰盘顶面任意两点高差	≤2	法兰盘顺圆周相邻两孔间距偏差	±0.5
螺栓孔中心对法兰盘中心径向偏差	±0.5	法兰盘顺圆周任意不相邻两孔间距偏差	≤1

预制管节允许偏差表

表4-9

项 目	允许偏差（mm）	项 目	允许偏差（mm）	项 目	允许偏差（mm）
管节外周长	+15，−5	管节端面倾斜	$d/1\ 000$	预留孔直径	+3
管节厚度	±3	管壁端面倾斜	$\delta/1\ 000$		
管节壁厚	+10，−0	管节椭圆度	不大于5		

注：d 为管节直径，δ 为管壁厚度。

拼接后管桩的允许偏差

表4-10

项 目	允许偏差	项 目	允许偏差
管桩长度（mm）	±100	拼接处错牙（mm）	6
桩顶倾斜（%）	$<0.5d$	拼接处弯曲矢高（mm）	8

注：d 为管节直径。

（二）桩的吊运要求

预制桩的配筋除按使用阶段受力计算配筋外，尚应考虑运输起吊时的内力作用，而且当吊点设置不合适时可能引起桩身混凝土开裂。吊环位置、数目要根据桩长、起吊设备及吊运方法通过计算确定，其原则是按均布配筋、最大正负弯矩相等确定吊环位置。预制桩吊点位置如图4-36所示。图中弯矩计算式中的 K 为动力系数，一般可取 $1.2 \sim 1.5$。

当采用一点起吊时，$x = 0.293L$；

当采用二点起吊时，$x = 0.207L$；

当采用三点起吊时，$x = 0.13L$。

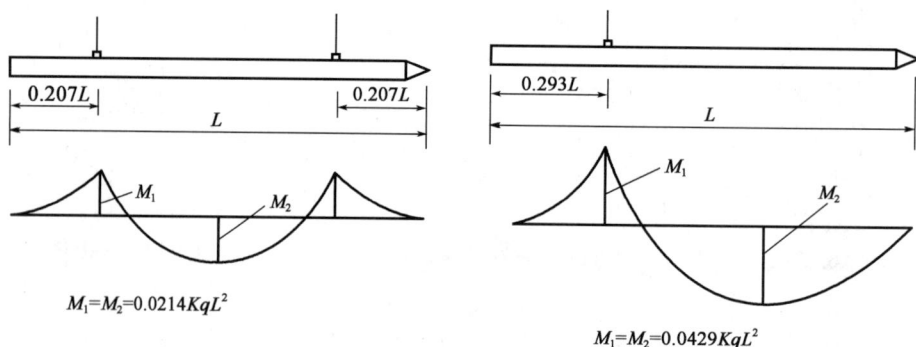

$$M_1 = M_2 = 0.0214KqL^2$$

$$M_1 = M_2 = 0.0429KqL^2$$

图4-36 预制桩吊点位置图

（三）桩锤重量的选择

根据现场情况及机具设备条件选定桩锤类型之后，即可进一步确定桩锤的重量大小。桩锤过大，会过多地耗费能量，造成浪费；桩锤过小，又可能打不下桩，给施工带来困难。因此，选择大小恰当的桩锤，是顺利沉桩的一个重要因素。桩锤重量可根据下式估算，即：

$$E \geqslant 2.5P \tag{4-2}$$

式中：E——打入桩所需要的冲击能量（kN·m）；

P——桩的容许承载力（kN）。

176

根据初定的 E 值,再与桩锤技术参数冲击能量对比,即可选定桩锤的具体规格。

还可根据桩锤冲击能量值(E)、锤重(W)和桩重(Q)来确定桩锤规格。其经验公式为:

$$K = \frac{W + Q}{E} \tag{4-3}$$

式中:K——桩锤适用系数,双动汽锤和柴油锤 K 不大于 5.0;单动汽锤 K 不大于 3.5;坠锤 K 不大于 2.0。

当采用水冲沉桩和打桩时,桩锤的适用系数 K 可增加 50% 。

凡是使用锤击法沉桩,原则上是重锤低击。为了充分发挥锤的效率,在选用单动气锤或坠锤时,其质量最好为桩质量的 1.5 ~ 2.0 倍。如超过 2 倍时,可以调整落锤高度。

(四)沉桩注意事项

1. 注意要点

(1)桩沉入前,桩锤压住桩顶后,必须检查锤的中心线与桩的中心线是否一致,桩位、桩帽有无移动,桩的垂直度或倾斜度是否符合规定,桩架及桩垫是否符合要求。在桩的沉入过程中,应始终注意锤、桩帽和桩身是否保持在同一轴线上。

(2)桩帽主要作用在沉桩时减少锤的冲击强度,其构造要坚固。垫材易拆换或整修,若垫材刚度较大,通过垫材传给桩的锤击能量也会增加,锤击应力也将相应增大,有利于桩的加速贯入和提高效率。

(3)沉桩顺序,一般由一端向另一端连续进行,当桩基平面尺寸较大或桩距较小时,宜由中间向两端或四周进行(图 4-37)。如桩埋置有深有浅,应先深后浅;在斜坡地带,先坡顶后坡脚。沉斜桩时,其沉桩顺序还应考虑避免桩头相互干扰。

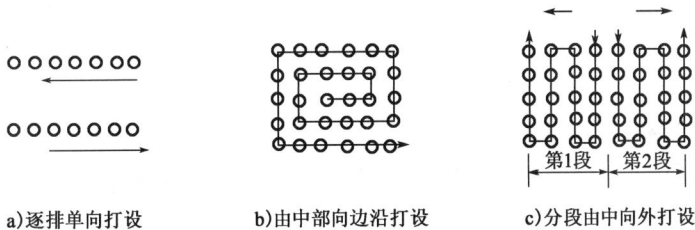

a)逐排单向打设　　　　b)由中部向边沿打设　　　　c)分段由中向外打设

图 4-37　几种基本打桩顺序

(4)桩开始打入时,应轻击慢打,随着桩的打入,逐渐增大锤击的冲击能量。每打一根桩应一次连续完成,避免中途停顿过久,否则会因桩周摩阻力的恢复而增加沉桩的难度。

(5)锤击沉桩的停锤控制标准一般是以控制贯入度决定,对硬塑黏性土、碎石土、中密以上的砂土或风化岩等土层,贯入度达到控制贯入度即可停锤。设计桩尖高程处为一般黏性土或较松软土层时,应以高程控制,贯入度作为校核;当桩尖已达到设计高程,而贯入度仍较大时,应继续锤击,使其贯入度接近控制贯入度。

(6)锤击、振动和静力压桩时,桩周土不但被挤密而且被扰动,在饱和的软土地基中,可使孔隙水压力急剧上升,有可能使场地土产生液化,造成一定范围内(可能数米甚至数十米)土体的运动。要注意对临近建筑及地下管线产生的影响。

(7)沉桩过程中,要随时掌握桩的承载力和贯入度之间的关系,尤其接近设计高程时,要及时准确地确定平均贯入度,可参照表 4-11 进行记录。

路线名称＿＿＿＿＿＿＿＿＿＿＿　　　冲击部分重力＿＿＿＿＿＿＿＿＿＿(kN)

桥　名＿＿＿＿＿＿＿＿＿＿＿　　　桩帽及送桩重力＿＿＿＿＿＿＿＿(kN)

桩的规格尺寸＿＿＿＿＿＿＿＿＿　　　桩尖设计高程＿＿＿＿＿＿＿＿＿(m)

桩锤类型＿＿＿＿＿＿＿＿＿＿＿　　　设计贯入度＿＿＿＿＿＿＿＿＿(cm/击)

墩台编号	桩的编号		沉桩日期	桩入土每米锤击次数				射水压力(MPa)	最后阶段		复打阶段			斜桩斜度		最后桩尖高程(m)	桩位偏差(mm)	备注
	图上编号	制桩编号		1	2	3	...		落锤高度(m)	平均贯入度(cm/击)	复打日期	落锤高度(m)	平均贯入度(cm/击)	设计(%)	实际(%)			

施工员：　　　　　　　　施工负责人：　　　　　　　　质量检查员：

2. 沉桩复打

对发生"假极限"、"吸入"现象的桩和射水沉桩及上浮、下沉现象的桩都应进行复打。

"假极限"是桩在饱和的细、中、粗砂中连续锤击下沉时,使流动的砂紧密夹实于桩的周围,妨碍土中水分沿桩上升,在桩尖下形成水压很大的"水垫",使桩产生暂时的极大贯入阻力。在休止一段时间后阻力降低。"吸入"是桩在黏性土中连续锤击时,由于土的渗透系数小了,桩周围水不能渗透扩散,而沿着桩身向上挤出,形成桩周围的润滑套,使桩周围的摩阻力大为减小,在休止一定时间后,桩周围水消失,桩周土摩阻力增大。射水沉桩由于射水的冲刷,减小了桩周土的摩阻力。桩的上浮、下沉均会影响土对桩的阻力。因此上述的几种情况,在休止一定时间后,均需进行复打,以确定桩的实际承载力。

冲击试验用以求出沉桩经过休止后的贯入度,并据以代入动力公式求算桩的承载力。桩沉入后至冲击试验时的休止时间规定如下:

(1)桩穿过砂类土,桩尖位于大块碎石土、紧密的砂类或坚硬的黏性土上,不少于 1d。

(2)在粗、中砂和不饱和粉细砂里,不少于 3d。

(3)在黏性土和饱和的粉细砂里,不少于 6d。

《港口工程桩基规范》(JTS 167-4—2012)规定,对于黏土增至不少于 2 周,射水沉桩一般不应少于 4 周。

三、深水桩与承台施工

深水中的桩基础施工,要比陆地上困难得多,其主要环节是要有一个适合水上作业的、坚固稳定的施工平台。

(一)深水桩的施工

深水中桩的施工,首先要形成一个静水的施工条件,一般采用围堰的形式。

1. 围囹搭设施工平台

在深水中进行钻孔桩和沉入桩施工,可利用围囹搭设施工平台。拼装好的围囹在浮运前应做好定位船、导向船、拖轮、锚碇设备和浮运的准备工作,定位船和导向船除考虑其结构强度外,还应有足够的面积以供设备安置和操作之用。

水上定位设施的锚碇,一般应在上游布置,其锚碇系统总体布置见图4-38。

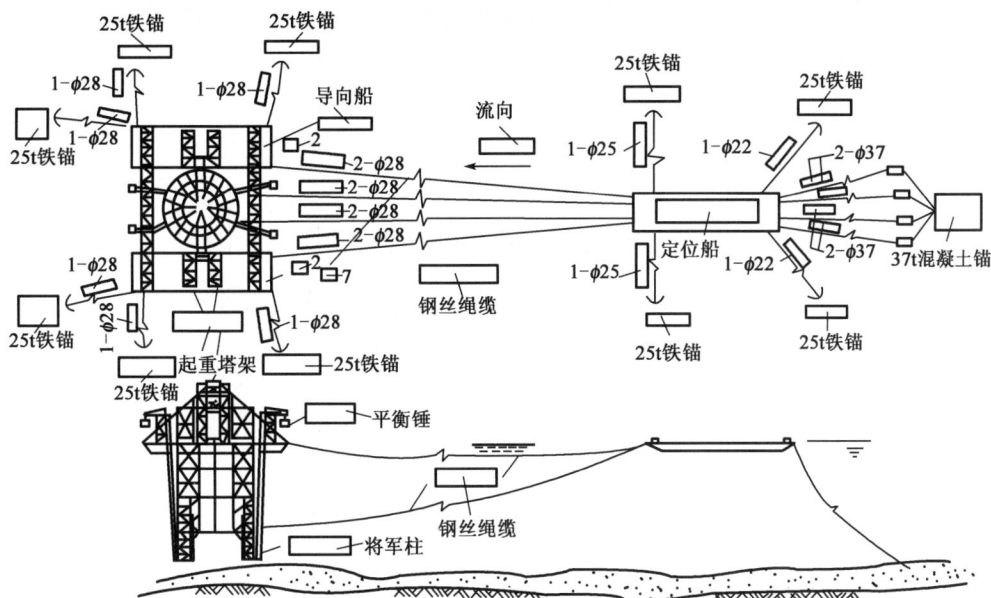

图4-38　锚碇系统总体布置示意图

为确保安全、正常施工,围图下沉前应对起吊设备进行全面检查,等围图吊高脱离拼装船后,即将拼装船撤出。在围图内插打定位桩(也可是护筒)后,就可在其上搭设工作平台安置钻机或沉桩设备。

2.驳船式施工平台

在水深流急的水域中,可利用铁驳船联成一体搭成施工平台(图4-39)。

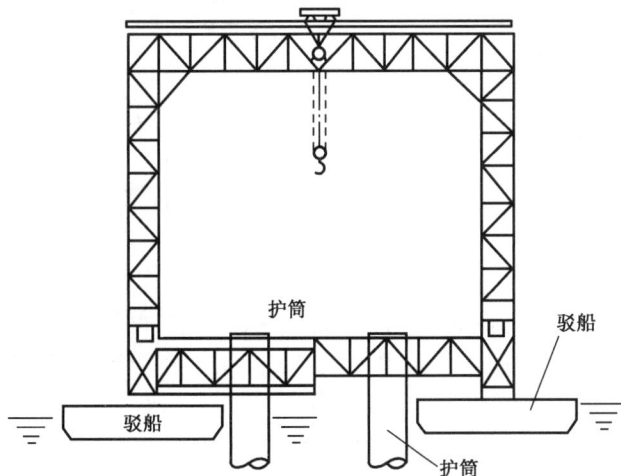

图4-39　驳船式施工平台

这种施工平台因"水涨船高"受洪水期的影响较小,而且搭设方便;其缺点是固定困难,桩位难以保证,所以必须要做好驳船的固定工作。

3.预制桩架设平台

采用一定长度的临时施工用预制桩沉入河床中,再用钢筋混凝土梁将各桩连接起来,在其

179

上架设贝雷桁架,再铺设工字钢和木板形成工作平台。图4-40是一座海湾大桥利用埋设较深的钢护筒代替预制桩作平台立柱。该平台可供两台冲击钻机使用,护筒重约8t,直径为$\phi 2\,000\text{mm}$,用10mm厚钢板焊接,采用装有MB-70锤的打桩船施打,将护筒沉至风化岩层。此种平台可周转使用。

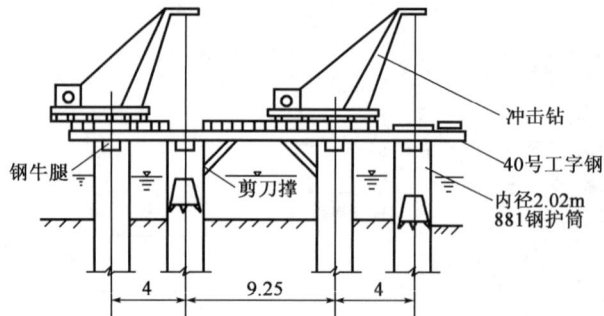

图4-40 利用钢护筒搭设施工平台(尺寸单位:m)

(二)深水承台施工

深水承台的施工方法取决于水深和承台相对于河床的高程。

1.承台底在河床以上

当承台底在河床以上一定距离时,可用吊箱围堰来修建承台,它实际上是一个悬挂在桩上的有底箱形模板,通过吊箱侧壁与封底混凝土封闭隔断江水。可结合前面深水桩施工平台搭设方法进行。图4-41为采用驳船式平台时利用吊挂方式吊着承台模板箱。图4-42为采用围囹和预制桩形成的框架拼装套箱式模板。

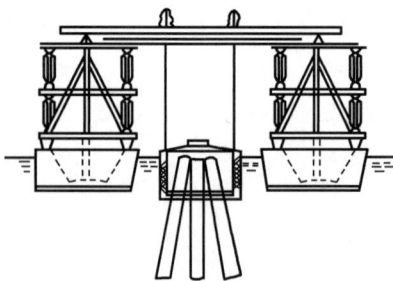

图4-41 驳船吊挂吊箱模板

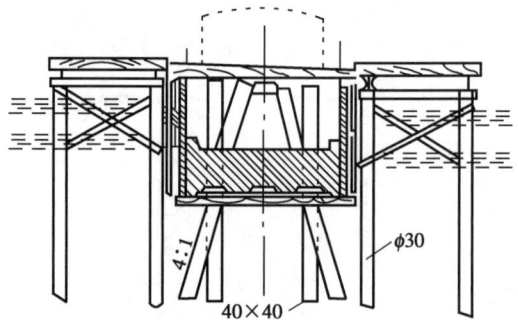

图4-42 在框架上拼装套箱式模板(尺寸单位:cm)

对底板接缝处及桩位处缝隙进行封堵,然后再向箱底灌注封底混凝土(一般厚度约为0.5m),待此封底混凝土硬化后,才可抽水形成干燥无水的施工条件,整平封底混凝土顶面,绑扎承台钢筋,进行承台施工。

下面介绍一种预制混凝土承台及下放安装的施工方法,比钢板桩围堰和有底套箱施工方法工期短,而且造价也低。该方法是一座V形墩连续刚构箱形梁桥,桥跨组合为70m+135m+160m+135m+70m,承台平面呈工字形。承台在施工平台原位预制,采用吊架下放安装的施工方法(图4-43)。其具体做法是:承台在桩位处要预留桩孔,钢筋在预留孔处断开,且预留的长度要满足接长要求。预制养生完后将承台均匀顶起10cm,拆除承台底板及分布梁;第一次下放至稍高于施工水位时停止下放,在承台上安装预先制作成型的挡水铁箱;第二次下放至设计高程后,固定各吊点;在$\phi 200\text{cm}$护筒脚与桩身之间进行压浆止水,待强度达到一定值后,把护筒内的水抽出;割除护筒,再灌筑 C25 混凝土至承台底;接回断开的承台钢筋、预埋墩身钢筋,最后填筑承台预留孔混凝土。

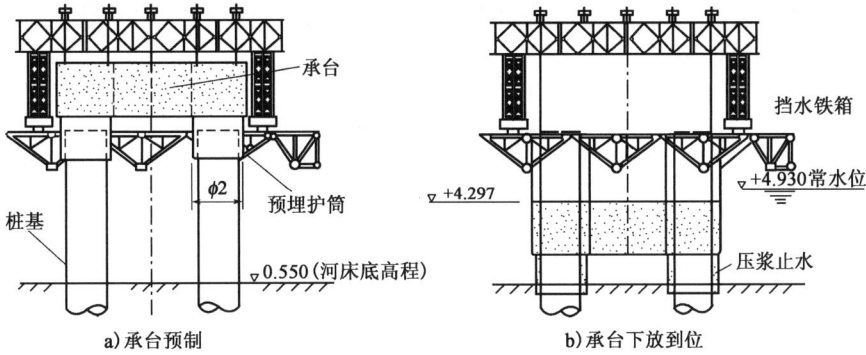

图 4-43　承台预制及下放

2. 承台底在河床以下

当承台底在河床以下一定深度时,一般可用浮运套箱法施工。套箱实际上是一种在岸上或船上预制的浮运沉井,材料可用钢板或钢筋混凝土薄壁结构制成,下端有刃脚,浮运时要安装假底,到墩位处沉入河底,罩在已施工好的桩上,并根据入土深度要求使套箱下端沉入河床一定深度,形成一个围堰结构。然后灌注水下封底混凝土,抽水施工承台(图 4-44)。浮运沉井部分详见第六章内容。

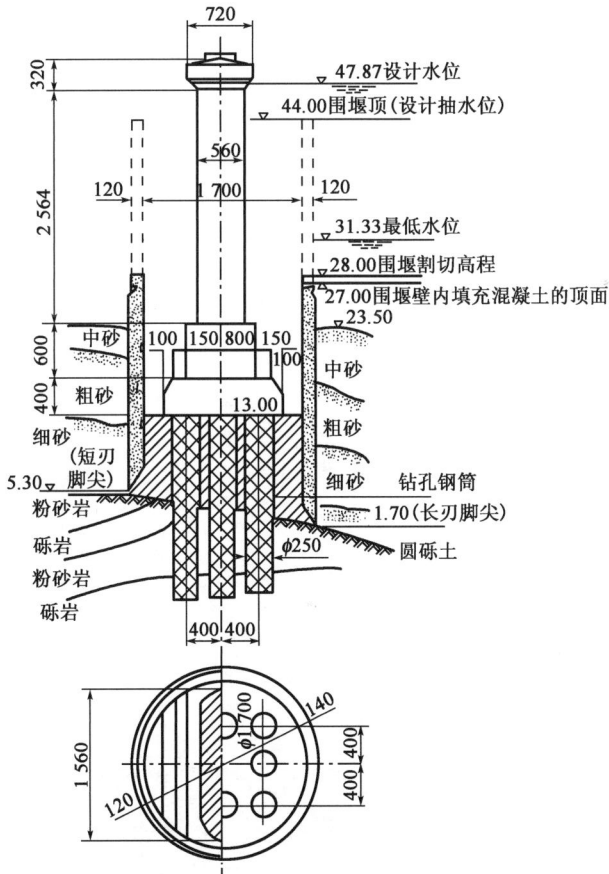

4-44　用双壁钢套箱(钢沉井)修筑钻孔桩承台(尺寸单位:cm;高程单位:m)

如果要重复使用,双壁钢套箱底节可灌注混凝土,以上部分注水。水较深时可分层拼接,每层高约 4~6m。以上介绍的是深水承台施工方法的简单概况,实际上深水中的桩基础和承台施工极易出现工程事故,而且困难多、影响因素复杂,致使工程造价很难控制。有关一些具体的结构构造、施工的操作方法、工艺过程,请参考有关资料。

思 考 题

1.简述桩基础的作用、特点和使用条件。

2.柱承桩与摩擦桩各自受力状态的不同点是什么?

3.高桩承台与低桩承台的主要特点是什么?受水深潮高地震等环境的影响时,对高桩承台基础的要求是什么?

4.各类基桩与承台(盖梁)的连接有哪些要求规定?

5.钻孔灌注桩施工主要工序有哪些?简述各工序的作用要点和注意事项。

6.简述水中钻孔灌注桩施工特点。

第五章 桩基础的设计与计算

第一节 单桩轴向容许承载力确定

桩基础一般总是由若干根单桩组成,所以就要求桩基础在最不利的外荷载作用下,每根桩所分配到的荷载不能大于该桩的容许承载力。一般作用在单桩桩顶上的外荷载无外乎有三种力:顺桩轴线方向的力,称为轴向力;与桩轴线相垂直的力,称为横轴向力;还有一种力就是弯矩。

现通常采用的方法是将轴向力与横轴向力及弯矩在验算时分别按各自的最不利状态考虑。从单桩受力和破坏机理分析得知,桩承受的轴向力主要决定桩的入土深度(对摩擦桩)和桩身受压强度(对端承桩),这是桩基础在设计计算中首先要解决的最主要的问题;而桩承受的横轴向力和弯矩,则是使桩处于一种弯压构件的工作状态,用来确定桩身的弯压强度和配筋。

一、轴向荷载作用下,单桩工作状态分析

图 5-1 是桩在轴向荷载作用下被破坏的两种典型模式。一般情况下,支承于岩石上的柱桩,多为桩身材料首先被破坏。众所周知,桩壁摩阻力是由于桩壁与周围土之间有了位移才产生的,而且在正常工作状态下,摩阻力大小与位移大小成正比,对于较短的柱桩。桩身的弹性压缩变形很小,再加之岩层以上土质软弱,所以其摩阻力很小,一般都忽略不计。但对于长柱桩,累积的桩身弹性压缩变形会较大,桩侧产生的摩阻力能承受一部分轴向荷载,不考虑摩阻力则过于保守,所以应适当考虑摩阻力的影响。

下面我们重点研究分析摩擦桩在轴向荷载作用下单桩的工作性状,也就是要研究桩和土之间相互作用的性能及荷载传递的问题,即桩壁摩阻力与桩底支承力的产生、分布、发展情况及影响因素等。

桩土共同作用平衡轴向荷载的阻力有两部分,桩侧面与桩周土的摩阻力 R_f 和桩底支承力 R_s,即

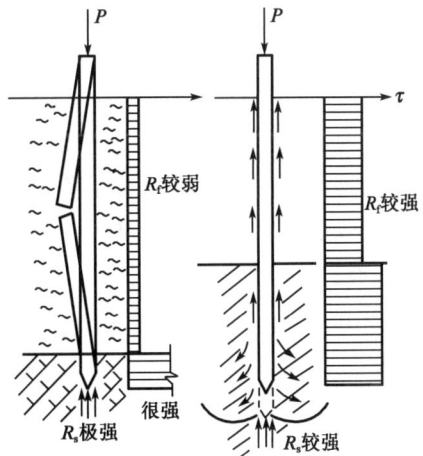

图 5-1 轴向荷载作用下桩破坏的两种典型模式

$P = R_f + R_s$。影响 R_f 与 R_s 的因素,不仅与桩的类型、材料、沉桩方法有关,而且主要由桩周土的类别和桩土工作状态有关。图 5-2 表示在轴向荷载作用下桩壁摩阻力和桩底支承力的产生和发展情况。

当桩顶开始加荷载作用时,桩身逐段由上向下,由大至小发生弹性压缩变形,而使桩与桩壁土之间有了不大的相对位移,从而产生相当的桩壁摩阻力,此时传递荷载的只是桩身上段的

一部分桩,施加于桩顶的荷载只由桩壁摩阻力承担(图5-2中的 a 线)。

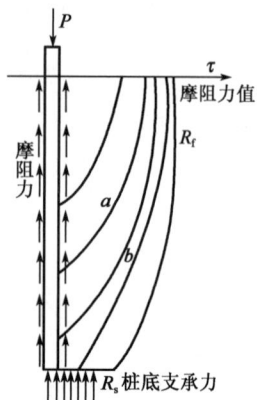

图5-2 桩侧摩阻力与桩底支
撑力产生发展图示

随着桩顶荷载增大,传递荷载的桩长越来越长,荷载增大到一定数量后,除上述不大的相对位移外,还因部分荷载传至桩底,此时桩底地基土也参与到平衡桩顶轴向荷载的工作中,桩底土受压渐大而产生压缩变形,使桩与土之间产生了较大的相对位移,桩壁摩阻力和桩底支承力逐渐增大,但没达到极限值。在此阶段桩底土尚未产生塑性变形(图5-2中的 b 线)。桩顶荷载继续增加,桩的沉降加大,其中更多的是桩底土压缩变形,甚至桩底土产生了弹塑性变形,使摩阻力急速增长。实测资料表明,使桩侧摩阻力充分发挥并达到极限值的相对位移并不大,为 $6 \sim 9mm$,但与此成鲜明对照的是,充分发挥桩底支承力也会使桩底产生较大的位移,而且随着桩径成比例增加。

根据试桩得到的荷载—沉降(P-s)曲线规律可明确地分析出上述过程,这样不难得出,当桩的沉降达到一定量后,桩侧摩阻力首先达到极限值(图5-2中 R_f 线),但桩底支承力还未充分发挥作用,此时桩的轴向承载力也已达到极限承载力,荷载增加,桩壁与桩周土产生剪切破坏,致使摩阻力急剧下降。这样摩阻力承担的大部分轴向荷载转移给了桩底的支承力,桩底持力层的土体发生整体剪切破坏,使桩出现不停滞的大量沉降,桩就在轴向力作用下呈现破坏状态。用最简单的三句话,可以概括摩擦桩荷载传递和破坏的规律:首先产生摩阻力;首先摩阻力达到极限值;首先摩阻力破坏。

二、单桩轴向容许承载力确定

(一)静载试桩法

《公桥基规》规定,对于特殊大桥,必要时施工前应先做试桩并进行荷载试验。就是在施工现场桥位处,采用设计实桩作为试桩进行逐级加载,直到其被破坏,即由破坏荷载→极限承载力→轴向容许承载力。通过试桩可以获得在该桥位地质条件下基桩实际、可靠的设计参数和依据,这是所有方法中最为准确可靠的方法。其缺点是加载设备及测试仪器比较复杂,需要耗费较多的人力、物力和时间。

1. 静载试验装置

常用的一种试验装置如图5-3所示,其工作原理是利用连接锚桩的钢筋混凝土锚梁(或工字钢叠合梁)作为反力梁,以千斤顶在试桩上分级加载,用油压表控制吨位,百分表观测试桩的沉降量。

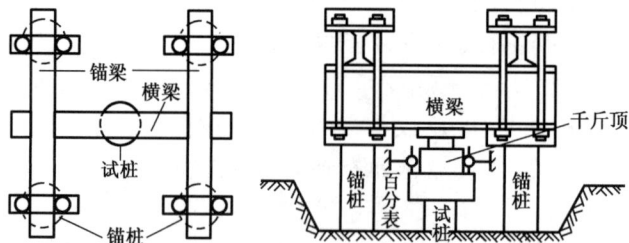

图5-3 锚桩反力梁加载装置

锚桩可用 2 根或 4 根,锚桩承担的上拔力要有一定的储备,并保证桩身不被拔断;锚桩与试桩的间距应大于 3 倍试桩直径,以减少锚桩对试桩结果的影响;试桩数量应不少于 2 根或 2% 的桩数;沉降量测点数不少于 2 个。

2. 加载方法

采用分级加载方法,包括等重加载,即每级加载增量为预计破坏荷载的 1/15 ~ 1/10;递变加载,即初始加载为预计破坏荷载的 1/5 ~ 1/2.5,终了时取 1/15 ~ 1/10。

每一次加载后,要每隔 5 ~ 20min 测读一次下沉值,一直到下沉稳定后才能加下一级荷载。下沉稳定的标准,对砂性土为 30min,对黏性土为 60min,其下沉量不超过 0.1mm。如此分级加载,直至破坏为止。根据每一组荷载沉降速率及最终沉降量即可绘出 P-s 与 s-$\lg t$ 曲线(图 5-4),以此来进行承载力分析。

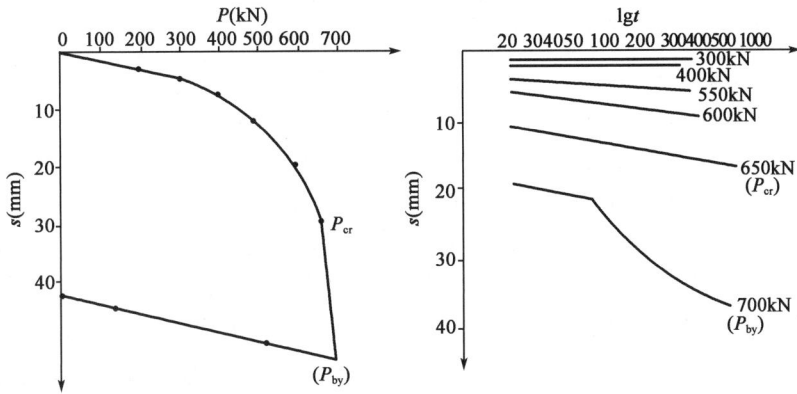

图 5-4 单桩 P-s 与 s-$\lg t$ 曲线

3. 极限荷载的确定

(1)根据 s-$\lg t$ 曲线沉降速率突然增大,且出现折线状,说明对应的是破坏荷载 P_{by},确定其前一级荷载定为极限荷载 P_{cr}。

(2)根据 P-s 曲线上明显的拐点确定其对应的荷载为极限荷线 P_{cr}。

(3)根据桩破坏时的荷载确定极限荷载。

我国公路部门规定,当出现下列之一情况时,该级荷载即确定为破坏荷载:某级荷载的沉降增量大于前级等量荷载沉降增量的 5 倍;总沉降量大于 40mm 时,某级荷载的沉降增量大于前级等量荷载沉降增量的 2 倍,且 24h 沉降仍不稳定;加载后期,桩的沉降随荷载作近似直线比例增长,且总沉降量大于 75mm。将破坏荷载前一级荷载确定为极限荷载。

4. 桩的轴向容许承载力确定

按以上分析和规定获得桩的极限荷载,按常规做法,除以安全系数 K(一般为 2.0)即得试桩的轴向容许承载力。

(二)按桥涵设计规范公式计算单桩轴向容许承载力

我国现行各种桥涵设计规范,都是根据全国各地大量的静载试桩资料,经过理论分析和统计整理得出设计参数,给出了半理论、半经验的计算公式。对于大直径的钻(挖)孔桩来说,《公桥基规》和《铁路桥涵地基和基础设计规范》(TB 10002.5—2005)(以下简称《铁桥基规》)公式基本相同,而《建基设规》则由于各种沉入桩应用较多而对其规定得更细致一些,应用时可作参考。

以下以《公桥基规》为主,介绍各种基桩不同施工条件、不同受力状态,利用规范公式进行各类桩的单桩轴向容许承载力的计算方法。

1. 摩擦桩单桩轴向受压容许承载力

(1)钻(挖)孔灌注桩的单桩轴向受压容许承载力

$$[R_a] = \frac{1}{2}u\sum_{i=1}^{n}q_{ik}l_i + A_p q_r \tag{5-1}$$

$$q_r = m_0\lambda\{[f_{a0}] + k_2\gamma_2(h-3)\} \tag{5-2}$$

式中:$[R_a]$——单桩轴向受压承载力容许值(kN),桩身自重与置换土重(当自重计入浮力时,置换土重也计入浮力)的差值作为荷载考虑;

u——桩身周长(m)(按设计直径计算偏于安全);

A_p——桩端截面面积(m²),对于扩底桩取扩底截面面积;

n——土的层数;

l_i——承台底面或局部冲刷线以下各土层的厚度(m),扩孔部分不计;

q_{ik}——与 l_i 对应的各土层与桩侧的摩阻力标准值(kPa),宜采用单桩摩阻力试验确定,当无试验条件时按表 5-1 选用;

q_r——桩端处土的承载力容许值(kPa),当持力层为砂土、碎石土时,若计算值超过下列值,宜按下列值采用:粉砂 1 000kPa,细砂 1 150kPa,中砂、粗砂、砾沙1 450kPa,碎石土 2 750kPa;

$[f_{a0}]$——桩端处土的承载力基本容许值(kPa),按附录Ⅰ地基承载力基本容许值确定;

h——桩端的埋置深度(m),对于有冲刷的桩基,埋深由一般冲刷线起算;对于无冲刷的桩基,埋深由天然地面线或实际开挖后的地面线起算;h 的计算值不大于40m,当大于 40m 时,按 40m 计算;

k_2——容许承载力随深度的修正系数,根据桩端处持力层土的类别,按表 3-3 采用;

γ_2——桩端以上各土层的加权平均重度(kN/m³),若持力层在水位以下且不透水时,不论桩端以上土层的透水性如何,一律取饱和重度;当持力层透水时则水中部分土层取浮重度;

λ——修正系数,按表 5-2 选用;

m_0——清底系数,按表 5-3 选用。

钻孔桩桩侧土的摩阻力标准值 q_{ik}　　　　表 5-1

土　类		q_{ik}(kPa)
中密炉渣、粉煤灰		40 ~ 60
黏性土	流塑 $I_L > 1$	20 ~ 30
	软塑 $0.75 < I_L \leq 1$	30 ~ 50
	可塑、硬塑 $0 < I_L \leq 0.75$	50 ~ 80
	坚硬 $I_L \leq 0$	80 ~ 120
粉土	中密	30 ~ 55
	密实	55 ~ 80
粉砂、细砂	中密	35 ~ 55
	密实	55 ~ 70

土 类		$q_{ik}(kPa)$
中砂	中密	45~60
	密实	60~80
粗砂、砾砂	中密	60~90
	密实	90~140
圆砾、角砾	中密	120~150
	密实	150~180
碎石、卵石	中密	160~220
	密实	220~400
漂石、块石		400~600

注:挖孔桩的摩阻力标准值可参照本表采用。

修 正 系 数 λ 值　　　　　　　　　　　　　　　　　　表 5-2

l/d 桩端土情况	4~20	20~25	>25
透水性土	0.70	0.70~0.85	0.85
不透水性土	0.65	0.65~0.72	0.72

清 底 系 数 m_0 值　　　　　　　　　　　　　　　　　　表 5-3

t/d	0.3~0.1
m_0	0.7~1.0

注:1. t、d 为桩端沉渣厚度和桩的直径。

　2. $d \leq 1.5m$ 时,$t \leq 300mm$;$d > 1.5m$ 时,$t \leq 500mm$,且 $0.1 < t/d < 0.3$。

(2)沉桩的轴向受压容许承载力

$$[R_a] = \frac{1}{2}(u\sum_{i=1}^{n}\alpha_i q_{ik}l_i + \alpha_r A_p q_{rk}) \qquad (5-3)$$

式中:$[R_a]$——单桩轴向受压承载力容许值(kN),桩身自重与置换土重(当自重计入浮力时,置换土重也计入浮力)的差值作为荷载考虑;

　　　u——桩身周长(m);

　　　n——土的层数;

　　　l_i——承台底面或局部冲刷线以下各土层的厚度(m);

　　　q_{ik}——与 l_i 对应的各土层与桩侧摩阻力标准值(kPa),宜采用单桩摩阻力试验确定,或通过静力触探试验测定,当无试验条件时可按表5-4选用;

　　　q_{rk}——桩端处土的承载力标准值(kPa),宜采用单桩试验确定或通过静力触探试验测定,当无试验条件时可按表5-5选用;

　　　α_i、α_r——分别为振动沉桩对各土层桩侧摩阻力和桩端承载力的影响系数,按表5-6采用;对于锤击、静压沉桩其值均取为1.0。

表 5-4

沉桩桩侧土的摩阻力标准值 q_{ik}

土　类	状　态	摩阻力标准值 q_{ik}(kPa)	土　类	状　态	摩阻力标准值 q_{ik}(kPa)
黏性土	$1.5 \geq I_L \geq 1$	15 ~ 30	粉、细砂	稍密	20 ~ 35
	$1 > I_L \geq 0.75$	30 ~ 45		中密	35 ~ 65
	$0.75 > I_L \geq 0.5$	45 ~ 60		密实	65 ~ 80
	$0.5 > I_L \geq 0.25$	60 ~ 75	中砂	中密	55 ~ 75
	$0.25 > I_L \geq 0$	75 ~ 85		密实	75 ~ 90
	$0 > I_L$	85 ~ 95	粗砂	中密	70 ~ 90
粉土	稍密	20 ~ 35		密实	90 ~ 105
	中密	35 ~ 65			
	密实	65 ~ 80			

注:表中土的液性指数 I_L,系按76g平衡锥测定的数值。

表 5-5

沉桩桩端处土的承载力标准值 q_{rk}

土　类	状　态	桩端承载标准值 q_{rk}(kPa)		
黏性土	$I_L \geq 1$	1 000		
	$1 > I_L \geq 0.65$	1 600		
	$0.65 > I_L \geq 0.35$	2 200		
	$0.35 > I_L$	3 000		
		桩尖进入持力层的相对深度		
		$1 > \dfrac{h_c}{d}$	$4 > \dfrac{h_c}{d} \geq 1$	$\dfrac{h_c}{d} \geq 4$
粉土	中密	1 700	2 000	2 300
	密实	2 500	3 000	3 500
粉砂	中密	2 500	3 000	3 500
	密实	5 000	6 000	7 000
细砂	中密	3 000	3 500	4 000
	密实	5 500	6 500	7 500
中、粗砂	中密	3 500	4 000	4 500
	密实	6 000	7 000	8 000
圆砾石	中密	4 000	4 500	5 000
	密实	7 000	8 000	9 000

注:表中 h_c 为桩端进入持力层的深度(不包括桩靴);d 为桩的直径或边长。

表 5-6

系　数 α_i、α_r 值

系数 α_i、α_r　土类　桩径或边长d(m)	黏　土	粉质黏土	粉　土	砂　土
$0.8 \geq d$	0.6	0.7	0.9	1.1
$2.0 \geq d > 0.8$	0.6	0.7	0.9	1.0
$d > 2.0$	0.5	0.6	0.7	0.9

当采用静力触探试验测定时,沉桩承载力容许值计算中的 q_{ik} 和 q_{rk} 取为:

$$q_{ik} = \beta_i \overline{q}_i \tag{5-4}$$

$$q_{rk} = \beta_r \overline{q}_r \tag{5-5}$$

式中:$\overline{q}_i$——桩侧第 i 层土由静力触探测得的局部侧摩阻力的平均值(kPa),当 $\overline{q}_i$ 小于 5kPa 时,采用 5kPa;

$\overline{q}_r$——桩端(不包括桩靴)高程以上和以下各 $4d$(d 为桩的直径或边长)范围内静力触探端阻的平均值(kPa);若桩端高程以上 $4d$ 范围内端阻的平均值大于桩端高程以下 $4d$ 的端阻平均值时,则取桩端以下 $4d$ 范围内端阻的平均值;

β_i、β_r——分别为桩侧摩阻和端阻的综合修正系数。

β_i、β_r 按下面判别标准选用相应的计算公式。当土层的 $\overline{q}_r$ 大于 2 000kPa,且 $\overline{q}_i/\overline{q}_r$ 小于或等于 0.014 时:

$$\beta_i = 5.067(\overline{q}_i)^{-0.45}$$

$$\beta_r = 3.975(\overline{q}_r)^{-0.25}$$

如果不满足上述 $\overline{q}_r$ 和 $\overline{q}_i/\overline{q}_r$ 条件时:

$$\beta_i = 10.045(\overline{q}_i)^{-0.55}$$

$$\beta_r = 12.064(\overline{q}_r)^{-0.35}$$

上列综合修正系数计算公式不适合城市杂填土条件下的短桩;综合修正系数用于黄土地区时,应作试桩校核。

2. 摩擦桩单桩轴向受拉容许承载力

当摩擦桩在各作用效应组合下进行验算时,在诸力的综合作用下可能产生摩擦桩单桩轴向拉、压受力状态,如在连续梁或 T 构等桥中,有时根据受力特殊构造要求,墩台具有承压和承拉作用,此时应根据桩承受作用的情况决定是否允许出现拉力。桩受拉产生向上位移时,由于桩与周围土之间摩擦力和黏结力的作用,而使上层一定深度内的土能较自由地向地表凸起松动,从而使摩阻力比受压桩要小。由国内外拔桩试验得知,一般受拉时桩壁摩阻力要比同等条件下受压桩的极限摩阻力减少30% ~40%,所以《公桥基规》规定,摩擦桩单桩轴向受拉承载力容许值按下式计算,即:

$$[R_t] = 0.3u\sum_{i=1}^{n}\alpha_i l_i q_{ik} \tag{5-6}$$

式中:$[R_t]$——单桩轴向受拉承载力容许值(kN);

u——桩身周长(m),对于等直径桩,$u = \pi d$;对于扩底桩,自桩端起算的长度 $\sum l_i \leqslant 5d$ 时,$u = \pi D$;其余长度均取 $u = \pi d$(其中,D 为桩的扩展直径,d 为桩身直径);

α_i——振动沉桩对各土层桩侧摩阻力的影响系数,按表5-6采用;对于锤击、静压沉桩和钻孔桩,$\alpha_i = 1$。

计算作用于承台底面由外荷载引起的轴向力时,应扣除桩身自重值。

3. 支承在基岩上或嵌入基岩内单桩轴向受压容许承载力

对支承在基岩或嵌入基岩内的钻(挖)孔桩、沉桩的单柱轴向容许承载力 $[R_a]$,可按下式计算:

$$[R_a] = c_1 A_p f_{rk} + u\sum_{i=1}^{m}c_{2i}h_i f_{rki} + \frac{1}{2}\zeta_s u\sum_{i=1}^{n}l_i q_{ik} \tag{5-7}$$

式中:$[R_a]$——单桩轴向受压承载力容许值(kN),桩身自重与置换土重(当桩自重计入浮力

时,置换土重也计入浮力)的差值作为荷载考虑;

c_1——根据清孔情况、岩石破碎程度等因素而定的端阻发挥系数,按表 5-7 采用;

A_p——桩端截面面积(m^2),对于扩底桩,取扩底截面面积;

f_{rk}——桩端岩石饱和单轴抗压强度标准值(kPa),黏土质岩取天然湿度单轴抗压强度标准值,当 f_{rk} 小于 2MPa 时按摩擦桩计算(f_{rki} 为第 i 层的 f_{rk} 值);

c_{2i}——根据清孔情况、岩石破碎程度等因素而定的第 i 层岩层的侧阻发挥系数,按表 5-7 采用;

u——各土层或各岩层部分的桩身周长(m);

h_i——桩嵌入各岩层部分的厚度(m),不包括强风化层和全风化层;

m——岩层的层数,不包括强风化层和全风化层;

ζ_s——覆盖层土的侧阻力发挥系数,根据桩端 f_{rk} 确定:当 $2MPa \leqslant f_{rk} < 15MPa$ 时,$\zeta_s = 0.8$;当 $15MPa \leqslant f_{rk} < 30MPa$ 时,$\zeta_s = 0.5$;当 $f_{rk} > 30MPa$ 时,$\zeta_s = 0.2$;

l_i——各土层的厚度(m);

q_{ik}——桩侧第 i 层土的侧阻力标准值(kPa),宜采用单桩摩阻力试验值,当无试验条件时,对于钻(挖)孔桩按表 5-1 选用,对于沉桩按表 5-4 选用;

n——土层的层数,强风化和全风化岩层按土层考虑。

系数 c_1、c_2 值 表 5-7

岩石层情况	c_1	c_2	岩石层情况	c_1	c_2
完整、较完整	0.6	0.05	破碎、极破碎	0.4	0.03
较破碎	0.5	0.04			

注:1. 当入岩深度小于或等于 0.5m 时,c_1 乘以 0.75 的折减系数,$c_2 = 0$。
2. 对于钻孔桩,系数 c_1、c_2 值应降低 20% 采用;桩端沉渣厚度 t 应满足以下要求:$d \leqslant 1.5m$ 时,$t \leqslant 50mm$;$d > 1.5m$ 时,$t \leqslant 100mm$。
3. 对于中风化层作为持力层的情况,c_1、c_2 应分别乘以 0.75 的折减系数。

当河床岩层有冲刷时,基桩须嵌入基岩,按桩底嵌固设计,嵌入基岩中的深度,必须满足下式要求,即:

圆形桩

$$h = \sqrt{\frac{M_H}{0.065\ 5\beta f_{rk}d}} \tag{5-8}$$

矩形桩

$$h = \sqrt{\frac{M_H}{0.083\ 3\beta f_{rk}b}} \tag{5-9}$$

式中:h——桩嵌入基岩中(不计强风化层和全风化层)的有效深度(m),不应小于 0.5m;

M_H——在基岩顶面处的弯矩(kN·m);

f_{rk}——岩石饱和单轴抗压强度标准值(kPa),黏土质岩取天然湿度单轴抗压强度标准值;

β——系数,$\beta = 0.5 \sim 1.0$,根据岩层侧面构造而定,节理发育的取小值;节理不发育的取大值;

d——桩身直径(m);

b——垂直于弯矩作用平面桩的边长(m)。

4. 桩端后压浆灌注桩的单桩轴向受压承载力

钻孔成孔后,虽然进行清孔工序,仍很难将孔内泥渣全部清除,特别是当孔内泥浆重度、黏度较大,形成桩端附近孔壁泥皮,沉渣往往较厚。孔底沉渣的存在是影响钻孔灌注桩承载力的主要因素之一。

国内外为此提出尽量缩短成孔时间、严格保证泥浆质量、成孔后进行扫孔以控制泥皮厚度,除此之外,还会存在上述固有的缺陷,导致桩端阻力和桩侧摩阻力显著降低。现国内外把地基处理灌浆固结技术引用到桩基工程中,称为钻孔桩桩端后压浆技术。

桩端后压浆是指钻孔桩成桩时,在桩低或桩侧预先安置压浆管径和压浆装置,待桩身达到一定强度之后,通过压浆管径,利用高压压浆泵,将水泥为主剂的固化液(由纯水泥浆、加外加剂及掺和料的水泥浆、超细水泥浆、化学浆液等)对桩端或还对桩侧部分土体进行压浆的桩型。

根据浆液性状、土层特性和注浆参数等不同作用,对孔底沉渣、桩侧泥皮及桩周土体起到渗透、填充、置换、劈裂、压密及固结等不同作用,对孔底沉渣和桩侧泥皮进行固化,从而消除了传统灌注桩施工工艺所固有的缺陷。由于改变了土体的物理力学性能及桩土间边界条件,提高了桩的承载力,减少了桩基的沉降量。

苏通长江公路大桥,主跨为 1 088m,是当今最大跨度的斜拉桥。全桥共有 8 个桥墩。4 号、5 号为主塔墩,主桥深水基础持力层深度为 70 ~ 90m。主要以灰色粉细砂、含砾中粗砂为主,基础底面不能支撑在强度大、变形小的岩石上。该桥地质条件导致大规模群桩基础,采用 131 根 D2.8m/D2.5m,桩长分别为 117m 和 114m 的变直径钻孔灌注桩,钢护筒内径为 2.8m,护筒以下桩身直径变化为 2.5m。

苏通大桥作为世界上最大跨径的双塔斜拉桥,也是一项在技术上具有挑战性,在国内外桥梁界受到广泛关注,有重大影响的工程,大桥的建设代表着我国 21 世纪的建桥水平。所以该桥建设在设计方案、设计方法及关键技术结合理论分析和试验研究,有关关键技术进行了深入研究,取得了多项创新设计成果。

由于苏通大桥主桥基础均位于沉积层,桩长较长,会造成施工中对沉淀厚度的控制有一定的难度,而较厚的沉淀会产生桩端承载力下降和沉降加大。所以在立项大型群桩基础创新设计研究中,对桩基础承受竖向大荷载而持力层软弱的问题也作了专题研究,其中有一重点研究内容就是大型深水桥梁钻孔桩桩端后压浆技术。

通过试桩注浆过程对不同注浆方法的效果反复检验,注入的浆液与桩端沉渣混合固化,凝结成一个强度高、化学性能稳定的结石体,从而提高了桩端阻力。注入桩端的浆液,在压力作用下会沿着桩土间泥皮上渗到桩端以上一定高度范围内,胶结泥皮,并充填桩身与桩周土体的间隙,浆液固结后调动起更大范围内的桩周土参与桩的承载,提高桩侧摩阻力。桩端压力注浆使桩土上抬而产生反向摩阻力,相当于"预应力"作用,也提高了桩侧摩阻力。

在注浆压力作用下,使桩端压缩变形部分在施工期内完成,减少日后试用期的竖向压缩变形。

苏通大桥试桩时最终决定采用 U 形管注浆方法。实际设计中,对注浆管的布置原则首先为保证注浆的均匀性,同时便于安装和保护。苏通大桥主桥基础全部采用 4 回路 U 形管方式。注浆中实行注浆量与压力双控,以注浆量(水泥用量)控制为主,注浆压力控制为辅。

苏通大桥通过试桩研究和理论分析,结合该桥超长桩的受力特点和桥位地质资料的软弱状况,进一步研究桩端后压浆工艺的一些关键技术参数,提高钻孔灌注桩的承载力,取得了理想的效果。

新修订的《公桥基规》补充了钻孔灌注桩端后压浆设计内容。

（1）压浆关键技术参数

①浆液水灰比:应根据土的饱和度和渗透性确定。对于饱和土宜为 0.5 ~ 0.7,对于非饱和土宜为 0.7 ~ 0.9(松散碎石土、砂砾宜为 0.5 ~ 0.6);低水灰比浆液宜掺加减水剂;地下水流动时,应掺入速凝剂。

②桩端压浆终止压力:根据土层性质、压浆点深度不同确定。对于风化岩,非饱和黏性土、粉土宜为 5.0 ~ 10.0MPa,饱和土宜为 1.5 ~ 6.0MPa;软土取低值,密实土取高值。

③持荷时间:5min。

④压浆流量:不超过 75L/min。

⑤压浆量:单位压浆量设计,主要应考虑桩径、桩长、桩端桩侧土层性质、单桩承载力增幅诸因素,可按下式计算:

$$G_c = \alpha_p d \tag{5-10}$$

式中:G_c——单桩压浆量(t);

　　α_p——压浆系数,取值范围如表 5-8 所示;

　　d——桩径。

压 浆 系 数 α_p　　　　表 5-8

持力层	黏性土、粉土	粉砂	细砂	中砂	粗砂	砾砂	碎石土
α_p 取值范围	2.1 ~ 2.5	2.5 ~ 3.2	2.4 ~ 2.7	2.3 ~ 2.7	3.1 ~ 3.8	3.1 ~ 3.8	2.3 ~ 2.8

（2）桩端后压浆单桩轴向受压承载力计算

桩端后压浆灌注桩单桩轴向受压承载力容许值,应通过静载试验确定。在符合以上后压浆技术参数规定的条件下,后压浆单桩轴向受压承载力容许值可按下式计算:

$$[R_a] = \frac{1}{2}u\sum_{i=1}^{n}\beta_{si}q_{ik}l_i + \beta_p A_p q_r \tag{5-11}$$

式中:$[R_a]$——桩端后压浆灌注桩的单桩轴向受压承载力容许值(kN),桩身自重与置换土重（当自重计入浮力时,置换土重也计入浮力）的差值作为荷载考虑;

　　β_{si}——第 i 层土的侧阻力增强系数,可按表 5-9 取值,当在饱和土层中压浆时,仅对桩端以上 8.0 ~ 12.0cm 范围的桩侧阻力进行增强修正;当在非饱和土层中压浆时,仅对桩端以上 4.0 ~ 5.0m 的桩侧阻力进行增强修正;对于非增强影响范围,$\beta_{si} = 1$;

　　β_p——端阻力增强系数,可按照表 5-9 取值;

其他符号同式(5-7)。

桩端后压浆侧阻力增强系数 β_s、端阻力系数 β_p　　　　表 5-9

土层名称	黏性土	粉砂	细砂	中砂	粗砂	砾砂	碎石土
β_s	1.3 ~ 1.4	1.5 ~ 1.6	1.5 ~ 1.7	1.6 ~ 1.8	1.5 ~ 1.8	1.6 ~ 2.0	1.5 ~ 1.6
β_p	1.5 ~ 1.8	1.8 ~ 2.0	1.8 ~ 2.1	2.0 ~ 2.3	2.2 ~ 2.4	2.2 ~ 2.4	2.2 ~ 2.5

(三)锤击沉入桩的动力公式

锤击沉入桩的动力公式是以碰撞理论和能量守恒定律为理论依据,按最终锤击贯入度与承载力之间关系建立的公式。所谓贯入度,是指在一次锤击下桩的入土深度,贯入度的大小,反映了土的阻力大小,即反映了承载力的大小。一锤打下,其所做的功基本表述如图 5-5 所示。

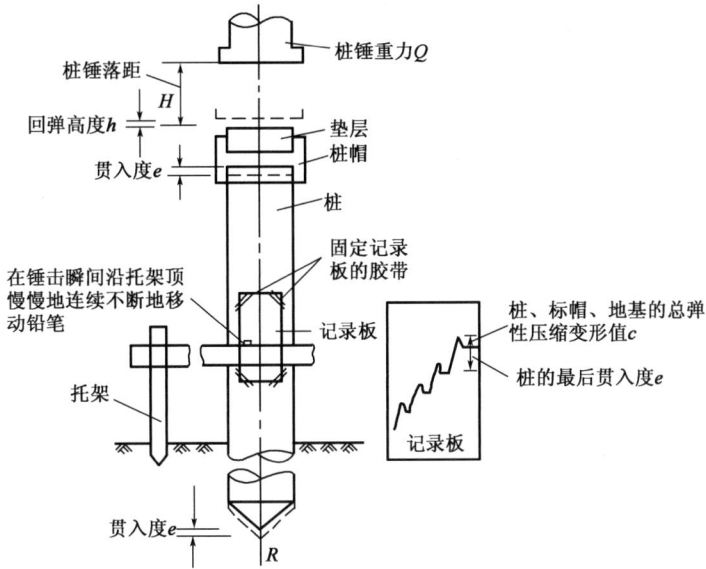

图 5-5　锤击沉入桩做功示意图

锤击的全部能量力:

$$QH = Re + Qh + \alpha QH \tag{5-12}$$

上式意义为:锤击的全部能量 QH 在打桩的瞬间转换到三个方面:将桩锤击入土所做的功 Re,称为有效功;桩锤回弹所消耗的能量 Qh;消耗在其他方面的能量 αQH。由上述概念即可推导出桩的最后贯入度 e 与桩的承载力 $[R_a]$ 之间关系的动力公式。由于 α 值的影响因素很复杂,变化范围也大,很难确定,通过不同的假设和简化,产生不同形式的动力公式,现介绍一种在国内外广泛应用的动力公式,即:

$$[R_a] = \frac{1}{K}\left[-\frac{\eta A}{2} + \sqrt{\left(\frac{\eta A}{2}\right)^2 + \frac{\eta AE}{e} \times \frac{Q + \varepsilon^2 q}{Q + q}} \right] \tag{5-13}$$

或控制贯入度为:

$$[e] = \frac{\eta AE}{K[R_a](K[R_a] + \eta A)} \cdot \frac{Q + \varepsilon^2 q}{Q + q} \tag{5-14}$$

式中:$[R_a]$——桩的容许承载力(kN);

$\quad [e]$——控制贯入度(cm/击);

$\quad K$——安全系数,临时建筑用 1.5,永久建筑用 2.0;

$\quad \eta$——与桩和桩垫材料有关的系数,按表 5-10 选用;

$\quad A$——桩身横截面积(空心桩不扣除空心面积)(cm²);

$\quad e$——最终贯入度(或最终 10 锤平均贯入度)(cm/击);

$\quad E$——一次锤击能量,按表 5-11 选用;

$\quad Q$——锤的冲击部分重力(kN);

$\quad q$——桩重(包括送桩、桩帽等重力)(kN);

$\quad \varepsilon$——锤与桩撞击时的恢复系数,按表 5-12 选用。

系 数 η

表 5-10

桩 的 类 型	桩垫情况	$\eta(\text{kN} \cdot \text{cm}^{-2})$
钢筋混凝土桩与预应力混凝土桩	有硬木桩垫	0.15
	有硬木桩加麻袋垫层	0.10
钢桩	无桩垫	0.50

E 值

表 5-11

锤 型	E 值	锤 型	E 值
坠锤或单动汽锤	QH	导杆式柴油锤	$0.4QH$
筒式柴油锤	$0.9QH$		

注:H 为锤芯落高(cm)。

恢 复 系 数 ε 值

表 5-12

桩材料和桩帽情况	ε	桩材料和桩帽情况	ε
有木垫的钢桩和钢筋混凝土桩	0.32	铸铁锤与无桩帽的钢筋混凝土桩	0.40
有桩帽、桩垫和锤垫的钢筋混凝土桩	0.40	无桩帽的钢桩和钢筋混凝土桩(有锤垫)	0.50

在打桩的实践过程中,常会出现这种现象,即连续锤击打桩完毕时所测得的最后一锤贯入度 e_1 与过几天再去复打该桩所测得一锤贯入度 e_2 并不相同,而最终反映桩承载力是复打的贯入度。连续锤击时承载力高(即 $e_1 < e_2$)的假象称为"假极限";显示出贯入度 $e_1 > e_2$ 承载力低的假象称为"吸入",具体内容可见前章。

施工中由于工期所限不能对所有的桩都进行复打,只能对试桩进行复打,得到 e_1、e_2,然后以此确定对其他不复打桩进行校正。校正系数为:

$$K = \frac{e_1}{e_2} \tag{5-15}$$

则不复打的连续锤击的控制贯入度 $e'_1 = K[e]$,$[e]$ 是根据承载力按式(5-14)计算得到的控制贯入度。

(四)按桩身材料强度确定单桩轴向承载力

按桩身材料强度确定单桩轴向承载力主要是对柱承桩而言。一根柱桩在轴向力作用下,其受力状况可视为一个轴向受压构件来计算。一般可分为以下两种情况。

1. 按轴心受压构件计算

桩一般是全部或绝大部分埋入土中,由于周围土体的约束作用,可按轴心受压构件计算。

(1)对配有普通箍筋的钢筋混凝土轴心受压构件,如钻(挖)孔灌注桩,其正截面抗压承载力计算,应符合下列规定,即:

$$\gamma_0 N_d \leq 0.90\varphi(f_{cd}A + f'_{sd}A'_s) \tag{5-16}$$

式中:N_d——计算的单桩轴向力组合设计值;

φ——单桩轴压挠曲稳定系数,按表5-13采用;

f_{cd}——混凝土轴心抗压强度设计值;

A——桩身毛截面面积,当纵向钢筋配筋率大于3%时,A 应改用 $A_\eta = A - A'_s$;

f'_{sd}——普通纵向钢筋抗压强度设计值;

A'_s——全部纵向钢筋的截面面积。

194

钢筋混凝土桩轴心受压挠曲稳定系数
表 5-13

l_p/b	≤8	10	12	14	16	18	20	22	24	26	28
$l_p/2r$	≤7	8.5	10.5	12	14	15.5	17	19	21	22.5	24
l_p/i	≤28	35	42	48	55	62	69	76	83	90	97
φ	1.0	0.98	0.95	0.92	0.87	0.81	0.75	0.70	0.65	0.60	0.56
l_p/b	30	32	34	36	38	40	42	44	46	48	50
$l_p/2r$	26	28	29.5	31	33	34.5	36.5	38	40	41.5	43
l_p/i	104	111	118	125	132	139	146	153	160	167	174
φ	0.52	0.48	0.44	0.40	0.36	0.32	0.29	0.26	0.23	0.21	0.19

注:1. 表中 l_p 为桩计算长度;b 为矩形截面的短边尺寸;r 为圆形截面的半径;i 为截面最小回转半径。

2. 当桩两端固定时桩计算长度 l_p 取 $0.5l$;当一端固定一端为铰时 l_p 取 $0.7l$;当两端均为铰时取 l;当一端固定一端自由时取 $2l$;l 为桩长度。

钻孔桩的成孔桩径沿轴向大小不匀,且桩周与土接触处混凝土的质量较差,为安全计,在确定 φ 和进行验算时取设计直径。

基桩在轴向力作用下的纵向挠曲与一般轴向受压构件的不同点是,由于桩埋入土中的部分受到四周土的约束作用而可以减小纵向挠曲时桩的计算长度;另外一点是由于桩两端实际的连接情况及土的密实度不同,使桩的纵向挠曲计算长度的确定比较复杂。

目前在部分规范和一些相关内容的书中,也用表 5-14 中的方法计算 l_p。

基桩弯压计算时确定 l_p 表
表 5-14

单桩与多排桩				多 排 桩			
桩底支撑于非岩石土中		桩底嵌固于岩石内		桩底支撑于非岩石土中		桩底嵌固于岩石内	
$h < \dfrac{4.0}{\alpha}$	$h \geqslant \dfrac{4.0}{\alpha}$	$h < \dfrac{4.0}{\alpha}$	$h \geqslant \dfrac{4.0}{\alpha}$	$h < \dfrac{4.0}{\alpha}$	$h \geqslant \dfrac{4.0}{\alpha}$	$h < \dfrac{4.0}{\alpha}$	$h \geqslant \dfrac{4.0}{\alpha}$
$l_p = 1.0 \times (l_0 + h)$	$l_p = 0.7 \times \left(l_0 + \dfrac{4.0}{\alpha}\right)$	$l_p = 0.7 \times (l_0 + h)$	$l_p = 0.7 \times \left(l_0 + \dfrac{4.0}{\alpha}\right)$	$l_p = 0.7 \times (l_0 + h)$	$l_p = 0.5 \times \left(l_0 + \dfrac{4.0}{\alpha}\right)$	$l_p = 0.5 \times (l_0 + h)$	$l_p = 0.5 \times \left(l_0 + \dfrac{4.0}{\alpha}\right)$

注:1. 表中 $\alpha = \sqrt[5]{\dfrac{mb_1}{EI}}$。

2. 用于低桩承台时,令 $l_0 = 0$。

(2)当采用螺旋式或焊接环式间接钢筋时的钢筋混凝土轴心受压构件(如管柱与部分沉入桩),且间接钢筋的换算截面面积 A_{so} 不小于全部纵向钢筋截面面积的 25%;间距不大于 80mm 或 $d_{cor}/5$,构件长细比 $l_p/i \leqslant 48$ 时(i 为截面最小回转半径),其正截面抗压承载力计算应符合下列规定,即:

$$\gamma_0 N_d \leqslant 0.9(f_{cd}A_{cor} + f'_{sd}A_s + kf_{sd}A_{so}) \tag{5-17}$$

$$A_{so} = \frac{\pi d_{cor}A_{sol}}{S} \tag{5-18}$$

式中:A_{cor}——构件核芯截面面积;

A_{so}——螺旋式或焊接环式间接钢筋的换算截面面积;

195

f_{sd}——普通钢筋抗拉强度设计值;

d_{cor}——构件截面的核芯直径;

k——间接钢筋影响系数,混凝土强度等级 C50 及以下时,取 $k = 2.0$;C50 ~ C80 取 $k = 2.0 ~ 1.70$,中间直线插入取用;

A_{sol}——单根间接钢筋的截面面积;

S——沿构件轴线方向间接钢筋的螺距或间距。

当间接钢筋的换算截面面积、间距及构件长细比不符合要求,或按式(5-17)算得的抗压承载力小于按式(5-16)算得的抗压承载力时,不应考虑间接钢筋的套箍作用,正截面抗压承载力应按式(5-16)计算。按式(5-17)计算的抗压承载力设计值不应大于按式(5-16)计算的抗压承载力设计值的 1.5 倍。

2. 按偏心受压构件计算

对于桩来说,一般较高的桥墩,多采用钢筋混凝土或预应力混凝土墩柱结构,受偏心距与压应力值的控制。

一般桩顶所分配的外荷载,除轴向力外,还有横轴向力和弯矩的作用,这样就使得桩身各截面处于一个偏心受压的受力状态。此时除按轴向受压验算外,当合力偏心较大时,也会由钢筋受压达到强度极限,混凝土受压破坏而发展到破坏过程类似于正常配筋的受弯构件的破坏状态。即受拉区钢筋首先达到屈服极限,混凝土裂缝不断扩张。受压区高度逐渐减小,最后受压区混凝土及受压区钢筋应力达到强度极限,整个构件随之全部破坏。现规范计算,采用一些平面假定及其他一些简化措施,并用静力方程求解,把大小偏心受压构件的计算融为一体,形成一套计算公式。

沿周边均匀配置钢筋的圆形截面偏心受压构件,其正截面抗压承载力计算,应符合下列规定(图 5-6),即:

$$\gamma_0 N_d \leqslant Ar^2 f_{cd} + C\rho r^2 f'_{sd} \tag{5-19}$$

$$\gamma_0 N_d e_0 \leqslant Br^3 f_{cd} + D\rho g r^3 f'_{sd} \tag{5-20}$$

式中:e_0——轴向力的偏心距,$e_0 = M_d/N_d$,应乘以偏心距增大系数 η;

A、B——有关混凝土承载力的计算系数,由《公钢混桥规》附录 C 查得;

C、D——有关纵向钢筋承载力的计算系数,由《公钢混桥规》附录 C 查得;

r——圆形截面的半径;

g——纵向钢筋所在圆周的半径 r_s 与圆截面半径之比,即 $g = r_s/r$;

ρ——纵向钢筋配筋率,$\rho = A_s/\pi r^2$。

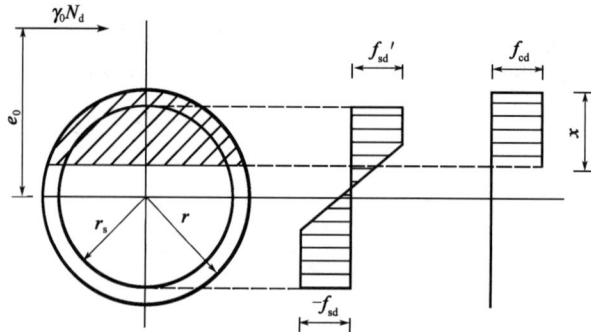

图 5-6 沿周边均匀配筋的圆形截面偏心受压构件计算

规范规定,计算偏心受压构件正截面承载力时,对长细比 $l_p/i > 17.5$ 的构件,应考虑构件在弯矩作用平面内的挠曲对轴向力偏心距的影响。此时,应将轴向力对截面重心轴的偏心距 e_0 乘以偏心距增大系数 η。

圆形、矩形截面偏心受压构件的偏心距增大系数可按下列公式计算,即:

$$\eta = 1 + \frac{1}{1\,400e_0/h_0}\left(\frac{l_p}{h}\right)^2\zeta_1\zeta_2 \tag{5-21}$$

$$\zeta_1 = 0.2 + 2.7\frac{e_0}{h_0} \leqslant 1.0 \tag{5-22}$$

$$\zeta_2 = 1.15 - 0.01\frac{l_p}{h} \leqslant 1.0 \tag{5-23}$$

式中: l_p——桩(柱)的计算长度,按表 5-14 确定;

e_0——轴向力对截面重心轴的偏心距;

h_0——截面有效高度,对圆形截面取 $h_0 = r + r_s$;

h——截面高度,对圆形截面取 $h = 2r$,r 为圆形截面半径;

ζ_1——荷载偏心率对截面曲率的影响系数;

ζ_2——构件长细比对截面曲率的影响系数。

(五)考虑负摩阻力作用桩的轴向承载力计算

1. 负摩阻力的基本概念

一般摩擦桩当受到轴向荷载作用时,桩相对于桩周土向下位移,桩侧土产生一个阻止其位移、作用方向向上(与桩位移方向相反)的摩阻力,该摩阻力是摩擦桩承载力的主要组成部分,称为正摩阻力[图 5-7a)]。

桩周土比较软弱或为欠固结土,而桩底处土层非常密实(如为密实砂砾或岩石),此种情况若桩周受有大面积外荷载作用(如高路堤填土),则可能桩周土产生的压缩变形会大于桩在外荷载作用下的位移量,由于这种相对位移而产生的摩阻力是向下的,与桩的位移方向一致,致使该摩阻力不仅不是摩擦桩承载力的部分,其作用效应相当给桩施加了一个带动桩向下位移的附加荷载,这种摩阻力称为负摩阻力[图 5-7b)]。

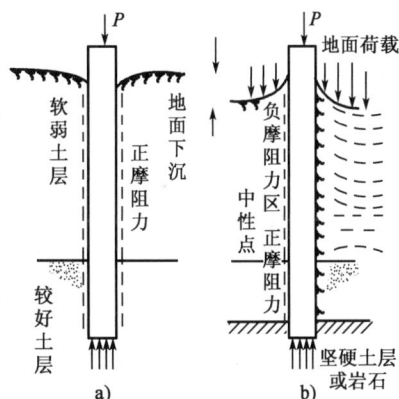

图 5-7 正摩阻力与负摩阻力示意图

负摩阻力的产生主要与桩周土的性质、分布构成状况有关,同时也与桩的间距、埋置深度有关。一般如下情况可能产生负摩阻力:

(1)软黏土地基土上受有高路堤填土压力而使软黏土产生过大的压缩变形。

(2)由于大量抽取地下水而造成大面积地面沉降,导致表层土产生负摩阻力。

(3)高路堤填土本身产生固结压缩变形。

(4)饱和软黏土由于打桩的挤压扰动,而使桩周形成欠压密的重塑区,因而产生负摩阻力。

(5)湿陷性黄土由于浸水沉陷造成桩周土大量下沉或多年冻土地区融化下沉,而产生负摩阻力作用。

2. 负摩阻力作用范围确定

前面已经介绍过,正、负摩阻力的形成主要由桩和桩周土的相对位移决定。通过图 5-8 得到如下几种位移计算式,即桩周土压缩变形。

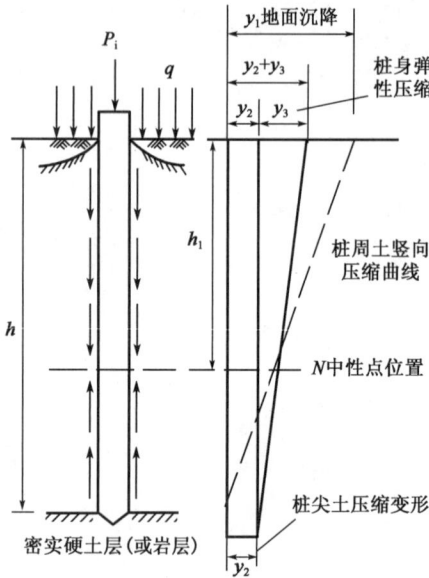

图 5-8 中性点位置确定点

$$y_1 = \frac{h^2 r + 2hq}{2E_s} \tag{5-24}$$

式中:h——桩周沉降变形土层下限深度(软弱土层厚度);

r——软弱土层密度;

q——作用桩周土上的分布荷载(一般只计恒载);

E_s——软弱土的压缩模量。

桩的沉降位移包括两部分:一是桩尖土的压缩变形 y_2,二是桩身材料的弹性压缩变形 y_3,它们的计算式如下:

$$y_2 = \frac{P_i}{C_0 A_0} \tag{5-25}$$

式中:P_i——桩顶作用轴向荷载;

C_0——桩尖土地基系数;

A_0——桩尖土传递荷载工作面积(按 1/4 扩散角计算)。

$$y_3 = \frac{p_i \xi h}{AE} \tag{5-26}$$

式中:ξ——系数,钻(挖)孔桩 $\xi = 1/2$,沉入桩 $\xi = 2/3$;

A——桩身截面积;

E——桩身混凝土抗压弹性模量;

h、p_i——含义同前。

在某一深度 h_1 处,桩侧土的压缩变形量与该处桩的下沉位移量相当,这一位置称为中性点,该点以上桩侧土的压缩变形量大于桩的下沉位移量,产生负摩阻力;而该点以下,桩侧土压缩变形量小于桩的下沉位移量,产生正摩阻力。利用 $y_{1h_1} = y_{2h_1} + y_{3h_1}$ 可求出中性点位置 h_1 即为产生负摩阻力的作用深度。

一般也可采用表 5-15 估算的中性点深度 h_1 与桩周沉降变形土层下限深度 h 的比值确定产生负摩阻力的深度。

中性点深度比(h_1/h)   表 5-15

持力层性质	黏性土、黏土	中密以上砂	砾石、卵石	基　岩
中性点深度比 h_1/h	0.5~0.6	0.7~0.8	0.9	1.0

3. 负摩阻力强度

计算负摩阻力还要确定负摩阻力强度 q_n,现一般按下式确定。

对软质黏性土:

$$q_n = \frac{1}{2} q_\mu \tag{5-27}$$

式中:q_μ——软质黏性土无侧限抗压强度。

对泥炭层:

$$q_n = 5kPa/m^2 \tag{5-28}$$

对软弱土层上的其他土层,由于下面软弱土层下沉大而使上面其他土层也产生负摩阻力。

$$q_n = \gamma_i h_i K_n \tan\varphi = \xi_n \sigma_i \tag{5-29}$$

$$\sigma_i = \gamma_i h_i \tag{5-30}$$

当地面有均布荷载作用时:

$$\sigma_i = q + \gamma_i h_i \tag{5-31}$$

式中:σ_i——桩周第 i 层土平均竖向有效应力;

ξ_n——第 i 层桩周土负摩阻力系数,按表 5-16 取值;

γ_i——第 i 层土有效密度;

h_i——自地面算起第 i 层土中点深度;

K_n——土的侧压力系数;

φ——计算土层土的有效内摩擦角;

q——地面均布荷载。

负摩阻力系数 ξ_n 表 5-16

土　类	ξ_n	土　类	ξ_n
饱和软土	0.15 ~ 0.25	砂土	0.35 ~ 0.50
黏性土、黏土	0.25 ~ 0.40	自重湿陷性黄土	0.20 ~ 0.35

注:1. 在同一类土中,沉入桩取较大值,钻(挖)孔桩取较小值。
　　2. 填土按其组成取表中同类土的较大值。

按公式计得的负摩阻力值不得大于正摩阻力值,若大于则取正摩阻力值。

4. 桩的轴向承载力确定

负摩阻力作用还存在一个时效问题,但从安全考虑,一般都是按照中性点以上桩与软土的接触面积 A_f 乘以负摩阻力强度 q_n,即:

$$N_f = q_n A_f \tag{5-32}$$

验算时负摩阻力 N_f 作为外加荷载考虑,则桩的轴向承载力为:

$$p_i + G + N_f \leq [p] = \frac{1}{2}(R_f + R_s) \tag{5-33}$$

或

$$[p] = \frac{1}{2}(R_f + R_s) - N_f \tag{5-34}$$

式中:p_i——桩顶作用的外荷载;

G——包括中性点以上的桩重(正摩阻力范围桩重按 1/2 计);

N_f——桩侧总负摩阻力;

$[p]$——考虑负摩阻作用单桩轴向容许承载力;

R_f——桩侧极限正摩阻力,由中性点以下算起;

R_s——桩底极限支承力。

从以上公式计算可知,若桩可能产生负摩阻力作用而没有考虑其影响,将使桩轴向承载力计算存在极大的危险性,所以必须慎重对待负摩阻力问题。一般对可能出现负摩阻力的桩基

础,可采用以下措施来减少负摩阻力作用:

(1)对于高填土桥头引道,要保证填土的密实度,待填土沉降基本稳定以后再成桩。

(2)对软弱土层可采取预压或强夯、砂桩挤密等措施,以减少堆载后引起过大沉降。

(3)尽量减少穿过软弱土层的桩侧面积,在可能条件下选用细长桩,以减少负摩阻力总数值。

(4)在灵敏度高的饱和软黏土,为避免打入桩挠动而随后进一步固结压缩变形产生负摩阻力,此时选择就地钻孔灌注桩较为有利。

(5)对位于中性点以上桩身进行表面处理(如利用沥青涂层或套管)来减少负摩阻力。

(六)采用自平衡法测试桩承载力的方法简介

我国公路交通建设的飞速发展,必然要建设许多大江大河上的大跨径桥梁。这就要采用大直径、超长桩的群桩基础。过去对单桩采用堆载法或锚桩法进行承载力测试,加静荷载试桩,其测试成本非常高,时间也长,试桩数量有限,在深水中也很难测试。

20世纪70年代日本有人提出桩端加载试桩法,而后80年代中期,称该方法为Osterberg-Cell荷载试验或O-cell荷载试验,并向世界推广。90年代初期介绍到我国,并在以后做了大量的理论研究和模型试验,也开始进行一些实际工程应用研究,并于1999年制定了江苏省地方标准《桩承载力自平衡测试技术规程》(DB 32/T 291—1999),后又纳入《建筑基桩检测规范》(JGJ 106—2003)和《公路工程基桩动测技术规程》(JTG/T F81-01—2004)。

1. 自平衡法试桩简介

自平衡法试桩是在桩底端附近处设置可以加载的荷载箱,按桩周与桩底地质条件确定其位置。荷载箱主要由活塞、顶盖、底盖及箱壁四部分组成。顶盖、底盖的外径略小于桩的外径,在顶、底盖上布置位移杆,将荷载箱与钢筋笼焊接成一体放入桩孔中后,即可浇筑混凝土成桩[图5-9a)]。

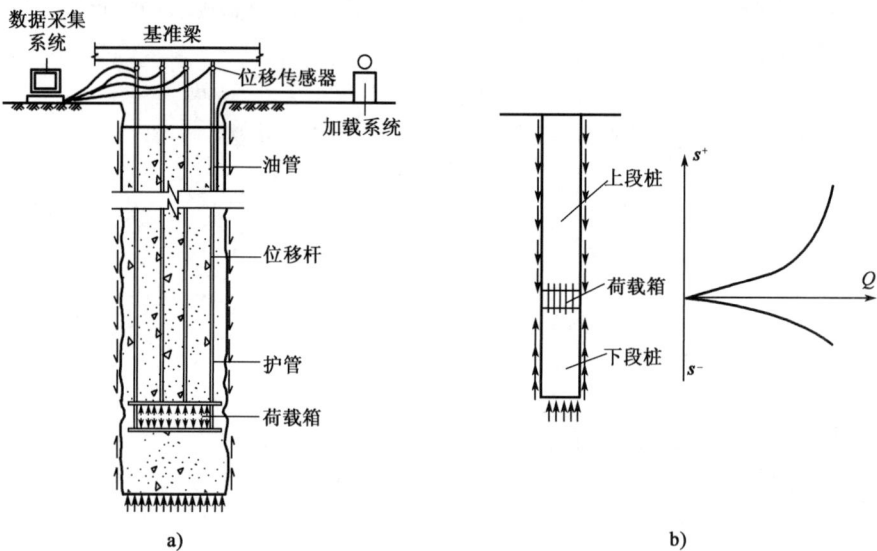

图5-9 桩承载力自平衡试验示意图

试验时,在地面上通过油泵加压,随着压力增加,荷载箱将同时向上、向下发生变位,促使桩侧阻力及桩端阻力的发挥。

采用并联于荷载箱的压力表或压力环测定油压,根据荷载箱率定曲线换算荷载。试桩位移一般布置 4 个百分表或电子位移计测量。采用专用装置分别测定荷载箱向上位移和向下位移。根据读数绘出相应的"向上的力与位移图"及"向下的力与位移图"[图 5-9b)]及相应的 s-$\lg t$、s-$\lg Q$ 曲线,判断桩承载力、桩基沉降、桩的弹性压缩和岩土塑性变形。

2. 转换为等效传统静载试验结果

自平衡检测结果有向上、向下两个方向的 Q-s 曲线,通过等效转换法,得到相应的用传统静载试验的一条 Q-s 曲线(图 5-10)。

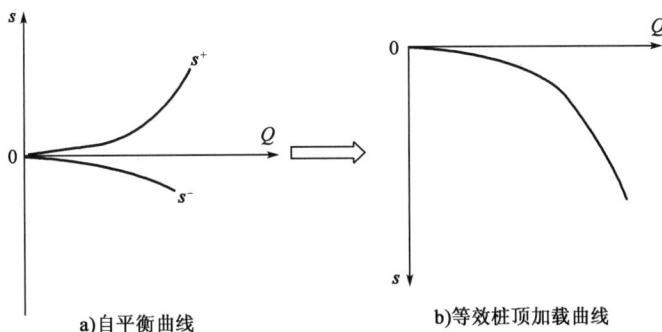

a)自平衡曲线　　　　　　　　　　b)等效桩顶加载曲线

图 5-10　试桩 Q-s 曲线的转换

首先,必须对这两种方法对比桩的受力机理,找出两种结果荷载与沉降的换算关系。实际检测工作中,应对转换的承载力和沉降关系是否符合工程实际进行确认,以确保工程质量,而达到这一目的的关键只能是进行足够数量的对比试验。

由于荷载箱将试桩分为上、下两段,因而荷载传递也分上、下两段桩来分析。桩顶受轴向压荷载 Q 的作用时,桩顶荷载由桩侧摩阻力和桩端支承力共同承担[图 5-11a)]。当桩顶受有一定拉拔力 Q 的作用,拉力 Q 仅由桩侧负摩阻力与桩自重来平衡。由于荷载箱将自平衡试桩分为上、下两段同时加载,两段桩的受力机理较复杂,如图 5-11c)所示,施加一对自平衡荷载 $Q^+ = Q^-$,Q^+ 为上端桩底向上的拔力,Q^- 为下段桩顶向下的压力,必须按上、下段来进行荷载传递分析。

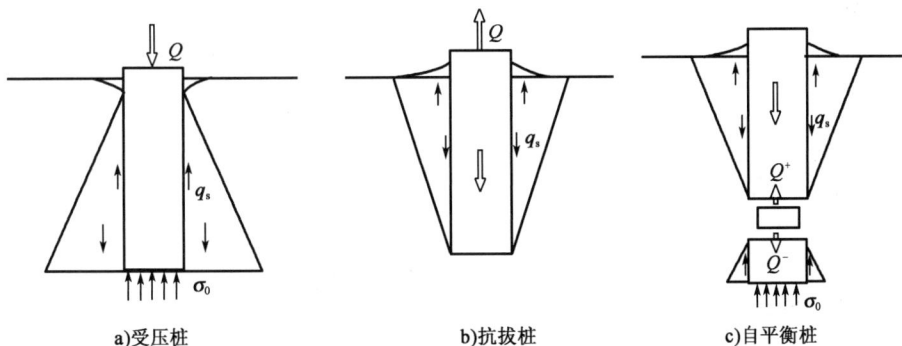

a)受压桩　　　　　　　　b)抗拔桩　　　　　　　　c)自平衡桩

图 5-11　荷载传递简图

下段桩,由于荷载箱通常靠近桩端,桩身较短,顶部荷载 Q^- 由桩端阻力和小部分的桩测阻力提供;而上段桩桩底的托力 Q^+ 由桩侧负摩阻力与桩自重来平衡。虽类似于抗拔桩,但应该注意的是由于上托力作用点在上段桩桩底,其桩侧负摩阻力的分布是很不相同的,在极限状态下的负摩阻力要大些。

如果以自平衡点作为分界,将下段桩简化视为端承桩,上段的桩负摩阻力转换为相同条件下受压桩的负摩阻力,则自平衡桩承载力就可等效转换为静载受压桩承载力,该法定为简化转换法。

目前,国内及欧美较多使用的简化转换 Q-s 曲线的方法有两种:一种是根据向上、向下位移相同原则拟合,如图5-12a)所示;另一种是根据向上、向下位移相同并考虑桩身压缩的原则拟合,如图5-12b)所示。通过位移进行叠加荷载的方法,其原理比较简单,目前应用较为普遍。

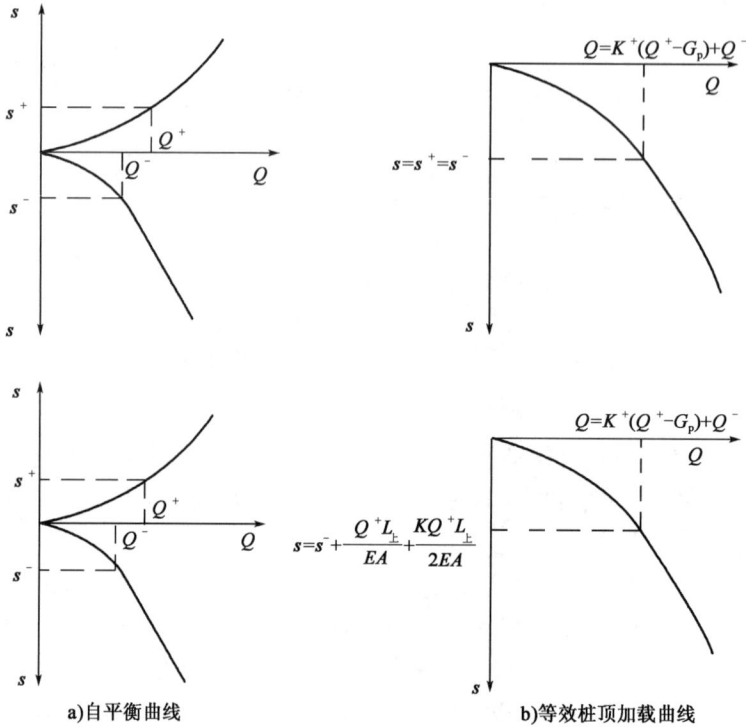

a)自平衡曲线　　　　　　　　　　　　b)等效桩顶加载曲线

图5-12　Q-s 曲线转换

(1)桩顶静荷承载力简化转换

根据向上、向下位移相同原则,由图5-12a)、b)的受力分析,可得下式:

$$Q = Q_\mathrm{m} + Q_\mathrm{s} = K^+ (Q^+ - G_\mathrm{p}) + K^- Q^- \tag{5-35}$$

式中:Q——传统静载桩承载力;

　　Q_m、Q^+——对应于传统静载桩和自平衡桩的上段桩侧摩阻力;

　　Q_s、Q^-——对应于传统静载桩和自平衡桩的下段桩侧摩阻力与端阻力;

　　G_p——上段桩身自重;

　　K^+、K^-——对应于上、下桩段的自平衡到传统静载桩的转换系数。

K^+、K^- 的取值很大程度上取决于地区经验。东南大学曾做过几十根静载与自平衡试桩对比试验,对 K^+ 的取值进行了分析统计,K 值范围在 0.9 ~ 1.5 之间,建议黏性土和粉土取 $K^+ = 1.25$,砂性土取 $K^+ = 1.4$;K^- 一般取 1。

(2)桩顶沉降变形转换

简化方法一:根据向上、向下位移相同且等于桩顶沉降原则,桩顶位移为:

$$s = s^- + s^+ \tag{5-36}$$

式中:s——传统静载桩桩顶沉降;

s^-、s^+——分别为自平衡桩向下、向上位移。

简化方法二:根据向上、向下位移相同并考虑桩身压缩变形,则桩顶位移为:

$$s = s^- + \Delta s = s^+ + \Delta s \tag{5-37}$$

$$\Delta s = \frac{[K^+ (Q^+ - G_p) + 2Q^-]L}{2E_p A_p} \tag{5-38}$$

式中:s——传统静载桩桩顶沉降;

s^-、s^+——自平衡桩向下、向上位移。

G_p、L——上段桩的自重、长度;

A_p、E_p——桩身截面面积、桩身弹性模量。

(3)$Q\text{-}s$ 曲线的绘制

根据自平衡法测试的 $Q\text{-}s$ 曲线的特点:每施加一级荷载,上、下段桩的位移值不同,而与传统静载一一对应,根据向上与向下位移相等原则,由式(5-35)和式(5-36)或式(5-37),计算得出传统静载试验桩的一系列数据点$(s_i, Q)(i = 1,2,3,\cdots,n)$,从而得到等效的桩顶荷载—位移的关系曲线图(图5-12)。经综合分析,曲线陡降点前一级荷载为极限荷载。

精确转换法是通过桩的应变和截面刚度,由上述公式计算出轴向力分布,进而求出不同深度的桩侧摩阻力,利用荷载传递解析法,将桩侧摩阻力与变位量的关系、荷载箱与向下变位量的关系,换算成等效桩顶荷载对应的荷载—沉降关系曲线,具体计算方法可由相关资料学习应用。

3. 应用自平衡法测试桩承载力尚需进一步研究讨论的几个问题

(1)自平衡试桩确定上、下两段桩平衡点位置问题

自平衡试桩法提出“平衡点”概念,即为上段桩的负摩阻力 + 上段桩自重 = 下端桩摩阻力 + 端阻力。荷载箱摆放在“平衡点”处维持分级加载并测量相应的位移量,直至测出最终极限承载力。

“平衡点”的位置确定是一个困难而复杂的问题,在试验之前只能根据已有地质资料和试桩经验来确定所谓“平衡点”,存在一定的偏差是完全可能的。对于桩底持力层非常好的情况(如弱分化基岩等),一般是嵌岩的端承桩,桩侧摩阻力参与工作很少,桩底也就是桩的平衡点,是荷载箱较合适的位置处。对于摩擦桩和端承摩擦桩,荷载箱安放位置没有明确的依据,没有偏差范围的要求,这就普遍造成上、下两段桩不可能同时达到预先拟定的极限条件,而会产生偏差很大的情况。

目前,我国已完成上千根试桩,对自平衡的机理进行了深入的探讨研究。现应将丰富的工程经验结合实际要求,进行分析讨论,归纳出一些适用的确定平衡点位置范围的初步规则,为其测试技术日臻完善打下基础。

(2)采用自平衡法对桩极限侧摩阻力和极限端阻力的影响

苏通大桥总共进行了四期试桩,二期在陆地专有 3 根自平衡荷载试验桩,其成果具有代表性(表5-17)。

试 验 类 型	编号	直径 (m)	桩顶高程 (m)	桩底高程 (m)	桩长 (m)	整桩承压 计算值(kN)	测 试 方 法
荷载试验桩	SZ2	2.5	4.0	−121.0	125	69 760	先压桩,后测试
	SZ3	2.5	4.0	−102.0	106	63 900	先压桩,后测试
	SZ4	2.5	4.0	−121.0	125	67 380	先测试,后压桩,再测试

试桩情况如下。

①SZ2 试桩

测试 Q-s 曲线见图 5-13。当加载至 $2 \times 51\,000$kN,向上位移达到 80.12mm,向下位移达到 81.14mm,同时超过 40mm,并发生突变。故上段桩和下段桩的极限承载力均取上一级加载值 48 000kN。

②SZ3 试桩

测试 Q-s 曲线见图 5-14。当加载至 $2 \times 48\,000$kN,向下位移达到 44.53mm,超过 40mm,并发生突变。此时上段桩位移较小,继续加载至荷载箱极限值 $2 \times 51\,000$kN。故上段桩的极限承载力取 51 000kN,下段桩的极限承载力取 45 000kN。

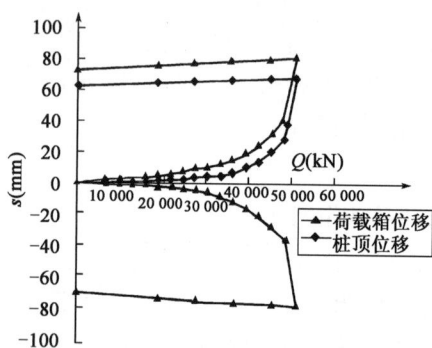

图 5-13 SZ2 试桩(压浆后)自平衡测试曲线

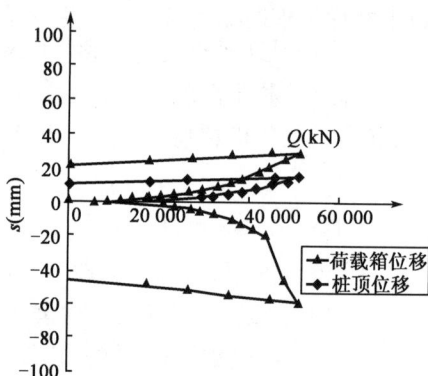

图 5-14 SZ3 试桩(压浆后)自平衡测试曲线

③SZ4 试桩

压浆前先进行下荷载箱测试,随后进行上荷载箱测试。

首先进行下荷载箱测试,测试 Q-s 曲线见图 5-15。当加载至 $2 \times 18\,000$kN,向下位移达到 40.87mm,超过 40mm,但未发生形变,且荷载很稳定。故继续加载至 $2 \times 30\,000$kN,此时向下位移超过 100mm,为了以后的试验需要,终止加载,下段桩的极限承载力取 18 000kN。

上荷载箱测试的 Q-s 曲线见图 5-16。加载至 $2 \times 22\,400$kN,向下位移超过 40mm,且荷载无法稳定。故把下荷载箱油管封住(关闭下荷载箱)后继续加载至 $2 \times 24\,270$kN,此时向上、向下位移均超过 40mm,荷载无法稳定。上段桩的极限承载力取 22 400kN,中段桩(上荷载箱与下荷载箱之间桩段)的极限承载力取 20 540kN。上荷载箱测试后,立即进行压浆。

根据自平衡试桩 Q-s 曲线和桩顶荷载位移曲线及压浆前后端阻力及侧阻力曲线,最后提出桩的极限承载力及构成的比例(表 5-18)。

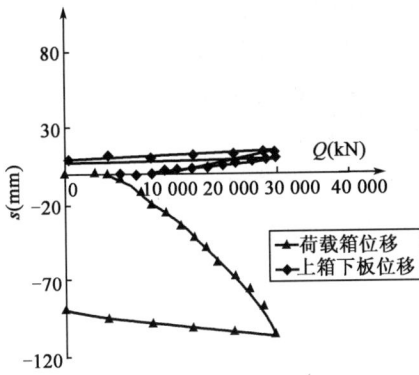

图 5-15　SZ4 试桩(压浆前)下荷载箱曲线

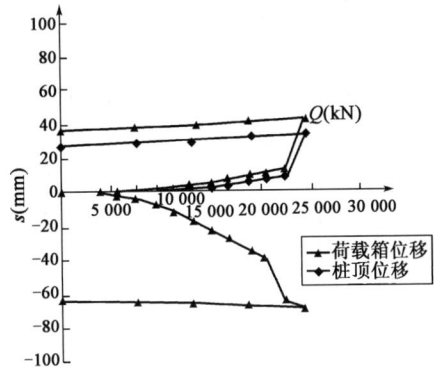

图 5-16　SZ4 试桩(压浆前)上荷载箱曲线

桩的极限承载力及构成比例　　　　　　　　　　　　　　表 5-18

桩　　号	极限承载力 （kN）	桩端阻力 （kN）	桩端阻力所占比例 （%）	总侧摩阻力 （kN）	总侧摩阻力所占比例 （%）
SZ2	96 481	14 656	15.19	81 825	84.81
SZ3	96 746	30 761	31.8	65 985	58.43
SZ4 压浆前	59 638	8 485	14.23	51 153	85.77
SZ4 压浆后	100 538	33 375	33.2	68 533	66.8

以上较详细地介绍了该桥试桩极限承载力构成比例的变化和最后结果。这是一个试桩的重点工程,总共进行四期试桩共 22 根,二期陆地试桩 6 根,其中 3 根工艺桩,3 根自平衡荷载试验桩,其余都是自平衡荷载工程试验桩。以前常规的加载试桩,持力层的承载力不能发挥,实际桩侧摩阻力由于桩身弹性压缩阶段和桩底持力层的沉降值合一的位移量是上大下小,摩阻力也是上大下小。

钻孔桩成桩后荷载箱是把长桩分为二段,荷载箱加载是顶上段桩压下段桩,现以 SZ2 试桩为例,当荷载箱加为 2×51 000kN 时,向上位移达到 80.12mm,向下位移达到 81.14mm,同时超过 40mm 并发生突变,实际在荷载箱上、下部分范围桩侧面与桩周围产生剪切滑动,破坏了桩土之间的咬合摩擦作用,减小了摩阻力。如果上顶传至地面处时桩顶位移也超过 40mm,整个上段桩侧摩阻力可能都因位移超限而使其减小很大。而下段桩在荷载箱加载压力作用下,桩长较短,只有 20m 左右(资料没有明确说明荷载箱位置),所产生位移的荷载传递至桩底,使桩底沉渣压实与持力层地基土压密挤实,虽然桩侧面摩阻力与上段桩一样很小,但桩端底的承载力会有很大的提高。SZ3 测试方法是先压浆后测试,加载测试使压浆固结部分会受到一定的破裂,其表中的极限承载力是取上一级加载值 2×48 000kN 的确定值,有些简单。如果该桩再加载测试,桩端阻力与总侧摩阻力所占极限承载力的比例定会有较大的变化。

SZ4 试桩采用双荷载箱,先测试、后压浆、再测试的方法。首先进行下荷载箱加载,当继续加载至 2×30 000kN 时,向下位移已超过少有的 100mm,下段桩的极限承载力取超过 40mm 的18 000kN 级(图 5-15)。上荷载加载至 2×22 400kN,向下位移已超过 40mm,荷载无法稳定。上段桩的极限承载力取 22 400kN,中段桩取 20 540kN。

下段桩柱顶向下位移量达到极限值(40mm)的 3.5 倍之多,与 SZ2 试桩相同,但有差异。SZ2 终止加载为 51 000kN,取值为上级加载值 48 000kN,而 SZ4 下荷载箱终止加载为30 000kN,而下段桩的极限承载力取 18 000kN,相差悬殊,反映出位移增加而侧阻力降低,且降低较大。SZ4

试桩上段荷载箱加载向上、向下位移量超过40mm,荷载还无法稳定,上段桩荷载箱上顶虽是反向摩阻力,但加载一级仅为1870kN,$Q\text{-}s$曲线就会突变出现陡降段,说明也会使侧阻力受到一定影响。从表5-17和表5-18可看出,整桩极限承载力计算值为67 380kN,压浆前极限承载力实测值为59 638kN,其中桩端承载力仅为8 485kN,总侧阻力为51 153kN,远没达到要求。

从以上情况得知,采用先测试,后压浆,再测试的方法,其先测试的目的是通过荷载箱的加载两段桩的上抬下压,以压为主,下段桩底向下滑移使沉降与持力土层产生压密挤实的特殊关系,为压浆工序打下强化支承功能的基础。

对于不同的桩端土质性质,桩端压浆加固作用机理不完全相同。桩端压力注浆,浆液主要通过渗透、劈裂、部分挤密填实达到固结作用,大幅提高持力层的强度和变形模量,并可形成扩大头,增大桩端受力面积,极大地提高桩端阻力。

SZ4压浆后试桩的对比表可以看出,压浆后桩端阻力超过压浆前桩端阻力近3倍。同时在桩端压浆过程中,必然会将浆液压入桩端以上一定高度范围内,使桩身和桩周围土在一定厚度范围内加固成一体,极大地提高了桩侧阻力强度。

SZ4试桩侧阻力,除桩端以上浆液加固部分外,其余下段桩未加固范围加载位移超过状态值(40mm)的3倍之多,表明侧阻力强度很小。中段桩侧摩阻力由于下荷载箱上顶位移10mm,上荷载箱下压二级荷载位移累积70mm,而且与正式应用时为同向加载,将对侧阻力有影响。上荷载箱上顶桩段的底部位移超过40mm,正式应用时,在桩顶加载,上顶桩段产生向下的位移,该桩段侧阻力能否恢复尚未可知。从试桩加载过程中,不仅要测试位移量,还要分析过大的滑动位移使桩侧面与孔壁之间是否产生间隙而减低较大的桩侧摩阻力,还有同位异向位移的影响等问题。对试桩进行压浆前后测试过程比较复杂,其提高总承载力的机理不是单一的,对其加载与位移作用的各种因素影响,需要深入分析研究,得出明确结果。

第二节　单桩横轴向容许承载力确定简介

一、概述

桩的横轴向承载力,是指在与桩的轴线相垂直荷载(竖直桩为水平力和弯矩)作用下的承载力,一般简称桩的横向承载力。桩在横向力作用下,桩身必然产生横向挠曲变形,从而产生内力,这种挠曲变形受到桩侧土的阻挡约束影响,所以桩的横向承载力要考虑桩和土的共同作用,也就是说,既要考虑桩的因素,又要考虑桩周土的因素,其工作状况要比轴向受力复杂。

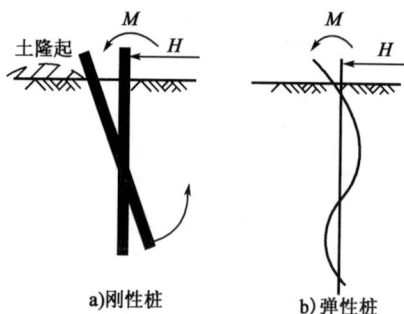

图5-17　桩在横轴向力作用下的两种破坏状况示意图

经过试验和分析可知,影响桩横向承载力的因素从桩的角度考虑,主要有桩的入土深度、桩本身的刚度(截面尺寸)、桩顶与桩底(主要是桩顶)的固着条件;从桩周土的角度考虑,主要是桩周土的物理力学性质(紧密程度)。桩在横向荷载作用下有如下两种破坏状况。

1. 桩周土体稳定性破坏

当桩的入土深度较浅,桩的截面尺寸较大,或桩周土质较松软时,桩的相对刚度较大,在横轴向力作用下,桩身可认为是一个刚体,不产生挠曲变形,随着横向力的加大而绕桩轴某一点转动[图5-17a)]。其最终破坏是由于桩周土体受挤压隆起,桩身翻出丧失承载力。此种状况,基桩的横向容许承载力完全由桩侧土的强度和稳定性决定,一般称为刚性桩的破坏模式。

2. 桩身材料破坏

当桩的入土深度较深,截面尺寸相对较小,或周围土质较密实坚硬,此时桩的相对刚度较小,在横向力作用下,由于桩周土具有足够的固着力,桩身只能发生挠曲变形,其侧向位移上大下小,随深度逐渐减小[图 5-17b)]。随着横向荷载不断增大,桩身挠度也随之加大,其最终破坏是在桩身最大弯矩处发生断裂,或桩因挠曲产生的侧向位移超过结构容许值。此种状况,基桩的横向容许承载力完全由桩身材料抗弯强度决定,一般称为弹性桩破坏模式。

从以上分析可知,两种不同的破坏模式,其考虑的因素和计算的基本方法是不同的,所以首先要判明是属于哪种桩土作用状态和破坏模式,才能选择合适的计算方法。

在横轴向力作用下,基桩正常工作的基本要求是:桩侧土的稳定性不破坏;桩身材料不断裂;桩顶的水平位移和转角不超过结构物要求的容许值。

二、单桩横轴向承载力的静载试验法

为取得符合桩位处实际的桩、土横轴向承载力设计计算参数,对主要工程,在条件允许的情况下,可通过单桩横轴向静载试验的方法来确定桩的横向承载力。

(一)加载装置

试桩通过反力座获得水平力。反力座根据具体情况确定,一般可用已有墩台、锚墩,也可用两根试桩互相推顶加载。加载设备与仪表装置如图 5-18 所示。试验是采用千斤顶加水平力,水平力作用线应通过地面高程处(地面高程应与实际工程桩基承台底面高程一致)。在千斤顶与试桩接触处宜安置一球形铰座,以保证千斤顶作用力能水平通过桩身轴线。桩的水平位移采用大量程百分表测量。每一试桩安装两支百分表,下表测量桩身在地面处的水平位移,上表测量桩顶水平位移,根据两表位移差与两表距离的比值求得地面以上桩身的转角。固

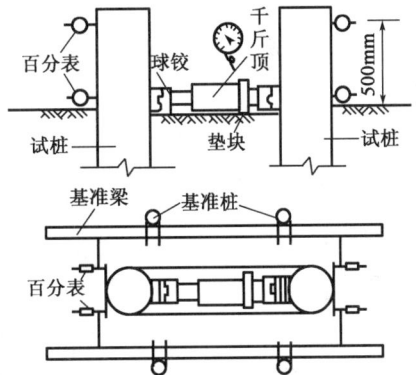

图 5-18 桩水平静载试验装置

定百分表的基准桩宜搭设在试桩侧靠位移的反方向,与试桩的净距不小于 1 倍试桩直径。

(二)加载方法

试验加载方法一般采用单向多循环加卸载法,对于个别受长期水平荷载作用的桩基也可采用慢速维持加载法(稳定标准可参照轴向静载试验)进行试验。

多循环加卸载,是取预估水平极限承载力的 1/15 ~ 1/10 作为每级荷载的加载增量。每级荷载施加后,稳定 10min 测读水平位移,然后卸载至零,停 10min 测读残余水平位移,至此完成一个加卸载循环,如此循环 5 次便完成一级荷载的试验观测。当桩身折断或水平位移超过 30 ~ 40mm(软土取 40mm),可终止试验。加载时要求加载时间尽量缩短,测量位移间隔时间应严格准确,试验不得中途停歇。

试验成果一般应绘制水平力—时间—位移($H_0\text{-}T\text{-}X_0$)曲线(图 5-19)、水平力—位移梯度($H_0\text{-}\Delta X_0/\Delta H_0$)(图 5-20)或水平力—位移双对数($\lg H_0\text{-}\lg X_0$)曲线(图 5-21),当测量桩身应力时,尚应绘制应力沿桩身分布和水平力—最大弯矩截面钢筋应力($H_0\text{-}\sigma_g$)等曲线。

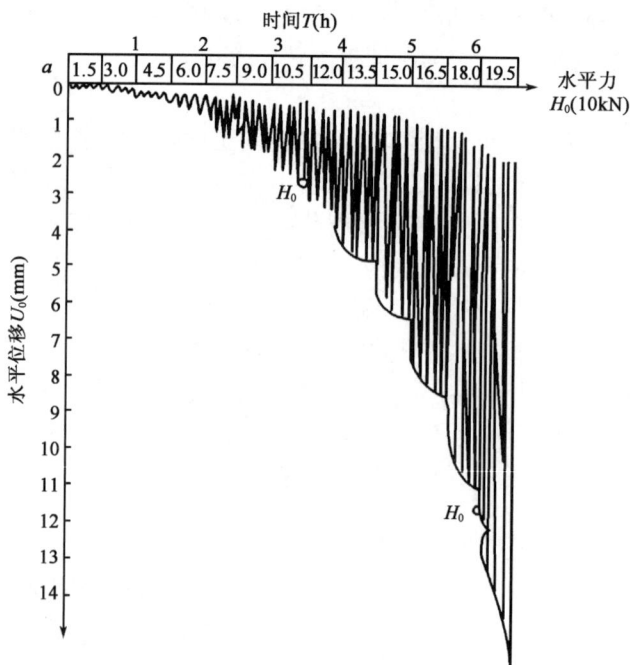

图5-19　水平力—时间—位移(H_0-T-X_0)曲线

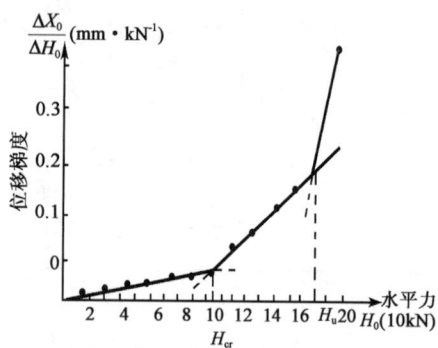

图5-20　水平力—位移梯度(H_0-$\Delta X_0/\Delta H_0$)曲线

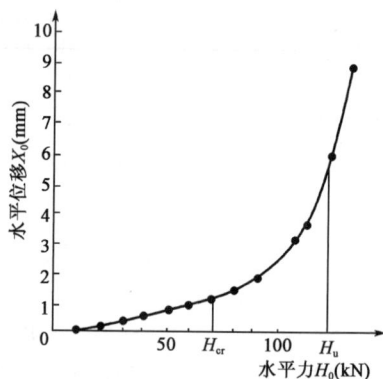

图5-21　水平力—位移(H_0-X_0)曲线

(三)单桩横向临界荷载与极限荷载确定

单桩横向临界荷载 H_{cr},指桩身受拉区混凝土明显退出工作前的最大荷载,一般根据绘制的有关试验成果曲线按下述方法综合确定。

(1)取 H_0-T-X_0 曲线出现突变(相同荷载增量的条件下,出现比前一级明显增大的位移量)点的前一级荷载为横轴向临界荷载。

(2)取 H_0-$\Delta X_0/\Delta H_0$ 曲线第一直线段的终点或 $\lg H_0$-$\lg X_0$ 曲线拐点所对应的荷载横轴向临界荷载。

(3)当连续加载测试时,取 H_0-X_0 曲线为第一突变点前一级荷载为横轴向临界荷载。

单桩横轴向极限荷载 H_u 可根据绘制的有关试验成果曲线按下述方法综合确定:

①H_0-T-X_0 曲线明显陡降的前一级荷载为极限荷载(图5-19)。

②H_0-$\Delta X_0/\Delta H_0$ 曲线第二直线段的终点对应的荷载为极限荷载(图5-20)。

③取 H_0-X_0 曲线陡降点前一级荷载为极限荷载(图5-21)。

(四)单桩横轴向容许承载力确定

将按上述方法确定的极限荷载除以安全系数(一般取2),即得桩的横轴向容许承载力。

现行《公桥基规》在进行横轴向荷载作用下桩身内力计算时,其有关的一些参数(如土的比例系数 m 与 m_0)制定,是以结构在地面处最大位移值不超过6mm 为要求。所以当用水平静载试验确定单桩横轴向容许承载力时,还应注意检查确定的单桩横轴向容许承载力对应的位移是否满足该项要求。对钻孔灌注桩也可取试桩在地面处水平位移不超过6mm 来作为确定单桩横轴向容许承载力的判断标准。

当需要根据试验结果确定土的地基系数随深度变化的比例系数 m 时,其计算公式为:

$$m = \frac{\left(\dfrac{H_{cr}}{X_{cr}} \times U_x\right)^{5/3}}{b_1 (EI)^{2/3}} \tag{5-39}$$

式中:m——非岩石地基水平向抗力系数的比例系数(MN/m^4),该数值为地面以下 $2(d+1)$(m)深度内各土层的加权平均值;

H_{cr}——单桩横轴向临界荷载(kN);

X_{cr}——单桩横轴向临界荷载对应的位移;

U_x——桩顶水平位移系数,按表5-19取值;

b_1——桩身计算宽度(m)。

桩顶水平位移系数 U_x 表5-19

桩顶约束情况	桩的换算埋深(αh)	U_x	桩顶约束情况	桩的换算埋深(αh)	U_x
铰接,自由	4.0	2.441	固结	4.0	0.940
	3.5	2.502		3.5	0.970
	3.0	2.727		3.0	1.028
	2.8	2.905		2.8	1.055
	2.6	3.163		2.6	1.079
	2.4	3.526		2.4	1.095

三、单桩横轴向容许承载力的实用计算方法(规范法)

单桩横轴向容许承载力实用计算方法,就是《公桥基规》、《铁桥基规》和《建基设规》等所推荐的"m"法计算桩在横轴向荷载作用下,考虑桩土共同作用在桩身截面的内力计算方法,验算桩身材料和桩侧土的强度与稳定性,以此来评定桩的横轴向容许承载力。

(一)基本计算假设简介

以弹性桩为例,在横轴向力的作用下,桩身将发生挠曲变形;同时,由于桩发生挠曲变形,就必然挤压周围土体使之产生同样的变形。实际上,桩周土体在桩发生变形受挤压时,会产生一个对桩变形起约束抵抗作用的力,我们称之为土的横向抗力,简称土抗力。由此可知,土抗力大小既与土的性质有关,又与桩变形时对周围土体的挤压程度(即桩身挠度)有关,桩身没有挠曲变形,土体也就不会产生土抗力。

为此要解决如下两个问题:一是在横轴向荷载作用下土中的基桩挠曲变形如何计算;二是桩产生挠曲变形后桩周土产生的阻止其挠曲变形的土抗力如何计算,为此引入如下两个基本假设。

1. 弹性地基梁计算挠曲变形的基本假设

按正常使用的要求,把桩周围的土质视为弹性变形介质,把在横轴向荷载作用下桩的挠曲变形,看做是一个有限长或无限长的梁支承在无限密集的、独立的弹性支座上的弯曲变形,这样就将弹性地基梁在分布荷载作用下挠曲变形的计算理论引入桩在横轴向力作用下的内力计算中。

2. 文克尔假设计算土抗力

将桩在某深度处的挠度与该处土抗力采用文克尔假设可建立如下关系,即:

$$\sigma_{zx} = X_z \cdot C_z \tag{5-40}$$

即桩在某一深度 Z 处的横向土抗力 σ_{zx} 与该处桩的水平挠度(土受到的挤压变形)X_z 成正比,其比例系数 C_z 称为地基抗力系数。地基抗力系数的概念是某深度处单位面积地基土产生单位位移所需施加的力,是计算土体变形和土抗力的一个物理参数。

(二)地基抗力系数随深度的变化

通过以上假设可知,当桩的形状尺寸(直径、入土深度)和刚度等已定的情况下,桩在地基土中的变形和内力,仅与土的性质,也就是地基抗力系数的大小和分布有关。C_z 值是通过大量试桩得到的。试验表明,地基抗力系数 C_z 的大小,不仅与土的类别及其物理力学性质有关,而且其分布还随深度变化。地基抗力系数沿深度的分布规律,也并不是单一规律,由于各种复杂因素的影响。即使同一种土在不同条件下,其分布规律也各不相同,所以实际计算中采用的地基抗力系数分布规律,带有人为假设的色彩。公认的地基抗力系数随深度变化的一般表达式为:

$$C_z = m(Z + Z_0)^n \tag{5-41}$$

式中:m——地基抗力系数随深度变化的比例系数(简称地基抗力系数的比例系数);

Z_0——常数,随土的类别而变的与地面处土的地基抗力系数有关的常数,一般土质 $Z_0 = 0$;

Z——地面线或局部冲刷线以下地基抗力系数计算点的深度;

n——不同计算假设而变化的指数。

目前,国内外使用的地基抗力系数随深度分布规律的假设形式不同而有如下几种,现作一简单介绍。

1. "m"法假设

"m"法地基抗力系数假设为 $C_z = mZ, n = 1$,即地基抗力系数随深度成正比例增长[图 5-22a)],m 为土的地基抗力系数随深度变化的比例系数(kN/m^4)。我国的各类桥涵设计规范推荐采用"m"法计算基桩内力,并提供了各类土的 m 参考值。

2. "K"法假设

地基抗力系数用 K 表示,即 $\sigma_{zx} = K_z X_z$,地基抗力系数沿深度分两段变化,在桩身第一挠曲零点以上的地基抗力系数按凹形抛物线变化($n = 2$),此时 K 值达最大值,以下为常数不再增加[图5-22b)]。

3. "C"法假设

地基抗力系数也分为两段变化,对 $\alpha h \leqslant 4.0$ 的定长桩采用 $n = 0.5$,地基抗力系数随深度呈凸形曲线变化,$C_z = C_z^{0.5}$,当换算桩长 $\alpha h > 4.0$ 的桩长段地基抗力系数为常数[图 5-22c)]。该法是我国公路部门按与"m"法相同的试桩资料推求而来,其计算结果与"m"法基本相同。

4. "张有龄法"假设

假定地基抗力系数 C 为常数,不随深度变化,即 $C = K_0$ [图5-22d)]。

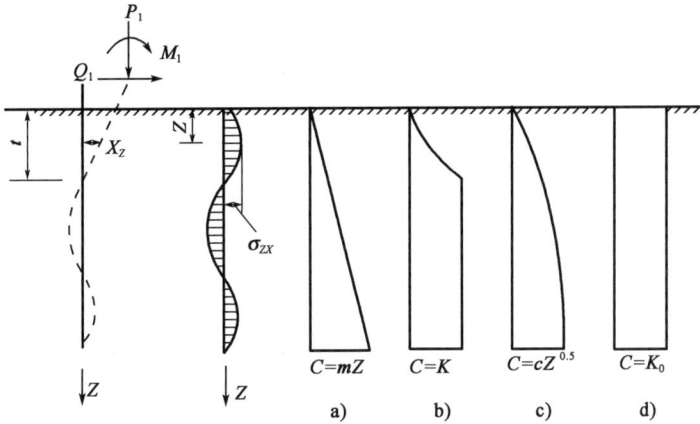

图5-22 地基抗力系数随深度的变化规律假设

以上四种方法,都应用弹性地基梁和文克尔理论假设,实践表明,"m"法更适用于我国目前桩基础的使用状况,以下主要介绍"m"法的具体计算方法。

(三)"m"法计算的基本假定和各计算参数的确定

1. "m"法的基本假定

"m"法计算的基本假定为以下几点:

(1)将土视为竖向弹性变形介质,其地基抗力系数在地面(或局部冲刷线)处为零,并随深度成正比例增长。

(2)基础在产生挠曲变形计算土抗力时,在挠曲平面内基础与土之间的黏结力和摩阻力均不考虑。

(3)在水平力和竖向力作用下,任何深度处土的压缩性均用地基抗力系数表示,即根据地基抗力系数的物理概念,计算土的弹性压缩变形。

(4)当 $\alpha h \leqslant 2.5$ 时,假设基础的刚度为无限大,按刚性深基础计算;当 $\alpha h > 2.5$ 时,按弹性深基础计算。

上式也是"m"法计算中刚性桩和弹性桩的判别式。其中,h 为地面(无冲刷时)或局部冲刷线以下基础(桩)的入土深度。也就是说,当桩的入土深度 $h \leqslant 2.5/\alpha$ 时为刚性桩;当桩的入土深度 $h > 2.5/\alpha$ 时为弹性桩。α 为土中基础(桩)变形系数,其表达式为:

$$\alpha = \sqrt[5]{\frac{mb_1}{EI}} \tag{5-42}$$

$$EI = 0.8E_c I \tag{5-43}$$

式中:m——非岩石地基抗力系数的比例系数;

b_1——基础垂直验算方向的计算宽度;

EI——基础的抗弯刚度,对以受弯为主的钢筋混凝土桩,根据现行《公钢混桥规》规定采用;

E_c——桩的混凝土抗压弹性模量;

I——桩的毛截面惯性矩。

上述各计算参数,是"m"法计算基桩内力首先要确定的参数,所以下面专门介绍各参数确定的方法和要求。

2. 各计算参数的确定

(1)地基土的比例系数 m 和 m_0

地基抗力系数的比例系数按表5-20取用,m 用以计算基础侧面水平向土抗力地基抗力系数 $C_Z = mZ$;m_0 用以计算基础底面竖直方向地基抗力系数 $C_0 = m_0 h$。

桩侧土的比例系数 m 是一个反映桩土共同作用的综合参数,它不仅随土的类别而不同,而且与桩的刚度等因素也有关。m 和 m_0 应通过试验确定,缺乏试验资料时,可根据地基土分类、状态按表5-20查用。通过试桩得到的位移、荷载、m 值的关系可看出,随着荷载的增加,位移增大,其 m 值随之变小。规范规定的 m 值是在地面处位移值不超过6mm确定的,当位移值较大时,应适当降低 m 值。

非岩石类土的 m 和 m_0 值 表5-20

土 的 名 称	m 或 m_0(kN/m⁴)	土 的 名 称	m 或 m_0(kN/m⁴)
流塑黏性土 $I_L > 1.0$、软塑黏性土 $1.0 \geq I_L > 0.75$,淤泥	3 000 ~ 5 000	坚硬、半坚硬黏性土 $I_L \leq 0$,粗砂,密实粉土	20 000 ~ 30 000
可塑黏性土 $0.75 \geq I_L > 0.25$,粉砂,稍密粉土	5 000 ~ 10 000	砾砂,角砾,圆砾,碎石,卵石	30 000 ~ 80 000
硬塑黏性土 $0.25 \geq I_L \geq 0$,细砂,中砂,中密粉土	10 000 ~ 20 000	密实卵石夹粗砂,密实漂、卵石	80 000 ~ 120 000

注:当基础侧面设有斜坡或台阶,且其坡度(横、竖)或台阶总宽与深度之比大于1:20时,表中 m 值应减小50%取用。

根据大量试验资料得知,靠近地面越近的土层性质的改变,对桩顶水平位移的影响越大。换句话说,对桩身内力值影响大的是上层土的 m 值,一定深度以下,土层性质的改变对桩顶位移影响很小或几乎没有影响,因而在计算中选取的 m 值是在一定深度范围内的 m 值,这个深度用 h_m 表示。规范规定:

对刚性桩
$$h_m = h \qquad (5-44)$$

对弹性桩
$$h_m = 2(d + 1) \qquad (5-45)$$

式中:h_m——地面线或局部冲刷线以下选取 m 值的深度;

h——刚性桩在地面线或局部冲刷线以下的埋深;

d——桩的直径。

当在 h_m 深度内有几种土层时,应换算成一个 m 值,其换算方法是令换算前的地基抗力系数面积与换算后的地基抗力系数面积相等推导而来,图5-23为两层土 m 值换算示意图,两层土的比例系数按式(5-46)换算为一个 m 值,作为整个深度的 m 值。关于多层地基当量 m 值的换算可参考现规范条文说明的方法和算例进行计算确定。

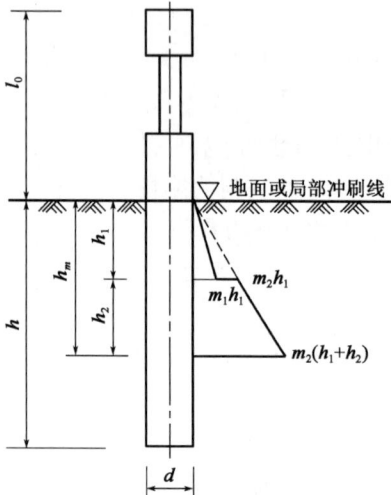

图5-23 两层土 m 值换算计算图

当为两层土时:

$$m = \gamma m_1 + (1 - \gamma) m_2 \tag{5-46}$$

$$\gamma = \begin{cases} 5(h_1/h_m)^2 & h_1/h_m \leqslant 0.2 \\ 1 - 1.25(1 - h_1/h_m)^2 & h_1/h_m > 0.2 \end{cases} \tag{5-47}$$

m_0 为基础(桩)底面地基土的竖向比例系数,在确定 h 处基础底面竖向地基抗力系数 $C_0 = m_0 h$ 时,规范规定,当 $h < 10\mathrm{m}$ 时,$C_0 = 10 m_0$。

这是因为,一般认为地面处水平土抗力为零,但地面处土的竖向土抗力并不为零,根据试验结果分析,由地面至 10m 深度处土的竖向土抗力几乎没有什么变化,基本上等于 10m 深度处的竖向土抗力。当 $h > 10\mathrm{m}$ 时,竖向土抗力几乎与水平土抗力相等,即 $C_0 = m_0 h$。岩石地基的地基抗力系数 C_0 不随岩石层面的埋深而变化,取 $C_Z = C_0$,其值按表 5-21 取用。

岩石地基抗力系数 C_0 表 5-21

编　号	$f_{rk}(\mathrm{kPa})$	$C_0(\mathrm{kN/m^4})$	编　号	$f_{rk}(\mathrm{kPa})$	$C_0(\mathrm{kN/m^4})$
1	1 000	30 000	2	≥25 000	15 000 000

注:f_{rk} 为岩石的单轴饱和抗压强度标准值,对于无法进行饱和的试样,可采用天然含水量单轴抗压强度标准值,当 $1\,000 < f_{rk} < 25\,000$ 时,可用直线内插法确定 C_0。

(2)桩的计算宽度 b_1 的确定

在计算桩承受土抗力作用时,由于土体之间的挤密黏结作用,使桩身宽度以外一定范围的土体也参加部分作用,这种作用情况是很复杂的,影响因素较多,为简化计算,都是根据桩身截面形状和受力情况,将实际宽度或直径换算成矩形桩宽度,换算系数都是以试验分析为基础确定。对于桩的计算宽度,现规范计算方法的实质与过去相同,表达方式进行了简化,其基本表达式为:

当 $d \geqslant 1.0\mathrm{m}$ 时

$$b_1 = k k_f (d + 1) \tag{5-48}$$

当 $d < 1.0\mathrm{m}$ 时

$$b_1 = k k_f (1.5d + 0.5) \tag{5-49}$$

对单排桩或 $L_1 \geqslant 0.6 h_1$ 的多排桩

$$k = 1.0 \tag{5-50}$$

对 $L_1 < 0.6 h_1$ 的多排桩

$$k = b_2 + \frac{1 - b_2}{0.6} \cdot \frac{L_1}{h_1} \tag{5-51}$$

式中:b_1——桩的计算宽度(m),$b_1 \leqslant 2d$;

d——桩径或垂直于水平外力作用方向桩的宽度(m);

k_f——桩形状换算系数,视水平力作用面(垂直于水平力作用方向)而定,圆形或圆端截面 $k_f = 0.9$;矩形截面 $k_f = 1.0$;对圆端形与矩形组合截面 $k_f = (1 - 0.1a/d)$(图5-24);

k——平行于水平力作用方向的桩间相互影响系数;

L_1——平行于水平力作用方向的桩间净距[图5-25a)];

梅花形布桩时,若相邻两排桩中心距 c 小于 $(d+1)\mathrm{m}$ 时,可按水平力作用面各桩间的投影距离计

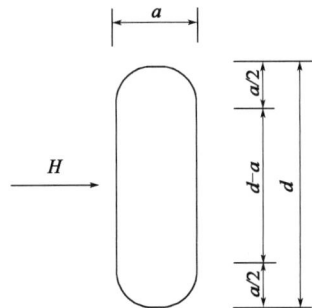

图5-24　计算圆端形与矩形组合截面 k_f 值示意图

算［图5-25b）］;

h_1——地面或局部冲刷线以下桩的计算埋入深度,可取 $h_1 = 3(d+1)$,但不得大于地面或局部冲刷线以下桩入土深度 h［图5-25a)］;

b_2——与平行于水平力作用方向的一排桩的桩数 n 有关的系数,当 $n=1$ 时,$b_2 = 1.0$; $n=2$ 时,$b_2 = 0.6$;$n=3$ 时,$b_2 = 0.5$;$n \geqslant 4$ 时,$b_2 = 0.45$。

在桩平面布置中,若平行于水平力作用方向的各排桩数量不等,且相邻(任何方向)桩间中心距等于或大于 $(d+1)(m)$,则所验算各桩可取同一个桩间影响系数 k,其值按桩数量最多的一排选取。此外,若垂直于水平力作用方向上有 n 根桩时,计算宽度取 nb_1,但须满足 $nb_1 \leqslant B+1$(B 为 n 根桩垂直于水平力作用方向的外边缘距离,以米计,见图5-25c)。

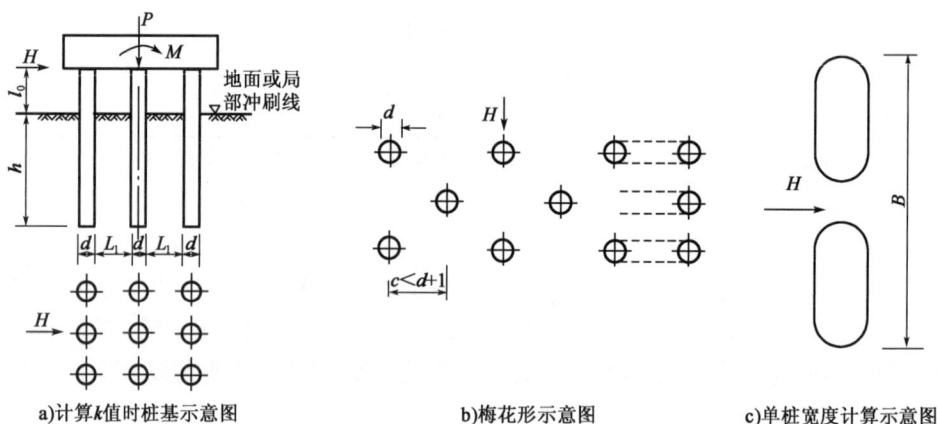

a)计算k值时桩基示意图   b)梅花形示意图   c)单桩宽度计算示意图

图5-25　桩基计算宽度示意图

(四)平面受力假设

桩基础实际上是一个空间受力状态,计算时总是将所受的荷载最后换算到承台(或盖梁)中心处的 N、M、H 三种力,将 N、M、H 分配给单桩,然后计算最不利的基桩内力、位移。在对各桩外力分配过程中,采用了平面计算假设,一般有下述两种情况。

1. 单桩或单排桩

单桩情况,全部荷载由单桩所承受,无需分配;单排桩则是在外力作用平面内(验算平面),或将桩投影到外力作用平面(验算平面)上仅为一根桩,而在垂直外力作用平面内是由两根或两根以上桩组成,称为单排桩［图5-26b)］。此种情况,可以将外荷载直接在垂直外力作用平面内分配给一根桩。

当竖向力 N 在垂直外力作用平面内无偏心时,则各力平均分配到各桩。

$$p_i = \frac{N}{n}, \qquad Q_i = \frac{H}{n}, \qquad M_i = \frac{M_y}{n} \tag{5-52}$$

当竖向力 N 在垂直外力作用平面内有偏心时,则竖向力 N 在垂直外力作用平面内按偏心受压分配,H、M_y 平均分配,即:

$$p_i = \frac{N}{n} \pm \frac{M_x \cdot Y_i}{\sum Y_i^2}, \quad Q_i = \frac{H}{n}, \quad M_i = \frac{M_y}{n} \tag{5-53}$$

214

2.多排桩

在外力作用平面(验算平面)内,或将桩投影到外力作用平面(验算平面)上有两根或两根以上桩时,称为多排桩[图5-26c]。此时在垂直外力作用平面(验算平面)内进行各种力的分配时,不是直接分配给单桩,而是分配给与外力作用平面(验算平面)相平行的一排桩,所以在该排桩作用平面内,还要作为一个平面受力体(为超静定结构),再通过结构力学方法进行第二次荷载分配,直至分配给单桩为止。

从以上分析可知,单排桩与多排桩在外荷载的分配上是不同的,需要分别对待。

基桩的详细内力计算方法和步骤涉及的内容很多。不仅单排桩和多排桩不同,而且弹性桩和刚性桩也不相同。本书将刚性桩的计算结合沉井基础整体受力计算加以介绍,将弹性桩内力计算在下面专用两节按弹性单排桩和弹性多排桩进行介绍。

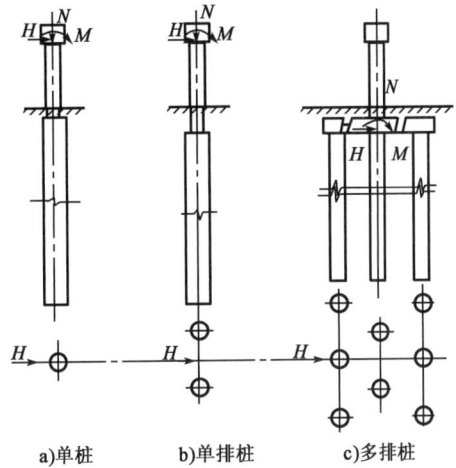

a)单桩 b)单排桩 c)多排桩

图5-26 单排桩与多排桩

第三节 弹性单桩、单排桩的内力与变位计算

根据前述"m"法的基本假设,在内力和位移计算时,桩的入土深度已经确定。由于基桩被土包裹,而使相应的轴向力对各截面的剪力、弯矩值影响很小,在基本计算图示中略去了轴向力的影响,对计算精度无大的影响,而使计算公式简化很多。

一、基本公式推导

在公式推导和计算中,取基本计算图示为桩顶与地面线或局部冲刷线平齐,桩顶为坐标零点,已知作用有水平力 Q_0、弯矩 M_0,产生水平位移 X_0、转角 φ_0,桩的入土深度 h,计算宽度 b_1,任意深度 Z 处的内力为 Q_z、M_z,水平挠度为 X_z、转角 φ_z,坐标系统如图5-27所示。对力和

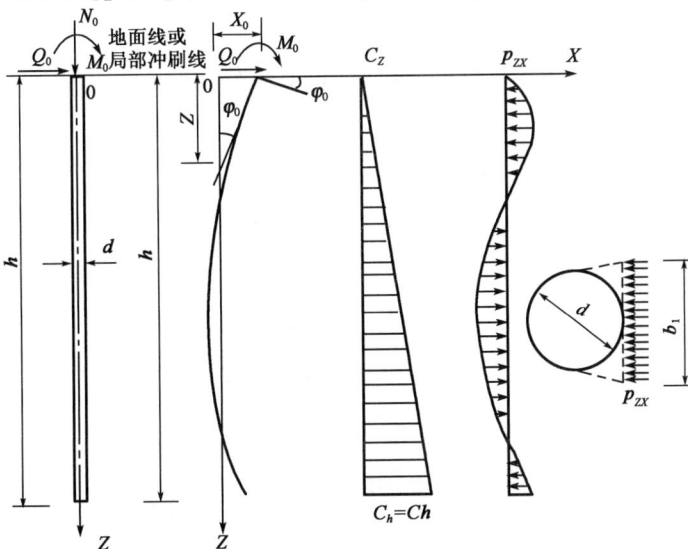

图5-27 桩受横向力作用的计算图

215

位移的符号规定如下:横向位移沿 X 轴正方向为正值;转角逆时针方向为正值;弯矩左侧纤维受拉为正值;横向力沿 X 轴方向为正值;桩侧土产生土抗力为 p_{ZX}(图 5-28)。

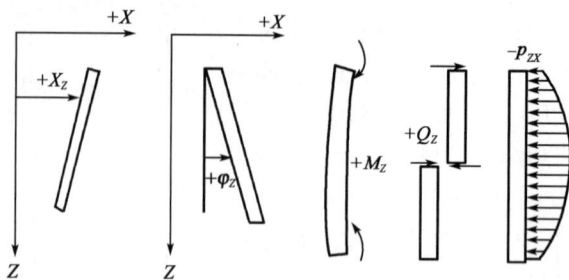

图5-28　力与位移的符号规定

根据弹性地基梁基本假设,桩轴的挠度与桩上分布荷载 q 之间有如下关系式,即:

$$EI \frac{\mathrm{d}^4 X}{\mathrm{d}Z^4} = -q = -p_{ZX} \cdot b_1 = -C_Z \cdot X_Z \cdot b_1$$

$$= -mZX_Z b_1 \tag{5-54}$$

式中:EI——桩的弹性模量及桩身截面惯性矩;

　　b_1——桩的计算宽度;

　　m——地基水平向抗力系数的比例系数;

　　Z——计算深度;

　　X_Z——桩在深度 Z 处的横向位移(即桩的挠度)。

由上式可得:

$$\frac{\mathrm{d}^4 X}{\mathrm{d}Z^4} + \frac{mb_1}{EI} ZX_Z = 0 \tag{5-55}$$

将 $\alpha = \sqrt[5]{\dfrac{mb_1}{EI}}$ 代入,可得:

$$\frac{\mathrm{d}^4 X}{\mathrm{d}Z_4} + \alpha^5 ZX_Z = 0 \tag{5-56}$$

上式为四阶线性变系数齐次常微分方程,可利用幂级数积分法求得其解为一非负整次幂的收敛级数为:

$$X = \sum_{i=0}^{\infty} a_i Z^i \tag{5-57}$$

利用幂级数展开的方法并结合桩顶的边界条件,推导得到任意深度处桩身截面水平位移(挠度)、转角、弯矩、剪力基本表达式为:

$$X_Z = X_0 A_1 + \frac{\varphi_0}{a} B_1 + \frac{M_0}{a^2 EI} C_1 + \frac{Q_0}{a^3 EI} D_1 \tag{5-58}$$

$$\frac{\varphi_Z}{a} = X_0 A_2 + \frac{\varphi_0}{a} B_2 + \frac{M_0}{a^2 EI} C_2 + \frac{Q_0}{a^3 EI} D_2 \tag{5-59}$$

$$\frac{M_Z}{a^2 EI} = X_0 A_3 + \frac{\varphi_0}{a} B_3 + \frac{M_0}{a^2 EI} C_3 + \frac{Q_0}{a^3 EI} D_3 \tag{5-60}$$

$$\frac{Q_Z}{a^3 EI} = X_0 A_4 + \frac{\varphi_0}{a} B_4 + \frac{M_0}{a^2 EI} C_4 + \frac{Q_0}{a^3 EI} D_4 \tag{5-61}$$

216

以上四个基本表达式中，A_1、B_1、$\cdots$、C_4、D_4 为 16 个无量纲系数，已制成表格，可从附录 Ⅱ 附表查出，以下只要已知 X_0、φ_0、Q_0 和 M_0 四个参数即可。其中 Q_0、M_0 可根据桩顶边界条件和外力作用情况计算，而 X_0、φ_0 则是在 Q_0、M_0 作用下依据桩周地质情况及桩底边界条件求出。下面对此加以介绍。

二、Q_0、M_0 的计算

根据前面基本计算图式规定，Q_0、M_0 为地面处（或局部冲刷线处）桩截面的剪力和弯矩，可根据桩顶实际受力情况推算。

(一)桩柱顶为自由端

一般无特殊约束时，都将桩柱顶简化为自由端计算，当对桩柱身无土压力时有：

$$Q_0 = H \tag{5-62}$$

$$M_0 = M_{外} + H l_0 \tag{5-63}$$

当桩柱身作用有梯形土压力时（桥台）有：

$$Q_0 = H + \frac{1}{2}(q_1 + q_2) l_0 \tag{5-64}$$

$$M_0 = M_{外} + H l_0 + \frac{1}{6}(2q_1 + q_2) l_0^2 \tag{5-65}$$

(二)桩柱顶为弹性嵌固

此种简化主要针对墩台受到上部结构约束较强［如轻型桥台（墩）用锚栓固接］，或采用摩阻力较大的油毛毡支座，采用固定支座的单孔桥等。此时按图 5-29 计算有：

$$Q_0 = H \tag{5-66}$$

$$M_0 = \frac{H\left[h_2^2 + 2h_1 h_2 + n h_1^2 - 2E_1 I_1 \delta_{MQ}^{(0)}\right]}{2\left[h_2 + n h_1 + E_1 I_1 \delta_{MM}^{(0)}\right]} \tag{5-67}$$

式中：$\delta_{MQ}^{(0)}$ ——单位水平力作用在地面或局部冲刷线处，桩柱在该处产生的转角；

$\delta_{MM}^{(0)}$ ——单位弯矩作用在地面或局部冲刷线处，桩柱在该处产生的转角。

以上计算见式(5-73)、式(5-74)。其余各参数如图 5-29 所示。

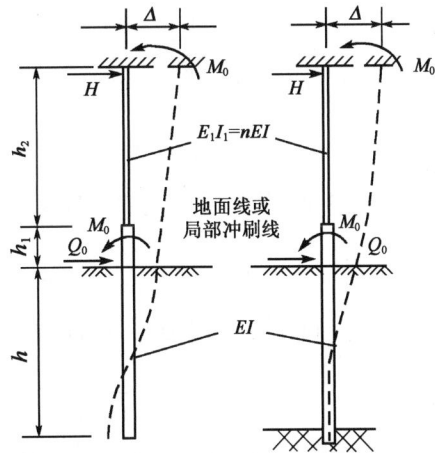

图 5-29 桩柱顶为弹性嵌固

三、X_0、φ_0 的计算

(一)桩底为非岩石类土或支承在基岩面上

1. 桩柱底面受力情况分析

桩底为非岩石类土和支承在基岩面上，桩底将产生水平位移 X_h 和转角 φ_h，φ_h 使桩底 X 处产生竖向位移（压缩变形）$X \cdot \varphi_h$（图 5-30），竖向地基系数为 C_0，则有：

$$dP_X = X \cdot \varphi_h \cdot C_0 \cdot dA_0 \tag{5-68}$$

217

其桩底总弯矩为：

$$M_h = -\int_{A_0} X \cdot dP_X = -\int_{A_0} X^2 \varphi_h C_0 \cdot dA_0 = -\varphi_h C_0 \int_{A_0} X^2 dA_0 = -\varphi_h C_0 I_0 \qquad (5\text{-}69)$$

式中：A_0——桩底面积；

  φ_h——桩底转角；

  I_0——桩底面积对其重心轴的惯性矩；

  C_0——桩底土的竖向地基系数，$C_0 = m_0 h$。

公式中取负号是因为 φ_h 顺时针为负，而所得弯矩使桩左侧纤维受拉为正。桩底另一个边界条件 Q_h 因假设桩与桩底之间的摩阻力忽略不计，所以 $Q_h = 0$。

2. 单位"力"作用在地面或局部冲刷线处桩柱在该处产生的变位计算

X_0、φ_0 是在 M_0、Q_0 作用下产生的变位，可采用力法推求，首先计算单位"力"作用在地面或局部冲刷线处桩柱在该处产生的变位。

（1）当仅有 $Q_0 = 1$ 作用时（图 5-31）

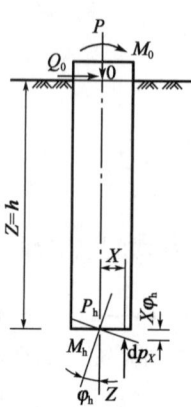

图 5-30　桩底受力情况

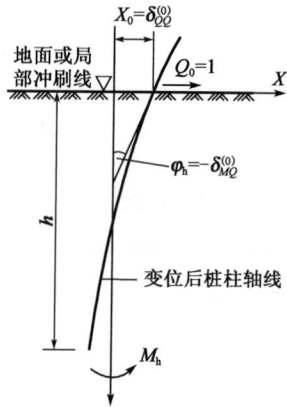

图 5-31　$Q_0 = 1$ 时柱的变位图

根据式（5-59）代入桩的边界条件得：

$$\frac{\varphi_h}{\alpha} = X_0 A_2 + \frac{\varphi_0}{\alpha} B_2 + \frac{1}{\alpha^3 EI} D_2 \qquad (5\text{-}70)$$

根据式（5-60）代入桩的边界条件得：

$$\frac{M_h}{\alpha^2 EI} = X_0 A_3 + \frac{\varphi_0}{\alpha} B_3 + \frac{1}{\alpha^3 EI} D_3 \qquad (5\text{-}71)$$

根据桩底边界条件 $M_h = -\varphi_h C_0 I_0$ 及 $Q_h = 0$ 即可解出 X_0、φ_0，并 $X_0 = \delta_{QQ}^{(0)}$，$\varphi_0 = -\delta_{MQ}^{(0)}$，得：

$$\delta_{QQ}^{(0)} = \frac{1}{\alpha^3 EI} \cdot \frac{(B_3 D_4 - B_4 D_3) + K_h(B_2 D_4 - B_4 D_2)}{(A_3 B_4 - A_4 B_3) + K_h(A_2 B_4 - A_4 B_2)} \qquad (5\text{-}72)$$

$$\delta_{MQ}^{(0)} = \frac{1}{\alpha^2 EI} \cdot \frac{(A_3 D_4 - A_4 D_3) + K_h(A_2 D_4 - A_4 D_2)}{(A_3 B_4 - A_4 B_3) + K_h(A_2 B_4 - A_4 B_2)} \qquad (5\text{-}73)$$

（2）当仅有 $M_0 = 1$ 作用时（图 5-32）

此时 $\varphi_0 = \delta_{MM}^{(0)}$，$X_0 = \delta_{QM}^{(0)}$，用上述类似的方法得到：

$$\delta_{MM}^{(0)} = \frac{1}{\alpha EI} \cdot \frac{(A_3 C_4 - A_4 C_3) + K_h(A_2 C_4 - A_4 C_2)}{(A_3 B_4 - A_4 B_3) + K_h(A_2 B_4 - A_4 B_2)} \qquad (5\text{-}74)$$

$$\delta_{QM}^{(0)} = \delta_{MQ}^{(0)} \tag{5-75}$$

其中, $K_{\mathrm{h}} = \dfrac{C_0 I_0}{\alpha EI}$ 表示桩柱底面土因桩底转动而产生的竖向土抗力对 $\delta_{QQ}^{(0)}$、$\delta_{QM}^{(0)} = \delta_{MQ}^{(0)}$、$\delta_{MM}^{(0)}$ 的影响系数。当桩底置于非岩石类土上,且 $\alpha h \geqslant 2.5$;或置于岩石上,且 $\alpha h \geqslant 3.5$ 时, K_{h} 影响很小,可令 $K_{\mathrm{h}} = 0$。

(二)桩底嵌入基岩内时

由于桩底嵌入基岩内一定深度,此时认为桩底因嵌固无水平位移和转角,即桩底边界条件为: $X_{\mathrm{h}} = 0$; $\varphi_{\mathrm{h}} = 0$。仍然利用上面介绍的类似方法得到单位"力"作用在地面或局部冲刷线处(图 5-33)桩柱在该处产生的变位计算式为:

图 5-32 $M_0 = 1$ 作用时桩的变位图

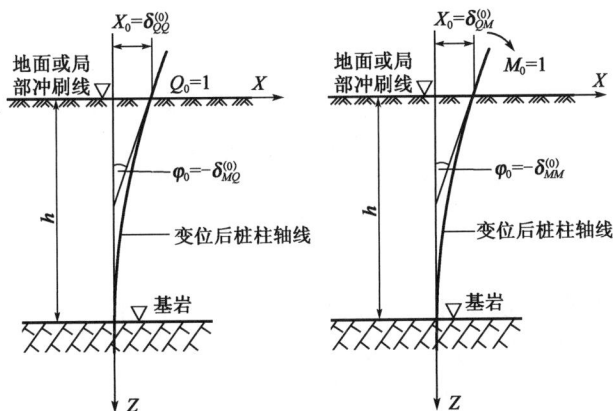

$$\delta_{QQ}^{(0)} = \frac{1}{\alpha^3 EI} \frac{B_2 D_1 - B_1 D_2}{A_2 B_1 - A_1 B_2} \tag{5-76}$$

$$\delta_{MQ}^{(0)} = \delta_{QM}^{(0)} = \frac{1}{\alpha^2 EI} \frac{A_2 D_1 - A_1 D_2}{A_2 B_1 - A_1 B_2} \tag{5-77}$$

$$\delta_{MM}^{(0)} = \frac{1}{\alpha EI} \frac{A_2 C_1 - A_1 C_2}{A_2 B_1 - A_1 B_2} \tag{5-78}$$

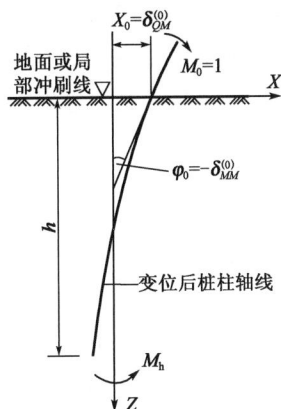

图 5-33 桩底嵌入基岩内时桩的变位图

(三) X_0、φ_0 计算

在 Q_0、M_0 作用下,地面线或局部冲刷处桩的变位 X_0、φ_0 计算如下:

$$X_0 = Q_0 \delta_{QQ}^{(0)} + M_0 \delta_{QM}^{(0)} \tag{5-79}$$

$$\varphi_0 = - (Q_0 \delta_{MQ}^{(0)} + M_0 \delta_{MM}^{(0)}) \tag{5-80}$$

求得 X_0、φ_0 后,即可用式(5-58)~式(5-61)计算得到桩身任意截面的内力和变位。

实际在应用中,主要计算桩身各截面弯矩,并绘制出弯矩沿深度的分布图(M_Z-Z 图),从中找出最大弯矩截面位置及相应的 M_{max} 值,进行桩身截面强度验算和配筋设计。

当基础侧面地面或局部冲刷线以下 $h_{\mathrm{m}} = 2(d+1)$ (当 $\alpha h \leqslant 2.5$ 时, $h_{\mathrm{m}} = h$)深度内有两层土时,桩身实际最大弯矩可按下式进行修正:

$$M_{\mathrm{max}} = \xi M_{Z\mathrm{max}} \tag{5-81}$$

式中:$M_{Z\max}$——深度 Z 处的桩身截面最大弯矩值;

$M_{\max}$——桩身实际最大弯矩值;

ξ——最大弯矩修正系数,可按下式计算:

$$
\begin{cases}
\xi = \dfrac{2\delta}{\delta+2} \quad \dfrac{h_1}{h_m}+1 \qquad \dfrac{h_1}{h_m} \leqslant \dfrac{1}{6}(\delta+2) \\
\xi = \dfrac{2\delta}{\delta-4} \quad \dfrac{h_1}{h_m}+\dfrac{4+\delta}{4-\delta} \quad \dfrac{h_1}{h_m} > \dfrac{1}{6}\delta+2
\end{cases}
\tag{5-82}
$$

$$
\delta = \frac{Q_0}{Q_0+0.1M_0}\lg\frac{m_2}{m_1} \tag{5-83}
$$

式中,Q_0 单位为 kN,M_0 单位为 kN·m。

计算表明,桩身在地面或局部冲刷线以下入土深度 $h \geqslant 4.0/\alpha$ 时,h 以下桩身部分的内力 M_z,Q_z 均已很小,接近为零,所以规范规定,$h > 4.0/\alpha$ 以下桩身内力可不计算。

四、桩端底压应力计算

桩端底最大和最小压应力应满足下式要求:

$$
p_{\min}^{\max} = \frac{N_{hk}}{A_0} \pm \frac{M_{hk}}{W_0} \leqslant q_r(\text{钻孔桩}) \text{ 或 } \alpha_r q_{rk}(\text{沉入桩}) \tag{5-84}
$$

式中:$p_{\min}^{\max}$——桩端最大、最小压应力;

N_{hk}——桩底面的轴向力标准值,对于非岩类地基 $N_{hk} = P_k + G_k - T_k$;对于岩石类地基 $N_{hk} = P_k + G_k$;

P_k——桩柱顶面处轴向力标准值;

G_k——全部桩柱自重力,当计算非岩石类地基钻(挖)孔桩,局部冲刷线以下部分为桩身自重减去置换土重(当桩重计入浮重时,置换土重也计入浮重);

T_k——局部冲刷线以下桩侧面土的摩阻力标准值总和;

M_{hk}——桩底弯矩,令 $z = h$ 由 M_z 公式计得,当 αh 大于等于 4.0 时,取用 $M_{hk} = 0$;

A_0、W_0——桩底面积及截面惯性矩;

q_r——桩端处土的承载力容许值(kPa),按式(5-2)选用计算;

q_{rk}——桩端处土的承载力标准值(kPa),按表5-5取用;

α_r——沉桩桩底承载力的影响系数,按表5-6取用。

对置于非岩石类土或置于岩石面上的桩,当 $\alpha h > 3.5$ 时,以及对嵌入岩石中的桩,当 $\alpha h > 4.0$ 时,可不验算桩底压应力,但须满足单桩受压容许承载力要求。

对于支承在基岩面上的桩,当 $e > \rho$ 时(e 为外力偏心矩,ρ 为桩底面核心半径),则应考虑桩底的应力重分布;对于嵌入基岩中的桩还应验算嵌固处的截面强度。

五、桩柱顶水平位移计算

一般在地面线或局部冲刷线以上桩柱都有一段长度(图5-34)。当计算出桩柱在地面线或局部冲刷线处截面的水平位移 X_0 和转角 φ_0 后,则可用下式计算桩柱顶的水平位移 Δ 为:

$$
\Delta = X_0 - \varphi_0(h_1+h_2) + \Delta_0 \tag{5-85}
$$

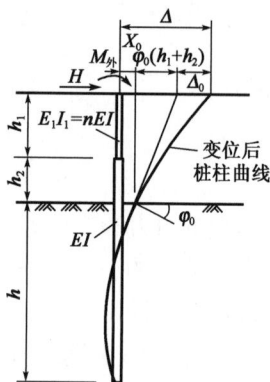

图 5-34 桩顶位移计算图式

$$\Delta_0 = \frac{H}{E_1 I_1}\left[\frac{1}{3}(nh_2^3 + h_1^3) + nh_1 h_2(h_1 + h_2)\right] +$$

$$\frac{M_{外}}{2E_1 I_1}\left[h_1^2 + nh_2(2h_1 + h_2)\right] \tag{5-86}$$

式中：h_1——在地面或局部冲刷线以上桩柱上段长度；

h_2——在地面线或局部冲线以上桩柱下段长度；

Δ_0——将桩柱视为在地面线或局部冲刷线处弹性嵌固，由桩柱顶荷载 H、$M_{外}$ 作用引起的柱顶弹性挠曲位移；

$E_1 I_1$——桩柱上段的抗弯刚度；

n——桩柱上段与下段的刚度比，$n = E_1 I_1 / EI$。

对于单排桩柱式桥台，桩柱侧面受路堤土压力梯形荷载作用，其具体计算内容基本类同，不再介绍。如需要请采用《公桥基规》P.0.4 计算用表。

六、弹性单桩、单排桩设计计算程序

(1)单桩、单排桩基础的初步设计方案拟定。根据上部结构的类型、荷载标准、水文地质资料、施工技术条件等情况综合分析考虑，初步拟定桩柱直径、材料、根数及排列布置、柱顶和桩顶高程等。

(2)单桩所受外荷载的分配。要注意单桩轴向容许承载力验算(确定桩长)时所受轴向力 P_i 与进行桩身内力和变位计算时的 M_i、H_i 分配不是同一种作用布载组合。

(3)单桩轴向容许承载力的验算。根据地质条件桩长可确定时，直接进行单桩轴向容许承载力验算；当根据地质条件桩长不可确定时，可按单桩轴向容许承载力公式反算桩长。

(4)参数计算。计算确定 m、b_1、$EI(EI = 0.8e_c I)$，然后计算土中基础变形系数 α，并判断是刚性桩还是弹性桩。

(5)桩身内力计算。按着 Q_0、$M_0 \rightarrow \delta_{QQ}^{(0)}$、$\delta_{QM}^{(0)} = \delta_{MQ}^{(0)}$、$\delta_{MM}^{(0)} \rightarrow X_0$、$\varphi_0 \rightarrow M_z \rightarrow$ 绘制 $\rightarrow M_z$—Z 图的顺序进行内力计算(包括确定最大弯矩截面相对应的轴向力)。中间验算桩在地面或最大冲刷线处的水平向最大位移 X_0 不超过6mm。

(6)桩底最大压应力验算。

(7)桩柱顶水平位移计算。

(8)桩身强度验算与配筋设计。

七、单排桩基础算例

(一)基本设计资料

河床高程为78.32m，桩顶与河床平齐，一般冲刷线高程为75.94m，局部冲刷线高程为73.62m。

地基土为中密砂砾土，地基土比例系数 $m = 10\ 000\text{kN/m}^4$；地基土极限摩阻力 $\tau = 60\text{kPa}$；地基容许承载力 $[q_r] = 400\text{kPa}$，内摩擦角 $\varphi = 20°$，土的重度 $\rho = 11.80\text{kN/m}^3$(已考虑浮力)。

(二)墩柱及桩的尺寸

采用双柱式墩(图5-35)。墩帽盖梁顶高程为84.72m，墩柱顶高程为83.32m；桩顶高程为78.32m。墩柱直径1.30m；桩的直径1.50m。桩身用C20混凝土，其受压弹性模量 $E_h = 2.6 \times 10^7\text{kPa}$。

(三)荷载计算

上部结构为30m预应力钢筋混凝土T梁，桥面净宽9m + 2×0.75m，设计汽车荷载为公路—I

级,人群荷载标准值为 $3.0kN/m^2$。以顺桥向计算为例,计算得到至盖梁顶的各作用值见表5-22。

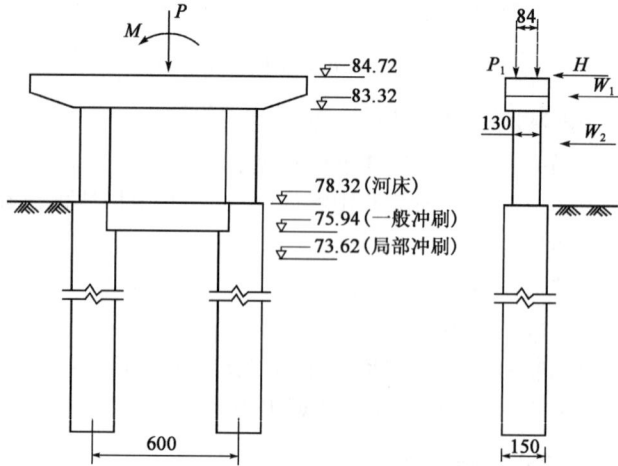

图5-35 双柱式墩计算图(尺寸单位:cm)

作用值计算表(盖梁顶)

表5-22

荷载情况		$p(kN)$	$H(kN)$	$M(kN \cdot m)$
顺桥方向	结构重力(两跨)	2 936.00		
	汽车双列双孔	1 562.43		141.38
	人群双孔	134.97		0.0
	汽车双列单孔	1 163.17		488.53
	人群单孔	65.61		27.56
	单孔制动力		165	
	风力 盖梁		5.3	距桩顶力臂5.8m
	风力 墩柱		5.4	距桩顶力臂2.5m
横桥方向	汽车双列双孔	1 562.43		2 421.77
	人群双孔	134.97		0.0
	汽车双列单孔	1 163.17		1 802.91
	人群单孔	65.61		0.0

注:单孔汽车荷载计算时,考虑了冲击系数的影响。

根据表5-22,经计算求得作用于一根桩顶的荷载为:

双跨结构重力 $p_1 = 1\,468.00kN$

盖梁自重反力 $p_2 = 264.60kN$

一根墩柱自重 $p_3 = 165.92kN$

系梁自重反力 $p_4 = 67.50kN$

每一延米桩重 $q = 26.51kN/m$(已考虑浮力)

两跨双列汽车荷载反力 $p_5 = 1\,184.84kN$(考虑横桥向偏心影响,计算桩长用,取大值)

两跨人群荷载反力 $p_6 = 67.49kN$

单跨双列汽车荷载反力 $p_7 = 281.10kN$(考虑横桥向偏心影响,计算内力用,取小值)

单跨人群荷载反力 $p_8 = 32.81kN$

单跨双列汽车荷载弯矩 $M_1 = 118.06kN \cdot m$

222

单跨人群荷载弯矩	$M_2 = 13.78 \text{kN} \cdot \text{m}$
水平制动力	$H_1 = 82.5 \text{kN}$,制动力弯矩 $M_3 = 528 \text{kN} \cdot \text{m}$
风力水平力	$H_2 = 10.70 \text{kN}$,风力弯矩 $M_4 = 44.24 \text{kN} \cdot \text{m}$

(四)桩长计算

由于地基土土层单一,根据地质情况桩长不可定,按单桩轴向容许承载力公式反算桩长。采用基本组合,除考虑永久作用外,还考虑汽车效应和人群荷载效应。

河流有冲刷,桩端埋入深度由一般冲刷线以下算起深度为 h,则:

$$[R_a] = \frac{1}{2} u \sum_{i=1}^{n} q_{ik} l_i + \lambda m_0 A_p \left\{ [f_{a0}] + k_2 \gamma_2 (h - 3) \right\}$$

一根桩所受全部外荷载(最大冲刷线以下桩重一半为外荷载计)为:

$$
\begin{aligned}
p &= p_1 + p_2 + p_3 + p_4 + p_5 + l_0 q + \frac{1}{2} q(h - 3) \\
&= 1\,468.00 + 264.60 + 165.92 + 67.50 + 1\,184.84 + 67.49 + 26.51 \times 4.7 + \\
&\quad 0.5 \times 26.51 \times (h - 3) \\
&= 3\,342.95 + 13.62h
\end{aligned}
$$

计算 $[R_a]$ 时各参数取值:桩的设计直径为 1.50m,桩周长 $U = 4.71\text{m}$,$A = 1.77\text{m}^2$,$\lambda = 0.7$,$m_0 = 0.8$,$K_2 = 3$,$[f_{a0}] = 400 \text{kPa}$,$q_{ik} = 60 \text{kPa}$,$\gamma_2 = 11.80 \text{kN/m}^3$,则:

$$
\begin{aligned}
[R_a] &= \frac{1}{2} \times 4.71 \times 60 \times h + 0.7 \times 0.8 \times 1.77 \times \left[400 + 3 \times 11.80 \times (h - 3) \right] \\
&= 176.39h + 291.21
\end{aligned}
$$

则有:

$$3\,342.95 + 13.26h = 176.39h + 291.21, \quad h = 18.71\text{m}$$

取 $h = 19.00\text{m}$,桩底高程为 56.94m。

(五)桩身内力及变位计算

1. 最大冲刷线处 p_0、H_0、M_0 计算

汽车按一跨布荷考虑,由于内力是按承载能力极限状态下作用基本组合的效应组合计算,除汽车荷载效应外,还考虑人群荷载、汽车制动力、风荷载的可变效应,即:

$$\gamma_0 S_{ud} = \gamma_0 \left[\sum_{i=1}^{m} \gamma_{Gi} S_{Gik} + \gamma_{Q1} S_{Q1k} + \psi_c \sum_{j=1}^{m} \gamma_{Qj} S_{Qjk} \right]$$

式中,$\gamma_{Gi} = 1.2$,$\gamma_{Q1} = 1.4$,组合中除汽车荷载外,还包括人群、制动力、风荷载三项可变作用,$\psi_c = 0.6$,$\gamma_{Qj} = 1.4$(但风荷载 $\gamma_{Qj} = 1.1$),p_0 计算时汽车荷载取用横桥向非偏心方向竖向力。

$$
\begin{aligned}
p_0 &= 1.2 \times (1\,468.00 + 264.60 + 165.92 + 67.50 + 26.51 \times 4.7) + 1.4 \times \\
&\quad 281.10 + 0.6 \times 1.4 \times 32.81 = 2\,929.84 (\text{kN}) \\
H_0 &= 0.6 \times (1.4 \times 82.5 + 1.1 \times 10.70) = 76.36 (\text{kN}) \\
M_0 &= 1.4 \times 118.06 + 0.6 \times (1.4 \times 13.78 + 1.4 \times 528 + 1.4 \times 82.5 \times 4.7 + \\
&\quad 1.1 \times 44.24 + 1.1 \times 10.7 \times 4.7) = 1\,008.48 (\text{kN} \cdot \text{m})
\end{aligned}
$$

2. 桩的各参数确定及 α 计算

确定桩的计算宽度

$$b_1 = k k_f (d + 1) = 0.9 \times (1.5 + 1) = 2.25 (\text{m})$$

地基土比例系数

$$m = 10\ 000 \text{kN/m}^4$$

桩身截面惯性矩

$$I = 0.049 \times 1.5^4 = 0.248 (\text{m}^4)$$

计算土中基础变形系数

$$\alpha = \sqrt[5]{\frac{mb_1}{EI}} = \sqrt[5]{\frac{10\ 000 \times 2.25}{0.80 \times 2.6 \times 10^7 \times 0.248}} = 0.337\text{，为弹性桩。}$$

3. 单位"力"作用在局部冲刷线处，桩柱在该处产生变位计算

由于 $\alpha h = 6.4 > 4.0$，按 $\alpha h = 4.0$ 查附录Ⅱ附表 2-1 得：

$$\delta_{QQ}^{(0)} = \frac{1}{\alpha^3 EI} \cdot \frac{(B_3 D_4 - B_4 D_3)}{(A_3 B_4 - A_4 B_3)} = \frac{2.441}{0.337^3 \times 0.516 \times 10^7}$$

$$= 0.124 \times 10^{-4} (\text{m} \cdot \text{kN}^{-1})$$

$$\delta_{MQ}^{(0)} = \delta_{QM}^{(0)} = \frac{1}{\alpha^2 EI} \cdot \frac{(A_3 D_4 - A_4 D_3)}{(A_3 B_4 - A_4 B_3)} = \frac{1.62}{0.337^2 \times 0.516 \times 10^7} = 0.028 \times 10^{-4} (\text{kN}^{-1})$$

$$\delta_{MM}^{(0)} = \frac{1}{\alpha EI} \cdot \frac{(A_3 C_4 - A_4 C_3)}{(A_3 B_4 - A_4 B_3)} = \frac{1.751}{0.337 \times 0.516 \times 10^7} = 0.010\ 1 \times 10^{-4} (\text{kN} \cdot \text{m}^{-1})$$

4. 局部冲刷线处桩柱变位计算

$$X_0 = H_0 \delta_{QQ}^{(0)} + M_0 \delta_{QM}^{(0)} = 76.36 \times 0.124 \times 10^{-4} + 1\ 008.48 \times 0.028 \times 10^{-4}$$

$$= 0.377\ 1 \times 10^{-2} (\text{m})$$

$$= 3.77 (\text{mm}) < 6\text{mm}$$

$$\varphi_0 = -(H_0 \delta_{MQ}^{(0)} + M_0 \delta_{MM}^{(0)}) = -(76.36 \times 0.028 \times 10^{-4} + 1\ 008.48 \times 0.010\ 0 \times 10^{-4})$$

$$= -0.122 \times 10^{-2} (\text{rad})$$

5. 局部冲刷线以下深度 Z 处桩身各截面内力计算

弯矩：

$$M_Z = \alpha^2 EI \left(X_0 A_3 + \frac{\varphi_0}{\alpha} B_3 \right) + \frac{M_0}{\alpha^2 EI} C_3 + \frac{H_0}{\alpha^3 EI} D_3$$

$$= \alpha^2 EI X_0 A_3 + \alpha EI \varphi_0 B_3 + M_0 C_3 + \frac{1}{\alpha} H_0 D_3$$

计算得：

$$\alpha^2 EI X_0 = 0.337^2 \times 0.516 \times 10^7 \times 0.377\ 1 \times 10^{-2}$$

$$= 0.221 \times 10^4$$

$$\alpha EI \varphi_0 = 0.337 \times 0.516 \times 10^7 \times (-0.122 \times 10^{-2})$$

$$= -0.212 \times 10^4$$

$$\frac{1}{\alpha} H_0 = \frac{1}{0.337} \times 76.36 = 226.59$$

则得：

$$M_Z = 0.221 \times 10^4 A_3 - 0.212 \times 10^4 B_3 + 1\ 008.45 C_3 + 226.59 D_3$$

桩身截面配筋只需弯矩，不会发生剪力破坏，在此只计弯矩。

A_3、B_3、C_3、D_3 可从附录Ⅱ中按 αZ 查取。其计算结果列于表 5-23 中，绘制的桩身弯矩图

见图 5-36。

αZ	Z	A_3	B_3	C_3	D_3	M_Z
0.2	0.59	−0.001 33	−0.000 13	0.999 99	0.200 00	1 051.09
0.4	1.19	−0.010 67	−0.002 13	0.999 74	0.399 98	1 079.75
0.6	1.78	−0.036 00	−0.001 08	0.998 06	0.599 74	1 065.12
0.8	2.37	−0.085 32	−0.034 12	0.991 81	0.798 54	1 064.91
1.0	2.97	−0.166 52	−0.083 29	0.975 01	0.994 65	1 017.19
1.4	4.15	−0.455 15	−0.319 33	0.865 73	1.358 21	851.90
1.8	5.34	−0.955 64	−0.867 15	0.529 97	1.611 62	626.02
2.2	6.53	−1.693 34	−1.905 67	−0.270 87	1.575 38	381.55
2.6	7.72	−2.621 26	−3.599 87	−1.877 34	0.916 79	153.27
3.0	8.90	−3.540 58	−5.999 79	−4.687 88	−0.819 26	−18.26
3.5	10.39	−3.919 21	−9.546 67	−10.340 40	−5.854 02	−176.75
4.0	11.87	−1.614 28	−11.730 66	−17.918 60	−15.075 50	−184.53

从表 5-23 中可知,最大弯矩设计值为 $M_d = 1\,065.12\mathrm{kN \cdot m}$,$Z = 1.78\mathrm{m}$,其轴向力设计值为:

$$N_d = 2\,929.84 + \left(\frac{1}{2} \times 26.51 \times 1.78 - \frac{1}{2} \times 4.71 \times 60 \times 1.78 \right) \times 1.2$$

$$= 2\,656.34(\mathrm{kN \cdot m})$$

则可根据 M_d 和 N_d 按偏心受压构件进行配筋设计。具体配筋计算略。

6. 桩柱顶水平位移验算 $\Delta = X_0 - \varphi_0(h_1 + h_2) + \Delta_0$

$$\Delta_0 = \frac{H}{E_1 I_1} \left[\frac{1}{3}(n h_1^3 + h_2^3) + n h_2 h_1(h_1 + h_2) \right] +$$

$$\frac{M_{\text{外}}}{2 E_1 I_1} \left[h_2^2 + n h_1(h_1 + 2h_2) \right]$$

式中:

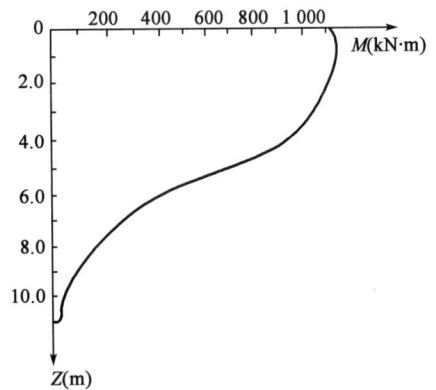

图 5-36 桩身弯矩图

$$H = 82.5 + 5.3 = 87.80(\mathrm{kN})$$

$$M_{\text{外}} = 118.06 + 13.78 + 82.5 \times 1.4 + 5.3 \times 0.8 = 251.58(\mathrm{kN \cdot m})$$

$$E_1 I_1 = 0.8 \times 2.6 \times 10^7 \times 0.049 \times 1.3^4 = 0.291 \times 10^7$$

$$n = \frac{E_1 I_1}{EI} = \frac{1.3^4}{1.5^4} = 0.564$$

$h_1 = 4.7\mathrm{m}$,$h_2 = 5.0\mathrm{m}$,则有:

$$\Delta_0 = \frac{87.8}{0.291 \times 10^7}\left[\frac{1}{3}(0.564 \times 4^3 + 5.0^3) + 0.564 \times 4.7 \times 5.0 \times (4.7 + 5.0)\right] +$$
$$\frac{251.53}{2 \times 0.291 \times 10^7}\left[5.0^2 + 0.564 \times 4.7(2 \times 5.0 + 4.7)\right]$$
$$= 0.814\,7 \times 10^{-2}(\text{m})$$
$$\Delta = 0.3771 \times 10^{-2} + 0.122 \times 10^{-2}(5.0 + 4.7) + 0.815 \times 10^{-2}$$
$$= 2.38 \times 10^{-2}(\text{m}) = 23.8\text{mm}$$

符合要求。

第四节　弹性多排桩的内力与变位计算

多排桩由于在力的作用平面内有两根或两根以上桩,这样桩与承台在验算平面内就构成一个超静定刚架结构,使每一根桩进行外作用力的分配计算时,必须经过一个结构力学解超静定结构的计算过程。承台结构在外荷载作用下的变位是可求的,从而使各桩顶的变位也成为可求,所以采用位移法可以完成各桩的外作用力分配工作。至于每根桩顶作用的外力 p_i、Q_i、M_i 计得之后,就可用与前面的单排桩同样的方法来计算内力和变位。

一、桩顶变位的确定

多排桩在确定承台与桩的相互变位关系(图5-37)时,首先要作如下假定:

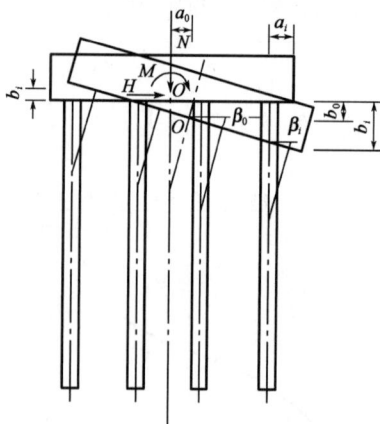

图5-37　承台与桩顶变位的相互关系示意图

(1)承台为一绝对刚体,在外力作用下本身不产生变形。

(2)桩与承台的连接视为刚性嵌固连接,即承台与桩的连接处没有相对的变位。

现已知承台底面中心处 O 作用有作用力 N、M、H,承台底面中心点则产生水平位移 a_0、竖向位移 b_0、承台底面转角 β_0。其中,a_0、b_0 以坐标轴正方向为正,β_0 以承台底面顺时针转动为正。

根据上述假定及承台底面中心点 O 与各桩顶的几何关系,可求出各桩顶水平位移 a_i、竖向位移 b_i 及桩顶截面转角 β_i 为:

$$\begin{cases} a_i = a_0 \\ b_i = b_0 \pm X_i\sin\beta_0 = b_0 \pm X_i\beta_0 \\ \beta_i = \beta_0 \end{cases} \tag{5-87}$$

在已知各桩顶变位的条件下,从结构力学中的变形法可知,此时只要求出使桩顶产生单位变位所需作用的力就可以了。它仅与桩的几何尺寸、材料性质等有关,与外力无关,是可求的。

二、单桩桩顶刚度系数确定

设:$\rho_1(\rho_{pp})$ 为桩顶仅产生单位轴向位移($b_i = 1$)时,在桩顶引起的轴向力;

$\rho_2(\rho_{HH})$ 为桩顶仅产生单位横轴向位移($a_i = 1$)时,在桩顶引起的横轴向力;

$\rho_3(\rho_{MH} = \rho_{HM})$ 为桩顶仅产生单位横轴向位移($a_i = 1$)时,在桩顶引起的弯矩;或桩顶仅产

生单位转角($\beta_i = 1$)时,在桩顶引起的横轴向力;

$\rho_4(\rho_{MM})$为桩顶仅产生单位转角($\beta_i = 1$)时,在桩顶引起的弯矩。

(一)ρ_1 的求解

桩顶在轴向力作用下产生的轴向位移 b_i 由两部分构成:桩身材料的弹性压缩变形 δ_C 和桩尖土的压缩变形 δ_K。

在计算桩身材料弹性压缩变形时应考虑桩侧土的摩阻力影响。由于基桩施工方法不同而使桩侧摩阻力的分布不同,作如下简化考虑:对打入桩和振动下沉桩,摩阻力沿桩长呈三角形分布;对钻(挖)孔桩为均匀分布。现以桩侧摩阻力按三角形分布为例推导如下(图5-38)。

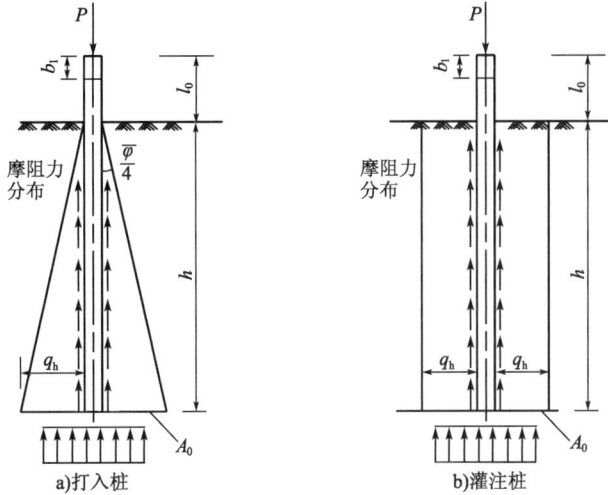

图5-38 单桩轴向力作用下轴向位移计算示意图

设桩底摩阻力强度为 q_h,桩周长为 U,桩底承受的作用力与桩顶总作用力 p 之比为 γ',则有 $p(1 - \gamma') = \dfrac{1}{2}Uhq_h$,因此有 $q_h = \dfrac{2p(1 - \gamma')}{Uh}$。

作用于地面以下 Z 深度处桩身截面上的轴向力为 $p_Z = p\left[1 - \dfrac{Z^2}{h^2}(1 - \gamma')\right]$,则由此计算桩身弹性压缩变形为:

$$\delta_C = \frac{pl_0}{EA} + \frac{1}{EA}\int_0^h p_Z \mathrm{d}Z = \frac{p}{EA}(l_0 + \zeta h) \tag{5-88}$$

式中:EA——桩身受压弹性模量与桩身截面之乘积;

l_0——地面线或局部冲刷线以上桩身的自由长度;

ζ——系数,对于端承桩,$\zeta = 1$;对于摩擦桩(或摩擦支撑管桩),打入或振动下沉时 $\zeta = 2/3$;钻(挖)孔时 $\zeta = 1/2$。

计算桩底平面地基土压缩变形时,桩底受压面积 A_0 是按不同类型群桩扩散至桩底的面积,并采用地基系数 C_0 计算。

$$\delta_K = \frac{p}{C_0 A_0} \tag{5-89}$$

$$b_i = \delta_C + \delta_K = \frac{p(l_0 + \zeta h)}{EA} + \frac{p}{C_0 A_0} \tag{5-90}$$

当 $b_i = 1$ 时, p 即为 ρ_1, 因此可得:

$$\rho_1 = \frac{1}{\dfrac{l_0 + \zeta h}{EA} + \dfrac{1}{C_0 A_0}} \tag{5-91}$$

桩底受压面积 A_0 按下列公式计算:

摩擦桩
$$A_0 = \begin{cases} \pi(\dfrac{d}{2} + h\tan\dfrac{\overline{\varphi}}{4})^2 \\ \pi\dfrac{S^2}{4} \end{cases} \quad (A_0 \text{ 取其中的小值})$$

端承桩
$$A_0 = \pi d^2 / 4$$

式中: $\overline{\varphi}$——桩所穿过土层的平均内摩擦角;

   S——桩底面中心距;

   d——桩底面直径。

(二) ρ_2、ρ_3、ρ_4 的求解

ρ_2、ρ_3、ρ_4 的物理意义如图 5-39 所示,当桩顶仅产生单位横轴向位移 $a_i = 1$ 时 ($\beta_i = 0$),和桩顶仅产生单位转角 $\beta_i = 1$ 时 ($a_i = 0$) 桩顶产生的作用效应。现先以桩顶作用单位力(单位横轴向力或单位弯矩)产生的水平位移和转角为例:

δ_{HH} 表示桩顶作用单位横轴向力时在桩顶产生的横轴向位移;

δ_{HM} 表示桩顶作用单位横轴向力时在桩顶产生的转角;

δ_{MH} 表示桩顶作用单位弯矩时在桩顶产生的横轴向位移;

δ_{MM} 表示桩顶作用单位弯矩时在桩顶产生的转角。

根据桩顶边界条件可得:

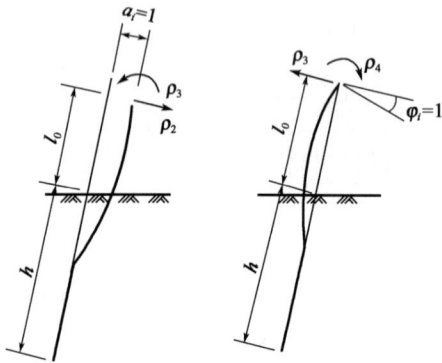

图 5-39 ρ_2、ρ_3、ρ_4 计算图示

$$\begin{aligned} \rho_2\delta_{HH} - \rho_3\delta_{HM} &= 1 \\ \rho_2\delta_{MH} - \rho_3\delta_{MM} &= 0 \end{aligned} \tag{5-92}$$

解得:

$$\rho_2 = \frac{\delta_{MM}}{\delta_{HH}\delta_{MM} - (\delta_{MH})^2} \tag{5-93}$$

$$\rho_3 = \frac{\delta_{MH}}{\delta_{HH}\delta_{MM} - (\delta_{MH})^2} \tag{5-94}$$

同样,当桩顶仅产生单位转角 $\beta_i = 1$ 时 ($a_i = 0$),根据桩顶边界条件可得:

$$\begin{aligned} \rho_4\delta_{MM} - \rho_3\delta_{MH} &= 1 \\ \rho_4\delta_{HM} - \rho_3\delta_{HH} &= 0 \end{aligned}$$

解得:

$$\rho_3 = \frac{\delta_{HM}}{\delta_{HH}\delta_{MM} - (\delta_{HM})^2} \tag{5-95}$$

228

$$\rho_4 = \frac{\delta_{HH}}{\delta_{HH}\delta_{MM} - (\delta_{MH})^2} \tag{5-96}$$

δ_{HH}、δ_{MH}、δ_{MM}则可通过图 5-40 的计算图示得到如下结果,即:

$$\delta_{HH} = \frac{l_0^3}{3EI} + \delta_{MM}^{(0)} \cdot l_0^2 + 2\delta_{MQ}^{(0)} \cdot l_0 + \delta_{QQ}^{(0)} \tag{5-97}$$

$$\delta_{MH} = \delta_{HM} = \frac{l_0^2}{2EI} + \delta_{MM}^{(0)} \cdot l_0 + \delta_{MQ}^{(0)} \tag{5-98}$$

$$\delta_{MM} = \frac{l_0}{EI} + \delta_{MM}^{(0)} \tag{5-99}$$

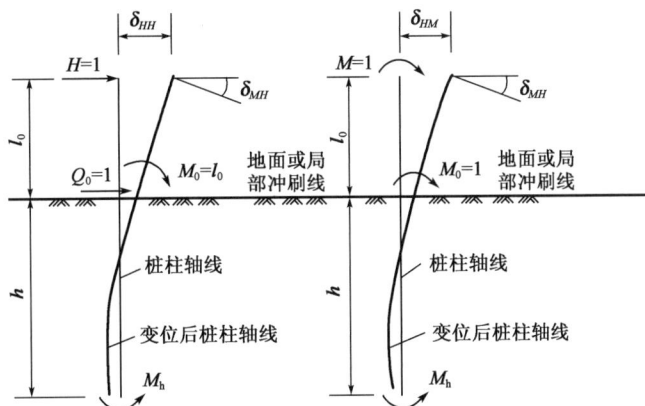

图 5-40　δ_{HH}、$\delta_{MH} = \delta_{HM}$、$\delta_{MM}$ 计算图示

三、承台位移的计算

当承台仅产生单位竖向位移时($b_0 = 1$),各桩顶亦产生 $b_i = 1$,则所有各桩顶产生的竖向反力之和为 $\gamma_{bb} = n\rho_1$。

当承台仅产生单位水平位移($a_0 = 1$)时,各桩顶亦产生 $a_i = 1$,则所有各桩顶产生的水平反力之和 $\gamma_{aa} = n\rho_2$。

当承台仅产生单位水平位移($a_0 = 1$)时,所有各桩顶产生的反弯矩与承台仅产生单位转角($\beta_0 = 1$)时,各桩顶截面产生反方向力之和为 $\gamma_{a\beta} = \gamma_{\beta a} = -n\rho_3$。

当承台仅产生单位转角($\beta_0 = 1$)时,各桩顶截面除产生 $\beta_i = 1$ 的转角外,不同位置的桩还将产生不同量的竖向位移 $b_i = X_i \beta_0 = X_i$,由此引起竖向反力为 $\rho_1 X_i$,该力对承台底面中心的弯矩为 $\rho_1 X_i^2$(其中,X_i 为各桩至承台中心处的距离),则所有各桩顶产生的弯矩之和为 $\gamma_{\beta\beta} = n\rho_4 + \rho_1 \sum_{i=1}^{m} K_i X_i^2$(式中,$m$ 为在验算平面内桩的排数;K_i 为每排的桩数)。

当承台仅产生单位转角时,所有各桩顶产生的水平反力之和为 $\gamma_{a\beta} = n\rho_3$。

取承台为计算体,承台底面中心处在外力 N、M、H 作用下产生竖向位移 b_0、水平位移 a_0 和转角 β_0,根据力的平衡可得:

$$\sum N = 0 \quad b_0 \gamma_{bb} - N = 0$$

$$\sum H = 0 \quad a_0 \gamma_{aa} + \gamma_{a\beta}\beta_0 - H = 0$$

$$\sum M = 0 \quad \gamma_{\beta a} a_0 + \gamma_{\beta\beta}\beta_0 - M = 0$$

可解出：

$$b_0 = \frac{N}{\gamma_{bb}} \tag{5-100}$$

$$a_0 = \frac{\gamma_{\beta\beta}H - \gamma_{a\beta}M}{\gamma_{aa}\gamma_{\beta\beta} - (\gamma_{\beta a})^2} \tag{5-101}$$

$$\beta_0 = \frac{\gamma_{aa}M - \gamma_{a\beta}H}{\gamma_{aa}\gamma_{\beta\beta} - \gamma_{\beta a}} \tag{5-102}$$

四、第 i 根桩桩顶变位与"作用"力的计算

已知承台中心点的位移后，各桩顶的变位可按下式计算：

$$b_i = b_0 \pm X_i\beta_0 \qquad a_i = a_0 \qquad \beta_i = \beta_0 \tag{5-103}$$

第 i 根桩桩顶"作用"力，即为各桩所分配的外荷载，可依据前面计得的桩顶刚度系数计算，有：

$$\left\{ \begin{array}{l} p_i = (b_0 \pm X_i\beta_0)\rho_1 \\[2mm] H_i = a_0\rho_2 - \beta_0\rho_3 = \dfrac{H}{n} \\[2mm] M_i = \beta_0\rho_4 - a_0\rho_3 \end{array} \right. \tag{5-104}$$

至此就将单桩所分配外荷载计得，然后将 H_i、M_i 推算至地面或局部冲刷线处桩身截面"作用"力，则以下计算完全同单排桩的计算方法。

当竖直桩布置不对称时的计算公式。

（1）桩侧面不受土侧压力时，承台的竖向位移 b、水平位移 a、转角 β 由下列方程式联解求得：

$$\left. \begin{array}{l} b\gamma_{bb} + \beta\gamma_{b\beta} - N = 0 \\[2mm] a\gamma_{aa} + \beta\gamma_{b\beta} - H = 0 \\[2mm] a\gamma_{\beta a} + \beta\gamma_{\beta\beta} - M = 0 \end{array} \right\} \tag{5-105}$$

（2）桩侧面受土压力时，承台的竖向位移 b、水平位移 a、转角 β 由下列方程式联解求得：

$$\left. \begin{array}{l} b\gamma_{bb} + \beta\gamma_{b\beta} - N = 0 \\[2mm] a\gamma_{aa} + \beta\gamma_{b\beta} - (H - \sum Q_q) = 0 \\[2mm] a\gamma_{\beta a} + b\gamma_{\beta b} + \beta\gamma_{\beta\beta} - (M - \sum M_q) = 0 \end{array} \right\} \tag{5-106}$$

式中：$\gamma_{b\beta} = \gamma_{\beta b} = \rho_{pp}\sum K_i x_i$——承台绕坐标原点 O 产生单位转角时，所有桩顶对承台作用的竖向反力之和，或承台产生单位竖向位移时所有桩顶对承台作用的反弯矩之和；

x_i——坐标原点 O 至各桩轴线的距离，原点 O 以右为正，以左为负。

$\sum Q_q$、$\sum M_q$——直接承受土压力的各桩 Q_q 和 M_q 的总和。

五、斜桩计算简介

当有斜桩时，其计算实质与竖直桩完全一样，只是承台变位与桩顶变位的几何关系要考虑斜桩角度影响，并且在计算过程中承台的坐标系统与各斜桩的斜轴向和横轴向坐标系统不同。

其坐标符号有如下规定:承台在外荷载作用下产生的位移采用 XOZ 坐标系;并设 b_{i0}、a_{i0}、β_{i0} 为第 i 排斜桩桩顶沿 XOZ 坐标系产生的相应位移;b_i、a_i、β_i 分别代表桩的斜轴向、横轴向位移及转角(图 5-41)。当斜桩斜轴线与竖直线角度为 φ_i 时,则其关系为:

$$b_{i0} = b_0 \pm X_i\beta_0 \qquad a_{i0} = a_0 \qquad \beta_{i0} = \beta_0$$

$$b_i = a_{i0}\sin\varphi_i + b_{i0}\cos\varphi_i = a_0\sin\varphi_i + (b_0 + X_i\beta_0)\cos\varphi_i \tag{5-107}$$

$$a_i = a_{i0}\cos\varphi_i - b_{i0}\sin\varphi_i = a_0\cos\varphi_i - (b_0 + X_i\beta_0)\sin\varphi_i \tag{5-108}$$

$$\beta_i = \beta_{i0} = \beta_0 \tag{5-109}$$

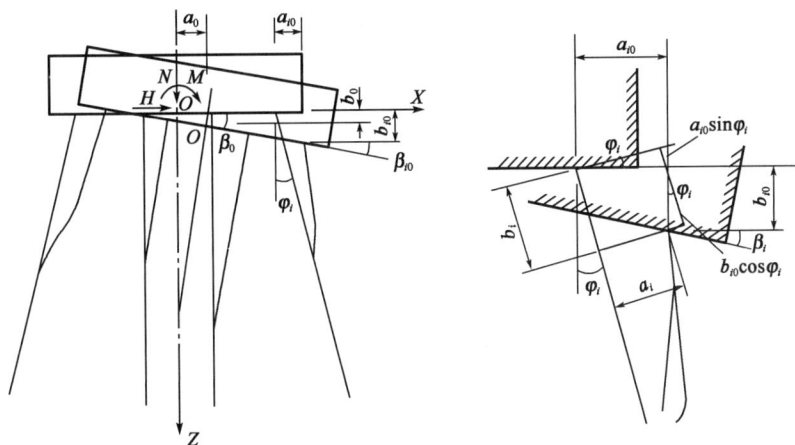

图 5-41 斜桩的承台变位与桩变位示意图

当承台中心仅产生竖向位移($b_0 = 1$)时,各斜桩产生的斜轴向位移为 $b_i = b_0\cos\varphi_i = \cos\varphi_i$;同时产生横轴向位移 $a_i = b_0\sin\varphi_i = \sin\varphi_i$(图 5-42),相应产生的斜轴向力为 $P_i = \rho_1\cos\varphi_i$;横轴向力为 $Q_i = \rho_2\sin\varphi_i$,换算为 XOZ 坐标系,P_i、Q_i 同时有竖向力得 $P_{i0} = \rho_1\cos^2\varphi_i + \rho_2\sin^2\varphi_i$,所以此时有:

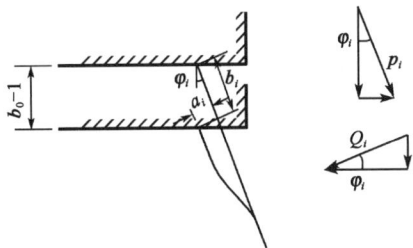

$$\gamma_{bb} = \sum_{i=1}^{m} K_i(\rho_1\cos^2\varphi_i + \rho_2\sin^2\varphi_i) \tag{5-110}$$

图 5-42 承台产生 $b_0 = 1$ 时斜桩桩顶变位计算图

同理可得:

$$Q_{i0} = (\rho_1 - \rho_2)\sin\varphi_i\cos\varphi_i \tag{5-111}$$

$$\gamma_{ab} = \sum_{i=1}^{m} K_i(\rho_1 - \rho_2)\sin\varphi_i\cos\varphi_i \tag{5-112}$$

同理,第 i 根桩产生的弯矩为竖向力 p_{i0} 乘力臂 X_i,再加上当产生横轴位移 $\sin\varphi_i$ 产生的弯矩 $\rho_3\sin\varphi_i$,可得:

$$\gamma_{\beta b} = \sum_{i=1}^{m} K_i\left[(\rho_1\cos^2\varphi_i + \rho_2\sin^2\varphi_i)X_i + \rho_3\sin\varphi_i\right] \tag{5-113}$$

用上述方法同样可得,由于承台中心仅产生单位水平位移($a_0 = 1$)时的 $\gamma_{ba} = \gamma_{ab}$,则:

$$\gamma_{aa} = \sum_{i=1}^{m} K_i(\rho_1\sin^2\varphi_i + \rho_2\cos^2\varphi_i) \tag{5-114}$$

$$\gamma_{\beta a} = \sum_{i=1}^{m} K_i\left[(\rho_1 - \rho_2)X_i\sin\varphi_i\cos\varphi_i - \rho_3\cos\varphi_i\right] \tag{5-115}$$

由于承台仅绕中心轴产生单位转角($\beta_0 = 1$)时的 $\gamma_{b\beta} = \gamma_{\beta b}$、$\gamma_{a\beta} = \gamma_{\beta a}$,则:

$$\gamma_{\beta\beta} = \sum_{i=1}^{m} K_i \left[(\rho_1 \cos^2\varphi_i + \rho_2 \sin^2\varphi_i) X_i^2 + 2X_i \rho_3 \sin\varphi_i + \rho_4 \right] \tag{5-116}$$

同样取承台为计算体,列出下列平衡方程式,即:

$$\sum N = 0 \quad a_0\gamma_{ba} + b_0\gamma_{bb} + \beta_0\gamma_{b\beta} - N = 0 \tag{5-117}$$

$$\sum H = 0 \quad a_0\gamma_{aa} + b_0\gamma_{ab} + \beta_0\gamma_{a\beta} - H = 0 \tag{5-118}$$

$$\sum M = 0 \quad a_0\gamma_{\beta a} + b_0\gamma_{\beta b} + \beta_0\gamma_{\beta\beta} - M = 0 \tag{5-119}$$

联解以上三式可求得承台中心变位 b_0、a_0、β_0,然后计得各桩顶的斜轴向、横轴向位移和转角,即可得到各桩顶所"作用"力 p_i、M_i、H_i,则以后按前述单排桩计算即可。

六、群桩基础的整体验算

(一)单桩与群桩的工作特点

桩基础一般情况都是由若干根桩组成的群桩基础,但在计算时都是以单桩来计算其承载力,实践证明,有时单桩的工作状况不同于群桩的工作状况,还要考虑群桩承载力效应。它与桩的类型、间距、入土深度及土的性质等因素有关。

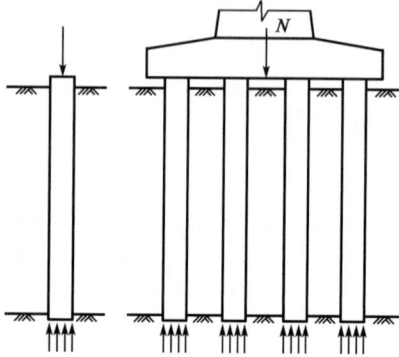

图 5-43　柱桩单桩和群桩的工作特点

1. 端承桩单桩与群桩的特点

端承桩由于桩底土层为坚硬土层(一般为岩石),所以桩顶所受荷载主要是通过桩身直接传给桩底坚硬土层,桩身各截面相对桩周土的位移量仅为桩身材料的弹性压缩变形,所以相对位移量很小,致使桩身侧面摩阻力很小而可忽略不计。在这种情况下,荷载在传递过程中基本不扩散,桩底压力只作用在桩底截面范围内,而且桩与桩之间荷载传递也互不影响(图 5-43),端承群桩基础中各基桩的工作状态近同于单桩。由此可以认为,端承桩群桩基础的承载力等于各单桩承载力之和,其群桩整体沉降变形等于单桩沉降变形量,完全可以用单桩的计算结果代替,而不再考虑群桩效应。

2. 摩擦桩单桩与群桩的特点

摩擦桩主要是由桩侧摩阻力将荷载传到深层地基土中,在桩的侧面形成一个锥状扩散面,所以在桩底处水平面上各桩与地基土作用面积要比桩底接触面积大得多。对群桩来说,当桩距较大,大到在桩底处水平面上各桩与地基土作用面积彼此不相重合,则群桩的承载力等于单桩之和。但若桩距较小,桩底处作用面彼此有一部分重合,则群桩桩底处水平面上压力经过叠加后,地基土单位面积受到的压力要比单桩大,这样群桩的沉降量要比单桩之和大,而承载力也不等于单桩之和,要小于单桩之和(图 5-44)。

由以上分析可知,群桩的效应主要是对摩擦桩而言,而且由桩的入土深度和桩距来控制。严格说来,桩底土水平面上的压应力分布规律是相当复杂的一个问题,现一般认为桩底面最大压应力分布范围的直径为 $D = \sqrt{2dl\tan\varphi}$ (式中:d 为桩直径,l 为桩的入土深度,φ 为桩侧土的内摩擦角),当桩的间距大于 D 值时可不考虑群桩效应。我国现行《公桥基规》规定,对摩擦桩群桩在桩底平面内桩距小于 6 倍桩径时,应考虑群桩效应。

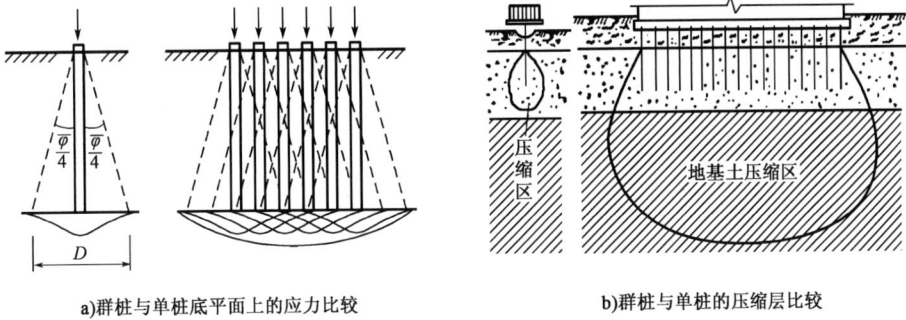

a)群桩与单桩底平面上的应力比较　　　　b)群桩与单桩的压缩层比较

图 5-44　摩擦桩单桩和群桩的工作特点

(二) 群桩作为整体基础的计算

1. 群桩基础承载力计算

摩擦桩的群桩效应就是把桩与桩间土视为一个整体基础,要进行整体基础验算,一般视为图 5-45 中 $acde$ 范围内的实体基础计算。实体基础按承台底面处桩基平面轮廓的宽度 B_0 和长度 L_0,基桩所穿过土层按桩侧外加权平均内摩擦角 $\overline{\varphi}/4$ 向下扩散计算,桩底面 $A = a \times b$ 为基底工作面积(图 5-45)。

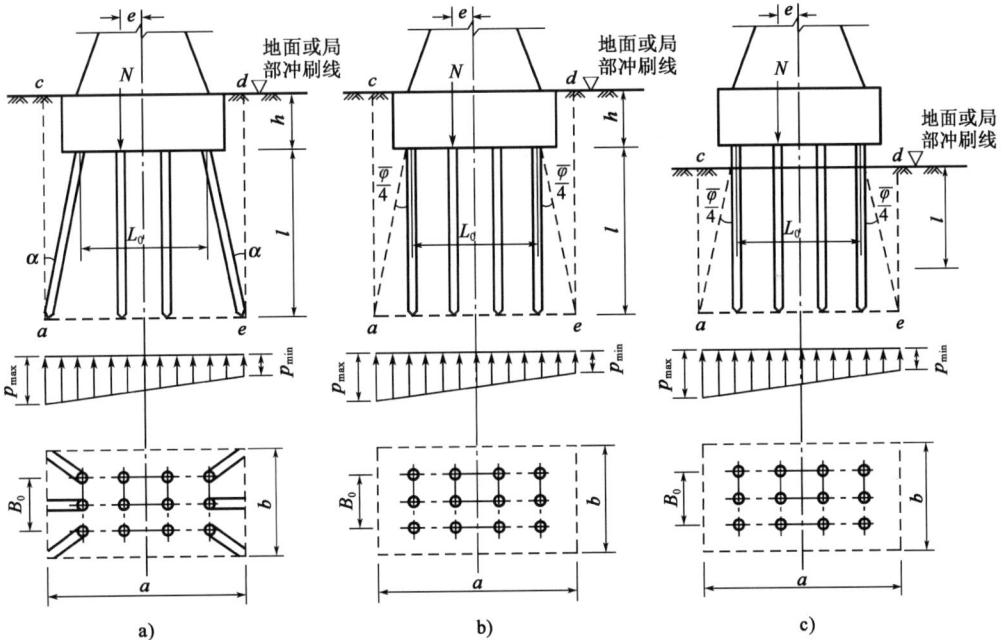

图 5-45　群桩整体基础计算示意图

2. 桩底平面处最大压应力验算

当轴心受压时,验算式为:

$$p = \overline{\gamma}\, l + \gamma h - \frac{BL\gamma h}{A} + \frac{N}{A} \leqslant \left[f_a \right] \tag{5-120}$$

当偏心受压时,除前项验算满足要求外,尚应满足下列条件:

233

$$p_{\max} = \overline{\gamma} l + \gamma h - \frac{BL\gamma h}{A} + \frac{N}{A}\left(1 + \frac{eA}{W}\right) \leq \gamma_R[f_a] \qquad (5\text{-}121)$$

$$A = a \times b \qquad (5\text{-}122)$$

当桩的斜度 $\alpha \leq \dfrac{\overline{\varphi}}{4}$ 时：

$$a = L_0 + d + 2l\tan\frac{\overline{\varphi}}{4} \qquad (5\text{-}123)$$

$$b = B_0 + d + 2l\tan\frac{\overline{\varphi}}{4} \qquad (5\text{-}124)$$

当桩的斜度 $\alpha > \dfrac{\overline{\varphi}}{4}$ 时：

$$a = L_0 + d + 2l\tan\alpha \qquad (5\text{-}125)$$

$$b = B_0 + d + 2l\tan\alpha \qquad (5\text{-}126)$$

$$\overline{\varphi} = \frac{\varphi_1 l_1 + \varphi_2 l_2 + \cdots + \varphi_n l_n}{l} \qquad (5\text{-}127)$$

式中：p、$p_{\max}$——桩底平面处的平均压应力、最大压应力（kPa）；

$\overline{\gamma}$——承台底面（包括桩的重力在内）至桩底平面土的平均重度（kN/m³）；

l——桩埋于土中的深度（m）；

γ——承台底面以上土的重度（kN/m³）；

N——作用于承台底面合力的垂直分力（kN）；

A——假想的实体基础在桩端平面处的计算面积（m²）；

W——假想的实体基础在桩底平面处的抵抗矩（m³）；

B——承台宽度（m）；

L——承台长度（m）；

B_0——外围桩中心围成矩形轮廓的宽度（m）；

L_0——外围桩中心围成矩形轮廓的长度（m）；

$\overline{\varphi}$——基桩所穿过土层的平均土内摩擦角；

e——作用于承台底面合力的竖向分力对桩端平面处计算面积重心轴的偏心距（m）；

a、b——假想的实体基础在桩端平面处的计算宽度和长度（m）；

d——桩的直径（m）；

γ_R——抗力系数；

$[f_a]$——修正后桩端平面处土的承载力容许值（kPa），按第三章式（3-8）取值。

当桩基底面以下有软弱土层时，还应验算软弱土层顶面的承载力。

3. 群桩基础沉降验算

按实体基础进行沉降量计算，仍然是采用分层总和法，作用于桩底平面的附加应力可近似按平均附加应力用下式计算，即：

$$p_{h+e} = \frac{N - BL\gamma h}{A} + (\overline{\gamma} - \overline{\gamma_0})l \qquad (5\text{-}128)$$

234

式中：$\overline{\gamma}_0$——桩底面以上至承台底面土的平均容重(不包括桩重)；

其他符号意义同前。

按墩台基础计算群桩的沉降量时，应计入桩身压缩量。

七、低桩承台式基础计算

承台底面位于地面线或局部冲刷线以下的低桩承台式基础，计算基桩在横向力作用下的桩身内力和变形时，不仅要考虑桩侧的土抗力，还要考虑承台侧面的土抗力。计算时一般不考虑承台底面的竖向土抗力和与验算平面平行的承台侧面的摩阻力。而计算作用于桩身侧面土的弹性抗力时，地基系数 $C_Z = mZ$，其 Z 由承台底面算起。

如图 5-46 所示，承台埋入地面线或局部冲刷线以下 h_n 深度，承台底面处的水平地基系数为 C_n，若承台在外力作用下 O 点产生水平位移 a_0 和转角 β_0，则承台侧面任意点的水平位移为 $a_0 + \beta_0 Z$（Z 为任意点距承台底面高度的绝对值)，承台侧面任意点处水平地基系数为 $C_Z = C_n/h_n \cdot (h_n - Z)$。以 E_X 表示承台侧面土作用于单位宽度上的水平土抗力，以 M_X 表示 E_X 对垂直 XOZ 平面并通过 O 点轴的弯矩，则有：

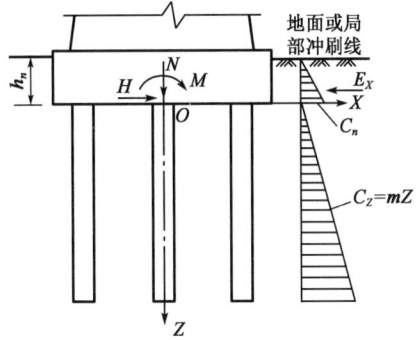

图 5-46　承台侧面土抗力计算图示

$$E_X = \int_0^{h_n} (a_0 + \beta_0 Z) \cdot \frac{C_n}{h_n}(h_n - Z)\mathrm{d}Z = a_0 \frac{C_n h_n}{2} + \beta_0 \frac{C_n h_n^2}{6} = a_0 F^c + \beta_0 S^c \quad (5\text{-}129)$$

$$M_X = \int_0^{h_n} Z(a_0 + \beta_0 Z) \cdot \frac{C_n}{h_n}(h_n - Z)\mathrm{d}Z = a_0 \frac{C_n h_n^2}{6} + \beta_0 \frac{C_n h_n^3}{12} = a_0 S^c + \beta_0 I^c \quad (5\text{-}130)$$

式中：F^c——承台侧面地基系数 C_n 图形面积；

S^c——承台侧面地基系数 C_n 图形面积对其底边的静矩；

I^c——承台侧面地基系数 C_n 图形面积对其底边的惯性矩。

取承台为计算体计算 γ_{aa}、$\gamma_{a\beta}(\gamma_{\beta a})$、$\gamma_{\beta\beta}$ 时应考虑承台侧面土抗力，则：

$$\gamma_{aa} = n\rho_2 + b_1 F^c \quad (5\text{-}131)$$

$$\gamma_{a\beta} = \gamma_{\beta a} = -n\rho_3 + b_1 S^c \quad (5\text{-}132)$$

$$\gamma_{\beta\beta} = n\rho_4 + \rho_1 \sum_{i=1}^{m} K_i X_i^2 + b_1 I^c \quad (5\text{-}133)$$

其中，b_1 为与水平力相垂直的承台底边的计算宽度。

以下单桩桩顶刚度系数计算、承台位移及外荷载分配等计算同前。

设计时，若低承台桩基础所承受的水平力较大，为增大座板侧面的土抗力，减小基桩承受的水平力，从而降低工程造价，可采取加深承台座板侧面深度的措施（图 5-47）。在计算承台侧面土抗力时，其 F^c、S^c、I^c 按实际加深后的 h_n 计算。设计应保证座板加深部分的强度，加深部分应进行配筋，以免座板产生破坏。基桩的计算分析可与未加深座板深度的情况一样进行。

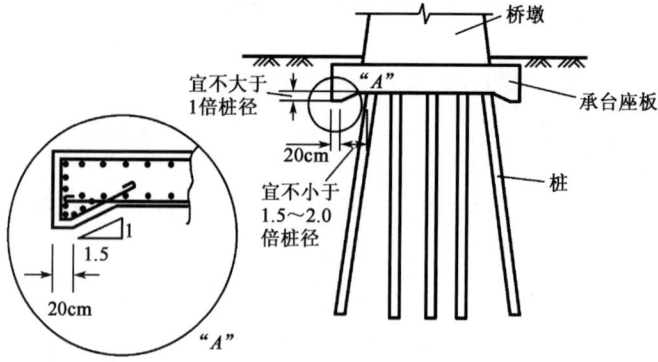

图 5-47　加深侧面的承台座板

八、桥台基桩直接承受梯形土压力的计算

如图 5-48 所示,高桩承台式桥台基础,地面以上自由桩段直接承受桥头引道填土的梯形土压力作用,在计算桩顶荷载分配时,应考虑梯形土压力的影响。

填土压力在桩顶产生的 M_q、Q_q,其方向如图 5-48 所示方向(方向如果不同,计算结果一样,因为 Q_{l0}、M_{l0} 也发生变化),其中 q_1、q_2 为作用于桩顶与地面处的土压力强度;M_q、Q_q 为直接承受的土压力在桩顶(承台底)产生的弯矩和剪力;M_{l0}、Q_{l0} 为直接承受的土压力在桩地面处截面内产生的弯矩和剪力;X_{l0}、φ_{l0} 为直接承受的土压力使桩在地面处产生的水平位移(挠度)和转角。以直接承受土压力的桩身段为结构计算对象[图 5-48c)],可得上、下端内力关系如下:

$$M_{l0} = M_q + Q_q l_0 + \left(\frac{q_1}{2} + \frac{q_2 - q_1}{6}\right)l_0^2 \tag{5-134}$$

$$Q_{l0} = Q_q + \left(q_1 + \frac{q_2 - q_1}{2}\right)l_0 \tag{5-135}$$

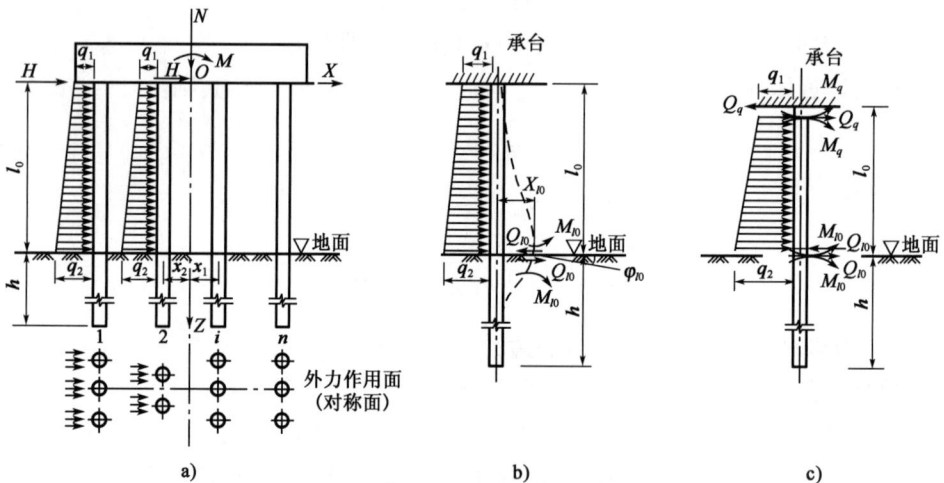

图 5-48　直接承受梯形土压力计算示意图

再按桩上端固结[图 5-48b)],利用材料力学公式,可计算得到在 M_{l0}、Q_{l0} 及土压力 q_1 和 q_2 的作用下使下端产生的位移(挠度)和转角为:

236

$$X_{l0} = \frac{1}{EI}\left[\frac{M_q l_0^2}{2!} + \frac{Q_q l_0^3}{3!} + \frac{q_1 l_0^4}{4!} + \frac{(q_2 - q_1) l_0^4}{5!}\right] \tag{5-136}$$

$$\varphi_{l0} = \frac{1}{EI}\left[M_q l_0 + \frac{Q_q l_0^2}{2!} + \frac{q_1 l_0^3}{3!} + \frac{(q_2 - q_1) l_0^3}{4!}\right] \tag{5-137}$$

再以桩入土部分为结构计算对象。利用力法原理可计算得到在地面处作用弯矩 M_{l0}、水平力 Q_{l0} 时桩顶位移(挠度)和转角为[图 5-48b)]:

$$X_{l0} = M_{l0}\delta_{QM}^{(0)} + Q_{l0}\delta_{QQ}^{(0)} \tag{5-138}$$

$$\varphi_{l0} = -(M_{l0}\delta_{MM}^{(0)} + Q_{l0}\delta_{MQ}^{(0)}) \tag{5-139}$$

式中:$\delta_{QQ}^{(0)}$、$\delta_{MQ}^{(0)}$——单位水平力作用地面线处桩顶时,桩顶产生的水平位移和转角;

$\delta_{QM}^{(0)}$、$\delta_{MM}^{(0)}$——单位弯矩作用地面线处桩顶时,桩顶产生的水平位移和转角。

利用两个结构计算对象得到的 X_{l0}、φ_{l0} 相等条件的两个方程式,应用 M_{l0}、Q_{l0} 与 M_q、Q_q 的关系,即可解出 M_q、Q_q。

以承台为计算对象,考虑直接承受梯形土压力在桩顶(承台底)产生的 M_q、Q_q 的影响,计算承台竖向位移 b_0、水平位移 a_0 和转角 β_0 时的公式为:

$$\begin{cases} b_0 \gamma_{bb} - N = 0 \\ a_0 \gamma_{aa} + \beta_0 \gamma_{a\beta} - (H - \sum Q_q) = 0 \\ a_0 \gamma_{\beta a} + \beta_0 \gamma_{\beta\beta} - (M - \sum M_q) = 0 \end{cases} \tag{5-140}$$

然后用以前介绍的方法得出桩顶分配的荷载 Q_i、M_i。

桩顶水平力为:

$$Q_i' = Q_i + Q_q \tag{5-141}$$

桩顶弯矩则为:

$$M_i' = M_i + M_q \tag{5-142}$$

地面线或局部冲刷线处桩柱截面上作用的水平力 Q_0' 和 M_0' 为:

$$Q_0' = Q_i + Q_q + \left(\frac{q_1 + q_2}{2}\right)l_0 \tag{5-143}$$

$$M_0' = M_i + M_q + (Q_i + Q_q)l_0 + \left(\frac{2q_1 + q_2}{6}\right)l_0^2 \tag{5-144}$$

然后用前述方法计算桩身内力和变位,进行强度、位移验算和配筋。

九、多排桩设计计算要点简介

桩基础的设计同其他基础的设计步骤一样,首先收集有关的设计资料,根据上部结构的形式和使用要求、结构的设计技术标准和所受各种作用情况、水文地质条件、材料供应及施工技术设备等,拟定初步的设计方案(包括选择基桩类型、桩径、桩数、桩长及桩的布置等),然后进行各项验算。根据验算结果,再进行必要的修改,直至符合各项要求为止,最后确定一个较佳的设计方案。

根据多排桩的特点,将其设计要点简介如下。

(一)多排桩的选择原则

多排桩基础的选择,必须根据桥梁的跨径、结构受力要求及桩的数量等因素来确定。多排桩稳定性好,承载力高,基础整体抗弯刚度大,能承受较大的水平荷载,可根据需要调整桩的数量和排数。

一般多排桩应用于上部结构较大的桥梁中,有时对一些中等跨径的桥台,当承受较大的土压力时,也常使用多排桩基础。对基础变形反应敏感要求高的外超静定结构,如拱桥桥台、制动墩或单向推力墩等也多采用多排桩基础。对一些荷载大而集中的桥梁基础,如连续梁、连续T构及索体系桥梁的塔墩基础,必须采用大型的多排桩基础。

多排桩的设置会增大承台尺寸,增加施工难度,尤其深水中的多排桩,承台的施工会增加很大的工程量,为此,目前在条件合适的地方,有采用大直径钻(挖)孔桩代替多排桩的工程实践。所以采用多排桩基础需要进行多方案的技术、经济论证来确定。

(二)承台高程的确定

对于多排桩基础来说,承台高程的确定直接影响各基桩的受力情况和施工的难度。所以承台高程(主要是承台底高程),应根据结构整体受力对基础的要求和地形、地质、水流、施工等条件来确定。

承台底面高程越低,对于各基桩的受力情况越好,稳定性也越高,所以一般在旱地或无水的地方,应尽量将承台埋置于地面以下。对冻胀性土层,应将承台座板底面置于冻结线以下不小于 0.25m。在水中由于施工难度较大,只对水深较浅、冲刷较小的河流中采用低桩承台式桩基础,将承台底面置于局部冲刷线以下。而对于常年有水且水较深,施工时不易排水或河床冲刷深度较深时,一般应考虑高桩承台式桩基础。

高桩承台式桩基础承台底面高程,主要根据基桩受力要求、施工难易程度及河流特点等确定,但设计中在综合各方面条件基础上,承台应尽量放低一些。在有流冰的河道上。承台底面高程应在最低冰层底面以下不小于 0.25m。当有强大的流冰、流筏或其他漂流物时,承台底面高程应保证基桩不受直接撞击损伤。

承台的顶面高程,作为隐蔽的基础工程,应在地面以下或最低水位以下。其平面尺寸主要依据墩台身尺寸或桩的数量和布置确定。桩的平面布置要求请参见第四章第二节的有关内容。

(三)桩的根数估算

桩的根数估算实际上受桩长的影响。桩长的大小,在桩径已定的情况下,主要受地质土层条件的影响,所以桩的根数确定分以下两种情况。

1. 根据地质条件桩长可定的情况

根据地质条件,在合适的深度内,具有可选择作为持力层的岩层或较坚实的土层,后一种土层为摩擦桩,可获得较大的承载力和产生较小的沉降量。这样,可以根据地质条件确定单桩轴向容许承载力,用下式估算桩数,即:

$$n = \mu \frac{N}{[p]} \tag{5-145}$$

式中:n——桩的根数;

N——作用在承台底面以上的竖向力(kN);

$[p]$——单桩轴向容许承载力(kN);

μ——考虑承台底面竖向力 N 为偏心荷载时各桩受力不均而增加桩数的经验系数,一般取 $\mu = 1.2 \sim 1.4$。

2. 根据地质条件桩长不可定的情况

此时,在较合适的深度内,各土层性质相近,没有明显合适的土层作为桩底的持力层。这时,可在已确定的承台尺寸内,按布桩的原则和构造要求先布置桩,在布桩的过程中可先调整桩数、桩距和承台尺寸等有关数据,待桩的布置确定后可按下式先确定单桩所受轴向力,然后根据单桩轴向容许承载力公式反算桩长。

当竖向力有偏心作用时:

$$p_i = \frac{N}{n} \pm \frac{M_y X_i}{\sum X_i^2} \tag{5-146}$$

当考虑竖向力双向偏心作用时:

$$p_i = \frac{N}{n} \pm \frac{M_y X_i}{\sum X_i^2} \pm \frac{M_x Y_i}{\sum Y_i^2} \tag{5-147}$$

式中:p_i——在偏心竖向力 N 作用下各基桩所受竖向力(kN);

M_x、M_y——作用于承台底面形心处(或桩群形心处)的 y、x 轴的弯矩(kN·m);

X_i、Y_i——第 i 根基桩至 y、x 轴的距离(m)。

令 $p_{i(\max)} = K[p]$,其中,$p_{i(\max)}$ 为基桩最大竖向力,K 为荷载组合系数,根据上式可以反算出桩长。

(四)参数计算

同单排桩一样,计算确定 m、b_1、EI,然后计算土中基础变形系数 α,并判断是刚性桩还是弹性桩。

(五)单桩所受外荷载的计算

参见图 5-49 计算框图。

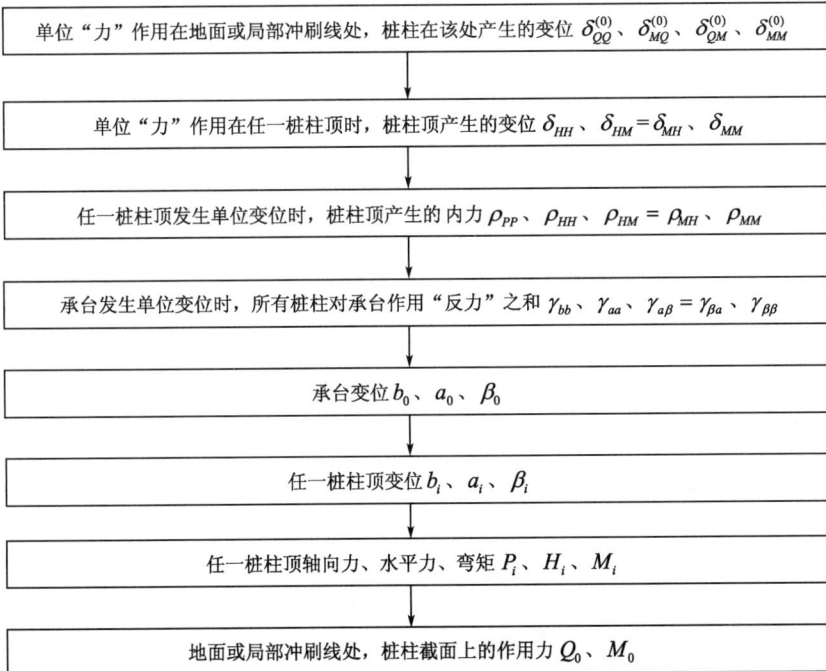

图 5-49　多排桩中单桩所受外荷计算框图

239

(六)桩身内力、变位计算与配筋

计算方法和步骤与单排桩相同。

(七)多排桩的整体验算

(略)

(八)承台座板的受力计算与配筋

见本章第五节。

十、多排桩算例

(一)设计资料

1.水文地质资料

如图 5-50 所示,砂黏土地基比例系数 $m = 15\,000\text{kN/m}^4$;砂夹卵石地基比例系数 $m = 60\,000\text{kN/m}^4$;地基土容许承载力$[f_a] = 1\,000\text{kPa}$;砂黏土极限摩阻力 $\tau = 80\text{kPa}$;土的重度 $\gamma = 19.00\text{kN/m}^3$(未计入浮力);土的内摩擦角(考虑浮力影响)$\varphi = 24°$,根据地质条件确定桩在局部冲刷线以下入土深度18m,深入砂夹卵石层0.77m。

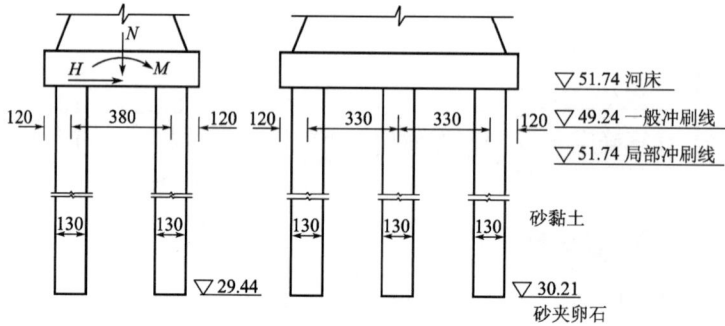

图 5-50　多排桩算例计算图(尺寸单位:cm;高程单位:m)

2.基础方案设计

桩基础采用高桩承台,根据地质条件采用为摩擦桩,直径 $d = 1.3\text{m}$,旋转钻施工。

桩的布置顺桥向为两排桩,横桥向为 3 排桩,总计 6 根桩,其具体排列见图 5-50。

3.作用资料

上部结构为35m预应力简支 T 梁,车道宽9.0m,公路—Ⅰ级车道荷载,各种作用力均已计算至承台底面重心处,并按计算桩长时的容许作用力和桩身内力计算时的承载能力极限状态基本组合效应值分别计算。在计算桩长时是取用横桥向偏心侧桩顶轴向力,而计算桩身内力时是取用横桥向非偏心侧桩顶轴向力设计值。顺桥方向计算见表 5-24。

作 用 计 算 表　　　　　　　　　　　　　　表 5-24

荷载项目　　　　　　　　组合内容		$N(\text{kN})$	$H(\text{kN})$	$M(\text{kN·m})$
结构重力	计算桩长	9 120.32		
	计算内力	10 944.30		
公路—Ⅰ级车道荷载单孔	计算桩长	1 339.12		669.62
(包括人群荷载)布载	计算内力	1 874.91		937.47
公路—Ⅰ级车道荷载双孔	计算桩长	1 734.12		391.55
(包括人群荷载)布载	计算内力	2 427.77		548.17
单孔汽车制动力和风力			431.50	4 118.74

(二)单桩轴向容许承载力验算

(略)

(三)单桩所受作用的计算

1. 桩的各计算参数确定

桩身采用强度等级为 C20 钢筋混凝土,桩身抗弯刚度为:

$$EI = 0.8E_{h}I = 0.8 \times 2.6 \times 10^{7} \times 0.049 \times 1.3^{4} = 2.91 \times 10^{6} (\text{kN} \cdot \text{m}^{2})$$

桩的计算宽度:

$$b_{1} = K \cdot K_{f}(d+1) = 0.9(d+1) = 0.9 \times (1.3+1) = 2.07(\text{m})$$

2. 桩的变形系数 α 计算

$$\alpha = \sqrt[5]{\frac{mb_{1}}{EI}} = \sqrt[5]{\frac{15\,000 \times 2.07}{2.91 \times 10^{6}}} = 0.403(\text{m}^{-1})$$

桩在最大冲刷线以下深度为 18m,则 $\alpha h = 18 \times 0.403 = 7.254 > 2.5$,为弹性桩。

3. 单位"力"作用局部冲刷线处,桩在该处变位 $\delta_{QQ}^{(0)}$、$\delta_{QM}^{(0)} = \delta_{MQ}^{(0)}$、$\delta_{MM}^{(0)}$ 计算

因桩底为非岩类土,且 $\alpha h > 2.5$,所以 $K_{h} = 0$,按 $\alpha_{h} = 4.0$ 查表:

$$\delta_{QQ}^{(0)} = \frac{1}{\alpha^{3}EI} \cdot \frac{B_{3}D_{4} - B_{4}D_{3}}{A_{3}B_{4} - A_{4}B_{3}} = \frac{2.441}{0.403^{3} \times 2.91 \times 10^{6}} = 0.128 \times 10^{-4} (\text{m} \cdot \text{kN}^{-1})$$

$$\delta_{QM}^{(0)} = \delta_{MQ}^{(0)} = \frac{1}{\alpha^{2}EI} \cdot \frac{B_{3}C_{4} - B_{4}C_{3}}{A_{3}B_{4} - A_{4}B_{3}} = \frac{1.625}{0.403^{2} \times 2.91 \times 10^{6}} = 0.034 \times 10^{-4} (\text{kN}^{-1})$$

$$\delta_{MM}^{(0)} = \frac{1}{\alpha EI} \cdot \frac{A_{3}C_{4} - A_{4}C_{3}}{A_{3}B_{4} - A_{4}B_{3}} = \frac{1.751}{0.403 \times 2.91 \times 10^{6}} = 0.015 \times 10^{-4} (\text{kN} \cdot \text{m})$$

4. 单位"力"作用桩顶时桩顶变位 δ_{HH}、$\delta_{HM} = \delta_{MH}$、$\delta_{MM}$ 计算

$$\delta_{HH} = \frac{l_{0}^{3}}{3EI} + \delta_{MM}^{(0)}l_{0}^{2} + 2\delta_{MQ}^{(0)}l_{0} + \delta_{QQ}^{(0)}$$

$$= \frac{4.3^{3}}{3 \times 2.91 \times 10^{6}} + 0.015 \times 10^{-4} \times 4.3^{2} + 2 \times$$

$$0.034 \times 10^{-4} \times 4.3 + 0.128 \times 10^{-4}$$

$$= 0.791 \times 10^{-4}$$

$$\delta_{HM} = \delta_{MH} = \frac{l_{0}^{2}}{2EI} + \delta_{MM}^{(0)}l_{0} + \delta_{MQ}^{(0)}$$

$$= \frac{4.3^{2}}{2 \times 2.91 \times 10^{6}} + 0.015 \times 10^{-4} \times 4.3 +$$

$$0.034 \times 10^{-4}$$

$$= 0.13 \times 10^{-4}$$

$$\delta_{MM} = \frac{l_{0}}{EI} + \delta_{MM}^{(0)}$$

$$= \frac{4.3}{2.91 \times 10^{6}} + 0.015 \times 10^{-4}$$

$$= 0.030 \times 10^{-4}$$

5. 桩顶发生单位变位时桩顶内力 ρ_1、ρ_2、ρ_3、ρ_4 计算

$\zeta = 1/2$,则:

$$C_0 = m_0 b = 60\,000 \times 18 = 1.08 \times 10^6$$

$$h \times \tan\frac{\varphi}{4} = 18 \times \tan 6° = 18 \times 0.105 = 1.89 < 3.8/2$$

所以 $A_0 = \pi \times 1.71^2 = 9.18\text{m}^2$,桩身截面为 $A = \pi d^2 / 4 = 3.14 \times 1.3^2 / 4 = 1.33\text{m}^2$

$$\rho_1 = \frac{1}{\dfrac{l_0 + \zeta h}{EA} + \dfrac{1}{C_0 A_0}} = \frac{1}{\dfrac{4.3 + 0.5 \times 18}{2.6 \times 10^7 \times 1.33} + \dfrac{1}{1.08 \times 10^6 \times 9.18}}$$

$$= 2.058 \times 10^6 (\text{kN} \cdot \text{m}^{-1})$$

$$\rho_2 = \frac{\delta_{MM}}{\delta_{HH} \cdot \delta_{MM} - (\delta_{MH})^2} = \frac{0.03 \times 10^{-4}}{0.791 \times 10^{-4} \times 0.03 \times 10^{-4} - (0.13 \times 10^{-4})^2}$$

$$= 4.57 \times 10^4 (\text{kN} \cdot \text{m}^{-1})$$

$$\rho_3 = \frac{\delta_{MH}}{\delta_{HH} \cdot \delta_{MM} - (\delta_{MH})^2} = \frac{0.13 \times 10^{-4}}{0.791 \times 10^{-4} \times 0.03 \times 10^{-4} - (0.13 \times 10^{-4})^2}$$

$$= 2.0 \times 10^5 (\text{kN})$$

$$\rho_4 = \frac{\delta_{HH}}{\delta_{HH} \cdot \delta_{MM} - (\delta_{MH})^2} = \frac{0.791 \times 10^{-4}}{0.791 \times 10^{-4} \times 0.03 \times 10^{-4} - (0.13 \times 10^{-4})^2}$$

$$= 1.22 \times 10^6 (\text{kN})$$

6. 承台发生单位变位时,所有桩顶对承台作用反力之和 γ_{bb}、γ_{aa}、$\gamma_{a\beta} = \gamma_{\beta a}$、$\gamma_{\beta\beta}$ 计算

$$\gamma_{bb} = n\rho_1 = 6 \times 2.058 \times 10^6 = 12.348 \times 10^6 (\text{kN} \cdot \text{m}^{-1})$$

$$\gamma_{aa} = n\rho_2 = 6 \times 4.57 \times 10^4 = 2.74 \times 10^5 (\text{kN} \cdot \text{m}^{-1})$$

$$\gamma_{a\beta} = -n\rho_3 = -6 \times 2.0 \times 10^5 = -1.2 \times 10^6 (\text{kN})$$

$$\gamma_{\beta\beta} = n\rho_4 + \rho_1 \sum K_i X_i^2 = 6 \times 1.22 \times 10^6 + 2.058 \times 10^6 \times 6 \times 1.9^2$$

$$= 5.19 \times 10^7 (\text{kN})$$

7. 承台变位 b_0、a_0、β_0 计算

$$b_0 = \frac{N}{\gamma_{bb}} = \frac{10\,944.30 + 1\,874.91}{12.348 \times 10^6} = 1.037 \times 10^{-3} (\text{m})$$

$$a_0 = \frac{\gamma_{\beta\beta} \cdot H - \gamma_{a\beta} M}{\gamma_{aa} \cdot \gamma_{\beta\beta} - \gamma_{a\beta}^2} = \frac{5.19 \times 10^7 \times 431.50 - [-1.2 \times 10^6 \times (937.47 + 4\,118.74)]}{2.74 \times 10^5 \times 5.19 \times 10^7 - (-1.2 \times 10^6)^2}$$

$$= 2.23 \times 10^{-3} (\text{m})$$

$$\beta_0 = \frac{\gamma_{aa} \cdot M - \gamma_{a\beta} H}{\gamma_{aa} \cdot \gamma_{\beta\beta} - \gamma_{a\beta}^2} = \frac{2.74 \times 10^5 \times 5\,056.21 - (-1.2 \times 10^6 \times 431.50)}{2.74 \times 10^5 \times 5.19 \times 10^7 - (-1.2 \times 10^6)^2}$$

$$= 0.149 \times 10^{-3} (\text{m})$$

8. 任一桩顶分配作用效应组合设计值 p_i、H_i、M_i 计算

$$p_i = (b_0 \pm \beta_0 X_i)\rho_1 = (1.037 \times 10^{-3} \pm 0.149 \times 10^{-3} \times 1.9) \times 2.058 \times 10^6$$

$$= \genfrac{}{}{0pt}{}{2\,719.75}{1\,553.32} \quad (\text{kN})$$

$$H_i = a_0 \rho_2 - \beta_0 \rho_3 = 2.23 \times 10^{-3} \times 4.57 \times 10^4 - 0.149 \times 10^{-3} \times 2.0 \times 10^5 = 71.92 (\text{kN})$$

$$M_i = \beta_0 \rho_4 - a_0 \rho_3 = 0.149 \times 10^{-3} \times 1.22 \times 10^6 - 2.23 \times 10^{-3} \times 2.0 \times 10^5$$
$$= -265.41(\text{kN} \cdot \text{m})$$

求得 p_i、H_i、M_i 后,就可按前面介绍的单排桩计算程序进行单桩内力计算和配筋设计,然后再进行群桩整体基础的验算。

第五节 承台座板计算

多排桩的承台是一种板式结构,是在各基桩下沉或就地浇筑完成后,现浇混凝土而成。它将各基桩联结成整体,把上部结构和墩台的荷载传递给各基桩。承台座板受力复杂,尤其是高桩承台座板,所受外力各方向都有,是一个空间受力结构物。为保证其正常工作,一般都把承台座板与桩的联结设计为刚性联结,座板本身的刚度也视为刚体结构。

一、承台座板按其各种受力状态的计算

承台座板一般可按其各种受力状态进行局部受压、抗冲剪、抗弯和抗剪验算。其计算中的各种受力是按规范规定用分项安全系数计得的极限状态外力。

(一)桩顶承台混凝土局部受压验算

该项验算是对于桩顶直接埋入承台的预制桩而言。一般承台混凝土强度低于桩身混凝土强度,应验算桩顶处承台混凝土的局部受压。计算时不考虑桩身与承台混凝土间的黏结力,如验算结果不符合要求,可在承台桩顶上布设 $1 \sim 2$ 层钢筋层,钢筋网边长应大于桩径的 2.5 倍,网孔为 $80\text{mm} \times 80\text{mm} \sim 100\text{mm} \times 100\text{mm}$,钢筋直径不宜小于 12mm。具体验算方法按第二章第三节式(2-8)进行计算。

(二)埋入承台部分桩顶处桩侧与承台座板混凝土受压验算

已知作用于承台座板底面处的桩截面上的轴向力为 N_i,弯矩为 M_i,剪力为 Q_i。N_i 作用下的验算已按桩顶承台混凝土局部受压进行,下面考虑 M_i、Q_i 作用下的验算。

桩埋入承台座板内的长度为 l_1,则作用于 $l_1/2$ 处的弯矩为 $M'_i = M_i - Q_i l_1 / 2$,剪力为 $Q'_i = Q_i$。在 M_i 作用下压应力计算如图 5-51 所示,则:

$$M'_i = \frac{1}{2} q_1 \cdot \frac{l_1}{2} \cdot \frac{2l_1}{3} \cdot d = \frac{1}{2} \frac{q_{1\max}}{\zeta} \cdot \frac{l_1}{2} \cdot \frac{2l_1}{3} \cdot d$$

$$q_{1\max} = \frac{6\zeta M'_i}{l_1^2 d} \tag{5-148}$$

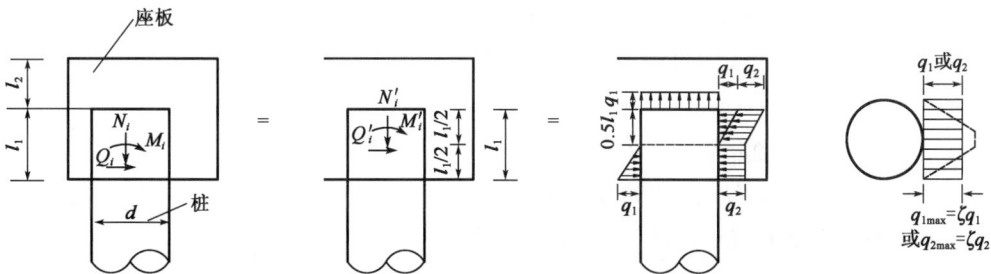

图 5-51 承台受力验算图示

243

在 Q_i' 作用下

$$Q_i' = l_1 d \frac{q_{2\max}}{\zeta}$$

$$q_{2\max} = \frac{\zeta Q_i'}{l_1 d} \tag{5-149}$$

上两式中,ζ 为考虑桩截面形状对桩侧应力的影响系数,圆桩 $\zeta = 1.27$,方桩 $\zeta = 1.0$,其余符号同前。最终验算式为:

$$q_{\max} = q_{1\max} + q_{2\max} \leqslant \frac{f_{cd}}{\gamma_0} \tag{5-150}$$

式中:f_{cd}——桩顶或承台混凝土的抗压强度设计值(取两者强度等级低者);

γ_0——桥梁结构重要性系数。

(三)承台悬出部分验算

当承台悬出墩身外,边桩的中心位于墩身底面以外,距墩台柱边缘大于承台高度时,应验算在承台悬出部分的桩对承台的作用。一般是近似地将承台座板悬出部分作为悬臂板来计算,其计算项目如下。

1. 单桩对承台的冲切承载力验算

当承台悬出墩身之外较大,承台与桩之间会产生冲切作用,应进行冲切承载力验算。其具体验算分以下两种情况。

(1)墩、台柱向下冲切破坏验算

墩、台柱向下冲切的破坏锥体应采用自墩台柱边缘至相应桩顶边缘连线构成的锥体;桩顶位于承台顶面以下 1 倍有效高度 h_0 处。锥体斜面与水平面的夹角不应小于45°,当小于45°时取45°。

墩台柱向下冲切承台的冲切承载力按以下规定计算,即:

$$\gamma_0 F_{id} \leqslant 0.6 f_{td} h_0 \left[2\alpha_{pX}(b_y + a_y) + 2\alpha_{pY}(b_x + a_x) \right] \tag{5-151}$$

$$\alpha_{pX} = \frac{1.2}{\lambda_x + 0.2} \tag{5-152}$$

$$\alpha_{pY} = \frac{1.2}{\lambda_y + 0.2} \tag{5-153}$$

式中:F_{id}——作用于冲切破坏锥体上的冲切力设计值,可取墩台柱的竖向力设计值(包括承台破坏锥体的重力)减去锥体范围内桩的反力设计值;

b_x、b_y——墩台柱作用面积的边长[图 5-52a)];

h_0——承台有效高度,由承台顶面至承台下层抗拉系杆钢筋高度;

a_x、a_y——冲跨,冲切破坏锥体侧面顶边与底边间的水平距离,即墩台柱边缘到桩边缘的水平距离,其值不应大于 h_0;

λ_x、λ_y——冲跨比,$\lambda_x = a_x/h_0$,$\lambda_y = a_y/h_0$,当 $a_x < 0.2h_0$ 或 $a_y < 0.2h_0$ 时,取 $a_x = 0.2h_0$ 或 $a_y = 0.2h_0$;

α_{pX}、α_{pY}——与冲跨比 λ_x、λ_y 对应的冲切承载力系数;

f_{td}——混凝土轴心抗拉强度设计值。

(2)承台周边桩向上冲切破坏验算

此种情况是指墩台柱向下冲切破坏锥体以外的周边桩(角桩和边桩),向上冲切承台的冲切承载力按以下规定计算[图5-52b)]。

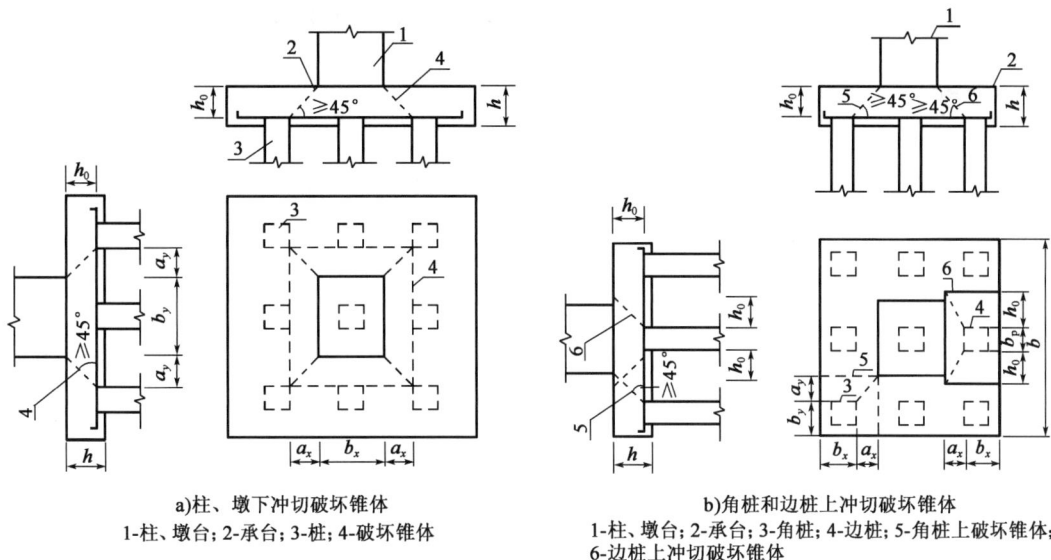

a)柱、墩下冲切破坏锥体
1-柱、墩台;2-承台;3-桩;4-破坏锥体

b)角桩和边桩上冲切破坏锥体
1-柱、墩台;2-承台;3-角桩;4-边桩;5-角桩上破坏锥体;
6-边桩上冲切破坏锥体

图5-52 承台冲切破坏锥体

①角桩

$$\gamma_0 F_{ld} \leq 0.6 f_{td} h_0 \left[\alpha'_{pX} \left(b_y + \frac{a_y}{2} \right) + \alpha'_{pY} \left(b_x + \frac{a_x}{2} \right) \right] \qquad (5\text{-}154)$$

$$\alpha'_{pX} = \frac{0.8}{\lambda_x + 0.2} \qquad (5\text{-}155)$$

$$\alpha'_{pY} = \frac{0.8}{\lambda_y + 0.2} \qquad (5\text{-}156)$$

式中: F_{ld}——角桩竖向力设计值;

b_x、b_y——承台边缘至桩内边缘的水平距离[图5-52b)];

a_x、a_y——冲跨、冲切破坏锥体侧面顶边与底边间的水平距离,即墩台柱边缘到桩边缘的水平距离,其值不应大于 h_0;

λ_x、λ_y——冲跨比,$\lambda_x = a_x/h_0$,$\lambda_y = a_y/h_0$,当 $a_x < 0.2h_0$ 或 $a_y < 0.2h_0$ 时,取 $a_x = 0.2h_0$ 或 $a_y = 0.2h_0$;

α'_{pX}、α'_{pY}——与冲跨比 λ_x、λ_y 对应的冲切承载力系数。

②边桩

当 $b_p + 2h_0 \leq b$ 时[b 见图5-52b)]

$$\gamma_0 F_{ld} \leq 0.6 f_{td} h_0 \left[\alpha'_{pX} (b_p + h_0) + 0.667 \times (2b_x + a_x) \right] \qquad (5\text{-}157)$$

式中:F_{ld}——边桩竖向力设计值;

b_x——承台边缘至桩内边缘的水平距离;

b_p——方桩的边长;

a_x——冲跨,为桩边缘至相应墩台柱边缘水平距离,其值不应大于 h_0。

上述计算对圆形桩,其圆形截面可换算为边长等于0.8倍桩直径的方形截面桩。

当承台为变厚度时,式(5-151)中的 h_0 取沿墩台柱边缘垂直截面的承台有效高度;式(5-154)、式(5-157)中的 h_0 取承台边缘截面的有效高度。

245

2.承台悬臂抗弯验算

承台抗弯验算截面为悬出部分墩身底边缘截面,见图5-53的 I — I 截面。

上缘混凝土抗压验算

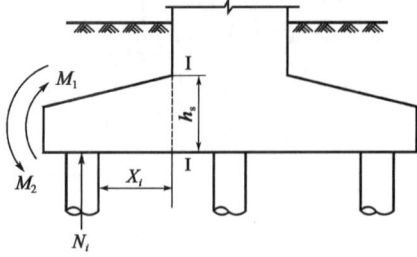

图5-53 按悬臂梁承台抗弯抗剪验算图

$$M_1 - M_2 \leqslant W_h \frac{f_{cd}}{\gamma_0} \qquad (5\text{-}158)$$

式中:M_1——悬出部分各桩柱顶轴向力(承台底面处)N_1 对验算截面的计算弯矩设计值(kN·m);

M_2——悬出部分承台自重及上面土重、水柱重对验算截面的弯矩设计值;

W_h——承台验算截面对混凝土受压边缘的换算截面抵抗矩(m^3);

f_{cd}——混凝土抗压强度设计值;

γ_0——桥梁结构的重要性系数。

下缘钢筋抗拉验算为:

$$M_1 - M_2 \leqslant W_g \frac{f_{sd}}{\gamma_0} \qquad (5\text{-}159)$$

式中:W_g——承台验算截面对受拉钢筋重心处的换算截面抵抗矩(m);

f_{sd}——钢筋抗拉强度设计值;

其余符号意义同前。

现行《公钢混桥规》规定:当承台下面外排桩中心距墩台身边缘大于承台高度时(图5-54中的 $X > h_s$),承台正截面(垂直于 x 轴和 y 轴的竖向截面)抗弯承载力可作为悬臂梁按一字"梁式体系"计算。

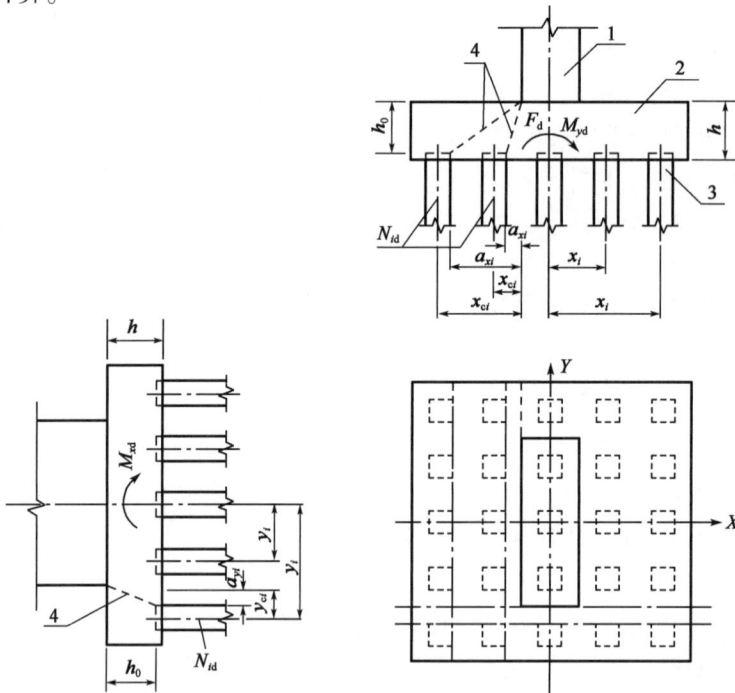

图5-54 桩基承台计算

1-墩身;2-承台;3-桩;4-剪切破坏斜截面

承台底面单桩竖向力设计值可按下式计算：

$$N_{id} = \frac{F_d}{n} \pm \frac{M_{xd}y_i}{\sum y_i^2} \pm \frac{M_{yd}x_i}{\sum x_i^2}$$ （5-160）

式中：N_{id}——第 i 根桩的单桩竖向力设计值；

F_d——由承台底面以上的作用力(或荷载)产生的竖向力组合设计值；

M_{xd}、M_{yd}——由承台底面以上的作用力(或荷载)绕通过桩群形心 x 轴、y 轴的弯矩组合设计值；

n——承台下面桩的总根数；

x_i、y_i——第 i 排桩中心至 y 轴、x 轴的距离。

（1）承台截面计算宽度

①当桩中距不大于 3 倍桩边长或直径时，取承台全宽；

②当桩中距大于 3 倍边长或直径时：

$$b_s = 2a + 3D(n-1)$$ （5-161）

式中：b_s——承台截面计算宽度；

a——平行于计算截面的边桩中心距离承台边缘距离；

D——桩边长或桩直径；

n——平行于计算截面的桩的根数。

（2）承台计算截面弯矩设计值

按下列公式计算(图 5-54)：

$$M_{xcd} = \sum N_{id}y_{ci}$$ （5-162）

$$M_{ycd} = \sum N_{id}x_{ci}$$ （5-163）

式中：M_{xcd}、M_{ycd}——计算截面外侧各排桩竖向力产生的绕 x 轴和 y 轴在计算截面处的弯矩组合设计值；

N_{id}——计算截面外侧第 i 排桩竖向力设计值，取该排桩根数乘以该排桩中最大单桩竖向力设计值；

x_{ci}、y_{ci}——垂直于 y 轴和 x 轴方向，自第 i 排桩中心线至计算截面的距离。

3. 斜截面抗剪验算

承台的剪切破坏斜截面如图 5-54 所示，斜截面抗剪承载力计算应符合下列规定：

$$\gamma_0 V_d \leqslant \frac{0.9 \times 10^{-4}(2 + 0.6P)\sqrt{f_{cu,k}}}{m} b_s h_0$$ （5-164）

式中：V_d——承台悬臂下面桩的竖向力设计值产生的计算斜截面以外各排桩最大剪力设计值(kN)的总和；每排桩的竖向力设计值，取其中一根最大值乘以该排桩的根数；

$f_{cu,k}$——边长为 150mm 的混凝土立方体抗压强度标准值(MPa)；

P——斜截面内纵向受拉钢筋的配筋百分率，$P = 100\rho$，$\rho = A_s/bh_0$，当 $P > 2.5$ 时，取 $P = 2.5$，其中 A_s 为承台截面计算宽度内纵向受拉钢筋截面面积；

m——剪跨比，$m = a_{xi}/h_0$ 或 $m = a_{yi}/h_0$，当 $m < 0.5$ 时，取 $m = 0.5$，其中，a_{xi} 和 a_{yi} 分别为沿 x 轴和 y 轴墩台边缘至计算斜截面外侧第 i 排桩边缘的距离；当为圆形截面桩时，可换算为边长等于 0.8 倍圆桩直径的方形截面桩；

b_s——承台计算宽度(mm)；

h_0——承台有效高度(mm)。

当承台的同方向可作出多个斜截面破坏面时,应分别对每个斜截面进行抗剪承载力计算,具体规定和计算参见《公钢混桥规》。

二、承台座板按"撑杆—系杆体系"计算配筋

《公钢混桥规》规定,当外排桩中心距墩台柱边缘等于或小于承台高度时,承台属短悬臂结构,提出采用"撑杆—系杆"的比拟桁架模式计算,简便合理。

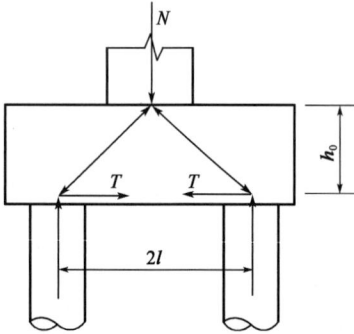

图 5-55　比拟桁架模拟承台结构计算

其原理是将相对尺寸较小的墩身,认为是以集中力的形式作用于承台上,模型中是以抗拉系杆模拟受拉钢筋,以抗压撑杆模拟主压应力轨迹,比拟桁架的模式就是将墩身作用的荷载 N,通过抗压撑杆将推力传到桩上,而要维持桩顶节点的受力平衡,必须有一比拟拉杆来承受水平分力 T,则 T 由承台底面的受拉钢筋承受(图5-55)。

以图 5-55 为例简单计算,可得 $\dfrac{T}{N/2} = \dfrac{l}{h_0}$,则:

$$T = \frac{Nl}{2h_0} \tag{5-165}$$

式中:l——承台计算跨径(即桩的中心距离)的一半;

　　h_0——承台顶面至拟设的下层钢筋重心的距离,即为前面的承台计算高度。

设计中以 T 作为承台底层两桩之间计算受拉钢筋的拉力。

《公钢混桥规》对承台短悬臂按"撑杆—系杆体系"计算撑杆的抗压承载力(图5-56)规定如下。

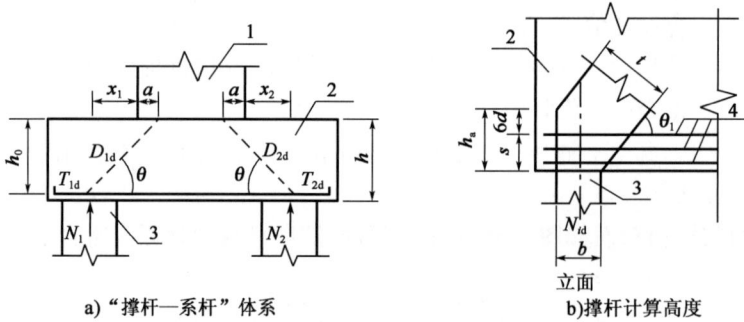

a)"撑杆—系杆"体系　　b)撑杆计算高度

图 5-56　承台按"撑杆—系杆体系"计算
1-墩台身;2-承台;3-桩;4-系杆钢筋

(1)撑杆抗压承载力计算

$$\gamma_0 D_{id} \le tb_s f_{cd,s} \tag{5-166}$$

$$f_{cd,s} = \frac{f_{cu,k}}{1.43 + 304\varepsilon_1} \le 0.48f_{cu,k} \tag{5-167}$$

$$\varepsilon_1 = \left(\frac{T_{id}}{A_s E_s} + 0.002\right)\cot^2\theta_i \tag{5-168}$$

$$t = b\sin\theta_i + h_a\cos\theta_i \tag{5-169}$$

$$h_a = s + 6d \tag{5-170}$$

式中:D_{id}——撑杆压力设计值,包括 $D_{1d} = N_{1d}/\sin\theta_1$,$D_{2d} = N_{2d}/\sin\theta_2$,其中 N_{1d} 和 N_{2d} 分别为承台

悬臂下面"1"排桩和"2"排桩内该排桩的根数乘以该排桩中最大单桩竖向力设计值,单桩竖向力按式(5-160)计算,按式(5-166)计算撑杆抗压承载力时,式中 D_{id} 取 D_{1d} 和 D_{2d} 两者较大者;

$f_{cd,s}$——撑杆混凝土轴心抗压强度设计值;

t——撑杆计算高度;

b_s——撑杆计算宽度,按承台正截面计算宽度的规定计算确定;

b——桩的支撑宽度,方形截面桩取截面边长,圆形截面桩取直径的0.8倍;

$f_{cu,k}$——边长为150mm的混凝土立方体抗压强度标准值;

T_{id}——与撑杆相应的系杆拉力设计值,包括 $T_{1d} = N_{1d}/\tan\theta_1$,$T_{2d} = N_{2d}/\tan\theta_2$;

A_s——在撑杆计算宽度 b_s(系杆计算宽度)范围内系杆钢筋截面面积;

s——系杆钢筋的顶层钢筋中心至承台底的距离;

d——系杆钢筋直径,当采用不同直径的钢筋时,d 取加权平均值;

θ_i——撑杆压力线与系杆拉力线的夹角,包括 $\theta_1 = \arctan\dfrac{h_0}{a+x_1}$,$\theta_2 = \arctan\dfrac{h_0}{a+x_2}$,其中,$h_0$ 为承台有效高度;a 为撑杆压力线在承台顶面的作用点至墩台边缘的距离,取 $\alpha = 0.15h_0$;x_1 和 x_2 为桩中心至墩台边缘的距离。

(2)系杆抗拉承载力计算

$$\gamma_0 T_{id} \leqslant f_{sd} A_s \tag{5-171}$$

式中:T_{id}——系杆拉力设计值,取 T_{1d} 与 T_{2d} 两者较大者;

f_{sd}——系杆钢筋抗拉强度设计值。

在垂直于系杆的承台全宽内,系杆钢筋布置应符合《公桥基规》和《公钢混桥规》要求。在系杆计算宽度 b_s 内的钢筋截面面积应符合受弯构件受拉钢筋最小配筋百分率。

思 考 题

1. 名词解释:端承桩与摩擦桩,刚性桩与弹性桩,高桩承台与底桩承台。

2. 对钻(挖)孔摩擦桩单桩轴向受压承载力容许值计算式中的主要项目内容和参数做逐一介绍。

3. 简单说明"m"法的基本原理和假设要点,与现有其他方法相比,"m"法的优点是什么。

4. 简单说明"m"法地基系数与地基系数的比例关系,如何计算水平向与竖直向土抗力。

5. 说明弹性单桩、单排桩设计计算程序步骤与多排桩设计计算主要要点和程序内容,两者是否有相连关系。

6. 请简单说明不同类型的群桩基础及其作用特点。

7. 承台座板主要验算项目内容有哪些?简要说明承台座板可按"撑杆—系杆体系"计算配筋的过程。

作 业 题

1. 双桩柱式桥墩单桩内力计算题

按前面第二章"中墩盖梁计算",其恒、活载布载资料可按计算题选取,水平力选用汽车荷

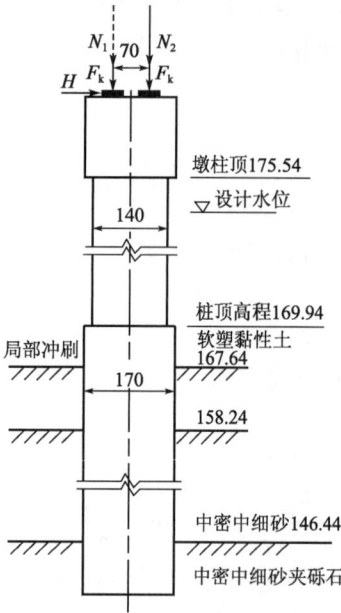

图 5-57　墩柱基础平面图
（尺寸单位:cm,高程单位:m）

载的制动力标准值,纵向风力略。

墩柱直径 1.40m,钻孔灌注桩直径 1.70m,桩身材料为 C25 混凝土,$E_c = 2.8 \times 10^5 MPa$,墩柱顶高程为 175.54,桩顶高程为 169.94,局部冲刷线高程为 167.64。地质条件见图 5-57,非岩石地基水平向抗力系数的比例系数 m 查表。钻孔桩桩侧土的摩阻力标准值与桩底土的承载力标准值查表 5-1 及表 5-5。

计算要求:

（1）计算至摩擦桩桩顶最大单桩轴向受压承载力容许值反算桩长。

（2）桩身内力计算:

①计算局部冲刷线处 P_0、Q_0、M_0;

②参数计算,并判断是刚性桩还是弹性桩;

③内力计算,确定最大弯矩截面处及相对应的轴向力（P_{OZmin}）。

（3）桩身配筋计算（略）。

2. 高桩承台多排桩计算题

1）计算资料

上部结构为 25m 与 35m 不等跨简支梁,下部是一过渡墩,梁长为 24.94m 与 34.94m,五梁式桥面宽为 13.0m,单向 3 车道,车道宽 11.50m。公路—Ⅰ级,车道荷载的均布荷载标准值 $q_k = 10.5kN/m$,集中荷载标准值 $P_k = 300kN$。各梁恒载在支座的作用力见表 5-25。墩柱基础立面及平面图见图 5-58 和图 5-59。

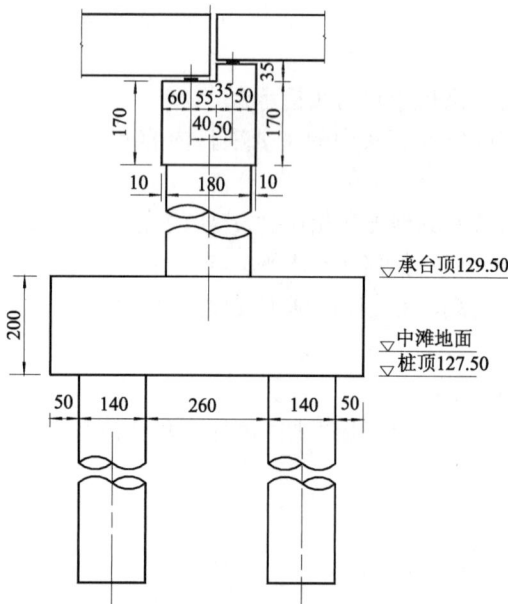

图 5-58　墩柱基础立面图(尺寸单位:cm)

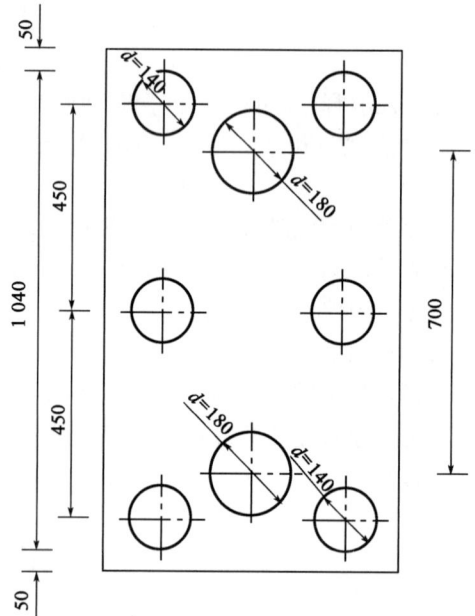

图 5-59　墩柱基础平面图(尺寸单位:cm)

35m 跨度(kN)		25m 跨度(kN)	
边梁支座	中梁支座	边梁支座	中梁支座
798.30	839.78	379.40	398.80

盖梁荷载重为 1 115.10kN。有关汽车荷载顺桥向与横桥向布置、汽车荷载制动力标准值按第二章计算题内容选取计算。

墩柱直径 1.8m,桩身直径 1.40m,墩柱承台与桩身采用 C25 混凝土,$E_c = 2.8 \times 10^5 \text{MPa}$,墩柱承台恒载自算。承台底埋入中滩地面 50cm,不计其土抗力。桩顶高程 127.50m,其埋入土中零点处。上层土 6m 为中密中细砂;以下为中砾砂,密实。

2)计算内容

(1)承台底面以上,恒、活载按两种受力状态计算:①以竖向力为主双向偏心作用算出最大基桩所受竖向力 P_{imax} 反算桩长;②以水平力 H_0、弯矩 M_0 为主及相应的竖向力 N,作用于承台底中心处。

(2)参数计算,判断是刚性桩还是弹性桩。

(3)单桩所处外荷载的计算。

(4)桩身内力、变位计算与配筋。

(5)多排桩的整体验算。

第六章 沉井基础

第一节 概　述

沉井是一柱体形井筒状结构,一般四周井壁由刚度很大的钢筋混凝土或少筋混凝土预制而成。如果平面尺寸较大,可在井筒中间设支承隔墙。它是以井孔内挖土,依靠自身重力来克服井壁与周围土之间的摩阻力下沉,至设计高程后,经混凝土封底、井孔填塞后形成一个整体基础(图6-1)。

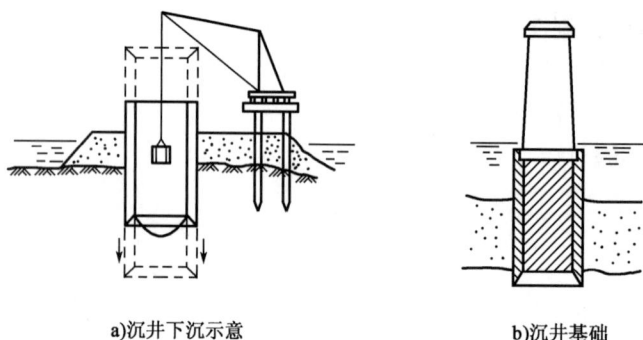

| a)沉井下沉示意 | b)沉井基础 |

图6-1　沉井基础示意图

沉井是一种刚性深基础,施工时不需板桩围护,本身就具有挡土和挡水的围堰功能,施工技术比较稳妥可靠,操作简便,下沉深度可以很大(大型沉井基础可以下沉几十米深),没有理论上的限制。沉井基础整体性强、稳定性好,有较大的承载面积,能承受很大的垂直荷载和水平荷载,尤其在深水中有较大卵石不便桩基础施工,以及需要承受巨大的水平力和上拔力时,多采用沉井基础。首座南京长江大桥9个主孔桥墩中6个采用大型沉井基础;江阴长江大桥悬索桥主缆的北锚碇采用长69m、宽51m、下沉深度58m,带有36个隔仓的巨型钢筋混凝土沉井(图6-2)。同时沉井还可作为施工中事故处理、组合基础的一部分来应用。所以沉井基础也是桥梁工程中应用较为广泛的一种基础形式,沉井也常用做矿用竖井、地下泵房、油库等。

沉井的缺点:施工期较长;当遇有流沙、大孤石、树干或老桥基等难以清除的障碍物时,下沉困难易产生偏斜;河床覆盖层下是倾斜度较大的岩层时,也会增加沉井施工的困难,使沉井基础的稳定性不好,故上述情况应尽量避免采用沉井基础。

选择沉井基础,一定要对桥位处地质情况进行详细的勘察,根据施工可行、经济合理的原则进行分析比较。一般下列情况可以考虑采用沉井基础:

(1)当上部结构荷载较大,稳定性要求高,在一定深度下才有好的持力层,不宜使用扩大基础,且采用沉井基础较其他深基础更为可靠和经济合理时。

(2)在深水大河或山区河流中,虽土质较好,但冲刷大,或河中有较大卵石不便桩基础施工时。

(3)岩石表面平坦且埋置浅,但河水较深采用扩大基础施工围堰困难时,可采用沉井。

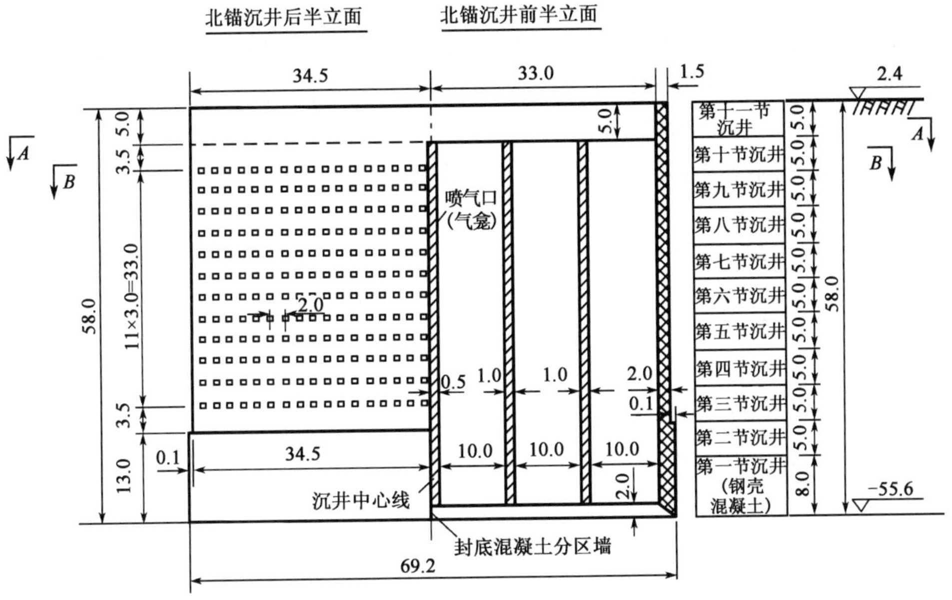

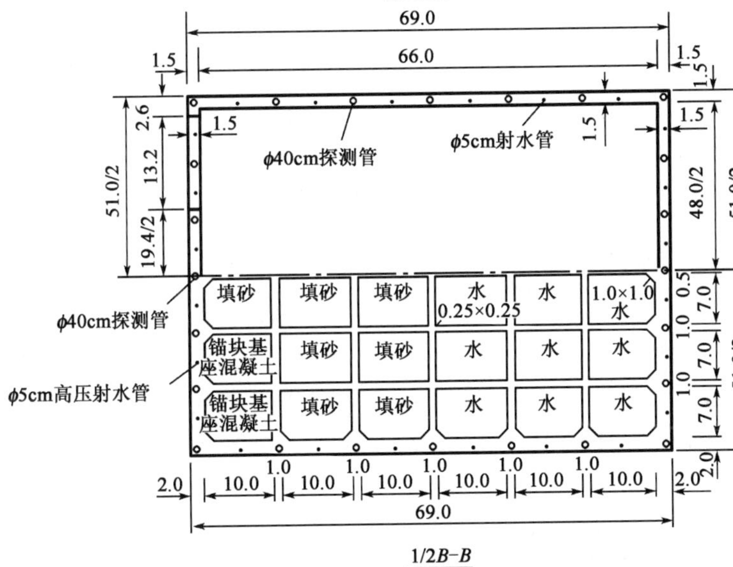

图 6-2　江阴长江大桥北锚碇沉井一般结构图(尺寸单位:m;高程单位:m)

第二节　沉井基础的类型和构造要求

一、沉井基础的类型

(一)根据沉井建筑材料分类

1.混凝土沉井

适用于小尺寸沉井,井壁较厚,适于覆盖层较松软的地质条件,一般下沉深度不超过

7~8m。

2. 钢筋混凝土沉井

这种沉井的抗压和抗拉强度高,施工时结构各部分受力好,可制作成大型沉井,下沉深度可达几十米以上。当下沉深度不大时,可将底节沉井或刃脚部分做成钢筋混凝土结构,上部井壁用混凝土制作;浮运沉井用钢筋混凝土制作,采用薄壁结构。钢筋混凝土沉井可根据具体情况要求做成各种合理的结构形状和厚度。亦有空腔钢丝网水泥薄壁浮运沉井。

3. 钢沉井

用钢材制造,钢模薄壁结构沉井,其强度高,重量轻,易于拼装,适于制造浮运沉井。

(二)根据沉井施工方法分类

1. 现浇预制沉井

这种沉井是在设计的基础位置处就地浇筑预制沉井,待达到一定的强度后,井孔内挖土下沉。对于水中基础,需先在水中筑岛立模,浇筑混凝土后,挖土下沉。沉井主要依靠自重下沉。

2. 浮运沉井

浮运沉井多利用钢壳双壁沉井,还有钢丝网水泥双层空壁沉井和钢筋混凝土薄壁沉井,先在岸边制造,再浮运就位下沉。通常在深水地区人工筑岛困难或不经济,或者有通航要求且水流速不大时,可采用浮运沉井。

(三)根据沉井平面形状分类

沉井平面形状主要有圆形、圆端形和矩形等(图6-3)。根据井孔布置方式和多少,又可分单孔、双孔及多孔沉井。多孔沉井主要是对平面尺寸较大的沉井,根据结构受力要求及下沉需要,在其中设隔墙形成。沉井井孔布置一般应对称,以便均匀取土。

(四)根据沉井的立面形状分类

沉井外壁立面形状主要有竖直式、台阶式和斜坡式三种形式(图6-4)。竖直式井壁下沉中不易倾斜,但井壁上土的摩阻力较大,一般在入土不深或松软土层中使用。当沉井下沉深度较大而周围土质较密实时,为减小下沉时的摩阻力,沉井外壁可做成台阶式和斜坡式,台阶宽度不小于0.2m,斜坡为沉井全高的1/20～1/50,或采用与斜坡坡度相当的台阶形,一般多采用台阶式。

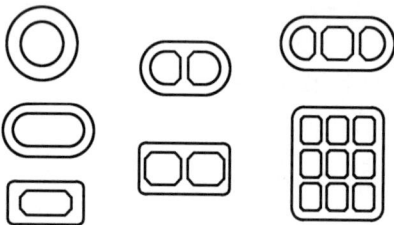

a)单孔沉井　　b)双孔沉井　　c)多孔沉井

图6-3　沉井的平面形状

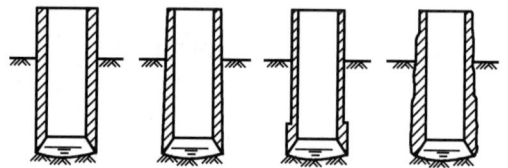

a)竖直式　　b)斜坡式　　c)竖直台阶式　　d)斜坡台阶式

图6-4　沉井外壁立面形式

二、沉井的构造

沉井一般由井壁、刃脚、隔墙、井孔、凹槽、封底混凝土、顶盖板等构成,如采用助沉措施,尚应在井壁中预埋一些助沉所需的管组(图6-5)。

(一)刃脚

刃脚是井壁下端的斜形尖,用以切土下沉。刃脚受力复杂集中,要有足够的强度和刚度,采用钢筋混凝土结构,还应以型钢(角钢或槽钢)加强刃脚,以免下沉时损坏。刃脚混凝土强度等级不低于C25。

沉井刃脚根据地质情况,可采用尖刃脚或带踏面的刃脚(图6-6)。刃脚踏面宽度可为0.1~0.2m,软土可适当放宽。刃脚斜面与水平面交角不宜小于45°,沉井内隔墙底面应比刃脚底面至少高出0.5m,刃脚高度一般不小于1.0m。当沉井需要下沉至稍有倾斜的岩石上时,在掌握岩层高低差变化的情况下,可将刃脚做成与岩面的倾斜度相适应的高低刃脚。

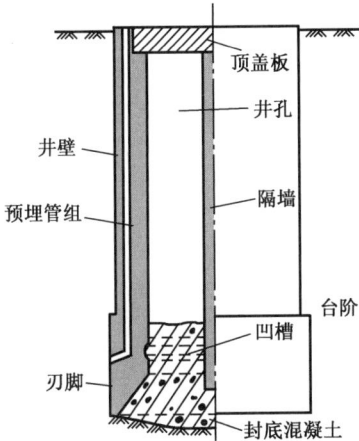

图6-5 沉井构造图

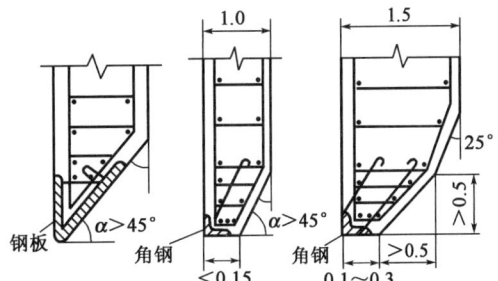

图6-6 刃脚的构造(尺寸单位:m)

(二)井壁

井壁是沉井的主体结构,形成沉井基础的外形尺寸;施工中围水挡土,并获得顺利下沉的重力。为减小井壁周围土的摩阻力,沉井外壁可做成台阶或斜坡面。沉井较高时,可根据沉井整体构造和施工要求分节预制下沉,节高一般不宜高于5m。土质松软时,底节高度以不超过0.8倍井宽为宜。

井壁厚度按强度、下沉需要的自重和便于取土、清基等因素而定,一般为0.8~1.5m,但钢筋混凝土薄壁浮运沉井及钢制薄壁浮运沉井的壁厚不受此限。井壁混凝土强度等级不低于C20,当为薄壁浮运沉井时,井壁和隔板不应低于C25,腹腔内填料不应低于C15。钢筋混凝土沉井的配筋率不应小于0.1%,混凝土沉井仅适用于松软土层。

(三)隔墙

当沉井平面尺寸较大时,一般设隔墙(内壁),将沉井分成若干井孔,其作用是缩短井壁跨度,减小井壁挠曲应力,并增强沉井整体刚度,便于掌握井孔挖土位置和速度,以控制下沉方向。隔墙间距一般要求不大于5.0~6.0m,厚度可比井壁小0.2~0.4m。

隔墙底面距刃脚踏面高度,既要考虑支承刃脚,使刃脚悬臂和水平框架共同起作用,同时又要避免隔墙底面搁住沉井,阻碍其下沉,一般要求不小于0.5m。为增强隔墙与刃脚的支撑连接,可采用竖向承托加强。若人工挖土,应在隔墙下部设过人孔,以便于施工。

(四)井孔

又称取土井,是沉井下沉取土的通道。井孔的布置必须与沉井轴线对称,以便于均匀取土

255

和纠偏。井孔的大小应满足取土机具所需净空和便于取土操作的要求,井孔最小尺寸应视取土机具确定,一般不宜小于2.5m,且不超过6.0m。

(五) 凹槽

为增强封底混凝土与井壁的连接强度,以更好地将封底混凝土所受到的地基反力传递给井壁,一般在沉井外壁内侧离刃脚踏面一定高度处(一般为2.0m)做一水平槽状结构,称为凹槽。凹槽深度为0.15~0.30m,高度约为1.0m以上。当井孔准备用混凝土或圬工填实时,也可不设凹槽。

(六) 封底混凝土

沉井下沉至设计高程后,为使沉井形成一个整体受力结构,将井底的地基反力传至井壁,需浇筑一层混凝土封住井底,即封底混凝土。封底混凝土厚度应根据基底的水压力和地基土的向上反力经计算确定,封底混凝土顶面应高出刃脚根部不小于0.5m,若有凹槽,应封至凹槽顶面。沉井封底混凝土一般是在水下浇筑,为保证封底质量,并具有一定的安全度,要求水下封底混凝土强度等级不应低于C25,岩石地基可降为C20。

(七) 顶盖板

沉井井孔内是否需要填实,应根据沉井受力和稳定性的要求来确定。井孔填料可采用混凝土、片石混凝土或浆砌片石;在非冰冻区,封底后也可采用砂砾填心或仅封底而不填心。当井孔内仅填以砂砾或无填充成空心沉井基础时,应在井顶设置钢筋混凝土顶盖板,其上修筑墩台身。顶盖板厚度一般为1.5~2.0m,钢筋配置由计算确定。

(八) 预埋管组

当预估沉井下沉阻力较大无法正常下沉时,可采用射水法和空气幕法等助沉措施,此时应按助沉设计要求,在井壁内预埋管组,并在井壁外侧设置射水嘴或气龛。

第三节　沉井基础施工

沉井施工前,除应充分掌握基础位置处的土质和土层情况外,还应了解施工过程的水文变化情况,如水深、流速和冲刷等,尤其需要在施工中渡汛、渡凌的沉井,应对洪汛、凌汛等有关资料,以及通航、漂流物等做好调查研究,并应根据设计所提供的地质水文资料决定是否增加补充施工钻探,为编制施工技术方案提供准确依据,提出必要的施工措施,确保施工安全。沉井下沉前,应对周边的堤防、建筑物和施工设备采取有效的防护措施,并应在下沉过程中,对其沉降及位移进行监测。

沉井施工根据场地条件和设计主要技术工艺,主要可总结为如下三个方面:旱地上的沉井施工;水中沉井施工;沉井下沉的助沉和纠偏。

一、旱地上的沉井施工

一般在旱地或岸滩,施工期间无地表水且土质较好时,可直接平整场地,就地预制沉井挖土下沉。施工较容易,其主要工序如下(图6-7)。

(一) 平整场地铺设垫木

如天然地面土质较好,只需将地面杂物清掉并整平地面,即可在其上制作沉井。若地下水位较低,可开挖基坑制作沉井,坑底应高出施工期的最高水位(包括波浪影响)0.5～0.7m。如土质松软,则应在平整场地夯实后,铺垫0.3～0.5m的砂砾层。

为扩散第一节沉井制作时刃脚踏面的集中应力,要求在刃脚踏面处对称地铺设垫木,以加大支承面积,使沉井重量在垫木下产生的压应力不大于100kPa,并以此确定垫木尺寸。

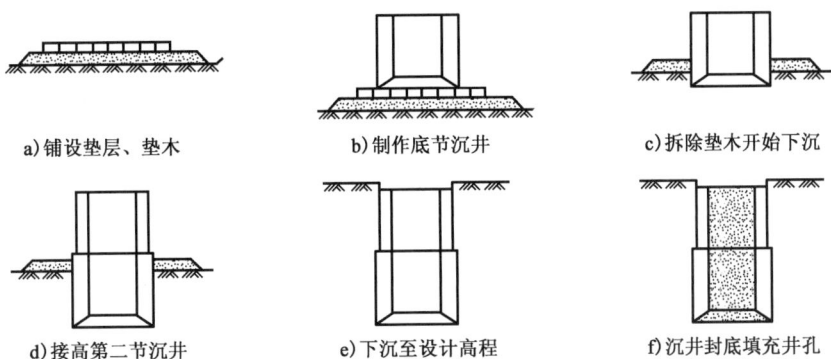

| a)铺设垫层、垫木 | b)制作底节沉井 | c)拆除垫木开始下沉 |
| d)接高第二节沉井 | e)下沉至设计高程 | f)沉井封底填充井孔 |

图6-7　旱地沉井施工示意图

(二) 制作底节沉井

首先支立沉井模板,要求模板和支撑具有足够的强度和较好的刚度,内隔墙与井壁连接处垫木应连成整体,底模应支承在垫木上,以防不均匀沉裂(图6-8)。

在支立模板的同时,要将刃脚加强角钢及配置的钢筋绑扎就位。外模板应平滑以利下沉。支立模板完成后,即可浇筑混凝土,应对称均匀并一次连续浇完。

(三) 拆模和抽垫木

沉井混凝土强度达到70%设计强度时可拆除模板,达到设计要求后方可抽撤垫木。垫木应按分区、依次、对称、同步抽出,一般是:先抽撤内隔墙下的垫木,再抽沉井短边下的垫木,最后抽长边下的垫木。抽撤长边下的垫木时,以设计的定位支点垫木为中心,对称地由远到近抽除,最后同时抽除定位垫木。抽垫木时要随抽随用砂土回填捣实,并应注意防止沉井偏斜。

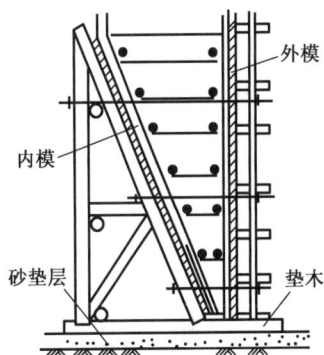

图6-8　沉井刃脚立模

(四) 挖土下沉

抽完垫木后,就可在井孔中挖土,可用人力或机械挖土的方式。沉井挖土下沉可分为排水下沉和不排水下沉。人工挖土时,必须采用排水下沉,且要事先充分查明通过土层中有无"承压水层",防止井内涌水翻砂危及人身安全。机械挖土当用吸泥机时,由于吸泥机在工作时是连泥带水一起吸出井外,井内水位不断下降,所以应该在吸泥同时,不断向井内灌水,使井内水位比井外高出1～2m,以避免发生流沙现象。

(五) 沉井接高

沉井在地面上接高时,井顶露出地面不应小于0.5m。水上沉井接高时,井顶露出水面不应小于1.5m,且在接高过程中,应采取措施保持沉井的入水深度不变;带气筒的浮式沉井,对气筒应加防护。

接高前首先应对第一节沉井纠正倾斜，保持井位在允许的偏差范围内，并不得将刃脚下部土层掏空，接高各节的竖向中轴线应与前一节中轴线重合。接高沉井的模板不得支承在地面上，并应预防沉井接高后模板及支撑与地面接触。为防止沉井在接高时突然下沉或倾斜，应均匀对称地浇筑接高混凝土。两节沉井混凝土施工接缝应清洗凿毛，并按设计要求布置接缝锚固钢筋。

(六)地基检验和处理

沉井沉至设计高程后，应检验基底的地质是否与设计相符。对不排水下沉的沉井基底面应整平，基底为岩层时，岩面残留物(风化岩碎快、卵石、砂)应清除干净，清理后有效面积不得小于设计要求；当岩石基底为倾斜面时，应将岩层表面的松软层或风化层凿去并整平，刃脚的2/3以上嵌搁在岩层上，嵌入深度最小处不宜小于0.25m，其余未到岩层的刃脚部分，可采用袋装混凝土等填塞缺口，对刃脚以内井底岩层的倾斜面，应凿成台阶或榫槽。基底土满足要求后，应清除基底浮泥软土，防止封底混凝土和基底间掺入有害夹层。对于排水下沉沉井的基底处理应符合《公路桥涵施工技术规范》(JTG/T F50—2011)第12款明挖地基的有关规定。对于下沉至设计高程后的沉井尚应进行沉降观测，沉降稳定且满足设计要求后方可封底。

(七)沉井封底及浇注顶盖板

基底检验合格及沉降稳定后应及时浇注封底混凝土。对排水下沉的沉井，如基底渗水的上升速度不大于6mm/min时，可按普通混凝土浇注方法进行封底，但应设置引流排水设施，及时排除明水，且应采取可靠措施使混凝土强度达到5MPa前不受到压力水的作用；对于渗水上升速度大于6mm/min和不排水下沉的沉井，应采用刚性导管法浇注水下混凝土或水下压浆混凝土封底。井孔填充与否，应按设计要求处理。不排水封底的沉井，应在封底混凝土强度满足抽水后的受力要求时方可抽水。沉井为空心沉井或井孔仅填以砂砾时，沉井顶面应浇灌钢筋混凝土顶盖板。

沉井的水下混凝土封底宜全断面一次连续灌注完成；对特大型沉井，可划分区域进行封底，但任一区域的封底工作均应一次连续灌注完成。

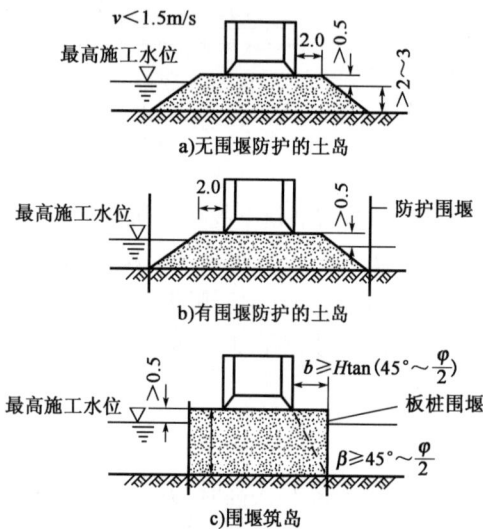

图6-9 筑岛法沉井施工(尺寸单位:m)

二、水中沉井施工

(一)筑岛法

沉井位于浅水或可能被水淹没的岸滩上时(一般施工期间最大水深不超过4~5m)，宜采用就地筑岛制作沉井(图6-9)。对人工筑岛要求如下：

(1)制作沉井的岛面、平台面和开挖基坑施工的坑底高程应比施工期最高水位高出0.5~0.7m，有流冰时，应再适当加高。

(2)筑岛平面尺寸应满足沉井制作及抽垫木等施工要求，无围堰筑岛，一般需在沉井周围设置不小于1.5m宽的护道；有围堰筑岛其护道宽度 b 可按式(6-1)确定：

$$b \geqslant H\tan\left(45° - \frac{\varphi}{2}\right) \qquad (6-1)$$

式中：H——筑岛高度；

φ——筑岛土饱和水时的内摩擦角。

护道宽度在任何情况下不应小于1.5m，当实际采用的护道宽度小于计算值时，则应考虑沉井重力等对围堰所产生的侧压力影响。

（3）筑岛材料应采用透水性好、易于压实的砂土或碎石土等，且不应含影响岛体受力及抽垫下沉的块体；在斜坡上筑岛，应进行设计计算，并设置抗滑措施；在淤泥等软土上筑岛时，应将软土清除、换填或采取其他加固措施。岛面及地基承载力应满足设计要求。

（4）无围堰筑岛临水面坡度，一般可采用1:1.75~1:3。有围堰筑岛应防止围堰漏土，以免沉井制造和下沉过程中引起岛面沉降变形，危及沉井安全。

筑岛施工时，还应考虑筑岛压缩流水断面，加大流速和提高水位后对岛体稳定性的影响。筑岛完成后，就形成了一个旱地的施工条件，后继施工方法与旱地施工相同。

（二）浮运沉井施工

在深水中修筑沉井，人工筑岛有困难或不经济时，可采用浮运沉井施工。浮运沉井就是把沉井底节做成空体结构，或采取其他办法（如带钢气筒）使其在水中可以漂浮，用船只将其拖运到设计位置，然后逐步灌入混凝土或水以增加沉井自重，使其徐徐沉入河底，按不排水挖土下沉。施工前必须根据河岸地形、设备条件进行技术经济比较，确定制作场地、沉井结构及下水方案。

1. 沉井制作与下水

一般岸边地形条件允许，尽可能在岸上搭设预制沉井平台（临时码头），制成后顺着岸坡铺设的滑道滑入水中（图6-10）。

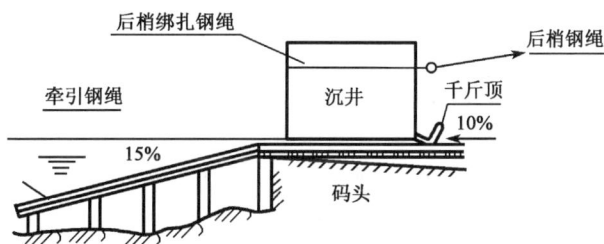

图6-10　滑道法浮运沉井下水

在桩支架上或浮船支架平台上制作沉井（图6-11），两组浮船间距根据沉井尺寸和沉井顺利下沉需要而定，当浮船工作平台搭设完后，即可制作浮运沉井，沉井混凝土达到设计强度后，进行起吊、拆平台、落水、接高及浇筑空腔混凝土等工序。

还可采用少量围堰工程在岸边围水（一般采用土堰），待沉井制作完后再挑开围堰，使水进入堰内，沉井浮起。岸边地形条件较好，且有足够起重能力的机械设备时，亦可采用岸边制作起吊下水方案。

2. 浮运方式

浮运沉井的浮运方式有：双壁浮运（空体自浮式）沉井、带临时性井底的沉井和带钢气筒的浮运沉井，现简介如下。

（1）双壁浮运沉井

双壁浮运沉井一般用钢、钢丝网水泥等制造，结构轻而薄，具有足够的强度和刚度，可多点平行作业,浮运就位简单。

图6-12为某桥采用的钢丝网水泥薄壁浮运沉井的构造示意图,是由0.03m的钢丝水泥制成的薄壁隔成一个个空格的壳体结构,入水后能自浮于水中,浮运就位后,向井壁腔内灌水下沉落于河床上,再逐格对称的灌注水下混凝土,从而使薄壁空腔沉井变成为普通的重力式沉井。当沉井要求入水较深、平面尺寸较大时,宜采用双壁钢沉井。双壁钢沉井制造简单,安全可靠,但耗钢量较多,部分材料可回收重复使用。有关各类双壁浮运沉井制造工艺请参照有关施工规范和资料。

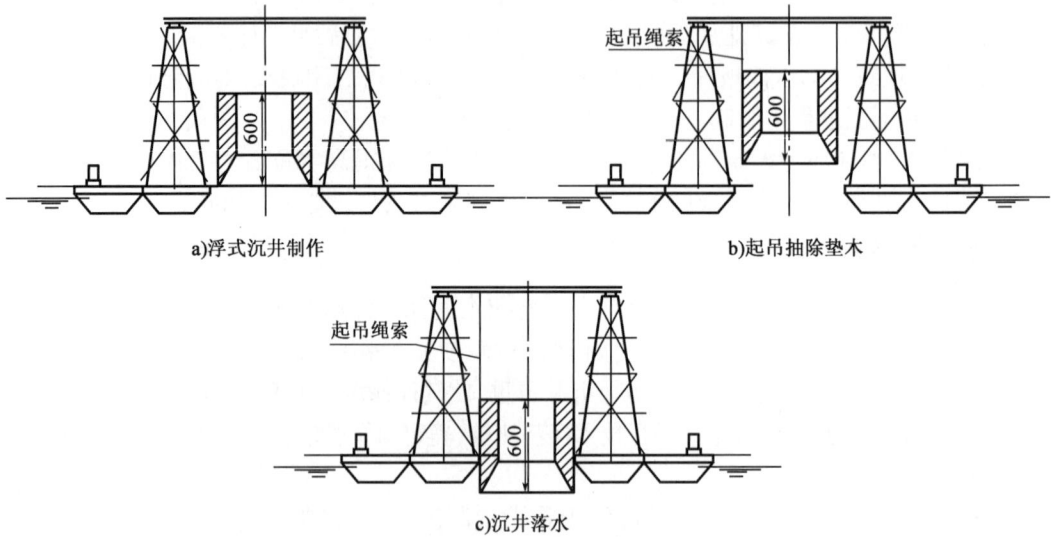

a)浮式沉井制作

b)起吊抽除垫木

c)沉井落水

图6-11 浮船搭架制作沉井(尺寸单位:cm)

(2)带临时性井底的浮运沉井

这种浮运沉井是在取土井底部安装临时性井底,使沉井成为一个浮体。临时性井底及其支撑应充分考虑在水中拆除方便,并有良好的水密性,一般多采用木料制作。

图6-13为带临时性井底浮运沉井示例。临时性木井底用八字形斜撑支在井孔内壁特制的檐口上。沉井浮运定位后,向井孔内灌水,使沉井逐渐下沉,当落床稳定后灌注井壁混凝土,即可拆除支撑,打开临时性井底,以后按一般沉井施工。

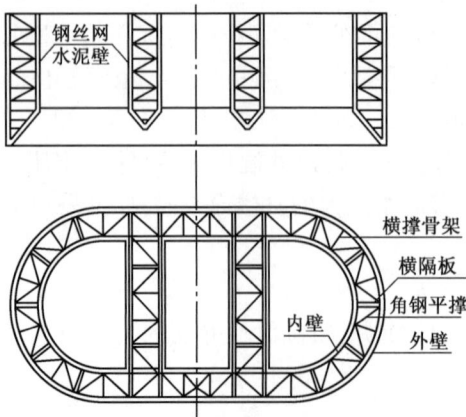

图6-12 钢丝网水泥薄壁沉井

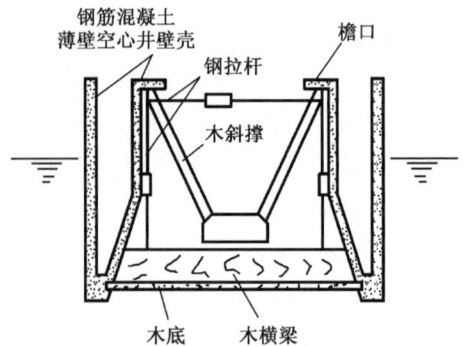

图6-13 带临时性井底的浮运沉井

260

（3）带钢气筒的浮运沉井

当河水很深,沉井很大,分孔较多时,可在井孔位置上装置若干个钢制压气筒,通过向气筒内打气来增加浮力。带钢气筒的浮运沉井多采用圆形截面构造,一般由三部分构成:双壁钢沉井底节、单壁钢壳、钢气筒(图6-14)。钢气筒是沉井内部的防水结构,在施工过程中,依靠压缩空气排出气筒内的水,提供所需的浮力。应用时可通过在气筒内充气或放气,及调节不同气筒内的气压使沉井可以上浮、下沉及调整偏斜,如落入河床后位置偏移过大,还可将气筒全部充气,使沉井重新浮起、定位下沉,进入河床稳定深度后,即可切割气筒顶盖,作为沉井取土孔,按一般沉井施工。

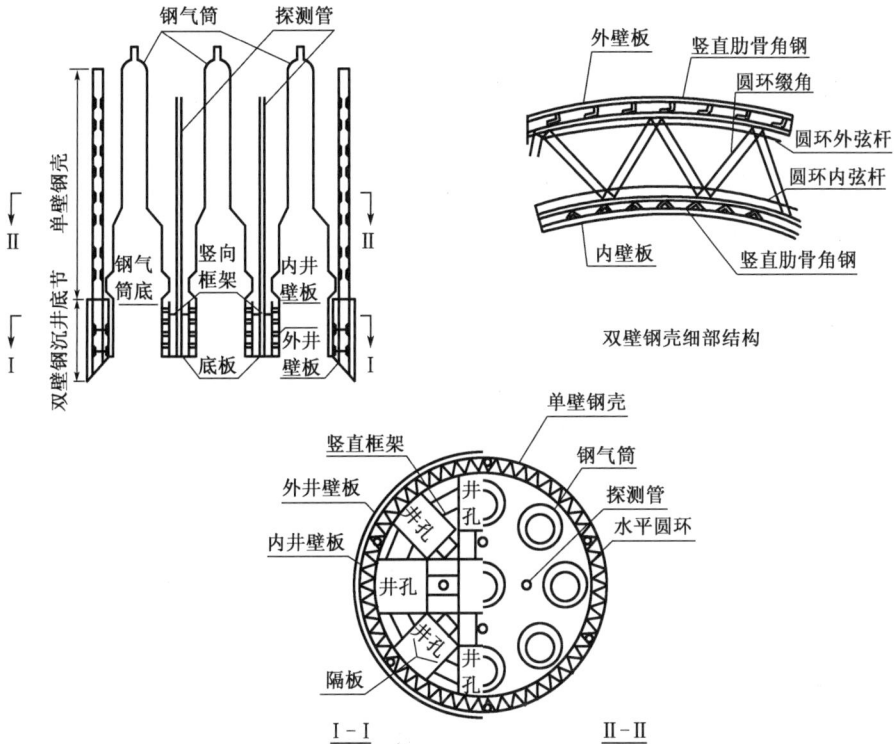

图6-14　带钢气筒浮运沉井

三、沉井下沉的助沉和纠偏

(一)沉井下沉的助沉措施

1. 临时助沉措施

一般当下沉至最后阶段时,沉井接高已完成,沉井自重达最大,井底已接近设计高程,井侧土质较好时,井壁摩阻力很大,有的井底开始进入持力土层,急剧增大的阻力使下沉受阻,可采用下述临时助沉措施。

（1）压重或抽水助沉

沉井圬工尚未接筑完毕时,可利用接筑圬工压重助沉,也可在井壁顶部用钢铁块件或其他重物压重助沉。除为纠正沉井偏斜外,压重应均匀对称旋转。采用压重助沉时,应结合具体情况及实际效果选用。对于不排水下沉的沉井,可在井孔中强制性排水,尽量减小浮力影响,降低井孔内的水位而相对增加自重。对于易引起翻砂、涌水地层,不宜采用抽水助沉方法。

261

（2）高压射水助沉

黏土的摩阻力与含水率有关，当沉井周边是黏土层时，可在上部尽可能贴着井壁挖深槽，在槽中沿井壁插管均匀射水，达到降低摩阻力助沉的目的。在一个沉井内只可同时开动一套射水设备，并不得进行除土或其他起吊作业。射水水压应根据地层情况、沉井入土深度等因素确定，可取 1 ~ 2.5MPa。

（3）炮振法助沉

一般不宜采用炮振助沉方法。在特殊情况下必须采用时，应严格控制用药量。在井孔中央底面放置炸药起爆助沉时，可采用 0.1 ~ 0.2kg，具体使用应视沉井大小、井壁厚度及炸药性能而定。同一沉井每次只能起爆一次，并应根据具体情况，适当控制炮振次数。

2. 助沉设计

助沉设计涉及的内容很多，实际上，在构造上采用沉井外壁为台阶式或斜坡式等都是为降低井壁摩阻力而采取的措施。对于下沉较深的沉井，井侧土质较好时，井壁与土层间的摩阻力很大，采用增加壁厚或压重等方法受限时，通常可采用泥浆润滑套法和空气幕法降低井壁阻力，辅助沉井下沉，该方法需要在沉井制造中预先于井壁预埋管组。

（1）泥浆润滑套下沉法

泥浆润滑套下沉沉井，是通过在沉井外壁周围与土层之间压入泥浆隔离层而形成泥浆润滑套，利用泥浆润滑套减低沉井下沉中的摩阻力（可降低至 3 ~ 5kPa，一般黏性土为 25 ~ 50kPa）。施工实践证明，泥浆润滑套沉井施工进度快，特别是在细、粉砂中效果尤为显著；可有效减轻沉井自重，甚至可以采用薄壁轻型沉井；下沉稳定，深度大，倾斜小，容易纠偏、施工稳定性好，在旱地或浅滩上应用效果较好。

选用的泥浆应具有良好的固壁性、触变性和稳定性。泥浆通常由膨润土（35% ~ 45%）、水（55% ~ 65%）、化学处理剂碳酸钠（0.4% ~ 0.6%）配置而成，且应保证其具有良好的固壁性、触变性和胶体率，泥浆配合比和泥浆性能各项指标应符合《公路桥涵施工技术规范》（JTG/T F50—2011）的规定。

用泥浆套下沉的沉井结构中，为保证压注泥浆并形成完好的泥浆套，需设置储浆台阶、压浆管、泥浆射口挡板和泥浆地表围圈（图6-15）。储浆台阶多设在距刃脚底面 2 ~ 3m 处，对面积较大的沉井，台阶可设在底节与第二节接缝处。台阶的宽度就是泥浆套的厚度，一般宜为 0.1 ~ 0.2m。

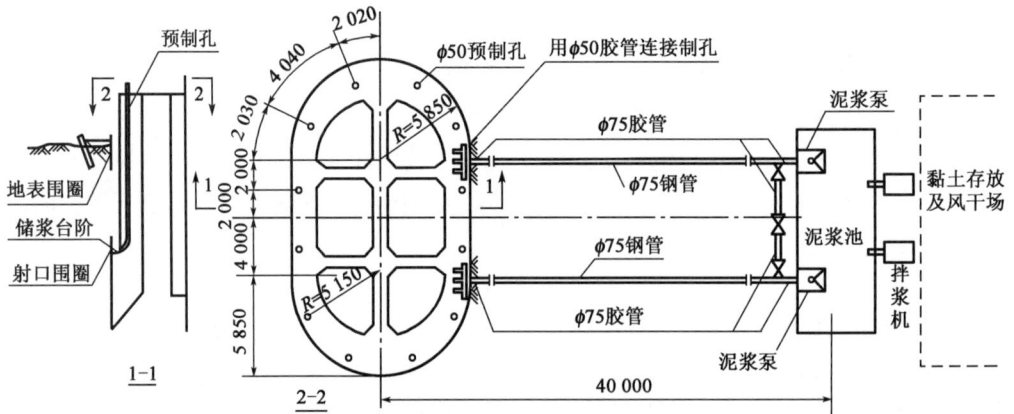

图6-15　泥浆润滑套示意图（尺寸单位：mm）

压浆管一般预埋在井壁内(内管法),如井壁较薄,也可设置在壁外(外管法),通常用管径 $\phi 38 \sim \phi 50mm$ 的钢管制成,沿井周边每 $3 \sim 4m$ 布置一根,射口方向与井壁一般成 $45°$ 角。射口挡板可用角钢和钢板弯制,置于储浆台阶上的压浆管出口,以防止泥浆直冲土壁,避免土壁局部塌落堵塞出浆口(图6-16)。在地面处沉井外围要埋设保护泥浆的围壁,称为泥浆地表围圈(图6-17),其作用是确保沉井下沉时土壁塌落,防止表层土塌落在泥浆内,储存泥浆,保证在沉井下沉过程中泥浆补充到新造成的空隙内;泥浆在围圈可流动,以调整各压浆管出浆的不均衡。地表围圈高度一般为 $1.5 \sim 2.0m$,顶面高出地面或岛面约 $0.5m$,圈顶面宜加盖,以防土石落入或流水冲蚀。

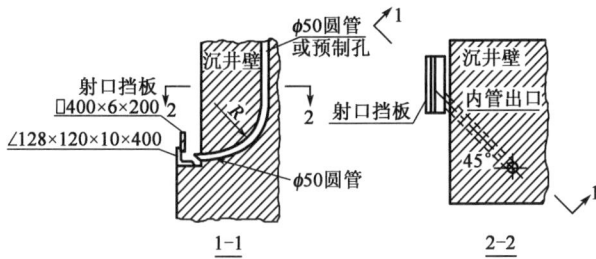

图6-16 泥浆射口挡板(尺寸单位:mm)

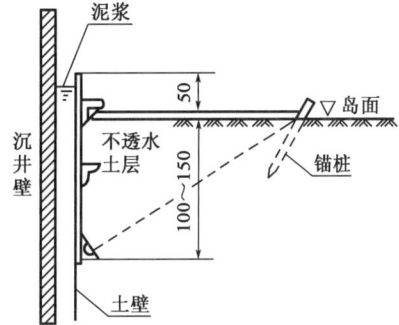

图6-17 泥浆地表围圈(尺寸单位:cm)

沉井下沉至设计高程后,应设法破坏泥浆套,排除泥浆,或用水泥砂浆换置泥浆,以恢复和增大井壁摩阻力。存在的问题是:当基底为一般土质时,因井壁摩阻力小,致使刃脚对地基压力过大,容易造成边清基边下沉,应加以注意。此外,该法不宜在容易漏浆的粗粒土层中(卵石、砾石等)应用。

(2)空气幕法

空气幕法又称壁后压气法,通过向预埋在井壁周围的管组送入压缩空气,由井壁喷气孔(称为气斗)喷出,在水下形成气泡,再沿外井壁上升,形成一圈气压层(称为空气幕),使其周围土松动或液化,减小了井壁与土间的摩阻力,促使沉井顺利下沉。

空气幕沉井适用于地下水位较高的细、粉砂类土及黏土层中。其优点是:施工设备简单,经济效果较好;下沉中要停要沉容易控制;可在水下施工,不受水深控制;下沉完毕后,土对井壁的摩阻力可基本恢复,避免了泥浆套下沉摩阻力不易恢复的缺点。

空气幕法是一种先进的助沉方法,在桥梁建设中应用较多。我国著名的江阴长江公路大桥(主跨1 385m悬索桥),其主塔北锚碇特大基础就是采用空气幕沉井(图6-2),是当今世界最大的沉井。

空气幕沉井在构造上增加了一套压气设备,该系统由气斗、井壁内预埋管、压缩空气机、储气筒及送气管路等(图6-18)。

气斗的选型应以布设简单、不易堵塞、便于喷气扩散为原则,常采用 $150mm \times 50mm$ 棱锥形,喷气孔直径为 $1mm$(图6-19),气斗喷气孔数量应以每个气斗所作用的

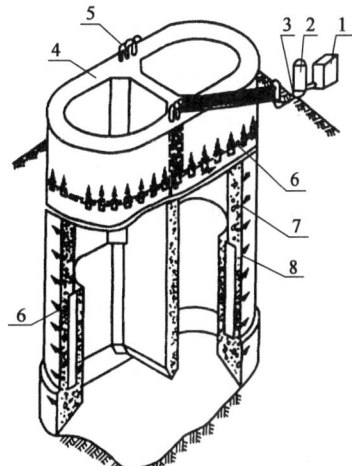

图6-18 空气幕沉井压气系统构造

1-压缩空气机;2-储气筒;3-送气管路;4-沉井;
5-井壁竖直气管;6-井壁环形水平气管;7-气斗;
8-气斗中的喷气孔

263

有效面积决定。气斗可按下部为 $1.3m^2/$个、上部为 $2.6m^2/$个考虑,喷气孔平均可按 $1.0 \sim 1.6m^2/$个考虑。气斗喷气孔布置按等距离分布,上下交错排列,距刃脚底面以上 $3m$ 左右可不设置,防止压气时引起翻砂。

井壁内预埋管一般为环形管与竖管,根据施工设备条件和实际情况确定,喷气孔是设在环形管上,还是只设在竖直管上,管尾端应有防止砂粒堵塞喷气孔的储砂筒设施。

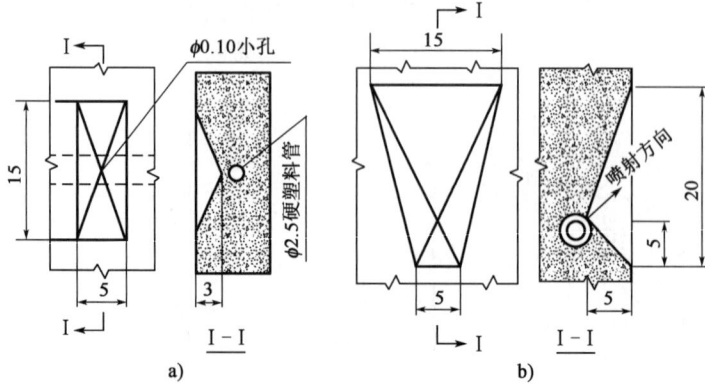

图 6-19 气斗构造(尺寸单位:cm)

风压机应具有设计要求的风压和风量,风压应大于最深喷气孔处的水压力加送气管路损耗,一般可按最深喷气孔处理论水压的 $1.4 \sim 1.6$ 倍考虑;风量可按喷气孔总数及每个喷气孔单位时间内所耗风量计算。

地面风管应尽量减少弯头、接头,以降低气压损耗。为了稳定风压,在风压机与井外送气管间,应设置必要数量的储气风包。

每节沉井下沉前,管道、气斗应经压风检验,如有堵塞,应采取补救措施。

在整个下沉过程中,应先在井内除土,消除刃脚下土的抗力后再压气,但也不得过分除土而不压气,一般除土面低于刃脚 $0.5 \sim 1.0m$ 时,即应压气下沉。压气时间不宜过长,一般不超过 $5min/$次。放气顺序应先上部气斗,后下部气斗,以形成沿沉井外壁上喷的气流。气压不应小于喷气孔最深处理论水压的 $1.4 \sim 1.6$ 倍,应尽可能使用风压机的最大值。

停气时应先停下部气斗,依次向上,最后停上部气斗,并应缓慢减压,不得将高压空气突然停止,防止造成瞬间负压,使喷气孔内吸入泥沙而被堵塞。

沉井空气幕下沉适应于砂类土、粉质土及黏质土地层,对于卵石土、砾类土、硬黏土及风化岩等地层不宜使用。

(二)沉井的纠偏

1.沉井发生偏斜原因

沉井施工中总会发生一些偏斜,所以要随时观测沉井下沉中的位置和方向,当发现与设计位置有较大的偏差时,应及时纠正。纠正前,首先应分析产生偏斜的原因。一般偏斜原因有如下几点:

(1)土岛在水下部分由于水流冲淘或板桩漏土,造成岛面一侧土体松软;或井下平面土质软硬不匀,使沉井下沉不均。

(2)未按规定操作程序对称抽除垫木或未及时填砂夯实,下沉除土不均匀,井内底面高差过大。

(3)排水下沉沉井内除土时大量翻砂,或刃脚下遇软土夹层,掏空过多,沉井突然下沉。

(4)刃脚一侧或一角被障碍物搁住,未及时发现和处理,排水下沉时未按设计要求设置支承点。

264

（5）井内弃土堆压在沉井外一侧，或河床高低相差过大，偏侧土压使沉井产生水平位移。

对以上产生偏斜的原因应具体分析，并采取相应的预防性措施。

2. 沉井纠偏扶正

沉井下沉时应随时进行纠偏，每下沉1m至少检查1次。发现沉井发生偏斜，要进行详细检查分析，针对产生的原因，采取相应的措施，如有障碍物应首先排除，沉井如发生偏斜可采用下述方法纠正。

（1）纠正倾斜

一般可采用偏侧除土方法，即在刃脚较高的一侧除土，在刃脚较低一侧加撑支垫（轨枕或枋木），随着沉井下沉即可纠正。同时还可采用偏压重、顶部施加水平力强制纠偏，对空气幕沉井也可采取偏侧压气纠偏。

（2）纠正位移

可先偏侧除土，使沉井底面中心倾向墩位设计中心，然后均匀除土，使沉井底中心线下沉至设计中心线后，然后再对侧偏除土扶正。

（3）纠正扭转

当沉井中心位置基本符合要求，仅水平角度扭转时，可在一对角线两角偏除土，在另外两角偏填土，借助于刃脚下不相等的土压所形成的扭矩，使沉井在下沉过程中逐步纠正其扭转角度。

一般大型沉井纠偏扶正都是采用多种方法并用，但对于倾斜严重的沉井施加水平力则是必不可少的惯用方法。对于施加水平力方式，其水平力大小的控制则是一个很关键的问题。

第四节　沉井基础的设计与计算

在进行沉井设计与计算之前，必须掌握如下相关资料：上部或下部结构尺寸要求和设计荷载；水文和地质资料（如设计水位、施工水位、冲刷线或地下水位高程，土层的物理力学性质，沉井下沉深度范围内是否可能遇到障碍物等）；拟采用的施工方法。

沉井基础的设计计算主要包含如下内容：根据水文地质条件、上部结构要求、施工技术设备来选择沉井的类型并进行尺寸拟定；沉井在使用阶段作为整体深基础的设计计算；沉井结构在施工中是一挡土、挡水的结构物，各结构部分可能在施工中处于最不利的受力状态，需要进行沉井结构施工过程的设计计算。

一、沉井基础的尺寸拟定

沉井基础的平面形状及尺寸应根据墩台身底面尺寸、地基土承载力及施工要求确定。一般在确定沉井平面形状和尺寸时，力求结构简单对称、受力合理、施工方便。矩形沉井的长边和短边之比，一般不宜大于3，以保证下沉时的稳定性和基底应力的均匀。

1. 根据墩台身尺寸拟定

类似刚性扩大基础尺寸拟定的方法，只是襟边的要求不同，沉井结构的顶面襟边宽度应根据沉井施工容许偏差而定，要求不小于沉井全高的1/50，且不小于0.2m，浮式沉井另加0.2m。沉井顶部需设置围堰时，其襟边宽度应满足安装墩台身模板的需要。

2. 根据地基土容许承载力确定

按地基容许承载力推算出的基底平面尺寸，一般要比墩台身底截面尺寸大得多，要求墩台身边缘尽可能支承在井壁上或顶盖板的支承面上,一般空心沉井不允许墩台身边缘全部坐落在取土井孔内。

3. 沉井高度确定

沉井高度为基顶高程与基底高程之差。沉井井顶高程与扩大基础顶面高程确定要求相同。基底高程需按持力层确定。

4. 沉井各结构细部尺寸拟定

沉井各结构部分的细部尺寸,可按前面的构造要求初拟尺寸,经验算调整确定。

二、沉井作为刚性深基础的整体设计与计算

当沉井基础埋置深度在地面线或局部冲刷线以下小于5.0m时,不考虑沉井周围土体对沉井的约束作用,可按第三章第四节刚性扩大基础验算内容进行设计计算。

当沉井基础埋置较深时,则需考虑基础井壁外侧土体横向弹性抗力的影响,按刚性桩计算内力和土抗力,同时应考虑井壁外侧接触面摩阻力,进行地基基础的承载力、变形和稳定性的分析与验算。沉井基础作为刚性深基础进行验算时需满足相当于“m”法中 $\alpha h \leqslant 2.5$、$h > 5.0\text{m}$(h 为沉井基础由地面线或局部冲刷线算起的深度)的条件。其设计计算的基本假设为:

(1)认为基础的刚度无穷大,横向外力作用下,只产生转动,而无挠曲变形。

(2)在考虑土的横向抗力固着作用计算地基压力时,一般不考虑作用在基础侧面的摩阻力。

(3)对土弹性抗力计算的相关假设按第五章“m”法考虑。

根据以上假定,考虑基础底面的工程地质情况,沉井结构内力和井壁外侧土抗力的计算分析可分为非基岩地基和基岩地基两种情况。

(一)非岩石类地基上刚性深基础的计算

1. 基本原理

利用力的叠加和等效作用原理,将结构原来复杂的受力状态[图6-20a)]转换为两种简单的受力状态分别计算:

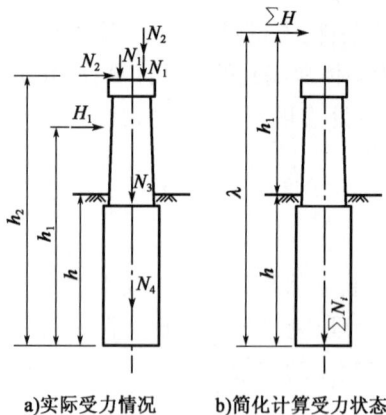

a)实际受力情况　　b)简化计算受力状态

图6-20　刚性深基础受力分析

(1)在中心竖向力 $\sum N_i$(以下记为 N)作用下,基底应力均匀分布。

(2)将水平力和弯矩作用转换为基底以上高度为 λ 的水平力 $\sum H_i$ 作用(以下记为 H)[图6-20b)]。则转换后的水平力 H 距离基底的作用高度 λ 为:$\lambda = \dfrac{\sum M_i}{H}$。$\sum M_i$ 为地面线或局部冲刷线以上所有水平力、弯矩、偏心竖向力对基础底面重心的总弯矩。当基础仅受偏心竖向力作用时,$\lambda \to \infty$。

2. 水平力 H 作用下地基应力的计算

如图6-21所示,不考虑沉井底中心竖向力 N 的作用,仅在水平力 H 作用下,沉井将绕位于地面(或局部冲刷线)以下 z_0 深度处的 A 点转 ω 角,则地面下任意深度 z 处沉井基础产生的水平位移 Δx,产生土的水平土抗力 p_z 和沉井基础底面竖向土抗力(压应力)$p_{d/2}$ 的计算公式为:

$$\Delta x = (z_0 - z)\tan\omega \tag{6-2}$$

$$p_z = C_z \Delta x = C_z(z_0 - z)\tan\omega = mz(z_0 - z)\tan\omega \tag{6-3}$$

$$p_{d/2} = C_0 \cdot \frac{d}{2} \cdot \tan\omega \tag{6-4}$$

式中: z_0——转动中心 A 离地面的距离(m);

C_z——深度 z 处水平向地基系数, $C_z = mz(\mathrm{kN/m^3})$;

C_0——基底面竖向地基系数;

m——地基水平向抗力系数随深度变化的比例系数($\mathrm{kN/m^4}$)。

d——基底宽度或直径。

从式(6-3)可知,基础侧面水平土抗力沿深度呈二次抛物线变化。上述参数具体计算见前文的"m"法弹性桩计算。

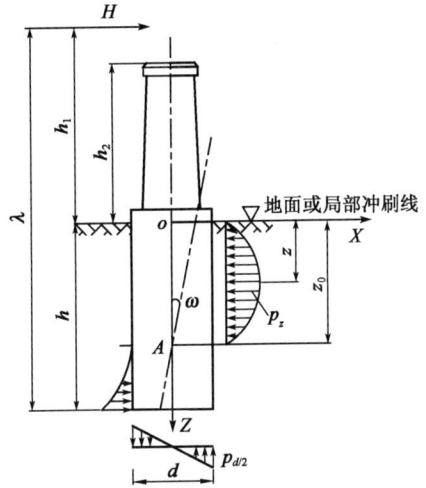

图 6-21 水平力 H 作用下的应力分布

在式(6-2)~式(6-4)中,有两个未知数 z_0 和 ω,可建立如下两个平衡方程式求解。

由 $\sum X = 0$,可以得到:

$$H - \int_0^h p_z b_1 \mathrm{d}z = H - m b_1 \tan\omega \int_0^h z(z_0 - z)\mathrm{d}z = 0 \tag{6-5}$$

由 $\sum M_o = 0$,可以得到:

$$H h_1 - \int_0^h p_z b_1 z \mathrm{d}z - p_{d/2} W = 0 \tag{6-6}$$

式中: b_1——基础计算宽度,按照第五章有关内容计算;

W——基础底截面模量。

整理后可解得:

$$z_0 = \frac{\beta b_1 h^2(4\lambda - h) + 6dW}{2\beta b_1 h(3\lambda - h)} \tag{6-7}$$

$$\tan\omega = \frac{12\beta H(2h + 3h_1)}{mh(\beta b_1 h^3 + 18Wd)} = \frac{6H}{Amh} \tag{6-8}$$

式中: β——基底深度 h 处基础侧面水平向的地基系数与基础底面竖向地基系数的比值,由式(6-9)计算;

A——表内简化系数,由式(6-10)计算。

$$\beta = \frac{C_h}{C_0} = \frac{mh}{C_0} = \frac{m}{m_0} \tag{6-9}$$

$$A = \frac{\beta b_1 h^3 + 18Wd}{2\beta(3\lambda - h)} \tag{6-10}$$

将式(6-7)和式(6-8)代入式(6-3)及式(6-4)得:

$$p_z = \frac{6H}{Ah} z(z_0 - z) \tag{6-11}$$

267

$$p_{d/2} = \frac{3dH}{A\beta} \tag{6-12}$$

3. 应力验算

(1) 基底应力验算

在竖向力 N 与水平力 H 共同作用时,基底最大应力不应超过沉井底面处地基土的承载力容许值:

$$p_{\min}^{\max} = \frac{N}{A_0} \pm \frac{3dH}{A\beta} \leq [f_a] \tag{6-13}$$

式中:A_0——基础底面面积;

$[f_a]$——修正后的地基承载力容许值。

(2) 基础侧面水平压应力(横向抗力)验算

由于刚性深基础破坏是周围土体破坏,现通常假定基础一侧处于主动土压力状态,另一侧处于被动土压力状态。当基础侧面土的应力达到极限平衡状态时,基础一侧产生主动土压力,另一侧产生被动土压力,则任意深度处桩对土产生的水平压力(亦为土对桩作用的水平土抗力)p_z,均应小于相应深度处土对桩的被动土压力强度 p_p 和主动土压力强度 p_a 之差,即:

$$p_z \leq p_p - p_a \tag{6-14}$$

受上述结构类型不同及荷载作用情况不同的影响,公式引入 η_1、η_2 系数,得:

$$p_z \leq \eta_1 \eta_2 (p_p - p_a) \tag{6-15}$$

式中:η_1——考虑上部结构形式的系数,对于静定结构 $\eta_1 = 1.0$,超静定结构 $\eta_1 = 0.7$;

η_2——考虑结构重力在总荷载中所占百分比的系数,$\eta_2 = 1 - 0.8\dfrac{M_g}{M}$;

M_g——结构重力对基础底面重心产生的弯矩;

M——全部荷载对基础底面重心产生的总弯矩。

作用于基础侧面的被动土压力和主动土压力强度分别为:

$$p_p = \gamma z \tan^2\left(45° + \frac{\varphi}{2}\right) + 2\cot\left(45° + \frac{\varphi}{2}\right) \tag{6-16}$$

$$p_a = \gamma z \tan^2\left(45° - \frac{\varphi}{2}\right) + 2\cot\left(45° - \frac{\varphi}{2}\right) \tag{6-17}$$

代入式(6-15),可得到:

$$p_z \leq \eta_1 \eta_2 \frac{4}{\cos\varphi}(\gamma z \tan\varphi + c) \tag{6-18}$$

且根据测试可知(图 6-21),对于非岩石地基上的沉井基础,其侧壁地基土最大水平压应力(横向抗力)的位置一般出现在 $z = \dfrac{h}{3}$ 和 $z = h$ 处,代入上式整理后,得:

$$p_{h/3} \leq \eta_1 \cdot \eta_2 \cdot \frac{4}{\cos\varphi}\left(\frac{\gamma h}{3}\tan\varphi + c\right) \tag{6-19}$$

$$p_h \leq \eta_1 \cdot \eta_2 \cdot \frac{4}{\cos\varphi}(\gamma h \tan\varphi + c) \tag{6-20}$$

式中：γ——土的重度,对于透水性土,γ 取浮重度,在验算深度范围内有多层土时,取各层土的加权平均值；

φ、c——土的内摩擦角和黏聚力。

4．基础截面弯矩计算与配筋

对于刚性沉井基础而言,需要计算基础截面的弯矩并配筋,因此,需计算距离地面或局部冲刷线以下深度 z 处基础截面的弯矩,计算式如下：

$$M_z = H(\lambda - h + z) - \int_0^z p_{z_1} b_1(z_0 - z_1)\mathrm{d}z_1$$

$$= H(\lambda - h + z) - \int_0^z \frac{6H}{Ah}z_1(z_0 - z_1)b_1(z - z_1)\mathrm{d}z_1$$

$$= H(\lambda - h + z) - \frac{Hb_1 z^3}{2Ah}(2z_0 - z) \tag{6-21}$$

据此进行配筋和截面强度验算。

5．墩台顶水平位移验算

在进行桥梁墩台设计时,除应考虑基础沉降外,尚需验算地基变形和墩台身弹性水平变形引起的墩台顶水平位移是否满足上部结构的设计要求。

当基础处于水平力 H 和力矩 M 作用时,墩台顶的水平位移 Δ 由以下三部分组成:地面处的水平位移 $z_0\tan\omega$；地面或局部冲刷线以上至墩台顶面 h_2 范围内的水平位移 $h_2\tan\omega$；台身或立柱的弹性挠曲变形引起的墩顶水平位移 δ_0,即：

$$\Delta = (z_0 + h_2)\tan\omega + \delta_0 \tag{6-22}$$

考虑一般沉井基础转角很小,可近似用 ω 代替 $\tan\omega$,并考虑基础和墩身实际并非刚度无穷大,需考虑其刚度对墩顶水平位移的影响,因此引入系数 k_1、k_2,反映实际刚度对地面处水平位移及转角的影响：

$$\Delta = k_1\omega z_0 + k_2\omega h_2 + \delta_0 \tag{6-23}$$

式中：h_2——地面或局部冲刷线至墩台顶的高度；

δ_0——在 h_1 范围内墩台身与基础变形产生的墩台顶面水平位移；

k_1、k_2——考虑基础刚性的影响系数,是与 αh、λ/h 有关的系数,按 $\alpha = \sqrt[5]{\dfrac{mb_1}{EI}}$ 换算的深度,

k_1、k_2 可按表6-1取用。

（二）基底嵌入基岩中的刚性深基础的计算

1．计算要点

当沉井基底嵌入基岩中时,在水平力 H 及竖向偏心荷载 N 的作用下,认为基底无水平位移,则基础转动中心与基底中心重合,即：

$$z_0 = h$$

当基础转动时,在基底嵌入基岩处基岩有一水平阻力 H_1 作用于基础上。由于力 H_1 对基底中心的力臂很小,可忽略其对基础底的弯矩,但需验算力 H_1 作用下嵌固处基础的抗剪强度。

换算深度 $\bar{h} = \alpha h$	系 数	λ/h 1	λ/h 2	λ/h 3	λ/h 5	λ/h ∞
1.6	k_1	1.0	1.0	1.0	1.0	1.0
	k_2	1.0	1.1	1.1	1.1	1.1
1.8	k_1	1.0	1.1	1.1	1.1	1.1
	k_2	1.1	1.2	1.2	1.2	1.3
2.0	k_1	1.1	1.1	1.1	1.1	1.2
	k_2	1.2	1.3	1.4	1.4	1.4
2.2	k_1	1.1	1.2	1.2	1.2	1.2
	k_2	1.2	1.5	1.6	1.6	1.7
2.4	k_1	1.1	1.2	1.3	1.3	1.3
	k_2	1.3	1.8	1.9	1.9	2.0
2.5	k_1	1.2	1.3	1.4	1.4	1.4
	k_2	1.4	1.9	2.1	2.2	2.3

注:1. 当 $\alpha h < 1.6$ 时,$k_1 = k_2 = 1.0$。

2. 当仅有竖向偏心力作用时,$\dfrac{\lambda}{h} \longrightarrow \infty$。

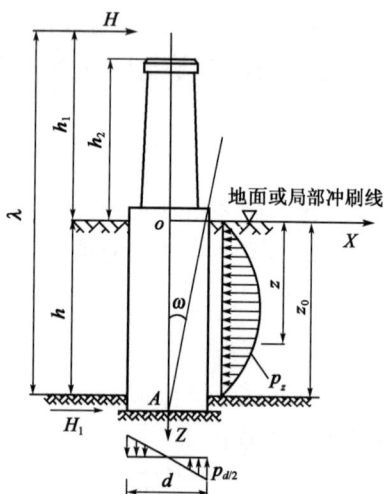

图 6-22 基底嵌入基岩中水平力作用下应力分布

2. 水平力 H 作用下地基应力计算

如图 6-22 所示,在水平力 H 作用下,地面下任意深度 z 处沉井基础产生的水平位移 Δx、井壁外侧土的横向抗力 p_z 和沉井基础底面竖向土抗力(压应力)$p_{d/2}$ 分别为:

$$\Delta x = (h - z)\tan\omega \tag{6-24}$$

$$p_z = mz(h - z)\tan\omega \tag{6-25}$$

$$p_{d/2} = C_0 \frac{d}{2}\tan\omega \tag{6-26}$$

上述公式只有一个未知数 ω,建立一个平衡方程即可。

对 A 点取矩,则有 $\sum M_A = 0$

$$H(h + h_1) - \int_0^h p_z b_1(h - z)\,\mathrm{d}z - p_{d/2} \cdot W = 0 \tag{6-27}$$

解得:

$$\tan\omega = \frac{H}{mhD_0} \tag{6-28}$$

$$D_0 = \frac{b_1\beta h^3 + 6dW}{12\beta\lambda} \tag{6-29}$$

将式(6-29)代入式(6-28)和式(6-25)中,得:

$$p_z = z(h - z)\frac{H}{D_0 h} \tag{6-30}$$

$$p_{d/2} = \frac{dH}{2\beta D_0} \tag{6-31}$$

3. 应力验算

（1）基底应力验算

$$p_{\min}^{\max} = \frac{N}{A_0} \pm \frac{dH}{2\beta D_0} \leqslant [f_a] \tag{6-32}$$

（2）基础侧面水平压应力验算

对于基底嵌入基岩的沉井基础，其最大水平压应力出现在 $z = \dfrac{h}{2}$ 处。

$$p_{h/2} \leqslant \eta_1 \cdot \eta_2 \cdot \frac{4}{\cos\varphi}\left(\frac{\gamma h}{2}\tan\varphi + c\right) \tag{6-33}$$

4. 基础截面弯矩计算与配筋

地面下深度 z 处基础截面弯矩为：

$$M_z = H(\lambda - h + z) - \frac{z^3 b_1 H}{12 D_0 h}(2h - z) \tag{6-34}$$

可据此进行截面配筋和强度验算。

5. 基底嵌固处水平阻力 H_1 的计算

由水平向荷载的平衡关系 $\sum X = 0$，可求得基底嵌固处水平阻力 H_1 为：

$$H_1 = \int_0^h p_z b_1 \mathrm{d}z - H = H\left(\frac{b_1 h^2}{6 D_0} - 1\right) \tag{6-35}$$

可据此进行基底的抗剪强度验算。

6. 墩台顶水平位移验算

对于支承于岩基上的墩台顶面水平位移，可用式（6-36）计算：

$$\Delta = (h k_1 + h_2 k_2)\omega + \delta_0 \tag{6-36}$$

式中：k_1、k_2——可按表6-1取用。

支承在非岩石与岩石上刚性桩水平位移及作用效应，前文已具体按水平力 H 与偏心竖向力 N 共同作用做了详细介绍。对仅有偏心竖向力 N 作用是类同的，在此不再介绍，需要计算时可应用《公桥基规》表 Q.0.1。

三、沉井施工过程的结构验算

施工过程中，沉井结构强度应满足不同阶段的最不利荷载作用的要求。因此，在进行沉井各部分设计时，应首先确定不同阶段的最不利荷载的作用状况，并给出对应的计算图示，然后计算截面应力，进行配筋设计，最后进行结构抗力分析与验算，从而保证沉井在施工过程中的强度和稳定。沉井结构在施工过程中主要应进行如下验算。

（一）沉井下沉的自重验算

为使沉井顺利下沉，沉井重力（不排水下沉时，应计浮重度）应大于井壁与土体间的摩阻力标准值，将两者的比值作为下沉系数，要求：

$$K = \frac{Q}{T} > 1.0 \tag{6-37}$$

式中：K——下沉系数，应根据土的类比及施工条件取大于1的数值，一般为 $1.15 \sim 1.25$；

Q——沉井自重（如为不排水下沉，应扣除水的浮力）；

T——土对沉井外壁的总摩阻力（kN），$T = \sum q_{ik} h_i u_i$；

h_i、u_i——沉井穿过第 i 层土的厚度（m）和该段沉井的周长（m）；

q_{ik}——第 i 层土对井壁单位面积的摩阻力标准值(kPa),应根据实践经验或实测资料确定,缺乏上述资料时,可根据土的性质、施工措施,按表6-2选用。

井壁与土体间的摩阻力标准值 表6-2

土 的 名 称	摩阻力标准值(kPa)	土 的 名 称	摩阻力标准值(kPa)
黏性土	25 ~ 50	砾石	15 ~ 20
砂性土	12 ~ 25	软土	10 ~ 12
卵石	15 ~ 30	泥浆套	3 ~ 5

注:泥浆套为灌注在井壁外侧的浊变泥浆,是一种助沉材料。

如不满足式(6-37)的要求,可加大井壁厚度或调整取土井尺寸以增加自重,否则应考虑施工中的临时助沉措施或设计时进行助沉设计。

(二)第一节(底节)沉井竖向挠曲验算

第一节沉井在抽垫木及除土下沉过程中,沉井自重将导致井壁产生较大的竖向挠曲应力。因此,应根据不同支承情况,进行井壁强度验算。可将支承垫木确定在沉井受力最有利的位置处,使沉井在支点处产生的负弯矩与跨中产生的正弯矩基本相等或相近[图6-23a)],如挠曲应力大于沉井材料的抗拉强度,应增加底节沉井高度或在井壁内设置水平向钢筋,防止沉井竖向开裂。施工下沉时,沉井底节应按下列情况验算其竖向弯曲。

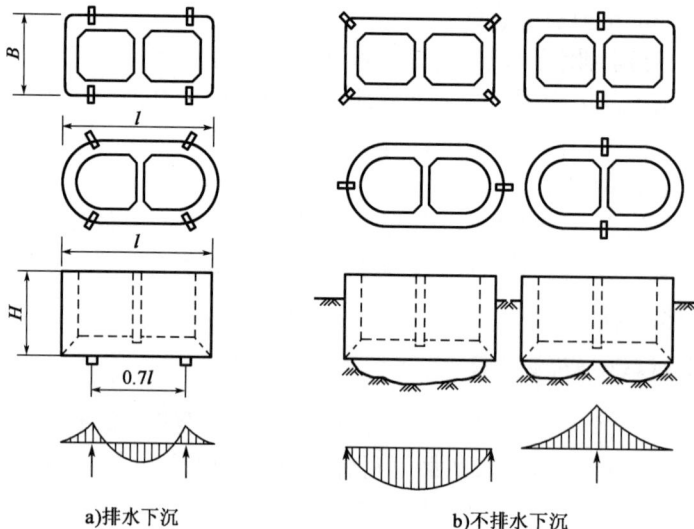

a)排水下沉　　　　　　b)不排水下沉

图6-23　第一节(底节)沉井竖向挠曲验算支承点位置

1. 排水挖土下沉

当排水挖土下沉过程可人为控制,沉井的最后支承点始终可控制在最有利的范围。故可将沉井视为支承于四个固定支点上的梁,且支点控制在最有利位置处,使支点处的负弯矩同跨中的正弯矩大致相等。对于圆端形或长方形沉井,支承点可设于长边 $0.7l$ 的设置方法[图6-23a)];圆形沉井的四个支点可设置于两相互垂直直径的4个端点处。

2. 不排水挖土下沉

在不排水挖土下沉施工中,刃脚下的支点位置很难控制,沉井下沉过程中可能出现最不利支承,可将底节沉井作为梁并按以下最不利支承情况进行验算:支承于短边的两端点(产生最大正弯矩),验算由沉井自重在短边中点处引起的刃脚底面混凝土的抗拉强度;支承在长边中点处(产生最大负弯矩)[图6-23b)],两端悬空,验算由沉井重力在长边中点附近最不利截面上所产生的井壁顶部混凝土的抗拉强度。圆形沉井支承在直径上两个支点上,按圆环梁计算弯矩验算其抗裂性。若底节沉井隔墙跨度较大,还需验算隔墙的抗拉强度。

(三) 沉井刃脚的竖向和水平向强度验算

在沉井下沉过程中,刃脚是沉井受力最大、最复杂的部分。当刃脚切入土中时受到向外的弯曲应力,当其悬空(刃脚下内侧土体被挖空)时,刃脚又受到向内弯曲的外部土、水压力作用。刃脚竖直方向和水平方向的弯曲应分别验算,并布设竖直和水平向钢筋。在进行内力分析时,为简化计算,一般可分别将其视为悬臂梁和水平框架进行计算。

1. 刃脚受力计算中的水平力分配

实际上,作用于刃脚上的外侧水平力,是由刃脚的悬臂作用和水平框架作用共同分担承受的,这就是说,部分水平力竖向由刃脚根部承担(悬臂作用),部分由框架承担(框架作用)。刃脚沿竖直方向视为悬臂梁,其悬臂长度等于斜面部分的高度,作用于悬臂部分的水平荷载应乘以分配系数 α:

$$\alpha = \frac{0.1l_1^4}{h_k^4 + 0.05l_1^4} \le 1.0 \tag{6-38}$$

式中:l_1——支承在内隔墙间的外壁最大计算跨度(m);

h_k——刃脚斜面部分的高度(m)。

刃脚水平方向可视为闭合框架,当刃脚悬臂的水平力乘以分配系数 α 时,作用于框架的水平力应乘以分配系数 β:

$$\beta = \frac{h_k^4}{h_k^4 + 0.05l_2^4} \tag{6-39}$$

式中:l_2——支承于内隔墙间的外井壁最小计算跨度(m);

其余符号含义同前。

上述分配系数公式适用于当内隔墙的刃脚踏面底高出外壁的刃脚踏面底不大于0.5m,或者大于0.5m但采用竖向承托加强。当沉井刃脚不满足上述条件时,全部水平力都由悬臂梁,即刃脚承担(即 $\alpha = 1.0$)。

2. 刃脚竖向内力计算

一般取刃脚为竖向单宽悬臂梁进行受力分析,悬臂固着于井壁下部,悬臂梁的跨度即是刃脚的高度。内力分析可分为以下两种情况。

(1)刃脚向外挠曲的内力计算

一般认为,沉井下沉至中途,刃脚内侧切入土中约1.0m,而在地面(或岛面)以上已接高一节沉井,刃脚斜面上土的抗力最大,且井壁外土、水压力最小,处于刃脚向外挠曲的最不利位置。作用于刃脚高度范围内的外力主要有:刃脚外侧的主动土压力及水压力的合力、土对刃脚外侧摩阻力、刃脚下土的反力及刃脚自重等(图6-24)。

①刃脚外侧土压力及水压力的合力

作用于刃脚外侧单位宽度上的土侧压力及水压力合力为 P_{e+w},土侧压力按朗金主动土压力公式计算:

$$e_i = \gamma_i h_i \tan^2\left(45° - \frac{\varphi}{2}\right) \tag{6-40}$$

式中：γ_i——深度 h_i 高度内土的平均重度，在水位以下时采用浮重度；

  h_i——计算位置至地面的距离。

水压力的计算公式为：

$$w_i = \gamma_w h_{iw} \tag{6-41}$$

式中：γ_w——水的重度；

  h_{iw}——计算位置至水面的距离。

则单位宽度上的土侧压力及水压力合力为：

$$P_{e+w} = \frac{1}{2}(p_{e_2+w_2} + p_{e_3+w_3})h_k \tag{6-42}$$

式中：$p_{e_2+w_2}$——作用于刃脚根部的土压力及水压力之和（kPa）；

  $p_{e_3+w_3}$——刃脚底面处土压力及水压力之和（kPa）；

  h_k——刃脚高度（m）。

土、水压力的合力作用点高度（距离刃脚根部高度为）为：

$$t = \frac{h_k}{3}\left(\frac{2p_{e_3+e_3} + p_{e_2+w_2}}{p_{e_3+w_3} + p_{e_2+w_2}}\right) \tag{6-43}$$

《公桥基规》规定，在计算刃脚向外挠曲时，作用于井壁外侧计算的土压力和水压力的总和不应大于静水压力的 70%，否则按静水压力的 70% 计算。

②刃脚下土的反力计算

取单宽井壁计算，刃脚下单位周长上土的竖向反力 R[图6-24a)]，计算公式如式(6-44)所示：

$$R = G - T_0 \tag{6-44}$$

式中：G——单宽井壁自重，如不排水施工应扣除淹没水中部分的浮力；

  T_0——沉井入土部分井壁外侧单位宽度上的总摩阻力，由式(6-45)和式(6-46)计算，为求得反力 R 的最大值，取 T_0 较小值，即：

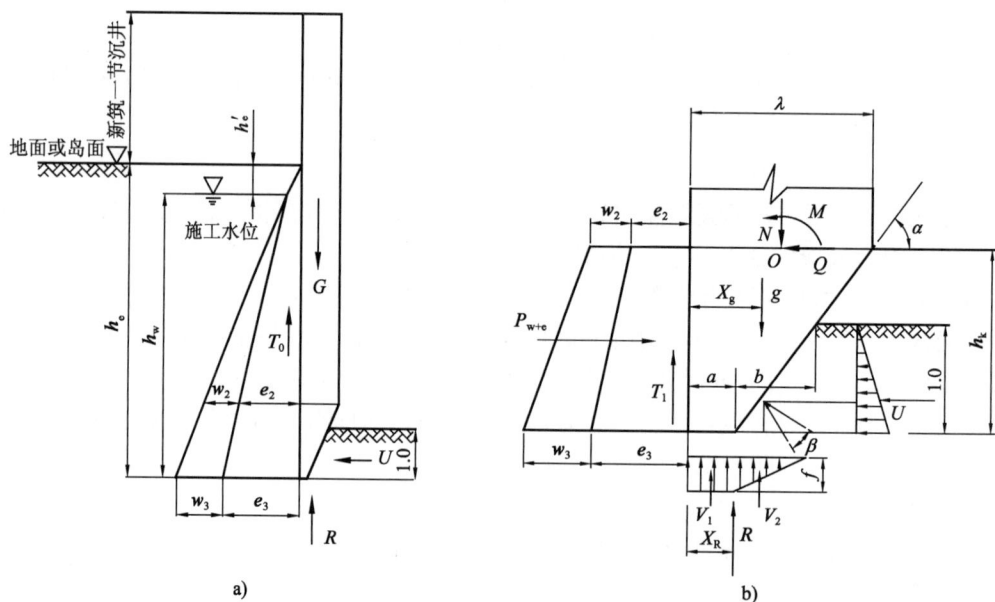

a)   b)

图 6-24 刃脚向外挠曲受力情况

$$T_0 = \mu \cdot E' = \tan\varphi \cdot E' = 0.5E' \qquad (6\text{-}45)$$

$$T_0 = q_k h_i \qquad (6\text{-}46)$$

式中:μ——摩擦系数,$\mu = \tan\varphi$;

　　φ——土内摩擦角,一般土在水中的内摩擦角可采用 $26°30'$,$\tan26°30' = 0.5$;

　　E'——作用于单位宽度井壁上的总土压力(kN/m);

　　q_k——土与井壁间的单位面积上的摩阻力标准值(kPa),可按表 6-2 选用。

R 的作用可按照以下方法计算(图 6-24):假定作用在刃脚斜面上的土反力的方向与斜面上法线成 β 角,β 角为土反力与刃脚斜面间的外摩擦角(一般取 $\beta = 30°$)。作用在刃脚斜面上的土反力可分解为水平力 U 与垂直力 V_2,刃脚底面上的垂直反力 V_1。V_1 为作用踏面上的竖向反力,其应力均匀分布,即 $V_1 = f \cdot a$,V_2 为作用刃脚斜面上的竖向分力,其应力按三角形分布,即 $V_2 = \frac{1}{2}f \cdot b$,则有:

$$R = V_1 + V_2 \qquad (6\text{-}47)$$

$$\frac{V_1}{V_2} = \frac{f \cdot a}{\frac{1}{2}f \cdot b} = \frac{2a}{b} \qquad (6\text{-}48)$$

式中:a——刃脚踏面宽度(m);

　　b——切入土中 $1.0m$ 刃脚斜面的水平投影(m);

　　f——竖向反力强度(kPa)。

解上述联立方程可得:$V_1 = \frac{2a}{2a+b}R$,$V_2 = \frac{b}{2a+b}R$,则 V_1 和 V_2 的作用点距刃脚外壁的距离分别为 $\frac{a}{2}$ 和 $a + \frac{b}{3}$,如此即可求得 V_1 和 V_2 合力 R 的作用点。

作用于刃脚斜面切土上的入土深度,按 $1.0m$ 深度处理,水平力 U 按式(6-49)计算:

$$U = V_2\tan(\alpha - \beta) \qquad (6\text{-}49)$$

式中:α——刃脚斜面与水平面所成的夹角;

　　β——土与刃脚斜面间的外摩擦角,一般为 $30°$。

假定 U 为三角形分布,则 U 的作用点在距刃脚底面 $1/3m$ 高处。

③作用于刃脚外侧的摩阻力 T_1 计算

作用于刃脚外侧单位宽度上的摩阻力,可由式(6-50)和式(6-51)计算,为使刃脚向外弯矩最大,取其较大者,即:

$$T_1 = 0.5E \qquad (6\text{-}50)$$

$$T_1 = q_k \cdot h_k \qquad (6\text{-}51)$$

式中:E——刃脚外侧单位宽度上总的主动土压力;

　　q_k——土与井壁间单位面积上的摩阻力标准值(kPa);

　　其余符号含义同前。

④单位宽度刃脚重力 g 计算

单位宽度刃脚重力 g 可按式(6-52)计算

$$g = \frac{\lambda + a}{2}h_k \cdot \gamma_h \qquad (6\text{-}52)$$

式中：γ_h——混凝土重度（kN/m^3），若不排水下沉，应扣除水的浮力。

求得作用在刃脚上的所有外力的大小、方向和作用点之后，即可计算刃脚根部处截面上每单位周长井壁内的轴向压力 N、水平剪力 Q 及对刃脚根部截面重心 O 点的弯矩 M（图6-24），计算式如下：

$$M = M_R + M_U + M_{e+w} + M_{T_1} + M_g \tag{6-53}$$

$$N = R + T_1 + g \tag{6-54}$$

$$Q = P_{e+w} + U \tag{6-55}$$

式中：M_R、M_U、M_{e+w}、M_{T_1}、M_g——土反力 R、横向力 U、土压力及水压力合力 P_{e+w}、刃脚底部的外侧摩阻力 T_1 以及刃脚自重 g 对刃脚根部重心的弯矩，其中作用在刃脚部分的各水平力均应按规定考虑分配系数，上述各式数值的正负号视具体情况而定。

求得弯矩 M、剪力 Q、及轴向力 N 后，即可据此配置刃脚内侧的竖向钢筋，悬臂部分的竖直钢筋应伸入刃脚根部以上 $0.5l_1$（l_1 为沉井外壁最大计算跨径），并在悬臂全高按剪力和构造设置箍筋。

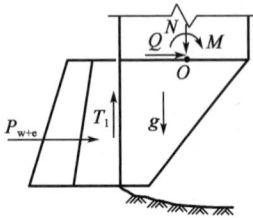

（2）刃脚向内挠曲的计算

此种情况刃脚下沉的最不利状态为：沉井已沉至设计高程，刃脚下土已挖空，尚未浇筑封底混凝土，此时刃脚外侧作用最大的土压力和水压力，产生向内弯曲的最大弯矩。

作用于刃脚的外力为：刃脚外侧的土压力及水压力、土对刃脚外侧的摩阻力、刃脚自重等（图6-25）。

作用于刃脚外侧单位宽度井壁上的土压力及水压力、刃脚自重等计算同前。

图6-25　刃脚向内挠曲受力情况

水压力按下列情况计算：不排水下沉时，井壁外侧水压力值按 100% 计算，内侧水压力值一般按 50% 计算，但也可按施工中可能出现的水头差计算；排水下沉时，在透水不良土中，可按静水压力的 70% 计算，在透水性土中，可按静水压力的 100% 计算。

作用在刃脚外侧单位宽度上的摩阻力 T_1 的计算方法同前，但取较小值。

计算所得各水平力同样应按规定考虑悬臂分配系数 α。根据以上计算的所有外力，可计算出刃脚根部处截面上每单位周长（外侧）内的轴向力 N、水平力 Q 及对截面重心轴的弯矩 M。以此求得刃脚外侧竖向钢筋用量，钢筋也应伸入刃脚根部以上 $0.5l_1$，最后强度验算和构造配筋与向外挠曲相同。

3.刃脚的水平内力计算

刃脚在水平面内产生最大内力的沉井下沉最不利状况为：沉井已沉至设计高程，刃脚下的土已挖空，尚未浇筑封底混凝土。这时刃脚可作为一个封闭的水平框架计算，受有最大的均布水平力（图6-26）。当刃脚作为单宽悬臂梁计算已考虑水平力悬臂折减系数 α 时，作用于水平框架上的水平力应乘以折减系数 β。

关于框架内力计算，有很多设计计算手册可供参考，现将单孔、双孔矩形和圆端形框架计算列于表6-3中，供设计时参考，表中"乘数"项与各点弯矩对应项乘积后即得到各点的弯矩计算公式。

表 6-3

沉井框架内力计算表

类型	沉井简化图形	M_A	M_B	M_C	M_D	N_1	N_2	N_3	N_4	乘数
单孔矩形		$\frac{1}{24}(-2K^2+2K+1)$	$-\frac{1}{12}(K^2-K+1)$	$\frac{1}{24}(K^2+2K-2)$		$0.5\times(pa)$	$0.5\times(pb)$			pb^2
双孔矩形		$\frac{K^3-6K-1}{12(2K+1)}$	$\frac{-K^3+3K+1}{24(2K+1)}$	$-\frac{2K^3+1}{12(2K+1)}$	$\frac{2K^3+3K^2-2}{24(2K+1)}$	$0.5\times(pa)$	$\frac{K^3+3K+2}{4(2K+1)}\times(pb)$	$\frac{5K+2-K^3}{4(2K+1)}\times(pb)$		pb^2
单孔圆端形		$\frac{K(12+3\pi K+2K^2)}{6\pi+12K}$	$\frac{2K(3-K^2)}{3\pi+6K}$	$\frac{K(3\pi-6+6K+2K^2)}{3\pi+6K}$		pr	$p(r+L)$	pr		pr^2
双孔圆端形		$\frac{\zeta\delta_1-p\eta}{\delta_1-\eta}$		$M_A+N_1L-p\frac{L^2}{2}$	$M_A+N_1(L+r)-pL\left(\frac{L}{2}+r\right)$	$\frac{\zeta-p}{\eta-\delta_1}$	$2N_1$		$p(L+r)-\frac{N_2}{2}$	

注：矩形沉井式中 $K=a/b$, a 为短边长度, b 为长边长度。圆端沉井 $K=L/r$, r 为圆心至端形井壁中心轴的距离。

$$\eta=\frac{\frac{2}{3}\left(L^3+\pi rL^2+4r^2L+\frac{\pi}{2}r^2\right)}{L^2+\pi rL+2r^2}, \quad \rho=\frac{\frac{1}{3}\left(L^3+\frac{1}{2}\pi rL^2+2r^2L\right)}{L^2+\pi rL+2r^2}, \quad \delta_1=\frac{L^2+\pi rL+2r^2}{2L+\pi r}$$

$$\zeta=\frac{L\left(0.25L^3+\frac{\pi}{2}rL^2+3r^2L+\frac{\pi}{2}r^2\right)}{L^2+\pi rL+2r^2}$$

277

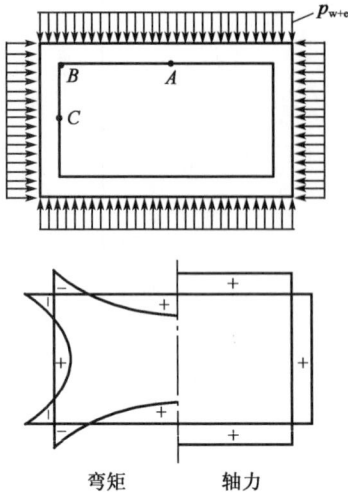

图 6-26　水平框架计算图

在计算出控制截面上的弯矩 M、轴向力 N 和剪力 Q 后,可根据内力设计刃脚的水平钢筋。当框架跨度很小时,水平钢筋可不必按正负弯矩进行弯起,而按正负弯矩的需要布置成内外两圈钢筋。

(四)井壁受力计算

井壁计算同刃脚一样,也分为竖向和水平方向两种情况。

1. 井壁竖向拉力验算

沉井在下沉过程中,当刃脚下的土已被挖空,沉井上部土层摩阻力较大时,沉井可能被周围土体摩阻力所嵌固,井壁上部被土层夹住,井壁下部处于悬吊状态,此时井壁结构在自重作用下其段中连接缝处于最不利受拉状态,需要验算井壁的竖向抗拉强度是否满足要求(假定混凝土不承受拉力,仅有接缝处的钢筋承受),并且可按以下几种情况考虑。

(1)对于等截面井壁,当根据地质条件可明确判断软硬土层位置时(图 6-27)。

此时,上层土较坚硬,摩阻力也大,井壁接缝处最大拉力 P_{max} 可能发生在硬土层与软土层的界面处附近,即:

$$P_{max} = G'_{max} - T' \tag{6-56}$$

式中:G'_{max}——硬土与软土交界面处以下部分沉井的最大重力;

　　　 T'——土层界面处以下井壁与土之间的摩阻力。

(2)对于等截面井壁,当沉井周围土质较均匀时。

此时,不能明确判断产生最大摩阻力土层位置,可近似按井壁受竖向拉力的最不利条件考虑,假定井壁摩阻力沿沉井总高按三角形分布(图 6-28)。

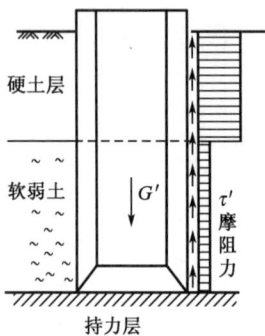

图 6-27　软硬土层明显时井壁拉力计算图示

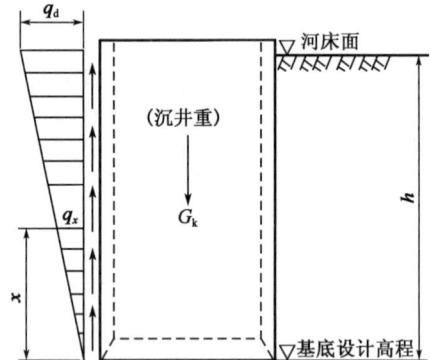

图 6-28　等截面沉井井壁竖向受拉计算图

沉井自重 G_k 可由下式算得:

$$G_k = \frac{1}{2} q_d \cdot h \cdot u \tag{6-57}$$

式中:q_d——作用于河床表面(或地面)处的井壁上的单位摩阻力(kPa);

　　　 h——沉井入土深度(m);

278

u——井壁周长(m)。

可得:

$$q_{\mathrm{d}} = \frac{2G_{\mathrm{k}}}{hu} \tag{6-58}$$

由 $\frac{q_x}{x} = \frac{q_{\mathrm{d}}}{h}$ 可得作用在距刃脚底面 x 高度处的井壁上的单位摩阻力为:

$$q_x = \frac{q_{\mathrm{d}}}{h}x = \frac{2G_{\mathrm{k}}}{hu} \cdot \frac{x}{h} = \frac{2G_{\mathrm{k}}x}{h^2 u} \tag{6-59}$$

则井壁 x 处的拉力 $P_x =$(x 以下的自重)$-$(x 高度内的摩阻力),即:

$$P_x = \frac{G_{\mathrm{k}}x}{h} - \frac{q_x xu}{2} = \frac{G_{\mathrm{k}}x}{h} - \frac{2G_{\mathrm{k}}x}{h^2 u} \cdot \frac{xu}{2} = \frac{G_{\mathrm{k}}x}{h} - \frac{G_{\mathrm{k}}x^2}{h^2} \tag{6-60}$$

为了求得 $P_{\max}$,令 $\dfrac{\mathrm{d}P_x}{\mathrm{d}x} = 0$

即

$$\frac{\mathrm{d}P_x}{\mathrm{d}x} = \frac{G_{\mathrm{k}}}{h} - \frac{2G_{\mathrm{k}}x}{h^2} = 0$$

所以 $x = \dfrac{h}{2}$,将 x 代入公式(6-60),得:

$$P_{\max} = \frac{G_{\mathrm{k}}}{h} \cdot \frac{h}{2} - \frac{G_{\mathrm{k}}}{h^2} \cdot \left(\frac{h}{2}\right)^2 = \frac{G_{\mathrm{k}}}{2} - \frac{G_{\mathrm{k}}}{4} = \frac{1}{4}G_{\mathrm{k}} \tag{6-61}$$

可得井壁竖向受拉最危险的截面在沉井入土深度的 1/2 处,最大竖向拉力 $P_{\max}$ 为沉井全部重力 G_{k} 的 1/4。

(3)台阶形井壁

对于台阶形井壁,其竖向受拉计算如图 6-29 所示。竖向力平衡式为:

$$G_{1\mathrm{k}} + G_{2\mathrm{k}} + G_{3\mathrm{k}} + G_{4\mathrm{k}} = 0.5q_{\mathrm{d}}hu$$

所以

$$q_{\mathrm{d}} = \frac{2(G_{1\mathrm{k}} + G_{2\mathrm{k}} + G_{3\mathrm{k}} + G_{4\mathrm{k}})}{hu} \tag{6-62}$$

$$\frac{q_x}{x} = \frac{q_{\mathrm{d}}}{h}, q_x = \frac{x}{h}q_{\mathrm{d}}$$

井壁 x 处拉力等于 x 范围内自重减去 x 范围内摩阻力,即:

$$P_x = G_x - \frac{1}{2}uq_x x \tag{6-63}$$

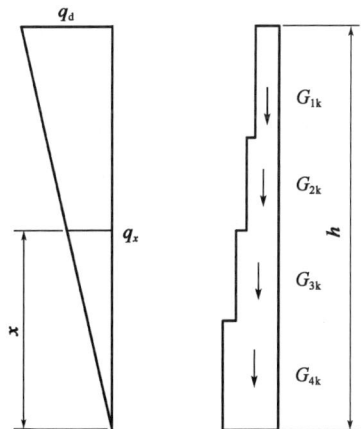

图 6-29 台阶形沉井井壁竖向受拉计算图

计算分析表明最大拉力发生在各截面变化处。因此,对台阶形井壁,每段井壁变阶处均应进行拉力计算,然后取最大值进行抗拉强度验算。

此外,沉井节与节接缝处拉力,要根据实际下沉情况计算。现一般都是假定接缝处混凝土不承受拉力而由接缝处的钢筋承受,此时钢筋的抗拉安全系数可采用 1.25,同时需验算钢筋的锚固长度。

279

2. 井壁水平内力计算

沉井在下沉过程中，井壁始终承受着水平方向的土压力和水压力作用，且这种水平压力是随深度增加而增大。所以其计算的最不利下沉状况是：沉井下沉至设计高程，刃脚下土已挖空尚未封底时，井壁承受最大的土压力和水压力，按照水平框架分析内力。

（1）刃脚斜面以上，高度等于井壁厚度 t 的一段井壁的水平框架内力计算［图 6-30a）］。该段井壁除承受作用于该段的土压力 E 和水压力 W 外，尚承受由刃脚悬臂传递来的水平剪力 Q。因此作用于该段井壁上的均布荷载 $q = W + E + Q$，计算井壁水平内力，并据此配置钢筋。

（2）其余各段井壁的计算，可按井壁断面的变化，将井壁分成数段，取每一段中控制设计的井壁（位于每一段最下端的单位高度）进行计算［图 6-30b）］。作用在框架上的均布荷载 $q = W + E$。然后用同样的计算方法，求得水平框架内截面的作用效应，并据此将水平筋布置于全段井壁。

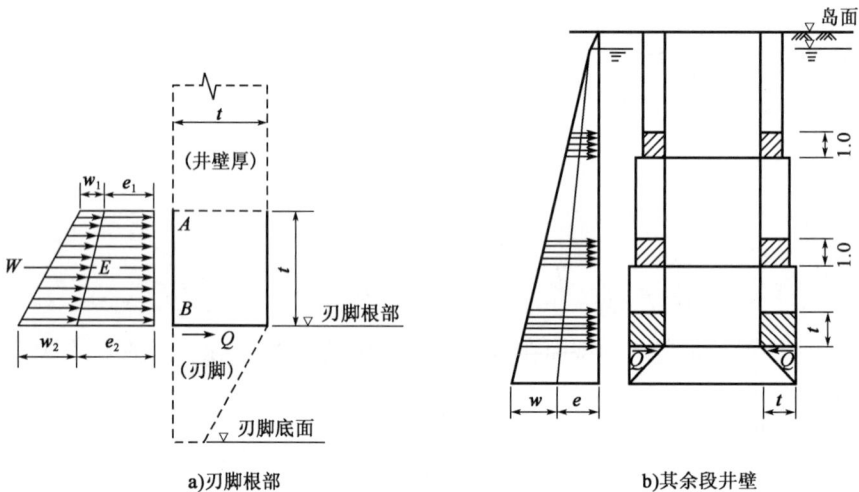

图 6-30　井壁水平框架内力计算图示（尺寸单位：m）

采用泥浆套下沉的沉井，在下沉过程中所受到的侧压力，应将沉井外侧泥浆压力按 100% 计算，因为泥浆压力一定要大于水压力及土压力总和，才能保证泥浆套不被破坏。

采用空气幕沉井，在下沉过程中受到土侧压力，根据试验沉井测量结果，压气时，气压对井壁的作用不明显，可以略去不计，仍按普通沉井的有关规定计算。在计算空气幕沉井下沉过程中结构强度时，由于井壁的摩擦力在开气时减小，不开气时仍与普通沉井相同，因此按最不利情况计算。

（五）内隔墙的验算

验算对象主要为底节沉井内隔墙。要根据内隔墙与井壁的相对刚度来确定内隔墙与井壁的连接，计算图示如图 6-31 所示。一般当 t_2 小于 t_1 很多，两者的抗弯刚度（t_2^3/l_2：t_1^3/l_1）相差很大时，可将隔墙视为两端铰支于井壁上的梁来计算。当两者抗弯刚度相差不大时，隔墙与井壁可视为固结梁来计算。

底节沉井隔墙最不利受力状态是隔墙下的土已挖空，其作用的荷载除底节隔墙自重外，尚应考虑灌注第二节沉井时内隔墙混凝土的重力作用。排水下沉的沉井一般隔墙挖有过人孔，减弱了隔墙截面抗弯能力，此时隔墙还可能受由于刃脚悬臂作用（向外挠曲）而传来的附加弯矩，致使隔

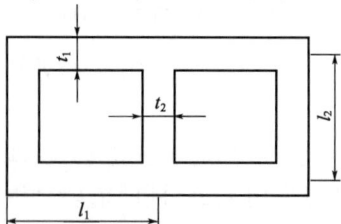

图 6-31　隔墙计算图示

墙下缘产生很大的拉力,极易导致裂缝拉坏。中国也发生过沉井基础隔墙设计未考虑附加弯矩而造成隔墙开裂,使整个沉井裂成几块,造成桥梁施工事故的事例。

(六)混凝土封底及顶盖板的计算

1. 混凝土封底层验算

沉井封底混凝土在施工封底时,主要承受沉井自重作用产生的基底均布反力和向上的水压力(浮力),不排水施工时,则可不考虑水压力;若使用阶段不用混凝土或圬工填塞井孔时,封底混凝土需承受沉井基础全部荷载所产生的基底反力,井内如填砂时应扣除其重力,井孔内如填充混凝土(或片石混凝土),封底混凝土需承受填充混凝土前的沉井底部的静水压力。

封底混凝土的厚度,主要由板的中心弯矩控制。一般按支承于凹槽或隔墙底面刃脚斜面上的周边支承双向板计算,荷载按均布荷载考虑。周边支承的双向板(矩形沉井)在均布荷载作用下的最大弯矩计算,可参考表6-4。

均布荷载作用下周边支承板计算系数表

表6-4

l_x/l_y	M_x	M_y	l_x/l_y	M_x	M_y
0.50	0.096 5	0.017 4	0.80	0.056 1	0.033 4
0.55	0.089 2	0.021 0	0.85	0.050 6	0.034 8
0.60	0.082 0	0.024 2	0.90	0.045 6	0.035 8
0.65	0.075 0	0.027 1	0.95	0.041 0	0.036 4
0.70	0.068 3	0.029 6	1.00	0.036 8	0.036 8
0.75	0.062 0	0.031 7			

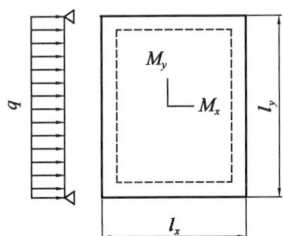

弯矩 = 表中系数 × ql^2
式中:l 取用 l_x 和 l_y 中较小者

表中弯矩系数是按泊松比 $\mu = 0$ 的一种实际上并不存在的假想材料计算而得。实际上,对于混凝土和钢筋混凝土,$\mu = \dfrac{1}{6}$,其最后计算弯矩应按下式计算,即:

$$M_{x(\mu)} = M_x + \mu M_y \tag{6-64}$$

$$M_{y(\mu)} = M_y + \mu M_x \tag{6-65}$$

周边支承的圆板在均布荷载作用下,板中心点弯矩为:

$$M = \frac{qd^3}{16}(3 + \mu) \tag{6-66}$$

式中:d——圆板计算直径(取刃脚斜面一半计)。

除按上面板中心点弯矩确定板厚外,尚应考虑在井孔范围内封底混凝土沿刃脚斜面高度截面上的剪力验算(图6-32)。如不满足要求,应增加封底混凝土厚度,以加大抗剪面积。

封底混凝土的厚度一般不宜小于 1.5 倍井孔直径或短边

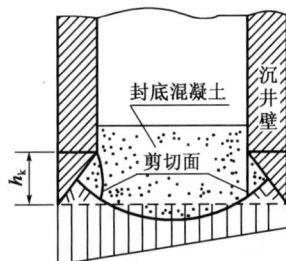

图6-32 封底混凝土剪力验算图

281

边长。

2.沉井顶盖板计算

对于不是混凝土或圬工材料填实的沉井,要在井顶修筑钢筋混凝土顶盖板。顶盖板同封底混凝土一样,可看作支承在井壁和隔墙上的双向板或圆板。其计算可分下述两种情况:

(1)当墩身底面积有相当大的部分支承在井壁上时,顶盖板按只承受浇筑墩身混凝土的均布荷载来计算板的内力;同时,还应验算墩身承受全部最不利作用时支承墩身的井壁和隔墙的抗压强度。

(2)当墩身底面全部位于井孔之内时,除按前面第一种情况的规定计算外,还应按最不利作用组合验算墩身边缘处[图6-33b)中 a-a 截面]的抗剪强度。

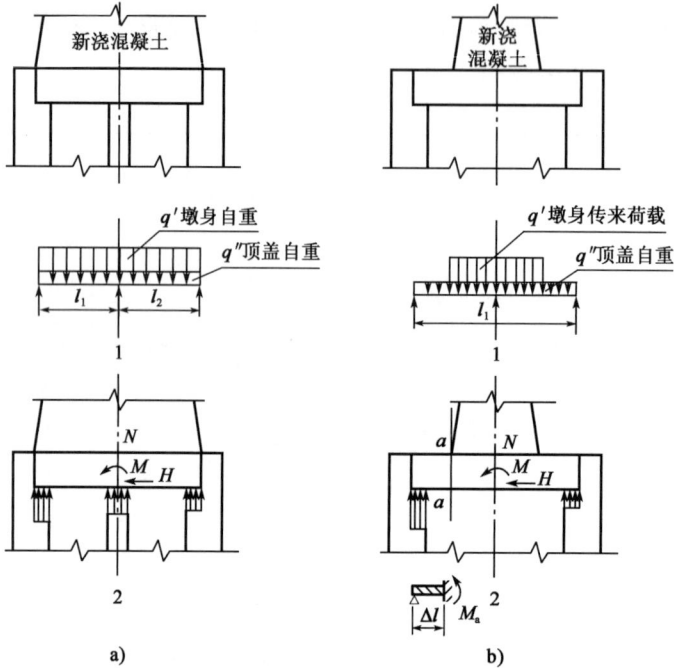

图6-33 墩身底在位于井孔之内的盖板计算

四、薄壁浮运沉井浮运过程稳定性验算

薄壁浮运沉井作为一个浮体,其在浮运过程中的稳定性是沉井安全施工的必要条件。

(一)正浮状态稳定性验算

正浮状态就是要求浮体处于一个正常稳定的浮运状态,其表现在稳定方面的必要条件是:

$$\rho - y > 0 \qquad (6\text{-}67)$$

式中:ρ——浮运沉井处于正浮状态下的定倾半径,即定倾中心至浮心的距离;

y——沉井重心至浮心的高差,重心在浮心之上时为正,重心在浮心之下为负,浮心是浮运沉井吃水部分体积的重心。

当处于绝对的水平状态时,浮心是位于沉井的对称轴上。但沉井浮运过程总是要产生倾斜,此时浮心的位置就要发生变化,如图6-34所示。浮运沉井在倾斜且保证稳定状态下,沉井的对称轴也必然随之产生倾斜,浮心的垂直线和沉井的对称轴线的交点称之为定倾中心,只有该点位于沉井重心之上时浮体才是处于稳定状态,浮心与定倾中心的连线为定倾半径。

（1）y 的计算

以图 6-35 钢筋混凝土薄壁沉井为例，介绍 y 的计算方法，验算浮运沉井的稳定性。

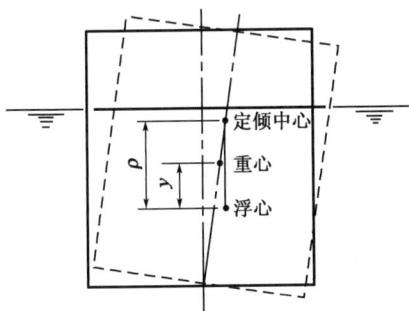

图 6-34　浮运沉井稳定计算图

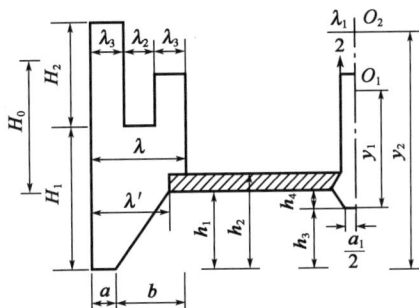

图 6-35　计算浮心位置示例

从底板算起的吃水深度为：

$$h_0 = \frac{V_0}{A_0} \tag{6-68}$$

$$V_0 = V - V_1 - V_2$$

式中：V_0——沉井底板以上部分排水体积；

V——总排水体积（按沉井重量为排开水的重量计出）；

V_1——底板以下刃脚体积；

V_2——底板以下隔墙体积；

A_0——沉井吃水线截面面积，倾斜角度很小，不考虑再影响，直接用吃水线处沉井水平截面面积。

以 y_1 来表示浮心位置距隔墙底的距离，则浮心位置距刃脚底为 $h_3 + y_1$，应用各排水体积重心对刃脚底的体积矩 M_I（即各排水体积与体积重心至刃脚底距离的乘积）来求得浮心位置，有：

$$h_3 + y_1 = \frac{M_I}{V} \tag{6-69}$$

M_0、M_1、M_2 分别为各排水体积 V_0、V_1、V_2 的体积矩，计算如式（6-70）~式（6-72）所示。

$$M_0 = V_0\left(h_1 + \frac{h_0}{2}\right) \tag{6-70}$$

$$M_1 = V_1 \cdot \frac{h_1}{3} \cdot \frac{2\lambda' + a}{\lambda' + a} \tag{6-71}$$

$$M_2 = V_2\left(\frac{h_4}{3} \cdot \frac{2\lambda_1 + a_1}{\lambda_1 + a_1} + h_3\right) \tag{6-72}$$

$$M_I = M_0 + M_1 + M_2 \tag{6-73}$$

式中：h_1——底板至刃脚踏面的距离（m）；

h_3——隔墙底距刃脚踏面的距离（m）；

h_4——底板下的隔墙高度（m）；

λ'——底板下井壁的厚度（m）；

λ_1——隔墙厚度(m);

a_1——隔墙底面宽度(m);

a——刃脚踏面的宽度(m)。

重心的位置引用上面同样的方法求得。重心位置距刃脚踏面为 y_2,则有:

$$y_2 = \frac{M_{\text{II}}}{V} \tag{6-74}$$

式中:M_{II}——沉井各部分体积与其重心至刃脚踏面距离的乘积。

最后计算得:

$$y = y_2 - (h_3 + y_1) \tag{6-75}$$

(2)ρ 的计算

定倾半径 ρ 为定倾中心到浮心的距离,可由下式计算:

$$\rho = \frac{I}{V_0} \tag{6-76}$$

式中:I——吃水截面面积对该截面上的倾斜轴线的惯性距,按沉井轮廓面积计算,对矩形沉井
为 $I = \dfrac{LB^3}{12}$,L、B 为矩形截面的长、宽边;

V_0——沉井排水体积。

对圆端形沉井,则 $I = 0.049d^4 + \dfrac{Ld^3}{12}$;对于带钢气筒的浮运沉井,其 I 值的计算很复杂,要
按沉井轮廓面积,并考虑气筒布置及是否连通的情况(各气筒互不连通时,I 值为最大)和各阶
段沉井入水深度计算。

(二)倾斜角度验算

实际上,浮式沉井在浮运过程中总要受到牵引力、流水压力、风力等作用,所以沉井必然要
产生倾斜,这是不可避免的。在沉井稳定性验算时,除应满足 $\rho - y > 0$ 外,尚要求控制倾斜角
度,按式(6-77)验算:

$$\varphi = \arctan \frac{M}{\gamma_w V_0(\rho - y)} \leqslant 6° \tag{6-77}$$

式中:φ——沉井浮体稳定倾斜角;

M——各种外力对浮心产生的外力矩(kN·m);

V_0——排水体积(m³);

γ_w——水的重度,取 10kN/m³;

ρ——定倾半径(m);

y——沉井重心至浮心距离(m)。

(三)井壁出水高度验算

在沉井浮运验算中,一般还要验算沉井倾斜后露出水面的高度,以保证沉井在拖运中的安
全。其验算式为:

$$h = H - h_0 - h_1 - B\tan\varphi \geqslant [h] \tag{6-78}$$

式中:H——浮运时沉井高度;

h_0——由底板算起的吃水深度;

h_1——底板至刃脚踏面距离;

B——矩形或圆端形沉井的宽度;

$[h]$——浮运时发生最大倾斜时,井顶出水高度的安全值,一般取 0.5～1.0m;

其余符号含义同前。

浮运沉井施工过程各阶段和工序的施工安全性要作为重点考虑,按各施工阶段的沉井重力、入土深度、浮体稳定性、井壁水头差、井壁出水高度及其受力部分混凝土的龄期强度等内容,计算各种可能水位和河床高程时沉井就位的相应内力,以及落地后所控制的沉井浮重和刃脚可能达到的高程。通过每一施工阶段的计算,可解得到井壁各部位得以满足设计要求的依据,其具体内容可参阅《公路桥涵施工技术规范》(JTG/T F50—2011)。

第五节　沉井基础算例

一、基本设计资料

某公路桥的桥墩为圆端形,墩底设计高程为 29.50m,拟采用钢筋混凝土矩形沉井基础。施工水位为最低水位高程为 30.00m,河床高程为 29.00m,局部冲刷线高程为 24.50m,采用水中筑岛法施工,依据《公桥基规》进行设计计算。地质资料情况如图 6-36 所示,各土层的物理力学性质见表 6-5。

地 基 土 性 质 表

表 6-5

土　类	γ(kN/m³)	$\gamma_{浸}$(kN/m³)	φ(°)	$\varphi_{水下}$(°)	m(kN/m⁴)	备　注
细砂	16.5	6.5			10 000	疏松饱和
中砂	17.8	7.8	35	25	15 000	中密饱和
砂砾	20.0	10.0	37	27	40 000	密实饱和

基本设计数据:上部结构恒载与汽车荷载总竖向作用值 $N = 9\,080$kN,弯矩 $M = 1\,740$kN·m,水平力 $H = 120.0$kN;墩身重力为 3 500kN,墩身底尺寸为 3.80m×7.10m。

二、沉井尺寸拟定和材料选取

拟选用钢板桩围堰修筑人工砂岛,在岛上预制沉井不排水施工,砂岛用中砂填筑。沉井基础顶面高程在最低水位下 0.5m,高程为 29.50m。基础底面高程根据地质条件,持力层取砂砾层面以下 0.5m,高程为 13.50m。确定沉井高度 $H = 29.50 - 13.50 = 16.00$m,沉井自局部冲刷线至井底的埋深 $h = 24.50 - 13.50 = 11.00$m。

沉井襟边取为 0.5m,确定沉井平面尺寸为 4.80m×8.10m。

沉井分为三节接长,为减小摩阻力,外壁设置为台阶形,逐节每边加宽 10cm,沉井底面尺寸为 5.20m×8.50m,第一节井壁壁厚为 1.3m,第二节井壁壁厚 1.2m,第三节井壁壁厚 1.1m,隔墙厚度为 0.9m,其他尺寸详见图 6-37。

刃脚踏面宽度采用 0.15m,刃脚高度为 1.4m,刃脚内侧倾角:$\tan\theta = 1.4/(1.3 - 0.15) = 1.217$,$\theta = 50.59° > 45°$。

井壁、盖板采用 C20 混凝土,其余均采用 C25 混凝土。沉井自重(包括贫混凝土填心,并扣除低水位浮力)$W = 9\,600$kN。

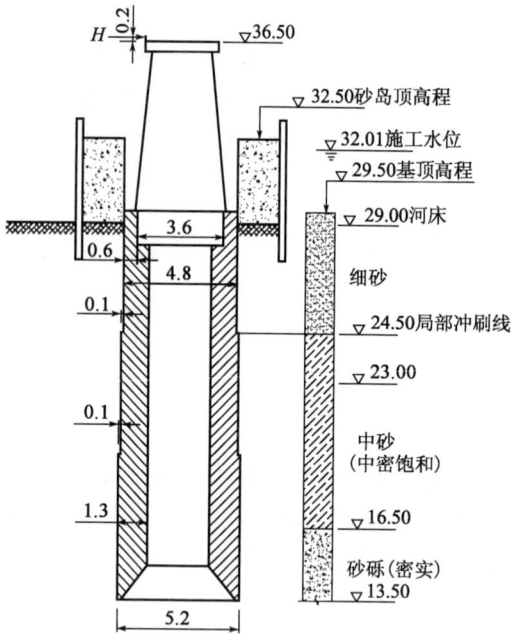

图 6-36　沉井竖向高程与地质资料图(尺寸单位:m,高程单位:m)

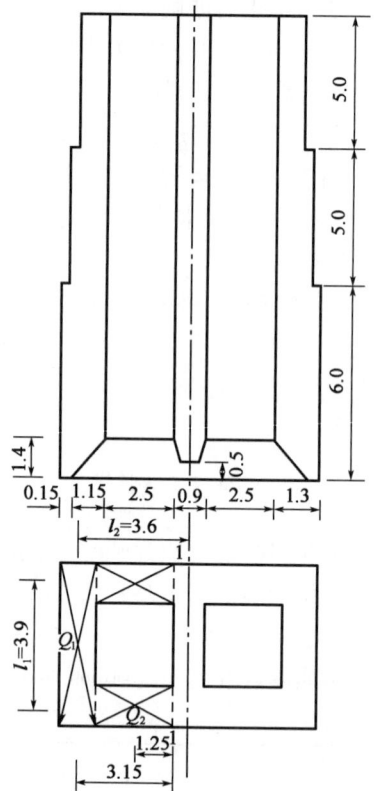

图 6-37　沉井尺寸构造图(尺寸单位:m)

三、沉井作为整体刚性深基础的验算

若沉井入土深度超过 5.0m,应考虑土的水平抗力作用,按 $\alpha h \leqslant 2.5$ 的刚性深基础验算地基强度和稳定性。

水平作用力高度为:

$$\lambda = \frac{\sum M}{H} = \frac{1\,740 + 120 \times (36.70 - 13.50)}{120} = 37.9(\text{m})$$

沉井基础侧面的地基比例系数按规范规定的双层地基当量 m 值计算,即将双层地基的地基比例系数按深度进行加权换算,使换算前后的地基比例系数面积相等。

$$m = \frac{m_1 h_1^2 + m_2 h_2 (2h_1 + h_2)}{h^2}$$

$$= \frac{15\,000 \times 8.00^2 + 40\,000 \times 3.00 \times (2 \times 8.00 + 3.00)}{11.00^2}$$

$$= 27\,776.9(\text{kN/m}^4)$$

$$m_0 = 40\,000(\text{kN/m}^4)$$

$$\beta = C_h / C_0 = mh/(m_0 h) = 27\,776.9 \times 11.00/(40\,000 \times 11.00) = 0.69$$

$$W_0 = \frac{1}{6}bh^2 = \frac{1}{6} \times 8.5 \times 5.2^2 = 38.3(\text{m}^3)$$

计算宽度

$b_1 = b + 1 = 8.5 + 1 = 9.5(\text{m})$

$A = \dfrac{\beta b_1 h^3 + 18 d W_0}{2\beta(3\lambda - h)} = \dfrac{0.69 \times 9.5 \times 11^3 + 18 \times 5.2 \times 38.3}{2 \times 0.69 \times (3 \times 37.9 - 11)} = 86.85(\text{m}^2)$

$\omega = \dfrac{6H}{Amh} = \dfrac{6 \times 120}{86.85 \times 27\,776.9 \times 11} = 27.1 \times 10^{-6}$

$Z_0 = \dfrac{\beta b_1 h^2(4\lambda - h) + 6 d W_0}{2\beta b_1 h(3\lambda - h)}$

$\quad = \dfrac{0.69 \times 9.5 \times 11^2 \times (4 \times 37.9 - 11) + 6 \times 5.2 \times 38.3}{2 \times 0.69 \times 9.5 \times 11 \times (3 \times 37.9 - 11)}$

$\quad = 7.61(\text{m})$

局部冲刷线以下深度 Z 处基础截面上的弯矩和基础水平侧压力为:

$$M_Z = H(\lambda - h + Z) - \dfrac{Hb_1 Z^3}{2hA}(2Z_0 - Z)$$

$$p_{ZX} = \dfrac{6H}{Ah^2}(Z_0 - Z)\,(\text{详细计算见表 6-6})$$

刚性桩要依据弯矩配筋,而沉井可不验算弯矩。

沉井作为刚性基础计算表 表 6-6

		弯 矩					水平侧压力		
Z (m)	$\lambda - h + Z$ (m)	$H(\lambda - h + Z)$ (1)	$2Z_0 - Z$	$\dfrac{Hb_1 Z^3}{2hA} = 0.597Z^3$	$\dfrac{Hb_1 Z^3}{2hA} \times (2Z_0 - Z)$ (2)	(1) - (2) (kN·m)	$\dfrac{6H}{Ah} \cdot Z$ (3)	$Z_0 - Z$ (4)	(3) × (4) (kPa)
0	26.9	3 228	15.22	0	0	3 228	0	7.61	0
1	27.9	3 348	14.22	0.597	8.489	3 339.51	0.754	6.61	4.98
2	28.9	3 468	13.22	4.776	63.138	3 404.86	1.508	5.61	8.46
3	29.9	3 588	12.22	16.119	196.974	3 391.03	2.262	4.61	10.43
4	30.9	3 708	11.22	38.208	428.694	3 279.31	3.016	3.61	10.89
5	31.9	3 828	10.22	74.625	762.668	3 065.33	3.770	2.61	9.84
6	32.9	3 948	9.22	128.952	1 188.937	2 759.06	4.524	1.61	7.28
7	33.9	4 068	8.22	204.771	1 683.218	2 384.78	5.278	0.61	3.22
8	34.9	4188	7.22	305.664	2 206.894	1 981.11	6.032	-0.39	-2.35
9	35.9	4 308	6.22	435.213	2 707.025	1 600.98	6.786	-1.39	-9.43
10	36.9	4 428	5.22	597.000	3 116.340	1 311.66	7.540	-2.39	-18.02
11	37.9	4 548	4.22	794.607	3 353.242	1 194.76	8.294	-3.39	-28.12

(一)水平压应力验算

验算 $h/3 \approx 4.0\text{m}$、$h = 11.0\text{m}$ 处水平压应力:

$$p_{h/3} \leq \eta_1 \cdot \eta_2 \cdot \dfrac{4}{\cos\varphi}\left(\dfrac{\gamma h}{3}\tan\varphi + c\right)$$

$$p_h \leq \eta_1 \cdot \eta_2 \cdot \dfrac{4}{\cos\varphi}(\gamma h\tan\varphi + c)$$

287

式中：φ——土的内摩擦角，近似取 $\varphi_{\text{水下}}=25°$（计算 h 处时，取 $\varphi_{\text{水下}}=27°$）；

γ——透水性土，按 $\gamma_{\text{浸}}=7.8\text{kN/m}^3$，计算 h 处时取 $\gamma_{\text{浸}}=(10.0\times3.0+7.8\times8.0)/11$ $=8.4\text{ kN/m}^3$；

c——黏聚力，砂 $c=0$；

η_1——静定结构 $\eta_1=1.0$；

η_2——等跨中墩基础，恒载弯矩 $M_g=0$，$\eta_2=1$。

$$\eta_1\cdot\eta_2\cdot\frac{4}{\cos\varphi}\left(\frac{\gamma h}{3}\tan\varphi+c\right)=1\times1\times\frac{4}{\cos25°}\times\left(\frac{7.8\times11}{3}\times\tan25°+0\right)$$
$$=58.86\text{kPa}>p_{h/3}=9.06\text{kPa}$$

$$\eta_1\cdot\eta_2\cdot\frac{4}{\cos\varphi}(\gamma h\tan\varphi+c)=1\times1\times\frac{4}{\cos27°}\times(8.4\times11.0\times\tan27°+0)$$
$$=186.2(\text{kPa})>p_h=28.12\text{kPa}$$

满足要求。

（二）基础底面竖向压应力验算

沉井自重（包括贫混凝土填心，并扣除低水位浮力）：
$$W=9\,600(\text{kN})$$

作用于基底的竖向荷载：
$$N=\sum P=9\,080+3\,500+9\,600=22\,180(\text{kN})$$

沉井底面积：
$$A_0=8.5\times5.2=44.20(\text{m}^2)$$

砂砾持力层容许承载力为 $[f_a]$，查《公桥基规》，取 $[f_{a0}]=550\text{kPa}$，$k_1=4$，$k_2=6$，土重度 $\gamma_1=10.0\text{kN/m}^3$，$\gamma_2=7.8\text{kN/m}^3$（考虑浮力后的近似值）。

$$[f_a]=[f_{a0}]+k_1\gamma_1(b-2)+k_2\gamma_2(h-3)$$
$$=550+4\times10.0\times(5.2-2)+6\times7.8\times(11-3)$$
$$=1\,052.4(\text{kPa})$$

基底底面竖向压应力可按基底位于非岩石地基上考虑，即按式（6-13）计算：

$$p_{\min}^{\max}=\frac{N}{A_0}\pm\frac{3dH}{A\beta}=\frac{22\,180}{44.20}\pm\frac{3\times5.2\times120}{86.85\times0.69}=\begin{cases}533.05(\text{kPa})\\470.57(\text{kPa})\end{cases}<[f_a]=1\,052.4\text{kPa}$$

验算通过。

四、沉井施工过程各种验算

（一）沉井顺利下沉自重验算

$$P>T$$

式中：P——井壁自重，不排水施工扣除浮力，$P=12\,000-4\,800=7\,200(\text{kN})$；

T——井壁摩阻力，计入井顶围堰筑岛摩阻力，井壁与砂类土之间的摩阻力为 15kPa。

$T=2\times(8.5+5.2)\times16.0\times15=6\,576(\text{kN})<7\,200(\text{kN})$，满足要求。

（二）第一节沉井验算

由于不排水施工，在下沉时可能发生的最不利情况为：

（1）在长边中间搁住，危险断面为隔墙外边缘1-1处（图6-37），井壁在1-1断面处截面形心位置。

$$Y_上 = \frac{1.30 \times 6.00 \times 3.00 - 1.15 \times 1.40 \times 1/2 \times (4.60 + 2/3 \times 1.40)}{1.30 \times 6.00 - 1/2 \times 1.15 \times 1.40} = 2.71(m)$$

惯性矩：

$$I = \frac{1}{12} \times 1.30 \times 6.00^3 + 1.30 \times 6.00 \times (3.00 - 2.71)^2 -$$

$$\frac{1}{36} \times 1.15 \times 1.40^3 - \frac{1}{2} \times 1.15 \times 1.40 \times \left(3.29 - \frac{1.40^2}{3}\right)$$

$$= 21.695(m^4)$$

$$W = \frac{I}{Y_上} = \frac{21.695}{2.71} = 8.006(m^3)$$

计算得 $Q_1 = 906kN$，$Q_2 = 438kN$，作用点距1-1面分别为3.15m与1.25m（图6-37），效应分项系数取1.2得：

$$M_d = 1.2 \times (906 \times 3.15 + 2 \times 438 \times 1.25) = 5399.28(kN \cdot m)$$

依据以上计算结果进行验算，根据混凝土自身承载能力，确定是否配置第一节沉井上缘水平钢筋或仅按构造配筋（具体验算略）。

（2）在短边四角搁住，危险断面仍为1-1，按简支梁计算弯矩。支反力为：

$$R = 2Q_2 + Q_1 = 2 \times 438 + 906 = 1782(kN)（隔墙自重忽略）$$

$$M_d = 1.2(1782 \times 3.8 - 906 \times 3.15 - 2 \times 438 \times 1.25) = 3125.80(kN \cdot m)$$

依据以上结果验算，确定是否配置第一节沉井下缘水平钢筋或仅考虑构造配筋。

（三）刃脚计算

1. 刃脚向井外挠曲验算

此时，最不利状态为刃脚沉至中途，刃脚切入土中1.0m，沉井已全部接长，产生向外最大挠曲弯矩。

刃脚高程为 $32.50 - \dfrac{32.50 - 13.50}{2} = 23.00(m)$。

取刃脚1m宽计算，受力情况如图6-38所示，具体计算见表6-7。

2. 刃脚向井内挠曲验算

此时，最不利情况是沉井沉至设计高程，刃脚下的土已挖空准备封底之前（图6-39）。

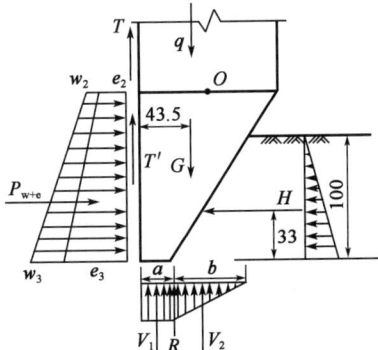

图6-38 刃脚向外挠曲计算

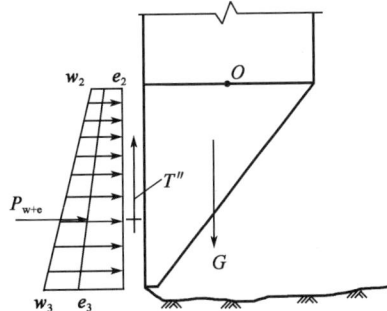

图6-39 刃脚向内挠曲计算

刃脚向外挠曲单宽悬臂梁受力计算表

表 6-7

计 算 项 目		单位	计算式及取值		附 注
土压力	$e_1 = \gamma H_1 \tan^2\left(45° - \dfrac{\varphi}{2}\right)$	kN/m²	$17.8 \times 0.49 \times \tan^2\left(45° - \dfrac{35°}{2}\right)$	2.4	岛面下施工水位处
	$e_2 = e_1 + \gamma_{浸} H_2 \tan^2\left(45° - \dfrac{\varphi_{水下}}{2}\right)$	kN/m²	$2.4 + 7.8 \times 7.61 \times \tan^2\left(45° - \dfrac{25°}{2}\right)$	26.5	刃脚根部处（按中砂计）
	$e_3 = e_2 + \gamma_{浸} H_3 \tan^2\left(45° - \dfrac{\varphi_{水下}}{2}\right)$	kN/m²	$26.5 + 7.8 \times 1.4 \times \tan^2\left(45° - \dfrac{25°}{2}\right)$	30.9	刃脚底面处
静水压力	$w_2 = 0.5\gamma_{水} H_2'$	kN/m²	$0.5 \times 10 \times 7.61$	38.1	不排水施工按 50% 扣除井内水压
	$w_3 = 0.5\gamma_{水} H_3'$	kN/m²	$0.5 \times 10 \times 9.01$	45.1	
总压力	$q_2 = e_2 + w_2$	kN/m²	$26.5 + 38.1 = 64.6$ $0.7 \times 10 \times 7.61 = 53.3$ 取最小值 53.3		规定：总压力不超过静水压力的 0.7
	$q_3 = e_3 + w_3$	kN/m²	$30.9 + 45.1 = 76.0$ $0.7 \times 10 \times 9.1 = 63.7$ 取最小值 63.7		
每米宽度井壁自重 q（含刃脚）		kN	$(4.6 \times 1.3 + 5.0 \times 1.2 + 5.0 \times 1.1) \times 25 +$ $\dfrac{1}{2}(1.3 + 0.15) \times 1.4 \times 25$ 462.4		
每米宽井壁浮力 Q		kN	$\left(6.0 \times 1.3 + 3.1 \times 1.2 - \dfrac{1}{2} \times 1.4 \times 1.15\right) \times 10$ 107.2		
井壁全部高度上的土压力 $E = \dfrac{1}{2}e_1 H_1 + \dfrac{e_1 + e_3}{2}(H_2 + H_3)$		kN	$\dfrac{1}{2} \times 2.4 \times 0.49 + \dfrac{2.4 + 30.9}{2}(7.61 + 1.4)$ 150.6		
井壁上全高度上的摩阻力 $T = 0.5E$ $T = q_k h_k$		kN kN	$0.5 \times 150.6 = 75.3$ $15 \times 9.5 \times 1 = 142.5$ 取最小值 75.3		使土的反力 R 大
刃脚部分总土压力 $E' = \dfrac{1}{2}(e_2 + e_3)h_k$		kN	$\dfrac{1}{2}(26.5 + 30.9) \times 1.4$ 40.2		
刃脚部分外壁摩阻力 $T' = 0.5E'$ $T' = q_k h_k$		kN kN	$0.5 \times 40.2 = 20.1$ $15 \times 1.4 \times 1 = 21.0$ 取最大值 21.0		为使向外弯矩最大
刃脚部分总水、土压力 $P_{w+e} = \dfrac{h_k}{2}(q_2 + q_3)$		kN	$\dfrac{1}{2} \times 1.4(53.3 + 63.7)$ 81.9		
P_{w+e} 的作用点离踏面高度 $X = \dfrac{h_k}{3}\left(\dfrac{q_3 + 2q_2}{q_3 + q_2}\right)$		m	$\dfrac{1.4}{3} \times \left(\dfrac{63.7 + 2 \times 53.3}{63.7 + 53.3}\right)$ 0.68		
刃脚部分自重（扣除浮力）G		kN	$\dfrac{1}{2}(1.3 + 0.15) \times 1.4 \times (25 - 10)$ 15.3		距离刃脚外壁 0.435m
$R = q - Q - T$		kN	$462.4 - 107.2 - 75.3$ 279.9		

计 算 项 目	单位	计算式及取值	附　注
$b = Z\mathrm{ctan}\alpha$	m	$1 \times \dfrac{115}{140}$　　　　　　　　0.82	刃脚切入土中斜面的水平投影宽
$V_2 = \dfrac{Rb}{b+2a}$	kN	$\dfrac{279.9 \times 0.82}{0.82 + 2 \times 0.15}$　　　204.9	
$V_1 = R - V_2$	kN	$279.9 - 204.9$　　　　　　　75.0	
$H = V_2 \tan(\alpha - \beta)$	kN	$204.9 \times \tan(50.6° - 30°)$　　77.0	取 β 为 30°
R 作用点距离外边缘距离 $Y = \dfrac{1}{R}\left[V_1 \dfrac{a}{2} + V_2\left(a + \dfrac{b}{3}\right) \right]$	m	$\dfrac{1}{279.9}\left[75.0 \times \dfrac{0.15}{2} + 204.9 \times \left(0.15 + \dfrac{0.82}{3} \right) \right]$　0.33	

取 1m 宽刃脚进行计算,具体计算见表 6-8。

刃脚向内挠曲单宽悬臂梁受力计算表

表 6-8

	计 算 项 目	单位	计算式及取值	附　注
土压力	$e_1 = \gamma H_1 \tan^2\left(45° - \dfrac{\varphi}{2}\right)$	kN/m²	$17.8 \times 0.49 \times \tan^2\left(45° - \dfrac{35°}{2}\right)$　2.4	
	$e_2 = e_1 + \gamma_{浸} H_2 \tan^2\left(45° - \dfrac{\varphi_{水下}}{2}\right)$	kN/m²	$2.4 + 10.0 \times 17.11 \times \tan^2\left(45° - \dfrac{27°}{2}\right)$　66.7	
	$e_3 = e_2 + \gamma_{浸} H_3 \tan^2\left(45° - \dfrac{\varphi_{水下}}{2}\right)$	kN/m²	$66.7 + 10.0 \times 1.4 \times \tan^2\left(45° - \dfrac{27°}{2}\right)$　72.0	
静水压力	$w_2 = 0.5 H_2' \gamma_水$	kN/m²	$0.5 \times 17.11 \times 10$　　　　85.6	
	$w_3 = 0.5 H_3' \gamma_水$	kN/m²	$0.5 \times 18.51 \times 10$　　　　92.6	
总压力	$q_2 = e_2 + w_2$	kN/m²	$66.7 + 85.6$　　　　　　152.3	
	$q_3 = e_3 + w_3$	kN/m²	$72.0 + 92.6$　　　　　　164.6	
	刃脚部分总水、土压力 $P_{w+e} = \dfrac{h_k}{2}(q_2 + q_3)$	kN	$\dfrac{1}{2} \times 1.4(152.3 + 164.6)$　221.8	
	P_{w+e} 的作用点离踏面高度 $X = \dfrac{h_k}{3}\left(\dfrac{q_3 + 2q_2}{q_3 + q_2} \right)$	m	$\dfrac{1.4}{3} \times \left(\dfrac{164.6 + 2 \times 152.3}{164.6 + 152.3} \right)$　0.69	
	刃脚部分总土压力 $E' = \dfrac{1}{2}(e_2 + e_3)h_k$	kN	$\dfrac{1}{2} \times (66.7 + 72.0) \times 1.4$　97.1	
	刃脚部分外壁摩阻力　$T' = 0.5 E'$　　　　$T' = f h_k$	kN	$0.5 \times 97.1 = 48.6$ $15 \times 1.4 \times 1 = 21.0$　取小值 21.0	为使向内弯矩最大
	刃脚部分自重(扣除浮力)G	kN	$\dfrac{1}{2} \times (1.3 + 0.15) \times 1.4 \times (25 - 10)$　15.3	距离刃脚外壁 0.435m

以上刃脚计算的水平力分配系数为：

$$\alpha = \frac{0.1I_1^4}{h_k^4 + 0.05I_1^4} = \frac{0.1 \times 3.9^4}{1.4^4 + 0.05 \times 3.9^4} = 1.5$$

因 $\alpha > 1.0$，刃脚作为悬臂梁计算，取 $\alpha = 1.0$。

以上沉井刃脚竖向验算的最终结果见表6-9。

刃脚为单宽悬臂的弯矩和剪力计算表（对刃脚根部中点）　　　　表6-9

项　　目	沉井下沉至中途向外挠曲				沉井沉至设计高程向内挠曲			
	水平力 （kN）	垂直力 （kN）	力臂 （m）	弯矩 kN·m	水平力 kN	垂直力 kN	力臂 m	弯矩 kN·m
水压力及土压力 (αP_{w+e})	-81.9	—	$h_k - X = 1.4 - 0.68 = 0.72$	-59.0	-221.8	—	0.69	-153.0
土的水平反力 H	+77.0		$h_k - 1/3 = 1.4 - 0.33 = 1.07$	+82.4	—	—		
土的垂直反力 R		+279.9	$\frac{1.3}{2} - Y = 0.65 - 0.33 = 0.32$	+89.6				
刃脚部分外侧摩阻 力 T'		+21.0	$\frac{1.3}{2} = 0.65$	+13.7	—	+21	+0.65	+13.7
刃脚部分自重 G		-15.3	$0.65 - 0.435 = 0.215$	-3.3	—	-15.3	+0.215	-3.3
总计	-4.9	+285.6	—	+123.4	-221.8	5.7	—	-142.6

3. 刃脚作为水平框架计算

刃脚作为水平框架计算，最不利情况是沉井沉至设计高程，刃脚下的土已挖空准备封底之前，其外侧水平力分配系数为：

$$\beta = \frac{h_k^4}{h_k^4 + 0.05l_2^4} = \frac{1.4^4}{1.4^4 + 0.05 \times 3.6^4} = 0.314$$

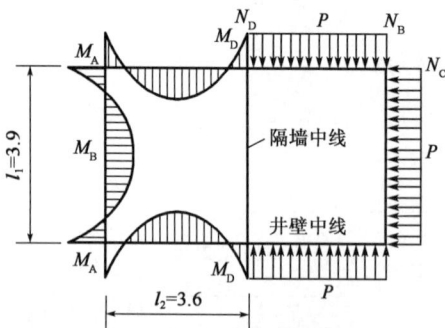

图6-40　刃脚、井壁水平框架计算图（尺寸单位:m）

具体计算见表6-10。

（四）井壁计算

1. 井壁水平计算（图6-40）

井壁水平向计算最不利位置是沉井沉至设计高程处，其平面为双孔对称矩形框架，验算位置为刃脚根部以上及各变断面处。

$$K = l_1/l_2 = \frac{3.9}{3.6} = 1.083$$

刃脚、井壁水平框架内力计算表

表 6-10

离踏面高度 (m)	距施工水位距离 h_w (m)	土压力 e (kN/m²)	水压力 w (kN/m²)	$q_i = e+w$ (kN/m²)	井壁框架位置	断面高度 (m)	框架上均布荷载 P (kN·m)	沉井四角弯矩 M_A (kN·m)	内隔墙处弯矩 M_D (kN·m)	长边井壁中点弯矩 M_B (kN·m)	短边井壁轴向力 N_C (kN)	长边井壁轴向力 N_B (kN)	内隔墙轴向力 N_D (kN)
0	18.51	72.0	92.6	164.6				第一节沉井 $l_1=3.9$m		$l_2=3.6$m			
1.4	17.11	66.7	85.6	152.3	0~1.4 (刃脚)	1.4	$\beta P=69.7$	-84.2	-148.1	48.1	135.9	128.0	123.0
2.7	15.81	61.8	79.1	140.9	1.4~2.7 (刃脚)	1.3	$Q+P=$412.4	-498.2	-876.0	284.9	804.2	757.2	727.5
3.7	14.81	49.7	74.1	123.8	2.7~3.7 第一节沉井	1.0	132.4	-160.0	-281.2	91.5	258.2	243.1	233.6
6.0	12.51	42.0	62.6	104.6	6.0~7.0 第二节沉井底部			第二节沉井 $l_1=3.8$m		$l_2=3.55$m			
7.0	11.51	38.8	57.6	96.4		1.0	100.5	-114.7	-207.6	67.5	191.0	182.0	174.8
11.0	7.51	26.2	37.6	63.8	110~120 第三节沉井底部			第三节沉井 $l_1=3.7$m		$l_2=3.50$m			
12.0	5.51	19.8	32.6	52.4		1.0	58.1	-66.3	-116.7	37.9	107.5	103.7	99.6

注:1. 刃脚根部以上井壁水平框架尚需承担刃脚悬臂作用向内挠曲时传来的剪力,即:

$$P+Q = \frac{152.3+140.9}{2} \times 1.3 + 221.8 = 412.4 (kN/m)$$

2. 细砂、中砂层土压力按 $e=2.4+7.8 \times h_w \left(45° - \frac{25°}{2}\right) = 2.4+3.166 h_w$ 计算,砂砾层土压力按 $e=2.4+10 \times h_w \left(45° - \frac{27°}{2}\right) = 2.4+3.755 h_w$ 计算。

293

沉井四角弯矩：

$$M_A = -\frac{2K^3+1}{12(2K+1)}pl_2^2 = -\frac{2\times1.083^3+1}{12(2\times1.083+1)} \cdot pl_2^2 = -0.0932pl_2^2$$

内隔墙处井壁弯矩：

$$M_D = \frac{K^3-6K-1}{12(2K+1)}pl_2^2 = \frac{1.083^3-6\times1.083-1}{12(2\times1.083+1)} \cdot pl_2^2 = -0.1639pl_2^2$$

井壁长边中点弯矩：

$$M_B = \frac{2K^3+3K^2-2}{24(2K+1)}pl_2^2 = \frac{2\times1.083^3+3\times1.083^2-2}{24\times(2\times1.083+1)} \cdot pl_2^2 = 0.0533pl_2^2$$

井壁短边轴向力：

$$N_C = \frac{1}{2}pl_1 = 0.50pl_1$$

井壁长边轴向力：

$$N_B = \frac{K^3+3K+2}{4(2K+1)}pl_2 = \frac{1.083^3+3\times1.083+2}{4\times(2\times1.083+1)} \cdot pl_2 = 0.51pl_2$$

内隔墙轴向力：

$$N_D = \frac{2+5K-K^3}{4(2K+1)}pl_2 = \frac{2+5\times1.083-1.083^3}{4\times(2\times1.083+1)} \cdot pl_2 = 0.49pl_2$$

详细计算见表6-10。

2. 井壁竖向计算

单宽井壁重500kN，浮力 $Q=200$kN。

单宽井壁所受最大拉力为：

$$S_{max} = \frac{G-Q}{4} = \frac{500-200}{4} = 75(\text{kN})$$

(五) 封底混凝土与顶盖板计算

以上配筋计算从略。

思　考　题

1. 沉井基础有何特点？

2. 沉井主要由哪几部分构成？工程中如何选择沉井的类型？

3. 沉井在施工中常遇到的问题有哪些？如何处理？

4. 试论述沉井基础的工程适用性。

5. 进行沉井整体计算时，基底嵌入岩层与基底置于非岩石地基内的计算公式有何不同？

6. 沉井作为整体深基础，其设计计算主要应考虑哪些内容？

7. 沉井在施工过程中，应进行哪些验算？

8. 沉井基础的基底应力验算基本原理是什么？

9. 在施工过程中，沉井结构的强度计算包含哪些方面？如何计算？

沉井设在宽滩岸边,地面高程为25.80m。井高3节段共15m。沉井底面高程为10.30m,顶面高程为25.30m,墩高为4.6m,墩顶支座厚度为0.2m,支座顶高程为30.10m,如图6-41所示。各土层物理性质见表6-11。

地基土物理性质 表6-11

土 类	重度 γ (kN/m^3)	摩阻力标准值 (kPa)	内摩擦角 $\varphi(°)$	m 和 m_0 (kN/m^4)	备 注
黏砂土	16.0	19.0	35	10 000	
细中砂	17.0	18.0	35	10 000	中密
砂砾	21.0	25.0	35	50 000	密实

1.沉井受到桥梁各结构作用(永久作用与可变作用),并传给井底承受,其受力状态如下:

(1)桥梁上部结构重力与汽车荷载(单孔两行)总竖向作用值作用于墩顶处,$N=21\,150kN$。其中,汽车荷载单孔布载偏支座上竖向作用值 $N_1=1\,007.4kN$,弯矩 $M_1=453kN\cdot m$。

(2)下部结构:墩身竖向重力作用值 $N_2=2\,587.5kN$;沉井竖向重力作用值 $N_3=14\,562kN$。

(3)单孔汽车加载的支座水平力作用值 $H_2=165kN$,$M_2=3\,267kN\cdot m$;顺桥向风荷载标准值,可按桥向风压的70%得 $H_1=51.4kN$,$M_1=910.1kN\cdot m$。

2.按图6-41(右图)将中心竖向力 $\sum N_i$ 作用基底应力均匀分布,同时将水平力和弯矩作用($\sum H_i$、$\sum M_i$)转换为基底以上高度为 λ 的水平力作用高度,计算沉井基础的水平位移及作用效应。

3.在施工过程中,主要是沉井下沉及井壁框架水平力验算,沉井刃脚的竖向和水平向验算。

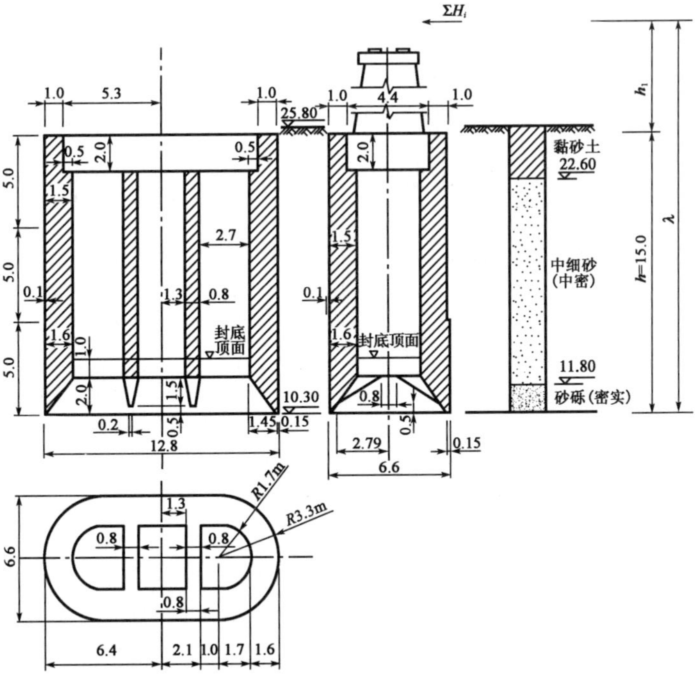

图6-41 沉井构造尺寸(尺寸单位:m;高程单位:m)

第七章 地下连续墙基础

第一节 概 述

要了解地下连续墙(以下简称"地连墙")基础,首先要知道地连墙的有关概念。

地连墙技术起源于欧洲。它是利用各种挖槽机械,利用泥浆护壁作用,在地下挖出窄而深的沟槽,并在其内浇筑混凝土而形成一道具有防渗(水)、挡土和承重功能的连续地下墙体结构,称为地下连续墙。初期主要用于高透水性地基中建造防渗墙,后来发展成要求能承受垂直和水平荷载,具有足够刚度的大型高层建筑的外墙基础。在1950~1960年的10余年间,地连墙技术随着第二次世界大战结束后经济建设的需求而得到迅速发展。

日本于1955年引进了地连墙施工技术,并投入了大量的人力、物力,进行开发研究和创新工作,从设计理论到开挖机械和施工技术方面,达到了世界先进水平,并于1979年首先将该技术应用到桥梁工程的基础中,通过对现在世界上最大跨度(主跨1 990m)的日本明石海峡大桥的勘探研究,以及通过对气压沉箱、沉井及地连墙三种施工方案比较,最后对1A号锚墩采用了圆形井筒结构地连墙作为支挡结构,并最后形成基础的方案,成为现今世界最大的地连墙基础(图7-1)。

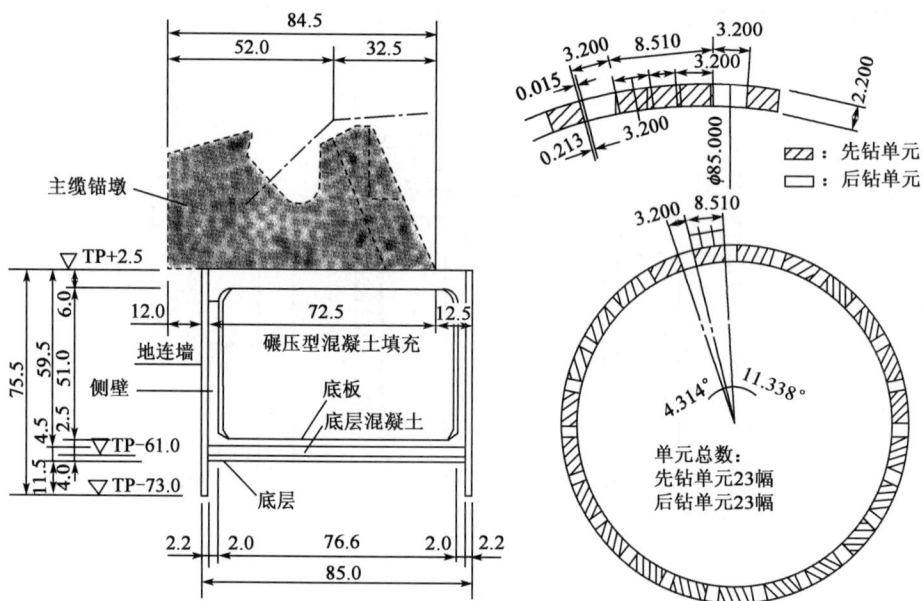

图7-1 日本明石海峡大桥1A号锚墩地连墙基础结构示意图(尺寸单位:m)

其具体做法是:

(1)用地连墙构成直径为85.0m的圆形井筒,将其视为挡土墙。

(2)以深抽水降低筒内水位,挖除筒内土体。

（3）挖土时采用逆砌做法砌成侧墙以加固地连墙,挖到基底后以素混凝土填充井筒。

地连墙施工快速、工效高、成本低,适用广泛。施工深度已由开始的20m左右发展至今120～170m。由于强大的刚性和与地基土密着性好的特性,非常适于大跨桥梁基础应用。

地连墙引入中国也较早,在20世纪50年代末,地连墙应用于北京密云水库白河主坝,主要用做防渗墙,之后在国内开始用于工业与民用建筑、水利水电工程、铁路等部门,主要是为施工时承受水平荷载的挡土或防水防渗等作用。近年来,建筑、地铁等部门逐渐把地连墙用作高层建筑的地下室、地下停车场结构等,并承担部分或全部建筑物的竖向荷载。20世纪90年代,修建广州虎门大桥,该桥位于广州东南约42km的珠江出海口附近,主航道悬索桥跨度888m,经反复研究分析,确定虎门大桥西锚碇采用圆形地连墙基础方案,这是该种基础形式在中国第一座特大桥的应用。工程首先建成地连墙,用其防水挡土,挖基至底填混凝土筑成基础,获得良好成果。以后武汉阳逻长江大桥南锚碇、广州珠江黄浦大桥等都是采用地连墙基础。润扬长江大桥于21世纪初开始修建,2005年建成,也采用了地连墙锚碇基础(图7-2)。

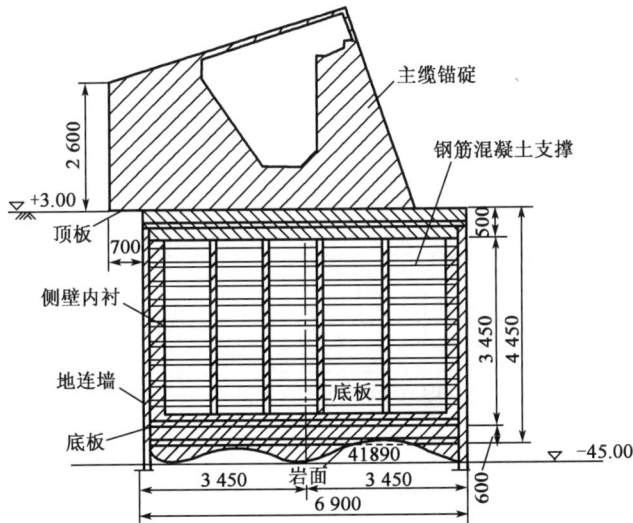

图7-2 润扬大桥北锚碇地连墙基础立面图(尺寸单位:cm)

润扬大桥悬索桥北锚碇基础距长江大堤仅70m,基岩风化严重,裂隙发育,锚区内断裂带、破碎带分布广泛,岩面起伏大。以淤泥质亚黏土和粉细砂为主的覆盖层厚度约50m,地下水位高。在如此复杂的地质水文条件下,北锚碇要承受主缆传递的约680 000kN的拉力,基础结构形式的选取是关键。通过带案招标,由专家评审选取了有利于施工和结构受力的矩形地连墙基础。基础平面尺寸69m×51m,开挖深度达50m,而作为支挡防渗结构的地连墙体仅厚1.2m。共分42幅槽段施工,其中,A型槽段4个,B型槽段16个,C型槽段8个,D型槽段12个,E型槽段2个(图7-3)。深基坑开挖过程中,最后用12道钢筋混凝土内支撑,其支撑节点处为16根ϕ1.2m和16根ϕ0.6m钢管混凝土立柱共同构成地连墙的围护结构。

通过以上工程实例可知,应用于桥梁基础的地连墙,其平面形式一般多为闭合断面,划分为先钻墙段和后钻墙段(也称为墙桩),利用构造接头,将地连墙的墙段连接成一个外形为矩形、多边形或圆环形,其内部可分为一个或多个空格的整体结构。

地连墙完全用作桥梁基础结构在国外特别是日本应用广泛,在国内尚处于探索研究阶段,但发展潜力很大。与高层建筑和地铁相比,水文地质条件复杂,地连墙支护结构设计要综合考虑桥位处工程地质与水文地质、基础类型、基坑开挖深度、降排水条件、周边环境要求和使用年限等因素,力求使地连墙支护结构设计安全、经济、合理,同时作为基础结构设计应按不同设计状况,分别按承载能力极限状态和正常使用极限状态设计。

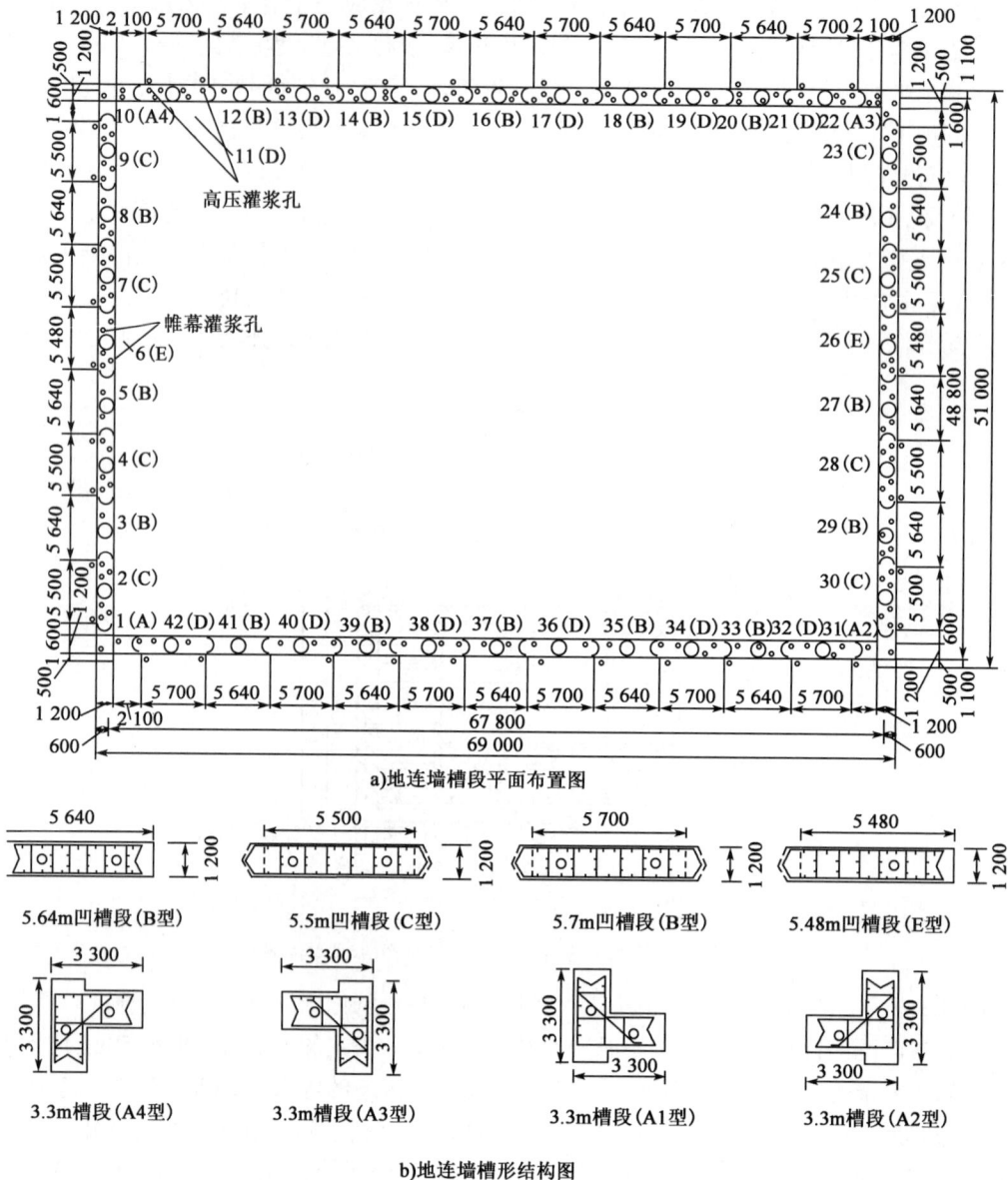

a)地连墙槽段平面布置图

5.64m凹槽段(B型)   5.5m槽段(C型)   5.7m凹槽段(B型)   5.48m凹槽段(E型)

3.3m槽段(A4型)   3.3m槽段(A3型)   3.3m槽段(A1型)   3.3m槽段(A2型)

b)地连墙槽形结构图

图 7-3　润扬大桥北锚碇地连墙槽段划分构造图(尺寸单位:mm)

第二节　地下连续墙施工要点简介

第三章介绍一般中小桥浅基础施工多采用木、钢板桩墙打入土中形成围墙,进行基坑开挖到设计地基层,浇筑基础。基坑开挖较深时,要设置水平支撑或锚杆(索)等加固。由于现对大跨或特大跨桥,采用地连墙作为深大的基坑支护结构,需要严格的进行设计和施工,保证岩土开挖地下支挡结构施工安全和质量要求。

298

一、地连墙施工程序

在地连墙支护结构施工过程中,应对基坑、支护结构和周边环境进行观察和监测,当出现异常情况时,应及时采取措施。

地连墙施工糅合了钻孔桩与沉井施工的主要工序,其主要工序流程见图7-4。

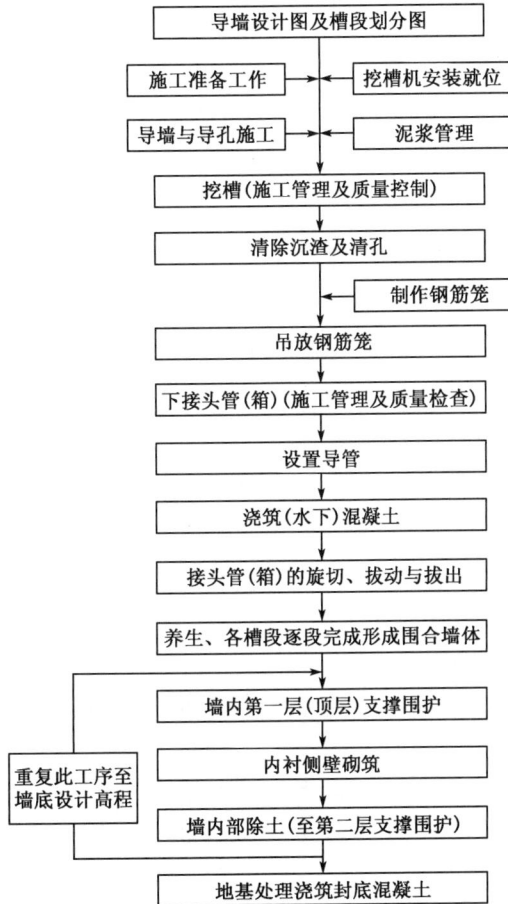

```
        ┌─────────────────────────┐
        │   导墙设计图及槽段划分图     │
        └─────────────────────────┘
    ┌──────────────┐    ┌──────────────┐
    │  施工准备工作   │◄───│  挖槽机安装就位  │
    └──────────────┘    └──────────────┘
    ┌──────────────┐    ┌──────────────┐
    │  导墙与导孔施工 │◄───│   泥浆管理     │
    └──────────────┘    └──────────────┘
    ┌──────────────────────────────┐
    │    挖槽(施工管理及质量控制)     │
    └──────────────────────────────┘
    ┌──────────────────┐
    │   清除沉渣及清孔    │
    └──────────────────┘
                    ┌──────────────┐
                  ◄─│  制作钢筋笼    │
                    └──────────────┘
    ┌──────────────────┐
    │    吊放钢筋笼      │
    └──────────────────┘
    ┌─────────────────────────────────┐
    │ 下接头管(箱)(施工管理及质量检查)  │
    └─────────────────────────────────┘
    ┌──────────────────┐
    │    设置导管        │
    └──────────────────┘
    ┌──────────────────┐
    │   浇筑(水下)混凝土  │
    └──────────────────┘
    ┌──────────────────────────┐
    │  接头管(箱)的旋切、拔动与拔出 │
    └──────────────────────────┘
    ┌──────────────────────────┐
    │ 养生、各槽段逐段完成形成围合墙体 │
    └──────────────────────────┘
┌──────────┐  ┌──────────────────────┐
│          │  │  墙内第一层(顶层)支撑围护 │
│ 重复此工序至 │  └──────────────────────┘
│ 墙底设计高程 │  ┌──────────────────────┐
│          │  │     内衬侧壁砌筑        │
│          │  └──────────────────────┘
│          │  ┌──────────────────────┐
│          │  │ 墙内部除土(至第二层支撑围护)│
└──────────┘  └──────────────────────┘
    ┌──────────────────────────┐
    │    地基处理浇筑封底混凝土     │
    └──────────────────────────┘
```

图7-4 地连墙施工顺序

在此要强调,墙段接头是地连墙设计与施工关键技术。接头类型从使用材料可分为:钢管、钢板、钢筋、型钢和铸钢、预制混凝土、人造纤维布和橡胶等;从构造形式和施工方法上可分为:钻凿式、接头管、接头箱、隔板式、软接头、预制混凝土构件等;从受力上可分为:仅起止水防渗不能受力的接头、能承受剪力的铰接接头、能承受弯矩和剪力的刚性接头。接头类型的选择应满足结构受力和施工的要求。图7-5a)~h)列出了常见的几种接头形式的示意图。接头管接头技术成熟,应用较多,一般情况下均可采用。对于有特殊设计要求的场合,应选用能满足相应要求的接头形式。

二、施工要点简介

1. 槽段的划分

一般情况,地连墙都不是一次将其做完,而是把它分隔成很多的、不同长度的施工段,一般称为槽段,它的长度称为槽段长度。一般说来,加大槽段长度,可以减少接头数量,提高墙体的整体防渗性和连续性,还可以提高施工效率;但是泥浆和混凝土用量也随着增加,给泥浆和混凝土的生产和供应带来困难,所以必须根据设计、施工和地质条件等,综合考虑确定槽段长度。一般槽段为 4~8m,也有更长或更短的,实际上国内外的标准槽长在 6m 左右,在结构复杂的部位,分缝位置应便于开挖和浇筑施工;要避开一些复杂结构节点(墙与柱、墙与内隔墙等),可以采用长短槽段交错配合布置方式,可参见图 7-3 润扬大桥北锚碇槽段划分构造图。

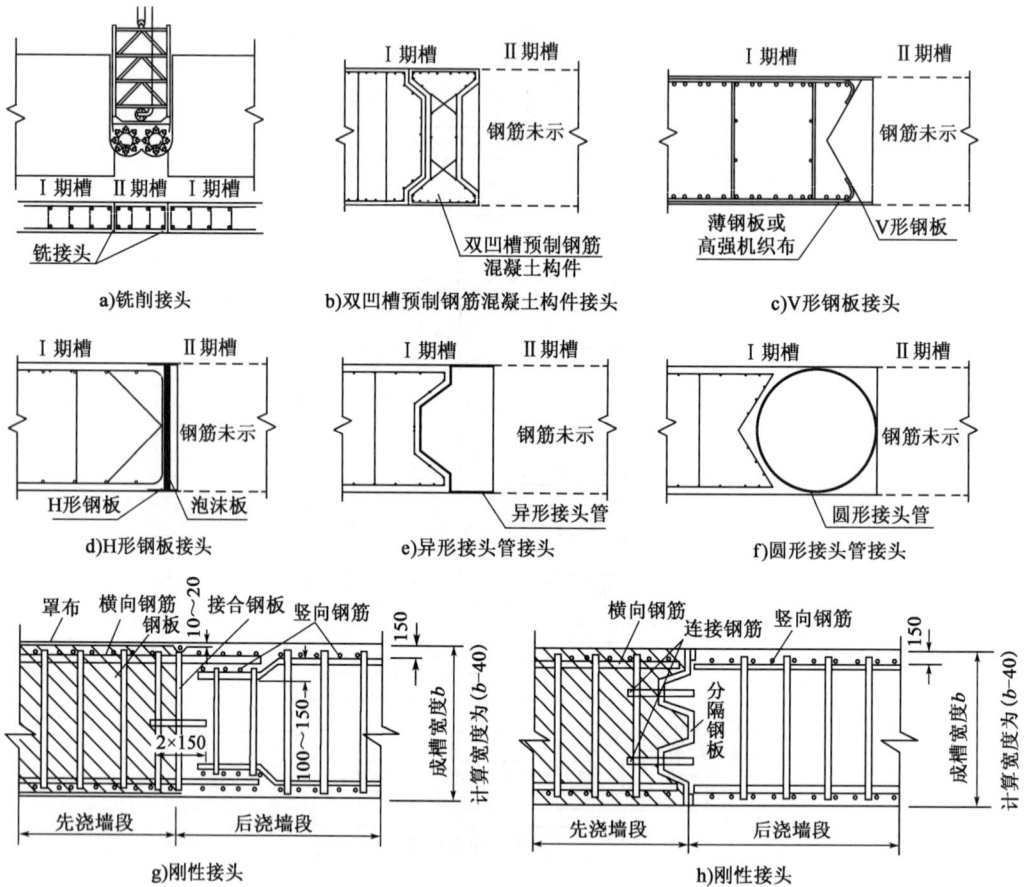

图 7-5　几种接头形式示意图(尺寸单位:mm)

2. 导墙、导孔

导墙是地连墙施工必不可少的临时结构,其作用相当于钻孔桩施工中的护筒。它是标定地连墙槽口位置的基准线,为挖槽施工导向。图 7-6 为两种导墙的实例。钢筋混凝土导墙可分为现浇和预制两种。

导孔是在连续墙成槽施工时,先在其放样轴线位置上,每隔一定的距离钻出垂直的钻孔,以保证成槽机作业的垂直度,此方法在坚硬地基上施工应用。

3. 挖槽

地连墙成槽施工方法大致归为以下三种:先钻导孔,再钻挖修正成槽[图 7-7a)];先钻导孔,再重复钻圆孔成槽[图 7-7b)];一次钻孔成槽形至设计深度,经几次重复钻挖至单元槽段长度[图 7-7c)]。

各种挖槽机都有不同的挖槽深度极限和最大最小挖槽深度,其深度可有几十米至超百米

300

深,其厚度可由 40~60cm 至 150~250cm。挖槽过程的护壁、排渣、清孔,基本与钻孔桩相同。

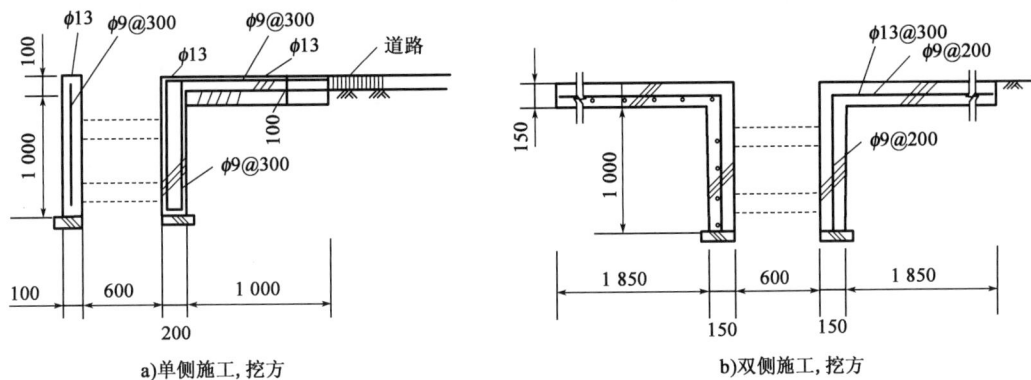

a)单侧施工,挖方   b)双侧施工,挖方

图 7-6　地连墙导墙示意图(尺寸单位:mm)

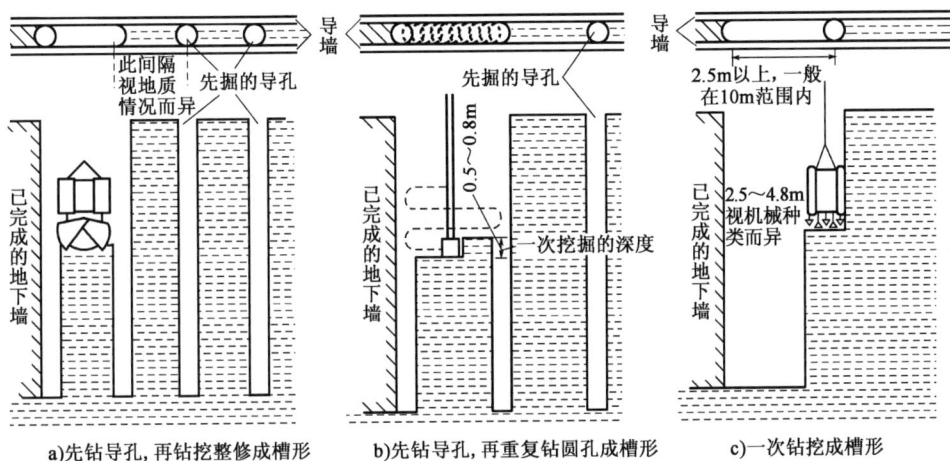

a)先钻导孔,再钻挖整修成槽形　　b)先钻导孔,再重复钻圆孔成槽形　　c)一次钻挖成槽形

图 7-7　地连墙成槽施工方法

4.清孔

清孔是指挖槽结束并经终孔验收合格以后,把槽孔中不合格泥浆以及残留在孔底和孔壁的淤泥物清除掉的工序。

对于钢筋混凝土地连墙来说,由于钢筋笼和埋件吊放时间长,孔底淤积物厚度再次超过规定时,需要进行第二次清孔工作,清孔过程见图 7-8。

根据施工规范要求,地连墙在挖槽过程中,要进行三次验收,即单孔验收、终孔验收和清孔验收。

5.接头

在地连墙施工中,墙段接头是最需关注的问题,处理不好极易出现问题。

目前常用的接头形式如下:

(1)接头管

接头管是应用最多的一种接头形式。它是把直径与墙厚大致相同的光滑圆钢管,在成槽清底后插入槽段的一端或

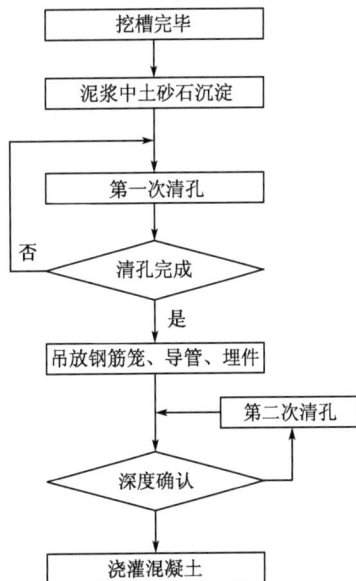

图 7-8　清孔程序框图

301

两端,当混凝土可立柱成型后(一般为浇筑3h后),将钢管拔出,形成一个半圆形弧形墙面,与再挖墙段套接一起。其具体施工程序如图7-9所示。

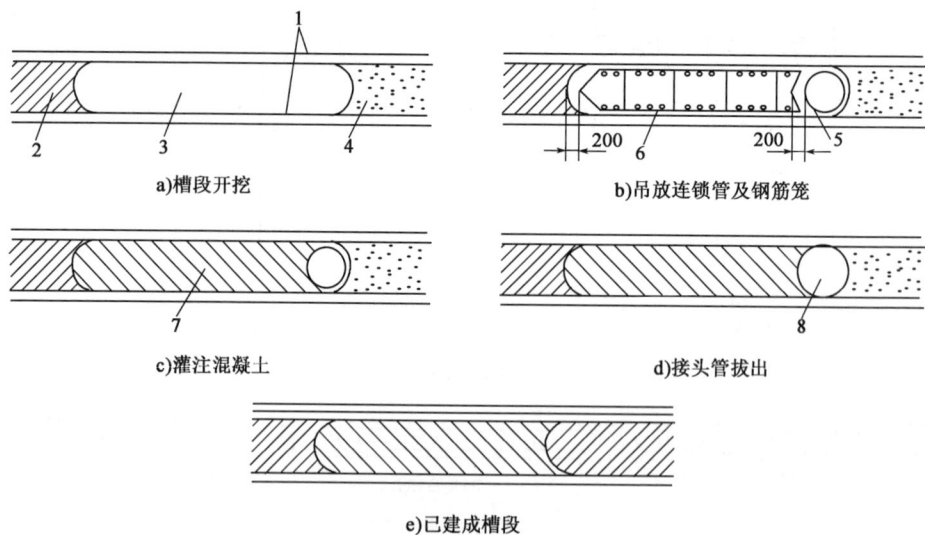

图 7-9 接头管施工程序图(尺寸单位:mm)
1-导墙;2-已完工的混凝土地连墙;3-正在开挖的槽段;4-未开挖地段;5-接头管;6-钢筋笼;7-已完工的混凝土地下墙;8-接头管拔除后的孔洞

（2）接头箱

接头箱是在单元槽段挖完后,于一端或两端吊放锁口管与敞口接头箱(也可用V形锁口接头箱),再吊放带堵头钢板的钢筋笼,混凝土浇筑完后,拔出接头箱和接头管,就形成了外伸的钢筋接头和空孔,在浇筑下一槽段混凝土时,就成为地连墙的刚性接头。其施工过程如图7-10所示。应注意,采取上述拔出插管、接头箱做槽段接头时,应对所用混凝土的水下凝结特性做试验,掌握其凝结时间,并依此确定严格的旋切拔动和拔出时间。

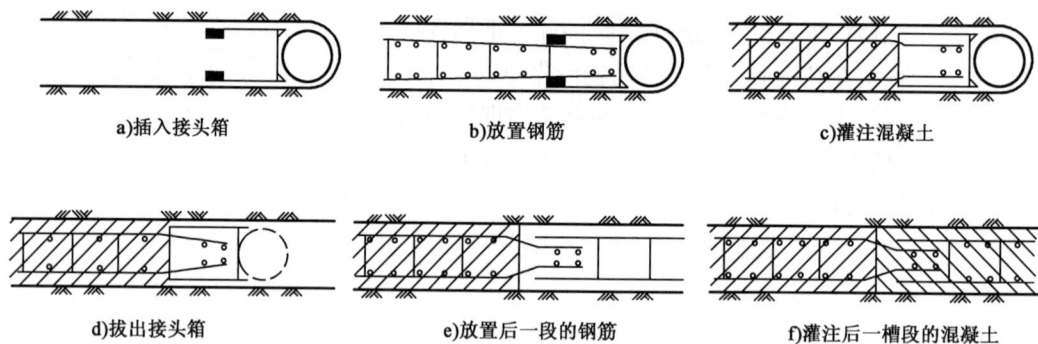

图 7-10 接头箱法施工顺序

（3）隔板式接头

该方式是在先施工的一期槽段的两端以钢板为端板,板外伸出水平钢筋,端板即为隔板,使一期槽段混凝土仅在两个端板之间。为防止外漏,常采用高强度纤维布作罩布与端板一起防止混凝土外漏,形成一个水密性好,并能传递各种横向力的隔板式接头(图7-11)。

302

地连墙接头形式很多,除以上介绍外,还有组合式隔板接头,它是将隔板、接头箱、圆管接头等综合应用一起;预制接头,它是用螺栓或插销把预制的混凝土块连接起来,吊放入接头位置,与槽孔混凝土浇筑在一起。

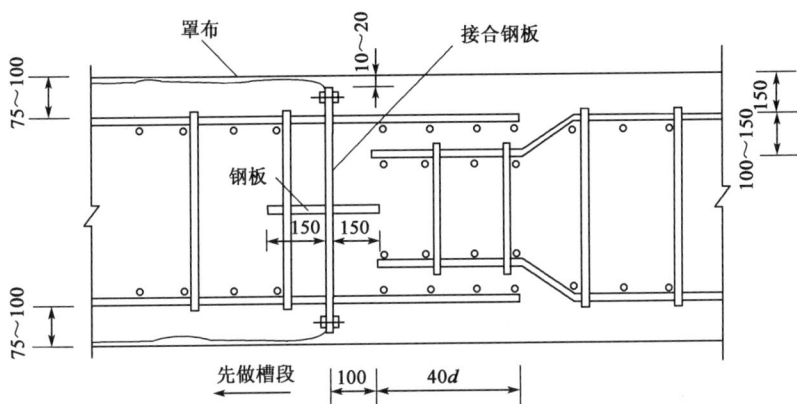

图 7-11　地连墙隔板接头图(尺寸单位:mm)

6. 水下混凝土浇筑

在槽孔清孔完成并经验收合格后,在槽内除了下入钢筋笼外,还要放入一些埋件:用于与永久结构连接的埋件,如在梁、板、柱和其他部位的预埋件;墙段接头管(箱)的预埋件;用于墙底注浆用的预埋件;超大梁和地连墙采用检测预埋管、观测预埋件等。

地连墙的混凝土同钻孔桩相似,也是依靠导管内混凝土面与导管外泥浆面之间的压力差和混凝土自身的良好和易性与流动性,不断填满原来被泥浆占据的空间,而形成连续墙体。

第三节　地下连续墙支护结构设计

地连墙支护结构设计应保证岩土开挖、地下结构施工安全。安全等级及结构的重要性系数,应根据支护结构破坏、土体失稳或过大变形对基坑周边环境及地下结构施工造成的影响严重性按表 7-1 选用。

地连墙支护安全等级及重要性系数　　表 7-1

安 全 等 级	破 坏 后 果	重要性系数 γ_0
一级	很严重	1.1
二级	严重	1.0
三级	不严重	0.9

地连墙支护结构应根据不同设计状态,按施工过程的不同工况进行作用效果组合。

一、地连墙基坑支护设计内容和规定

1. 地连墙基坑及结构设计要求

地连墙基坑及结构设计在强度、稳定和变形三方面应满足下列要求:

(1)支护体系的方案技术经济比较和选型。

(2)支护结构的强度、稳定和变形计算。

（3）基坑内外土体稳定性计算。

（4）抗渗流稳定性计算。

（5）基坑降水、岩土开挖方法及要求。

（6）基坑施工过程监测要求。

2. 支护结构设计规定

目前，在中国对地连墙应用于桥梁基础中还处于探索研究阶段，需要总结设计施工已有的宝贵经验，发展潜力很大。现行《公桥基规》新增一地连墙的设计内容，就指出了具体的设计规定要求，介绍如下：

（1）为了基坑的安全施工和坑底周围土体的稳定，地连墙必须插入基坑底面以下土中一定深度（又称嵌入深度）。可初步采用静力极限平衡法计算确定，在进行整体稳定性和墙体变形验算后，综合确定入土深度。

（2）特大桥基础施工采用地连墙支护结构需要设置支撑系统。支护结构的支撑必须采用稳定的结构体系和连接构造，刚度应满足变形要求。支撑设计应包括结构布置、结构内力和变形计算、构件强度和稳定性验算、构件节点设计及构件安装和拆除流程设计。土层锚杆（索）设计应包括结构布置、轴向承载力验算、土体稳定性验算。

（3）支护结构所产生的结构水平变形、地下水的变化对基坑周边环境与竖向变形的影响：对于安全等级为一级或对基坑周围环境变形有限定要求的二级基坑工程，应根据周边环境的重要性、对变形的适应能力及土的性质等因素确定出支护结构的水平变形限值。

（4）地连墙的外侧压力作用应包括土压力、水压力、基坑周围建筑物及施工荷载引起的外侧压力等。黏性土的渗透性弱，可采用饱和重度，用总应力强度指标水、土合算的原则计算。但当支护结构与周围土层之间能形成水头时，应单独考虑水压力的作用。砂性土应按水、土分算原则计算。水压力可按静水压力计算，有经验时也可考虑渗流作用对水压力的影响。

3. 墙体构造规定

（1）墙体的截面形式和分段长度应根据整体平面布置、受力情况、槽壁稳定性、环境条件和施工条件等确定。单元墙段长度可取 4～8m。墙体厚度应考虑成槽机械能力由计算确定，不宜小于 600mm。成槽竖直度不应大于 1/200。

（2）墙体、支撑、环梁（含竖肋）及内衬的混凝土强度等级均不应低于 C25。地连墙应满足防渗要求；当地下水具有侵蚀性时，应选择适用的抗侵蚀混凝土。

（3）墙体主筋净保护层厚度应根据使用要求、地质条件、施工条件和环境条件确定，不宜小于 70mm。墙体的受力钢筋直径不宜小于 20mm 且不应大于 40mm，构造钢筋直径不宜小于 16mm。

（4）墙体单元槽段间可采用接头管接头。当整体性和抗渗性要求较高时，宜采用铣削接头、钢隔板或接头箱等接头形式。

（5）地连墙墙体钢筋笼的钢筋配置应满足结构受力和吊装要求。竖直主筋应放置在内侧，净距不应小于 75mm，构造钢筋间距不应大于 300mm。当必须配置双层钢筋时，内外排钢筋间距不应小于 100mm。钢筋笼竖向接头位置应选在受力较小处。钢筋笼分幅长度应根据单元槽段长度、接头形式和起重设备能力等因素确定。钢筋笼底部在厚度方向宜适当缩窄，并与墙底之间宜留 100～500mm 的空隙；主筋应深入墙顶帽梁内，深入长度不应小于锚固长度。采用接头管接头时，钢筋笼侧端与接头管之间宜留 150～200mm 的空隙；采用铣削接头时，钢筋侧端与混凝土端面之间宜留不小于 250mm 的空隙。

（6）墙体顶部应设置混凝土帽梁，帽梁两侧应各宽于墙体不小于150mm。

（7）直线形地连墙的支撑可采用钢结构或混凝土结构。现浇混凝土支撑的截面竖向高度不应小于其竖向平面计算跨径的1/20。腰梁的截面水平向尺寸不应小于其水平向计算跨径的1/8，截面竖向尺寸不应小于支撑的截面高度。锚杆（锚索）锚固体竖向间距不宜小于2.5m，水平向间距不宜小于1.5m。锚固体上覆土层厚度不宜小于4.0m。倾斜锚杆的倾角宜采用15°~30°。锚固段长度应通过计算确定，并不应小于4.0m，自由段长度不宜小于5.0m，并应超过潜在破裂面1.5m。圆形地连墙支护结构的环梁（含竖肋）或内衬的截面高度及厚度根据计算确定，竖肋可按构造配筋。

二、地连墙支护结构计算

目前，我国支护结构设计中常采用的方法可分为弹性地基梁及极限平衡法。弹性地基梁法能较好地反映基坑施工过程中各种工况和复杂情况对支护结构受力的影响，当嵌固深度合理，具有试验数据或当地经验确定弹性支点刚度时，用该方法确定支护结构内力及变形较为合理。考虑到现在计算手段均能保证，故规定采用弹性地基梁法进行支护结构计算。

1. 直线形地连墙支护结构计算

直线形地连墙支护结构计算应符合下列规定：

对抗倾覆稳定性、整体抗滑移稳定性、坑底抗隆起稳定性和坑底抗渗稳定性的验算方法可按照《建基设规》的有关规定执行，现简介如下。

（1）桩式、墙式悬臂支护结构抗倾覆稳定性应满足以下条件（图7-12）：

$$\frac{M_p}{M_a} = \frac{E_p b_p}{E_a b_a} \geqslant 1.3 \tag{7-1}$$

式中：E_p、b_p——被动侧土压力的合力及合力对支护结构底端的力臂；

E_a、b_a——主动侧土压力的合力及合力对支护结构底端的力臂。

此外，尚应验算抗水平推移稳定性。

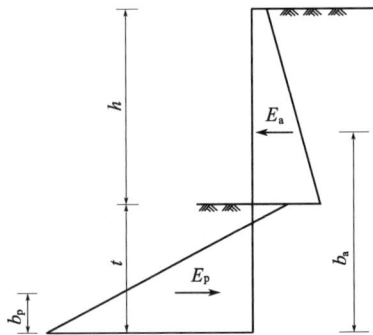

桩式、墙式悬臂支护结构的最大弯矩位置在基坑面以下，可根据剪力为零的条件确定。以上计算方法不适用于支护桩（墙）下端为淤泥土的情况。

（2）桩式、墙式锚杆或支撑支护结构抗倾覆稳定性应满足以下条件（图7-13）：

$$\frac{E_{pk} \cdot b_k + \sum T_i a_i}{E_{ak} \cdot a_k} \geqslant 1.3 \tag{7-2}$$

此外，尚应验算抗水平推移稳定性。

图7-12　悬臂式结构计算简图　　　　图7-13　桩式、墙式锚杆或支撑支护结构计算

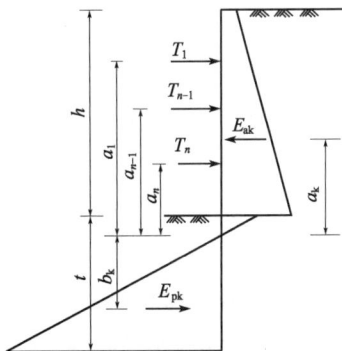

锚杆或支撑支护结构的计算尚应符合以下规定：

①应逐层计算基坑开挖过程中每层支撑设置前支护结构的内力，达到最终挖土深度后，应验算支护结构抗倾覆的稳定性；当基坑回填过程需要拆除或替换支撑时，尚应计算相应状态下支护结构的稳定性及内力。

②应根据支护结构嵌固段端点的支承条件，合理选定计算方法，可按等值梁法、静力平衡法或弹性抗力法计算内力。

③假定支撑为不动支点，且下层支撑设置后，上层支撑的支撑力保持不变。

（3）桩式、墙式支护结构抗整体滑移稳定性，可采用圆弧滑移面法，以最危险的滑动面上诸力对滑动中心所产生的抗滑力矩与滑移力矩进行验算。

基坑底隆起(坑底涌土)，实质上是软土地基承载力不足，故用 $\varphi = 0$ 的承载力公式计算。

当基坑底为软土时，应验算坑底土抗隆起稳定性。支护桩、墙端以下土体向上涌起，可按式(7-3)验算(图7-14)：

$$\frac{N_c \cdot \tau_0 + \gamma \cdot t}{\gamma(h + t) + q} \geq 1.6 \tag{7-3}$$

式中：N_c——承载力系数，条形基础时，取 $N_c = 5.14$；

τ_0——抗剪强度，由十字板试验或三轴不固结不排水试验确定(kPa)；

γ——土的重度(kN/m³)；

t——支护结构入土深度(m)；

h——基坑开挖深度(m)；

q——地面荷载(kPa)。

当上部为不透水层，坑底下某深度处有承压水层时，基坑底抗渗流稳定性可按式(7-4)验算(图7-15)：

$$\frac{\gamma_m(t + \Delta t)}{P_w} \geq 1.1 \tag{7-4}$$

式中：γ_m——透水层以上土的饱和重度(kN/m³)；

$t + \Delta t$——透水层顶面距基坑底面的深度(m)；

P_w——含水层水压力(kPa)。

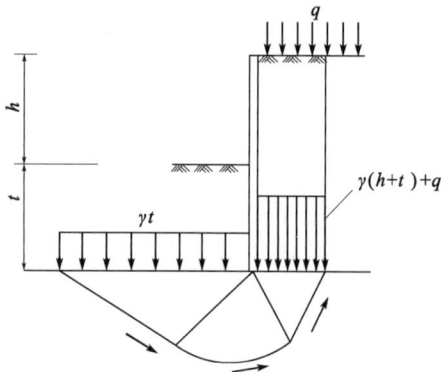

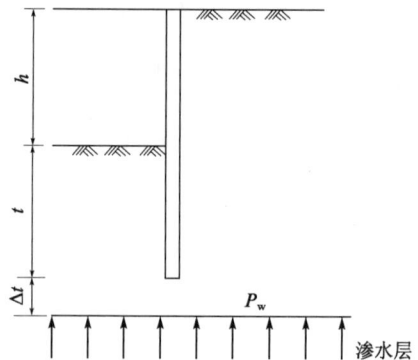

图7-14 基坑底抗隆起稳定性验算示意图 　　图7-15 基坑底抗渗流稳定验算示意图

当基坑内外存在水头差时，粉土和砂土应进行抗渗稳定性验算，渗透的水力梯度不应超过临界水力梯度。

（4）当按变形控制原则设计支护结构时,作用在地连墙上的土压力可按墙体与土体相互作用原理确定,考虑墙体水平变形对墙侧水平土压力的影响。水平土压力强度可按式(7-5)~式(7-7)计算:

$$E_{jk} = E_{0k} - K\delta \qquad (7-5)$$

$$E_{0k} = K_0(q_k + \sum \gamma_i h_i) \qquad (7-6)$$

$$K = mz \qquad (7-7)$$

式中:E_{jk}——墙侧水平土压力强度(kPa),当 $E_{jk} < E_a$ 时,取 $E_{jk} = E_a$;当 $E_{jk} > E_p$ 时,取 $E_{jk} = E_p$(其中,E_a、E_p 分别为墙侧水平主动土压力强度和被动土压力强度,包括土体自重和墙侧地面荷载的作用效应,可按库仑或朗金土压力理论计算);

E_{0k}——墙侧水平静止土压力强度(kPa);

K——墙侧土的水平地基反力系数(kN/m^3),宜由现场试验确定,或按可靠方法计算或经验取值;当缺乏可靠方法或经验时,可按式(7-7)计算;

m——水平地基反力系数随深度增大的比例系数(kN/m^4),宜通过水平荷载试验确定,或根据经验取值;

δ——墙体的水平变形量,朝向土压力方向的变形为正,背向土压力方向的变形为负;

K_0——静止土压力系数,对正常固结土,$K_0 = 1 - \sin\varphi_k'$;对超固结土,$K_0 = \sqrt{1 - \sin\varphi_k'}$;式中,$\varphi_k'$ 为计算点土层的有效内摩擦角(°);

q_k——作用在地面上的竖向均布荷载(kPa);

γ_i——计算面以上第 i 层土的重度(kN/m^3);

h_i——计算面以上第 i 层土的厚度(m);

z——计算点距墙侧地面的深度(m)。

（5）直线形地连墙的内力和变形计算。

直线形地连墙支护结构采用竖向弹性地基梁法计算时,其墙体的内力和变形可采用杆系有限元法计算,其计算图式见图7-16。

当采用弹性地基梁法计算地连墙土压力、内力和变形时,按下列步骤进行迭代计算:

①初始状态假设墙体的水平变形为0,按式(7-5)计算墙两侧水平土压力强度。

②计算墙体的水平变形。

③用求得的墙体水平变形再按公式(7-5),计算墙两侧水平土压力强度。

④用新求得的墙两侧水平土压力强度,再按上述步骤计算结构内力和变形。

⑤重复第③项和第④项的步骤进行计算,直至相邻两次计算变形的差值足够小时为止。

（6）直线形地连墙支护结构构件计算应按下列规定计算。

①墙体、支撑、立柱应按偏心受压构件计算。

②腰梁可按水平方向的受弯构件计算。当

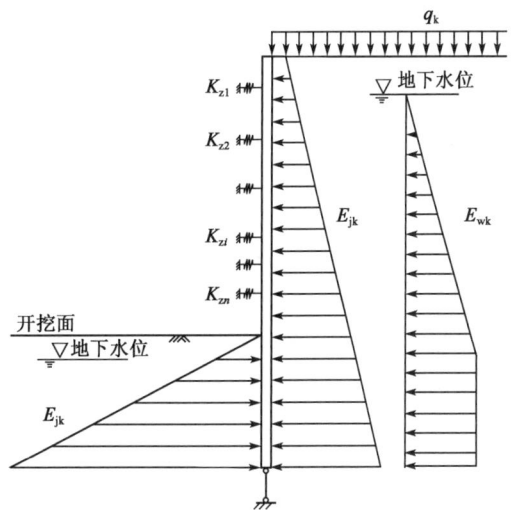

图7-16　直线形地连墙支护结构的计算图式

注:K_{z1}、K_{z2}、…、K_{zi}、…、K_{zn}-撑杆、水平支架、土层锚杆或锚索等支撑弹性系数;q_k-作用在地面上的竖向均布荷载(kPa);E_{jk}-墙侧水平土压力强度(kPa),按式(7-5)计算;E_{wk}-采用水土分算时,墙侧水压力强度(kPa),水压力可按静水压力计算,有经验时,也可考虑渗流作用对水压力的影响。

腰梁与水平支撑斜交或腰梁作为边桁架的弦杆时,应按偏心受压构件进行验算。

③土层锚杆(锚索)的杆体应按轴心受拉构件计算。自由段和锚固段长度、锚固体直径、锚固体形状和浆体强度,应根据锚杆(锚索)轴向设计拉力、土层抗拔力及握裹力确定。外锚头和腰梁应根据锁定荷载值进行设计。

2. 圆形地连墙支护结构计算

(1)圆形地连墙支护结构计算应符合以下规定。

①应进行稳定性验算,验算内容和方法与按直线形地连墙支护结构计算相同。

②应进行土压力和水压力作用下的结构失稳验算,结构失稳的临界荷载宜按空间结构计算,也可简化为圆环,按下列公式进行验算:

$$q_{pk} = \frac{3EI}{R_0^3 h} \tag{7-8}$$

$$\gamma_s q_{tk} \leq q_{pk} \tag{7-9}$$

式中:q_{pk}——沿环向分布的临界荷载标准值(kN/m²);

  E——混凝土的弹性模量(kN/m²);

  I——在截取高度范围内的截面惯性矩(m⁴);

  R_0——截取的圆环中心线半径(m);

  h——截取的圆环高度(m);

  q_{tk}——荷载标准值(kN/m²);

  γ_s——荷载分项系数,取 1.2~1.5。

③圆形地连墙支护结构宜按空间结构计算,也可按轴线对称结构,取单位宽度的地连墙墙体作为竖向弹性地基梁计算。墙体、环梁或内衬的环向效应,可按轴线对称结构简化为等效弹性支承。

(2)圆形地连墙支护结构采用竖向弹性地基梁法计算时,墙体的内力和变形可采用杆系有限元法计算,其计算简图如图7-17所示。

(3)当圆形地连墙支护结构利用环梁或内衬作支承时,可将环梁或内衬的作用以等效弹性支承来替代,如图7-18和图7-19所示。单位宽度墙体上的环梁或内衬的等效弹性系数可按下式计算:

$$K_z = \frac{E_z A_z}{R_z^2} \tag{7-10}$$

式中:K_z——环梁或内衬的等效弹性系数(kN/m);

  E_z——环梁或内衬材料的弹性模量(kN/m²);

  A_z——一道环梁或内衬的有效截面面积(m²),应考虑施工偏差的影响;

  R_z——环梁或内衬截面中心线半径(m)。

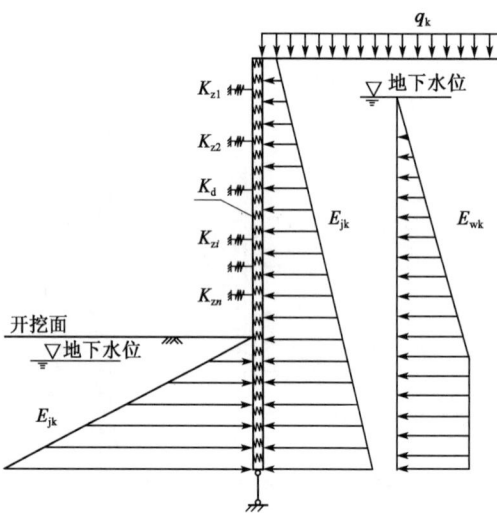

图7-17 圆形地连墙支护结构的计算图式

注:K_{z1}、K_{z2}、…、K_{zi}、…、K_{zn}-环梁或内衬等支承的弹性系数,按式(7-10)计算;K_d-墙体沿深度方向的等效分布弹性系数,按式(7-11)计算;q_k-作用在地面上的竖向均布荷载(kPa);E_{jk}-墙侧水平土压力强度(kPa),按本规范式(7-5)计算;E_{wk}-采用水土分算时,墙侧水压力强度(kPa),水压力可按静水压力计算,有经验时,也可考虑渗流作用对水压力的影响。

a)环梁　　　　　　　b)等效弹性支承

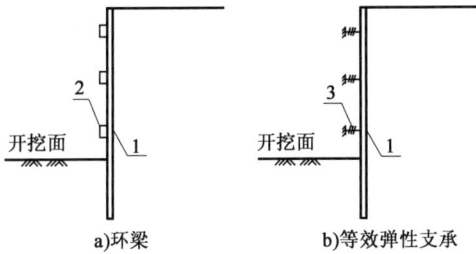

图 7-18　环梁等效弹性支承示意图
1-地连墙墙体;2-环梁;3-等效弹性支承

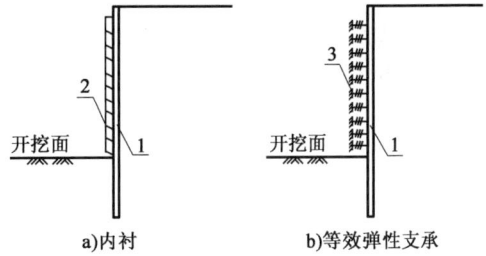

a)内衬　　　　　　　b)等效弹性支承

图 7-19　内衬等效弹性支承示意图
1-地连墙墙体;2-内衬;3-等效弹性支承

圆形地连墙墙体的环向效应可采用沿深度分布的弹性支承来替代,如图 7-17 所示。单位宽度地连墙墙体的等效分布弹性系数可按下式计算:

$$K_d = \alpha \frac{Ed}{R_0^2} \tag{7-11}$$

式中:K_d——地连墙墙体的等效分布弹性系数(kN/m^2);

E——地连墙墙体材料的弹性模量(kN/m^2);

d——地连墙墙体有效厚度(m),应考虑施工偏差的影响;

R_0——地连墙墙体中心线半径(m);

α——修正系数,应根据工程具体情况研究采用,当缺乏实践经验时,可取 $\alpha = 0.4 \sim 0.7$,当 R_0 较大,或槽段数较多时取小值。

公式(7-11)中的修正系数 α 主要考虑墙段间存在的泥皮对圆形地连墙墙体环向受压刚度的削弱。槽段混凝土是分期浇筑的,由于采用泥浆护壁,二期槽段浇筑时,在一、二期墙段间必然存在一定厚度的泥皮。基坑开挖时,外侧水土压力作用导致墙体环向受压,泥皮在压力作用下产生变形,从而削弱了墙体的环向刚度。圆形地连墙直径越大、槽段接头数越多、泥皮厚度越大,则削弱程度越大。削弱程度的取值,与施工单位的技术水平、经验密切相关,应根据工程具体情况研究采用。武汉阳逻大桥南锚碇基础圆形地连墙支护结构的受力计算,采用了法国基础公司根据其多年经验提供的建议方法对 α 值进行了计算,算得 $\alpha = 0.417$。根据信息化施工监测结果,墙体受力及变形状态与计算结果非常吻合。武汉阳逻大桥南锚碇基础圆形地连墙支护结构外径达 73m,墙厚 1.5m,最大墙深约 61m,最大开挖深度约 45m,已达相当规模,因此本条取用 α 低限值为 0.4,应能包括一般情形下的圆形地连墙支护结构。α 高限值取 0.7,主要参考了《港口工程地下连续墙结构设计与施工规程》(JTJ 303—2003)。

环梁或内衬的内力及变形可按平面内的刚架环形梁进行计算。地层、地下水、地面荷载分布的不均匀性对环梁或内衬的内力及变形计算影响很大,应充分分析研究并准确掌握。在缺乏资料的情况下,荷载作用的不均匀系数可取 1.1 ~ 1.2,为安全计,按沿对角象限分布进行计算。圆环向外侧变形区域的土体对环梁或内衬的约束作用可通过在外侧设置水平径向弹簧来模拟。

第四节　地下连续墙基础设计

地连墙对地基的地质条件适用范围很广,目前在桥梁建设发展中,不再单纯作为防渗防水、深基坑围护等,而是越来越多的用地连墙作为桩基础、沉井沉箱基础的一部分共同承受更大荷载,尤其用于超大型桥梁的基础工程。

地连墙基础要按支护结构设计规定,保证兼作基坑支护结构的基础墙体在强度、稳定性和变形三个方面达到要求。

一、地连墙基础类型

地连墙基础根据墙段单元之间的连接组合、平面布置以及使用功能可分为以下类型。

(1)条壁式地连墙基础:由平面长度不小于2.5倍宽度的一个或多个墙段单元组成的分离或连接组合,但不封闭的地连墙基础,可分为下列类型。

①单壁式:地连墙的一个单体构成一个基础[图7-20a)]。单壁式地连墙相当于一异性灌注桩(矩形桩),可以不设置顶板。

②平行复壁式:两个或多个地连墙单体在平面内分离并平行布置,通过顶板相连构成基础[图7-20b)]。其平行桥轴和垂直桥轴两个方向刚度差别较大。

③自由复壁式:两个或多个地连墙单体在平面内分散布置,通过顶板相连构成基础[图7-20c)]。根据荷载作用方向,可自由布置。

④组合复壁式:两个或多个地连墙单体在平面内连接组合并通过顶板相连而成的地连墙基础,可分为T形、十字形、H形、工形、辐射形等几种形式[图7-20d)~h)]。

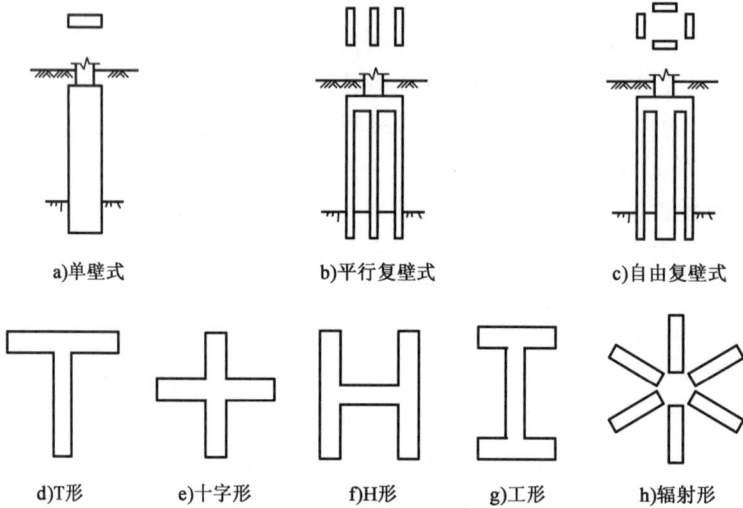

a)单壁式　　　b)平行复壁式　　　c)自由复壁式

d)T形　　e)十字形　　f)H形　　g)工形　　h)辐射形

图7-20　条壁式地连墙基础类型

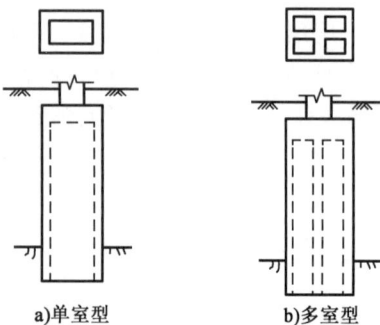

a)单室型　　b)多室型

图7-21　井筒式地连墙基础类型

(2)井筒式地连墙基础:由多个墙段单元相互刚性连接或外周墙刚性连接而内隔墙铰接组成平面封闭断面,并通过顶板相连而成的地连墙基础,可分单室型和多室型两种形式(图7-21)。

(3)部分地连墙基础:以地连墙作为基坑开挖支护结构,内部土体开挖到要求的深度后,在基坑内部构筑钢筋混凝土结构而形成的基础形式,地连墙作为基础结构的一部分,参与承担上部结构荷载作用。根据地连墙平面布置可分为矩形[图7-22a)]、圆形[图7-22b)]或复合异性等形式。

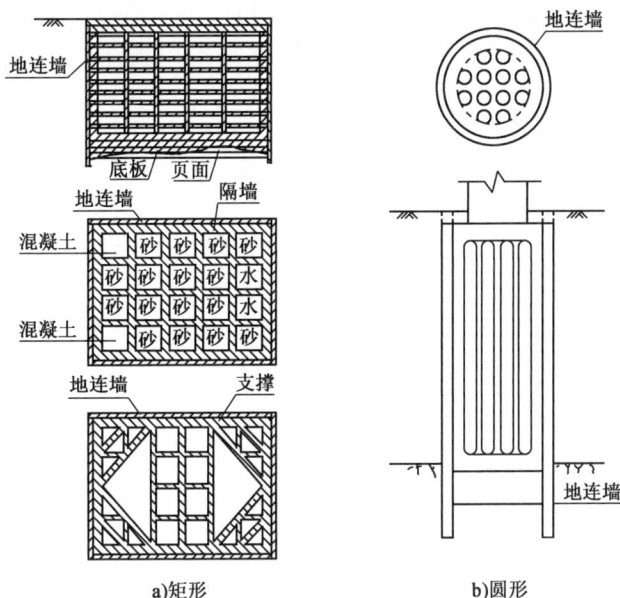

a)矩形　　　　b)圆形

图 7-22　部分地连墙基础类型

二、构造规定

(1) 地连墙基础墙体的构造设计规定与前节构造规定(墙体厚度除外)要求相同。

(2) 墙体作为重要受力部件,需具有一定的承载能力,因此对于最小厚度做出规定,取最小厚度为 800mm。

考虑施工过程及泥浆影响,墙厚可分为成槽厚度、设计厚度和有效厚度。成槽厚度为挖掘机或铣槽机成槽实际尺寸;有效厚度是设计厚度减去泥膜厚度,一般可取两侧各 20mm,共40mm。在进行稳定性计算时,应采用设计厚度,在截面验算时应采用有效厚度。

井筒式地连墙基础单室宽度过小,则施工困难,过大,则经济性差,规定单室最小宽度不宜小于 5m,单室最大宽度不宜大于 10m。

地连墙成槽机械台班费用高。从最大程度发挥成槽机械工作效率,同时减少施工工艺转换、方便施工的角度出发,要求井筒式地连墙基础的外周墙和隔墙尽量采用相同厚度。

(3) 顶板相当于钻孔灌注桩的承台,将地连墙各墙段连成整体共同受力。因此,对于由多个墙段组成的非单壁式地连墙基础顶部应设置顶板,并应具有足够刚度。

地连墙应与顶板形成一个整体,与桩基础一样,墙体应进入顶板,其钢筋也应深入顶板一定长度。规定墙体应进入顶板 100~200mm,钢筋深入顶板内长度不应小于 $b/2$ 及钢筋锚固长度 l_a 之和(图 7-23)。

(4) 竖向受拉钢筋的配筋率不应小于有效计算截面面积的 0.3%,水平受拉钢筋的配筋率不应小于计算截面面积的 0.2%,接头部位的接合面水平钢筋的配筋率不宜小于一般部位水平钢筋配筋率的 2 倍。

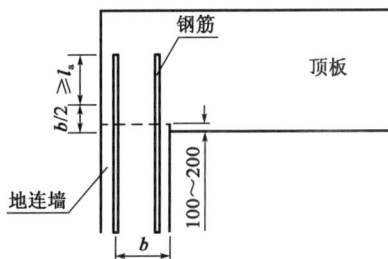

图 7-23　竖向钢筋(尺寸单位:mm)
b-外侧竖向钢筋至墙体内侧面的距离

(5) 井筒式地连墙基础作为整体基础,必须保证具有较大的整体刚度。外周墙直接承受外侧的水土压力,并由内隔墙作为支承,外周墙内产生较大的弯矩和剪力,因此必须采用刚性接头。内隔墙作为外周墙的支承,主要是承受轴力,因此可以采用不能承受弯矩的铰接接头,但若条件容许,宜尽量采用刚性接头,以增加基础的整体刚度。

三、地连墙基础承受各种作用及效应组合计算简介

(1)地连墙基础竖向承载力主要由墙体侧壁摩擦力和墙端支承力组成。当持力层为非岩石地基时,增加墙体深度能较快地增加侧壁摩擦力和墙端支承力,比增大平面规模更具经济性,且施工也较易实现,因此,应首先考虑增加墙体的埋置深度以提高竖向承载力。

(2)地连墙基础平面布置可多样。井筒式地连墙基础槽段平面布置可做成一室断面、二室断面、多室断面。平面布置使其形心与各种作用基本组合的合力作用点一致或相近,有利于基础结构的整体受力。

(3)地基承载力计算是地连墙基础结构设计的重要内容。条壁式地连墙的竖向地基承载力可参照桩基础进行计算。井筒式地连墙基础的地基承载力计算应包括基底竖向承载力、基础正面地基水平承载力、基础侧面地基水平剪切承载力、基底地基剪切承载力等;其竖向承载力应考虑基底地基的竖向地基反力、基础外周面的竖向侧壁摩擦力及内部土的四周面摩擦力;基底地基剪切承载力应考虑基础本体与地基之间的摩擦力、内部土体间的摩擦力。

(4)基础结构设计按不同设计状况,分别按承载力极限状态和正常使用极限状态设计计算。

①承载能力极限状态包括:地基承载力计算;地连墙结构强度计算;顶板结构强度计算。

②正常使用极限状态包括地连墙及顶板的结构变形、抗裂和裂缝宽度验算。

(5)当基础周围土体因自重固结或受地面大面积荷载等影响而产生地面沉降时,应考虑由此而引起的侧壁负摩阻力对墙体竖向承载力和沉降的影响。

(6)基础的竖向承载力及水平承载力的现场荷载试验,与钻孔灌注桩的试桩试验方法和要求具有相同的性质。

(7)井筒式地连墙基础的构件计算应符合下列规定:

①根据空间计算求出的各深度截面内力进行竖向箱型截面强度的计算。

②按平面刚架进行水平受力计算。

③按以地连墙为支承的板梁进行顶板计算,不考虑内部土承受作用。当顶板厚度超过计算跨径的 0.5 倍(简支梁)或 0.4 倍(连续梁)时,可将其作为深梁进行计算。

以上将地连墙基础结构受力计算的各主要作用进行简单介绍,虽然受力比较复杂,其实,地连墙基础类似常用的特大桥基础一样,需考虑土体与结构的共同作用计算。目前国内尚缺乏系统的理论分析及试验研究,因此设计时可参考有关资料或根据经验采用可靠的方法,按空间结构进行计算分析。

思 考 题

1.地连墙导墙设计进行槽段划分图,请说明槽段划分的要求和作用。

2.请说明地连墙墙段接头的重要性,论述如何选择接头类型。

3.地连墙基坑支护结构应从哪几方面满足规定要求？特大桥深基础施工如何解决支护结构的稳定性和变形问题？

4.圆形地连墙支护修建时环梁或内衬有什么作用,采用什么系数来作其名称？

5.地连墙基础类型有哪些？简述其作用和特点。

6.地连墙基础承载力计算包括哪些作用项目？井筒式地连墙基础有哪些构件需要计算？

第八章 桥梁大型深水特殊基础

第一节 概 述

桥梁深水基础在条件适合的情况下,一般还是采用桩基础、管柱基础和沉井基础等形式。但对一些跨越大江大河,尤其是对于海湾和近海岛屿的近海深水基础,受海洋环境的影响,墩身和基础受力非常复杂而巨大,尤其所受到的水平力,如水流冲击力、船舶撞击力、大潮巨浪的拍击力等,要比浅水基础大得多。而修建的桥梁结构也都是大跨,甚至是超大跨特大型桥梁,对基础的稳定性和安全度要求很高,其设计和施工的难度很大。我国在深水基础施工方面,目前达到的只是三四十米。但随着本世纪路网规划的实现,在大江大河和沿海海峡、海口修建规模更大的桥梁势在必行,其水深在 50m 以上,甚至超过百米,这就需要桥梁工作者进一步学习各国已有的深水基础的先进成果和技术,并结合我国实际情况和具体桥梁工程进行认真分析、研究,才能保证我国桥梁深水基础的技术水平持续发展。

在展望桥梁海上深水基础发展前景时,不能不提及近年来发展迅速的海上石油平台基础、原油储油平台基础和海上灯塔基础等深海基础工程技术。这些海洋深水基础构思新颖巧妙,结构合理先进,技术成熟可靠,其深度和难度也远远超过了桥梁基础。下面简要介绍几座有代表性的此类基础,作为桥梁深水大型基础在设计和施工中参考和借鉴。

一、重力式钻井平台基础

重力式钻井平台是近、深海应用较多的一种平台形式,其基础是一座具有若干井筒式油罐并可以自浮的混凝土结构(图 8-1)。外形和结构类似桥梁基础中的带气筒的可浮式沉井,但井筒式油罐有盖又有底,不能从井孔中挖土,施工原理又类似有底沉箱,地基处理主要是靠自重挤压沉入将裙板压入土中。图 8-1 所示是英国北海油田重力式平台的主要构造类型,称为康蒂普(Condeep)型平台基础。1989 年完成的另一种重力式平台基础为陶立斯(Doris)型平台基础,它的特点是油罐的构造与布置是按同心圆分层分格,且油罐最外圈装有一层带孔的防浪圆筒形板(图 8-2)。油口处水深 139m,最大波浪高 31.2m,平台基础底平面直径 140m。此平台共用混凝土 14 万 m^3,钢筋 1.9 万 t,预应力钢丝 4 000t,结构总重 44 万 t。最大波浪力 $1.029 \times 10^6 kN$,倾覆力矩 $4.18 \times 10^7 kN \cdot m$。

二、钢塔钻井平台的大直径桩基础

一般以钢桁架为平台台身的钻井平台,基础多采用大直径深桩。由于海洋水深浪大加之飓风影响,在巨大的水平力作用下不可能设置临时打桩导向架或围堰围笼等设施,只能依靠可以稳立于海底上的正式井架来导向,在平台柱脚打桩然后与平台连成整体形成基础,实际上是采用逆作施工法。钢桁架是先预制成型,高度要沉入海底还要露出平面足够的高度,然后加气筒浮运至井位处沉入海底,并依靠自重嵌入海底一定深度,然后在井架柱上所附的导向管内插桩、打桩,全部基础桩打完之后,在护管内灌浆,以便井架和桩基础联结成一个整体。

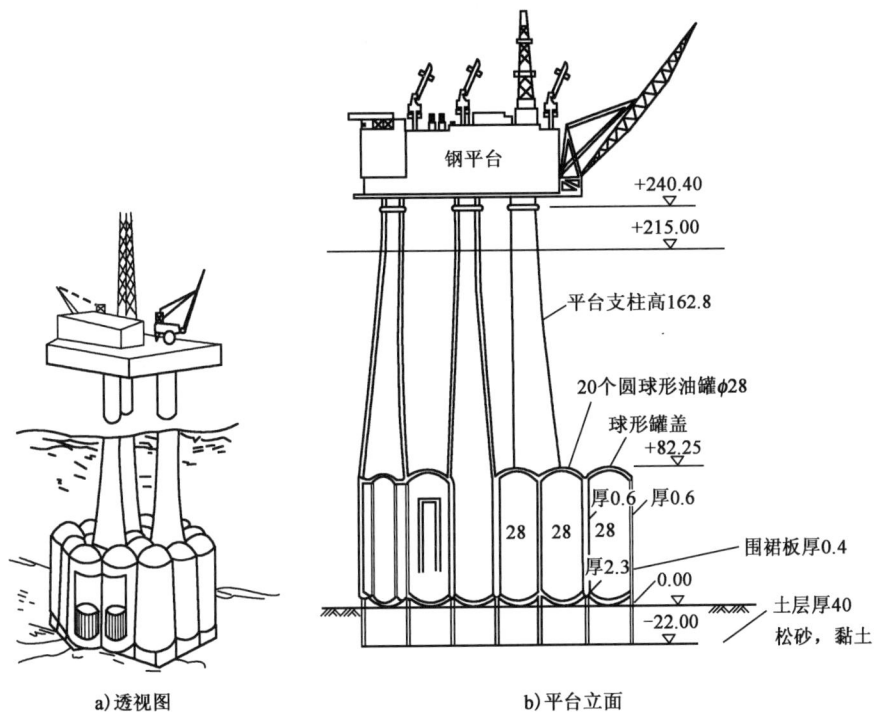

a)透视图　　　　　b)平台立面

图 8-1　康蒂普型重力式平台(尺寸单位:m)

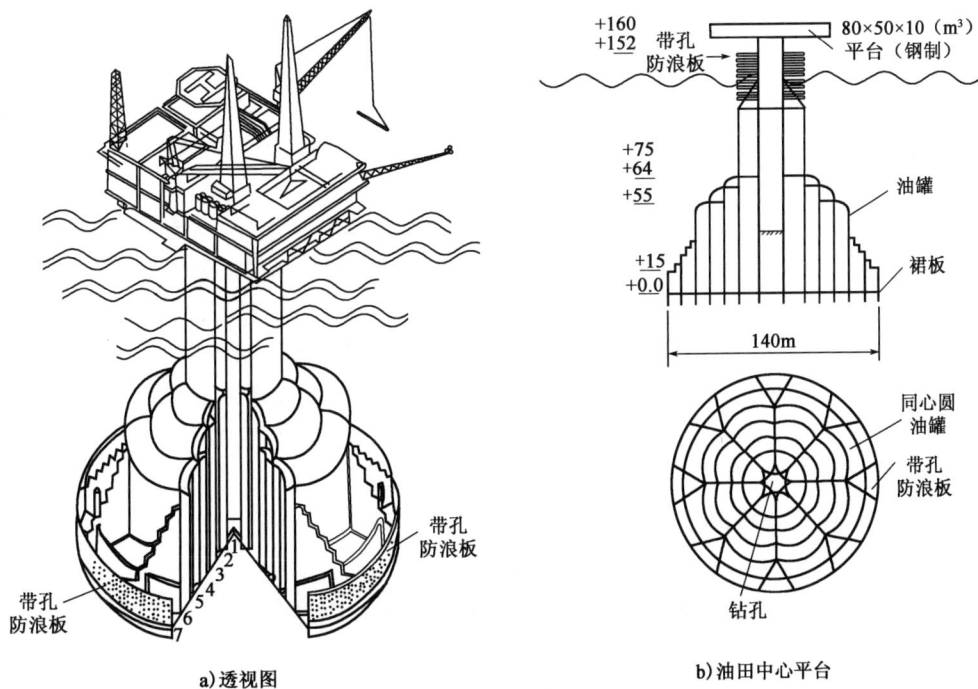

a)透视图　　　　　b)油田中心平台

图 8-2　陶立斯型平台基础

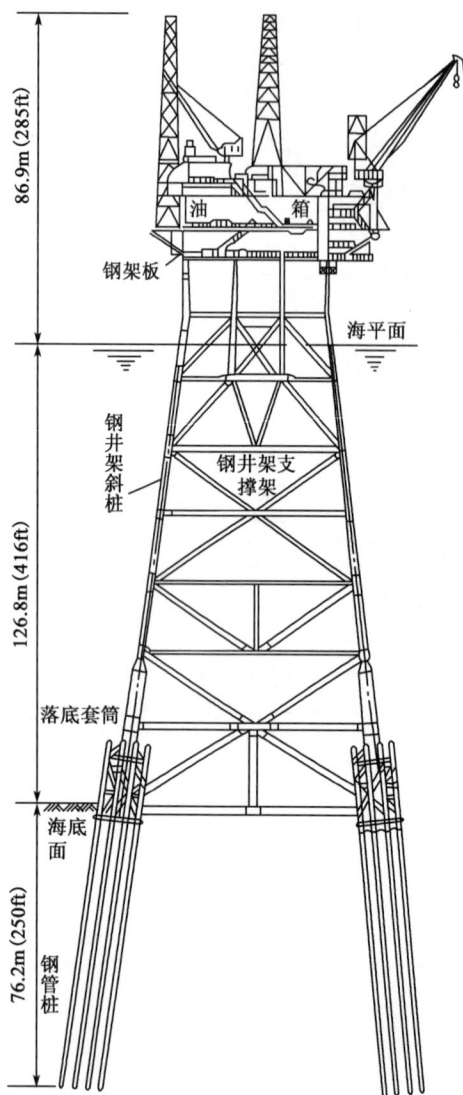

图 8-3 英国北海福蒂斯油田高岛号
平台基础布置示意图

图 8-3 为英国北海福蒂斯(Forties)油田高岛号钻井平台,平台处水深 128m,波浪高 29m,风速 58m/s。海底表层为 15m 厚的软泥,以下为 150m 厚的硬黏土层。井架每根支腿柱下端设置有 12 根导向套管,在其中 9 根套管中打入 φ1.37m 的钢管桩,管桩壁厚 50.4mm,桩长 126.8m(打桩时 210m)。平台自重及设备共重 5.7 万 t,风、浪作用于平台的水平力约为 100MN。

目前这种类型钻井平台下沉水深最深为美国墨西哥湾的古尔夫油田建成的朱和特(Jolliet)平台,水深达到 536m,而美国墨西哥湾比利温克(Biliwinkle)石油钻井平台,下沉水深达 412m。

三、自浮移式钻井平台基础

基础为钢制箱形筏基,其制造、浮运等方法,与上述重力式平台大致相似,只是在下沉时,除油罐可供灌水加重外,筏基箱格内也可灌水,可大大增加筏基预压力,使筏基可以很好地挤走淤泥而压入土中。

我国渤海 6 号自升沉筏式钻井平台就属此种结构,只是因水浅而结构简单化。

四、管形筏式基础

该种基础是采用预应力混凝土管形筏式基。如挪威弗利格(Frigg)油田的总控制台是一座在深海中高达 140m 的钢塔。基础每侧由两根 41.5m,内径为 6.5m 的预应力混凝土大管组成,两组管的距离为 45.74m,两端用内径 5.7 的管连接在一起,并在中部设置一箱形横梁作为荷载分配梁。

由以上介绍可知,桥梁深海基础和海上钻井平台基础是非常相似的工程,只是桥梁上部结构受力尤其风荷载作用较钻井平台复杂,从现在钻井平台已施工的资料可以预计,有望在 200m 以下水深中修建桥梁基础是可能的。

本章主要结合我国现已建成的大跨桥梁深水基础建设情况,将除桩基础、管柱基础和沉井基础外的特殊基础形式,有气压沉箱基础、沉井管柱组合基础、锁口管柱组合基础、锁口管柱基础、双承台管柱基础和预制设置基础加以介绍,以供学习参考。

第二节　气压沉箱基础

沉箱是将沉井底节做成一个有顶盖的施工作业工作室,在顶盖板上装设井管和气阀,工人在工作室内挖土,使沉箱在自重作用下下沉,沉至设计高程后,用混凝土填封工作室,并撤去气阀和井管,建成桥梁深水沉箱基础,也称气压沉箱基础。

沉箱基础最大的优点是工作室内的水系由高压压缩空气自刃脚处排挤出,因此,其下沉过程中能处理任何障碍物,并在施工中直接鉴定和处理基底,基础质量较为可靠。早期沉箱也有许多缺点,其中最主要的是施工中对施工人员身体的影响,且工效低。因为在水中每深入10m,工作室内就需要增加一个大气压力,才能排出水。而人体一般仅能够承受3.5个大气压力,也就是一般只能在深度不超过35m左右的水下进行工作。每天仅能工作2~4h左右,而出来更需要加长减压时间,及时排出人体血中的氮气,减压不当易得沉箱病。

早在1841年,法国修建卡隆桥时首次采用沉箱基础,以后在欧美广泛采用。我国最早在1892年修建滦河桥,1909年修建泺口黄河桥及1937年修建的钱塘江大桥,仅这三座桥的水中墩基础就有31个采用的是沉箱基础。

但是,我国自1957年首创管柱桩基础建成武汉长江大桥后,气压沉箱基础就未在桥梁深水基础中采用。除有关地基基础的教科书中还有介绍外,在桥涵地基与基础设计、施工规范及手册中均未列其内容。在国外,尤其是日本等一些国家仍在采用,都改用机械化方法开挖、加强自动化控制和监测并尽量减少人工进入沉箱,这是现代科学技术发展的促进。下面借用日本近期成功运用的工程实例,将沉箱基础以特殊基础类型作一介绍,以借鉴和学习。

一、沉箱结构构造

钢筋混凝土沉箱可以做成实心,也可以做成空心(图8-4)。当采用浮运下沉时,沉箱顶盖及刃脚均可做成空体的钢筋混凝土结构。

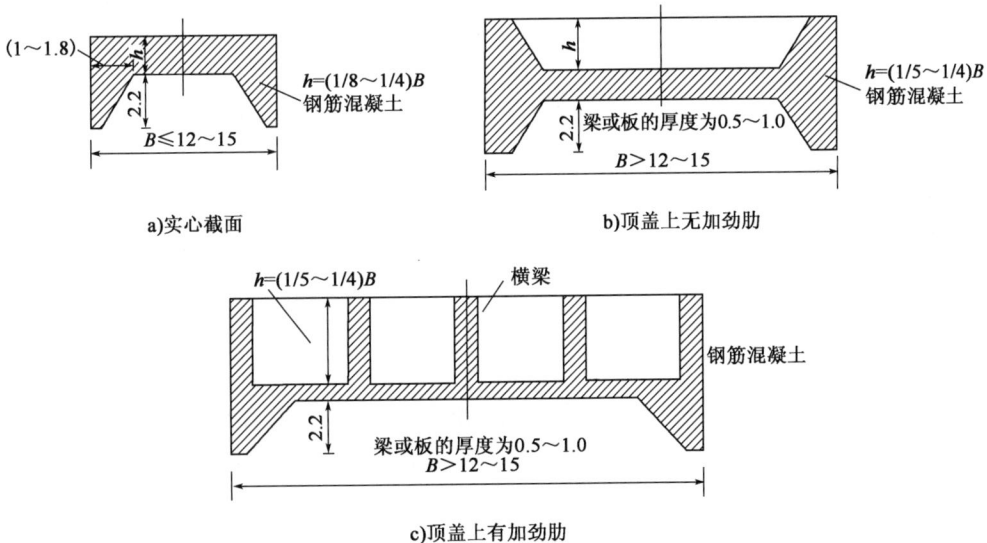

a)实心截面

b)顶盖上无加劲肋

c)顶盖上有加劲肋

图8-4 沉箱结构剖面图(尺寸单位:m)

沉箱结构,可视其尺寸大小而分为单闸沉箱、三闸沉箱、多闸沉箱。

沉箱结构的主要构造为:顶盖、刃脚、工作室、箱顶圬工、升降井孔、气闸及箱顶管路等。

1.顶盖

顶盖即工作室的顶板,下沉时要承受高压空气向上的压力,后期要承受沉箱顶上圬工的荷载,在此它应具有足够的厚度,这也是沉箱结构设计计算中的重要部分。

2. 刃脚

沉箱刃脚的作用除与沉井刃脚相似要切入地基土层外，不同之处就是它还是沉箱工作室的外墙。它不仅要防止水和土进入工作室内，还要防止工作室内高压空气外逸。由于刃脚受力很大，故应做得非常坚固，设计计算时也应特别考虑。

3. 工作室

沉箱施工作业工作室是由其顶板和刃脚围成的无底工作空间，其四周和顶面间应密封不漏气。其平面尺寸的拟定与沉井相同，视基础尺寸而定，工作室内的净高应满足安全及设备所需要的高度。故人工除土时一般不低于 2.2m，用水力机械除土时，则不低于 2.5m。顶板与刃脚都必须具有设计的强度、刚度和密闭性。

4. 箱顶圬工

沉箱顶上的圬工材料（简称圬工），也是沉箱基础结构的主要组成部分。在沉箱下沉施工过程中，应不断浇筑箱顶圬工，起到增加自重的作用，使沉箱不断下沉、直到设计高程。箱顶圬工可以浇筑成实体，也可沿沉箱周边浇筑成环状，视设计而定。

5. 升降井孔

在沉箱顶盖和箱顶圬工中，必须留出垂直孔道，以便在其中安装连通工作室和气闸的井管，使人、器材及室内弃土能由此上下通过，并经气闸出入大气中。升降井孔的断面形状多为长圆形或矩形，其长轴应和沉箱短边平行，以尽量减少顶盖在短边方向由于被切断而造成的强度损失。升降孔的数量按工作室的面积，大致以每 100m² 左右有一个升降孔为宜，而孔的位置应位于相应面积的重心上。

6. 气闸及箱顶管路

气闸位于井筒的顶端，类型较多，但构造原理相同。一般由一个人变气闸、两个运料气闸和一个中央气室所组成。构造中还附有电动机、调速器、绞车、吊头和运料小车等附件。气闸是沉箱施工作业的关键设备之一，它的作用是让人、器材和挖出土进出工作室，而又不引起工作室内气压变化。另一作用是当人出入工作室时，调节气压变化的速度，慢慢的加压或减压，使人体不致引起任何损伤。

箱顶管路，包括电缆线管、水管、送风管、排气管、检查管等，它们是沉箱工作室所需动力、电话、照明、所需水、空气等的输送通道。近代沉箱施工中，已经采用自动装置来解决过去难于解决的问题。

二、沉箱结构设计

气压沉箱的设计内容和方法，基本上与沉井相似。只是因沉箱比沉井多了一个充满高压气体的工作室，所以，其设计荷载中就增加了工作室内高压气体作用荷载一项。这样，其刃脚的设计计算和工作室顶盖的设计计算这两项就显得特别重要。下面仅就计入工作室内气压作用的刃脚和工作室顶盖的设计计算有关要点作以介绍，其计算如图 8-5 所示。

1. 刃脚的设计计算

在刃脚的设计计算中，特别要考虑其以下最不利的受力情况：

（1）沉箱已下沉到设计高程，工作室内充满高压空气，刃脚切入土中 0.5m 深，刃脚向外弯曲，此时，与沉井设计计算不同的是：刃脚上除土的推力外，还有高压空气的推力；刃脚外壁上的摩阻力因空气溢出而减少，可以不计。

（2）沉箱已下沉到设计高程，工作室仍充满高压空气，但刃脚下之土已被挖空，此时刃脚向内弯曲。与沉井设计计算的不同之处是:室内有作业气压;刃脚外侧井壁上的摩阻力作用仍不计。

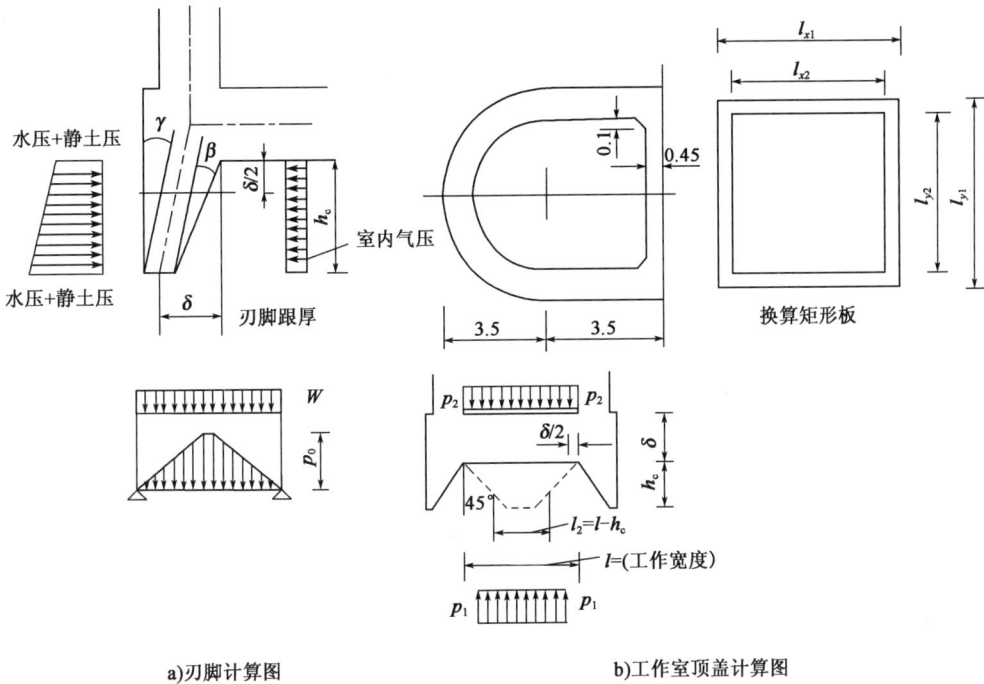

a)刃脚计算图   b)工作室顶盖计算图

图 8-5 气压沉箱刃脚与工作室顶盖的计算图(尺寸单位:m)

2. 工作室顶盖板的设计计算

在工作室顶盖板的设计计算中,应按施工时与竣工时两种情况考虑。仅在施工阶段顶盖板始终受着工作室的气压作用,而在竣工时则无气压,但作用在地基的反力。并应考虑以下不利情况。

(1)沉箱已下沉到位,顶盖上面向下的作用力有井孔内力下沉所需加上的水重和顶板自重,顶板下面向上的作用力为作业气压的1/3。即顶板的设计荷载如图 8-5a)所示,即:

$$W = 水荷载 + 顶板自重 - \frac{1}{3} 作业气压$$

(2)沉箱下沉到位,工作室已填满混凝土,且孔内已贯入压重水时。此时,顶板底面的向上作用力 P_1 为地基反力与水浮力之和;而顶板上面向下的荷载 P_2 为井孔内水重与顶板自重之和。于是顶板的设计荷载如图 8-5b)所示,即:

$$W = P_1 \frac{l_1}{l} - P_2 \tag{8-1}$$

式中:l_1、l——见图 8-5。

板内最大弯矩为:

$$M_x = \frac{1}{12} W_x \cdot l_{x2}^2 \qquad M_y = \frac{1}{12} W_y \cdot l_{y2}^2 \tag{8-2}$$

板内剪力为:

$$S_x = \frac{1}{12} W_x \cdot l_{x2} \qquad S_y = \frac{1}{12} W_y \cdot l_{y2} \tag{8-3}$$

式中:l_{x2}、l_{y2}——分别为换算矩形板的长与宽,如图 8-5b)所示。

三、沉箱的制造与下沉

在岛上制造和下沉气压沉箱的方法基本上与沉井相同,只是沉箱制造完后,有安装井筒和装拆气闸等工作,然后进行下沉气压沉箱的施工工作。

沉箱下沉主要工序是不断挖土、接高与下沉。一般国外是这样规定:当沉箱下沉水深小于30m时,可采用人工操作的机械施工作业,但必须遵守气压箱安全施工的所有规定;当水深大于30m,国外已采用无人自动化施工技术,如自动水力机械冲吸排土的无人沉箱、自动浚汲设备排土的无人沉箱,及适于软硬黏土挖掘的自动挖掘排土的无人沉箱。

对采用浮运法下沉沉箱时,首先应验算沉箱的稳定性,如图8-6所示,在外力矩 M 作用下,沉箱的倾斜度 $\tan\alpha$ 可按下式计算。

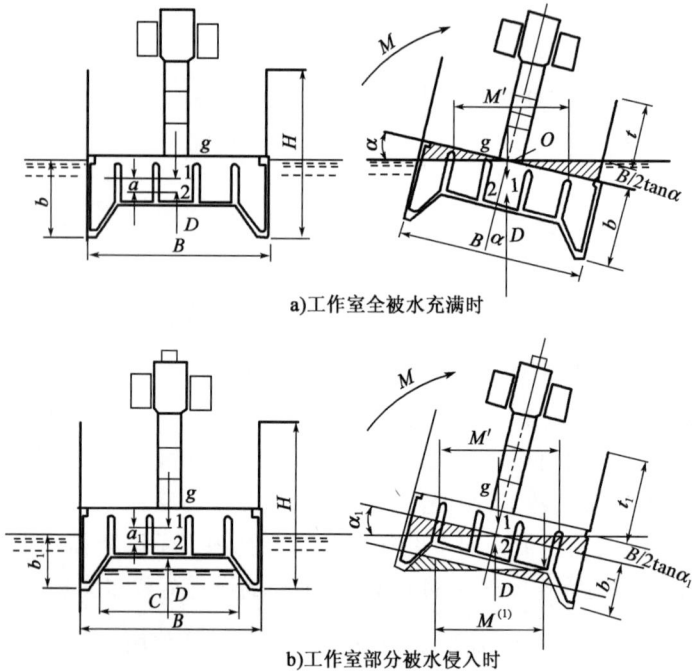

a)工作室全被水充满时

b)工作室部分被水侵入时

图8-6　沉箱的稳定检算

(1)当沉箱工作室全被水充满时[图8-6a)]:

$$\tan\alpha = \frac{M}{\gamma V(\rho - a)}(当 \alpha \leqslant 10° \sim 15° 时) \tag{8-4}$$

(2)当沉箱工作室有一部分空间被压缩空气占据时[图8-6b)]:

$$\tan\alpha_1 = \frac{M}{\gamma V(\rho_1 - a_1)} \tag{8-5}$$

式中:M——外力对 O 点或浮心"2"点的力矩(kN·m);

γ——水的重度(kN/m³);

V——被沉箱所排开水的体积(m³);

a、a_1——浮体重心"1"至浮心"2"之间的距离(m);

ρ、ρ_1——沉箱的定倾中心,$\rho = I/V$,$\rho_1 = (I - I_1)/V$;

I——吃水面对通过 O 点水平轴的惯矩(m⁴);

I_1——工作室内水面对其倾斜轴的惯矩(m^4)。

很显然,只是在$\rho - a > 0$或$\rho_1 - a_1 > 0$的条件下,沉箱才是处于稳定状态。由于$\rho_1 < \rho$及$a_1 > a$,说明工作室内打入压缩空气后,其稳定性是降低了。

(3)沉箱落于基床上后,先向沉箱顶灌注体积不少于下式的坞工:

$$V = \frac{P}{\gamma} \tag{8-6}$$

式中:P——相当于工作室体积的水重(t);

γ——坞工的单位体积重量(t/m^3)。

坞工的重量最好使空气压入工作室后,刃脚处维持0.1MPa的压力,要能保持沉箱平稳下沉。

(4)当沉箱刃脚沉入基底土层中深度大于t后,才可大量灌注箱顶坞工,使其达到或高出水面,在砂质土中,t值可按式(8-7)计算,但不应大于2.5m。

$$t = 2.4\frac{H}{B} \tag{8-7}$$

式中:H——沉箱下沉处的水深(m);

B——沉箱的宽度(m)。

沉箱刃脚沉入基底土层深度大于t后,其以后的施工作业与旱地岛上沉箱施工作业完全相同,不作介绍。

现将日本名港中央大桥、东大桥沉箱基础工程简介其特点,供学习参考。

日本名港中央大桥是连接名古屋港内航线上的一座大桥,其桥长为1 170m,跨度为290m + 590m + 290m的钢斜拉桥。名港东大桥是连接9号地与名古屋东岸的桥梁,亦为钢斜拉桥,桥长700m,跨度为145m + 410m + 145m。这两座桥的水中塔墩基础均采用沉箱基础,下面对其作以简介。

在对名港中央大桥和名港东大桥的桥塔墩基础形式选择时,为确保通航净宽,尽可能减少施工用场地,最后确定以气压沉箱、钢管桩、地连墙等三种类型作比选。现以名港中央大桥为例,列出其方案的类比情况,最后结论是:地连墙需要大型筑岛,对保证通航不利,同时其造价、工期等方面也不优越;钢管柱基础尺寸较大,施工作业所需空间也大,禁航区域太大;气压沉箱基础尺寸小,质量可靠,采用无人挖掘下沉施工,造价低,施工方便等优点,最后梁桥均选用气压沉箱基础。

气压沉箱是一平面尺寸为30m × 34m、高18m的钢壳箱体,均在岸上制造,然后从海上浮运到施工现场。

因气压沉箱要依靠挖掘下沉至海面以下约50m深处,为使操作时气压降低,采用了沉井降低地下水位的方法。

采用沉箱无人自动化施工方法,是在沉箱内施工,为无人挖掘自动化配套系统(图8-7),掘土下沉与箱体混凝土浇筑同时进行。

在沉箱无人挖掘下沉施工中,还采用了先进的自动信息管理系统。沉箱无人自动化施工就是通过这个自动信息管理系统,由现场岸上设置的集中控制室对沉箱下沉作自动控制和检测。

从以上情况介绍可知,虽然我国桥梁建设深水基础技术总水平已进入世界先进水平,但在施工机械、施工控制、施工管理的自控系统化的设备还有一定差距。我国江河纵横,海域面积大,海岸线长约1.8万 km,将来桥梁的建设是跨越海峡,连接海湾、开发岛屿,水深近百米,甚至超过百米的桥梁深水基础终会在21世纪实现。

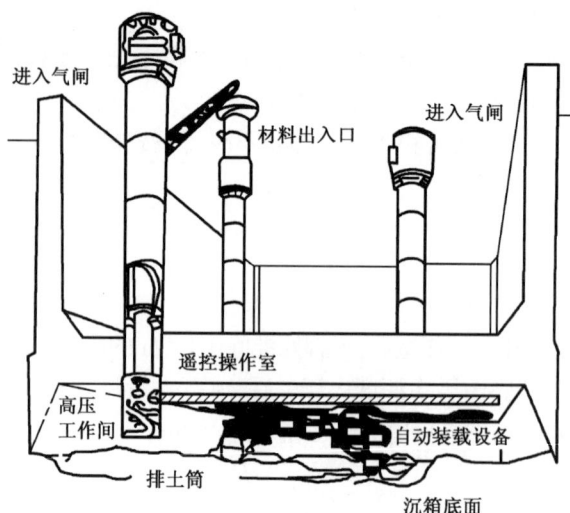

图 8-7　无人挖掘系统

第三节　沉井管柱组合基础

大江大河与海湾湖泊修建长大桥,在水深很深、有非常厚的覆盖层或地质条件复杂的情况下,无法将单一形式基础下沉达到预期的深度时,可以采用两种不同形式的基础,以接力的方法来修筑桥梁深水基础,通常称这种形式的基础为组合基础。此处所说的组合,仅指具有在外形结构上的组合,而不是指两种基础作用与性质上的组合。比如,沉井加管柱组合基础,曾在南京长江大桥 2、3 号墩上用过;再如沉井加钻孔桩组合基础,曾在广东江村南北大桥的南桥各墩台和北桥南台的基础中采用。

很明显,组合基础在施工中,因先、后要作两种形式基础,如沉井、管柱或钻孔桩的施工,设备繁多、工艺复杂,而且要严格防止两种不同基础体系之间的沉降差和相对倾斜差。但上述两桥的实践都证明,采用组合基础不仅是可行的,也是成功的;不仅建成了符合设计要求的大型桥梁深水基础,而且也积累了在深水及地质条件复杂情况下采用组合基础设计、施工的经验。下面,以沉井加管柱组合基础作以介绍。

南京长江大桥正桥 2、3 号墩要通过约 30m 深水、约 40m 厚的覆盖层,按当时的技术条件修建单一的管柱基础或沉井基础,在设计和施工都缺少经验、存在困难。因此,经多方研究和论证,最后采用了钢沉井加管柱的组合基础,其结构如图 8-8 所示。

由图 8-8 可看出,采用组合基础的优点是:用浮式钢沉井代替管桩基础中常用的钢板桩围堰,以解决围堰过高钢板桩太长,抽水太深和管柱长细比不当、桥墩位移超限等为题;用管柱代替部分沉井、嵌进岩层,减少沉井高度,以解决缺乏深沉手段,难以纠正偏斜位移,不易保证岩面与井底密贴等问题。这种组合基础的最大优点,就是能充分发挥沉井和管柱的各自特点。

在南京长江大桥 2、3 号墩的钢沉井加管柱组合基础中,其沉井的设计与施工一般均与前面沉井基础介绍相似,而其管柱的设计与施工又与前面管柱基础介绍相近,相同之处不再重复,故下面仅对 2 号墩沉井管柱组合基础特有之处作一介绍。

(一)自然条件

2 号墩河床高程为 -19.7m,当施工水位为 +7.5m 时,施工冲刷前的水深为 27.2m。覆盖

322

层厚约40m,覆盖层土质为粉砂~粗砂,以粉细砂为主。覆盖层底部有最大粒径达20cm的卵石层。岩面高程约-60.1m。墩位内岩面高差约1.5m。根据模拟试验,河床最大冲刷可达23m。

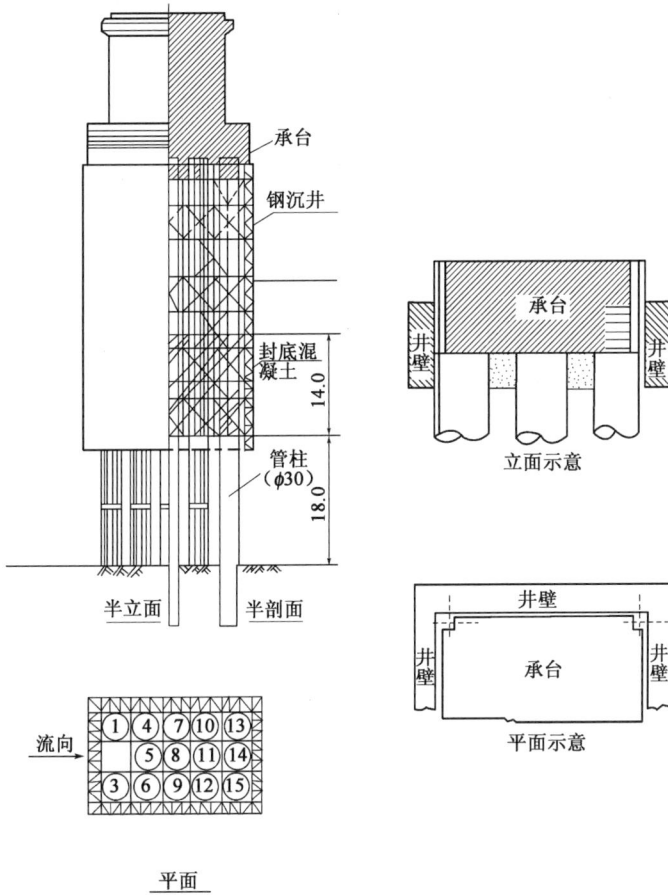

a)钢沉井加管柱组合结构基础 b)承台与沉井井壁水平铰链示意图

图8-8 南京长江大桥正桥2、3号墩沉井加管柱组合基础结构示意图(尺寸单位:m)

(二)结构布置

基础由钢沉井、管柱、封底及封顶混凝土、承台组成。沉井穿过覆盖层约22m,刃脚的设计高程为-41.11m,沉井布置成长方形,其平面尺寸为16.19m×25.01m,井内分成15个方格,内插13根直径3m的预应力钢筋混凝土管柱,其间距4.6m。管柱下沉到岩面后钻孔,孔径2.4m,孔深7~9m,钻孔内放置钢筋骨架,然后在钻孔内灌注水下混凝土,一直填充至管柱顶面。管柱的下端嵌固在基岩内,上端嵌固在承台混凝土中。沉井的封底、封顶混凝土将管柱群连结成整体。

承台与沉井井壁间仅以水平链杆连接,这样承台及其以上的荷重,可以直接传至管柱,而承台所承受的水平力,则通过水平链杆由管柱与沉井共同承受。当河床冲刷至一定深度后,沉井的自重及沉井上的水平力通过封底、封顶混凝土传至管柱。

钢沉井的作用是减少管柱所要穿过的覆盖层厚度,并兼作下沉管柱时的导向架,灌注上下封底、封顶混凝土及承台混凝土时的防水围堰,它代替钢板桩围堰的作用,但它又是永久结构的组成部分,增强了桥墩基础的刚度。

(三) 结构设计

1. 管柱应力计算

管柱的计算分为两部分:一是封底混凝土以下的管柱;二是封底混凝土以上的管柱(图 8-9)。

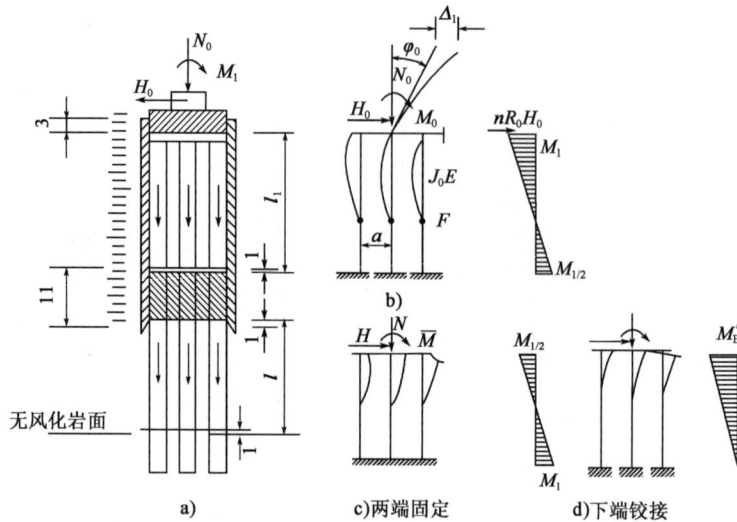

图 8-9　管柱计算图示(尺寸单位:m)

(1)封底混凝土以下部分管柱的计算

按高桩承台设计计算时,假定管柱两端为固结计算,若部分岩石疏松破碎,则按上端固结下端铰接验算。

(2)封底混凝土以上部分管柱的计算

计算时,假定承台可以上下移动与转动,但无相对水平移动,计算图式见图 8-9b)。

由于外力矩 M_0 的作用,所产生的承台转角:

$$\varphi_0 = \frac{(M_0 - nM_1)l_1}{EF \sum a^2} \tag{8-8}$$

由于力矩 M_1 的作用,管柱顶产生的转角:

$$\varphi_0 = \frac{M_1 l_1}{EJ_0} - \frac{R_0 l_1^2}{2EJ_0} \tag{8-9}$$

假定承台无水平位移,即管柱顶无水平位移,则:

$$M_1 = \frac{2}{3} R_0 l_1 \tag{8-10}$$

式中:M_0——承台所受力矩(kN·m);

$\quad l_1$——管柱的计算长度(m);

$\quad E$——单根管柱的弹性模量(MPa);

$\quad F$——单根管柱截面面积(m^2);

$\quad J_0$——单根管柱的截面惯性矩(m^4);

$\quad a$——管柱中心至管柱群重心轴间的距离(m);

$\quad n$——管柱根数;

$\quad \varphi_0$——承台转角(rad);

M_1——由于外力矩 M_0 的作用,单根管柱顶部所产生的力矩(kN·m);

R_0——由于外力矩 M_0 的作用,单根管柱顶部所产生的水平剪力(kN)。

解式(8-8)~式(8-10),可求出 R_0、P_{max}、M_1 及 φ_0,然后据此检算管柱的应力。

2.管柱钻岩深度和基底应力

管柱钻岩深度应进行下面三项计算:

(1)单根管柱基岩支承强度的计算。

(2)单根管柱钻孔深度检算。

(3)将管柱群作为整体进行检算。

具体计算,按管柱检算控制钻岩深度。

3.承台设计

承台与沉井井壁间设有水平链杆,使承台所受的水平力直接传至沉井,竖直荷载不传至井壁而直接传至管柱。这样可以减少沉井通过封底混凝土传到管柱的剪力,从而减少了封底混凝土的厚度。

承台内主筋计算与一般承台相同。与链杆相连的井壁部分,假定由链杆传来的水平力作用在水平框架上,检算其弯曲应力。

第四节　锁口钢管桩与双承台管桩基础

一、锁口钢管桩基础

锁口钢管桩基础是一种应用于深水桥梁基础的结构形式。它可在墩位处打入大型锁口钢管桩,平面形成一个封闭形状,再以砂浆将锁口封闭止水防漏,此时锁口钢管桩起着挡土止水的围堰作用。在堰孔内挖土并根据情况加以支护(与地连墙相似),待到设计高程后进行水下混凝土封底,抽水后井筒内按设计要求进行隔墙支承与填心(此工序类似沉井施工),之后即可修筑顶盖板(或承台)及墩身直到水面以上。然后在围堰内回灌水,将盖板(或承台)以上锁口钢管桩切除,形成了锁口管桩井筒基础[图 8-10a)]。也可用锁口管桩挡土挡水兼作模板修建群桩基础承台,称为锁口管桩承台桩基础[图 8-10b)]。也可如图 8-10c)所示,修筑锁口管桩井筒与桩基混合式基础。

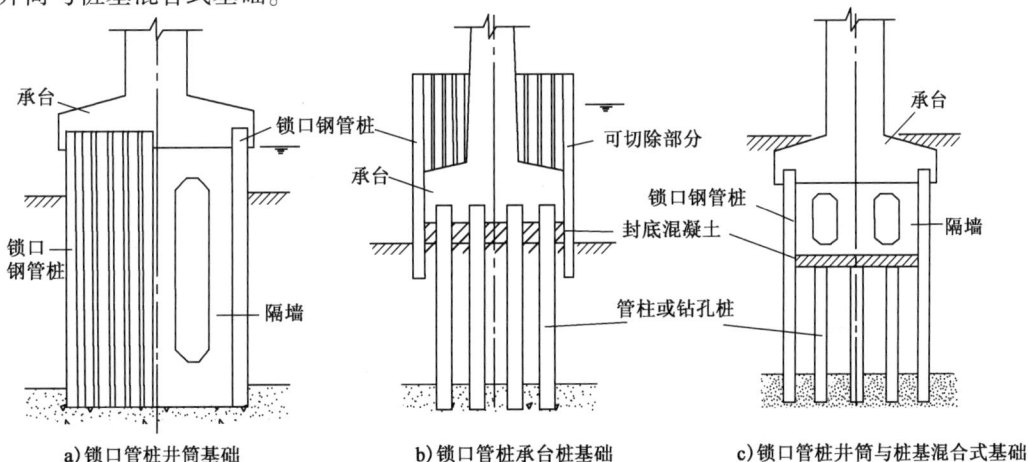

a)锁口管桩井筒基础　　b)锁口管桩承台桩基础　　c)锁口管桩井筒与桩基混合式基础

图 8-10　锁口钢管桩类型

锁口钢管桩基础的结构特点是:在施工过程中,具有支挡结构挡土挡水类似围堰的结构作用,而管桩又可分散多点流水作业;而建成后又具有沉井那样的整体刚度大的优点,可根据需要设计成多种结构形式的基础。锁口钢管桩的平面布置形状与锁口的不同形式如图 8-11 所示。

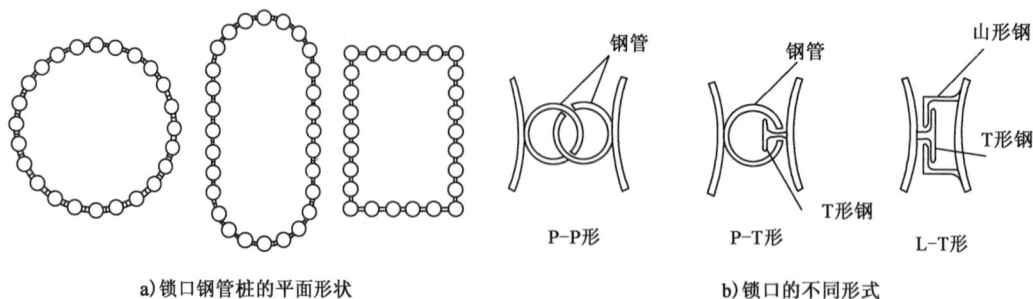

a) 锁口钢管桩的平面形状

P—P形 P—T形 L—T形

b) 锁口的不同形式

图 8-11　锁口钢管桩的平面布置形状与锁口的不同形式

1999 年建成的宁波大桥大体积承台施工,在我国首次应用锁口钢管桩作为围堰进行施工,宁波大桥是一座独塔带协作体系的大跨度漂浮式预应力混凝土斜拉桥。主跨 258m,塔墩承台规模较大,承台平面尺寸为 20m×40m,厚 5.5m,要求围堰本身除具有足够的强度和刚度外,还要保证足够的施工净空。宁波大桥位于甬江入海口,潮汐变化大,水流急,覆盖层距风化岩达 25~33m,并有大型木沉船和片石等障碍物,采用双壁钢围堰、吊箱围堰、筑岛开挖等均较困难,经比较决定采用锁口钢管桩围堰。该方案不需要大吨位的船舶定位和起吊设备,只需一般常规打桩设备,施工方法简单;适用各种平面形状,安装就位准确;在不良地质层和有障碍地质段管桩下沉着床比较容易;工期短,可使钻孔桩和锁口围堰同时施工。

主塔墩锁口钢管桩围堰净长 40.30m,净宽 20.30m,由 132 根 ϕ750mm 中桩和 4 根 ϕ980mm 角桩组成,每根管桩两对称外侧分别焊上钢轨和槽钢,形成公、母扣锁口,管桩由 $\delta=$ 10mm 钢板卷压焊接而成(图 8-12)。

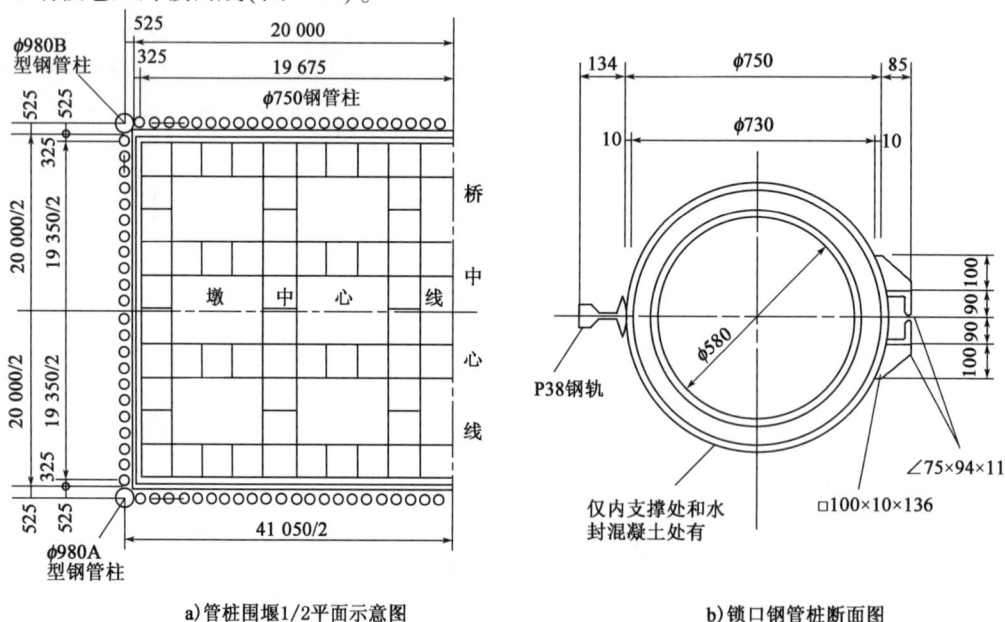

a) 管桩围堰1/2平面示意图

b) 锁口钢管桩断面图

图 8-12　宁波桥 22 号主塔墩锁口钢管桩围堰结构布置图(尺寸单位:mm)

326

(一)锁口钢管桩施工要点

各种不同形式的锁口管桩基础,其施工步骤和方法并无多大区别,现以一桥墩以锁口桩兼作防水围堰的锁口管桩井筒基础为例,其施工程序如图8-13所示。

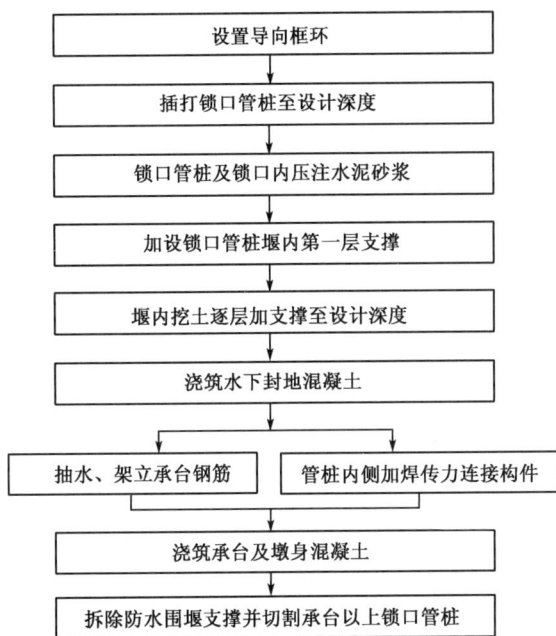

```
┌─────────────────────┐
│     设置导向框环      │
└─────────────────────┘
          ↓
┌─────────────────────┐
│  插打锁口管桩至设计深度 │
└─────────────────────┘
          ↓
┌─────────────────────┐
│ 锁口管桩及锁口内压注水泥砂浆│
└─────────────────────┘
          ↓
┌─────────────────────┐
│  加设锁口管桩堰内第一层支撑 │
└─────────────────────┘
          ↓
┌─────────────────────┐
│ 堰内挖土逐层加支撑至设计深度│
└─────────────────────┘
          ↓
┌─────────────────────┐
│   浇筑水下封地混凝土    │
└─────────────────────┘
       ↓        ↓
┌──────────────┐  ┌──────────────────┐
│抽水、架立承台钢筋│  │管桩内侧加焊传力连接构件│
└──────────────┘  └──────────────────┘
          ↓
┌─────────────────────┐
│   浇筑承台及墩身混凝土   │
└─────────────────────┘
          ↓
┌──────────────────────────┐
│拆除防水围堰支撑并切割承台以上锁口管桩│
└──────────────────────────┘
```

图8-13　锁口管桩井筒基础施工程序

(1)设置导向框环,以保证插打锁口管桩位置准确和方向垂直。

(2)为了增加基础的刚度,需在切割线以下的管桩及其锁口内用特制的水泥砂浆灌满;为了防水止漏应在切割线以上的锁口内压注止水砂浆。这两种砂浆的质量配合比如表8-1所示。

特制水泥砂浆及止水砂浆配合比表(kg/m³)　　　　表8-1

名称	σ_{28}(MPa)	水泥	砂/黏土	粉煤灰	特殊掺和剂	水
特制水泥砂浆	28.0	574	803/0	229	6.9	401
止水砂浆(黏土水泥砂浆)	0.25	48	0/514	194	6.9	682

其他有关井筒内挖土,加设支撑等工序与地连墙施工基本一样。

(二)锁口钢管桩计算要点

1. 基础的整体计算

锁口管桩井筒基础整体计算,与桩基础相似,也是按弹性地基上的有限长梁图示计算,考虑水平土抗力时地基水平反力系数是按均布假设(张有龄法),其计算图式如图8-14所示。

基本微分方程式为:

$$EI\frac{\mathrm{d}^4X}{\mathrm{d}Z^4} = -p \tag{8-11}$$

$$p = K_H \cdot D_V \cdot X_Z \tag{8-12}$$

则有井筒基础的水平变形为:

地面以上部分

327

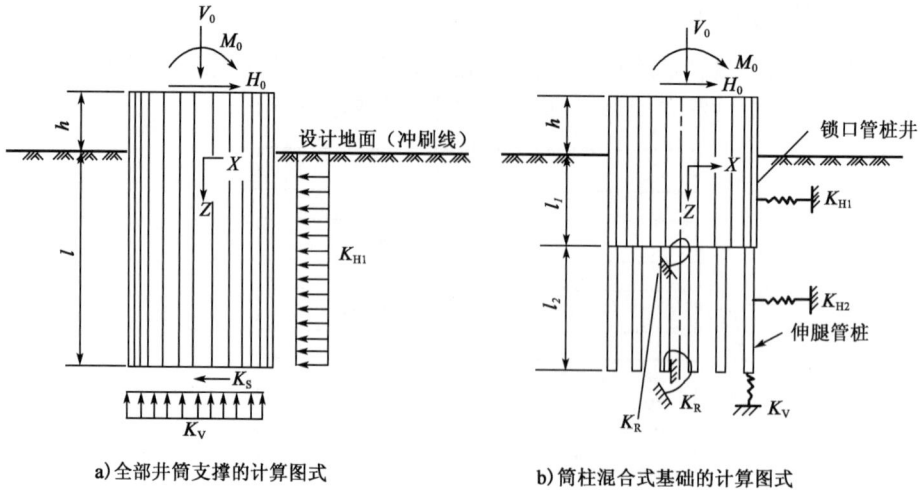

a)全部井筒支撑的计算图式   b)筒柱混合式基础的计算图式

图 8-14 锁口管柱井筒基础的计算图式

$$X_0 = A_0 Z^3 + B_0 Z^2 + C_0 Z + D_0$$

地面以下部分

$$X_Z = e^{-\beta Z}(A_1 \sin\beta Z + B_1 \cos\beta Z) + e^{\beta Z}(C_1 \sin\beta Z + D_1 \cos\beta Z)$$

式中，$\beta = \sqrt[4]{K_H \cdot D_V / 4EI}$ 及 A_1、B_1、C_1、D_1 为未定积分常数，可由下述边界条件求出：
$Z = 0$ 处

$$EI \frac{d^2 X}{dZ^2}\bigg|_{Z=0} = -M_0 \tag{8-13}$$

$$EI \frac{d^3 X}{dZ^3}\bigg|_{Z=0} = -H_0 \tag{8-14}$$

井筒底 $Z = l$ 处

$$-EI \frac{d^2 X}{dZ^2}\bigg|_{Z=l} = K_R \frac{dX}{dZ} \tag{8-15}$$

$$-EI \frac{d^3 X}{dZ^3}\bigg|_{Z=l} = -K_S A_V X_Z \tag{8-16}$$

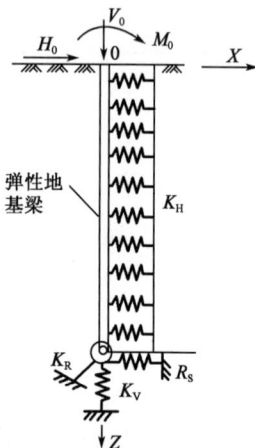

图 8-15 锁口钢管桩单桩计算图
K_V-地基垂直反力系数

式中：E——锁口管桩的弹性模量；

    I——井筒的惯性矩；

    K_H——地基水平反力系数；

    K_R——地基扭转反力系数；

    K_S——地基剪切反力系数；

    D_V——井筒的宽度或直径；

    A_V——井筒内周及外周之间所构成的面积。

以上各参数值计算确定请参照有关文献，在此不详述。以下就可按图 8-15 所示的计算图式算出井筒基础中单桩的挠度及其弯矩和剪力。

2. 单桩承载力验算

单桩的垂直反力 R_i 按式(8-17)计算：

$$R_i = \frac{V_0}{n_1 + n_p} \pm \frac{M_0}{\sum X_i^2} \tag{8-17}$$

式中：V_0——承台底面的垂直荷载；

$\quad\quad M_0$——作用于承台底面的力矩；

$\quad\quad X_i$——各桩至中心轴的距离；

$\quad\quad n_1$——构成井筒的桩数；

$\quad\quad n_p$——在井筒内加打的桩数。

单桩容许承载力[R_a]按式(8-18)计算：

$$[R_a] = \frac{1}{K}\left(q_d \cdot A_1 + \frac{1}{n_1}f_1 \cdot U_V \cdot l_1\right) \tag{8-18}$$

式中：q_d——桩端阻力；

$\quad\quad A_1$——单桩底面有效支承面积；

$\quad\quad U_V$——井外周的周长，为πD_V；

$\quad\quad l_1$——桩的入土长度；

$\quad\quad f_1$——井筒管桩的桩侧土摩阻力；

$\quad\quad K$——安全系数，常规取$K=3$，地震时，取$K=2$；

其他符号意义同前。其最终验算式为：

$$[R_a] > R_{i\max} \tag{8-19}$$

二、双承台管桩(柱)基础

双承台管桩(柱)基础与一般高桩承台基础的差别是修筑上、下两个承台，以此加大基础的侧向刚度减小桩(柱)的计算长度。一般有两种做法：一是将下承台修筑在桩(柱)底岩面上，以保证基桩与岩面发挥更为有效的嵌固作用，避开岩层在构造上的不足。

图8-16为广茂铁路肇庆西江大桥水中4号墩的双承台钢管柱基础示意图。4号墩处于主槽中，其局部冲刷可达岩面，由于管柱的自由长度大，由此而计算的柱底截面弯曲应力超过了设计容许值，为此设计成双承台基础。上承台厚5.0m，顶面露出最低水位承托墩身，自上承台底面至岩面分别由26.6m的4根柱径为3.1m管柱及岩面以上厚度为9.0m的下承台组成。在下承台的底面，对应上部柱心钻孔直径2.5m，深为3.0m的钻孔桩伸入岩盘，与下承台共同嵌固于岩盘上，而下承台顶上5.0m厚的柱径放大为3.5m以增加柱的承载力。

另一种做法是将下承台修筑在河床以下一定深度，将上下承台形成一体，以降低桩(柱)顶高程，实际上是以减小桩(柱)计算长度为主。图8-17为2004年建成的安庆长江公路大桥塔墩基础双承台构造图。该桥主

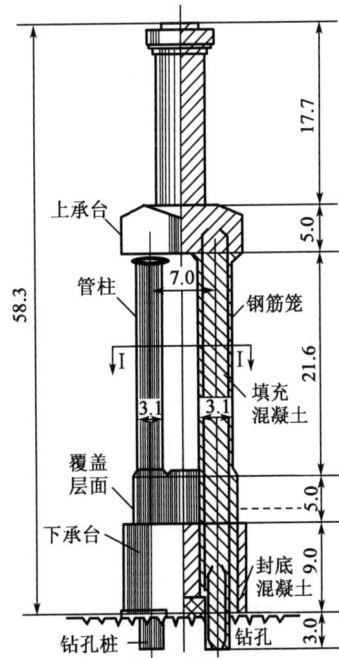

图8-16 西江大桥4号墩双承台钢管柱基础
（尺寸单位：m）

桥为 50m + 215m + 510m + 215m + 50m 五跨连续双塔双索面全焊扁平流线型钢箱梁斜拉桥,呈倒 Y 形塔。

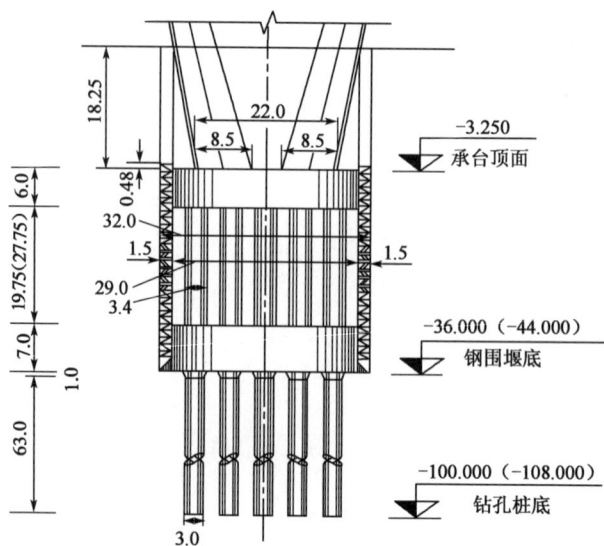

图 8-17　主桥基础构造图(尺寸单位:m)
注:括号内的数据为南塔墩

桥位处江面宽 900 ～ 1 500m,最大施工水深 35m,表层冲积层厚度 11.4 ～ 28.6m,基岩为粉细砂岩、砂砾岩、黏土岩及疏松砂岩等软质岩,北南塔基处岩面高程分别为 - 31.86 ～ - 35.61m 和 - 42.66 ～ - 43.84m。塔墩和基础除承受竖向荷载外,还有顺桥向 27 000kN 和横桥向 13 500kN 的船舶撞击力。通航水位 16.93m。经分析比较,基础采用双壁钢围堰与上、下承台组成组合承台加钻孔桩的复合式基础。以 7.0m 厚的密水性混凝土封底作下承台,起着减少桩身自由长度作用(图 8-17)。钢围堰外径 32m,壁厚 1.5m,顶面高程 15.00m,底面高程北、南塔分别为 - 36.00m 和 - 44.00m,设计 18 根直径 3.0m 钻孔灌注桩,上、下承台间的桩径为 3.4m。

双承台管桩(柱)基础计算,按上述介绍的下承台的两种作用,按第五章相关内容进行计算。

第五节　设置基础

很多跨越海峡的大桥,水深、潮急、航运频繁,在这种条件下修建桥梁深水基础现场作业特别困难。为了尽可能减少上述不利因素对施工的干扰,仿照海洋钻井平台的施工方法,现在许多国家发展了一种设置基础。这种基础是将基础分为若干部件在岸上预制,然后在深水中设置套接形成基础。比较典型的设置基础是 1996 年加拿大诺森伯兰海峡大桥基础,如图 8-18 所示。

由于诺森伯兰海峡冬季的气象条件恶劣,沿海岸形成的冰块因风和潮流的作用,以 2m/s 的速度移动,使桥墩要承受高达 30MN 的横向水平力;而且结构物的施工只能在没有冰冻的 5 ～ 11 月期间进行施工,但即使是在这个期间,施工还得在强风作用下以及 4m 的涨落潮位及 2m 波高的海浪中进行。经过全面考虑分析,最后采用由岩层直接支承,并使用大规模预制构件来进行套接设置的基础形式。对基础的形式曾研究过如图 8-18 所示两种方案:由环状构件支承的圆锥形基础[图 8-18a)]及具有斜向加劲肋的八角形筏形基础[图 8-18b)],最后选用的是圆锥形基础。

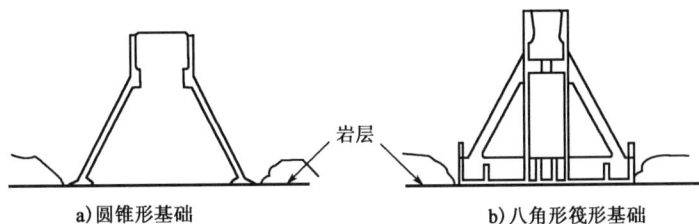

a) 圆锥形基础　　　　　　　　　　　　　b) 八角形筏形基础

图 8-18　诺森伯兰海峡大桥基础方案

目前设置基础形式基本上有两种:一是设置沉井基础;另一种是钟形基础,下面分别介绍。

一、设置沉井基础

设置沉井基础就是采用大型浮运沉井,在岸边预制,浮运就位固定,灌水下沉设置在整平的岩层上,井内填石灌浆(或混凝土)至水面以上。日本 1988 年建成的北、南赞濑户公路铁路两用悬索桥 6 个海中基础及 1998 年建成的明石海峡大桥;1998 年建成的丹麦大带海峡大桥;1991 年建成的英国泰晤士河上的达特福斜拉桥等均采用设置沉井基础。图 8-19 是丹麦大带海峡悬索桥锚墩设置沉井基础及施工示意图。

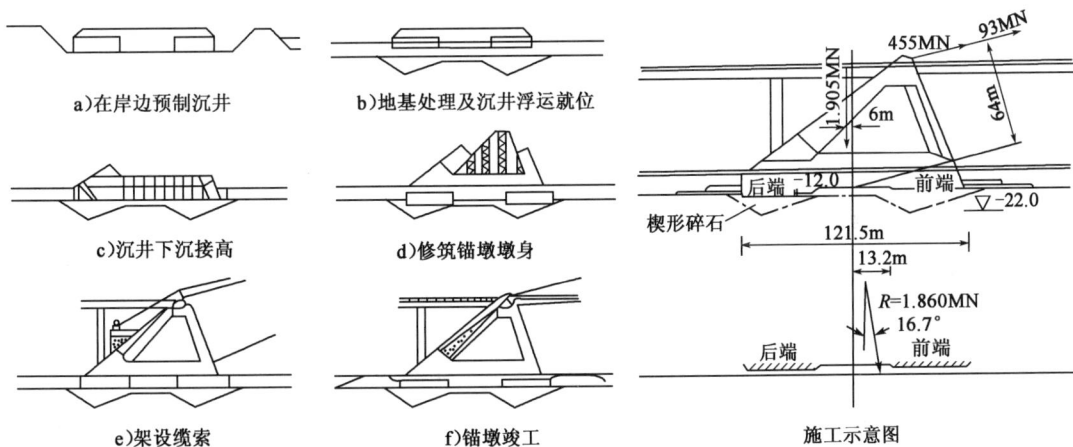

a) 在岸边预制沉井　　　　　　b) 地基处理及沉井浮运就位

c) 沉井下沉接高　　　　　　　d) 修筑锚墩墩身

e) 架设缆索　　　　　　　　　f) 锚墩竣工　　　　　　　施工示意图

图 8-19　丹麦大带海峡悬索桥锚墩设置沉井基础及其施工示意图

大带海峡桥的东桥长为 6.8km,其主桥为跨度 535m + 1 624m + 535m 的公路悬索桥。悬索桥的主塔墩基础均为设置深井,平面尺寸 78m × 35m × 20m,重量为 30 000t,在岸边干船坞内预制后浮运就位。其锚墩也为设置沉井基础,每个沉井自重为 36 000t,平面尺寸为 121.5m × 54.5m,水深 10m,由于悬索桥的锚墩需要承受很大的水平力和力矩,所以地基为楔形碎石层,沉井的尾端填以铁矿石作为压重。

日本明石海岸大桥墩塔基础结构方案确定时,曾提出一个自浮式沉井与管柱桩相结合的组合基础方案,见图 8-20。其方案是采用设置沉井的施工方法,将沉井设置在海底下一定深度可以持力的土层上,然后再在沉井的预留孔中下沉钢管柱至岩层,并钻孔嵌岩成为沉井加管柱组合基础。虽然,这种组合基础也能像设置沉井那样避开海上施工的恶劣自然条件,但恶劣自然条件下作管柱下沉困难也较大,另外,组合基础的刚度还是不如设置沉井基础,所以最后仍然选用了设置沉井方案,见图 8-20b)。

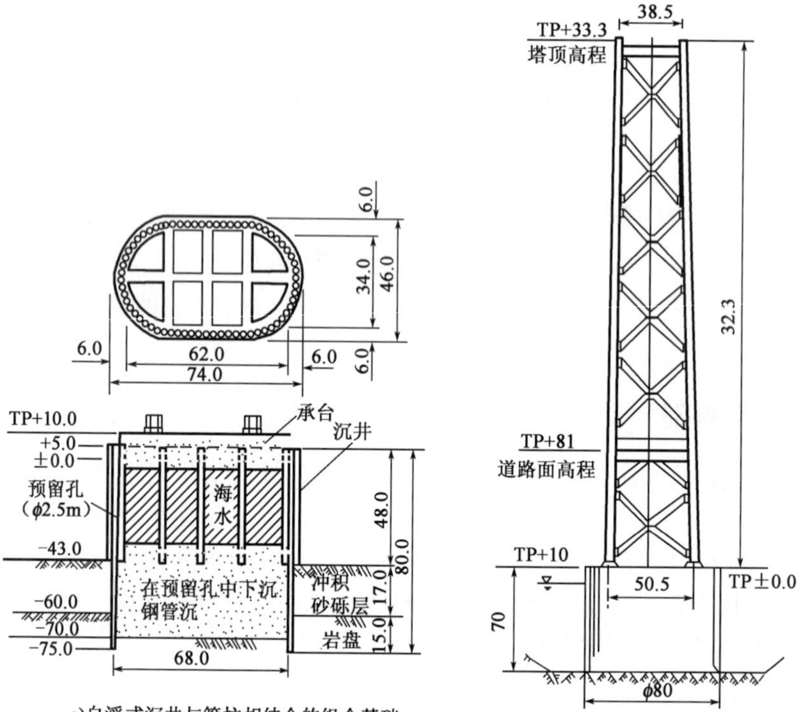

a)自浮式沉井与管柱相结合的组合基础

b)直接设置沉井基础

图 8-20　明石海峡大桥

明石海峡的最大水深为 110m,墩位处水深为 45m;最大潮流速度为 4.5m/s,墩位处最大为 3.5m/s;每日约有 1 400 艘船通过。为尽量减少海上施工作业,采用在工厂预制,而后浮运、下沉的设置沉井基础。

二、钟铃形设置基础

钟铃形设置基础是以形状似古代钟铃的预制薄壳套箱结构,以套接的方式将套箱吊装安置在整平好的地基或基础上,然后将基础承台和套箱及上接墩身的混凝土同时浇筑形成整体。由于这一钟铃形薄壳套箱既是施工用的防水围堰,又是基础混凝土浇筑模板,施工简便快捷,节省材料,前面介绍的加拿大诺森伯兰海峡大桥就是预制的钟铃形基础。

横跨希腊大陆与希腊最大半岛伯罗奔尼撒半岛之间的科林斯海湾(Rion-Antirion)的桥,桥位处的建设条件相当复杂,水深达 65m,海床下 500m 处仍没有岩床,软弱土层非常厚,并处于一些活动断层有可能造成强烈地震的区域。该桥采用五跨连续斜拉桥,跨径组成为 286m + 3×560m + 286m,2004 年建成,为现今最长的斜拉桥。地基是采用 25 ~ 30m 长、ϕ2.0m 的钢管桩进行土体加固,每墩下用 250 根钢管桩,间距为 7 ~ 8m。为了允许基础与地基之间的滑动,在钢管上面铺设 50cm 反滤沙层,再铺设 2m 厚直径 8 ~ 10cm 的鹅卵石层,最上面再铺设 50cm 厚的碎石层。支承在加固土上的基础底盘为直径 90m 的混凝土沉箱构成。由于沉箱尺寸较大,采用 32 片放射状布置变高梁进行加劲,每片梁厚 1.0m,高度从中心的 13.5m 降到边缘 9.0m。水下基础(可视为水下墩身)的上半部分为底部 38m、上端 27m 的圆锥形结构,根据水深和桥墩位置的不同,高度为 37~53m。基础是先利用干船坞施工,每个沉箱灌注到 15m 高程后,再被拖放至湿船坞,在那里完成锥形结构浇筑,然后拖至永久墩位沉入水中。在海平面以上的桥墩呈八边形,主墩高 26m,墩顶部是倒金字塔状结构,高 16m,顶面为边长 40m 正方形。再往上则是 4 根高强混凝土塔腿,至塔顶处合并为整体,塔腿顶部牢牢嵌住 35m 高的上塔柱(图 8-21)。

图 8-22 是美国俄勒岗大桥的深水双曲钟铃形设置基础,该基础的薄壳外套箱全部用钢板焊制成,打完桩后,将钟铃形钢壳浮运至墩位处后吊起,等钢筋笼套入已吊起的钢壳内,再将钟铃形钢壳连同钢筋笼在已施打完成的桩基础上准确定位后,沉入水中落底,并按设计要求准确地套在桩基础上,最后在钢壳内灌注厚度为 2.7m 的封底混凝土,再抽水浇筑墩身混凝。当混凝土达到预定强度后,再用液压千斤顶将钟铃形钢壳顶起重复使用。这座桥的所有深水基础和墩身,都是用一个钟铃形钢壳做模板建造的。

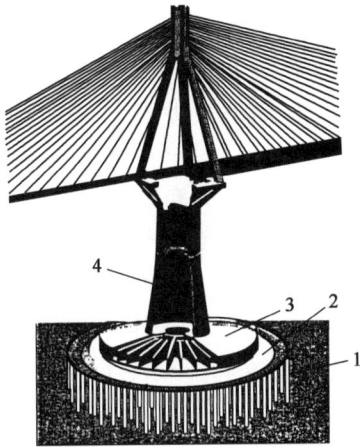

图 8-21　科林斯海湾桥基础结构示意图
1-钢管桩加固地基;2-铺垫层;3-设置沉箱;4-水下锥钟形基础

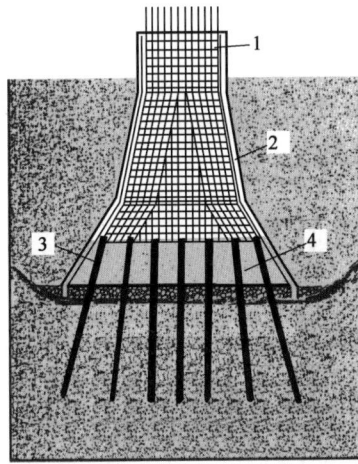

图 8-22　美国俄勒岗大桥钟铃形设置基础
1-钟铃形钢壳;2-钢筋笼;3-打入桩;4-封底混凝土

思 考 题

1. 请写出通过该章学习后的体会感想,对我国大型桥梁深水特殊基础发展提出新的见解。

2. 我国对自控式无人气压沉箱基础是否值得学习和研究?对于沉箱基础,今后的发展应从哪些方面进行科学技术研究来提高?

3. 我国在多管柱(桩)基础的发展和应用较多,其中主要是锁口钢管桩基础和双承台管柱(桩)基础,请对其结构特点及今后如何向基础深度发展提出建议。

4. 请对适应海域恶劣环境的设置基础两种类型特点作一简介。

第九章 几种特殊地区土的地基基础

第一节 软土地区基础

软土一般是指在静水或缓慢流水环境中以细颗粒为主沉积而成的土。软土按沉积环境分类主要有:滨海沉积(滨海相、泻湖相、溺谷相、三角洲相、浅海相等)、湖泊沉积、河滩沉积、沼泽沉积,我国沿海地区和内陆平原或山区都会有软土分布。

《软土地区岩土工程勘察规程》(JGJ 83—2011)(以下简称《软土勘规》)中规定:天然孔隙比大于或等于1.0、天然含水率大于液限、具有高压缩性、低强度、高灵敏度、低透水性和高流变性,且在较大地震力作用下可能出现震陷的细粒土,包含淤泥、淤泥质土、泥灰、泥灰质土等定义为软土。

按工程性质结合自然地质地理环境,可将我国划分为三个软土分布区,且沿秦岭走向,向东至连云港以北的海边一线,作为Ⅰ、Ⅱ地区的界线。中国软土主要分布地区的工程地质区划略图如图9-1所示。

软土由于沉积年代、环境的差异成因不同,沿苗岭、南岭走向向东至莆田的海边一线,其成层状况、粒度组成、矿物成分都有所差别,使工程地质特征有所不同。要强调指出,沉积不同的软土,有时其物理性质指标虽较相似,但工程性质并不很接近,切勿借用。中国软土主要分布地区软土的工程地质特征指标见表9-1。

软土地区岩土工程勘察可划分为初步勘察阶段和详细勘察阶段,当工程需要时,应增加施工勘察阶段。具体内容要求请按《软土勘规》的规定执行。

在软土地基设计计算中,由于其工程特性需要解决地基承载力、沉降和稳定性的计算问题,故与一般地基土的计算有所区别,现介绍如下。

一、软土地基承载力确定

为提高勘察技术水平,除采用室内土工试验直剪固结快剪强度确定天然地基的地基承载力设计值外,软土的承载力的确定应结合构筑物等级和场地地层条件,以变形作为控制条件,采用原位测试成果或根据已有成熟的工程经验,采用土性类比确定地基承载力设计值。当采用不同方法所得结果有较大差异时,应结合地基变形等综合分析加以选定,并说明其适用条件。

1.静荷载试验确定

静荷载试验是确定地基承载力的基本方法,是验证其他方法正确与否的基本根据,对重要工程进行一定数量的静荷载试验,根据静荷载试验的 $P\text{-}s$ 曲线特征确定地基承载力。

采用静荷载试验确定地基承载力特征值时要符合下列规定:

(1)当试验承压板宽度大于或接近实际基础宽度或其持力层下的土层力学性质好于持力层时,其地基承载力特征值应按下式计算:

表 9-1

中国软土主要分布地区软土的工程地质特征表

物理力学指标（平均值）

区划	海陆别	沉积相	土层埋深 (m)	天然含水率 w (%)	重度 γ (kN/m³)	孔隙比 e	饱和度 s_r (%)	液限 w_L (%)	塑限 w_P (%)	塑性指标 I_P	液性指标 I_L	有机质含量 (%)	压缩系数 α_{1-2} (MPa⁻¹)	垂直方向渗透系数 k (cm/s)	内摩擦角 φ (°)	黏聚力 c (kPa)	无侧限抗压强度 q_u (kPa)
北方 I 地区	沿海	滨海	2~24	43	17.8	—	98	44	25	19.2	1.22	5.0	0.88	5.0×10^{-6}	10	11	40
		三角洲	5~29	40	17.9	1.12	97	35	19	16	1.35	—	0.67	—	—	—	—
中部 II 地区	沿海	滨海	2~30	52	17.0	1.11	98	42	21	21	1.34	2.3	1.06	4.0×10^{-8}	11	4	50
		泻湖	1~30	50	16.8	1.42	98	47	25	22	1.9	6	1.3	7.0×10^{-8}	13	6	45
		溺谷	2~30	58	16.3	1.56	97	52	31	26	1.11	8	1.55	3×10^{-7}	15	8	26
		三角洲	2~19	43	17.6	1.67	98	40	23	17	1.28	—	1	1.5×10^{-6}	17	6	40
	内陆	高原湖泊	—	77	15.6	1.24	—	70	—	28	1.44	18.4	1.6	—	6	12	—
		平原湖泊	—	47	17.4	1.93	—	43	23	19	—	9.9	—	2×10^{-7}	—	—	—
		河漫滩	—	47	17.5	1.31	—	39	—	17	—	—	—	—	—	—	—
南方 III 地区	沿海	滨海	1~20	88.2	15.0	2.35	100	55.9	34.4	21.5	2.56	6.8	2.04	3.59×10^{-7}	2.1	6	4.8
		三角洲	1~19	50.8	17.0	1.45	100	33	18.8	14.2	1.79	2.75	1.32	7.33×10^{-7}	5.2	11.6	13.8

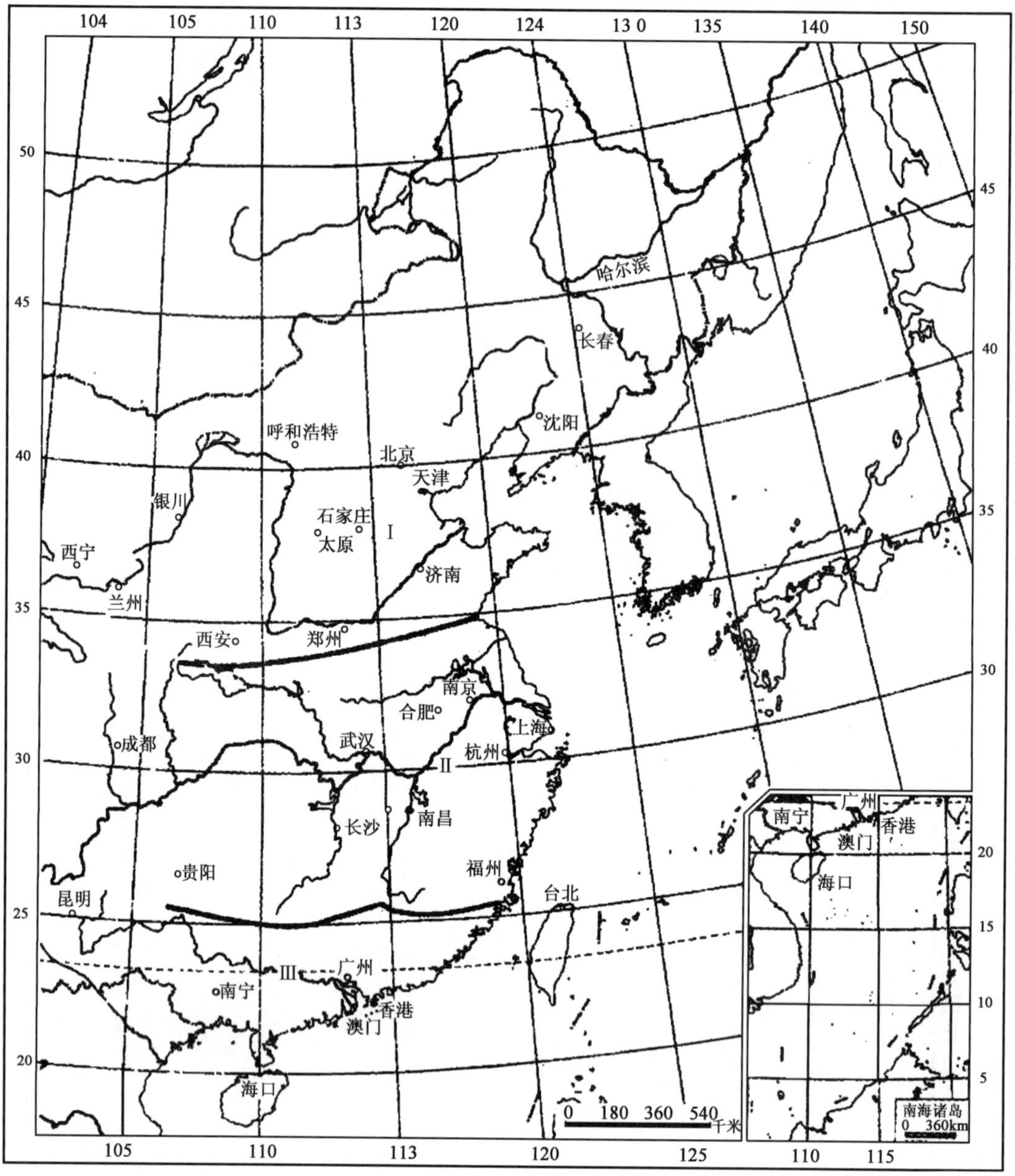

I—北方地区；II—中部地区；III—南方地区

图 9-1 中国软土主要分布地区的工程地质区划略图

$$f_{ak} = \frac{f_k}{2} \qquad (9-1)$$

式中：f_k——地基极限承载力标准值(kPa)。

（2）当试验承压板宽度远小于实际基础宽度,且持力层下存在软弱下卧层时,应考虑下卧层对地基承载力特征值的影响。

2. 原位测试成果确定

依据原位测试参数,按经验公式确定地基承载力是工程界多年实践经验的总结。因原位测试能真实地反映场地地基土的力学特性,尤其对较难取得原状土的粉土和砂土中具有明显的优点,应积极提倡和鼓励运用到工程设计中去。采用原位测试成果确定地基承载力特征值

336

时,宜符合表 9-2 的规定。

地基承载力特征值[f_{ak}]　　　　　　表 9-2

原位测试方法	土　性	f_k(kPa)	适用范围值	符 号 说 明
静力触探试验	一般黏性土	$f_{ak} = 34 + 0.068p_s$	$p_s > 2\,000$ 时,取 $2\,000$	p_s、q_c 分别为各土层静探比贯入阻力和锥尖阻力的平均值(kPa)
		$f_{ak} = 34 + 0.077q_c$	$q_c > 1\,700$ 时,取 $1\,700$	
	淤泥质土	$f_{ak} = 29 + 0.063p_s$	$p_s > 800$ 时,取 800	
		$f_{ak} = 29 + 0.072q_c$	$q_c > 700$ 时,取 700	
	粉性土	$f_{ak} = 36 + 0.045p_s$	$p_s > 2\,500$ 时,取 $2\,500$	
		$f_{ak} = 36 + 0.054q_c$	$q_c > 2\,200$ 时,取 $2\,200$	
	素填土	$f_{ak} = 27 + 0.054p_s$	$p_s > 1\,500$ 时,取 $1\,500$	
		$f_{ak} = 27 + 0.063q_c$	$q_c > 1\,300$ 时,取 $1\,300$	
	冲填土	$f_{ak} = 20 + 0.040p_s$	$p_s > 1\,000$ 时,取 $1\,000$	
		$f_{ak} = 20 + 0.047q_c$	$q_c > 900$ 时,取 900	
十字板试验	饱和黏性土	$f_{ak} = 10 + 2.5c_u$	$c_u > 100$ 时,取 100	c_u 为十字板试验的抗剪强度(kPa)
	淤泥质土	$f_{ak} = 10 + 2.2c_u$	$c_u > 50$ 时,取 50	
轻型动力触探实验	素填土	$f_{ak} = 40 + 2.0N_{10}$	$N_{10} > 30$ 时,取 30	N_{10} 为轻便触探试验的锤击次数(击/30cm)
	冲填土	$f_{ak} = 29 + 1.4N_{10}$		
旁压试验	黏性土	$f_{ak} = (p_y - p_0)/1.3$	—	p_0 为由试验曲线和经验综合确定的侧向压力(kPa);p_y 为由旁压试验曲线确定的临塑压力(kPa);p_l 为由旁压曲线确定的极限压力(kPa)
		$f_{ak} = (p_1 - p_0)/2.5$		
	粉性土	$f_{ak} = (p_y - p_0)/1.4$		
		$f_{ak} = (p_1 - p_0)/2.7$		
	砂土	$f_{ak} = (p_y - p_0)/1.6$		
		$f_{ak} = (p_1 - p_0)/3$		

注:1. 表中经验公式具有一定的地区性,使用前根据地区资料进行验证。
　　2. 当土质较均匀时,可取平均值,当土质不均匀时,宜取最小平均值。
　　3. 冲填土或素填土指冲填或回填时间超过 5 年以上者。

3. 类比法确定

采用类比法确定地基承载力特征值时,根据已有工程经验采用土性类比法确定,且通过构筑物的沉降观测资料进行分析,对比已有工程和拟建工程的地质、荷载、基础以及上部结构等的相似性、差异性,提出地基承载力特征值的建议值及使用条件。

软土地区持力层下存在软弱下卧层的情况较为普遍,确定地基土承载力应考虑软弱下卧层的地基强度,有利于地基变形的控制。考虑下卧层对地基承载力特征值的影响,地基承载力特征值 f_{ak} 可按下列条件确定:

(1)当持力层厚度 h_1 与基础宽度 b 之比 $h_1/b > 0.7$ 时,地基承载力特征值可不计下卧层影响,并可按下式计算。

$$f_{ak} = f_{ak1} \qquad (9\text{-}2)$$

式中:f_{ak1}——持力层的地基承载力特征值(kPa)。

(2)当 $0.5 \leqslant h_1/b \leqslant 0.7$ 时,地基承载力特征值可按下式计算:

$$f_{ak} = \frac{f_{ak1} + f_{ak2}}{2} \qquad (9\text{-}3)$$

式中:f_{ak2}——软弱下卧层的地基承载力特征值(kPa)。

（3）当 $0.25 \leqslant h_1/b < 0.5$ 时，地基承载力特征值可按下式计算：

$$f_{ak} = \frac{f_{ak1} + 3f_{ak2}}{4} \tag{9-4}$$

（4）当 $h_1/b < 0.25$ 时，地基承载力特征值可不计下卧层影响，并可按下式计算：

$$f_{ak} = f_{ak2} \tag{9-5}$$

当基础宽度大于 3m 或埋置深度大于 0.5m 时，静荷载试验或原位测试、经验值等方法确定的地基承载力特征值，应按下式进行修正：

$$f_a = f_{ak} + \eta_d \gamma_0 (d - 0.5) + \eta_b \gamma (b - 3) \tag{9-6}$$

式中:f_a——修正后的地基承载力特征值(kPa)；

f_{ak}——地基承载力特征值(kPa)；

η_d、η_b——基础埋深和宽度的地基承载力特征值修正系数，按基底下土类确定:淤泥质土 $\eta_d = 1.0, \eta_b = 0$；一般黏性土 $\eta_d = 1.1, \eta_b = 0$；粉性土 $\eta_d = 1.3, \eta_b = 0.3$；

b——基础宽度(m)，基础宽度小于 3m 的，按 3m 计算，大于 6m 的，按 6m 计算；

d——基础埋置深度(m)；

γ_0、γ——分别为基础底面以上和以下土的重度(kN/m³)，地下水位以下取浮重度。

当采用室内土工试验三轴不固结不排水抗剪强度计算时，地基承载力特征值可按现行国家标准《建基设规》的有关规定确定。

根据《公桥基规》第 3.3.5 节软土地基承载力容许值的规定，作以下介绍，便于掌握和应用。

软土地基承载力基本容许值 $[f_{a0}]$ 应由荷载试验或其他原位测试取得。荷载试验和原位测试确有困难时，对于中小桥、涵洞基底未经处理的软土地基，承载力容许值 $[f_a]$ 可采用以下两种方法确定。

（1）根据原状土天然含水率 w，按表 9-3 确定软土地基承载力基本容许值 $[f_{a0}]$，然后按式(9-7)计算修正后的软土地基承载力容许值 $[f_a]$：

$$[f_a] = [f_{a0}] + \gamma_2 h \tag{9-7}$$

式中:γ_2——基底以上土层的加权平均重度(kN/m³)；

h——基底埋置深度(m)，自天然地面起算，有水流冲刷时自一般冲刷线起算；当 $h < 3m$ 时，取 $h = 3m$；当 $h/b > 4$ 时，取 $h = 4b$。

软土地基承载力基本容许值 $[f_{a0}]$ 表 9-3

天然含水率 w(%)	36	40	45	50	55	65	75
$[f_{a0}]$ (kPa)	100	90	80	70	60	50	40

（2）根据原状土强度指标，按下式确定软土地基承载力容许值：

$$[f_a] = \frac{5.14}{m} k_p C_u + \gamma_2 h \tag{9-8}$$

$$k_p = \left(1 + 0.2 \frac{b}{l}\right)\left(1 - \frac{0.4H}{blC_u}\right)$$

式中:m——抗力修正系数，可视软土灵敏度及基础长宽等因素选用 1.5 ~ 2.5；

C_u——地基土不排水抗剪强度标准值(kPa)；

k_p——系数；

338

H——由作用(标准值)引起的水平力(kN);

b——基础宽度(m),有偏心作用,取 $b - 2e_b$;

l——垂直于 b 边的基础长度(m),有偏心作用时,取 $l - 2e_1$;

e_b、e_1——偏心作用在宽度和长度方向的偏心距;

γ_2、h——意义同式(9-7)。

经排水固结方法处理软土地基,其承载力基本容许值 $[f_{a0}]$ 应通过荷载试验或其他原位测试方法确定;经复合地基方法处理的软土地基,其承载力基本容许值应通过荷载试验确定,然后按式(9-7)计算修正后的软土地基承载力容许值 $[f_a]$。

二、地基变形验算

天然地基最终沉降量可采用分层总和法、按《建基设规》的规定进行计算。地基变形计算值不应大于现行国家标准《建基设规》规定的地基变形允许值。计算地基变形时,应符合下列规定。

(1)传至基础底面的荷载效应应采用正常使用极限状态下荷载效应的准永久组合,并不应计入风荷载和地震作用。

(2)对于砌体结构,应由局部倾斜值控制;对于框架结构和排架结构,应由相邻柱基沉降差控制,必要时尚应控制平均沉降量。

(3)应考虑相邻基础荷载影响;当基础面积系数大于 0.6 时,可按基础外包面积计算基底附加压力。

(4)对高压缩性土地基,当基底附加压力大于地基土承载力特征值的 0.75 时,应预测沉降变化趋势,并控制施工期间的加荷速度。

(5)宜考虑上部结构、基础与地基共同作用进行变形计算。

当考虑应力历史对黏性土压缩性的影响时,应提供各土层的前期固结压力(p_c)以及超固结比(OCR)、压缩指数(C_c)、回弹系数(C_s)的值。对正常固结土、超固结土、欠固结土,地基固结沉降量的计算应符合下列规定。

1. 正常固结土的地基固结沉降量

$$S_c = \psi_{si} \sum_{i=1}^{n} \frac{H_i}{1 + e_{0i}} \left[C_{ci} \lg \left(\frac{p_{1i} + \Delta p_i}{p_{1i}} \right) \right] \tag{9-9}$$

式中:ψ_{si}——沉降计算经验系数,应根据类似工程条件下沉降观测资料及地区经验确定;

S_c——地基固结沉降量(cm);

H_i——第 i 层分层厚度(cm);

e_{0i}——第 i 层土的初始孔隙比,由试验确定;

p_{1i}——第 i 层土自重应力的平均值;

Δp_i——第 i 层土附加应力的平均值(有效应力增量)(kPa);

C_{ci}——第 i 层土的压缩指数。

2. 超固结土的地基固结沉降量

(1)当 $\Delta p_i > p_{ci} - p_{1i}$ 时

$$S_{cn} = \psi_{s2} \sum_{i=1}^{n} \frac{H_i}{1 + e_{0i}} \left[C_{si} \lg \left(\frac{p_{ci}}{p_{1i}} \right) + C_{ci} \lg \left(\frac{p_{1i} + \Delta p_i}{p_{ci}} \right) \right] \tag{9-10}$$

(2)当 $\Delta p_i \leqslant p_{ci} - p_{1i}$ 时

$$S_{cm} = \psi_{s3} \sum_{i=1}^{m} \frac{H_i}{1 + e_{0i}} \left[C_{si} \lg \left(\frac{p_{1i} + \Delta p_i}{p_{1i}} \right) \right] \qquad (9\text{-}11)$$

式中:ψ_{s2}、ψ_{s3}——沉降计算经验系数,应根据类似工程条件下沉降观测资料及地区经验确定;

　　　n——分层计算沉降时,压缩土层中有效应力增量 $\Delta p_i > p_{ci} - p_{1i}$ 时的分层数;

　　　m——分层计算沉降时,压缩土层中具有 $\Delta p_i \leqslant p_{ci} - p_{1i}$ 的分层数;

　　　C_{si}——第 i 层土的回弹指数;

　　　p_{ci}——第 i 层土的前期固结压力(kPa)。

3. 欠固结土的地基固结沉降量

$$S_c = \psi_{s4} \sum_{i=1}^{m} \frac{H_i}{1 + e_{0i}} \left[C_{ci} \lg \left(\frac{p_{1i} + \Delta p_i}{p_{ci}} \right) \right] \qquad (9\text{-}12)$$

式中:ψ_{s4}——沉降计算经验系数,应根据类似工程条件下沉降观测资料及地区经验确定。

4. 天然地基压缩层厚度

天然地基压缩层厚度应自基础底面算起。对于高压缩性土层,可算到附加压力等于土层自重的10%处;对中、低压缩性土,可算到附加应力等于土层自重压力的20%处。计算附加应力时,应考虑相邻基础的影响。

三、软土地基处理

浅基础软土或软弱地基承载力不足或沉降量大于允许沉降量时,应采取人工加固处理,这种处理后的地基也称为人工地基。在软土或软弱地基上修建构筑物,必须重视地基的变形和稳定问题。普通浅基础下的软土,容许承载力为 60~80kPa,如果不做任何处理,一般不能满足荷载对地基的要求。地基处理的方法很多,公路桥梁上较为常用的有砂砾垫层、砂桩、预压砂井等。现行《公桥基规》对此内容,根据新近发展做了某些改进,其他方法可参照《建基设规》,具体内容将在第十章介绍。

软土地基上构造物承受水平推力后,由于地基土抗剪强度低,有发生基础连同部分地基土在土中剪切滑移失稳的可能性。软土地基上桥台、挡土墙等承受侧向推力的构造物在进行其地基承载力、沉降验算的同时,应结合现场地形、地貌、工程地质、水文地质等状况及当地软土特性进行全面分析判断,最后进行稳定性验算。

四、天然地基的评价

根据天然地基特点提出有关岩土工程分析评价的主要内容。在分析评价中应结合场地的工程地质、工程性质以及周围环境等条件,做到重点突变、针对性强、评价正确、建议和结论合理,以满足设计和施工要求。

天然地基的评价应包括下列内容:

(1)天然地基持力层的选择和建议。

(2)各拟建物适宜采用的基础形式及基础埋置深度(高程)的建议值,相应基础尺寸的地基承载力特征值,地基变形的验算。

(3)明浜、暗浜等不良地质的地基处理方法建议。

(4)大面积填土工程等的压实填土的质量控制参数。

(5)工程需要时,对可能采用的地基加固处理方案进行技术经济分析、比较并提出建议。

在进行天然地基评价时,当地表有硬壳层,应首先分析利用其作为天然地基持力层的可行性。对地基土受力范围内有基岩或硬土层,且表面起伏倾斜,应判定其对地基产生滑移或不均匀变形的影响。地下水的变化幅度和承压水头等水文地质条件,应对软土地基稳定性和变形影响做评价。

通过大量的工程实践,对软土地基上构建桥、涵的设计与施工已积累了许多经验,只要设计与施工得当,在软土地基上成功地进行桥、涵构造物修建是可行的。

五、桩基承载力与变形

桩基在荷载作用下,由于桩长和进入持力层的深度不同,其桩侧阻力和桩端阻力的发挥程度是不同的,因而桩侧阻力特征值和桩端阻力特征值,无论从理论上还是从工程实践上,均是以静荷载试验的极限承载力为基础,规程只规定估算单桩竖向极限承载力的公式。

1. 单桩竖向承载力的经验公式

单桩承载力通过单桩静荷载试验确定。当基础受水平荷载控制时,应进行桩的水平荷载试验;当基础受上拔荷载时,应进行抗拔试验。单桩竖向极限承载力估算应符合下列规定。

(1)当有本地区经验,可根据土的埋深和物理力学性质指标,按下式计算:

$$Q_u = u \sum q_{sik} l_i + q_{pk} A_p \tag{9-13}$$

式中:q_{sik}——桩侧第 i 层土的极限侧摩阻力标准值,可根据当地经验确定;

q_{pk}——极限桩端阻力标准值,可根据当地经验确定;

Q_u——单桩竖向极限承载力(kN);

u——桩身周长(m);

l_i——第 i 层土桩长(m);

A_p——桩端面积(m^2)。

当静力触探的测试深度满足桩基勘察深度时,应同时结合本地区的经验,按静力触探测试参数进行估算。

(2)当无本地经验时,采用单桩竖向极限承载力按静力触探试验成果估算,应符合下列规定。

①采用单桥静力触探比贯入阻力(p_s)估算预制桩单桩竖向极限承载力时,可按下式计算:

$$Q_u = u \sum q_{sik} l_i + \alpha_b p_{sb} A_p \tag{9-14}$$

式中:Q_u——单桩竖向极限承载力(kN);

u——桩身周长(m);

l_i——第 i 层土桩长(m);

A_p——桩端面积(m^2)。

q_{sik}——用单桥静力触探比贯入阻力(p_s)估算的第 i 层土的桩间极限侧阻力(kPa),可按表 9-4 取值,且当桩端穿越粉土、粉砂、细砂及砂层底面时,粉土及砂土估算的 q_{sik} 应乘以表 9-5 中系数 φ_s;

α_b——桩端阻力修正系数,按表 9-6 取值;

p_{sb}——桩端附近的静力触探比贯入阻力平均值(kPa),按表 9-7 取值。

桩间极限侧阻力 q_{sik}

表 9-4

土 的 类 别		单桥静力触探比贯入阻力(p_s)	桩间极限侧阻力(kPa)
地面以下6m范围内的浅层土		—	15
黏性土	位于粉土及砂性土以上	$p_s \leqslant 1\,000\text{kPa}$	$q_{sik} = \dfrac{p_s}{20}$
		$1\,000\text{kPa} < p_s \leqslant 4\,000\text{kPa}$	$q_{sik} = 0.025p_s + 25$
		$p_s > 4\,000\text{kPa}$	125
	位于粉土及砂性土以下	$p_s \leqslant 600\text{kPa}$	$q_{sik} = \dfrac{p_s}{20}$
		$600\text{kPa} < p_s \leqslant 5\,000\text{kPa}$	$q_{sik} = 0.016p_s + 20.45$
		$p_s > 5\,000\text{kPa}$	100
粉土及砂性土		$p_s \leqslant 5\,000\text{kPa}$	$q_{sik} = \dfrac{p_s}{50}$
		$p_s > 5\,000\text{kPa}$	100

系 数 φ_s

表 9-5

p_s/p_{s1}	$\leqslant 5$	7.5	$\geqslant 10$
φ_s	1.00	0.50	0.33

注:1. p_s 为桩端穿越的中密~密实砂土、粉土的单桥静力触探比贯入阻力平均值;p_{s1} 为砂土、粉土的下卧软土层的比贯入阻力平均值。

2. 单桥探头的圆锥底面积为 15cm^2,底部带 7cm 高滑套,锥角 $60°$。

桩端阻力修正系数 α_b

表 9-6

桩入土深度 l(m)	$h < 15$	$15 \leqslant h \leqslant 30$	$30 < h \leqslant 60$
α_b	0.75	0.75~0.90	0.90

桩端附近的静力触探比贯入阻力平均值 p_{sb}

表 9-7

当 $p_{sb1} \leqslant p_{sb2}$ 时	$p_{sb} = \dfrac{p_{sb1} + p_{sb2}\beta}{2}$
当 $p_{sb1} > p_{sb2}$ 时	$p_{sb} = p_{sb2}$

注:p_{sb1}——桩端全断面以上 8 倍桩径范围内的比贯入阻力平均值(kPa);

p_{sb2}——桩端全断面以下 4 倍桩径范围内的比贯入阻力平均值(kPa),当桩端持力层为密实的砂土层,其比贯入阻力平均值 p_s 超过 20MPa 时,应乘以表 9-8 中系数 C,再计算 p_{sb1} 及 p_{sb2} 值;

β——折减系数,按表 9-9 取值。

系 数 C

表 9-8

p_s(MPa)	20~30	35	>40
系数 C	5/6	2/3	1/3

桩端阻力折减系数 β

表 9-9

p_{sb2}/p_{sb1}	<5	5~10	10~15	>15
β	1	5/6	2/3	1/2

对于比贯入阻力值为 $2\,500 \sim 6\,500\text{kPa}$ 的浅层粉性土及稍密的砂性土,计算桩端阻力和桩周侧阻力时应结合经验,考虑数值可能偏大的因素。用 p_s 估算的桩的极限端阻力不宜超过 $8\,000\text{kPa}$,桩周极限侧阻力不宜超过 100kPa。

②当无本地区经验,对于一般黏性土和砂土,采用静力触探试验双桥静力触探锥尖阻力 q_c 和探头侧摩阻力(f_{si})估算预制桩单桩竖向极限承载力时,可按下式计算:

$$Q_u = u \sum f_{si} l_i \beta_i + \alpha q_c A_p \tag{9-15}$$

式中:f_{si}——第 i 层土的探头侧摩阻力(kPa);

β_i——第 i 层土桩身侧摩阻力修正系数:对于黏性土、粉土,$\beta_i = 10.043 f_{si}^{-0.55}$;对于砂性土,$\beta_i = 5.045 f_{si}^{-0.45}$;

α——桩端阻力修正系数:对黏性土、粉土,α 取 2/3;对于饱和砂土,α 取 1/2;

q_c——桩端上、下探头阻力,桩尖平面以上 $4d$ 范围内按厚度的加权平均值,然后再和桩端平面以下 $1d$ 范围内的 q_c 值进行平均(kPa)。

(3)当有标准贯入的地区经验时,可应用标准贯入的测试参数和土的试验指标综合确定。

(4)当无标准贯入的地区经验时,对于预制桩、预应力管桩和沉管灌注桩,采用标准灌入试验成果估算单桩竖向极限承载力时,可按下式计算:

$$Q_u = \beta_s u \sum q_{sis} l_i + q_{ps} A_p \tag{9-16}$$

式中:q_{sis}——第 i 层土的极限侧阻力(kPa),可按表 9-10 采用;

q_{ps}——桩端土的极限端阻力(kPa),可按表 9-11 采用;

β_s——桩侧阻力修正系数,当土层埋深大于等于 10m 且小于等于 30m 时,当 β_s 取 1.0;当土层埋深大于 30m 时,β_s 取 1.1~1.2。

极 限 侧 阻 力 q_{sis}

表 9-10

土 的 类 别	土(岩)层平均标准贯入实测击数(击)	极限侧阻力 q_{sis}(kPa)
淤泥	1~3	10~16
淤泥质土	3~5	18~26
黏性土	5~10	20~30
	10~15	30~50
	15~30	50~80
	30~50	80~100
粉土	5~10	20~40
	10~15	40~60
	15~30	60~80
	30~50	80~100
粉细砂	5~10	20~40
	10~15	40~60
	15~30	60~90
	30~50	90~110
中砂	10~15	40~60
	15~30	60~90
	30~50	90~110
粗砂	15~30	70~90
	30~50	90~120
砾砂(含卵石)	>30	110~140
全风化岩	40~70	100~160
强风化软基岩	>70	160~200
强风化硬基岩	>70	200~240

注:表中数据对无经验的地区应先用试桩资料进行验证。

$q_{ps}(kPa)$ ⟍ 标准贯入实测击数（击） 桩入土深度(m)	70	50	40	30	20	10
15	9 000	8 200	7 800	6 000	4 000	1 800
20	11 000	8 600	8 200	6 600	4 400	2 000
25	—	9 000	8 600	7 000	4 800	2 200
30	—	9 400	9 000	7 400	5 000	2 400
>30	—	10 000	9 400	7 800	6 000	2 600

注:1. 表中数据可以内插。

2. 表中数据对无经验的地区应先用试桩资料进行验证。

（5）单桩竖向承载力特征值 R_a 可按下式确定:

$$R_a = \frac{Q_u}{K} \tag{9-17}$$

式中:R_a——单桩竖向承载力特征值(kN);

Q_u——单桩竖向极限承载力(kN);

K——安全系数,可取 $K=2$。

嵌岩桩单桩竖向极限承载力是由桩周土总侧阻力、嵌岩段总侧阻力和总端阻力三部分组成。现行相关规范中的公式有所不同,各个地区和有关资料及地方规范中的公式、取值各不相同。各地区的岩性、岩石的强度、岩石的完整性不同于《软土勘规》,所获得资料的数量对三部分分担的比例,取值不同。现行《软土勘规》未将嵌岩桩单桩竖向极限承载力公式列入其中,推荐按地方规范及地方经验来估算嵌岩桩单桩竖向极限承载力。

2. 桩基础最终沉降量计算

软土中摩擦桩的桩基础沉降计算是一个非常复杂的问题。纵观许多描述桩基实际沉降和沉降发展过程的文献可以知道,土体中桩基沉降实质是由桩身压缩、桩端刺入变形和桩端平面以下土层受群桩荷载共同作用产生的整体压缩变形等多个主要分量组成,并且是需要经历数年,甚至更长时间才能完成的过程。即使忽略土中桩身弹性压缩量,由于桩端刺入变形与桩土体之间相互作用、土体组成的多相性质、土骨架的非线性应力应变性质和蠕变性质有关,在目前认识水平条件下,土中摩擦桩桩基沉降不是简单的弹性理论所描述的问题,这说明为什么完全依据理论的各种桩基沉降计算方法,在实际工程应用中往往都与实测结果存在较大的出入,即使经过修正,两者也只能在某一特定范围内比较接近。正因为如此,现各有关规范推荐的桩基最终沉降量的计算方法,并不是一种纯理论的方法,其实质是一种经验拟合的方法。根据 Geddes 按弹性理论中 Mindlin 应力公式积分后得出的单桩荷载在半无限体中产生的应力解出发,用简单叠加法原则求得群桩荷载在地基中产生的应力,然后再按分层总和法原理计算沉降,并乘以经验系数,从而使计算结果更接近于工程实际。与实体基础的方法相比,该法能方便地考虑桩基中桩数、桩间距、不规则布桩及不同桩长等因素对沉降计算的影响。

桩基础最终沉降量的计算,当桩基为端承桩或桩端平面内桩的中距大于桩径(或边长)的6倍时,桩基的总沉降量可取单桩的沉降量,采用单向压缩分层总和法的公式:

$$s = \psi_p \sum_{j=1}^{m} \sum_{i=1}^{n_j} \frac{\sigma_{j,i} \Delta h_{j,i}}{E_{sj,i}} \tag{9-18}$$

式中:s——桩基最终计算沉降量(mm);

m——桩端平面以下压缩层范围内土层总数;

$E_{sj,i}$——桩端平面下第j层土第i个分层在自重应力至自重应力加附加应力作用段的压缩模量(MPa);

n_j——桩端平面下第j层土的计算分层数;

$\Delta h_{j,i}$——桩端平面下第j层土的第i个分层厚度(mm);

$\sigma_{j,i}$——桩端平面下第j层土的第i个分层的竖向附加应力(kPa);

ψ_p——桩基沉降计算经验系数,各地区应根据当地的工程实测资料统计对比确定。

当桩基为9根桩及9根以上的多排摩擦桩群桩且在桩端平面内桩距小于6倍桩径时,采用实体深基础计算桩基础最终沉降量,采用单向压缩分层总和法按墩台基础计算群桩沉降量,并应计入桩身压缩量。公式中附加压力计算,应为桩底平面处的附加压力。

实体深基础桩基沉降计算经验系数ψ_p应根据地区桩基础沉降观测资料及经验统计确定。在不具备条件时,ψ_p值可按表9-12选用。

实体深基础桩基沉降计算经验系数 ψ_p 表9-12

$\overline{E}_s$(MPa)	$\overline{E}_s < 15$	$15 \leqslant \overline{E}_s < 30$	$30 \leqslant \overline{E}_s < 40$
ψ_p	0.5	0.4	0.3

3. 桩基勘查评价

桩基勘查评价包括以下内容:

(1)提出桩的类型、规格和桩入土深度的要求,提出桩周各岩土层侧阻力和桩端阻力的设计参数,预测或计算单桩承载力,工程需要时,提出桩方案及要求。提出沉降计算参数,工程需要时,进行桩基沉降分析。

(2)评价地下水对桩基设计和施工的影响,提出成桩可能性的分析意见。评价桩基础施工对周围环境的影响,并提出预防措施和监测方案。

(3)当桩侧土层为欠固结土或抽取地下水且有大面积地面沉降的场地时,应考虑桩的负摩阻力。

(4)软土地区中的桩基应优先选择软土中夹砂及可塑至硬塑黏性土层,以及软土场地下伏砂性土、可塑至硬塑黏性土、碎石土、全风化和强风化岩及基岩作为桩端持力层。以较硬地层作为桩端持力层时,桩端下持力层厚度不宜小于4倍桩径,扩底桩桩端下持力层厚度不宜小于2倍扩底直径。

第二节　湿陷性黄土地基础

天然黄土在上覆土的自重压力作用下,或在上覆土的自重压力与附加压力共同作用下,受水浸湿后土的结构迅速破坏而发生显著附加下沉的黄土,称为湿陷性黄土。否则,在一定的压力下受水浸湿,无显著附加下沉的黄土,就称为非湿陷性黄土。非湿陷性黄土可作为构筑物按一般黏性土地基来设计施工。湿陷性黄土在上覆土的自重压力下受水浸湿,发生显著附加下沉的,称为自重湿陷性黄土;受水浸湿后在土自重压力下不发生显著附加下沉的,称为非自重湿陷性黄土。

黄土产生湿陷的形成过程中,因当地气候干燥,土中水分易蒸发,水中所含碳酸钙、硫酸钙等盐类在土粒表面上析出,形成胶结物;还有土颗粒间的分子引力和薄膜水、毛细水所形成的水膜连接,相胶结使得土粒之间具有抵抗移动的能力,阻止土的骨架在其上覆土自重压力的作用下可能发生的压密,从而形成肉眼可见的大孔结构并具有多孔性。黄土被水浸湿后,水分子嵌入颗粒间,破坏连接薄膜,并逐渐溶解盐类,土的抗剪强度显著降低,在土自重压力或自重压力和附加压力作用下,土的结构逐步破坏,颗粒向大孔中滑动,骨架挤紧,从而发生湿陷现象。可见,黄土的大孔性和多孔性是湿陷性的内在根据。

黄土的湿陷性主要与其特有的结构有关,即与其结构组成的微结构、颗粒组成、化学成分等有关。在同一地区,土的湿陷性又主要与其天然孔隙比和天然含水率有关。此外,压力也是一个影响黄土湿陷性的外界因素。

黄土(原生黄土和次生黄土的统称)在我国特别发育,地层全、厚度大。湿陷性黄土主要分布在山西、陕西、甘肃的大部分地区、河南西部和宁夏、青海、河北的部分地区,此外,新疆维吾尔自治区、内蒙古自治区和山东、辽宁、黑龙江等省局部地区亦分布有湿陷性黄土。

在湿陷性黄土地区进行建设,要防止地基湿陷,保证建筑工程质量和构筑物的安全使用,做到技术先进、经济合理、保护环境,体现我国现行的建设技术政策和指导思想。

一、测定黄土湿陷性的试验

公路的桥涵建筑区域有引道和桥位处的局部面积,墩台是分离的地基基础工程,一般情况修建桥涵处不会备有该地区的工程地质资料和设计施工的经验,所以在设计和施工前必须进行桥位处岩土工程勘察工作。

勘察工作主要内容为:黄土地层的时代、成因,地形、地貌、地层的复杂性及存在有不良地质现象,地下水位变化幅度大或变化趋势,最后提出勘察成果。其中,最主要的是提供详细的岩土工程资料和设计所需的岩土技术参数,墩台位置处地下水位有可能上升至地基压缩层的深度以内时,宜提饱和状态下的强度和变形参数。

在勘察过程中,对湿陷系数、自重湿陷系数和湿陷起始压力等参数,一般都必须取样试验。应不扰动土样,必须保持其天然的湿度、密度和结构,并应符合Ⅰ级土样质量。

测定黄土湿陷性的试验分为室内压缩试验、现场静荷载试验和现场试坑浸水试验三种。

1. 室内压缩试验

室内压缩试验主要用于测定黄土的湿陷系数、自重湿陷系数和湿陷起始压力。采用室内压缩试验测定黄土的湿陷性应遵守有关统一的要求,以保证试验方法和过程的统一性及试验结果的可比性。

现《湿陷性黄土地区建筑规范》(GB 50025—2004)(以下简称《湿黄区规》)规定:试样浸水前和浸水后的稳定标准,应以每小时的下沉量不大于 0.01mm;分级加荷至试样的规定压力,下沉稳定后,试样浸水饱和,附加下沉稳定,试验终止;在 0～200kPa 压力以内,每级增量宜为 50kPa;大于 200kPa 压力,每级增量宜为 100kPa。

湿陷系数 δ_s 值,按下式计算:

$$\delta_s = \frac{h_p - h'_p}{h_0} \tag{9-19}$$

式中:h_p——保持天然湿度和结构的试样,加至一定压力时,下沉稳定后的高度(mm);

h'_p——上述加载稳定后的试样,在浸水(饱和)作用下,附加下沉稳定后的高度(mm);

h_0——试样的原始高度(mm)。

测定湿陷系数 δ_s 的试验压力,应自基础底面(如基底高程不确定时,自地面下 1.5m)算起;基底下 10m 以内的土层应用 200kPa,10m 以下至非湿陷性黄土层顶面,应用其上覆土的饱和自重压力(当大于 300kPa 压力时,仍应用 300kPa)。

当基底压力大于 300kPa 时,宜用实际压力。

对压缩性较高的新近堆积黄土,基底下 5m 以内的黄土层宜用 100~150kPa 压力,5~10m 和 10m 以下至非湿陷性黄土层顶面,应分别用 200kPa 和上覆土的饱和自重压力。

当湿陷系数 δ_s 小于 0.015 时,定为非湿陷性黄土;当 δ_s 等于或大于 0.015 时,定为湿陷性黄土。

前述已知,湿陷性黄土分为非自重湿陷性和自重湿陷性两种,后者对湿陷很敏感,一旦浸水后,在其上覆土自重压力作用下,会迅速发生较强烈的湿陷,必须采用比非自重湿陷性黄土地基更有效的措施,才能确保桥涵等构筑物的安全使用。

测定自重湿陷系数除以上规定外,还要求:分级加荷,加至试样上覆土的饱和自重压力,下沉稳定后,试样浸水饱和,附加下沉稳定,至试验终止,同时给出了计算试样上覆土的饱和自重压力所需饱和密度的计算公式:

$$\rho_s = \rho_d(1 + \frac{S_r e}{d_s})$$ (9-20)

式中:ρ_s——土的饱和密度(g/cm³);

ρ_d——土的干密度(g/cm³);

S_r——土的饱和度,可取 $S_r = 85\%$;

e——土的孔隙比;

d_s——土粒相对密度。

经试验测定得到试样上覆土的饱和自重压力下的自重湿陷系数 δ_{zs},可按下式计算:

$$\delta_{zs} = \frac{h_z - h_z'}{h_0}$$ (9-21)

式中:h_z——保持天然湿度和结构的试样,加压至该试样上覆土的饱和自重压力时,下沉稳定后的高度(mm);

h_z'——上述加压稳定后的试样,在浸水(饱和)作用下,附加下沉稳定后的高度(mm);

h_0——试样的原始高度(mm)。

湿陷起始压力是指湿陷性黄土浸水饱和,开始出现湿陷时的压力,以 P_{sh} 表示湿陷起始压力值。

测定湿陷起始压力可选用单线法压缩试验或双线法压缩试验。单线法试验较为复杂,双线法试验相对简单,已有的研究资料表明,只要对试样及试验过程控制得当,两种方法得到的湿陷起始压力试验结果基本一致(具体可见《湿黄区规》)。

湿陷性黄土的湿陷起始压力 P_{sh} 值,按室内压缩试验结果确定时,在 p-δ_s 曲线上取 δ_s = 0.015 所对应的压力作为湿陷起始压力值。

2. 现场静荷载试验

现场静荷载试验测定湿陷性黄土的湿陷起始压力,基于室内压缩试验测定黄土的湿陷性比较简单,而且可同时测定不同深度的黄土湿陷性,所以仅规定在现场测定湿陷起始压力。

湿陷起始压力是反映非自重湿陷性黄土特性的重要指标,具有实用价值。自重湿陷性黄土场地的湿陷起始压力值小,无使用意义,一般不在现场测定。在现场测定湿陷起始压力与室内试验相同,也分为单线法和双线法,规范规定了可选择其中任意方法进行试验。

在现场采用静荷载试验测定湿陷性黄土的湿陷起始压力,尚应符合下列要求:

(1)承压板的底面积宜为 $0.05m^2$,试坑边长或直径应为承压板边长或直径的 3 倍,安装荷载试验设备时,应注意保持试验土层的天然湿度和原状结构,压板底面下宜用 10~15mm 厚的粗、中砂找平。

(2)每级加压增量不宜大于 25kPa,试验终止压力不应小于 200kPa。

(3)每级加压后,按每隔 15min、15min、15min、15min 各测读 1 次下沉量,以后为每隔 30min 观测 1 次,当连续 2h 内,每 1h 的下沉量小于 0.10mm 时,认为压板下沉已趋稳定,即可加下一级压力。

(4)试验结束后,应根据试验记录,绘制判定湿陷起始压力的 $P\text{-}s_s$ 曲线图。

湿陷性黄土的湿陷起始压力 P_{sh} 值,当按现场静荷载试验结果确定时,应在 $P\text{-}s_s$(压力与浸水下沉量)曲线上,取其转折点所对应的压力作为湿陷起始压力值。当曲线上的转折点不明显时,可取浸水下沉量 s_s 与承压板直径 d 或宽度 b 之比值等于 0.017 所对应的压力作为湿陷起始压力值。

3.现场试坑浸水试验

采用现场试坑浸水试验可确定自重湿陷量的实测值,用以判定场地湿陷类型比较准确可靠。对于自重湿陷性黄土处修建大桥和特大桥,20m 及以上高墩台和外超静定桥梁等,根据其重要性、结构特点和受水浸湿后的危害程度定为 A 类,基础底面必须累计至非湿陷性土层顶部为止,深层采用沉井或桩基础。

修建桥梁多为缺乏经验的新地方,对 A 类的重要构筑物,应采用试坑浸水试验。《湿黄区规》规定了浸水试验的试坑尺寸采用"双指标"的控制:试坑挖成圆(或方)形,其直径(或边长)不应小于湿陷性黄土层的厚度,并不应小于 10m;试坑深度宜为 0.50m,最深不应大于 0.80m。坑底宜铺 100mm 厚的砂、砾石。还具体规定了观测自重湿陷量的深、浅标点的埋设方法和观测要求以及停止浸水的稳定标准等。上述规定,对确保试验数据的完整性和可靠性具有实际意义。

二、黄土湿陷性评价

黄土湿陷性评价,包括全新世 Q_4(Q_4^1、Q_4^2)黄土、晚更新世 Q_4 黄土、部分中更新世 Q_2 黄土的土层、场地和地基三个方面,湿陷性黄土包括非自重湿陷性黄土和自重湿陷性黄土。

1.湿陷系数 δ_s 判定黄土湿陷性界限值

黄土的湿陷性,按室内浸水(饱和)压缩试验,在一定压力下测定的湿陷系数 δ_s 进行判定,其界限值为 0.015:

当 $\delta_s < 0.015$ 时,应定为非湿陷性黄土;

当 $\delta_s \geq 0.015$ 时,应定为湿陷性黄土。

2.湿陷性黄土的湿陷程度

根据湿陷系数 δ_s 值的大小分为三种程度:

当 $0.015 \leq \delta_s \leq 0.03$ 时,湿陷性轻微;

当 $0.03 < \delta_s \leq 0.07$ 时,湿陷性中等;

当 $\delta_s > 0.07$ 时,湿陷性强烈。

3.按自重湿陷量判定场地湿陷类型

自重湿陷量的实测值是在现场采用试坑浸水试验测定,自重湿陷量的计算值是在不同深度的不扰动土样,通过室内浸水压缩试验,在上覆土的饱和自重压力下测定,所以湿陷性黄土场地的湿陷类型,应按自重湿陷量的实测值 Δ'_{zs} 或计算值 Δ_{zs} 判定,并应符合以下规定:

当自重湿陷量的实测值 Δ'_{zs} 或计算值 Δ_{zs} 小于或等于70mm时,应定为非自重湿陷性黄土场地;

当自重湿陷量的实测值 Δ'_{zs} 或计算值 Δ_{zs} 大于70mm时,应定为自重湿陷性黄土场地;

当自重湿陷量的实测值和计算值出现矛盾时,应按自重湿陷量的实测值判定。

湿陷性黄土场地自重湿陷量的计算值 Δ_{zs},应按下式计算:

$$\Delta_{zs} = \beta_0 \sum_{i=1}^{n} \delta_{zsi} h_i \tag{9-22}$$

式中: δ_{zsi}——第 i 层土的自重湿陷系数;

h_i——第 i 层土的厚度(mm);

β_0——因地区土质而异的修正系数,在缺乏实测资料时,可按不同地区取值:陇西地区为1.5,陇东—陕北—晋西地区为1.2,关中地区为0.9,其他地区为0.5。

4. 湿陷性黄土地基湿陷量的计算

按规定求得的湿陷量是在最不利情况下的湿陷量,且是最大湿陷量。考虑采用不同含水率下的湿陷量,试验较复杂,不容易为建设单位接受,故规范仍采用地基土受水浸湿达饱和时的湿陷量作为评定湿陷等级采取设计措施的依据。但要说明,并不是湿陷性黄土只在饱和含水率状态下才产生湿陷。

湿陷性黄土地基受水浸湿饱和,其湿陷量的计算值 Δ_s 按下式计算:

$$\Delta_s = \sum_{i=1}^{n} \beta \delta_{si} h_i \tag{9-23}$$

式中: δ_{si}——第 i 层土的湿陷系数;

h_i——第 i 层土的厚度(mm);

β——考虑基底下地基土的受水浸湿可能性和侧向挤出等因素的修正系数,在缺乏实测资料时,可按下列规定取值:基底下 $0 \sim 5m$ 深度内,取 $\beta = 1.50$;基底下 $5 \sim 10m$ 深度内,取 $\beta = 1.0$;基底下10m以下至非湿陷性黄土层顶面,在自重湿陷性黄土场地,可取工程所在地区的 β_0 值。

湿陷量的计算值 Δ_s 的计算深度,应自基础底面(如基底高程不确定时,自地面下1.50m)算起;在非自重湿陷性黄土场地,累计至基底下10m(或地基压缩层)深度止;在自重湿陷性黄土场地,累计至非湿陷性黄土层的顶面为止。其中湿陷系数 δ_s(10m以下为 δ_{zs})小于0.015的土层不累计。

5. 湿陷性黄土的湿陷起始压应力 P_{sh} 值

反映非自重湿陷性黄土特性的重要指标是湿陷起始压力。湿陷性黄土的湿陷起始压力 P_{sh} 值如下确定:室内压缩试验结果,按湿陷系数 $\delta_s = 0.015$ 确定;现场静荷载试验结果,可按 s_s/b 或 s_s/d(b 为承压板宽度,d 为承压板直径) $= 0.017$ 确定。

6. 湿陷性黄土地基的湿陷等级判定

综上所述,湿陷性黄土场地的自重湿陷性黄土,湿陷敏感,一旦浸水迅速湿陷。在工程地质勘察工作中,采用试验方法,确定主要参数和应用中的各限界规定,现根据基底以下地基湿陷量的计算值 Δ_s 和自重湿陷量的计算值 Δ_{zs} 等因素,按表9-13判定湿陷性黄土地基的湿陷等级。

湿陷性黄土的湿陷等级　　　　　　　　表 9-13

湿陷性类型		非自重湿陷性地基	自重湿陷性地基	
自重湿陷量 Δ_{zs} (mm)		$\Delta_{zs} \leq 70$	$70 < \Delta_{zs} \leq 350$	$\Delta_{zs} > 350$
基底以下地基的湿陷量 Δ_s (mm)	$\Delta_s \leq 300$	Ⅰ(轻微)	Ⅱ(中等)	—
	$300 < \Delta_s \leq 700$	Ⅱ(中等)	Ⅱ(中等)或Ⅲ(严重)*	Ⅲ(严重)
	$\Delta_s > 700$	Ⅱ(中等)	Ⅲ(严重)	Ⅳ(很严重)

注:* 表示当湿陷量的计算值 $\Delta_s > 600$mm,且自重湿陷量的计算值 $\Delta_{zs} > 300$mm 时,可判定为Ⅲ级,其他情况可判定为Ⅱ级。

三、湿陷性黄土地基沉降和地基承载力计算

1. 湿陷性黄土的地基沉降计算

湿陷性地基在结构物荷载作用下,能保证基础不发生失稳,也不发生结构物所不容许的沉降量,并超过荷载组合最大地基压力即为湿陷性地基容许承载力。所以在满足地基沉降变形与强度要求的两个条件下,确定地基容许承载力。

桥梁结构各墩台是独立基础,有的相邻跨径、墩台高度相差较大,加之有的桥梁为超静定结构,若湿陷土质不均匀,均应计算基础沉降。对进行消除全部湿陷性处理的地基,可不再计算湿陷量,如基底下有湿陷性或指数大于 0.6 的黏性土下卧层,必须进行计算;对进行消除部分湿陷性处理的地基应计算在处理后的剩余湿陷量;对仅进行结构处理或防水处理的湿陷性黄土地基,应计算其全部湿陷量。

湿陷性黄土地基沉降计算,按《公桥基规》中分层总和法计算地基湿陷量,但其中沉降计算经验系数 φ_s 可按表 9-14 取值。

沉降计算经验系数　　　　　　　　　　表 9-14

E_s (MPa)	3.30	5.00	7.50	10.00	12.50	15.00	17.50	20.00
φ_s	1.80	1.22	0.82	0.62	0.50	0.40	0.35	0.30

湿陷性黄土场地自重湿陷量计算值 Δ_{zs} 和湿陷性黄土地基湿陷量计算值 Δ_s 可按式(9-22)及式(9-23)计算。压缩沉降与湿陷量之和如超过沉降容许值,则必须采取措施减少沉降量和湿陷量。

湿陷性黄土地基的稳定性计算,除应符合现行国家标准《建基设规》的有关规定外,尚应符合下列要求:

(1)确定滑动面时,应考虑湿陷性黄土地基中可能存在的竖向节理和裂隙。

(2)对有可能受水浸湿的湿陷性黄土地基,土的强度指标应按饱和状态的试验结果确定。

2. 湿陷性黄土地基容许承载力计算确定

现有关规定中没有提供湿陷性黄土地基的容许承载力表格使用,但可查阅之前规范表格数值用作比较参考。现行国家标准《岩土工程勘察规范》(GB 50021—2001)规定黄土试样的质量等级必须是Ⅰ级,其试验表中有强度项目内容,用以确定湿陷性黄土的承载力。近年来原位试验技术也有了不同的使用,除了浸水荷载试验和试坑浸水试验外,还可采用静力触探测定黄土的容许承载力,还有标准贯入试验、轻型动力触探等的应用。以上这些在《湿黄区规》都有所提到。参照临近结构物经验,确定新建结构物的地基容许承载力也是一种有效方法。

规范规定:当基础宽度大于 3m 或埋置深度大于 1.50m 时,地基承载力容许值应按下式修正:

$$[f_a] = [f_{ak}] + \eta_b \gamma (b - 3) + \eta_d \gamma_m (d - 1.50) \qquad (9\text{-}24)$$

式中：$[f_a]$——修正后的地基承载力容许值(kPa)；

$\quad\ [f_{ak}]$——相应于 $b = 3\text{m}$ 和 $d = 1.50\text{m}$ 的地基承载力容许值(kPa)；

$\quad\ \eta_b 、\eta_d$——分别为基础宽度和基础埋深的地基承载力修正系数,可按基底下土的类别由表 9-15 查得；

$\quad\ \gamma$——基础底面以下土的重度(kN/m^3),地下水位以下取有效重度；

$\quad\ \gamma_m$——基础底面以上土的加权平均重度(kN/m^3),地下水位以下取有效重度；

$\quad\ b$——基础底面宽度(m),当基础宽度小于 3m 或大于 6m 时,可按 3m 或 6m 计算；

$\quad\ d$——基础埋置深度(m),一般可自地面高程算起；当为填方时,可自填土地面高程算起,但填方在上部结构施工完成后完成时,应自天然地面高程算起。

基础宽度和埋置深度的地基承载力修正系数 表 9-15

土 的 类 别	有关物理指标	承载力修正系数	
		η_b	η_d
晚更新世(Q_3)全新世(Q_4^1)湿陷性黄土	$w \leqslant 24\%$	0.20	1.25
	$w > 24\%$	0	1.10
新近堆积(Q_4^2)黄土		0	1.00
饱和黄土①、②	e 及 I_L 都小于 0.85	0.20	1.25
	e 或 I_L 大于 0.85	0	1.10
	e 及 I_L 都不小于 1.00	0	1.00

注:饱和黄土①只适用于 $I_P > 10$ 的饱和黄土;饱和黄土②饱和度 $S_r \geqslant 80\%$ 的晚更新世(Q_3)、全新世(Q_4^1)黄土。

湿陷性黄土地基容许承载力确定应注意:当偏心荷载作用时,相应于荷载效应标准组合,基础底面边缘的最大压力值,不应超过修正后的地基承载力容许值的 1.20 倍;对地下水位有可能上升或其他因素致使地基湿度增加等情况,需要考虑降低地基的容许承载力;使用湿陷性黄土容许承载力时,应注意容许承载力过大会引起地基湿陷性增加或者不能解决地基的湿陷性问题。

四、湿陷性黄土地区的桩基础

中小跨径静定结构桥梁,在采用地基处理的情况下,经技术经济比较,一般可采用扩大基础方案,否则均宜采用桩基础。

《湿黄区规》规定:在湿陷性黄土场地采用桩基础,桩端必须穿透湿陷性黄土层,并应符合下列要求:

(1)在非自重湿陷性黄土场地,桩端应支承在压缩性较低的非湿陷性黄土层中。

(2)在自重湿陷性黄土场地,桩端应支承在可靠的岩(或土)层中。

在湿陷性黄土层厚度等于或大于 10m 的场地,对于采用桩基础的建筑,其单桩竖向承载力容许值,应按规范附录 H 的试验要点,在现场通过单桩竖向承载力静荷载浸水试验测定的结果确定。

当单桩竖向承载力静荷载试验进行浸水确有困难时,其单桩竖向承载力特征值,可按有关规范公式进行估算。

在非自重湿陷性黄土场地,当自重湿陷量的计算值小于 70mm 时,单桩竖向承载力的计算应计入湿陷性黄土层内的桩长按饱和状态下的正侧阻力。在自重湿陷性黄土场地,除不计自重湿陷性黄土层内的桩长按饱和状态下的正侧阻力外,尚应扣除桩侧的负摩擦力(表 9-16)。

桩侧平均负摩擦力特征值(kPa)　　　　　表 9-16

自重湿陷量的计算值(mm)	钻、挖孔灌注桩	预 制 桩
70～200	10	15
>200	15	20

在水平荷载和弯矩作用下,桩身将产生挠曲变形,并挤压桩侧土体,土体则对桩产生水平抗力,其大小和分布与桩的变形以及土质条件、桩的入土深度等因素有关。设在湿陷性黄土层中的桩,在天然含水率条件下,桩侧土对桩往往可以提供较大的水平力;一旦浸水桩周土变软,强度显著降低,从而桩周土体对桩侧的水平抗力就会降低。所以,单桩水平承载力容许值,宜通过现场水平静荷载浸水试验的测试结果确定。

五、湿陷性黄土地基处理

湿陷性黄土地基可采用垫层法(换填法)、强夯法、灰土挤密桩法三种,这些方法较为常用。此外,振冲法(适用于饱和黄土)、高压喷射注浆法也可用于黄土地基处理。选择地基处理方案时,应经过技术经济比较,选用加强上部结构、基础和处理地基相结合的方案。

湿陷性黄土地区桥涵根据其重要性、结构特点、受水浸湿后的危害程度和修复难易程度分为 A、B、C、D 四类。

A 类:20m 及以上高墩台和外超静定桥梁;

B 类:一般梁桥基础,拱涵;

C 类:一般涵洞及倒虹吸;

D 类:桥涵附属工程。

湿陷性黄土地区的桥涵应根据湿陷性黄土的等级、结构物分类和水流特征,采取相应的设计措施和处理方案,以满足沉降控制的要求。

湿陷性黄土地区地基处理的措施如表 9-17 所示。

湿陷性黄土地区地基处理的措施　　　　　表 9-17

类型及措施		经常性流水(或浸湿可能性较大)				季节性流水(或浸湿可能性较小)			
水流特征及湿陷等级		I	II	III	IV	I	II	III	IV
A	措施	①				①			
B	措施	②、③	②、③	①、②	①	③		②、③	②
	处埋深度(m)	2.0～3.0	3.0～5.0	4.0～6.0	6.0	0.8～1.0	1.0～2.0	2.0～3.0	5.0
C	措施	③			②	③			
	处埋深度(m)	0.8～1.0	1.0～1.5	1.5～2.0	3.0	0.5～0.8	0.8～1.2	1.2～2.0	2.0
D	措施	④				④			

注:表中①、②、③、④为措施编号,各编号所代表的处理措施如下:①墩台基础采用明挖、沉井或桩基础,置于非湿陷性黄土层中;②采用强夯法或挤密桩法,并采取防水和结构措施;③采用重锤夯实,并采取防水和结构措施;④地基表层夯实。

湿陷性黄土地基上的桥涵设计应注意下列事项:

(1)湿陷性黄土地区的桥涵,宜设置在原有沟床上,并宜采用适应沉降结构。涵洞不应采用分离式基础。

（2）处理后的地基承载力应满足设计要求，且其下卧层顶面的承载力不应小于下卧层顶面的附加压力与自重压力之和。

（3）处理后的地基土密度不应小于 $1.6t/m^3$。

第三节　膨胀土地基

目前，国内外对膨胀土的名称和定义尚不统一，现规范对膨胀土的定义，是根据多年来对膨胀土固有的特性研究及在工程中的意义而得出。即膨胀土应是土中黏粒成分主要由亲水性矿物组成，同时具有显著地吸水膨胀和失水收缩变形特性的黏性土。

它包括三个内容：

（1）控制膨胀土胀缩势能大小的物质成分主要是土中蒙脱石的含量、离子交换量，以及小于 $2\mu m$ 黏粒含量。这些物质成分本身具有亲水特性，是膨胀土具有较大的胀缩变形的物质基础。

（2）除了亲水性外，物质本身的结构构造是很重要的，从电镜试验证明，膨胀土的微观结构属于面—面叠聚体，它比团粒结构有更大的吸水膨胀和失水收缩的能力。

（3）任何黏性土都具有膨胀收缩性，问题在于这种特性对构建物安全的影响程度。只有胀缩性能达到足以危害构建物安全使用，需要特殊处理时，才能按膨胀土地基进行设计施工和维护。

还要说明清楚，膨胀土同时具有膨胀和收缩两种变形特性，即吸水膨胀和失水收缩，再吸水再膨胀和再失水再收缩的胀缩变形可逆性。

我国膨胀土主要分布于广西、云南、湖北、河南、安徽、四川、山东等20多个省（区），总面积在10万 km^2 以上。也广泛分布在美国、前苏联、印度、加拿大、澳大利亚、南非等40多个国家。现膨胀土的工程问题，已成为世界性的研究课题。自1965年在美国召开首届国际膨胀土学术会议以来，每四年一届。我国对膨胀土的工程问题也给予了高度重视，自1973年以来，有组织地在全国范围内展开大规模的研究工作，总结出勘察、设计、施工和维护等方面的成套经验，并已编制了《膨胀土地区建筑技术规范》（GB 50112—2013）（以下简称《膨地建规》）。

全国通过膨胀土地区的铁路线占铁路总长度的15%～25%，因而带来的各种病害非常严重。我国过去修建的公路等级较低，膨胀土引起的工程问题不太突出。近年来由于高等级公路的兴建，在膨胀地区新建的高等级公路，出现了严重的病害，已引起公路交通部门的重视。

一、膨胀土特性因素和膨胀土地基的胀缩等级的判别

（一）影响膨胀土胀缩特性的主要因素

膨胀土具有胀缩特性的机理很复杂，属于当前国内外岩土界还在研究中的非饱和土的理论与实践的问题。定性分析认为，膨胀土之所以具有显著地胀缩特性，可归因于膨胀土的内在机理与外界环境影响的两个主要因素。

对膨胀土的成因可知，膨胀土的胀缩性质的自身特性机理，主要是矿物成分及微观结构两方面。膨胀土含大量的活性黏土矿物，最主要的是蒙脱石、伊利石和高岭石，它们都是晶质含水硅酸铝。蒙脱石是蚀变过程产生最多膨胀土的活性黏土矿物，其表面积大，在低含水率时对

水有巨大的吸力,所以土中蒙脱石含量的多少直接决定着土的胀缩性质的大小。再者,除了矿物成分因素外,这些矿物成分在空间的连接结构状态也影响其胀缩性质。经对大量不同地点的膨胀土扫描电镜分析得知,层—层连接的叠聚体是膨胀土的一种普遍的结构形式,这种结构比团粒结构具有更大的吸水膨胀和失水收缩的能力。

膨胀土地区的外界环境变化,主要是季节性气候变化,尤其是大量降雨、严重干旱,是影响膨胀土含水率变化的最主要因素,可以说影响膨胀土胀缩特性的变化是水对膨胀土作用的结果。或者更确切地说,因为只有土中存在着可能产生水分迁移的梯度变化和进行水分迁移的途径,才有可能引起土的膨胀或收缩。尽管某一黏土具有较高的膨胀潜势,如果它的含水率保持不变,则不会有体积变化;当黏土的含水率发生变化,不一定是全饱和,若含水率较微变化仅 $1\% \sim 2\%$ 的增量值,就足以引起有害的膨胀。很明显,最重要的因素是水对膨胀土的作用。

(二) 膨胀土的工程特性指标

1. 自由膨胀率(δ_{ef})

试验是按定量(最大称量200g)人工制备的磨细烘干土样,用取土匙取适量土经无颈漏斗全部落入量土杯中,要进行两次量土和称量,差值不得大于0.1g。然后在量筒内注入 30mL 纯水,并加入 5mL 浓度为 5% 的纯氯化钠溶液。将试样土倒入量筒内,上下搅拌各 10 次。两次读数差值不大于 0.2mL,可取其中值。在水中增加的体积与原体积的比值 δ_{ef} 称为自由膨胀率,按下式计算:

$$\delta_{ef} = \frac{V_w - V_0}{V_0} \tag{9-25}$$

式中:V_w——土样在水中膨胀稳定后的体积(mL);

V_0——土样原有体积(mL)。

试验用于判定黏性土在无结构力影响下的膨胀潜势,为判别膨胀土提供指标。但是,它不能反映原状土的胀缩变形,因此,不能用来评价地基土的胀缩性。

2. 膨胀率(δ_{ep} 与 δ_{e50})与膨胀力(p_e)

膨胀率 δ_{ep} 表示原状土在侧限压缩仪中,在一定压力下,试样增加的高度与原高度之比,按下式计算:

$$\delta_{ep} = \frac{h_w - h_0}{h_0} \tag{9-26}$$

式中:h_w——土样浸水膨胀稳定后的高度(mm);

h_0——土样的原始高度(mm)。

为了比较不同土的膨胀性,需要统一规定压力值,规范规定 50kPa 压力下的膨胀率试验,按下式计算 50kPa 压力下的膨胀率 δ_{e50}:

$$\delta_{e50} = \frac{z_{50} + z_e - z_0}{h_0} \tag{9-27}$$

式中:δ_{e50}——在 50kPa 压力下的膨胀率(%);

z_{50}——压力为 50kPa 时,试样膨胀稳定后百分表的读数(mm);

z_e——压力为 50kPa 时,仪器的变形值(mm);

z_0——压力为零时,百分表的初读数(mm);

h_0——试样的原始高度(mm)。

δ_{ep}用于计算地基的实际膨胀变形量或胀缩变形量，δ_{e50}用于计算地基的分级变形量，划分地基的胀缩等级。

压力可根据工程的要求确定，但要略大于试样的膨胀力。压力分级，当要求的压力等于或大于150kPa 时，可按 50kPa 分级；当压力小于 150kPa 时，可按 25kPa 分级。试样压缩稳定的标准为连续两次读数值不超过 0.01mm。

以各级压力下的膨胀率 δ_{ep} 为纵坐标，压力 P 为横坐标，绘制膨胀率 δ_{ep} 与压力 P 的关系曲线，该曲线与横坐标的交点即为试样膨胀力 p_e（图 9-2）。膨胀力是表示原状土样，在体积不变时，由于浸水膨胀产生的是最大内应力，为计算地基的膨胀变形量和确定地基承载力的标准值提供参数。

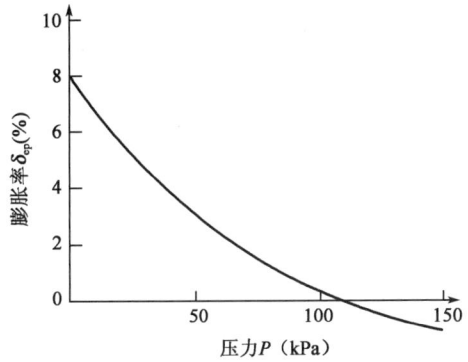

图 9-2　膨胀率—压力曲线图

3. 线收缩率 δ_s 与收缩系数 λ_s

天然土含水率较高，会出现收缩变形，失水收缩所引起的是垂直下沉，所以其收缩性可用线收缩率 δ_s 与收缩系数 λ_s 表示。采用收缩仪器进行收缩试验，按某次式样重量和式样烘干后的重量与对应的式样含水率，按下式计算线收缩率：

$$\delta_{si} = \frac{z_i - z_0}{h_0} \tag{9-28}$$

式中：z_i——某次百分表读数；

z_0——百分表初始读数；

h_0——试样原始高度；

δ_{si}——与 z_i 对应的竖向线收缩率（%）。

根据收缩试验过程，按时按次测读收缩数值，直至读数不小于 0.01mm 为止，整理资料计算出相同次的式样含水率。按不同时刻的线收缩率及相应含水率，以含水率为横坐标，竖向线收缩率为纵坐标，绘制收缩曲线图（图 9-3）。从图 9-3 中看出，随着土中水分的蒸发，含水率降低，线收缩率增大，图中 ab 段为直线收缩段，bc 段为曲线收缩过渡段，至 c 点水平段，表明含水率虽然仍继续减少，但体积收缩已基本停止。

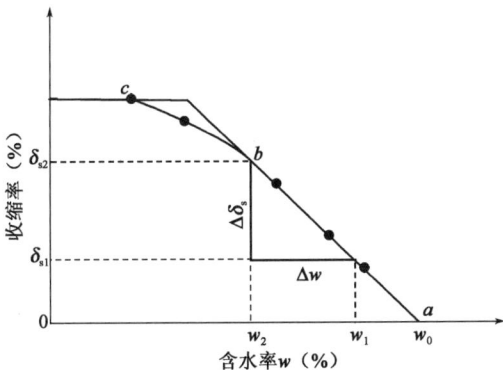

图 9-3　收缩曲线图

收缩曲线的直线收缩段不应少于三个试验点数据，如不符合此要求，说明该试验曲线无明显直线段，应在试验资料中注明。

收缩系数 λ_s 利用直线段求得，定义是：原状土样在直线收缩阶段，含水率减少 1% 时的竖向线收缩率按下式计算。

$$\lambda_s = \frac{\Delta\delta_s}{\Delta w} \tag{9-29}$$

式中：$\Delta\delta_s$——收缩过程中与两点含水率之差对应的竖向线收缩率之差（%），$\Delta\delta_s = \delta_{s2} - \delta_{s1}$；

Δw——收缩过程中直线变化阶段两点含水率之差（%），$\Delta w = w_1 - w_2$。

线收缩率与收缩系数为地基评价和计算地基的收缩变形量提供参数。膨胀率与收缩系数是设计计算变形的两项主要指标。

(三)膨胀土的判别和地基评价

1. 膨胀土的判别

我国目前主要用综合方法判别膨胀土。首先膨胀土应是土中黏粒成分,主要由亲水性矿物组成,同时具有显著的吸水膨胀和失水收缩两种变形特性的黏性土。还必须根据膨胀土的特性和工程性质要求,综合考虑气候特点、地形地貌条件、土中水分的变化情况等因素进行判别,但最终决定的因素仍是胀缩总率及胀-缩的循环变形特性。

规范规定:具有下列工程地质特性的场地,且自由膨胀率大于或等于40%的土,应判定为膨胀土。

(1)裂隙发育,常有光滑面和擦痕,有的裂隙中充填着灰白、灰绿色黏土,在自然条件下呈坚硬或硬塑状态。

(2)多出露于二级或二级以上阶地、山前和盆地边缘丘陵地带,地形平缓,无明显自然陡坎。

(3)常见浅层塑性滑坡、地裂,新开挖坑(槽)壁易发生坍塌等。

还规定,由自由膨胀率用来判定膨胀土在无结构影响下的膨胀潜势分类。

2. 膨胀土地基评估

膨胀土固有的特性是胀缩变形,土的含水率是胀缩变形的重要条件。自然环境不同,对土的含水率影响将随之有异,必然导致胀缩变形的显著区别。平坦场地和坡地场地各处于不同的地形地貌单元之上,具有各自的自然物理环境,便形成了独自的工程地质条件。现以平坦场地的膨胀土地基为主,将地基的膨胀、收缩的影响程度进行划分,评价其地基的胀缩等级。我国规范还规定以50kPa压力下测定土的膨胀率,计算地基分级变形量,作为划分胀缩率等级标准,表9-18给出了膨胀土地基的胀缩等级。

膨胀土地基的胀缩等级 表9-18

地基分级变形量 s_c(mm)	级　别	破坏程度
$15 \leqslant s_c < 35$	Ⅰ	轻微
$35 \leqslant s_c < 70$	Ⅱ	中等
$s_c \geqslant 70$	Ⅲ	严重

二、膨胀土地基设计计算

(一)膨胀土地基变形量计算

任何黏性土都具有膨胀收缩性。问题在于这种特性对建筑物的安全的影响程度。只有胀缩性能达到足以危害建筑物安全使用,需要特殊处理时,才能按膨胀土地基进行设计施工维护。

膨胀土地基的胀缩变形形态与当地气候变化特点、地形地貌条件、土中水分变化情况以及地面覆盖、树木植被、热源影响、建筑物重力等因素有关,在不同的环境条件下,膨胀土地基变形可分为三种不同变形形态:上升型、下降型、上升~下降循环型。

膨胀土地基变形量(图9-4),可按下列三种情况分别计算。

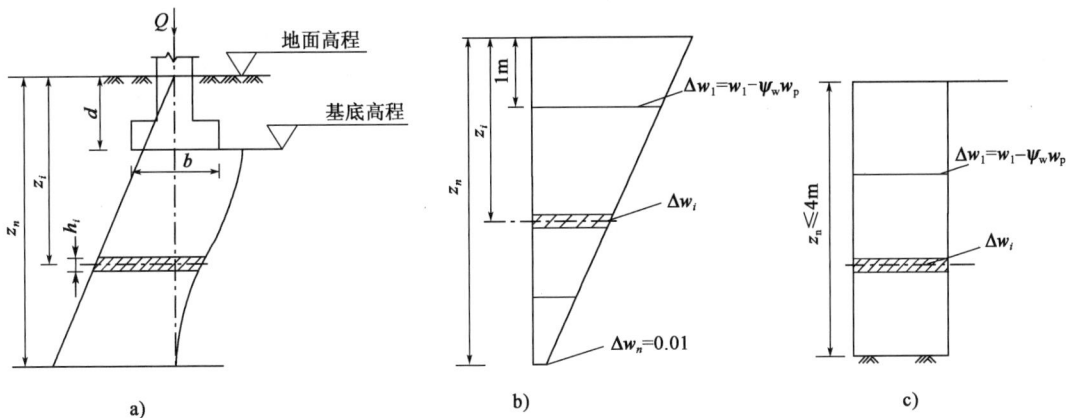

图 9-4 地基土变形计算示意图

（1）当离地表 1m 处地基土的天然含水率等于或接近最小值时，或地面有覆盖且无蒸发可能时，以及建筑物在使用期间，经常有水浸润的地基，可按膨胀变形量计算。

（2）当离地表 1m 处地基土的天然含水率大于 1.2 倍塑限含水率时，或直接受高温作用的地基，可按收缩变形计算。

（3）其他情况下可按胀缩变形量计算。

地基变形量计算仍采用分层总和法。下面将上述三种变形量计算方法。

1. 地基土的膨胀变形量 s_e

地基土的膨胀变形量应按下式计算：

$$s_e = \psi_e \sum_{i=1}^{n} \delta_{epi} \cdot h_i \qquad (9-30)$$

式中：s_e——地基土的膨胀变形量（mm）；

　　ψ_e——计算膨胀变形量的经验系数，宜根据当地经验确定；

　　δ_{epi}——基础底面下第 i 层土在该层土的平均自重压力与平均附加压力之和作用下的膨胀率，由室内试验确定；

　　h_i——第 i 层土的计算厚度（mm）；

　　n——自基础底面至计算深度内所划分的土层数[图 9-4a)]，计算深度应根据大气影响深度确定；有可能浸水时，应按浸水影响深度确定。

2. 地基土收缩变形量 s_s

地基土的收缩变形量，应按下式计算：

$$s_s = \psi_s \sum_{i=1}^{n} \lambda_{si} \cdot \Delta w_i h_i \qquad (9-31)$$

式中：s_s——地基土的收缩变形量（mm）；

　　ψ_s——计算收缩变形量的经验系数，宜根据当地经验确定；

　　λ_{si}——第 i 层土的收缩系数，应由室内试验确定；

　　Δw_i——地基土收缩过程中，第 i 层土可能发生的含水率变化的平均值（以小数表示）；

　　n——自基础底面至计算深度内所划分的土层数[图 9-4b)]，计算深度可取大气影响深度；当有热源影响时，应按热源影响深度确定。

在计算深度内，各土层的含水率变化值，应按下式计算：

$$\Delta w_i = \Delta w_1 - (\Delta w_i - 0.01) \frac{z_i - 1}{z_n - 1} \qquad (9-32)$$

$$\Delta w_1 = w_1 - \psi_w w_p \tag{9-33}$$

式中：w_1、w_p——地表下 1m 处土的天然含水率和塑限含水率（以小数表示）；

$\quad$ ψ_w——土的湿度系数；

$\quad$ z_i——第 i 层土的深度（m）；

$\quad$ z_n——计算深度，可取大气影响深度（m）。

在地表下 4m 土层深度内，存在不透水基岩时，可假定含水率变化值为常数［图 9-4c）］。

在计算深度内有稳定地下水时，可计算至水位以上 3m。

膨胀土湿度系数，应根据当地 10 年以上的土的含水率变化及有关气象资料统计求出，没有资料时，可按下式计算：

$$\psi_w = 1.152 - 0.726\alpha - 0.001\,07c \tag{9-34}$$

式中：ψ_w——膨胀土湿度系数，在自然气候影响下，地表下 1m 处土层含水率可能达到最小值与其塑限值之比；

$\quad$ α——当地 9 月至次年 2 月的蒸发力之和与全年蒸发力之比，我国部分地区蒸发力及降水量值，可按《膨地建规》附录 H 采用；

$\quad$ c——全年干燥度大于 1.00 的月份的蒸发力与降水量差值的总和（mm）。

大气影响深度，应由各气候区土的深层变形观测或含水率观测及地温观测资料确定；无此资料时，可按表 9-19 采用。

大气影响深度（m） 表 9-19

土地湿度系数 ψ_w	大气影响深度 d_a	土地湿度系数 ψ_w	大气影响深度 d_a
0.6	5.0	0.8	3.5
0.7	4.0	0.9	3.0

注：1. 大气影响深度是在自然气候作用下，由降水、蒸发、地温等因素引起土的升降变形的有效深度。

$\quad$ 2. 大气影响急剧层深度系指大气影响特别显著的深度。

$\quad$ 3. 大气影响急剧层深度，可按表 9-19 中的大气影响深度值乘以 0.45 采用。

3. 地基土的膨缩变形量 s

大量现场调查及沉降观测证明，膨胀土地基上的建筑物损坏，均为长期不稳定的地基土膨缩变形所引起。地基土的胀缩变形量，应按下式计算。

$$s = \psi \sum_{i=1}^{n} (\delta_{epi} + \lambda_{si} \cdot \Delta w_i) h_i \tag{9-35}$$

式中：ψ——计算胀缩变形量的经验系数，可取 0.7。

其他符号含义同前。

（二）膨胀土地基承载力

膨胀土地基的承载力同一般地基土的承载力有明显区别：一是膨胀土在自然环境或人为因素等影响下，将产生显著地膨胀变形；二是膨胀土的强度具有显著的衰减性，地基承载力实际上是随若干因素而变动的。其中，地基膨胀土湿度状态的变化，会明显地影响土的压缩性和承载力。

全国在膨胀土地区进行过大量的旁压试验及触探试验，希望经过统计找到规律性东西，但因膨胀土成因复杂，土质不均，所得结果离散性大，所以目前还没有可能建立全国性的承载力表。鉴于不少地区已有较多的荷载试验资料及实测已建构筑物变形资料，可以建立地区承载力表。

规范中提出承载力的试验方法，采用现场浸水荷载试验，以确定地基土的承载力和浸水时膨胀变形量。具体试验要点见《膨地建规》附录C。研究结果要绘制各级荷载下的变形和压力曲线图以及分层测标变形与时间的关系曲线,以确定土的承载力和可能的膨胀量。

一般应取试验破坏荷载的一半作为地基土承载力的基本值。在特殊情况下,可按地基设计要求的变形值在 P-s 曲线上选取所对应的荷载作为地基土承载力的基本值。

三、膨胀土地区桥涵基础工程的问题要点

现今我国高等级公路建设发展很快,已经形成全国公路交通高速公路骨干网,同时各地区也在修建高等级公路的干线。高等级公路的大桥和特大桥是自选桥位控制路线,中小桥梁是服从路线建桥,其桥位是路线中需要建桥的位置处。由此,中小桥和涵洞为必建处。

桥梁墩台基础是桥梁支承和传力的结构,单孔跨度大,则上部结构自重荷载大,车辆的活荷载也大,而墩台基础体积与自重荷载也要大。所有荷载通过基础底,以集中力形式传至地中,也就是最后传到地基膨胀土中。一般情况,跨度较大的桥梁,基础多采用桩基础,即使采用刚性扩大基础,跨度较大的桥梁也很少见到膨胀土的变形损害。

以下对在膨胀土地基上中小跨径桥梁、涵洞及附属设施等工程可能存在的工程问题予介绍,以作参考。

(1)相邻桥墩或桥台之间虽然相距不远,是各自独立基础,如跨越河沟滩头墩身高度不同基础深度不一,地质结构也有差异,不同跨度的过渡墩等都会产生不均匀沉降,造成桥面不平顺跳车,逐渐发展会造成桥面与伸缩缝破损。

(2)桥台与引道相结合部位,由于桥面高程较高引道也高,桥台为刚性体,引道为弹塑性夯实土体,虽然引道有搭板,在车辆荷载长期作用下,引道就会产生不均下沉。桥台引道车载与土压力、膨胀土膨胀引起侧膨胀力共同作用台背上,桥台自身不均匀下沉,坡体变形,沿坡下发生蠕动和滑坡现象,对桥台或整座桥发生危害影响。

(3)涵洞因基础埋置深度较浅,自重荷载又很小,一方面直接受地基土胀缩变形影响,另一方面还受洞顶回填膨胀土不均匀沉降与膨胀力的影响,故变形破坏比较普遍。如涵洞翼墙和端墙的变形开裂、涵顶开裂、洞底膨胀与开裂等。

(4)一些特殊桥梁周围环境具有可开发风景旅游区的条件,还在城镇附近修建上跨高速公路、一级路的桥梁。结合桥位处环境特点,修建具有艺术色调的附属建筑物,如桥梁入口的"界分"标志,桥头建筑造型、上下步梯等。由于这些附属建筑物基础比较浅小,很容易由地基土膨缩变形而至损坏。

(5)在设计施工时,应考虑气候特点、地形地貌条件、土中水分变化情况的要求,尤其气候变化骤降大雨,会使土质发生大变形。土中水分的变化不仅与气候有关,还受覆盖、植被、热源等影响,这些都是设计时必须考虑的,由施工单位制订相应的技术要求和措施的规定。比如开挖工程,应在达到设计开挖面前1m距离处,采取严格保护措施,防止膨胀土遭受长时间曝晒、风干、浸湿或充水破坏。

(6)桥涵的维修管理是非常重要的工作。桥涵是集水排泄的结构,由于地表膨胀土的风化剥落,在雨季地表径流夹带大量泥土向桥涵宣泄而造成淤积堵塞,是膨胀土地区的一种病害现象。

(7)桥梁使用是百年大计,桥梁建成后,不仅应在桥位墩台处进行"点式"勘察钻探取样试验,还应扩大一定范围,除要查明不良地质现象外,更要对是否有隐形裂隙存在,有否发育的可能及方向,必要时要进行长期观测工作。

思 考 题

1. 请说明软土所具有的多方面主要工程地质特征性质及对地基承载力、沉降(主要固结沉降、瞬时沉降与次固结沉降)和稳定性的影响。

2. 软土地区岩土工程勘察可划分几个阶段?对各勘察阶段和基础项目评价的主要内容是什么?

3. 术语解释:湿陷性黄土、自重湿陷性黄土、非自重湿陷性黄土、压缩变形、湿陷变形、湿陷系数、自重湿陷系数。

4. 黄土湿陷性评价,按湿陷系数判定的类型分为哪几种?

5. 在湿陷性黄土场地采用桩基础时,桩除了必须穿透湿陷黄土层外,还应符合什么要求?

6. 膨胀土固有的特性是什么?请介绍胀缩变形可逆性对工程的影响作用。

7. 室内试验膨胀土工程特性指标有哪些?其作用是什么?

第十章 地 基 处 理

第一节 概 述

在修筑构造物基础时,常会遇到浅层地基土为软弱土和不良土的情况,其地基承载力不足或沉降量大于容许沉降量,从结构形式和技术经济比较来看,以修建浅基础为宜,此时,应采取人工加固处理措施,提高地基土的承载力和密实度,减小沉降量,这种加固后的地基称为人工地基。

软弱土主要包括软黏土、杂填土、冲填土、饱和粉砂土(包括部分轻亚黏土)、湿陷性黄土、泥炭土、膨胀土、多年冻土、岩溶土洞等。一般也有将湿陷性黄土、膨胀土及多年冻土等称为特殊性土。

软黏土简称软土,它是第四纪后期形成的海相、泻湖相、三角州相、溺谷相和湖沼相的黏性土沉积物或河流冲积物,有的属于新近淤积物。其中,最为软弱的是淤泥和淤泥质土。这类土的特点是天然含水率高、天然孔隙比大、抗剪强度低、压缩系数高、渗透系数小;在荷载作用下,承载能力低,地基沉降变形大,不均匀沉降也大,且沉降稳定历时比较长。

杂填土是人类活动所形成的比较疏松和不均匀的堆积物,其成分复杂,成层有厚有薄、性质各异,如生活建筑垃圾、工业废料等。

冲填土是由水力冲填形成的。冲填土的性质与所冲填泥沙的来源及淤填时的水力条件有密切关系。含黏土颗粒较多的冲填土往往是欠固结的,其强度和压缩性指标都比同类天然沉积土差。

湿陷性黄土是一种在上覆土的自重应力作用下,或在上覆土自重应力和附加应力共同作用下,受水浸湿后土的结构迅速破坏而发生显著附加下沉的特殊性土。由于黄土湿陷而引起结构物不均匀沉降是造成黄土地区工程事故的主要原因。

膨胀土是一种吸水膨胀、失水收缩,具有较大胀缩变形性能,且变形往复的高塑性黏土。利用膨胀土作为结构物地基时,必须进行人工地基处理,否则常会给结构物造成危害。

在软弱土地基上修筑构造物必须注意如下两个问题:

(1)强度及稳定性问题。当地基土的抗剪强度不足以支承上部结构的自重和外荷载时,地基就会产生局部或整体的剪切破坏。

(2)压缩及不均匀沉降问题。地基土在上部结构自重及外荷载作用下产生过大变形是由于软弱土压缩性大所造成的。沉降量较大时,往往不均匀沉降也较大,当超过结构容许值时,结构就可能破坏或不满足使用要求。

为此必须进行地基处理。地基处理方法,可以按地基处理原理、处理地基性质、地基处理目的与效果等不同方面进行分类。现以最基本的地基处理原理进行分类,其概要情况见表10-1。

处理类别	具体处理方法	处理原理要点	适用范围
垫层法与置换垫层法	垫层法	浅层地基铺设垫层,作为人工填筑的持力层。其应力可减至下卧层,减少地基沉降量	除膨胀土外浅层地基处理
	置换垫层法	将基底下一定深度的软弱土层挖除,回填较好的土石料:砂土、碎石、石渣等,分层夯实,并作为持力层,提高地基承载力,减少沉降量	除湿陷黄土、膨胀土外的浅层地基处理
		灰土垫层按石灰与土以3:7拌和,灰土分层压实或夯实。自重湿陷黄土地基垫层不宜小于2.0m,非自重湿陷黄土不小于1.0m	湿陷黄土
		采用非膨胀性的黏性土、砂石、灰土等置换膨胀土减少地基胀缩变形量,换土厚度通过变形计算确定	膨胀土
排水固结法	堆载预压法	在地基土上临时堆填土石,对地基加载预压,使地基土排水固结,提高地基承载力,达到预先完成部分或大部地基沉降	软黏土
	砂井法	在平面布置一定数量砂井,其上铺设砂垫层或砂沟,增加排水通路缩短排水距离,可辅以堆载预压	透水性低的软黏土
	真空预压法	用真空泵对在薄膜密封砂垫层及砂井抽气,使地下水位降低,同时在大气压力作用下加速地基固结	软黏土
	降低地下水位法	减少孔隙水压力,使有效应力增大,促进地基固结	饱和粉、细砂地基
振密、挤密法	重锤夯实法	利用重锤自由下落时的冲击能来夯实浅层土地基,形成表面一层均匀的硬壳层	杂填土、无黏性土、非饱和黏性土、湿陷性黄土
	强夯法	反复多次用更重的锤夯击地基土,以冲击力和振动提高地基土的强度并降低压缩性	
	振冲挤密法	依靠振冲器的强力振动使饱和砂层液化加密,同时依靠冲击形成垂直孔洞填料,硬砂层挤压加密	饱和砂层
	砂桩	设置砂桩,对周围土体产生挤密或振密作用,可显著提高地基强度,改善地基整体稳定性,减少沉降量	松砂土、杂填土
	填夯灰土桩	处理湿陷性黄土,不小于1.0m柱形井孔,深度5~15m,配比2:8或3:7回填夯实成灰土桩,挤密地基是由桩间土挤密和填夯桩体组成"复合地基"	湿陷性黄土、非饱和疏松黏性土
化学加固法	石灰灌浆法	在膨胀土中掺入一定量的石灰,可提高土的强度和湿度稳定性,降低膨胀量。采用压力灌浆法,灌入裂隙中加固	膨胀土
	深层搅拌法	在地基深处,通过机械将软土和固化剂(水泥或石灰的浆液或粉体)强制搅拌,利用其物理—化学反应形成坚硬搅拌和柱体	软弱黏性土,尤其饱和黏性土
	水泥灌浆法硅化液法	用气压、液压或电化学原理,把某些能固化的浆液(水泥浆、硅酸盐液等)注入各种介质的裂缝或孔隙,以改善地基土的物理力学性质	砂及砂砾石软黏土、湿陷性黄土

处理类别	具体处理方法	处理原理要点	适 用 范 围
其他方法	加筋法	通过在土层中埋设强度较大的土工聚合物、拉筋、受力杆件等达到提高承载力、减少沉降的目的	人工填筑土
	冷热处理法	冻结法是通过人工冷却保持冻结或在软弱黏土中钻孔加热焙烧来提高强度、减少压缩性	砂土、软黏土湿陷性黄土
	防水保湿帷幕法	用以截断外界因素对膨胀土地基水分的影响,从而保证地基中水分的稳定,消除引起膨胀土地基胀缩变形的根源	膨胀土

地基的各种处理方法都有其适用范围、局限性和优缺点。因此,对每一具体工程,都应从地基条件、处理要求、机具来源等方面进行综合考虑,以确定合适的处理方法。对可行的几种处理方法,要从技术、经济以及施工进度等方面进行比较。其具体设计程序如图10-1所示。

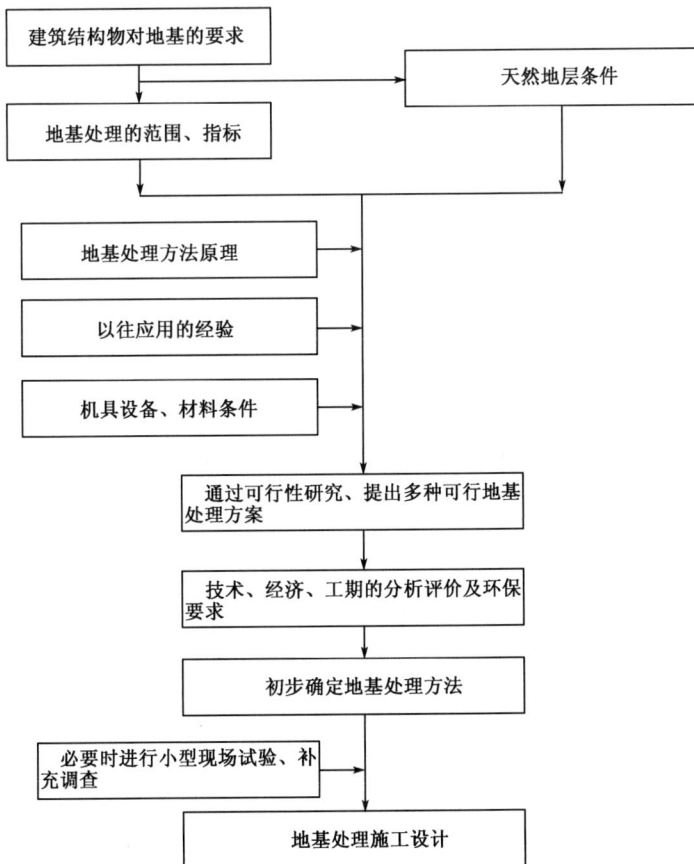

图 10-1 地基处理方法设计顺序

第二节 置换垫层法

置换垫层法目前应用较广的是在软弱地基土上铺筑砂砾垫层。砂砾垫层材料应就地取材,同时又要符合强度要求。垫层采用中砂、粗砂、砂砾和碎(卵)石,不含植物残体等杂质,其颗粒的不均匀系数不能小于 5,砾料粒径以不大于 50mm 为宜。既能提高强度,又易于夯实。黏粒含量不应大于 5%,粉粒含量不应大于 25%,因为这些含量过多不利排水,也不利于夯实。

一、砂砾垫层厚度与宽度确定

砂砾垫层比软弱地基或软土有较大的变形模量和强度,基础底面的压应力通过砂砾垫层的扩散作用分布到较大的面积。砂砾垫层顶面尺寸应为基底尺寸每边加宽不小于 0.3m。垫层厚度不宜小于 0.5m,且不宜大于 3m。

垫层的厚度 z 是根据下卧土层的承载力按下式计算确定(图 10-2):

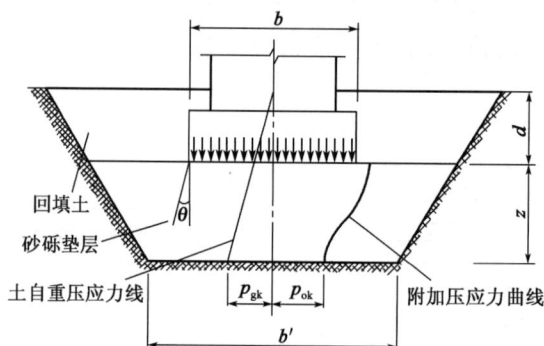

图 10-2 砂砾垫层及应力图示

$$p_{ok} + p_{gk} \leqslant \gamma_R [f_a] \tag{10-1}$$

条形基础:

$$p_{ok} = \frac{b(p'_{ok} - p'_{gk})}{b + 2z\tan\theta} \tag{10-2}$$

注:条形基础当长宽比等于或大于 10 时可为矩形基础。

矩形基础:

$$p_{ok} = \frac{bl(p'_{ok} - p'_{gk})}{(b + 2z\tan\theta)(l + 2z\tan\theta)} \tag{10-3}$$

式中:p_{ok}——垫层底面处的附加压应力(kPa);

p_{gk}——垫层底面处土的自重压应力(kPa);

$[f_a]$——垫层底面处地基的承载力容许值(kPa),按《公桥基规》第 3.3.4 条或第 3.3.5 条的规定采用;

b——矩形基础或条形基础底面的宽度(m);

l——矩形基础底面的长度(m);

p'_{ok}——基础底面压应力(kPa);

p'_{gk}——基础底面处的自重压应力(kPa);

z——基础底面下垫层的厚度(kPa);

θ——垫层的压力扩散角,可按表10-2采用。

垫层压力扩散角 θ(°) 表10-2

z/b	垫层材料	中砂、粗砂、砾砂、圆砂、角砾、卵石、碎石
0.25		20
≥0.5		30

注:当 $0.25 < z/b < 0.50$ 时,θ 值可内插确定;当 $z/b < 0.25$ 时,除灰土取 $\theta = 28°$ 外,其余材料均取 $\theta = 0°$,必要时宜由试验确定。

垫层底面的宽度应满足基底压力扩散的要求,可按下式或当地经验确定:

$$b_1 = b + 2z\tan\theta \tag{10-4}$$

二、基础底面地基承载力

置换砂垫层后基础底面垫层承载力容许值 $[f_{cu}]$,一般应满足工程要求,并通过现场试验确定垫层承载力。当无试验资料时,可按表10-3参考采用。

各种垫层承载力容许值 $[f_{cu}]$ 表10-3

施工方法	垫层材料	压实系数 λ_c	承载力容许值(kPa)
碾压、振实或夯实	碎石、卵石	0.94~0.97	200~300
	砂夹石(其中碎石、卵石占总质量的30%~50%)		200~250
	土夹石(其中碎石、卵石占总质量的30%~50%)		150~200
	中砂、粗砂、砾砂		150~200

注:1. 压实系数 λ_c 为土的控制干密度 ρ_d 与最大干密度 $\rho_{d,max}$ 的比值。土的最大干密度宜采用击实试验确定;碎石最大干密度可取 $2.0 \sim 2.2 t/m^3$。

2. 当采用轻型击实试验时,压实系数 λ_c 宜取高值;采用重型击实试验时,压实系数 λ_c 可取低值。

三、基础沉降量计算

软弱土地基换填砂砾垫层的总沉降量 s 主要由两部分组成,一是由基础底面砂砾垫层下软卧层产生的沉降量 s_s;一是由砂砾垫层本身产生的沉降量 s_{cu},如式(10-5)和式(10-6)所示,即:

$$s = s_{cu} + s_s \tag{10-5}$$

$$s_{cu} = p_m \frac{h_z}{E_{cu}} \tag{10-6}$$

式中:s——砂砾垫层地基沉降量(mm);

s_{cu}——垫层本身的压缩量(mm);

s_s——下卧层沉降量(mm),可按《公桥基规》第4.3.4条~第4.3.7条规定计算;

p_m——垫层内的平均压应力(MPa),即基底平均压应力与砂砾垫层底平均压应力的平均值;

h_z——砂砾垫层厚度(mm);

E_{cu}——砂砾层的压缩模量(MPa),如无实测资料时,可采用 $12 \sim 24$MPa。

在此需要说明,当砂砾垫层侧面土较软弱时,地基土会因垫层侧面土的侧向变形而引起沉降。所以为满足构筑物的沉降要求,不但应考虑基底竖向压缩变形,而且还要计入砂砾垫层引起的侧面土压缩变形的影响。

第三节　排水固结法

一、排水固结法原理

工程实践表明,在饱和软黏土地基上加载后,孔隙中的水会慢慢排出,使孔隙比也随之减小,地基发生固结变形。同时,随着超静水压力逐渐消减,有效应力逐渐提高,地基土的承载力就逐渐提高,其三者有如下关系:

$$\sigma' = \sigma - U \tag{10-7}$$

式中:σ'——某点的有效应力;

σ——某点的总应力;

U——孔隙水压力。

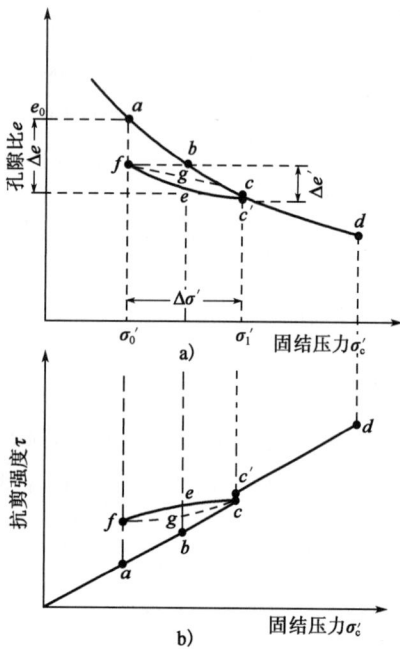

图 10-3　排水固结法工作原理图

通过试验得到的孔隙比 e 与固结压力 σ'_c 的压缩曲线及抗剪强度与固结压力关系曲线,可明确分析出工作原理(图 10-3)。设土样天然固结压力为 σ'_0,其对应孔隙比为 e_0,曲线上是 a 点,当压力增加 $\Delta\sigma'$ 固结终了时,对应曲线上为 c 点,孔隙比减小 Δe,与此同时,抗剪强度与固结压力成比例地由 a 点提高至 c 点。由此可知,土体在受压固结时,由于水的排出,孔隙比减小产生压缩,另一方面由于土的固结抗剪强度也得到提高。上述效果是由于孔隙中的水的排出,静水压力消减产生的。如从 c 点卸除压力 $\Delta\sigma'$,则土样发生膨胀,由 c 点经 e 点胀至 f 点,图中 cef 为卸载膨胀曲线,如从 f 点再加压 $\Delta\sigma'$,土样会发生再压缩,沿虚线经 g 变化到 c',在图 10-3b)中相应剪力强度曲线为 fgc'。在图 10-3a)中,再压缩曲线 fgc',可清楚地看出,固结压力同样从 σ'_0 增加 $\Delta\sigma'$,而孔隙比减小值为 $\Delta e'$,可以看出,$\Delta e'$ 要比 Δe 小得多。这说明,如果在拟建结构物地基上先加一个和结构物相同的压力进行预压,使土层固结(相当于压缩曲线上从 a 点变化到 c 点),然后卸除荷载(相当于膨胀曲线上由 c 点变化到 f 点),再建造结构物(相当于再压缩曲线上从 f 点变化到 c' 点),这样,结构物所引起的沉降即可大大减少。如果预压荷载大于结构物荷载,所谓超载预压,则效果更好。

以上为排水固结法的工作原理。排水固结法是由排水系统和加压系统两部分共同组合而成,如图 10-4 所示。

以下重点介绍最常用的砂井堆载预压排水固结法。

366

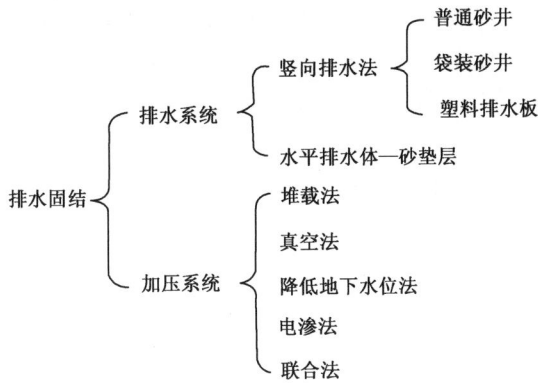

图 10-4 排水固结系统组成图

二、砂井堆载预压排水固结法

砂井堆载预压排水固结法如图 10-5 所示。

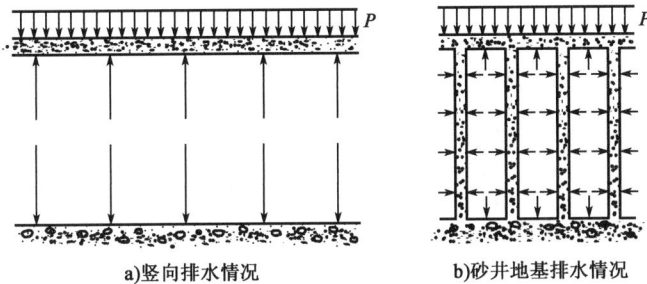

a)竖向排水情况   b)砂井地基排水情况

图 10-5 砂井预压排水图示

通过上层设砂垫层和砂井组成水平和竖向的排水通路,缩短排水距离,提高排水效果。

(一)砂井构造设计

砂井构造设计包括砂井深度、直径和间距、布置等内容,现简述如下。

1.砂井深度

当软土层不太厚时,应打穿软土层;当软土层较厚,地基中夹有砂层时,则应打到砂层;当软土层很厚又无砂夹层时,因附加应力的扩散作用,地基深处的附加压力很小,砂井的作用也很小,因此不必打穿整个压缩层,可采用试算法确定一个最经济的深度。其方法可先选定一个砂井深度、砂井直径和间距,通过沉降和固结度的计算,预计经过一段时间预压后可能剩留的沉降量,如这一沉降量不能满足结构物的要求,则另行选择砂井尺寸重新试算,直至满足要求为止。

2.砂井的直径和间距

砂井内填料宜用砾砂、粗砂、中砂、圆砾、角砾、卵石、碎石等,填料中含泥量不应大于5%,并不宜含有粒径大于 50mm 的粒料。砂井直径和间距主要取决于黏性土层的固结特性和施工方法、施工工期的要求。经研究比较,缩短砂井间距比增大砂井直径效果更好,所以,一般应采用"细而密"的方案。工程上常用的砂井直径可采用 0.3～0.8m,需根据地基土质和成井设备确定。对饱和黏性土地基宜选用较大直径。

砂井挤密地基宽度应超出基础宽度,每边放宽宜为 1～3 排。砂井用于防止砂层液化时,每边放宽不宜小于处理深度的 1/2,并不应小于 5m;当可液化层上覆盖有厚度大于 3m 的非液化层时,每边放宽不宜小于液化层厚度的 1/2,并不应小于 3m。

3. 砂井布置

砂井平面布置形式有等边三角形和正方形两种。当砂井为正方形排列时,砂井的有效排水范围为正方形;等边三角形排列时为六边形(图 10-6),在实际进行固结计算时,简化为一个等面积圆。等效圆的直径 d_e 与砂井间距 l 的关系如下,即:

等边三角形排列时

$$d_e = \sqrt{\frac{2\sqrt{3}}{\pi}}l = 1.050l \qquad (10\text{-}8)$$

正方形时

$$d_e = \sqrt{\frac{4}{\pi}}l = 1.128l \qquad (10\text{-}9)$$

显然,等边三角形的排列比较紧凑,实际工程中较常采用。

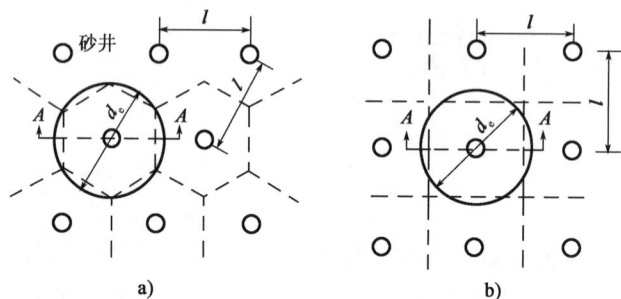

图 10-6　砂井平面布置

4. 排水砂垫层

一般在砂井顶面应铺设排水砂垫层,以连通砂井引出从土层排入砂井的渗流水。其厚度一般为 0.3～0.5m(水下砂垫层厚度为 1.0m 左右)。如砂料缺乏时,可采用连通砂井的纵横砂沟代替整片砂垫层。

在此还要说明,砂井预压法也适用于处理淤泥质土、淤泥和冲填土等的饱和黏性土地基。

砂井预压法主要有普通砂井、袋装砂井和塑料排水板等。普通砂井直径可取 $d_w = 0.3$～0.5m,袋装砂井直径可取 $d_w = 0.07$～0.10m。塑料排水板的当量换算直径可按下式计算:

$$D_p = \alpha \frac{2(b+\delta)}{\pi} \qquad (10\text{-}10)$$

式中: D_p——塑料排水板的当量换算直径;

α——换算系数,无试验资料时,可取 $\alpha = 0.75$～1.00;

b——塑料排水板的宽度;

δ——塑料排水板的厚度。

(二)砂井地基固结度计算

固结度的计算是砂井地基设计中一个很重要的内容。只有知道各级荷载下不同时间的固结度,才可推算出地基强度增长情况及加荷期间地基的沉降量,从而确定相应的加载计划和预压荷载的期限。砂井地基的固结理论都是假定荷载是瞬时加载,实际上分级加载可在此基础上进行修正。

1. 瞬间加荷条件下砂井地基固结度计算

砂井有效排水影响范围以圆柱体代替(图10-7),以圆柱坐标表示,设任意点(r,z)处的孔隙水压为u,并考虑水平向渗透系数K_h和竖向渗透系数K_v不等,则固结微分方程为:

$$\frac{\partial u}{\partial t} = C_v \frac{\partial^2 u}{\partial z^2} + C_h \left(\frac{\partial^2 u}{\partial r^2} + \frac{1}{r} \cdot \frac{\partial u}{\partial r} \right) \quad (10\text{-}11)$$

式中:t——时间;

C_v——竖向固结系数;

C_h——径向固结系数(或称水平固结系数)。

假定荷载是均布的;土体仅有竖向压密度时,土的压缩系数和渗透系数是常数;土体完全饱和,加荷开始时,荷载所引起的全部应力由孔隙水承担。将式

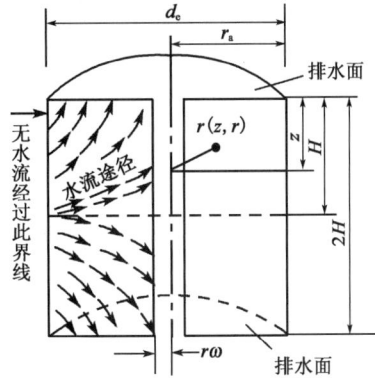

图10-7 砂井柱体影响计算图

(10-10)用分离变量法分离为竖向固结和径向固结两个微分方程,如式(10-12)所示,根据边界条件分别求解,最后再求出竖向和径向排水联合作用时整个砂井影响范围内土柱体的平均总固结度。

$$\frac{\partial u_z}{\partial t} = C_v \frac{\partial^2 u_z}{\partial z^2} \quad (10\text{-}12a)$$

$$\frac{\partial u_z}{\partial t} = C_h \left(\frac{\partial^2 u_r}{\partial r^2} + \frac{1}{r} \cdot \frac{\partial u_r}{\partial r} \right) \quad (10\text{-}12b)$$

(1)竖向排水平均固结度

对于土层为双面排水条件时,某一时间竖向固结度的计算式如下:

$$\overline{U}_z = 1 - \frac{8}{\pi^2} \sum_{m=1,3\cdots}^{\infty} \frac{1}{m^2} e^{-\frac{\pi^2 m^2}{4} T_v} \quad (10\text{-}13)$$

$$T_v = \frac{C_v t}{H^2} \quad (10\text{-}14)$$

式中:m——正奇数$(m = 1,3,5\cdots)$;

$\overline{U}_z$——竖向排水平均固结度(%);

e——自然对底数,取 e = 2.718;

T_v——竖向固结时间因数;

t——固结时间(s);

H——土层的竖向排水距离(m),双面排水时H为土层厚度的一半,单面排水时为土层厚度。

当$\overline{U}_z > 30\%$时,可采用下式计算:

$$\overline{U}_z = 1 - \frac{8}{\pi^2} e^{-\frac{\pi^2}{4} T_v} \quad (10\text{-}15)$$

$\overline{U}_z$与T_v关系曲线如图10-8所示。

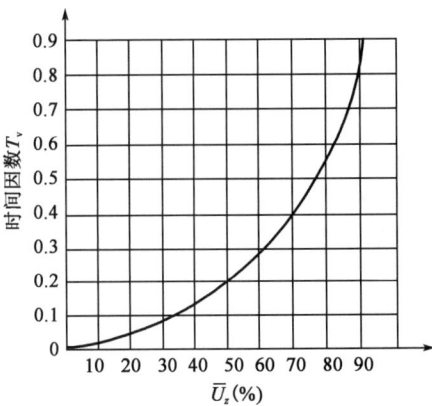

图10-8 双面排水$\overline{U}_z$与T_v关系曲线

(2)径向排水固结度

$$\overline{U}_r = 1 - e^{-\frac{8T_h}{F(n)}} \quad (10\text{-}16)$$

369

$$T_{\mathrm{h}} = \frac{C_{\mathrm{h}}}{d_{\mathrm{e}}^2} \cdot t \qquad (10\text{-}17)$$

$$F(n) = \frac{n^2}{n^2 - 1}\ln n - \frac{3n^2 - 1}{4n^2} \qquad (10\text{-}18)$$

式中：T_{h}——径向固结时间因数；

C_{h}——径向固结系数；

t——时间；

n——井径比（$n = d_{\mathrm{e}}/d$）。

井径比 n 与 $F(n)$ 的关系可查表。径向平均固结度 $\overline{U}_r$ 与 T_{h} 及 n 的关系曲线如图 10-9 所示。

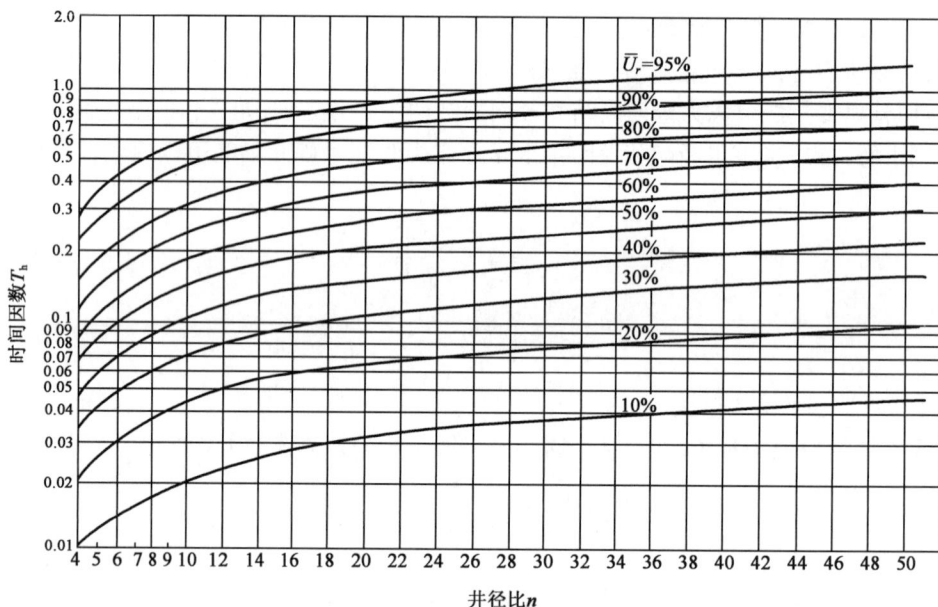

图 10-9　$\overline{U}_r$ 与 T_{h}、n 的关系曲线

（3）总固结度

砂井地基总的平均固结度 $\overline{U}_{rz}$ 是由竖向排水和径向排水所引起的，总的平均固结度按下式计算：

$$\overline{U}_{rz} = 1 - (1 - \overline{U}_z)(1 - \overline{U}_r) \qquad (10\text{-}19)$$

当砂井未打穿整个压缩土层时，总平均固结度可按下式计算：

$$\overline{U} = \eta\,\overline{U}_{rz} + (1 - \eta)\,\overline{U}_z \qquad (10\text{-}20)$$

$$\eta = \frac{H_1}{H_1 + H_2} \qquad (10\text{-}21)$$

式中：H_1——砂井部分土层厚度；

H_2——砂井以下压缩层范围内土层厚度。

一般要求在不太长的时间内，地基土能达到 80% 以上的固结度。

2. 逐渐加荷条件下地基固结度的计算

以上计算固结理论的公式都是假设荷载是一次瞬间加足的。在实际工程中，荷载总是分级施加的,因此,根据上述理论方法求得的固结时间关系或沉降时间关系都必须加以修正。一般用以下两种修正公式。

(1)改进的太沙基法

$$\overline{U}'_t = \sum_1^n \overline{U}_{rz}\left(t - \frac{t_n + t_{n-1}}{2}\right) \cdot \frac{\Delta p_n}{\sum \Delta p} \tag{10-22}$$

式中:$\overline{U}'_t$——多级等速加荷,t 时刻修正后的平均固结度;

$\overline{U}_{rz}$——瞬间加荷条件的平均固结度;

t_{n-1}、t_n——分别为每级等速加荷的起点和终点时间(从 0 时间算起),当计算某一级荷载加荷时间 t 时刻的固结度时,则 t_n 改为 t;

Δp_n——第 n 次荷载增量;

$\sum \Delta p$——各级荷载的累加值。

(2)改进的高木俊介法

$$\overline{U}'_t = \sum_1^n \frac{q_n}{\sum \Delta p}\left[(T_n - T_{n-1}) - \frac{\alpha}{\beta}e^{-\beta t}(e^{\beta T_n} - e^{\beta T_{n-1}})\right] \tag{10-23}$$

式中:q_n——第 n 次荷载的加荷速率;

T_{n-1}、T_n——分别为第 n 次荷载起始和终止时间,当计算第 n 次荷载加荷过程中时间 t 的固结度时,将 T_n 改用 t;

α、β——参数,对不同排水条件的参数可按表10-4计算。

不同排水条件的固结度计算公式　　　　　　　　　　　　表 10-4

序号	条 件	平均固结度计算公式	α	β	备 注
1	竖向排水固结 ($\overline{U}_z > 30\%$)	$\overline{U}_z = 1 - \frac{8}{\pi^2}e^{-\frac{\pi^2 C_v}{4 H^3}t}$	$\frac{8}{\pi^2}$	$\frac{\pi^2 C_z}{4H^2}$	Terzaghi 解
2	向内径向排水固结	$\overline{U}_r = 1 - e^{-\frac{8}{F(n)}\frac{C_h}{d_e^2}t}$	1	$\frac{8C_h}{F(n)d_e^2}$	Barron 解
3	竖向和向内径向排水固结(砂井地基平均固结度)	$\overline{U}_{rz} = 1 - (1-\overline{U}_z)(1-\overline{U}_r) = 1 - \frac{8}{\pi^2}e^{-\left(\frac{8}{F(n)}\frac{C_h}{d_e^2} + \frac{\pi^2 C_v}{4 H^2}\right)t}$	$\frac{8}{\pi^2}$	$\frac{\pi^2 C_v}{4H^2} + \frac{8C_h}{F(n)d_e^2}$	
4	砂井未贯穿受压土层的平均固结度	$\overline{U} = \eta\overline{U}_{rz} + (1-\eta)\overline{U}_z \approx 1 - \frac{8\eta}{\pi^2}e^{-\frac{8}{F(n)}\frac{C_h}{d_e^2}t}$	$\frac{8}{\pi^2}\eta$	$\frac{8C_h}{F(n)d_e^2}$	$\eta = \frac{H_1}{H_1 + H_2}$ H_1-砂井长度; H_2-砂井以下压缩土层厚度
5	向外径向排水固结 ($\overline{U}_r > 60\%$)	$\overline{U}_r = 1 - 0.692e^{-\frac{5.78 C_h}{R^2}t}$	0.692	$\frac{5.78C_h}{R^2}$	R-土柱体半径
6	普遍表达式	$\overline{U} = 1 - ae^{-\beta t}$			

三、其他方法简介

(一)真空预压法

真空预压法(图 10-10)是在需要加固的软黏土地基内设置砂井(或袋装砂井)或塑料排水板,然后在地面铺设砂垫层。施工时在砂垫层上铺三层比垫层面积稍大的塑料薄膜,四周埋入沟槽中,填黏土封闭;模的四周设高度为 0.4~0.6m 的土围堰,堰内灌水封闭;膜内砂垫层中设有真空滤管,构成网络管路和控制系统,采用真空泵或射流真空泵进行真空抽气,将膜内空气排出,这样就在密封膜的内外产生一个气压差 U_s,这个气压差即变成作用于地基上的荷载,相当于堆载预压。

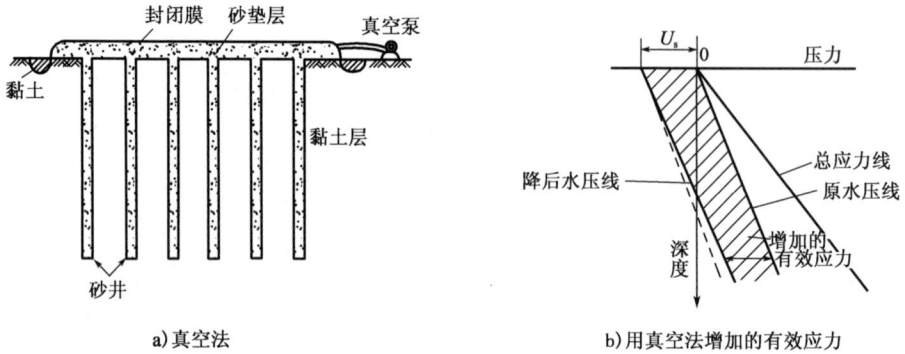

a)真空法　　　　　　　　　　　b)用真空法增加的有效应力

图 10-10　真空预压法示意图

同时,真空所产生的负压加速地基土的孔隙水的排出,由于孔隙水排出过程渗流速度的增大,由渗流力引起的附加应力也随之增大,提高了加固速度和效果。随着膜内真空压力逐渐提高,土的排水固结程度也提高,一般要使膜内形成水银柱 600mm 的负压,相当于堆载预压强度为 70kPa。当达到预定真空度后,可采取自动控制间隔抽气措施,直到达到 80% 固结度为止。抽真空前,土中的有效应力等于自重压力,抽真空后,土体固结完成时,真空压力完全转化为有效应力。

由以上可知,真空预压不需要堆载,省去大量加载和卸载工序;预压控制简单易于操作,便于大面积施工;孔隙渗流水的流向及渗流力引起的附加应力均指向被加固土体,所以土体加固过程中侧向变形很小,不会发生剪切破坏,非常适用于软弱黏性土的加固。

(二)电渗固结法

电渗固结法利用电场作用使土中的水从阳极流向阴极的现象,这种现象称为电渗,如将水在阴极排除而在阳极不予补充,土就会固结并引起土的压缩,达到提高承载力和减少压缩变形的目的。也可以利用电场作用,使化学物质(溶液、胶体)定向流动,胶结土粒而达到地基加固目的。

电渗固结法可分为铝电极法和通电注液法两种。前者用铝棒作为插入土中的电极材料,利用电渗现象产生脱水作用,在排水固结的同时,电解后的铝离子沉淀至土粒孔隙中,与土紧密结合,也起着固结作用。后者是人工在电极附近注入各种固化剂,利用电渗现象使固化剂分散到土粒孔隙中,以达到固结土体的目的。

该方法主要适用于饱和粉土或粉质黏土。工程上也常用于降低黏土中的含水率或地下水位来提高土坡或基抗边坡的稳定性。也可配合堆载预压加速饱和黏性土地基固结,提高强度等。

(三)降低地下水位法

降低地基中的地下水位,地基中的软弱土层就相当承受了下降水位高度的水柱重量的附加应力,从而产生固结。一般采用井点法排水来降低水位,其原理可参考第三章第五节基坑排水有关内容。

一般井点降水结合堆载预压其效果更为显著。多用于砂或砂质土,或在软黏土层上存在砂或砂质土的情况;对于深厚的软黏土层,为加速其固结,往往设置砂井并采用井点法降低地下水位。

第四节　振密、挤密法

一、砂桩挤密加固法

一般用振动打桩机将桩管打入土中,桩管底部装有自动脱落的混凝土桩靴,桩管打至设计深度后,在管桩内灌填砂料,随着打桩机振动拔出桩管,将砂料振实留在土中形成砂桩。

在松散砂土中,成桩过程对周围砂层产生挤密和振密作用提高承载力减小沉降量,同时可防止振动液化。在软弱黏性土中,砂桩取代了同体积软弱黏土(置换作用),形成"复合地基",使承载力提高,地基沉降变小;同时,砂桩也像砂井一样起排水作用,加快地基的固结,减小沉降速率。

(一)桩材料和尺寸

砂桩一般采用中粗混合砂,含泥量不大于 5% 。在软弱黏土中,也可采用砂和角砾混合料。砂桩直径一般为 0.3 ~0.7m,在软弱黏性土中,尽可能采用较大直径。

砂桩长度要根据软土层厚度或根据工程要求通过计算确定:

(1)当软土层厚度不大时,砂桩长度可按软土层厚度确定。

(2)当软土层厚度较大时,对按稳定性控制的工程来说,砂桩长度不应小于最危险滑动面的深度;对按沉降控制的工程来说,可根据容许沉降量计算确定。

(3)当使用砂桩处理易振动液化的饱和松散砂土时,砂桩长度应达到可能发生液化的砂层底部。

(二)成桩方法

用振动打桩机成桩有以下三种形式:

(1)一次拔管成桩:桩管内灌砂后,边振动边缓慢拔出桩管。

(2)逐步拔管成桩:桩管内灌砂后,拔起一定高度后停拔,然后继续振动若干秒后,再振动上拔,如此重复多次,直至把桩管拔出。就砂桩质量和其周围变密程度而言,该法效果较好。

(3)重复压拔管成桩:在振动条件下上拔 h 高度后,使砂下落,然后再将桩管压下 h_1 深度 ($h_1 < h$),使桩径扩大,并将落入桩孔内的砂压实,如此重复进行,直到桩管拔出地面。

(三)砂桩面积与桩距计算

1. 砂桩面积计算

需要挤密砂桩面积 A_1 按下式计算:

$$A_1 = \frac{e_0 - e}{1 + e_0}A \tag{10-24}$$

式中:A——地基土的面积,一般按基础尺寸加大 $0.5 \sim 1.0$m;

e_0——加固前地基土的孔隙比;

e——加固后的地基土孔隙比,要根据加固后承载力和沉降量要求确定。

2. 桩距计算

根据单根砂桩面积,算出桩数。砂桩按正方形、等边三角形布置(图 10-11)。

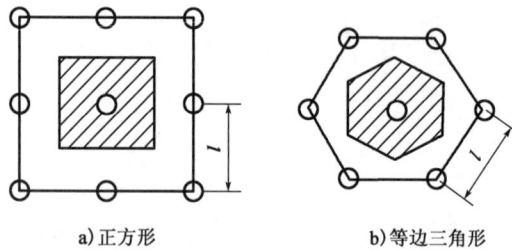

a)正方形　　　　　　b)等边三角形

图 10-11　砂桩的布置及中距

按正方形布置时:

$$l = 0.90d\sqrt{\frac{1 + e_0}{e_0 - e}} \tag{10-25}$$

按等边三角形布置时:

$$l = 0.95d\sqrt{\frac{1 + e_0}{e_0 - e}} \tag{10-26}$$

式中:l——桩距(cm);

d——桩直径(cm);

其余符号含义同前。

(四)砂桩的灌砂量

为了保证加固后地基达到设计要求的密实度,施工时,必须按下式控制每根砂桩灌入足够的砂量 Q(kN):

$$Q = A_1'l'\gamma = \frac{A_1'l'D_r}{1 + e_0}(1 + 0.01w) \tag{10-27}$$

式中:A_1'——砂桩面积(m^2);

l'——砂桩长度(m);

γ——加固后土的孔隙比 e 的砂土重度(kN/m^3);

D_r——土的重度(kN/m^3);

w——灌入砂的含水率(%)。

二、楔形桩挤密加固法

楔形桩是一种钢筋混凝土短桩,采用振动或锤(冲)击入土,改变桩周土的天然结构状态,提高承载力。其特点是利用桩的楔形侧面发挥桩—土间的共同作用,使其承载力要比同等长度等截面桩(按单位体积计)提高50%以上,其加固效果的显著。

（一）工作原理

在沉桩过程中,楔形桩起物理楔的作用,打桩能量几乎全部通过桩体侧面传递给桩周围土体,从而在桩周形成一个如图10-12所示的挤密区。桩周挤密土体对桩身侧面产生的抗力 Q 是主要支承力,是侧面法向力 N 和摩阻力 F 的合力。挤密区在桩上半部范围大,桩尖段范围较小;紧靠桩侧面的土体密度增大最大,远离桩侧面的密度增加较小。挤密区水平最大影响直径 d_c 为 $(2 \sim 3.5)d$。最大挤密位置在 $(0.4 \sim 0.5)l$ 深度处。在土质条件和桩体积相同情况下,桩的锥角 α 大小是影响挤密区大小的主要因素,锥角大时,挤

图10-12　楔形桩与土相互作用示意图

密区亦大,桩上垂直荷载向地基的传力面积也随之增大。由于挤密作用的存在,在垂直荷载作用下,楔形桩能够通过锥面向桩周围土体传递法向切向力,使其承载力增大。

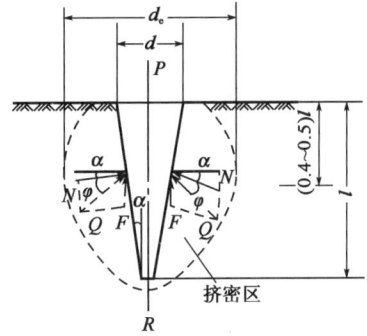

（二）单桩容许承载力计算

$$[R_a] = \frac{1}{2}\left[f \cdot A + \sum u_i l_i (f_i + f_{\sigma_i})\cos\alpha\right] \tag{10-28}$$

$$f_{\sigma_i} = 2\sigma_i(\tan\alpha + \tan\varphi) \tag{10-29}$$

$$\sigma_i = \frac{E_{ci}}{K} \cdot \frac{S \cdot \sin\alpha}{r_{oi}} \tag{10-30}$$

式中：f——桩尖平面处的极限承载力(kPa)；

A——桩尖横截面面积(m^2)；

u_i——第 i 层土中桩身中间处桩的周长(m)；

l_i——第 i 层土中桩身长度(m)；

f_i——第 i 层土中桩身与土的极限摩阻力(kPa)；

f_{σ_i}——第 i 层土中由桩侧面法向土压力 σ_i 产生的抗力(kPa),其值按式(10-29)计算；

α——锥角(°)；

φ——土的内摩擦角(°)；

σ_i——第 i 层土中桩周土对桩侧面施加的法向土压力(kPa),其值按式(10-30)计算；

E_{ci}——第 i 层土的变形模量(kPa)；

r_{oi}——第 i 层土中桩身中间处边长之半(方锥桩)或半径(圆锥桩)(cm)；

S——容许荷载作用下,桩产生的竖向位移(cm)。对砂质土取1cm,对黏性土取2cm；

K——土的密度程度系数,一般取1。

以下即可依照以前内容确定桩数,按桩距 $l \geqslant 3d$ 来进行布桩。

三、强力夯实法

强力夯实法简称强夯法,最早于1970年在法国创立使用,1979年引进我国,被认为是当前最好的加固新技术之一。

强夯法是用大吨位的起重机械,把 $80 \sim 250kN$ 的巨型锤提至空中,从 $8 \sim 25m$ 高处自由下落,对地基重复施加强力夯击的地基加固方法。

（一）工作原理

强夯法的工作原理是：通过强力夯击，使土体内产生冲击波和巨大的应力，迫使土体孔隙压缩和局部液化；夯击点四周发生裂隙，成为良好的排水通道，让孔隙水渗出。经几遍夯击，土层可迅速固结，承载能力可提高 2～5 倍，影响深度可达 10m 以上。此法是在重锤夯实法基础上发展起来的，适用于碎石土、砂土、粉土、低饱和度黏性土、湿陷性黄土等地基，也可用于大面积、软土层较厚的地基加固工程。

（二）强夯设计

强夯加固地基的有效深度 z 与强夯功有关，可按下列经验公式计算：

$$z = \alpha \sqrt{WH} \tag{10-31}$$

式中：W——锤重（以 10kN 为单位）；

H——落距（m）；

α——系数，与地基土的性质有关，黏性土 $\alpha = 0.4 \sim 0.5$；饱和砂土 $\alpha = 0.5 \sim 0.6$；湿陷性黄土 $\alpha = 0.3 \sim 0.7$。

夯点间距是根据单夯点的侧向影响范围确定，根据测得的重度等值线，得到侧向加密宽度为 3.5～4.5m，考虑相邻夯点侧向影响的相互搭接，选用夯点间距为 5～6m，为夯锤直径的 1.7～2.0 倍。夯点布置采用正方形排列。

第五节 化学加固法

化学加固法是利用化学溶液或胶结剂，灌入土的孔隙中，把土颗粒胶结起来，以提高地基强度，减少沉降量的一种加固方法。目前使用的化学浆液主要有：

（1）水泥浆液，即用高强度等级的硅酸盐水泥和速凝剂组成的浆液，应用较为广泛。

（2）以硅酸钠（即水玻璃）为主的浆液，常用水玻璃和氯化钙溶液。

从加固的施工方法来划分，有高压喷射注浆法、深层搅拌法和灌浆法等。

一、高压喷射注浆法

高压喷射注浆就是利用钻机，把带有喷嘴的注浆管钻进至土层的预定位置后，以高压设备使浆液成为 20～40MPa 的高压流从喷嘴中喷射出来，冲击破碎土体。土体剥落下来的土粒与浆液搅拌，在冲击力、离心力和重力等作用下重新排列，待浆液凝固后，便在土中形成一个固结体。固结体的形状和喷射流移动方向有关，一般分为旋转喷射（简称旋喷）和定向喷射（简称定喷）两种注浆形式。旋喷时，由于喷嘴一面旋转和提升一面喷射加固，固结体呈圆柱状。除用以加固地基外，还可用高压旋喷注浆形成旋喷桩，使之在原基础下形成新的桩基础来加固浅基础，提高基础承载力。

（一）注浆材料的使用数量

浆量计算方法有两种，即体积法和喷量法，取其大者作为喷射浆量。

1. 体积法

$$Q = \frac{\pi}{4} D_r^2 K_1 h_1 (1 + \beta) + \frac{\pi}{4} D_0^2 K_2 h_2 \tag{10-32}$$

式中：Q——需要用的浆量（m³）；

D_r——旋喷体直径（m）；

D_0——注浆管直径（m）；

K_1——填充率,取 $0.75 \sim 0.90$;

h_1——旋喷长度(m);

K_2——未旋喷范围土的填充率,取 $0.5 \sim 0.75$;

h_2——未旋喷长度(m);

β——损失系数,取 $0.1 \sim 0.2$。

2. 喷量法

以单位时间喷射的浆量及喷射持续时间,计算出浆量,计算公式如下:

$$Q = \frac{H}{v}q(1 + \beta) \tag{10-33}$$

式中:v——提升速度(m/min);

H——喷射长度(m);

q——单位时间喷浆量(m^3/min)。

根据计算所需的喷浆量和设计的水灰比,即可确定水泥的使用数量。

(二)喷射压力与距离关系

当喷嘴出口压力为 20MPa,喷嘴直径为 2mm 时,通过实践并经试验结果验证。

在空气中喷射时:

$$H_L = 8.3d^{0.5}\frac{H_0}{L^{0.2}} \tag{10-34}$$

在水中喷射时:

$$H_L = 0.16d^{0.5}\frac{H_0}{L^{2.4}} \tag{10-35}$$

式中:H_L——距离为 L 时,轴流压力水头(m);

H_0——喷嘴出口的压力水头(m);

d——喷嘴直径(mm);

L——自喷嘴起的距离(m)。

由式(10-34)和式(10-35)可知,在空气中和在水中喷射水头压力的差别是很大的。一般情况黏性土固结强度为 5MPa,砂性土固结强度为 10MPa。

(三)布孔形式及孔距

对堵水防渗工程,最好按双排或三排三角形布孔。旋喷桩孔距应为 $0.866R_0$(R_0 为旋喷设计半径),排距为 $0.75R_0$ 为最经济[图 10-13a)]。若想增加每一排旋喷桩的交圈厚度,应适当缩小孔距,可按图 10-13b)用下式计算,即:

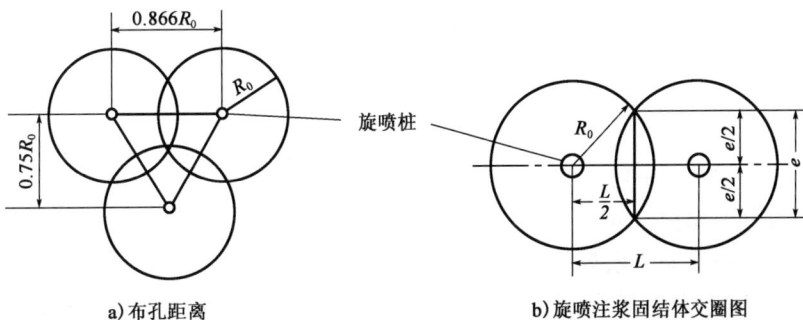

a)布孔距离　　　　　　　　b)旋喷注浆固结体交圈图

图 10-13　旋喷注浆孔距布置示意图

$$e = 2 \sqrt{R_0^2 - (L/2)^2} \tag{10-36}$$

式中：e——旋喷桩的交圈厚度(m)；

　　L——旋喷桩孔位的间距(m)。

对地基加固工程，旋喷桩之间不必交圈，距离可适当加大，其孔距 L 以旋喷桩直径的 $2 \sim 3$ 倍为宜，这样可以充分发挥土的作用。布孔形式按工程需要而定。

二、深层搅拌法

深层搅拌法是利用水泥、石灰等材料作为固化剂的主剂，通过特制的深层搅拌机械(如 GZB-600 型深层搅拌机)，在地基深度就地将软土和固化剂(粉体或浆液)强制搅拌，利用固化剂与软土之间所产生的一系列物理—化学反应，使软土硬结成具有整体性、水稳定性和一定强度的地基。

深层搅拌法最适宜于加固各种成因的饱和软黏土。目前国内加固的土质有淤泥、淤泥质土、黏土和亚黏土等，加固深度可达 12m。采用粉体喷射搅拌法，不向地基土中注入附加水，使固化剂充分吸收周围软土中的水分，对于含水率高的软土加固效果尤为显著，称为"粉喷桩"加固法。

(一)工作原理

软土与水泥采用机械搅拌加固的基本原理，是基于水泥加固土的物理化学反应过程，它与混凝土的硬化机理有所不同。混凝土的硬化主要是水泥在粗填充料中进行水解和水化作用，所以凝结速度较快，而水泥加固土，由于水泥的掺量很小(仅占被加固土的 7% ~ 15%)，水泥的水解和水化反应完全是在具有一定活性的介质——土的围绕下进行，所以硬化速度缓慢且作用复杂。

水泥的水解和水化反应把大量的自由水以结晶水的形式固定下来，这对高含水率的软黏土的强度增长有特殊意义，使土中自由水的减少量约占水泥杆菌生成量的 46%。当水泥的各种水化物生成后，有的自身继续硬化，形成水泥石骨架，有的则与其周围具有活性的黏土颗粒发生反应。上述反应能够形成水泥土的团粒结构，封闭各土团之间的空隙，形成坚固的连接，凝硬反应则慢慢生成不溶于水的稳定的结晶化合物，逐渐硬化，增大了水泥土的强度。

(二)粉喷桩的计算

1. 单桩承载力计算

当土质条件、施工因素等限制搅拌加固深度时，可先确定桩长 L，根据桩长按下式计算粉喷桩单桩承载力 $[R_a]$ 和水泥土的抗压强度 q_u：

$$[R_a] = f \cdot u_a \cdot L \tag{10-37}$$

$$q_u = \frac{2K[R_a]}{A_s} \tag{10-38}$$

式中：f——桩侧面土的平均极限摩阻力(kPa)；

　　u_a——搅拌桩周长(cm)；

　　A_s——桩身截面面积(cm^2)；

　　K——水泥土强度安全系数，一般取 1.5。

当搅拌深度不受限时，可根据室内配合比试验资料，根据确定的水泥掺入比确定的桩身强度，按下式计算单桩承载力 $[R_a]$ 和桩长 L：

$$[R_a] = \frac{q_u}{2K} \cdot A_s \tag{10-39}$$

$$L = \frac{[R_a]}{f \cdot u_a} \tag{10-40}$$

2. 置换率和桩数计算

根据设计要求的地基承载力 σ_{sp} 及单桩承载力 $[R_a]$,即可按下式计得搅拌桩的置换率 α_c 和总桩数 n:

$$\alpha_c = \frac{\sigma_{sp} - \eta\sigma_s}{\dfrac{[R_a]}{A_s} - \eta\sigma_s} \tag{10-41}$$

$$n = \frac{A\alpha_c}{A_s} \tag{10-42}$$

式中:σ_s——搅拌桩桩间土的容许承载力(kPa);

η——桩间土的承载力折减系数:当桩端为软土时,$\eta = 0.5 \sim 1.0$;当桩端为硬土时,$\eta < 0.5$;当不考虑桩间土作用时,$\eta = 0$;

A——地基加固的面积(cm^2)。

粉喷桩要布置在基础范围以内,并以桩距最大和便于施工为原则。桩尖以下的软弱下卧层地基验算,仍按群桩作用原理,在此不述。

三、灌浆法

灌浆法是用灌浆泵将浆液灌注到松散砂砾层或破碎的岩层内,或者压注入松散土体的孔隙或缝隙中,待浆液凝结后,把松散的土体或裂隙胶结成一体,进而提高地基的强度、防渗透等物理力学性能。灌浆材料常用的粒状材料是水泥浆或水泥砂浆;化学浆材是硅酸盐(水玻璃)。

纯水泥浆由水泥和水组成,所用水泥品种依地基条件而异,在地下水无侵蚀性的条件下,一般采用高强度等级普通硅酸盐水泥就可。水泥浆的优点是能形成强度较大和渗透性较小的结石,既可用于防渗,又可用来加固地基,而且原材料成本较低,没有毒性和污染环境问题,被广泛采用。

硅酸盐类浆材是以含水硅酸钠(又称水玻璃)为主剂,另加入胶凝剂,以形成凝胶。它具有渗入性能好、价格低廉、无毒等优点,是主要的化学灌浆材料。

在地基处理中,灌浆工艺所依据的理论主要有以下四类。

1. 渗入性灌浆

在灌浆压力下,浆液克服各种阻力而渗入孔隙和裂隙,压力越大,吸浆量及浆液扩散距离就越大。这种理论假定,在灌浆过程中,地层结构不受扰动和破坏时,所用的灌浆压力相对较小。

2. 劈裂灌浆

在灌浆压力作用下,浆液克服地层的初始应力和抗拉强度,引起岩石或土体结构的破坏和扰动,使地层中原有孔隙或裂隙扩张,或形成新的裂缝或孔隙,从而使低透水性地层的可灌性和浆液扩散距离增大。这种灌浆法所用的灌浆压力相对较高。

3. 压密灌浆

通过钻孔向土层压入浓浆,随着土体的压密和浆液的挤入,在压浆点周围形成灯泡形空间,并因浆液的挤压作用而产生辐射状上抬力,从而引起地层局部隆起,许多工程利用这一原理纠正了地面建筑物的不均匀沉降。

4.电动化学灌浆

当在黏土地基中插入金属电极并通以直流电后,就在土中引起电渗、电泳和离子交换等作用,促使在通电区域中的含水率显著降低,从而在土中形成渗浆"通道"。此时若在通电的同时向土中灌注硅酸盐浆液,就能在"通道"上形成硅胶,并与土粒胶结成具有一定力学强度的加固体。

在灌浆设计中,主要有如下几个内容。

(1)灌浆标准:是指设计者要求地基灌浆后应达到的质量指标。灌浆标准的高低,影响到工程量、进度、造价和建筑物的安全。包括防渗标准、强度和变形标准等。

(2)灌浆材料:浆材及配方设计的技术要求很多,对不同的灌浆理论,其对浆液的要求不同,需要加以注意。

(3)浆液影响半径:浆液影响(扩散)半径是一个重要参数,它对灌浆工程量和造价有重要影响,如果选用的不合适,还将降低灌浆效果,甚至导致灌浆失败。浆液影响半径根据不同的灌浆理论有不同的近似计算方法,当地基条件较复杂或计算参数不易选准时,应通过现场灌浆试验确定。

(4)钻孔布置:根据浆液影响半径和灌浆体设计厚度,确定合理的孔距、排距、孔数和排数。

(5)灌浆压力:浆液的扩散能力与灌浆压力的大小密切相关,一般采用较高的灌浆压力有助于提高可灌性,提高软弱材料的密度、强度和不透水性,还有助于挤出浆液中的多余水分,使浆液结石强度提高。一般可用理论公式或经验数值来确定容许灌浆压力,或在现场通过灌浆试验确定,然后在灌浆过程中根据具体情况作适当的调整。

(6)灌浆效果评估:灌浆效果与灌浆质量的概念不尽相同,灌浆质量高不等于灌浆效果好。灌浆加固效果的检查方法是在灌浆体内钻孔取样,检测各主要物理力学指标,对灌浆效果做出比较确切的评价。

上述各项内容具体做法,可参考有关文献资料,在此不做详细介绍。

思 考 题

1.地基处理方法按照处理原理分类,有哪些主要类型? 各自的适用范围如何?

2.在砂井固结理论中,何为竖向排水固结度、径向排水固结度及总固结度?

3.排水固结法的加固原理和要点是什么?

4.置换垫层法的原理是什么? 工程中如何应用?

5.何谓强夯法? 其主要工作原理如何?

6.挤密砂桩、振冲砂桩和排水砂井有何异同?

7.某一般扩大基础长度为 8.0m,宽度为 3m,基础埋深为 2m,作用于基底轴心荷载为 3 000kN(含基础自重),因地基为淤泥质土,采用粗砂进行换填,粗砂重度为 20kN/m³,砂垫层厚度取 1.4m,基底以上为填土,其重度为 18kN/m³,淤泥质土的承载力标准值 $f_k = 50$kPa,$\eta_b = 1.1$,试验算垫层厚度是否满足要求? 垫层底面的长度和宽度取多少为宜?

第十一章　冻土地区地基与基础

第一节　冻土的基本概念

含有水的土或岩石(简称岩土),当温度降至0℃以下时,所含的水会从液态转变为固态的冰,由于水的这种相变,使其产生很大的物理力学性质的变化,如体积膨胀,产生强大的胶结力(冻结力)等,岩土的固体矿物颗粒被冰所胶结,改变了过去正温下的松散状态,而呈现了一些类似固态岩体的物理力学性质,这就是冻土。

具有0℃或负温,但不含冰的岩土称为寒土。含有冰粒、冰片、冰包裹体,但与岩土固体、矿物颗粒不呈胶结状态的称为松散寒土。

综上所述,冻土的定义为:温度为0℃或负温,含有冰且与土颗粒呈胶结状态的土称为冻土。

根据冻土冻结延续时间可分为季节冻土和多年冻土两大类。

季节冻土:冬季冻结,夏季全部融化,冻结延续时间一般不超过一个季节,该土层称为季节冻结层。其下边界线称为冻深线或冻结线。

多年冻土:冻结延续时间在三年或三年以上。其表层受季节影响而发生年周期冻融变化的土层称为季节融化层。最大融化深度的界面线称为多年冻土的上限。当修筑人工构造物后所形成的新上限称为人为上限。多年冻土冬季冻结后,季节融化层与多年冻土间夹有融土层者,称为不衔接多年冻土;反之,称为衔接多年冻土。

多年冻土与季节冻土的过渡段,即冬季冻结,1～2年内不融化的冻土也可称为隔年冻土。

冻土层的分布直接受气候、海拔高度、地形、地质构造因素影响,季节冻土与多年冻土的地温变化可用图11-1表示。

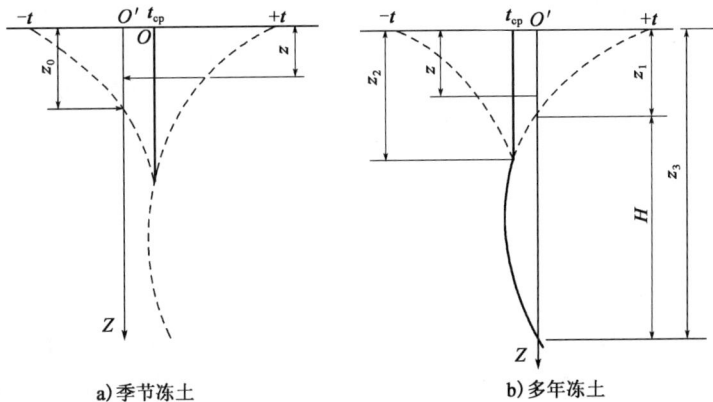

图11-1　冻土地温变化图

z_0-季节冻土层厚度;z_1-多年冻土季节融化层厚度;z_3-多年冻土层厚度

一般把某一深度的地温在一年中变化幅度的一半称为地温年较差,图中 t 即为 z 深度处的年较差值。可以看出,地温年较差在地表处最大,随着深度增加而减小,至某一深度处为 0,年较差为 0 的地温称为平均地温 t_{cp}。在多年冻土地区,t_{cp} 为负值,且其值越低,则冻土层越厚。t_{cp} 升高,说明多年冻土在退化;t_{cp} 下降,说明多年冻土在发展。季节性冻土 t_{cp} 为正值。

多年冻土上部季节融化层下边界线称为多年冻土上限;多年冻土下部地温为 0℃ 边界线称为多年冻土下限,上下限之间的距离即为多年冻土层厚度。季节性冻土冬季冻结深度发展至最大时地温为 0℃ 的深度线为冻结线,深度 z_0 为冻深。

季节冻土在我国分布很广,东北、华北、西北是季节冻结层厚 0.5m 以上的主要分布地区;多年冻土主要分布在黑龙江的大小兴安岭和青藏高原部分地区与甘肃、新疆的高山、内蒙古纬度较高的地区,其厚度自不足一米至几十米。

冻土是由土的矿物颗粒、未冻水、冰、气体等所组成的多相成分的复杂体系。虽然冻土与普通土的物理力学性质有着密切的联系和共同性,但由于土冻结时水的相变化及其对土结构的影响,使冻土会发生许多不同于普通土的变化。如:冻结过程水的迁移;冰的析出;土的冻胀和融沉等。地基这些变化会给冻土地区的结构物带来不同程度的危害。因而对冻土地区结构物的地基基础,除按一般地区的要求进行设计计算外,还要考虑冻土的特殊要求进行设计和施工。

第二节　冻土的工程分类

一、季节冻土按冻胀性的分类

根据大量调查资料得知,季节冻土地区结构物的破坏很多是由于地基土冻胀造成的。水相变为冰后体积约增大 9%,尤其含黏土和粉土颗粒较多的土;在冻结过程中,由于负温梯度产生土中水分向冻结峰面的迁移,不仅增大了冻胀量,甚至新增加的孔隙水超过孔隙容积,冻结时形成大量冰晶体,这些都造成冻土体积膨胀。

当无特殊地质构造时,冻土可视为空间半无限体,单元体之间侧向膨胀作用相互平衡,冻胀只能在垂直方向显示出来。一般可认为垂直方向的冻胀使下卧的暖土层产生压缩变形,但由于长期的自然作用已经完成,所以土的冻胀仅反映在体积向上的增量上。

根据对季节冻土地基上结构物的观测分析,将地基土按冻胀变形量大小及对结构物的危害程度分为六类,并以野外冻胀观测得出的平均冻胀率 K_d 为分类指标。

$$K_d = \frac{\Delta h}{z_0} \times 100\% \tag{11-1}$$

式中:Δh——地面最大冻胀量(m);

z_0——最大冻结深度(m),在地表无积雪和植被等覆盖条件下,采用多年实测最大冻深的平均值,在无实测资料时,可参照《公桥基规》给出的中国季节性冻土标准冻深线图(附录Ⅲ)确定。

公路桥涵地基土的季节性冻胀性分类如表 11-1 所示。

公路桥涵地基土的季节性冻胀性分类

表 11-1

土 的 名 称	冻前天然含水率 w（%）	冻前地下水位至地表距离 $z(\mathrm{m})$	平均冻胀率 K_{d}（%）	冻胀等级	冻胀类别
岩石、碎石土、砾砂、粗砂、中砂（粉黏粒含量≤15%）	不考虑	不考虑	$K_{\mathrm{d}}\leqslant 1$	I	不冻胀
碎石土、砾砂、粗砂、中砂（粉黏粒含量≥15%）	$w\leqslant 12$	$z>1.5$	$K_{\mathrm{d}}\leqslant 1$	I	不冻胀
		$z\leqslant 1.5$	$1<K_{\mathrm{d}}\leqslant 3.5$	II	弱冻胀
	$12<w\leqslant 18$	$z>1.5$			
		$z\leqslant 1.5$	$3.5<K_{\mathrm{d}}\leqslant 6$	III	冻胀
	$w>18$	$z>1.5$			
		$z\leqslant 1.5$	$6<K_{\mathrm{d}}\leqslant 12$	IV	强冻胀
细砂、粉砂	$w\leqslant 14$	$z>1.0$	$K_{\mathrm{d}}\leqslant 1$	I	不冻胀
		$z\leqslant 1.0$	$1<K_{\mathrm{d}}\leqslant 3.5$	II	弱冻胀
	$14<w\leqslant 19$	$z>1.0$			
		$1.0>z\geqslant 0.25$	$3.5<K_{\mathrm{d}}\leqslant 6$	III	冻胀
		$z\leqslant 0.25$	$6<K_{\mathrm{d}}\leqslant 12$	IV	强冻胀
	$19<w\leqslant 23$	$z>1.0$	$3.5<K_{\mathrm{d}}\leqslant 6$	III	冻胀
		$1.0>z\geqslant 0.25$	$6<K_{\mathrm{d}}\leqslant 12$	IV	强冻胀
		$z\leqslant 0.25$	$12<K_{\mathrm{d}}\leqslant 18$	V	特强冻胀
	$w\leqslant 23$	$z>1.0$	$6<K_{\mathrm{d}}\leqslant 12$	IV	强冻胀
		$z\leqslant 1.0$	$12<K_{\mathrm{d}}\leqslant 18$	V	特强冻胀
粉土	$w\leqslant 19$	$z>1.5$	$K_{\mathrm{d}}\leqslant 1$	I	不冻胀
		$z\leqslant 1.5$	$1<K_{\mathrm{d}}\leqslant 3.5$	II	弱冻胀
	$19<w\leqslant 22$	$z>1.5$			
		$z\leqslant 1.5$	$3.5<K_{\mathrm{d}}\leqslant 6$	III	冻胀
	$22<w\leqslant 26$	$z>1.5$			
		$z\leqslant 1.5$	$6<K_{\mathrm{d}}\leqslant 12$	IV	强冻胀
	$26<w\leqslant 30$	$z>1.5$			
		$z\leqslant 1.5$	$K_{\mathrm{d}}>12$	V	特强冻胀
	$w>30$	不考虑			
黏性土	$w\leqslant w_{\mathrm{P}}+2$	$z>2.0$	$K_{\mathrm{d}}\leqslant 1$	I	不冻胀
		$z\leqslant 2.0$	$1<K_{\mathrm{d}}\leqslant 3.5$	II	弱冻胀
	$w_{\mathrm{P}}+2<w\leqslant w_{\mathrm{P}}+5$	$z>2.0$			
		$2.0>z\geqslant 1.0$	$3.5<K_{\mathrm{d}}\leqslant 6$	III	冻胀
		$1.0>z\geqslant 0.5$	$6<K_{\mathrm{d}}\leqslant 12$	IV	强冻胀
		$z\leqslant 0.5$	$12<K_{\mathrm{d}}\leqslant 18$	V	特强冻胀

土 的 名 称	冻前天然含水率 w （%）	冻前地下水位至 地表距离 $z(\mathrm{m})$	平均冻胀率 K_d （%）	冻胀等级	冻胀类别
黏性土	$w_\mathrm{P}+5<w\leqslant w_\mathrm{P}+9$	$z>2.0$	$3.5<K_\mathrm{d}\leqslant6$	Ⅲ	冻胀
		$2.0>z\geqslant0.5$	$6<K_\mathrm{d}\leqslant12$	Ⅳ	强冻胀
		$0.5>z\geqslant0.25$	$12<K_\mathrm{d}\leqslant18$	Ⅴ	特强冻胀
		$z\leqslant0.25$	$K_\mathrm{d}>18$	Ⅵ	极强冻胀
	$w_\mathrm{P}+9<w\leqslant w_\mathrm{P}+15$	$z>2.0$	$6<K_\mathrm{d}\leqslant12$	Ⅳ	强冻胀
		$2.0>z\geqslant0.25$	$12<K_\mathrm{d}\leqslant18$	Ⅴ	特强冻胀
		$z\leqslant0.25$	$K_\mathrm{d}>18$	Ⅵ	极强冻胀
	$w_\mathrm{P}+15<w\leqslant w_\mathrm{P}+23$	$z>2.0$	$12<K_\mathrm{d}\leqslant18$	Ⅴ	特强冻胀
		$z\leqslant2.0$	$K_\mathrm{d}>18$	Ⅵ	极强冻胀
	$w>w_\mathrm{P}+23$	不考虑			

注:1. w_P-塑限含水率(%); w-在冻土层内冻前天然含水率的平均值。

2. 本分类不包括盐渍化冻土。

Ⅰ类不冻胀土: $K_\mathrm{d}\leqslant1\%$,冻结时基本无水分迁移,冻胀变形很小,对各种浅埋基础均无任何危害。

Ⅱ类弱冻胀土: $1\%<K_\mathrm{d}\leqslant3.5\%$,冻结时水分迁移很少,地表无明显冻胀隆起,对一般浅埋基础亦无危害。

Ⅲ类冻胀土: $3.5\%<K_\mathrm{d}\leqslant6\%$,冻结时有较多的水分迁移,形成冰夹层,若结构自重轻,基础埋置过浅,会产生较大的冻胀变形,冻深大时会产生较大的切向冻胀力而使基础上拔。

Ⅳ类强冻胀土: $6\%<K_\mathrm{d}\leqslant12\%$,冻结时有大量水分迁移,形成较厚较密的冰夹层,冻胀严重,即使基础埋深超过冻结线,也可能因切向冻胀力过大而向上拔起,甚至会在薄弱处拔断。

Ⅴ类特强冻胀土: $12\%<K_\mathrm{d}\leqslant18\%$,其冻胀量很大,是影响桥梁基础冻胀上拔破坏的主要原因。

Ⅵ类极强冻胀土: $K_\mathrm{d}>18\%$,其冻胀量极大,是影响桥梁基础上拔破坏的最主要原因,基础底面必须要在冻结线以下一定深度。

地基土的冻胀变形,除与负温条件有关外,主要与土的颗粒组成、冻前含水率和地下水的补给条件有关,因此规范规定按表11-1确定其冻胀类别。

二、多年冻土按融沉性的分类

多年冻土以融化下沉系数作为分类的直接指标。

$$\delta_0=\frac{h_1-h_2}{h_1}=\frac{e_1-e_2}{1+e_1}\times100 \tag{11-2}$$

式中: h_1 、 e_1 ——冻土试样融化前的高度(mm)和孔隙比;

h_2 、 e_2 ——冻土试样融化后的高度(mm)和孔隙比。

Ⅰ类土(不融沉): $\delta_0\leqslant1$,是仅次于岩石的地基土,含水率少,对在其上修筑结构物可不考虑融沉问题。

Ⅱ类土(弱融沉):$1 < \delta_0 \leq 3$,是多年冻土中较好的地基土,含水率较少,一般可直接作为结构物的地基,当控制基底最大融化深度在3m以内时,结构物不会遭受明显融沉破坏。

Ⅲ类土(融沉):$3 < \delta_0 \leq 10$,是一种过渡类型土,具有较大的融化下沉压缩量,而且冬季回冻时有较大的冻胀量。作为地基时,一般基底融深不得大于1m,并需进行冻胀和融沉验算。

Ⅳ类土(强融沉):$10 < \delta_0 \leq 25$,此类地基在施工及运营时应采取措施防止基底融化,或采用深基础。

Ⅴ类土(融陷):$\delta_0 > 25$,不允许基底发生融化,而且认为其承载力为零,不能直接做地基。

根据我国多年室内外冻土观测试验资料,采用影响冻土融沉变形主要因素:颗粒组成、含水(冰)率等确定,其具体分类如表11-2所示。

多年冻土的融沉性分类

表11-2

土的名称	总含水率 w (%)	平均融沉系数 δ_0 (%)	融沉等级	融沉类别	冻土类型
碎(卵)石,砾、粗、中砂(粒径小于0.074mm的颗粒含量不大于15%)	$w < 10$	$\delta_0 \leq 1$	Ⅰ	不融沉	少冰冻土
	$w \geq 10$	$1 < \delta_0 \leq 3$	Ⅱ	弱融沉	多冰冻土
碎(卵)石,砾、粗、中砂(粒径小于0.074mm的颗粒含量大于15%)	$w < 12$	$\delta_0 \leq 1$	Ⅰ	不融沉	少冰冻土
	$12 \leq w < 15$	$1 < \delta_0 \leq 3$	Ⅱ	弱融沉	多冰冻土
	$15 \leq w < 25$	$3 < \delta_0 \leq 10$	Ⅲ	融沉	富冰冻土
	$w \geq 25$	$10 < \delta_0 \leq 25$	Ⅳ	强融沉	饱冰冻土
粉、细砂	$w < 14$	$\delta_0 \leq 1$	Ⅰ	不融沉	少冰冻土
	$14 \leq w < 18$	$1 < \delta_0 \leq 3$	Ⅱ	弱融沉	多冰冻土
	$18 \leq w < 28$	$3 < \delta_0 \leq 10$	Ⅲ	融沉	富冰冻土
	$w \geq 28$	$10 < \delta_0 \leq 25$	Ⅳ	强融沉	饱冰冻土
粉土	$w < 17$	$\delta_0 \leq 1$	Ⅰ	不融沉	少冰冻土
	$17 \leq w < 21$	$1 < \delta_0 \leq 3$	Ⅱ	弱融沉	多冰冻土
	$21 \leq w < 32$	$3 < \delta_0 \leq 10$	Ⅲ	融沉	富冰冻土
	$w \geq 32$	$10 < \delta_0 \leq 25$	Ⅳ	强融沉	饱冰冻土
黏性土	$w < w_P$	$\delta_0 \leq 1$	Ⅰ	不融沉	少冰冻土
	$w_P \leq w < w_P + 4$	$1 < \delta_0 \leq 3$	Ⅱ	弱融沉	多冰冻土
	$w_P + 4 \leq w < w_P + 15$	$3 < \delta_0 \leq 10$	Ⅲ	融沉	富冰冻土
	$w_P + 15 \leq w < w_P + 35$	$10 < \delta_0 \leq 25$	Ⅳ	强融沉	饱冰冻土
含土冰层	$w \geq w_P + 35$	$\delta_0 > 25$	Ⅴ	融陷	含土冰层

注:1. 总含水率 w 包括冰和未冻水。

2. 盐渍化冻土、冻结泥碳化土、腐殖土、高塑性黏土不在表列范围内。

第三节 土的冻胀力

土的冻胀不仅使土体积膨胀,且当这种冻胀受到人工构筑物(如基础)的约束不能自由膨胀时,就会对构筑物形成一种作用力,这种土冻结过程对人工构筑物产生的作用力称之为冻胀力。冻胀和约束是产生冻胀力的两个必要条件,缺一不可。

冻胀力同冻胀变形一样,是受水、土、温诸多因素影响而变化的一种冻土力学特性,同时又受外约束条件(如构筑物荷载大小、基础形状尺寸、刚度、材料的热性能、结构容许变形程度等)的影响而变化。土的冻胀力给建筑构筑物造成的危害是严重的,所以一直是人们关注和研究的核心问题。

一、切向冻胀力

切向冻胀力是土在冻结过程中产生的作用于基础侧表面向上的作用力。若土中的含水率小于起始冻胀含水率,则土中水冻结体积膨胀,也只能填充土的孔隙,不能使土颗粒产生相对位移,此时只有冻结,没有冻胀;只有冻结力,没有切向冻胀力。如果土中初始含水率高于起始冻胀含水率,尤其是冻结过程中又不断有外来水源补给时,会产生很大的冻胀变形。由于基础侧面通过冻结力约束了周围土体的冻胀,于是已冻胀的土体依赖冻结力对基础侧面产生了很大的切向冻胀力(图11-2)。若总的切向冻胀力超过了基础及一部分结构重力,则就会把基础抬起,产生冻拔破坏。

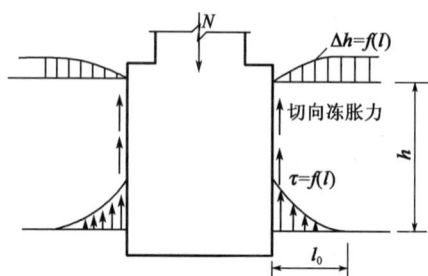

图 11-2 基础侧面切向冻胀力形成及分布图示

切向冻胀力沿冻深的变化趋势与冻胀量沿冻深变化基本相似,其影响因素也相同。可以说冻胀量大的土或区域,切向冻胀力亦大,反之亦然。在工程应用中常用的是单位面积切向冻胀力设计值,应用时可采用表11-3的推荐值。

季节性冻土切向冻胀力标准值τ_{sk}(kPa)   表11-3

基础形式 \ 冻胀类别	不冻胀	弱冻胀	冻胀	强冻胀	特强冻胀	极强冻胀
墩、台、柱、桩基础	0 ~ 15	15 ~ 80	80 ~ 120	120 ~ 160	160 ~ 180	180 ~ 200
条形基础	0 ~ 10	10 ~ 40	40 ~ 60	60 ~ 80	80 ~ 90	90 ~ 100

注:1. 条形基础系指基础长宽比等于或大于10的基础。
　　2. 对表面光滑的预制桩,τ_{sk}乘以0.8。

二、法向冻胀力

法向冻胀力是作用在基础底面,且垂直于底面的冻胀力。法向冻胀力与切向冻胀力形成的机理一样,都是土的冻胀受到约束而致,是由于基底冻土层的竖向冻胀变形受到上面基础的约束而产生的。

法向冻胀力也同样受土的冻胀性影响,同时还随外约束条件的变化而不同,法向冻胀力不是一个固定不变值,其大小变化悬殊。

法向冻胀力随基础在冻土层的埋置深度而变化。基底在强冻胀带,法向冻胀力就大;接近冻结线,法向冻胀力最小,甚至接近零。换句话说,基础底板以下冻土层的厚度及其冻胀变形量的大小,是决定冻土对基础作用法向冻胀力值的主要因素。

现研究认为,法向冻胀力由两部分构成,一为土柱 $abcd$ 冻胀时,作用于基础接触面的"纯法向冻胀力" σ_0(图 11-3);一为基底侧面土体作用于 $abcd$ 土柱侧面的"似切向冻胀力" τ,也有的称为附加法向冻胀力。这是因为基底以下冻土柱体 $abcd$ 受约束不能冻胀,而基础以外的土体却不受约束仍向上冻胀,当冻胀达极限破坏时,其结果必然在直接受基底约束边界形成垂直的剪切破坏面,产生"似切向冻胀力" τ。基底最终法向冻胀力 σ 应为上述两力的叠加值,即:

$$\sigma = \sigma_0 + \frac{\sum \tau}{A} \tag{11-3}$$

式中:A——基础底面面积;

　　τ——按基底周边计算的基底以下冻土柱总剪力。

由于 σ_0 与 τ 随基础埋置深度、基底残留冻土层的厚度而变化,所以在计算时,首先应以设计的基底残留冻土层厚度来试算确定。其具体计算可参考《冻土地区建筑地基基础设计规范》(JGJ 118—2011)(以下简称《冻建基规》)有关规定确定。需要强调的是,在基础设计中,应尽量避免产生过大的法向冻胀力。

三、水平冻胀力

对支挡结构(桥台前墙、侧墙、挡土墙等),当墙背填土产生冻胀变形时,由于墙体表面和填土上表面两个冷峰面,发生双向导冷冻结,测得等温线如图 11-4 所示。

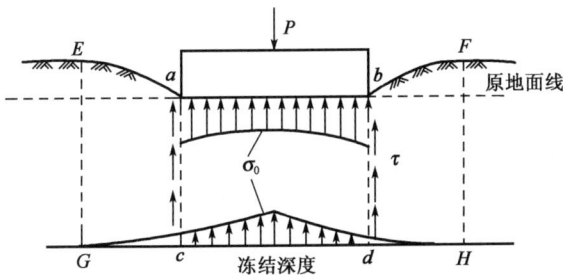

图 11-3　法向冻胀力作用示意图　　　图 11-4　等温线及水平冻胀力作用图示

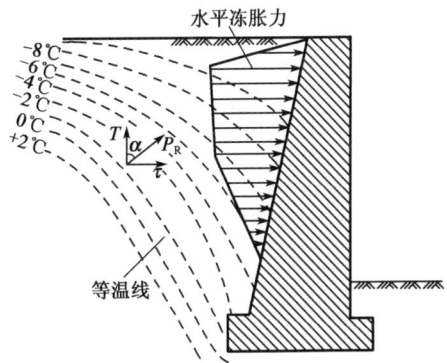

一般水平冻胀力远大于主动土压力,所以在寒冷地区按照融土主动土压力设计的支挡结构物,若墙后没有填以非冻胀土,或适当进行排水处理,多产生冻害破坏。根据填土等温线图可知,冰晶增长方向、冻胀力方向与等温线垂直,所以冻胀力与墙背面不垂直,可分解为水平和垂直两个分力,即:

$$\begin{cases} \tau = P_R \sin\alpha \\ T = P_R \cos\alpha \end{cases} \tag{11-4}$$

式中:τ——水平冻胀力;

　　T——垂直冻胀力;

P_R——冻胀合力;

α——计算点等温线法向与竖向的夹角。

水平冻胀力的分布,受秋末冬初填土中含水率分布的影响,一般为倒三角形分布,三角形的顶点为冻胀终止深度。若秋雨较小且地下水位较高,属开敞系统时,亦可测得下大上小、呈正三角形分布的图形。此时虽下面冻土水平冻胀力大,但冻土土温相对较高,数值不可能达最大值,且对结构的破坏作用较之前一种小。

影响水平冻胀力的因素与前面介绍的切向冻胀力和法向冻胀力一样,在此不再赘述。水平冻胀力还随时间的延续和结构的变形而衰减,因而水平冻胀力最大值的出现是短暂的,且与长期稳定水平冻胀力相差较大,在结构允许有相对变形的情况下,计算值不宜取得过大。结合国内外实测资料,建议在计算时,水平冻胀力τ_c值如表11-4所示。

水平冻胀力τ_c表   表 11-4

土的类别 状态 水平冻胀力	黏土及亚黏土		砂 砾 土	
	未采取排水措施	采取排水措施	未采取排水措施	采取排水措施
τ_c(kPa)	20 ~ 250	50 ~ 100	100 ~ 150	50

第四节　考虑地基土冻胀作用桥涵基础埋置深度确定

一、季节性冻土地区地基与基础

从国内外实测各类冻土冻胀资料证实,地表实测冻胀量随着冻深的增加而增加。但当冻深发展到一定深度后,冻胀量就不再继续增加或增加甚微,因为结合水的冻结、土中水的迁移

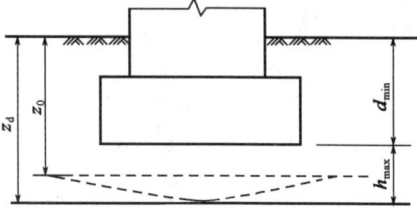

图11-5　基础埋置深度示意图

需要一定的负温梯度,在接近最大冻结深度处,负温梯度较小,所以冻胀量也小。因此对有些冻胀土,可将基础底面埋至设计冻结深度以上某一深度,而不需要超过整个冻深,使基础下面保留的冻土层产生的冻胀量小于结构物允许变形,这个土层一般称为残留冻土层h_{max}(图11-5)。

墩台基础设置在季节性冻胀土层中,基底的最小埋置深度可按下式计算:

$$d_{min} = z_d - h_{max} \tag{11-5}$$

$$z_d = \varphi_{zs}\varphi_{zw}\varphi_{ze}\varphi_{zg}\varphi_{zf}z_0 \tag{11-6}$$

式中:d_{min}——基底最小埋置深度(m);

z_d——设计冻深(m);

z_0——标准冻深(m),无实测资料时,可按本书附录Ⅲ查用;

φ_{zs}——土的类别对冻深的影响系数,按表11-5查取;

φ_{zw}——土的冻胀性对冻深的影响系数,按表11-6查取;

φ_{ze}——环境对冻深的影响系数,按表11-7查取;

φ_{zg}——地形坡度对冻深的影响系数,按表11-8查取;

φ_{zf}——基础对冻深的影响系数,$\varphi_{zf} = 1.1$;

h_{max}——基础底面下容许最大冻层厚度(m),按表11-9查取。

土的类别对冻深的影响系数 φ_{zs}　　　　　　　　　　　　表 11-5

土的类别	黏性土	细砂、粉砂、粉土	中砂、粗砂、砾砂	碎石土
φ_{zs}	1.00	1.20	1.30	1.40

土的冻胀性对冻深的影响系数 φ_{zw}　　　　　　　　　　　表 11-6

冻胀性	不冻胀	弱冻胀	冻胀	强冻胀	特强冻胀	极强冻胀
φ_{zw}	1.00	0.95	0.90	0.85	0.80	0.75

环境对冻深的影响系数 φ_{ze}　　　　　　　　　　　　　　表 11-7

周围环境	村、镇、旷野	城市近郊	城市市区
φ_{ze}	1.0	0.95	0.90

地形坡向对冻深的影响系数 φ_{zg}　　　　　　　　　　　　表 11-8

地形坡向	平坦	阳坡	阴坡
φ_{zg}	1.0	0.9	1.1

不同冻胀土类别在基础底面下容许最大冻层厚度 h_{max}　　　表 11-9

冻胀土类别	弱冻胀	冻胀	强冻胀	特强冻胀	极强冻胀
h_{max}	$0.38z_0$	$0.28z_0$	$0.15z_0$	$0.08z_0$	0

当结构物基底设置在不冻胀土层中时,基底埋深可不考虑冻结线问题。

上部结构为超静定结构时,除不冻胀土外,均应将基底埋置于冻结线以下不小于0.25m。

冻胀地区桩基础的承台底面在土中埋置深度,可按基础计算公式确定。流冰的河流,桩基础的承台底面应在最低冰层底面以下不小于0.25m。

二、扩大基础切向冻胀力抗冻拔验算

由于基础埋深是依据结构物允许冻胀变形确定的,基底法向冻胀力将随着允许冻胀变形的产生而迅速减小并消失。所以按上述原则确定基础埋深后,在对各种冻胀土验算冻胀稳定性时,法向冻胀力不考虑。

季节性冻土地基墩、台和基础(含条形基础)抗冻拔稳定性按下列公式计算:

$$F_k + G_k + Q_{sk} \geq kT_k \tag{11-7}$$

$$T_k = z_d \tau_{sk} u \tag{11-8}$$

式中:F_k——作用在基础上的结构自重(kN);

G_k——基础自重及襟边上的土自重(kN);

Q_{sk}——基础周边融化层的摩阻力标准值(kN),按公式(11-23)计算;

k——冻胀力修正数值,砌筑或架设上部结构之前,k 取1.1;砌筑或架设上部结构之后,对外静定结构,k 取1.2,对外超静定结构,k 取1.3;

T_k——对基础的切向冻胀力标准值(kN);

z_d——设计冻深(m),当基础埋置深度 h 小于 z_d 时,z_d 采用 h;

τ_{sk}——季节性冻土切向冻胀力标准值(kPa),按表 11-3 采用;

u——在季节性冻土层中,基础和墩身的平均周长(m);

三、基桩冻拔稳定验算

在冻深较大地区的中、小梁式桥的桩基础,当桩周土为冻胀或强冻胀土时,桩常因周围土冻胀而上拔,使上部结构产生不均匀隆起,甚至破坏。因而要验算基桩抗冻拔时所需的锚固桩长(图 11-6)。在寒冷地区,中小桥往往由抗冻拔所需桩长控制桩的入土深度。

桩(柱)基础抗冻拔稳定性按下列公式验算:

$$F_k + G_k + Q_{fk} \geq kT_k \tag{11-9}$$

$$Q_{fk} = 0.4u \sum q_{ik} l_i \tag{11-10}$$

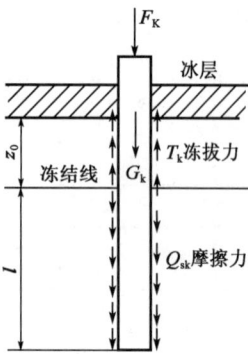

图 11-6 桩的冻拔验算

式中:F_k——作用在桩(柱)顶上的竖向结构自重(kN);

G_k——桩(柱)自重(kN),对于水位以下且桩(柱)底为透水土时取浮重度;

Q_{fk}——桩(柱)在冻结线以下各土层的摩阻力标准值之和;

u——桩的周长(m);

q_{ik}——冻结线以下各层土的摩阻力标准值(kPa);

l_i——冻结线以下各土层的厚度(m);

T_k——每根桩(柱)的切向冻胀力标准值(kN),按公式(11-8)计算;

k——在式(11-7)中查用。

一般中小跨径桥梁,在强冻胀土中的桩基础桩径不宜太大,并对横系梁的埋置要慎重,尽量避免横系梁承受法向冻胀力。

当切向冻胀力较大时,应验算墩、台、基础和桩(柱)的薄弱截面处的抗拉力。

第五节 多年冻土地区地基与基础

一、多年冻土地区地基与基础设计原则

多年冻土地区结构物的地基基础设计,应根据冻土的类别、稳定状态、修筑结构物后地基下冻土地温及冻土上限等可能发生的变化,分别采取以下两种原则。

(一)保持冻结状态原则

保持冻结状态原则就是保持基础底多年冻土在施工和运营过程中始终处于冻结状态。它适用于多年冻土相对稳定及地基土为融沉或强融沉土地带。由于这种地基土一旦融化后其融沉变形较大,很难保证结构物的稳定,同时应经方案比选,使其技术上可行、经济上合理。采取此原则时,地基土应按冻土物理力学参数值设计。

采用保持冻结原则时,基础埋入人为上限以下的最小深度:刚性扩大基础弱融沉冻土为 0.5m;融沉和强融沉冻土为 1.0m;桩基础不小于 4.0m。

(二) 逐渐融化状态和预先融化状态原则

容许融化原则就是容许基底下的多年冻土在施工和运营期间融化。按其融化方式可分为自然逐渐融化和人工融化。对厚度薄、地温较高的不稳定状态冻土及地基土为不融沉或弱融沉冻土,因其融沉量不大,此时要保持冻结状态,在技术上很难做到或经济上不合理,故宜采用自然融化。对于不稳定状态的融沉和强融沉冻土地基,在砌筑基础前,宜采用人工融化冻土,然后挖除换填。

采用容许融化原则设计时,地基土取用融化土的物理力学参数值进行强度和融沉变形验算;上部结构形式以静定结构为宜。

根据长期的工程实践总结,当采用冻结原则,如基础埋置深度较大时,首先应考虑桩基础。因为桩基础横截面小,施工对冻土暴露面小,热渗量少,上限下移不明显,易保持冻结。现一般施工方法多采用钻孔插入或钻孔打入桩,结合负温早强混凝土的应用,钻孔灌注也是一种可行的施工方法。

钻孔插入桩的成孔直径应比桩径增大 100mm 及以上,将预制桩插入钻孔内,并以泥浆或其他填料充填。这种桩应用于桩长范围内平均温度低于 −0.5℃ 的坚硬冻土地区。当桩周充填的泥浆全部回冻后,方可施加荷载。

钻孔打入桩的成孔直径应比钢筋混凝土预制桩直径或边长小 150mm,钻孔深度应比桩的入土深度大 300mm,并将预制桩沉入设计高程,这种桩宜用于不含大块碎石的塑性冻土地带。钻孔灌注桩多应用于大片连续多年冻土及岛状融区地带。

根据我国多年冻土特点,凡是常年流水的较大河流沿岸,由于洪水的渗透和冲刷,多年冻土大都退化呈不稳定状态,甚至局部消失,因此在这些地带基础设计时一般不宜采用保持冻结原则。多年冻土地区刚性扩大基础当按逐渐融化状态设计时,地基土应为不融沉或弱融沉土;对于其他融沉等级地基土,应按保持地基土处于冻结状态设计。

二、多年冻土地基计算

在多年冻土地区进行工程建设时,和非冻土一样,需要进行地基承载力、变形及稳定性计算。但是,作为地基土的冻土,其强度、承载力等数值,除了与地基土的物质成分、孔隙比等因素有关外,还与冻土中冰的含量有很大关系。

多年冻土因含冰,在长期荷载作用下有明显的蠕变性,长期荷载的抗压强度要比瞬时荷载的小,在确定地基容许承载力时,必须适当考虑这一因素。

(一) 保持冻结状态地基的计算

保持地基土处于冻结状态的地基承载力计算,应符合下列规定。

(1) 当为中心荷载作用时,应符合下式要求:

$$p \leqslant f \tag{11-11}$$

式中:p——地基底面处的平均压力设计值(kPa);

f——地基承载力设计值(不进行深宽修正)(kPa),应按原位试验或《冻建基规》附录 A的规定确定。

当为偏心荷载作用时,除应符合公式(11-11)的要求外,尚应符合下列要求:

$$p_{max} \leqslant 1.2f \tag{11-12}$$

式中:p_{max}——基础底面边缘的最大压力设计值(kPa)。

（2）基础底面的压力，可按下列公式确定。

当为中心荷载作用时：

$$p = \frac{F + G}{A} \tag{11-13}$$

式中：F——上部结构传至基础顶面的竖向力设计值（kN）；

G——基础自重和基础上土重的设计值（kN）；

A——基础底面面积（m^2）。

当为偏心荷载作用时：

$$p_{max} = \frac{F + G}{A} + \frac{M - M_c}{W} \tag{11-14}$$

$$p_{min} = \frac{F + G}{A} - \frac{M - M_c}{W} \tag{11-15}$$

式中：p_{min}——基础底面边缘的最小压力设计值（kPa）；

M——作用于基础底面的力矩设计值（kN·m）；

M_c——作用于基础侧面与多年冻土冻结的切向冻胀力所形成力矩的设计值（kN·m）；

W——基础底面的抵抗力矩（m^3）。

（3）切向冻胀力所形成力矩的设计值可按下列公式确定：

$$M_c = q_{pk} \cdot h_b \cdot L(b + 0.5L) \tag{11-16}$$

式中：q_{pk}——多年冻土与基础侧表面间的冻结强度设计值（kPa），应由试验确定，当无试验资料时，可按《冻建基规》附录 A 的规定确定；

h_b——基础侧表面与多年冻土冻结的高度（m）；

b——基础底面的宽度（m）；

L——基础底面平行力矩作用方向的边长（m）。

保持地基处于冻结状态的塑性冻土除应进行承载力计算外，一般对地基的下沉量可不计算，但当其压缩模量比坚硬冻土小得多时，要对处于承载力范围之间的压缩、沉降变形进行考虑计算。

（二）逐渐融化状态和预先融化状态地基的计算

1. 地基变形计算

进行地基变形量计算时，其变形量应符合下列要求：

$$S < S_y \tag{11-17}$$

式中：S——地基的变形量（mm）；

S_y——现行国家标准《建基设规》规定的地基变形的允许值。

在施工及使用过程中逐渐融化的地基土，应按线性变形体计算，其地基变形量应按下式计算：

$$S = \sum_{i=1}^{n} \delta_{0i}(h_i - \Delta_i) + \sum_{i=1}^{n} m_v(h_i - \Delta_i)p_{ri} + \sum_{i=1}^{n} m_v(h_i - \Delta_i)p_{0i} + \sum_{i=1}^{n} \Delta_i \tag{11-18}$$

式中：δ_{0i}——无荷载作用时，第 i 层土融化下沉系数，应由试验确定；无试验数据时可按《冻建基规》附录 G 的规定求得；

m_v——第 i 层土的体积压缩系数，应由试验确定；无试验数据时，可按《冻建基规》附录 G 表 G.0.4 的规定确定；

Δ_i——第 i 层土中夹冰层的平均厚度(mm),当 Δ_i 大于等于 10mm 时,才计取;

p_{ri}——第 i 层中部以上土的自重压力(kPa);

h_i——第 i 层土的厚度, h_i 小于等于 $0.4b$, b 为基础的短边长度(mm);

p_{0i}——基础中心下,地基土融冻界面处第 i 层土的平均附加应力(kPa);

n——计算深度内土层划分的层数。

2. 地基土融冻界面附加压力计算

基础中心下地基土融冻界面处的平均附加压力 p_{0i} 应按下式计算:

$$p_{0i} = \frac{1}{2}(\alpha_i + \alpha_{i-1})p_0 \tag{11-19}$$

式中: α_{i-1}、α_i——基础中心下第 $i-1$、i 层融冻界面处土的应力系数,应按表 11-10 的规定取值;

p_0——基础底面的附加压力(kPa)。

基础下多年冻土融冻界面处土中的应力系数 α　　　　表 11-10

$\dfrac{h}{b_1}$	圆形 (半径 $=b_1$)	矩形基础底面长宽比 a/b				条形 $a/b>10$	简　　图
		1	2	3	4		
0.00	1.000	1.000	1.000	1.000	1.000	1.000	
0.25	1.009	1.009	1.009	1.009	1.009	1.009	
0.50	1.064	1.053	1.033	1.033	1.033	1.033	
0.75	1.072	1.082	1.059	1.059	1.059	1.059	
1.00	0.965	1.027	1.039	1.026	1.025	1.025	
1.50	0.684	0.762	0.912	0.911	0.902	0.902	
2.00	0.473	0.541	0.717	0.769	0.761	0.761	
2.50	0.335	0.395	0.593	0.651	0.636	0.636	
3.00	0.249	0.298	0.474	0.549	0.560	0.560	
4.00	0.148	0.186	0.314	0.392	0.439	0.439	
5.00	0.098	0.125	0.222	0.287	0.359	0.359	
7.00	0.051	0.065	0.113	0.170	0.262	0.262	
10.00	0.025	0.032	0.064	0.093	0.181	0.185	
20.00	0.006	0.008	0.016	0.024	0.068	0.086	
50.00	0.001	0.001	0.003	0.005	0.014	0.037	
∞	0.000	0.000	0.000	0.000	0.000	0.000	

3. 最大融深不完全预融沉降计算

地基冻土在最大融深范围内不完全预融时,其下沉量可按下式计算。

$$S = S_m + S_a \tag{11-20}$$

式中: S_m——已融土层厚度 h_m 内的下沉量,应按公式(11-18)计算,此时, δ_{0i} 为 0, Δ_i 为 0;

S_a——已融土层下的冻土在使用过程中逐渐融化压缩的下沉量,应按式(11-18)计算,此时计算深度 $h_t = h_u - h_m$; h_u 为地基土的融化总深度, $h_u = h_{max} + 0.2h_m$,其中, h_{max} 为地基冻土的计算最大融深。

4.基础倾斜计算

由于偏心荷载、冻土融深的不一致或土质不均匀及相邻基础相互影响等而引起的基础倾斜,应按下式计算。

$$i = \frac{S_1 - S_2}{b} \tag{11-21}$$

式中:S_1、S_2——基础边缘下沉值(mm),可按公式(11-18)计算;

b——基础倾斜边的长度(mm)。

基础承载力计算时,应按照现行国家标准《建基设规》第5.1节的规定计算,其中,地基承载力的设计值采用融化土地基承载力的设计值,按实测资料确定;无实测资料时,可按相应规定确定。

(三)多年冻土墩台基础抗冻拔稳定性计算

多年冻土地区的墩台基础(包括桩基础),一般河床以下各层次,有向上的切向冻胀力 T、向下的摩阻力 Q_s 和向下的冻结力 Q_p。基础埋置深度应根据受力情况满足抗冻拔稳定要求。多年冻土地基墩、台和基础(图11-7),抗冻稳定性按下列公式推算。

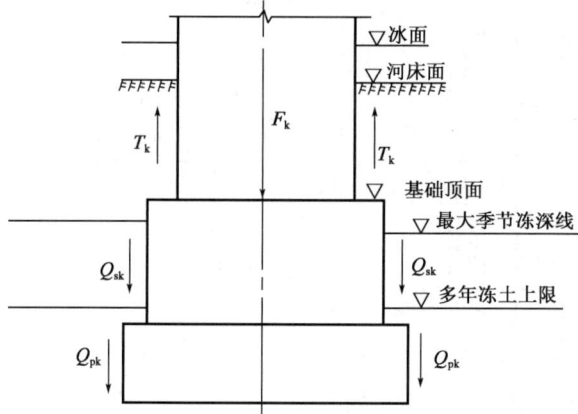

图11-7 多年冻土地基冻胀力图

T_k-对基础切向冻胀力;Q_{sk}-基础位于融化层的摩阻力;Q_{pk}-基础和多年冻土的冻结力

$$F_k + G_k + Q_{sk} + Q_{pk} \geqslant kT_k \tag{11-22}$$

$$Q_{sk} = q_{sk} \cdot A_s \tag{11-23}$$

$$Q_{pk} = q_{pk} \cdot A_p \tag{11-24}$$

式中:Q_{sk}——基础周边融化层的摩阻力标准值(kN),当季节冻土层与多年冻土层衔接时,$Q_s = 0$;当季节冻土与多年冻土层不衔接时,按公式(11-23)计算;

A_s——融化层中基础的侧面面积(m^2);

q_{sk}——基础侧面与融化层的摩阻力标准值(kPa),无实测资料时,对黏性土可采用 20~30kPa;

Q_{pk}——基础周边与多年冻土的冻结力标准值(kN),按公式(11-24)计算;

A_p——在多年冻土内的基础侧面面积(m^2);

q_{pk}——多年冻土与基础侧面的冻结力标准值(kPa),可按表11-11选用;

其余符号含义同前。

温度(℃) 土类及融沉等级		−0.2	−0.5	−1.0	−1.5	−2.0	−2.5	−3.0
粉土、黏性土	Ⅲ	35	50	85	115	145	170	200
	Ⅱ	30	40	60	80	100	120	140
	Ⅰ、Ⅳ	20	30	40	60	70	85	100
	Ⅴ	15	20	30	40	50	55	65
砂土	Ⅲ	40	60	100	130	165	200	230
	Ⅱ	30	50	80	100	130	155	180
	Ⅰ、Ⅳ	25	35	50	70	85	100	115
	Ⅴ	10	20	30	35	40	50	60
砾石土(粒径小于0.075mm)的颗粒(含量小于或等于10%)	Ⅲ	40	55	80	100	130	155	180
	Ⅱ	30	40	60	80	100	120	135
	Ⅰ、Ⅳ	25	35	50	60	70	85	95
	Ⅴ	15	20	30	40	45	55	65
砾石土(粒径小于0.075mm)的颗粒(含量大于10%)	Ⅲ	35	55	85	115	150	170	200
	Ⅱ	30	40	70	90	115	140	160
	Ⅰ、Ⅳ	25	35	50	70	85	95	115
	Ⅴ	15	20	30	35	45	55	60

注:1. 多年冻土融沉等级见《公桥基规》附录表 H.0.3。

　　2. 对于预制混凝土、木质、金属的冻结力标准值,表列数值应分别乘以1.0、0.9和0.66的系数。

　　3. 多年冻土与沉桩的冻结力标准值按融沉等级Ⅳ类取值。

第六节　基础防冻害措施

冻胀和融沉是冻土地区桥涵结构物冻害中最普遍的现象,而且由于反复冻融循环作用,使之一旦出现冻害现象后再采取治理措施,就很难收到预期的效果。因而要求在勘察、设计、施工中,正确确定冻土工程分类,选择合理的设计原则,并根据结构物的特点,所处冻土水文地质条件和可能发生的各种冻胀现象,进行抗冻害验算,采取一些防冻害措施。

一、防冻胀措施

目前,国内外多从减小冻土对基础侧面的冻结力和改善基础周围冻土的冻胀性来防治冻胀破坏。

(1)基侧换土。将基侧冻胀土、强冻胀土、特强冻胀土挖除,换填较纯净的粗颗粒土(粉黏粒含量不超过15%)。

(2)改善表面光滑程度。在季节冻土层范围尽量采用光滑基础侧表面,还可用工业凡士林、渣油等涂壁,或在其表面铺油毛毡,以减小冻结力。对桩基础,也可用光面混凝土护筒和分离式套管来减小或根除切向冻胀力(图11-8)。

(3)选用抗冻胀性基础。改变基础断面形状,利用冻胀反力的自

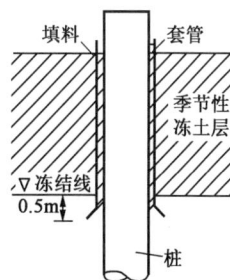

图 11-8　采用分离式套管的桩

锚作用来增加基础抵抗冻胀的能力(图11-9)。

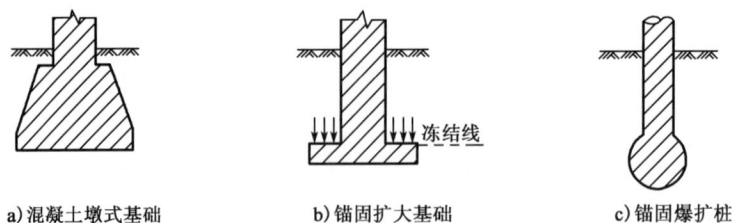

| a)混凝土墩式基础 | b)锚固扩大基础 | c)锚固爆扩桩 |

图11-9　冻土地区常用的抗冻胀基础类型

此外,也可用渣油表面活性剂综合处理,与单纯采用渣油表面处治相比,能提高和保证减小切向冻胀力效果的稳定性。活性剂采用铬盐和憎水性脂肪胺,料源充足,经济宜行,是冻土地区基础防冻胀较好措施。

二、防融沉措施

(1)保护覆盖层。施工中尽量不破坏和少破坏地表覆盖层,尤其对结构物基础周围是天然草皮和泥炭层更应如此,以减少热渗透量。

(2)基底土换填。对采用融化原则的基底土可换填碎、卵、砾石或粗砂等。换填厚度可至融化深度或受压层厚度。

(3)施工季节选择。对多冰地基采用不融化原则,基础最好在冬季施工;采用融化原则时最好夏季施工。

(4)基础形式选择。对融沉和强融沉土应尽量采用轻型墩台形式,适当增大基底面积,减小压应力。施工和养护时应保证桥涵排水通畅,不单侧积水。

(5)隔热保温措施。用保温性能好的材料或土壤换填铺覆,减小渗进多年冻土层的热量,保持地基土处于冻结状态。

第七节　冻土地区桥台填土水平冻胀力验算

冻土地区桥台台背填土冻结过程中会产生很大的水平冻胀力,经长期观测研究得知,对于强冻胀和特强冻胀土,这种水平冻胀力远大于融土时的主动土压力几倍甚至十几倍。

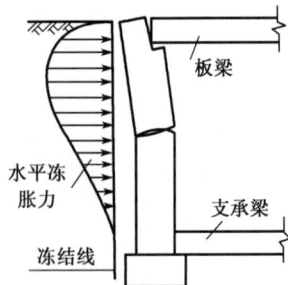

图11-10　轻型桥台破坏图示

调查中发现,在施工中对于中小跨径桥台,往往遇到什么土就填筑什么土,加之台后排水措施不利,有的甚至不采取排水措施(如对轻型桥台),在水平冻胀力作用下,形成了严重破坏现象。图11-10为黑龙江省某县四座轻型桥台的破坏图示。即使台后换填粗颗粒土,若不采取有效的排水措施,冻结速率较快,未冻水来不及挤出,水平冻胀力也不可能完全消失。

在冻土地区,作用于桥台结构物上的力系在冬季和夏季是不同的。在冬季,有冻结力和冻胀力作用于台背,由于冻结的土体相当于次坚岩性体,所以主动土压力、摩阻力、静水力和浮力等可能部分消失或全部消失。在夏季,冻结力和冻胀力逐渐消失,台后填土是以主动土压力及其破坏棱体上活载等代土层土压力的作用为主。所以,对冻土地区桥台结构应按冬季和夏季两种受力状态分别进行验算,荷载组合时水平冻胀力和土压力不应同时组合。

一、轻型桥台水平冻胀力验算

轻型桥台是上部结构用锚栓与台帽固定,下部设置支承横梁,台身形成一个有上、下支撑的竖梁结构,当受有水平冻胀力时,由于台帽受有支撑而不能产生位移,地面处水平冻胀力并不为零,而且很快增长至最大值(图 11-11),以后随着地温及冻胀变形的减小而呈上大下小的变化,计算时可简化为图 11-11 所示的结构计算图示。τ_c 为平均最大水平冻胀力,可按表 11-4 确定。

此时台身单宽截面最大弯矩值为:

$$M_{max} = 0.091 H^2 \tau_c$$

最大弯矩截面位置为:

$$X_0 = 0.456H$$

二、重力式桥台稳定性验算

对于石砌或混凝土修筑的重力式 U 形桥台,由于墙体较厚,主要验算桥台在水平冻胀力作用下的稳定性。计算时考虑地面下(或河床)冻结层对基础稳定性的嵌固作用,台前冻结层水平冻胀力近似按矩形分布(图 11-12)。

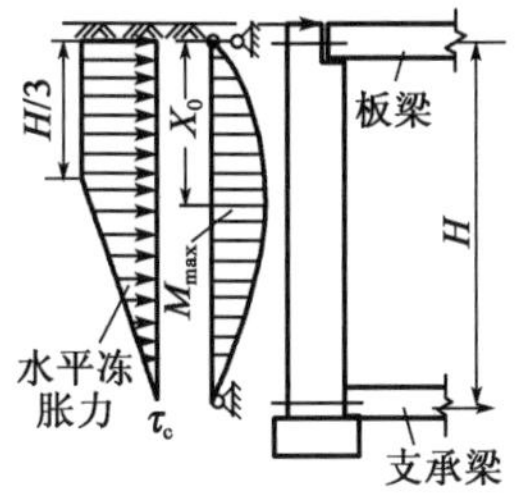

图 11-11　轻型桥台水平冻胀力作用图 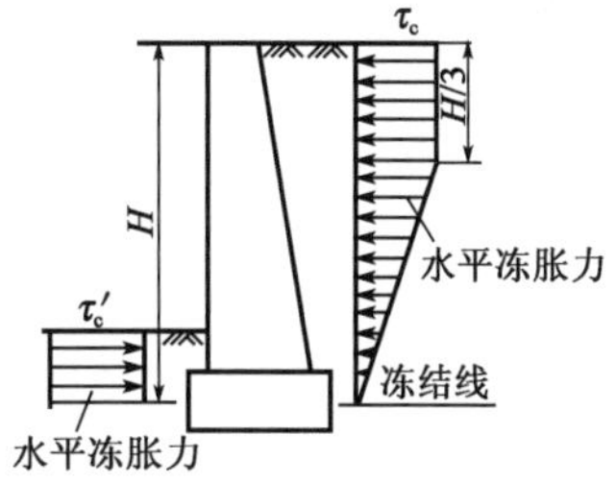　　　　图 11-12　重力式桥台水平冻胀力作用图

一般情况,重力式桥台的稳定性验算,仍由水平冻胀力所控制,这也就是斜八字墙桥台八字翼墙外倾的主要原因。

思　考　题

1. 冻土的形成及定义,季节冻土和多年冻土的特点是什么?
2. 季节冻土和多年冻土各自分类的主要指标是什么?介绍其他主要相关因素特点。
3. 冻土在冻结过程对基础产生的作用力有哪几种?简单说明其影响作用。
4. 季节性冻土地区,桥涵浅基础其埋置深度如何确定?
5. 多年冻土地区对地基与基础的设计原则有哪两类?其与多年冻土的融沉性有什么关系?
6. 冻土地区桥涵基础的防冻害和防融沉的措施有哪些?

附录Ⅰ 地基承载力基本容许值

地基承载力基本容许值$[f_{a0}]$可根据岩土类别、状态及物理力学特性指标按附表 1.1 ~ 附表 1.7 选用。

一、岩石地基承载力基本容许值

一般岩石地基可根据强度等级、节理按附表 1-1 确定承载力基本容许值$[f_{a0}]$。对于复杂的岩层(如溶洞、断层、软弱夹层、易落岩石、软化岩石等),应按各项因素综合确定。

岩石地基承载力基本容许值$[f_{a0}]$ 附表 1-1

$[f_{a0}]$(kPa) 节理发育程度 坚硬程度	节理不发育	节理发育	节理很发育
坚硬岩、较硬岩	>3 000	3 000 ~ 2 000	2 000 ~ 1 500
较软岩	3 000 ~ 1 500	1 500 ~ 1 000	1 000 ~ 800
软岩	1 200 ~ 1 000	1 000 ~ 800	800 ~ 500
极软岩	500 ~ 400	400 ~ 300	300 ~ 200

二、碎石土地基承载力容许值

碎石土地基可根据其类别和密实程度按附表 1-2 确定承载力基本容许值$[f_{a0}]$。

碎石土地基承载力基本容许值$[f_{a0}]$ 附表 1-2

$[f_{a0}]$(kPa) 密实程度 土名	密 实	中 密	稍 密	松 散
卵石	1 200 ~ 1 000	1 000 ~ 650	650 ~ 500	500 ~ 300
碎石	1 000 ~ 800	800 ~ 550	550 ~ 400	400 ~ 200
圆砾	800 ~ 600	600 ~ 400	400 ~ 300	300 ~ 200
角砾	700 ~ 500	500 ~ 400	400 ~ 300	300 ~ 200

注:1. 由硬质岩组成,填充砂土者,取高值;由软质岩组成,填充黏性土者,取低值。

2. 半胶结的碎石土,可按密实的同类土的$[f_{a0}]$值提高 10% ~ 30%。

3. 松散的碎石土在天然河床中很少遇见,需特别注意鉴定。

4. 漂石、块石的$[f_{a0}]$值,可参照卵石、碎石适当提高。

三、砂土地基承载力基本容许值

砂土地基可根据土的密实度和水位情况按附表 1-3 确定承载力基本容许值 $[f_{a0}]$。

砂土地基承载力基本容许值 $[f_{a0}]$ 　　　　　　　　　　附表 1-3

$[f_{a0}]$(kPa)　密实度 土名及水位情况		密　实	中　密	稍　密	松　散
砾砂、粗砂	与湿度无关	550	430	370	200
中砂	与湿度无关	450	370	330	150
细砂	水上	350	270	230	100
	水下	300	210	190	—
粉砂	水上	300	210	190	—
	水下	200	110	90	—

四、粉土地基承载力基本容许值

粉土地基可根据土的天然孔隙比 e 和天然含水率 w(%) 按附表 1-4 确定承载力基本容许值 $[f_{a0}]$。

粉土地基承载力基本容许值 $[f_{a0}]$ 　　　　　　　　　　附表 1-4

$[f_{a0}]$(kPa)　w(%) e	10	15	20	25	30	35
0.5	400	380	355	—	—	—
0.6	300	290	280	270	—	—
0.7	250	235	225	215	205	—
0.8	200	190	180	170	165	—
0.9	160	150	145	140	130	125

五、黏性土地基承载力基本容许值

1. 老黏性土地基承载力基本容许值

老黏性土地基可根据压缩模量 E_s 按附表 1-5 确定承载力基本容许值 $[f_{a0}]$。

老黏性土地基承载力基本容许值 $[f_{a0}]$ 　　　　　　　　　　附表 1-5

E_s(MPa)	10	15	20	25	30	35	40
$[f_{a0}]$(kPa)	380	430	470	510	550	580	620

2. 一般黏性土地基承载力基本容许值

一般黏性土可根据液性指数 I_L 和天然孔隙比 e 按附表 1-6 确定地基承载力基本容许值 $[f_{a0}]$。

一般黏性土地基承载力基本容许值[f_{a0}]

附表 1-6

$[f_{a0}]$(kPa)　　I_L e	0	0.1	0.2	0.3	0.4	0.5	0.6	0.7	0.8	0.9	1.0	1.1	1.2
0.5	450	440	430	420	400	380	350	310	270	240	220	—	—
0.6	420	410	400	380	360	340	310	280	250	220	200	180	—
0.7	400	370	350	330	310	290	270	240	220	190	170	160	150
0.8	380	330	300	280	260	240	230	210	180	160	150	140	130
0.9	320	280	260	240	220	210	190	180	160	140	130	120	100
1.0	250	230	220	210	190	170	160	150	140	120	110	—	—
1.1	—	—	160	150	140	130	120	110	100	90	—	—	—

注:1. 土中含有粒径大于 2mm 的颗粒质量超过总质量 30% 以上者,[f_{a0}]可适当提高。

　　2. 当 $e < 0.5$ 时,取 $e = 0.5$;当 $I_L < 0$ 时,取 $I_L = 0$。此外,超过表列范围的一般黏性土,[f_{a0}] $= 57.22E_s^{0.57}$。

3. 新近沉积黏性土地基承载力基本容许值

新近沉积黏性土地基可根据液性指数 I_L 和天然孔隙比 e 按附表 1-7 确定承载力基本容许值[f_{a0}]。

新近沉积黏性土地基承载力基本容许值[f_{a0}]

附表 1-7

$[f_{a0}]$(kPa)　　I_L e	≤0.25	0.75	1.25
≤0.8	140	120	100
0.9	130	110	90
1.0	120	100	80
1.1	110	90	—

400

附录Ⅱ 弹性桩计算用表

弹性桩计算用表如附表 2-1 和附表 2-2 所示。

计算 $\delta_{HH}^{(0)}$、$\delta_{HM}^{(0)} = \delta_{MH}^{(0)}$、$\delta_{MM}^{(0)}$ 的用表

附表 2-1

$\bar{h} = \alpha z$	$B_3 D_4 - B_4 D_3$	$A_3 B_4 - A_4 B_3$	$B_2 D_4 - B_4 D_2$	$A_2 B_4 - A_4 B_2$	$A_3 D_4 - A_4 D_3 =$ $B_3 C_4 - B_4 C_3$	$A_2 D_4 - A_4 D_2 =$ $B_2 C_4 - B_4 C_2$	$A_3 C_4 -$ $A_4 C_3$	$A_2 C_4 -$ $A_4 C_2$
0	0.000 00	0.000 00	1.000 00	0.000 00	0.000 00	0.000 00	0.000 00	0.000 00
0.1	0.000 02	0.000 00	1.000 00	0.005 00	0.000 33	0.000 03	0.005 00	0.000 50
0.2	0.000 40	0.000 00	1.000 04	0.020 00	0.002 67	0.000 33	0.020 00	0.004 00
0.3	0.002 03	0.000 01	1.000 29	0.045 00	0.009 00	0.001 69	0.045 00	0.013 50
0.4	0.006 40	0.000 06	1.001 20	0.079 99	0.021 33	0.005 33	0.080 01	0.032 00
0.5	0.015 63	0.000 22	1.003 65	0.125 04	0.041 67	0.013 03	0.125 05	0.062 51
0.6	0.032 40	0.000 65	1.009 17	0.180 13	0.072 03	0.027 01	0.180 20	0.108 04
0.7	0.060 06	0.001 63	1.019 62	0.245 35	0.114 43	0.050 04	0.245 59	0.171 61
0.8	0.102 48	0.003 65	1.038 24	0.320 91	0.170 94	0.085 39	0.321 50	0.256 32
0.9	0.164 26	0.007 38	1.068 93	0.407 09	0.243 74	0.136 85	0.408 42	0.365 33
1.0	0.250 62	0.013 90	1.116 79	0.504 36	0.335 07	0.208 73	0.507 14	0.501 94
1.1	0.367 47	0.024 64	1.188 23	0.613 51	0.447 39	0.306 00	0.618 93	0.669 65
1.2	0.521 58	0.041 56	1.291 11	0.735 65	0.583 46	0.434 12	0.745 62	0.872 32
1.3	0.720 57	0.067 24	1.434 98	0.872 44	0.746 50	0.599 40	0.889 91	1.114 29
1.4	0.973 17	0.105 04	1.631 25	1.026 12	0.940 32	0.808 87	1.055 50	1.400 59
1.5	1.289 38	0.159 16	1.893 49	1.199 81	1.169 60	1.070 61	1.247 52	1.737 20
1.6	1.680 91	0.234 97	2.237 76	1.397 71	1.440 15	1.393 79	1.472 77	2.131 35
1.7	2.161 45	0.339 04	2.682 96	1.625 22	1.759 34	1.789 18	1.740 19	2.592 00
1.8	2.747 34	0.479 51	3.251 43	1.889 46	2.136 53	2.269 33	2.061 47	3.130 39
1.9	3.458 33	0.666 32	3.969 45	2.199 44	2.583 62	2.849 09	2.451 47	3.760 49
2.0	4.318 31	0.911 58	4.868 24	2.566 64	3.115 83	3.546 38	2.929 05	4.499 99
2.2	6.610 44	1.639 62	7.363 56	3.533 66	4.518 46	5.384 69	4.248 06	6.401 96
2.4	9.955 10	2.823 66	11.131 30	4.952 88	6.570 04	8.022 19	6.288 00	9.092 20
2.6	14.868 00	4.701 18	16.746 60	7.071 78	9.628 90	11.820 60	9.462 94	12.971 90
2.8	22.157 10	7.626 58	25.065 10	10.264 20	14.257 10	17.336 20	14.403 20	18.663 60
3.0	33.087 90	12.135 30	37.380 70	15.092 20	21.328 50	25.427 50	22.068 00	27.125 70
3.5	92.209 00	36.858 00	101.369 00	41.018 20	60.476 00	67.498 20	64.769 60	72.048 50
4.0	266.061 00	109.012 00	279.996 00	114.722 00	176.709 00	185.996 00	190.834 00	200.047 00

$\bar{h} = \alpha z$	$\dfrac{B_3 D_4 - B_4 D_3}{A_3 B_4 - A_4 B_3}$	$\dfrac{A_3 D_4 - A_4 D_3}{A_3 B_4 - A_4 B_3} = \dfrac{B_3 C_4 - B_4 C_3}{A_3 B_4 - A_4 B_3}$	$\dfrac{A_3 C_4 - A_4 C_3}{A_3 B_4 - A_4 B_3}$	$\dfrac{B_2 D_1 - B_1 D_2}{A_2 B_1 - A_1 B_2}$	$\dfrac{B_2 C_1 - B_1 C_2}{A_2 B_1 - A_1 B_2} = \dfrac{A_2 D_1 - A_1 D_2}{A_2 B_1 - A_1 B_2}$	$\dfrac{A_2 C_1 - A_1 C_2}{A_2 B_1 - A_1 B_2}$
0	∞	∞	∞	0.000 00	0.000 00	0.000 00
0.1	3 770.490	54 098.4	819 672.0	0.000 33	0.005 00	0.100 00
0.2	424.771	2 807.280	21 028.6	0.002 69	0.020 00	0.200 00
0.3	196.135	869.565	4 347.97	0.009 00	0.045 00	0.300 00
0.4	111.936	372.930	1 399.07	0.021 33	0.79 99	0.399 96
0.5	72.102	192.214	576.825	0.041 65	0.124 95	0.499 88
0.6	50.012	111.179	278.134	0.071 92	0.179 83	0.599 62
0.7	36.740	70.001	150.236	0.114 06	0.244 48	0.699 02
0.8	28.108	46.884	88.179	0.169 85	0.318 67	0.797 83
0.9	22.245	33.009	55.312	0.240 92	0.401 99	0.895 62
1.0	18.028	24.102	36.480	0.328 55	0.493 74	0.991 79
1.1	14.915	18.160	25.122	0.433 51	0.592 94	1.085 60
1.2	12.550	14.039	17.941	0.555 89	0.698 11	1.176 05
1.3	10.716	11.102	13.235	0.694 88	0.807 37	1.261 99
1.4	9.265	8.952	10.049	0.848 55	0.918 31	1.342 13
1.5	8.101	7.349	7.838	1.013 82	1.028 16	1.415 16
1.6	7.154	6.129	6.268	1.186 32	1.133 80	1.479 90
1.7	6.375	5.189	5.133	1.360 88	1.232 19	1.535 40
1.8	5.730	4.456	4.300	1.531 79	1.320 58	1.581 15
1.9	5.190	3.878	3.680	1.693 43	1.396 88	1.617 18
2.0	4.737	3.418	3.213	1.840 91	1.459 79	1.644 05
2.2	4.032	2.756	2.591	2.080 41	1.545 49	1.674 90
2.4	3.526	2.327	2.227	2.239 74	1.585 66	1.685 20
2.6	3.161	2.048	2.013	2.329 65	1.596 17	1.686 65
2.8	2.905	1.869	1.889	2.371 19	1.592 62	1.687 17
3.0	2.727	1.785	1.818	2.385 48	1.586 06	1.690 51
3.5	2.502	1.641	1.757	2.388 91	1.584 35	1.711 00
4.0	2.441	1.625	1.751	2.400 74	1.599 79	1.732 18

$\bar{h} = \alpha z$	A_1	B_1	C_1	D_1	A_2	B_2	C_2	D_2
0	1.000 00	0.000 00	0.000 00	0.000 00	0.000 00	1.000 00	0.000 00	0.000 00
0.1	1.000 00	0.100 00	0.005 00	0.000 17	0.000 00	1.000 00	0.100 00	0.005 00
0.2	1.000 00	0.200 00	0.020 00	0.001 33	− 0.000 07	1.000 00	0.200 00	0.020 00
0.3	0.999 98	0.300 00	0.045 00	0.004 50	− 0.000 34	0.999 96	0.300 00	0.045 00
0.4	0.999 91	0.399 99	0.808 00	0.010 67	− 0.001 07	0.999 83	0.399 98	0.080 00
0.5	0.999 74	0.499 96	0.125 00	0.020 83	− 0.002 60	0.999 48	0.499 94	0.124 99
0.6	0.999 35	0.599 87	0.179 98	0.036 00	− 0.005 40	0.998 70	0.599 81	0.179 98
0.7	0.998 60	0.699 67	0.244 95	0.057 16	− 0.010 00	0.997 20	0.699 51	0.244 94
0.8	0.997 27	0.799 27	0.319 88	0.085 32	− 0.017 07	0.994 54	0.798 91	0.319 83
0.9	0.995 08	0.898 52	0.404 72	0.121 46	− 0.027 33	0.990 16	0.897 79	0.404 62
1.0	0.991 67	0.997 22	0.499 41	0.166 57	− 0.041 67	0.983 33	0.995 83	0.499 21
1.1	0.986 58	1.095 08	0.603 84	0.221 63	− 0.060 96	0.973 17	1.092 62	0.603 46
1.2	0.979 27	1.191 71	0.717 87	0.287 58	− 0.086 32	0.958 55	1.187 56	0.717 16
1.3	0.969 08	1.286 60	0.841 27	0.365 36	− 0.118 83	0.938 17	1.279 90	0.840 02
1.4	0.955 23	1.379 10	0.973 73	0.455 88	− 0.159 73	0.910 47	1.368 65	0.971 63
1.5	0.936 81	1.468 39	1.114 84	0.559 97	− 0.210 30	0.873 65	1.452 59	1.111 45
1.6	0.912 80	1.553 46	1.264 03	0.678 42	− 0.271 94	0.825 65	1.530 20	1.258 72
1.7	0.882 01	1.633 07	1.420 61	0.811 93	− 0.346 04	0.764 13	1.599 63	1.412 47
1.8	0.843 13	1.705 75	1.583 62	0.961 09	− 0.434 12	0.686 45	1.658 67	1.571 50
1.9	0.794 67	1.769 72	1.751 90	1.126 37	− 0.537 68	0.589 67	1.704 68	1.734 22
2.0	0.735 02	1.822 94	1.924 02	1.308 01	− 0.658 22	0.470 61	1.734 57	1.898 72
2.2	0.574 91	1.887 09	2.272 17	1.720 42	− 0.956 16	0.151 27	1 731 10	2.222 99
2.4	0.346 91	1.874 50	2.608 82	2.195 35	− 1.338 89	− 0.302 73	1.612 86	2.518 74
2.6	0.033 146	1.754 73	2.906 70	2.723 65	− 1.814 79	− 0.926 02	1.334 85	2.749 72
2.8	− 0.385 48	1.490 37	3.128 43	3.287 69	− 2.387 56	− 1.754 83	0.841 77	2.866 53
3.0	− 0.928 09	1.036 79	3.224 71	3.858 38	− 3.053 19	− 2.824 10	0.068 37	2.804 06
3.5	− 2.927 99	− 1.271 72	2.463 04	4.979 82	− 4.980 62	− 6.708 06	− 3.586 47	1.270 18
4.0	− 5.853 33	− 5.940 97	− 0.926 77	4.547 80	− 6.533 16	− 12.158 10	− 10.608 40	− 3.766 47

$\bar{h} = \alpha z$	A_3	B_3	C_3	D_3	A_4	B_4	C_4	D_4
0	0.000 00	0.000 00	1.000 00	0.000 00	0.000 00	0.000 00	0.000 00	1.000 00
0.1	− 0.000 17	− 0.000 01	1.000 00	0.100 00	− 0.005 00	− 0.000 33	− 0.000 01	1.000 00
0.2	− 0.001 33	− 0.000 13	0.999 99	0.200 00	− 0.020 00	− 0.002 67	− 0.000 20	0.999 99
0.3	− 0.004 50	− 0.000 67	0.999 94	0.300 00	− 0.045 00	− 0.009 00	− 0.001 01	0.999 92
0.4	− 0.010 67	− 0.002 13	0.999 74	0.399 98	− 0.080 00	− 0.021 33	− 0.003 20	0.999 66
0.5	− 0.020 83	− 0.005 21	0.999 22	0.499 91	− 0.124 99	− 0.041 67	− 0.007 81	0.998 96
0.6	− 0.036 00	− 0.010 80	0.998 06	0.599 74	− 0.179 97	− 0.071 99	− 0.016 20	0.997 41
0.7	− 0.057 16	− 0.020 01	0.995 80	0.699 35	− 0.244 90	− 0.114 33	− 0.030 01	0.994 40
0.8	− 0.085 32	− 0.034 12	0.991 81	0.798 54	− 0.319 75	− 0.170 60	− 0.051 20	0.989 08
0.9	− 0.121 44	− 0.054 66	0.985 24	0.897 05	− 0.404 43	− 0.242 84	− 0.081 98	0.980 32
1.0	− 0.166 52	− 0.083 29	0.975 01	0.994 45	− 0.498 81	− 0.332 98	− 0.124 93	0.966 67
1.1	− 0.221 52	− 0.121 92	0.959 75	1.090 16	− 0.602 68	− 0.442 92	− 0.182 85	0.946 34
1.2	− 0.287 37	− 0.172 60	0.937 83	1.183 42	− 0.715 73	− 0.574 50	− 0.258 86	0.917 12
1.3	− 0.364 96	− 0.237 60	0.907 27	1.273 20	− 0.837 53	− 0.729 50	− 0.356 31	0.876 38
1.4	− 0.455 15	− 0.319 33	0.865 73	1.358 21	− 0.967 46	− 0.907 54	− 0.478 83	0.821 02
1.5	− 0.558 70	− 0.420 39	0.810 54	1.436 80	− 1.104 68	− 1.116 09	− 0.630 27	0.747 45
1.6	− 0.676 29	− 0.543 48	0.738 59	1.506 95	− 1.248 08	− 1.350 42	− 0.814 66	0.651 56
1.7	− 0.808 48	− 0.691 44	0.646 37	1.566 21	− 1.396 23	− 1.613 40	− 1.036 16	0.528 71
1.8	− 0.955 64	− 0.867 15	0.529 97	1.611 62	− 1.547 28	− 1.905 77	− 1.299 09	0.373 68
1.9	− 1.117 96	− 1.073 57	0.385 03	1.639 69	− 1.698 89	− 2.227 45	− 1.607 70	0.180 71
2.0	− 1.295 35	− 1.313 61	0.206 76	1.646 28	− 1.848 18	− 2.577 98	− 1.966 20	− 0.056 52
2.2	− 1.693 34	− 1.905 67	− 0.270 87	1.575 38	− 2.124 81	− 3.359 52	− 2.848 58	− 0.691 58
2.4	− 2.141 17	− 2.663 29	− 0.948 85	1.352 01	− 2.339 01	− 4.228 11	− 3.973 23	− 1.591 51
2.6	− 2.621 26	− 3.599 87	− 1.877 34	0.916 79	− 2.436 95	− 5.140 23	− 5.355 41	− 2.821 06
2.8	− 3.103 41	− 4.717 48	− 3.107 91	0.197 29	− 2.345 58	− 6.022 99	− 6.990 07	− 4.444 91
3.0	− 3.540 58	− 5.999 79	− 4.687 88	− 0.891 26	− 1.969 28	− 6.764 60	− 8.840 29	− 6.519 72
3.5	− 3.919 21	− 9.543 67	− 10.340 40	− 5.854 02	1.074 08	− 6.788 95	− 13.692 40	− 13.826 10
4.0	− 1.614 28	− 11.730 66	− 17.918 60	− 15.075 50	9.243 68	− 0.357 62	15.610 50	− 23.140 40

附录Ⅲ 中国季节性冻土标准冻深线图

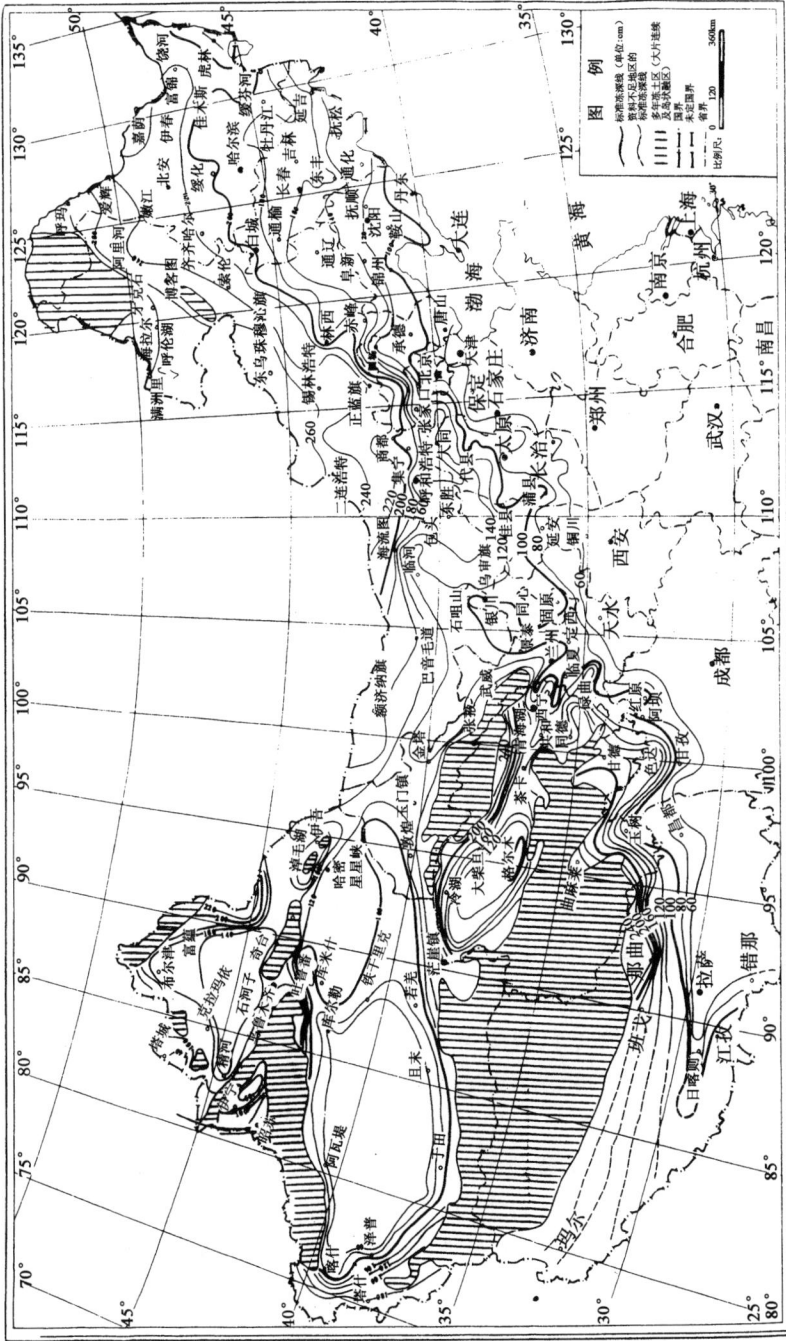

图例

标准冻深线（单位：cm）
资料不足地区的标准冻深线
多年冻土区（大片连续及岛状融区）
国界
未定国界
省界

比例尺　0　120　360km

注：本图摘自《建筑地基基础设计规范》（GB 50007—2011）。

参 考 文 献

[1] 中华人民共和国行业标准. JTG D60—2004 公路桥涵设计通用规范[S]. 北京:人民交通出版社,2004.

[2] 中华人民共和国行业标准. JTG D62—2004 公路钢筋混凝土及预应力混凝土桥涵设计规范[S]. 北京:人民交通出版社,2004.

[3] 中华人民共和国行业标准. JTG D61—2005 公路圬工桥涵设计规范[S]. 北京:人民交通出版社,2005.

[4] 中华人民共和国行业标准. JTG D63—2007 公路桥涵地基与基础设计规范[S]. 北京:人民交通出版社,2007.

[5] 中华人民共和国行业标准. JB 10002.5—2005 铁路桥涵地基和基础设计规范[S]. 北京:中国铁道出版社,2005.

[6] 中华人民共和国行业标准. JTG/T F50—2011 公路桥涵施工技术规范[S]. 北京:人民交通出版社,2011.

[7] 中华人民共和国行业标准. TB 10002.3—2005 铁路桥涵钢筋混凝土和预应力混凝土结构设计规范[S]. 北京:中国铁道出版社,2005.

[8] 中华人民共和国国家标准. GB 50007—2011 建筑地基基础设计规范[S]. 北京:中国建筑工业出版社,2011.

[9] 中华人民共和国行业标准. JGJ 118—2011 冻土地区建筑地基基础设计规范[S]. 北京:中国建筑工业出版社,2011.

[10] 凌治平,易经武. 基础工程[M]. 北京:人民交通出版社,1997.

[11] 姚玲森. 桥梁工程[M]. 北京:人民交通出版社,2008.

[12] 范立础. 桥梁工程[M]. 北京:人民交通出版社,2000.

[13] 左名麒,胡人礼,毛洪渊. 桩基础工程[M]. 北京:中国铁道出版社,1996.

[14] 铁道部第四勘测设计院. 桥梁墩台[M]. 北京:中国铁道出版社,1999.

[15] 曾国熙,卢肇钧,蒋国澄,等. 地基处理手册[M]. 北京:中国建筑工业出版社,1993.

[16] 王伯惠,上官兴. 中国钻孔灌注桩新发展[M]. 北京:人民交通出版社,1999.

[17] 马尔立. 公路桥梁墩台设计与施工[M]. 北京:人民交通出版社,1998.

[18] 杨文渊,徐犇. 桥梁施工工程师手册[M]. 北京:人民交通出版社,1997.

[19] 刘自明. 桥梁深水基础[M]. 北京:人民交通出版社,2003.

[20] 丛蔼森. 地下连续墙的设计施工与应用[M]. 北京:中国水利水电出版社,2001.

[21] 万明坤,程庆国,项海帆,等. 桥梁漫笔[M]. 北京:中国铁道出版社,1997.

[22] 袁聚云,李镜培,等. 基础工程设计原理[M]. 上海:同济大学出版社,2001.

[23] 中华人民共和国国家标准. GB/T 50283—1999 公路工程结构可靠度设计统一标准[S]. 北京:中国计划出版社,1999.

[24] 中华人民共和国国家标准. GB 50025—2004 湿陷性黄土地区建筑规范[S]. 北京:中国建筑工业出版社,2004.

[25] 中华人民共和国国家标准. GB 50112—2013 膨胀土地区建筑技术规范[S]. 北京:中国

　　建筑工业出版社,2013.

[26] 中华人民共和国行业标准.JGJ 83—2011　软土地区岩土工程勘察规程[S].北京:中国
　　建筑工业出版社,2011.

[27] 刘屠梅,赵竹占,关慧明.桩基检测技术与实例[M].北京:中国建筑工业出版社,2006.

[28] 龚维明,戴国亮.桩承载力自平衡测试技术及工程应用[M].北京:中国建筑工业出版社,2006.

[29] 张凤祥,傅德明,张冠军.沉井与沉箱[M].北京:中国铁道出版社,2002.